Andreas Maslo

Das Vieweg-Buch zu Visual Basic 2.0 für Windows

Aus dem Bereich Computerliteratur

Effektiv Starten mit Turbo C++
von Axel Kotulla

Programmieren mit Turbo C++ 3.1 für Windows
von Gerd Kebschull

Arbeiten mit MS-DOS QBasic
von Michael Halvorson und David Rygmyr
(Ein Microsoft Press/Vieweg-Buch)

Microsoft BASIC PDS 7.1
von Frederik Ramm

Effektiv Starten mit Visual Basic
von Dagmar Sieberichs und Hans-Joachim Krüger

Das Vieweg Buch zu Visual Basic 2.0 für Windows
von Andreas Maslo

Das Vieweg Buch zu Borland Pascal 7.0
von Andreas Maslo

Das Vieweg Buch zu Borland C++ 3.0
von Axel Kotulla

Windows Power-Programmierung
von Michael Schumann

100 Rezepte für Turbo Pascal
von Erik Wischnewski

Die Turbo Vision zu Turbo Pascal 7.0
von Arnulf Wallrabe

Grafik und Animation mit Borland Pascal 7.0
von Andreas Bartel

Andreas Maslo

Das Vieweg-Buch zu Visual Basic 2.0 für Windows

Eine umfassende Anleitung zur komfortablen Entwicklung von Windows-Programmen

Dieses Buch ist keine Original-Dokumentation zur Software der Fa. Microsoft.
Sollte Ihnen dieses Buch anstelle der Original-Dokumentation zusammen mit Disketten verkauft worden sein, welche die entsprechende Microsoft-Software enthalten, so handelt es sich wahrscheinlich um eine Raubkopie der Software.
Benachrichtigen Sie in diesem Fall umgehend Microsoft GmbH, Edisonstr. 1, 8044 Unterschleißheim
- auch die Benutzung einer Raubkopie kann strafbar sein.

Verlag Vieweg und Microsoft GmbH

Das in diesem Buch enthaltene Programm-Material ist mit keiner Verpflichtung oder Garantie irgendeiner Art verbunden. Der Autor und der Verlag übernehmen infolgedessen keine Verantwortung und werden keine daraus folgende oder sonstige Haftung übernehmen, die auf irgendeine Art aus der Benutzung dieses Programm-Materials oder Teilen davon entsteht.

ISBN 978-3-528-05320-8 ISBN 978-3-322-89725-1 (eBook)
DOI 10.1007/978-3-322-89725-1

Ursprünglich erschienen bei Friedr. Vieweg & Sohn Verlagsgesellschaft mbH, Braunschweig/Wiesbaden 1993.

Gedruckt auf säurefreiem Papier

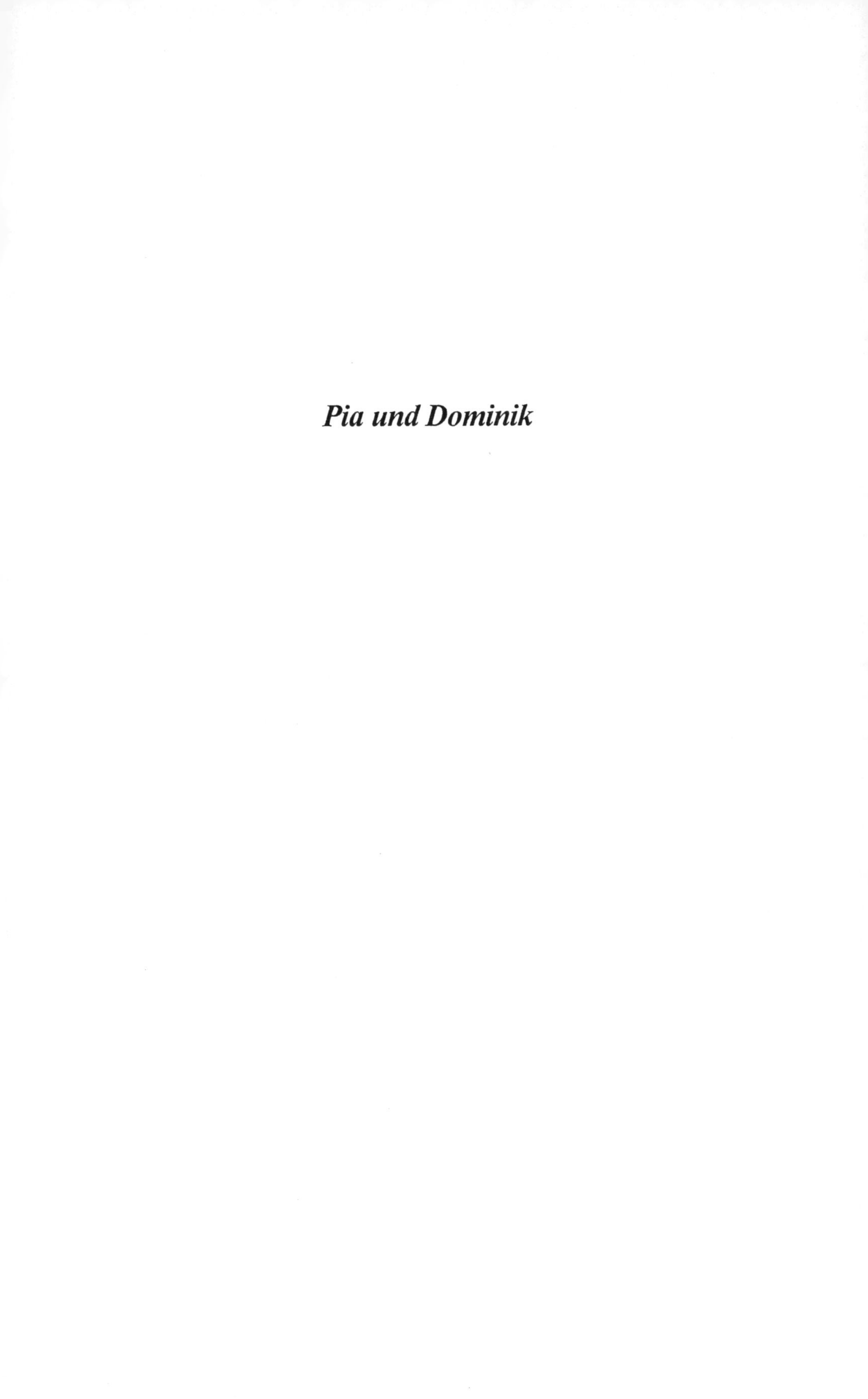

Pia und Dominik

Vorwort

Visual Basic für Windows ist eines der am einfachsten zu handhabenden Programmentwicklungssysteme für die grafische Betriebssystemerweiterung und Benutzeroberfläche MS-Windows. War die erste Programmversion sinnvoll im Hobby- und semiprofessionellen Bereich nutzbar, hält die neue Programmversion auch Einzug in den professionellen Programmierbereich. War die Windows-Programmierung bislang nur mit Hilfe komplexer Entwicklungssysteme und nach der Einarbeitung in die Windows-Programmierschnittstelle möglich, steht mit Visual Basic ein leicht zu bedienender Volkscompiler zur Verfügung, der die Erstellung kleinerer Hilfsprogramme ebenso gestattet wie die Entwicklung komplexer Anwendungsprogramme. Ein Einstieg in die Programmierung war bislang unter Windows kaum denkbar, mit Visual Basic ist auch das kein Problem mehr. Zwar ist die Kenntnis einer anderen Programmiersprache, insbesondere eines anderen Basic-Dialektes, hilfreich, aber nicht Voraussetzung für den Einsatz des visuellen Entwicklungssystemes. Programme werden innerhalb von und ausschließlich für Windows erstellt. Anwendungen bestehen aus einem Definitionsteil der Oberfläche und dem eigentlichen Quelltext. Die Oberflächenelemente selbst werden nicht mehr programmiert, sondern direkt auf den Bildschirm gezeichnet und mit dem notwendigen Programmcode verknüpft. Langwierige Entwicklungszeiten für die Benutzeroberfläche, die bei DOS-Programmen einen Hauptteil der Programmierarbeit ausmachte, entfällt. Der Sprachumfang von Visual Basic ist angelehnt an die Programmiersprachen Quick bzw. MS-Basic PDS. Nie war es einfacher und schneller möglich, Programme für Windows zu entwickeln.

Visual Basic - Die nächste Generation

Visual Basic ist mittlerweile in der zweiten Programmversion auf dem Markt erhältlich. Nachdem sich bereits Visual Basic 1.0 durch große Leistungsfähigkeit und sehr einfache Bedienbarkeit ausgezeichnet hat, ist die Version 2.0 in vielen Bereichen noch verbessert worden. Die Geschwindigkeit der ausführbaren Programme wurde erhöht und es können wesentlich größere und komplexere Anwendungen entwickelt werden. Die Bedienung der Entwicklungsumgebung wurde vereinfacht. So steht nun beispielsweise für die Festlegung von Eigenschaften ein spezielles Fenster zur Verfügung, das die bisherige Eigenschaftenleiste ersetzt. Die wichtigsten Funktionen für die Programmierarbeit werden in Visual Basic 2.0 nun auch über Maussymbole in einer Funktionsleiste bereitgestellt. Sehr angenehm, insbesondere auch für Einsteiger, ist das sogenannte Syntax-Colouring. Im Quelltext werden die verschiedenen

Sprachelemente in unterschiedlichen Farben dargestellt, wodurch der Programmcode wesentlich übersichtlicher und besser lesbar wird. Visual Basic für Windows 2.0 unterstützt die Entwicklung von MDI-Anwendungen (Multi Document Interface) und mit Hilfe des OLE-Client-Steuerelementes verbinden und betten Sie nun auch in Visual Basic-Anwendungen Objekte, wie beispielsweise Tabellen, Grafiken oder Texte, ein (OLE = Object Linking and Embedding). Das sind nur einige der Verbesserungen und Neuerungen, die Sie in der zweiten Version des visuellen Entwicklungssystems erwarten. Je nach den Ansprüchen, die Sie an eine Programmiersprache stellen, können Sie nun zwischen einer Standard- und einer professionellen Ausgabe entscheiden. In diesem Buch werden beide Ausgaben vorgestellt und auch die erweiterten Möglichkeiten des professionellen Systems an einigen Anwendungen demonstriert. Wie wäre es beispielsweise mit einem Programm zur Einnahmen- und Ausgabenüberschußrechnung, in dem die einzelnen Konten in unterschiedlichen Dokumentenfenstern verwaltet werden. Oder wollten Sie schon immer einmal Ihren eigenen CD-Player für das CD-ROM-Laufwerk Ihres Rechners programmieren? Dann sollten Sie sich einmal genauer mit Visual Basic befassen.

Programmieren mit Visual Basic

Dieses Buch soll mit der Entwicklung grafischer Anwendungsprogramme vertraut machen und Ihnen Anregungen für eigene Programme geben. Sämtliche Quelltexte und Programme, die für dieses Buch erstellt wurden, sind auf der beiliegenden Diskette enthalten. Beispielprogramme, die Fähigkeiten der professionellen Programmversion von Visual Basic nutzen, liegen bereits in ausführbarer Programmversion vor, so daß Sie die Programme auch dann nutzen können, wenn Sie ausschließlich über die Standardversion verfügen.

Das Buch ist in vier Kapitel gegliedert. Im ersten Kapitel werden wir zunächst die wesentlichen Grundlagen, allgemeine Informationen zur Windows-Programmierung, die Benutzeroberfläche und das Hilfesystem vorstellen. Danach zeigen wir an zwei einfachen Beispielen die Anwendung des Programmentwicklungssystems und beschreiben sie ausführlich. Dabei werden sowohl die Oberflächengestaltung als auch die Verknüpfung der Oberfläche mit dem erforderlichen Quelltext dargestellt.

Im zweiten Kapitel erhalten Sie dann einen Überblick über die verfügbaren Oberflächen- und Sprachelemente von Visual Basic. Dieser Buchteil kann Ihnen auch im späteren Umgang mit dem grafischen Programmentwicklungssystem als Nachschlagewerk dienen. Im dritten Kapitel werden die fortgeschrittenen Möglichkeiten von Visual Basic behandelt.

Neben der Projektverwaltung zur Erstellung umfangreicher Anwendungen, werden die Spracherweiterungen über dynamische Link-Bibliotheken, die Erzeugung benutzerdefinierter Steuerelemente mit Quick C für Windows, der Zugriff auf die Windows-Programmierschnittstelle, die Übernahme bereits bestehender Anwendungen eines anderen Basic-Dialektes und fortgeschrittene Programmiertechniken behandelt. Dort erhalten Sie auch Hinweise zum komfortablen Erzeugen von Windows-Hilfedateien.

Im vierten und letzten Kapitel werden einige umfangreichere Anwendungsprogramme mit Visual Basic erzeugt und dokumentiert. Neben den Leistungsmerkmalen der Standardversion, lernen Sie auch die erweiterten Möglichkeiten der professionellen Programmversion von Visual Basic für Windows kennen. Wie wäre es zum Beispiel mit einem eigenen Programm-Manager oder Datenbanksystem. Oder möchten Sie es lieber mal mit einem Zeichenprogramm oder einem Editor versuchen? All das ist mit Visual Basic kein Problem! Und nun wünsche ich Ihnen viel Spaß und Erfolg mit Visual Basic.

Dank

Bedanken möchte ich mich bei Herrn Robert Schmitz für die gute Zusammenarbeit und bei meiner Frau, für Ihre Geduld und die hervorragende Unterstützung. Mein besonderer Dank gilt Herrn Zoschke von der Firma Zoschke Data GmbH, für die Überlassung der Testversion des Windows Help Magician.

Dipl.-Ing. Andreas Maslo im Februar 1993

Kapitel 1: Einführung

In diesem Kapitel werden wir Sie zunächst in das visuelle Programmentwicklungssystem einführen. Neben einer kurzen Erläuterung des Visual Basic-Programmierkonzeptes und der Anbindung an die grafische Benutzeroberfläche Windows stellen wir Ihnen die Programmoberfläche und das Hilfesystem von Visual Basic für Windows 2.0 vor. Hier werden wir Sie auch im einzelnen mit einigen wesentlichen Neuerungen der Visual Basic-Programmierumgebung bekannt machen. An zwei ersten kurzen Programmieraufgaben führen wir ihnen dann den Umgang mit der Entwicklungsumgebung exemplarisch vor. Beachten Sie, daß der Umgang in dieser ausführlichen Form in den übrigen Kapiteln nicht noch einmal wiederholt wird. Sollten Sie später Probleme im Umgang mit der Benutzerumgebung von Visual Basic haben, dann sollten Sie in dieses Kapitel zurückkehren.

1.1 Windows und Visual Basic

MS-Windows ist eine grafische Benutzerumgebung und Betriebssystemerweiterung mit Multitasking-Fähigkeiten für MS-DOS und kompatible Betriebssysteme. Anwendungsprogramme verwenden die Windows-Funktionen zur Generierung einer programminternen Benutzeroberfläche. Auch Visual Basic ist bereits eine Windows-Applikation und greift auf die Windows-Systemfunktionen zu. Das bedeutet, daß Visual Basic ausschließlich mit Windows einsetzbar ist. Ebenso verhält es sich mit allen Programmen, die mit diesem Programmentwicklungssystem erstellt werden.

Programmieren für Windows

Haben Sie bereits unter DOS programmiert, dann erkennen Sie einige wesentliche Unterschiede gegenüber der Windows-Programmierung. Mußten Sie in einem DOS-Programm sämtliche Arbeitsschritte für ein Programm selbst festlegen, werden wichtige Programmsteuerungen in einem Windows-Programm automatisch durch Windows ausgeführt. Dies geht z.B. bei dem Entwicklungssystem Visual Basic soweit, daß Sie kein Hauptprogramm mehr erstellen müssen. Die gesamte Hauptprogrammsteuerung wird durch Windows und Visual Basic durchgeführt und benötigt dazu keinen speziellen Quelltext. Ein weiterer wesentlicher Bestandteil von Windows-Applikationen sind die grafischen Oberflächenelemente, die sogenannten Ressourcen, die lediglich definiert, nicht aber programmiert werden müssen. Aus diesem Grunde verfügen die meisten Entwicklungssysteme für Anwendungen der grafischen Benutzeroberfläche über eigene Programme zum Zeichnen einer beliebigen Programmoberfläche bzw. einzelnen Oberflächenelementen. Diese grafischen Elemente werden dem ausführbaren Programm angehängt. Die Verwaltung der Oberflächenelemente erfolgt wieder durch Windows und nicht durch das Programmiersystem. Auch Visual Basic besitzt die Möglichkeit, grafische Oberflächen zu zeichnen. Ein letzter wesentlicher Unterschied gegenüber der DOS-Programmierung ist die Verwendung dynamischer Link-Bibliotheken, den DLLs (Dynamic Link Libraries). Diese Bibliotheken liegen getrennt auf dem Festspeicher vor und werden erst während der Laufzeit eines Programmes mit Hilfe eines dynamischen Linkers eingebunden. Im Vergleich dazu sind unter DOS Laufzeit- und Benutzerbibliotheken immer statisch an ein Programm angefügt und werden beim Programmstart automatisch in ihrer Gesamtheit geladen. Kann eine statische Bibliothek immer nur von einem einzelnen Programm genutzt werden, so kann eine dynamische Link-Bibliothek, einmal in den Speicher geladen, von mehreren Programmen gleichzeitig verwendet werden. Auch die Systemfunktionen von Windows und die Visual Basic-Laufzeitbibliothek liegen in DLLs vor. Der interne Aufbau dieser dynamischen Link-Bibliotheken ist einheitlich. Dabei spielt es keine Rolle, mit welcher Programmiersprache eine DLL erstellt wurde. Zwar kann Visual Basic selbst keine DLLs erzeugen, aber durchaus auf diese zugreifen. Damit können Sie die API-Funktionen (Application Program Interface - Schnittstelle für Anwendungsprogramme) und GDI-Funktionen (Graphics Device Interface - grafische Geräteschnittstelle) von Windows direkt nutzen. Aber auch Fremdsprachen-DLLs können erstellt und mit Visual Basic eingesetzt werden. Wie Sie dies realisieren, werden wir Ihnen im dritten Kapitel zeigen. Der Zeitaufwand, den Sie für die Programmentwicklung mit Visual Basic benötigen, ist verglichen mit anderen Windows.Programmiersystemen relativ gering. Dies liegt insbesondere am einfachen Oberflächendesign. Wollen Sie die Oberflächenelemente jedoch erweitern und damit die Funktionalität weiter steigern, so gehen Sie scheinbar leer aus. Doch weit gefehlt, denn mit der professionellen Programmversion können Sie benutzerdefinierte Steuerelemente entwickeln. Da Visual Basic, wie bereits erwähnt, leider keine DLLs erzeugen kann, müssen Sie auf eine DLL-fähige Programmiersprache zurückgreifen. Wie Sie beispielsweise Quick C für Windows einsetzen, um eine benutzerdefinierte Steuerelementebibliothek anzulegen, erafhren Sie im 3. Kapitel.

Mit Visual Basic und Windows wird die Programmentwicklung wesentlich vereinfacht. Hohe Entwicklungszeiten für Programmoberflächen entfallen. Aber auch auf die unterschiedlichsten Hardware-Ausstattungen brauchen Sie nicht mehr Rücksicht zu nehmen. Auf einem Rechner, auf dem Windows erfolgreich installiert ist, wird auch das mit Visual Basic erstellte Anwendungsprogramm in der Regel problemlos laufen. Die Grafik- und Druckeranweisungen sind hardware-unabhängig und werden über die Windows-Konfiguration korrekt ausgewertet und weitergeleitet. Auch Windows-Schriften können beliebig auf dem Bildschirm und einem Drucker eingesetzt werden. Außerdem lassen sich die Multitasking-Fähigkeiten von Windows in eigenen Anwendungen einbauen.

Programmentwicklung mit Visual Basic

An dieser Stelle wollen wir zunächst theoretisch die Programmentwicklung mit Visual Basic für Windows 2.0 erläutern. Beachten Sie, daß sämtliche Arbeitsschritte hinter einer einheitlichen Benutzeroberfläche versteckt sind. Dadurch wird die Programmentwicklung vereinfacht. Sie können das Programm erstellen, testen, ausführen und in Pseudo-Maschinensprache übersetzen, ohne die Entwicklungsumgebung verlassen zu müssen. Anders als bei gängigen DOS-Programmen werden Sie allerdings vermehrt mit Fenstern konfrontiert, mit denen sich spezielle Arbeiten durchführen lassen. Die einzelnen Fenster, grafischen Schaltflächen und Menüeinträge werden später noch genauer beschrieben. Hauptbestandteil einer Windows-Applikation ist die grafische Programmoberfläche. Diese wird zu Beginn einer Projektentwicklung mit Hilfe eines Formulargenerators gezeichnet.

Um die Oberfläche optisch aufzubereiten, lassen sich auch Grafiken importieren und in das Programm einfügen. Beim späteren Programmlauf müssen die Grafiken nicht mehr als getrennt vorliegende Grafikdateien vorhanden sein. Neben dem BMP-Format von Windows (Bitmap), das die Übernahme von Bildern aus dem Windows-Zeichenprogramm Paintbrush gestattet, wird das RLE-Format (Run Length Encoding), das WMF-Format (Windows-Metafile) und ICO-Format (Bildsymbole) unterstützt. Bei Bildsymbolen handelt es sich um Sinnbilder, die innerhalb eines Fensters verschoben bzw. als Schaltfläche verwendet werden können. Zu Visual Basic gehört bereits eine Bibliothek mit Sinnbildern, die Sie in Ihren eigenen Anwendungen nutzen können. Außerdem liegt ein Symboleditor im Quelltext bei (IconWorks), der die Bearbeitung und Erzeugung neuer Bildsymbole erlaubt. Nachdem Sie die Oberfläche erstellt haben, die sich im nachhinein wieder ändern läßt, wird das Projekt um den erforderlichen Quelltext erweitert. Dazu verfügt Visual Basic über einen Quelltexteditor, mit dem Sie die zugehörigen Programmanweisungen eingeben. Besitzen Sie bereits Quellmodule anderer Basic-Dialekte, die Sie weiterverwenden möchten, lassen sich diese ebenfalls importieren und bei Bedarf anpassen. In Visual Basic wird zwischen benutzerdefinierten und ereignisorientierten Unterprogrammen unterschieden. Die erstgenannten entsprechen den Unterprogrammen von DOS-Programmiersprachen. Ereignisorientierte Unterprogramme hingegen sind an die Oberflächenelemente gebunden und werden nicht durch einen Befehl im Quelltext, dies ist zwar auch zusätzlich möglich, sondern durch ein Ereignis aufgerufen. Was darunter genau zu verstehen ist, werden wir im 2. Kapitel behandeln.

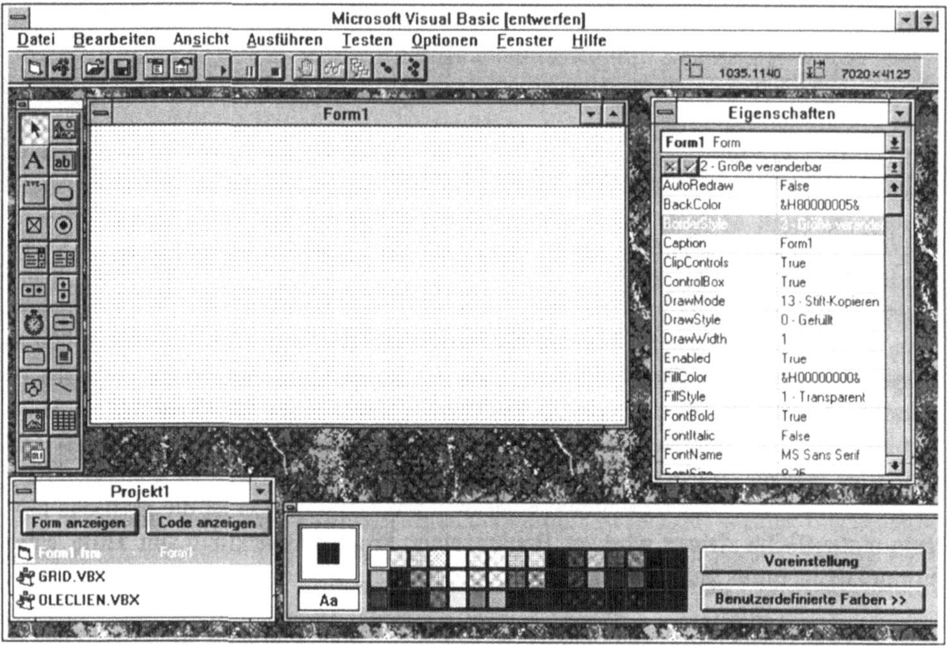

Bild 1.1: Die integrierte Entwicklungsumgebung von Visual Basic für Windows 2.0

Anders als bei DOS-Programmiersprachen müssen in Visual Basic sämtliche ausführbaren Programmanweisungen, dazu gehören keine Deklarationen, in Unterprogrammen und Funktionen formuliert sein. Ein Hauptprogramm gibt es in Visual Basic nicht. Der Compiler übersetzt das Programm, nachdem Sie es getestet und eventuelle Fehler mit Hilfe des integrierten Quelltextdebuggers beseitigt haben, in Maschinensprache. Das Programm selbst benötigt die Windows-DLLs mit den API- und GDI-Funktionen, die Visual Basic-Laufzeitbibliothek VBRUN200.DLL und eventuell weitere Fremdsprachen-DLLs und zusätzliche Steuerelementebibliotheken (VBX-Dateien).

Der Lieferumfang unterscheidet sich zwischen der Standard Ausgabe und der professionellen Version von Visual Basic 2.0. Beide Ausgaben werden sowohl auf 1,2 MByte 5 ¼"- als auch auf 1.44 MByte 3 ½"-Disketten mit je einem Programmierhandbuch und einer Sprachreferenz ausgeliefert. Zudem werden zahlreiche, gut dokumentierte Beispielprogramme mitgeliefert. Zusätzlich zu den Handbüchern verfügt das System auch über eine Online-Referenz. Bei der professionellen Version erhalten Sie außerdem eine professionelle Referenz in Buchform sowie eine Online Referenz der Windows-API-Funktionen, einen Online-Führer für die Oberflächengestaltung und ein Online-Nachschlagewerk zu Visual Basic. Der Umfang der Dokumentation umfaßt bei der Standard Ausgabe gut 1.100 Seiten, bei der Professionellen Version sind sogar über 2.000 Seiten.

Das Programmiersystem an sich ist in beiden Ausgaben identisch, lediglich die Dokumentation und Benutzeroberfläche der professionellen Version ist ausschließlich in englischer Sprache erhältlich.. Haben Sie bei der Standard Version 16 Steuerelemente zur Verfügung, können Sie dagegen bei der professionellen Version 29 verschiedene Steuerlemente einsetzen. Die professionelle Ausgabe beinhaltet zudem das Control Development Kit (CDK), das Sie bei der Visual Basic Version 1.0 in jedem Fall getrennt erwerben mußten und den Windows-Hilfecompiler, der ebenfalls bei der Vorgängerversion nicht in das Programmpaket integriert war. Haben Sie unter Visual Basic für Windows 1.0 bereits mit dem Professional Toolkit gearbeitet, so werden Sie viele Elemente dieser Toolbox in der Profi-Version von Visual Basic wiedererkennen. Damit lassen sich auch Programme für gehobene Ansprüche problemlos erzeugen. Mit dem professionellen System verfügen Sie über Funktionen zur Multimedia-Programmierung und können mit Hilfe von MAPI-Funktionen (Messaging Application Programm Interface) und dem ODBC-Modul (Open Database Connectivity) Brücken zwischen verschiedenen Systemen schlagen.

Auf eine Dokumentation der API- und GDI-Funktionen von Windows wurde in der Standard Ausgabe leider verzichtet, so daß Sie hier bei Bedarf auf Sekundärliteratur zurückgreifen müssen. Einige wichtige Windows-Systemfunktionen können Sie allerdings auch den Beispielanwendungen entnehmen, die dem Programmiersystem beiliegen. Einige dieser Funktionen werden im dritten Kapitel dieses Buches erläutert. Die Beispielanwendungen werden in den Handbüchern nicht mehr dokumentiert. Sie erhalten unter anderem eine Adressdatenbank, einen Symboleditor, einen MDI-Editor und einen Taschenrechner im Quelltext. Die Programme können Sie an Ihre eigenen Bedürfnisse anpassen oder direkt mit Windows verwenden. Dabei ist besonders der Symboleditor hervorzuheben, der sich aus zwei Teilmodulen zusammensetzt. Er besteht aus einem Viewer, der die Anzeige von einzelnen oder mehreren Bildsymbolen für die Programmauswahl gestattet und einem Editor, der die Bearbeitung und Neuerstellung von Symbolen erlaubt. Mit dem Programm des Symboleditors wird eindrucksvoll demonstriert, daß auch auf Hilfedateien, die mit dem Windows-Hilfecompiler generiert wurden, mit einer speziellen Windows-API-Funktion zugegriffen werden kann. Der Wermutstropfen für reine Visual Basic-Anwender ist, daß auch dieser Hilfscompiler von Microsoft nicht zu Visual Basic gehört. Verfügen Sie allerdings zusätzlich über Turbo Pascal für Windows bzw. über das SDK (Software Development Kit - Entwicklungswerkzeuge zur Entwicklung von Windows-Anwendungsprogrammen), so können Sie Hilfedateien komfortabel erstellen und auch in Visual Basic-Applikationen nutzen. Hinweise hierzu erhalten Sie in Kapitel 3.7. Für Einsteiger liegt ein Lernprogramm bei, das über das Visual Basic-Menü gestartet wird, und das in das Programmierkonzept des visuellen Entwicklungssystemes einführt. Zusammenfassend läßt sich feststellen, daß Visual Basic 2.0 ein hervorragendes Entwicklungssystem ist, das in der professionellen Ausgabe kaum Wünsche offen läßt. In der Standard Ausgabe wurde auf die Beigabe wichtiger Informationen und Hilfsprogramme verzichtet, die für die professionelle Programmentwicklung unentbehrlich sind. Diese Version ist daher dem privaten und semiprofessionellen Einsatzbereich zuzuordnen und eignet sich zudem sehr gut als Einsteigersystem.

1.2 Hardware- und Software-Anforderungen

Wie bereits im letzten Kapitel angesprochen, ist Visual Basic ausschließlich mit und für Windows einsetzbar. Daher werden die Anforderungen weniger von Visual Basic, als vielmehr von Windows selbst festgelegt. Prinzipiell gilt: Je schneller der Rechner, je mehr Arbeitsspeicher vorhanden ist und je besser die Grafikkarte, desto besser läßt sich mit Visual Basic arbeiten. Beginnen wir also zunächst mit den Software-Anforderungen. Zum Einsatz des visuellen Programmiersystems ist MS-Windows ab der Version 3.0 erforderlich, das wiederum unter MS-DOS bzw. PC-DOS ab der Version 3.1 oder kompatiblen Betriebssystemen lauffähig ist. Für die Multimedia-Programmierung müssen Sie über Windows 3.1 verfügen oder Windows 3.0 mit Multimedia Erweiterungen. Die MAPI-Programmierung erfordert Microsoft Mail 3.0 oder höher nd die ODBC-Programmerung Treiber für die Datenbanken, mit denen Sie arbeiten wollen. Windows 3.0 selbst kann in drei Betriebsmodi, dem Real-, Standard- und erweiterten Modus für 386er betrieben werden. Der Real-Modus, der den Einsatz von Windows mit älteren Anwendungsprogrammen älterer Windows-Versionen und auch auf Rechnern der PC- und XT-Klasse gestattet, wird allerdings nicht mehr von Visual Basic unterstützt. Damit sind wir unmittelbar bei den Hardware-Voraussetzungen. Zum Betrieb von Visual Basic ist ein IBM-kompatibler Rechner mit 80286-, 80386- bzw. 80486-Hauptprozessor erforderlich. Mindestens 1 MByte Arbeitsspeicher wird zur Ausführung von Visual Basic benötigt, im praktischen Einsatz sollten Sie allerdings über mindestens 2 MByte Arbeitsspeicher verfügen. Ihr Rechner sollte mit einer Festplatte ausgestattet sein. Beachten Sie, daß Windows selbst zwischen 8 und 10 MByte Festspeicher benötigt, bei Visual Basic sind es noch einmal ungefähr 9 MByte für die Standardausgabe und gut 20 MByte für die professionelle Programmversion. Wollen Sie zusätzlich mit anderen Anwendungsprogrammen arbeiten, sollte Ihre Festplatte mindestens 50 MByte Speicherkapazität umfassen. Arbeiten Sie mit dem Betriebssystem DR DOS 6.0, dann sollten Sie die Möglichkeiten von SuperStor nutzen und Ihre Festplatte komprimieren. Dadurch wird die Speicherkapazität der Festplatte nahezu verdoppelt. Bedenken Sie, daß jedes Programm, das Sie mit Visual Basic erstellen, seinerseits Speicherplatz benötigt. Obligatorisch für den Einsatz von Windows und Windows-Anwendungen sind eine Maus und eine Grafikkarte. Um in den vollen Genuß der grafischen Benutzeroberfläche zu kommen, ist eine EGA-, VGA- oder 8514-Grafikkarte erforderlich. Die Systemanforderungen für Visual Basic gelten entsprechend für Anwendungsprogramme, die mit dem visuellen Programmiersystem entwickelt wurden.

1.3 Installation

Haben Sie Windows erst einmal auf Ihrem Rechner eingerichtet, ist auch die Installation von Visual Basic kein Problem mehr. Sie sollten allerdings, bevor Sie das Programmiersystem auf Ihre Festplatte kopieren, zunächst Sicherungskopien Ihrer Originaldisketten anlegen. Verwenden Sie dazu das gleiche Diskettenformat, wie das der Originaldisketten. Liegen diese im 5 ¼"-Format vor, verwenden Sie auch dieses Format für die Sicherung. Dasselbe gilt entsprechend für Disketten im 3 ½"-Format. Ist Ihr Software-Paket mit beiden Diskettensätzen ausgestattet, müssen Sie nur ein Format sichern. Verwenden Sie das Diskettenformat, das Sie später für die Installation einsetzen werden. Nehmen wir in diesem Fall einmal an, Sie installieren Visual Basic von Laufwerk A:. Dann können Sie die Disketten mit dem Betriebsystemkommando

C:\> DISKCOPY A: A: [Return]

duplizieren. Die Zieldisketten werden dabei, falls noch nicht geschehen, automatisch formatiert. Nachdem Sie die Originaldisketten kopiert haben, lagern Sie diese an einem sicheren Ort und installieren Visual Basic mit Hilfe der Kopien. Beachten Sie, daß das Installationsprogramm bereits eine Windows-Applikation ist und nur unter Windows ausgeführt werden kann. Außerdem sollten Sie bereits von vornherein sicherstellen, daß mindestens 9, beziehungsweise 20 MByte freie Speicherkapazität auf Ihrem Laufwerk verfügbar sind. Ist dies nicht der Fall, müssen Sie zunächst einige Dateien von

Ihrer Festplatte löschen. Laden Sie anschließend Windows und starten Sie das Installationsprogramm über den Windows-Programm-Manager. Wählen Sie dazu das Menü DATEI • DATEI AUSFÜHREN... an und geben Sie im nachfolgend geöffneten Eingabefenster die Befehlszeile A:SETUP ein. Bevor Sie die Eingabe quittieren, vergewissern Sie sich, daß die Installationsdiskette in Laufwerk A: eingelegt und das Laufwerk verriegelt ist. Quittieren Sie nun den Befehl, wird das Installationsprogramm geladen.

Anmerkung: Beachten Sie, daß Windows 3.0, falls Ihr Rechner nicht über genügend Arbeitsspeicher verfügt, nicht automatisch im Standard- bzw. im erweiterten Modus für 386er-Prozessoren ausgeführt wird. In diesem Fall müssen Sie Windows mit dem Befehl WIN /S bzw. WIN /3 aufrufen. Hinweise hierzu können Sie Ihrem Windows-Benutzerhandbuch entnehmen.

Alternativ können Sie das Installationsprogramm auch direkt von der Kommandozeilenebene aus aufrufen, ohne über den Programm-Manager zu gehen. Befinden Sie sich zum Beispiel auf Laufwerk C:, geben Sie den Befehl

C:\>WIN A:SETUP [Return]

ein. Beachten Sie auch hier, daß unter Umständen unter Windows 3.0 der Parameter /S für den Standardmodus bzw. der Parameter /3 für den erweiterten Modus erforderlich ist. Nach einer kurzen Initialisierungsmeldung erscheint der Bildschirm, wie er in Bild 1.2 dargestellt ist. An dieser Stelle haben Sie die Gelegenheit, das Installationsprogramm noch vorzeitig abzubrechen. Um mit dem Installationsvorgang zu beginnen, klicken Sie auf die Schaltfläche <Weiter>.

Haben Sie sich für die Programmeinrichtung entschieden, müssen Sie zunächst Ihren Namen eintasten. Haben Sie diese Eingabe gemacht und das entsprechende Dialogfeld quittiert, legen Sie ein Zielverzeichnis fest. Standardmäßig wird der Pfad *C:\VB* vorgeschlagen. In der Regel können Sie diesen Verzeichnisnamen übernehmen und mit der Programmeinrichtung fortfahren.

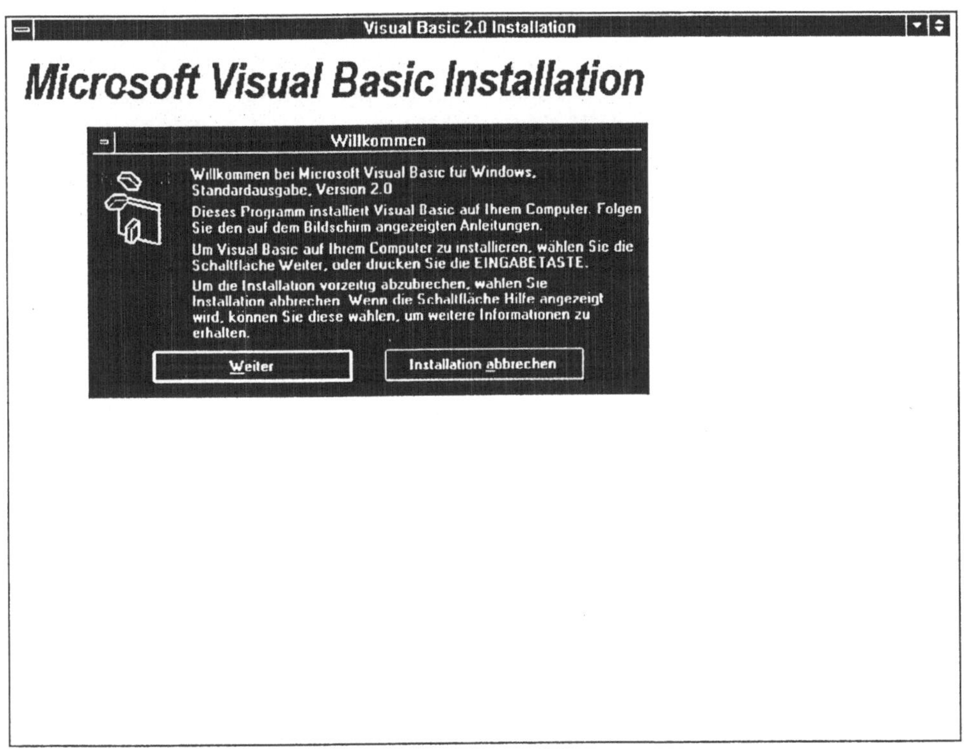

Bild 1.2: Der Eröffnungsbildschirm des Installationsprogrammes

Ist bereits im gewählten Verzeichnis eine andere Visual Basic-Version enthalten, führen Sie also ein Update durch, dann erhalten Sie eine entsprechende Meldung. Bevor Sie das Verzeichnis jedoch dennoch quittieren einige wichtige Hinweise:

- Sichern Sie bei einem Update in jedem Fall die Form- und Quelldateien von Visual Basic 1.0. Dateien die mit VB 2.0 gelesen und anschließend wieder gespeichert wurden, können mit der älteren Programmversion nicht mehr gelesen werden. Eine Sicherung ist empfehlenswert, da Programme unter Umständen nicht ohne Quelltextänderungen unter VB 2.0 lauffähig sind.
- Haben Sie unter Visual Basic für Windows 1.0 mit dem Professional Toolkit für Visual Basic gearbeitet, so sollten Sie dieses Programmpaket vor der Installation zunächst komplett von der Festplatte löschen. Dies ist sinnvoll, da das PTK in erweiterter und verbesserter Fassung Bestandteil der professionellen Programmausgabe von Visual Basic für Windows 2.0 ist und eine Mischung der Dateien unterschiedlicher Versionen unbedingt vermieden werden sollte. Obgleich Steuerelementebibliotheken von VB 1.0 im Regelfall mit VB 2.0 geladen werden können, empfielt sich vor dem

Einsatz eines älteren Steuerelementes zunächst eine Testphase, da sonst Probleme bei der Programmentwicklung oder dem späteren Programmlauf auftreten können. In der Regel sind bei den Software-Herstellern bereits Updates an die neue VB-Version erhältlich.

- ❑ Visual Basic 2.0 unterstützt den Entwurf von Multiple Document-Anwendungen. Dabei handelt es sich um Programme, mit deren Hilfe mehrere Dokumente parallel geöffnet und verarbeitet werden können. Das PTK stellte zum selben Zweck ein spezielles Steuerelement mit dem Namen MDICHILD.VBX zur Verfügung. Dieses kann auch weiterhin mit VB 2.0 ersatzweise genutzt werden, ohne daß Probleme auftreten. Eine Portierung von MDI-Anwendungen, die die Datei MDICHILD.VBDX nutzen auf MDI-Anwendungen unter VB 2.0 ist nicht empfehlenswert, da die Syntaxunterschiede relativ groß sind und sich Unterschiede in den bereitgestellten Eigenschaften ergeben.
- ❑ Arbeiten Sie mit der Standardversion, und besitzen Sie noch das PTK zu Visual Basic 1.0, so lassen sich in der Regel alle Komponenten weiterverwenden. Probleme sind jedoch nicht gänzlich auszuschließen, so daß Testphasen der entwickeltewn Programme intensiver durchzuführen sind.

Nachdem Sie das Zielverzeichnis quittiert haben, können Sie zwischen einer benutzerdefinierten und Vollinstallation wählen. Die benutzerdefinierte Einrichtung bietet sich dann an, wenn für die komplette Installation nicht ausreichend freiere Festspeicher zur Verfügung steht. Bei der benutzerdefinierten Installation können Sie die einzelnen einzurichtenden Programmteile in einem Dialogfeld mit Hilfe der Kontrollfelder, die durch kleine Quadrate gekennzeichnet sind, auswählen. Sie sollten bei der Erstinstallation das Gesamtpaket einrichten, da die Beispiele sehr lehrreich sind, das Lernprogramm einen Überblick über das Programmiersystem und der Symboleditor eine komfortable Behandlung von Bildsymbolen ermöglicht. Sollten Sie später feststellen, daß Sie einige Programmteile nicht benötigen, können Sie diese gezielt wieder löschen.

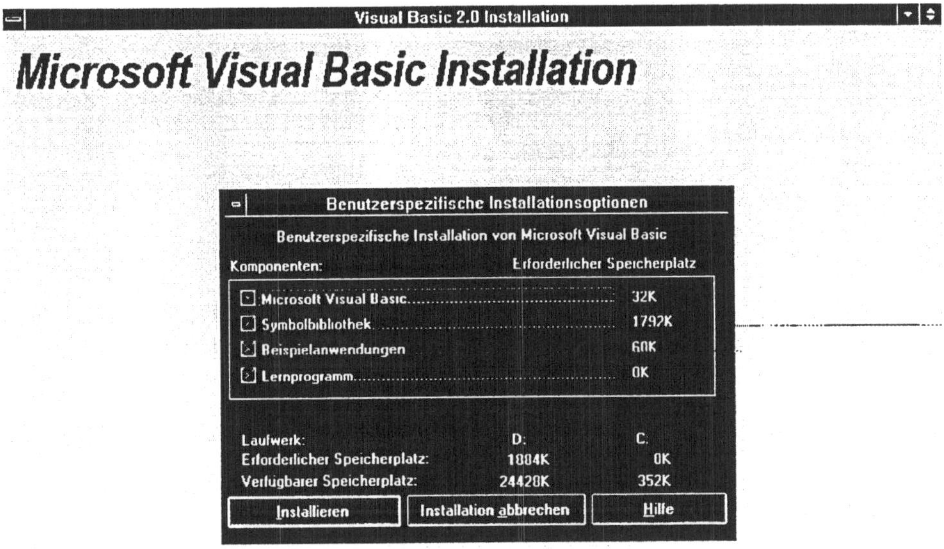

Bild 1.3: Optionsauswahl bei der benutzerdefinierten Installation der Standardversion von Visual Basic

Quittieren Sie das Auswahlfenster, wird Visual Basic installiert. Der aktuelle Arbeitsstand und notwendige Diskettenwechsel werden auf dem Bildschirm angezeigt. Durch die Installation wird auch eine Programmgruppe und innerhalb dieser Programmgruppe Bildsymbole für Visual Basic, die zugehörige Hilfedatei und das Einführungsprogramm angelegt. Damit ist ein späterer Programmaufruf möglich, ohne Einstellungen in Windows selbst vornehmen zu müssen (s. Bild 1.4). haben Sie die professionelle Programmfassung installiert, so werden weitere Bildsymbole eingerichtet.

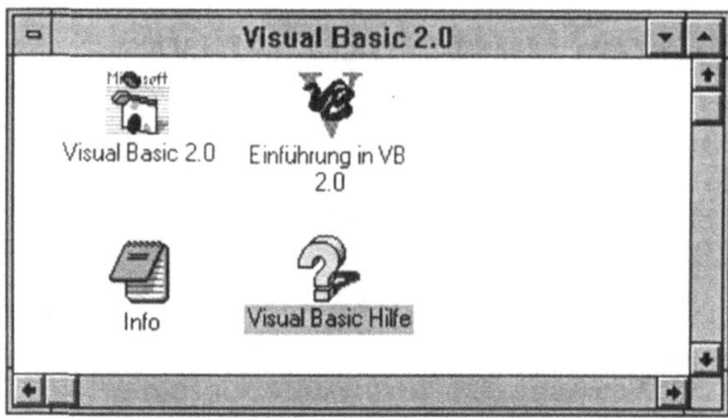

Bild 1.4: Visual Basic - Programmgruppe

1.4 Benutzeroberfläche und Hilfesystem

Bevor wir uns der Programmierung mit Visual Basic 2.0 zuwenden, wollen wir zunächst an dieser Stelle die Benutzeroberfläche, das Hilfesystem und das Lernprogramm kurz vorstellen. Die Unterschiede zur Vorgängerversion werden dabei besonders berücksichtigt.

1.4.1 Die Benutzeroberfläche

Visual Basic besitzt eine Benutzeroberfläche, die sich von übrigen Windows-Applikationen sehr stark unterscheidet. Das Hauptfenster nimmt zu keinem Zeitpunkt der Programmentwicklung den gesamten Bildschirm ein, sondern verfügt lediglich über die Menü- und eine Werkzeug- bzw. Symbolleiste. Die Programmierwerkzeuge für die Generierung der Programmoberfläche, die Projektverwaltung, das Menüentwurfsfenster, das fenster zur Farbanwahl und Farbdefinition und auch der Editor werden in einzelnen Fenstern, die in der Regel nicht in der Größe veränderbar sind, wahlfrei auf dem Bildschirm angezeigt und plaziert. Für den Visual Basic - Einsteiger kann diese Fenstervielfalt zunächst recht unüberschaubar wirken, auch wenn sich diese Praxis in der späteren Anwendung als sehr sinnvoll erweist. Aus diesem Grunde werden Sie an dieser Stelle zunächst die einzelnen Fenster in Visual Basic mit ihrem Aussehen und ihrer Verwendung kennenlernen. Dabei gilt zu beachten, daß nicht alle Fenster parallel auf dem Bildschirm angezeigt werden und teilweise gesondert durch den Anwender zu öffnen sind. Das Direktfenster ist beispielsweise nur im Programmausführungsmodus anzeigbar, das Editorfenster kann sowohl im Entwurfsmodus als auch im Programmunterbrechungsmodus und das Eigenschaftenfenster nur im Entwurfsmodus angezeigt werden.

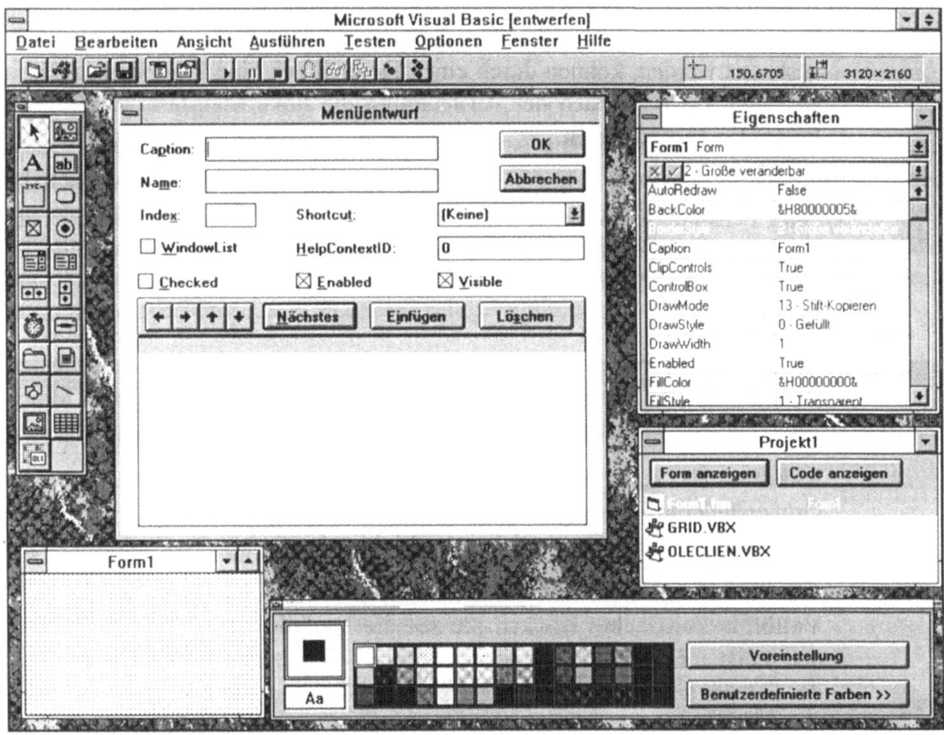

Bild 1.5: Die Entwicklungsumgebung von Visual Basic

Arbeiten Sie Visual Basic, erscheint der Bildschirm ähnlich wie in Bild 1.5 dargestellt. Im oberen Bereich erkennen Sie die Menüleiste, das Hauptfenster des Entwicklungssystems. Das leere Fenster in der unteren linken Bildschirmecke mit dem Titel *Form1* wird als Form oder Formular bezeichnet. In Formularfenstern werden Sie später die Benutzeroberfläche Ihres Anwendungsprogrammes definieren. Im linken Bildschirmbereich befindet sich die sogenannte Toolbox. Diese stellt die Oberflächenelemente zur Verfügung, die mit der Maus angewählt und danach frei in einem Formular plaziert werden können. Diesen "Werkzeugkasten", die sogenannte Toolbox, werden wir im 2. Kapitel eingehender besprechen. Beachten Sie, daß sämtliche Fenster frei auf dem Bildschirm plaziert werden können. Fenster können zudem nach Bedarf geöffnet und geschlossen werden. Halten Sie beim Programmentwurf der Übersichtlichkeit halber immer nur die Fenster geöffnet, die Sie zum aktuellen Arbeitsstand tatsächlich benötigen. Welche Bedeutung die einzelnen Fenster haben und wie diese zu handhaben sind, wird nachfolgend beschrieben. Die einzelnen Fenster werden zur Programmerstellung benötigt. Zunächst sollen jedoch einige Schaltsymbole und Maustechniken zunächst kurz angeführt werden.

Doppelklick: Einzelne Oberflächenelemente, die mit dem Mauscursor angesteuert werden, können durch einen Doppelklick eine Programmfunktion auslösen. Dazu ist nach der Ansteuerung die linke Maustaste zweimal in kurzer Folge zu drücken.

Schließenfeld: Das Schließenfeld befindet sich in der linken oberen Ecke eines Fensters. Klicken Sie dieses einmalig mit der Maus an, erscheint ein spezielles Fenstermenü, mit dem ein Schließen und u.U. ein Verschieben möglich ist. Ein Doppelklick auf das Schließenfeld entfernt das Fenster vom Bildschirm.

Titelleiste: Bewegen Sie den Mauscursor auf die Titelleiste am oberen Fensterrand und halten die linke Maustaste gedrückt, läßt sich durch Mausbewegungen das Fenster an eine gewünschte Position verschieben.

Rahmen: Das Anklicken eines Fensterrahmens gestattet in vielen Fällen die Größenänderung eines Fensters. Halten Sie dazu wieder die linke Maustaste gedrückt und bewegen Sie dabei die Maus solange, bis das Fenster die gewünschte Größe hat.

Vollbildschaltfläche: Klicken Sie auf die Vollbildschaltfläche, die sich in den meisten Fenstern in der oberen rechten Fensterecke befindet, dann wird das Fenster auf die maximale Bildschirmgröße gezoomt.

Symbolschaltfläche: Um ein Fenster als Bildsymbol zu verkleinern, müssen Sie die Symbolschaltfläche anklicken. Diese befindet sich links neben der Vollbildschaltfläche. Beachten Sie, daß das Fenster geschlossen und durch ein Bildsymbol (Icon), das am unteren Bildschirmrand erscheint, ersetzt wird. Ein Doppelklick auf dieses Bildsymbol öffnet das entsprechende Fenster wieder.

Wiederherstellenschaltfläche: Mit der Wiederherstellenschaltfläche kann ein zum Vollbild vergrößertes Fenster auf seine ursprüngliche Größe zurückgesetzt werden. Das Symbol, das durch einen Doppelpfeil gekennzeichnet ist, ist nur im Vollbildmodus aktiv und ersetzt in diesem Fall die Vollbildschaltfläche in der oberen rechten Fensterecke.

Auf weitere Bedienungselemente wollen wir an dieser Stelle nicht eingehen, da diese einheitlich für Windows und Windows-Anwendungsprogramme gelten. Da Sie Windows bereits installiert haben müssen, um auch mit Visual Basic arbeiten zu können, sollten Sie schon mit der allgemeinen Programmsteuerung vertraut sein, so daß wir uns nun auf Visual Basic konzentrieren können.

Das Menüfenster und die Werkzeugleiste

Beginnen wir zunächst mit dem Menüfenster. Da die professionelle Version von Visual Basic 2.0 zur Zeit nur in englischer Sprache erhältlich ist, werden wird auch die englischen Bezeichnungen nennen. In der Titelleiste wird der Name von Visual Basic und in eckigen Klammern der Betriebsmodus angezeigt. Das ist in dem vorliegenden Fall der Entwurfsmodus, am Begriff entwerfen/englisch? erkennbar (s. Bild 1.5). Führen Sie ein Programm aus, erscheint das Wort ausführen/englisch? und bei einer Programmunterbrechung das Wort unterbrechen/englisch?.

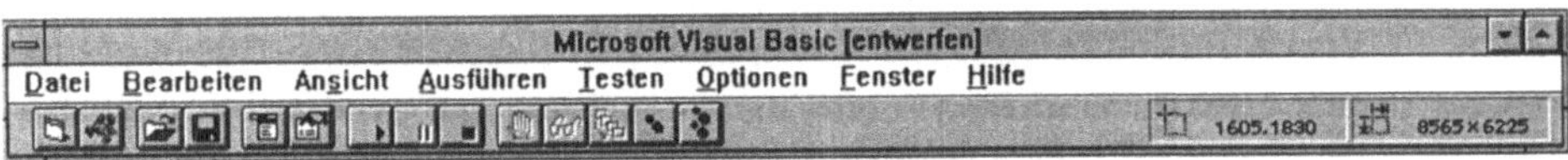

Bild 1.5: Das Menüfenster mit Werkzeugleiste

Welche Funktionen sich hinter den einzelnen Hauptmenüpunkten verbergen, ist nachfolgend kurz zusammengefaßt. Im Anschuß werden dann die Symbole der Werkzeugleiste, die immer einen bestimmten Menübefehl repräsentieren, erläutert.

DATEI / FILE: Über den Menüpunkt DATEI können Sie ein Projekt laden und abspeichern, einzelne Dateien importieren und speichern, sowie neue Module und Formulare für Ihr Projekt anlegen. Beachten Sie, daß über den Untermenüpunkt EXE-Datei erstellen die eigenständig, ohne die Entwicklungsumgebung ausführbare Windows-Programmdatei generiert werden kann. Sie sollten das Programm erst erzeugen, wenn Sie mit der Oberfläche zufrieden sind und Ihr Programm soweit getestet haben, daß es scheinbar fehlerfrei arbeitet. Im Menü DATEI finden Sie auch die Funktion zum Drukken von Quelltext und Formen. sowie den Befehl zum Beenden des Programmes.

BEARBEITEN / EDIT: Das Menü BEARBEITEN stellt wichtige Editierfunktionen, wie z.B. Kopieren, Einfügen und Verschieben zur Verfügung. Diese Anweisungen können sowohl im Editor für den Quelltext als auch im Formular für Oberflächenelemente eingesetzt werden. Außerdem ist eine komfortable Suchen- und Ersetzen-Routine enthalten. In Visual Basic können Sie Formen und Steuerelemente in mehreren Ebenen verwalten. für diese Funktionen werden Befehle in diesem Menü bereit gestellt.

ANSICHT / VIEW: Über dieses Menü lassen Sie Quelltext anzeigen. Sie verwalten hier außerdem Quelltextprozeduren, legen bespielsweise neue Prozeduren an oder wechseln zur nächsten Prozedur. In diesem Menü ist auch der Befehl zum Ein- und Ausblenden der Werkzeugleiste enthalten.

AUSFÜHREN / RUN: Über diesen Menübefehl bringen Sie Ihr Programm während der Entwicklungsphase innerhalb der Visual Basic-Programmierumgebung zur Ausführung. Sie testen so die Lauffähigkeit eines Programmes, ohne die Entwicklungsumgebung verlassen zu müssen. Für die Ausführung stehen verschiedene Modi zur Verfügung, die Sie je nach Bedarf in Verbindung mit dem Quelltextdebuger wählen, beispielsweise zum Testen und zur Fehlersuche. Auch ein Befehl zum Beenden der Ausführung ist integriert.

TESTEN / DEBUG: Dieses Menü steht ganz im Dienste der Fehlersuche in Visual Basic-Programmen. Dabei gehen Sie entweder in Einzelschritten oder Prozedurschritten vor oder überpüfen durch das Setzen von Haltepunkten gezielt einzelne Abschnitte. Mit einer speziellen Funktion kontrollieren Sie den Wert von Ausdrücke in Ihrem Code. Sie können Ausdrücke überwachen und abhängig von einem bestimten Wert die Programmausführung unterbrechen.

OPTIONEN / OPTIONS: Dieses Menü nutzen Sie, um die Entwicklungsumgebung in einem gewissen Umfang an Ihre Bedürfnisse anzupassen. Die vorgenommenen Einstellungen lassen sich jederzeit wieder ändern. Sie finden hier Befehle, um bei der Quelltexteingabe Variablendeklarationen zu erzwingen oder eine automatische Syntaxüberprüfung vornehmen zu lassen. Außerdem können Sie die farbige Darstellung des Qelltextes verändern und Einstellugen für ein Raster vornehmen, an dem die Steuerlemente auf einem Formular ausgerichtet werden.

FENSTER / WINDOW: Bei der Vielzahl von Fenstern von Visual Basic ist es durchaus realistisch, daß ein gerade benötigtes Fenster nicht geöffnet ist oder aber von einem anderen Fenster komplett verdeckt wird. In diesem Fall können Sie über das Menü **FENSTER** das entsprechende Fenster zur Anzeige bringen. Beachten Sie allerdings, daß nicht sämtliche Fenster in jedem Betriebsmodus verfügbar sind. So kann das Menüentwurfsfenster nur bei aktiviertem Formularfenster im Entwurfsmodus und das Direktfenster ausschließlich im Programmausführungsmodus angezeigt werden.

HILFE / HELP: Über das Menü **HILFE** rufen Sie Hilfeinformationen und das Lernprogramm ab. Eine genauere Erläuterung dieser Funktionen erhalten Sie am Ende dieses Kapitels.

Die Werkzeugleiste

Unterhalb der Menüleiste befindet sich eine Leiste mit Symbolen (siehe Bild). Sie wird als Werkzeugleiste bezeichnet und enthält Symbolschalter für die Maus, die jeweils einem bestimmten Menübefehl entsprechen. Außerdem beinhaltet die Werkzeugleiste Informationen zu Objektgrößen und -positionierungen. Die Symbolleiste hat in Vsual Basic die Position, nicht aber die Funktion der Eigenschaftenleiste der Version 1.0 eingenommen. Eigenschaften werden jetzt in einem speziellen Eigenschaftenfenster verwaltet, auf das wir später noch genauer eingehen und das zu den Verbesserungen in der neuen Version von Visual Basic gehört.

Bild 1.7: Die Werkzeugleiste von Visual Basic 2.0

14 Symbole stehen zur Anwahl bereit. Die einzelnen Funktionen, die sich hinter den Symbolschaltflächen verbergen, sind nachfolgend von links nach rechts kurz erläutert:

- **Neue Form**: Entspricht dem Menübefehl DATEI\NEUE FORM und bringt eine neue, leere Form auf den Bildschirm.
- **Neues Modul**: Entspricht dem Menübefehl DATEI\NEUES MODUL und öffnet eine neue Moduldatei, in die Sie Variablen- und Prozedurdeklarationen sowie Prozedurdefinitionen schreiben.
- **Projekt öffnen**: Entspricht dem Menübefehl DATEI\PROJEKT ÖFFNEN und öffnet ein Dialogfeld, in dem Sie ein Projekt zum Laden auswählen.
- **Projekt speichern**: Entspricht dem Menübefehl DATEI\PROJEKT speichern und spiechert jeweils die letzten Änderungen an einem Projekt. Handelt es sich um ein neues Projekt, so wird das Dialogfeld *Datei speichern unter* geöffnet, in dem Sie zunächst der Form- oder Quelltextdatei einen Namen vergeben und anschließend die gewünschte Projektdatei benennen.
- **Menüentwurf**: Entspricht dem Menübefehl FENSTER\MENÜENTWURF und öffnet beziehungsweise aktiviert das Menüentwurfsfenster.
- **Eigenschaftenfenster**: Entspricht dem Menübefehl FENSTER\EIGENSCHAFTEN und öffnet beziehungswese aktiviert das Eigenschaftenfenster.
- **Programm ausführen**: Entspricht dem Menübefehl AUSFÜHREN\STARTEN und startet Ihre Anwendung aus der Enwicklungsumgebung heraus.

- **Programmausführung unterbrechen**: Entspricht dem Menübefehl AUSFÜHREN\UNTERBRECHEN und unterbricht den Textlauf eines Programmes.
- **Programm beenden**: Entspricht dem Menübefehl AUSFÜHREN\BEENDEN und beendet den Testlauf eines Programmes.
- **Haltpunkte**: Entspricht dem Menübefehl TESTEN\HALTEPUNKT EIN-/AUSSCHALTEN und setzt zur Entwurfszeit oder beim Testen des Programmes Haltepunkte in die Zeile, in der der Cursor aktuell positioniert ist beziehungsweise löscht einen vorhandenen Haltepunkt.
- **Werte anzeigen**: Entspricht dem Menübefehl TESTEN\AKTUELLEN WERT ANZEIGEN ruft ein Dialogfeld auf, das den aktuellen Wert des markierten Ausdrucks anzeigt.
- **Prozeduraufrufe**: Entspricht dem Menübefehl TESTEN\AUFRUFE. Sie gelangen in ein Dialogfeld, das die aktuell aktiven Prozeduraufrufe anzeigt. Hierbei werden auch die Aufrufe berücksichtigt, die aus einer Prozedur heraus oder vom Textfenster aus erfolgen.
- **Einzelschritt**: Entspricht dem Menübefehl TESTEN\EINZELSCHRITT. Sie testen mit diesem Befehl Ihr Programm Anweisung für Anweisung. Auch einzelne Anweisungen innerhalb von Prozeduren werden schrittweise abgearbeitet.
- **Prozedurschritt**: Entspricht dem Menübefehl Testen\Prozedurschritt. Mit dieser Funktion lassen Sie Prozedur für Prozedur abarbeiten, um Ihr Programm zu testen. Einzelne Anweisungen innerhalb von Prozeduren werden in diesem Ausführungsmodus nicht schrittweise abgearbeitet.

Die Symbole sind für die entsprechenden Funktionen in der Regel der schnellste Weg zum Aufruf. Sie werden mit der Maus bedient, auf die Sie bei der Arbeit mit Visual Basic nie verzichten sollten.

Bild 1.8: Informationen zur Position und Größe des aktuellen Objekt

Im rechten Bereich der Werkzeugleiste stehen Angaben zur Größe und Position des aktuell gewählten Objekts, wobei es sich sowohl um Steuerelemente als auch um Formen handeln kann.

Anzeige der Position: Die Koordinaten in Twips (ein zwanzigstel eines Punktes; 1 cm entspricht 576 Twips) beziehen sich jeweils auf die linke obere Ecke eines aktivierten Steuerelementes oder Formularfensters. Beachten Sie, daß die Einstellung über die Kombinationsfelder erfolgt bzw. durch ein Verschieben des Formularfensters festgelegt wird.

Anzeige der Formulargröße: Die Größe eines Steuerelementes oder einer Form in Breite x Höhe wird in der rechten Anzeige ausgegeben. Auch hier erfolgt die Festlegung der Größe entweder über die Kombinationsfelder bzw. ein direktes Vergrößern eines Objektes auf dem Bildschirm.

Das Eigenschaftenfenster

Visual Basic 2.0 weist, wie bereits erwähnt, gegenüber der Vorgängerversion einige Neuerungen und Verbesserungen in der Entwicklungsumgebung auf. Dazu gehört das Eigenschaftenfenster, das die bisherige Eigenschaftenleite ersetzt und in dem die für die einzelnen Steuerelemente verfügbaren Eigenschaften übersichtlich aufgelistet werden. Das Fenster zeigt jeweils alle Steuerelemente an, die in der aktuell bearbeiteten Form angelegt sind. Sie haben so jederzeit einen Überblick über die Werte der Eigenschaften Ihrer Steuerelemente. Die einzelnen Eigenschaften werden wir später noch genauer besprechen.

Unterhalb der Titelzeile befindet sich ein Kombinationslistenfeld, über das Sie beliebige Steuerelemente des aktuell aktiven Formulars anwählen können. Nach der Anwahl erscheinen innerhalb einer Liste sämtliche Eigenschaften mit den aktuellen Eigenschaftswerten, die vom gewählten Steuerelement unterstützt werden (s. Bild 1.9). Durch Doppelklicken auf eine Eigenschaft ändert sich der zugehörige Eigenschaftswert bzw. es erscheint ein Dialogfeld zur Änderung des Wertes. Unterhalb des Kombinationslistenfeldes befindet sich der Bearbeitungsbereich für Eigenschaften. Hier können Sie, je nach gewählter Eigenschaft, vorgegebene Werte auswählen oder auch frei eingeben.

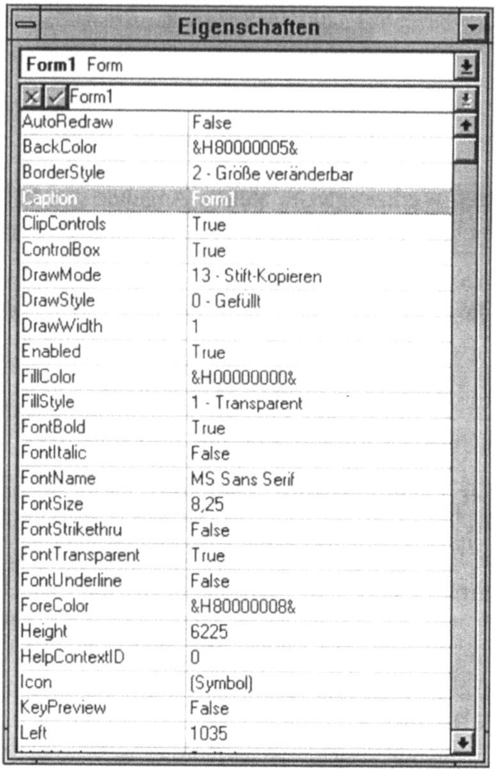

Eigenschaften

Form1 Form

Form1

AutoRedraw	False
BackColor	&H80000005&
BorderStyle	2 - Größe veränderbar
Caption	Form1
ClipControls	True
ControlBox	True
DrawMode	13 - Stift-Kopieren
DrawStyle	0 - Gefüllt
DrawWidth	1
Enabled	True
FillColor	&H00000000&
FillStyle	1 - Transparent
FontBold	True
FontItalic	False
FontName	MS Sans Serif
FontSize	8,25
FontStrikethru	False
FontTransparent	True
FontUnderline	False
ForeColor	&H80000008&
Height	6225
HelpContextID	0
Icon	(Symbol)
KeyPreview	False
Left	1035

Bild 1.9: Das Eigwenschaftenfenster

Das Entwurfsformular

Das wichtigste Fenster in der Visual Basic-Programmierumgebung ist das Formularfenster. Dabei handelt es sich um einen Arbeitsbereich, in dem Sie Ihre Oberfläche zeichnen. Zunächst wählen Sie ein Oberflächenelement aus der Toolbox und plazieren dieses anschließend an die gewünschte Position im Formular. Jedes Oberflächenelement kann über Ansteuerung des Rahmens mit der Maus auf eine beliebige Größe gezoomt werden. Informationen über die genaue Größe und Position eines Elements erhalten Sie, wie oben erläutert, im Informationsbereich der Werkzeugleiste. Danach können Sie die einzelnen integrierten Objekte über das Eigenschaftenfenster mit bestimmten Eigenschaften versehen. Um ein Ausrichten der Oberflächenelemente zu erleichtern, kann wahlfrei mit einem Raster bzw. Fangraster gearbeitet werden. Hinweise hierzu erhalten Sie bei der Beschreibung der Menüs Bearbeiten und Optionen.

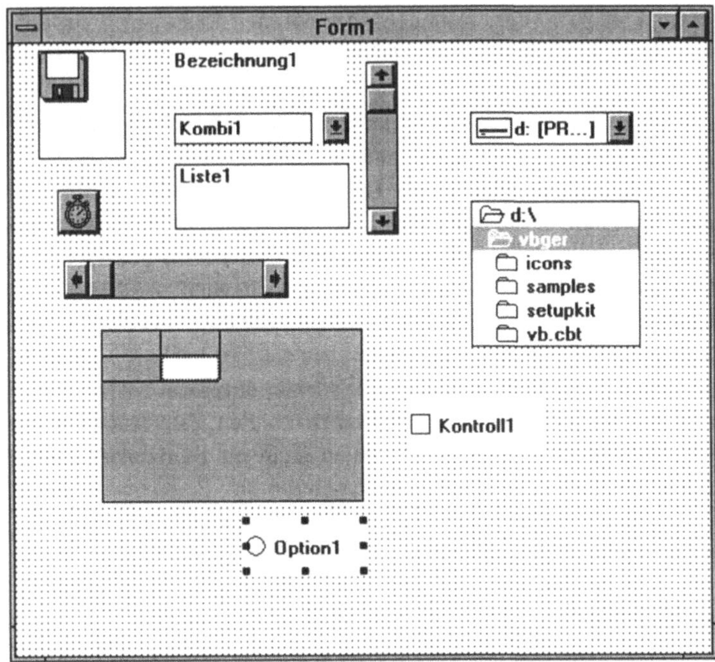

Bild 1.10: Das Entwurfsformular

In Bild 1.10 wurden zur Veranschaulichung einige Objekte in das Formular aufgenommen. Berücksichtigen Sie in der späteren Programmausführung, daß sich mit der Anzahl der Elemente eines Formulars die Verwaltungzeit erhöht. Auch kann ein überladenes Formular durchaus zu einer schlechteren Handhabung durch den Anwender führen. Versuchen Sie daher, Formulare auf die wesentlichen Steuerelemente zu beschränken. Weniger ist oft mehr. Ein Programm selbst kann aus einem Formular oder aus einer Reihe von Formularen aufgebaut sein. Diese können gesamt oder nur bei Bedarf in den Speicher geladen werden. In welcher Größe und an welcher Position das Formular geöffnet wird, kann vom Programmierer festgelegt werden. Standardmäßig erscheinen alle Formulare so, wie sie auf den Bildschirm gezeichnet wurden. Änderungen müssen explizit über die Eigenschaftenleiste bzw. über Quelltextanweisungen durchgeführt werden. Besteht Ihr Programm aus mehreren Formularen, müssen Sie ein Startformular festlegen. Das ist im Regelfall das erste für ein Programm erzeugte Formular. Das Startformular kann nachträglich über das Menü OPTIONEN • PROJEKT... und anschließender Festlegung des Startformulars in der Liste *Einstellung* (Eintrag *Startform*) neu festgelegt werden. Ein Doppelklick auf das Formular oder ein bestimmtes Oberflächenelement öffnet automatisch das Editorfenster mit der Unterprogrammschablone für das am wahrscheinlichsten auszuwertende Ereignis. So können Sie zumeist unmittelbar den ereignisorientierten Quelltext eingeben, ohne ein Ereignis in jedem Fall gesondert festlegen zu müssen. Ein Beispiel, an dem eine Programmentwicklung exemplarisch vorgeführt wird, ist in Kapitel 1.5 enthalten.

Das erste Entwurfsformular wird automatisch bei der Anlage eines neuen Projektes geöffnet. In Visual Basic 2.0 wird zwischen Form und MDI-Form unterschieden. Das automatisch bzw. über den Menüpunkt DATEI • NEUE FORM geöffnete Formular ist eine normale Form, die als Dialogfeld oder Kindfenster (Child) einsetzbar ist. Ein Kindfenster wird innerhalb eines Elternfensters (MDI-Form) geöffnet, kann aber aus dem Arbeitsbereich des Elternformulars nicht herausbewegt werden. Normale Dialogfelder hingegen können frei auf dem Bildschirm plaziert werden. Ob eine Form als Kindfenster eingesetzt wird oder nicht, wird über die Eigenschaft *MDIChild* festgelegt. Werden Kindfenster definiert **muß** es auch eine **einzelne** MDI-Form (Container) geben, in dem die Kindfenster geöffnet werden können. Die Anlage mehrerer MDI-Formen ist nicht möglich. Kindfenster können nicht als Startform eines Programmes eingesetzt werden.

Das Projektfenster

Da ein Visual Basic-Programm aus einer Vielzahl von Formularen und Quellmodulen bestehen kann, verfügt die Programmierumgebung über das sogenannte Projektfenster. Dieses erlaubt den gezielten Zugriff auf ein bereits erzeugtes Formular, den zugehörigen Quelltext bzw. reine Quelltextmodule. In Abbildung 1.11 ist das Projektfenster abgedruckt, wie es sich mit geladener Projektliste darstellt.

Bild 1.11: Das Projektfenster

Im unteren Listenfeld sind die einzelnen Programmodule mit ihrem Dateinamen und dem Namen, in dem im Programm auf die Formulare zugegriffen wird, aufgeführt. Anders als unter Visual Basic 1.0 kennt die neue Programmversion kein globales Modul mehr. Nunmehr können globale Variablen- und Funktionsdeklarationen sowie benutzerdefinierte Typdeklarationen in jedem beliebigen Quellmodul vorgenommen werden. Reine Basic-Quelldateien werden durch das Dateikürzel (Suffix) BAS gekennzeichnet, wie es generell für Basic-Dialekte üblich ist. Formulare werden jeweils getrennt in einzelne Dateien abgespeichert und erhalten das Suffix FRM. Diese getrennt verwalteten Dateien werden erst beim Anlegen des eigenständig ausführbaren Programmes (EXE-Datei) zusammengefügt. Zur Ausführung der erstellten Applikation sind die im Projektfenster aufgeführten Dateien also nicht mehr erforderlich. Damit sich Visual Basic die Dateien merken kann, die zu einem Projekt gehören, legt es intern eine Make-Datei mit der Dateiendung MAK an, wie es auch bei anderen Programmiersprachen üblich ist. Wollen Sie später ein Projekt laden, brauchen Sie nur diese MAK-Datei auswählen und alle benötigten Programmodule werden automatisch in den Speicher geladen. Die Projektdateien liegen im ASCII-Format vor und können manuell mit jedem Editor bearbeitet werden. Die Projektlisten selbst werden jeweils bei den in diesem Buch vorgestellten Programmen mit angeführt. Starten Sie Visual Basic 2.0, können Sie immer wieder benötigte Quell-, Form- oder zusätzliche Steuerelementedateien automatisch laden lassen. Die Dateien müssen lediglich in der Projektdatei mit dem Namen AUTOLOAD.MAK im Visual Basic-Programmverzeichnis (!) abgespeichert werden. Die Projektdatei AUTOLOAD.MAK unterscheidet sich nicht von den übrigen Projektdateien. Befindet sich diese Datei jedoch im VB-Verzeichnis und sind die darin angeführten Dateien von Visual Basic in die Projektliste geladen, so wird automatisch ein weiteres leeres Entwurfsformular geöffnet, welches unter Umständen wieder zu schließen ist.

Auf die Namensvergabe der einzelnen Module werden wir in unserem Programmierbeispiel im nächsten Kapitel noch genauer eingehen. Es sei an dieser Stelle jedoch erwähnt, daß Namen für neue Formulare automatisch vergeben werden und bei Bedarf gesondert umzubenennen sind. Dies gilt auch für die übrigen Oberflächenelemente. Die Datei FORM1.FRM wird automatisch zu Beginn eines neuen Projektes generiert und steht in direktem Zusammenhang zu dem beim Laden von Visual Basic automatisch geöffneten Entwurfsformular.

Haben Sie im Listenfeld ein zu bearbeitendes Formular- bzw. Basic-Quelltextmodul ausgewählt, können Sie die Anwahl über die Schaltfläche <*Form anzeigen*> bzw. <*Code anzeigen*> quittieren. Je nach Schaltfäche wird dann das entworfene Formular oder aber der zugehörige Quelltext auf den Bildschirm gebracht und kann unmittelbar bearbeitet werden. Ist die Schaltfläche <*Form anzeigen*> nicht anwählbar, dann handelt es sich um ein reines Quelltextmodul. Beachten Sie, daß Formulardateien, anders als reine Quelltextmodule, sowohl Definitionen der Formulare als auch ereignisorientierte Unterprogramme enthalten.

Farbpaletten- und Farbdefinitionsfenster

Die grafischen Oberflächen- und Bedienungselemente können in der Regel mit beliebigen Farben versehen werden. Zwar sind Farbänderungen auf der Quelltextebene vollziehbar, Grundeinstellungen lassen sich jedoch auch komfortabel über das Farbpalettenfenster festlegen. Dieses ist standardmäßig nicht geöffnet und muß erst über das Menü FENSTER • FARBPALETTE aufgerufen werden (s. Bild 1.12).

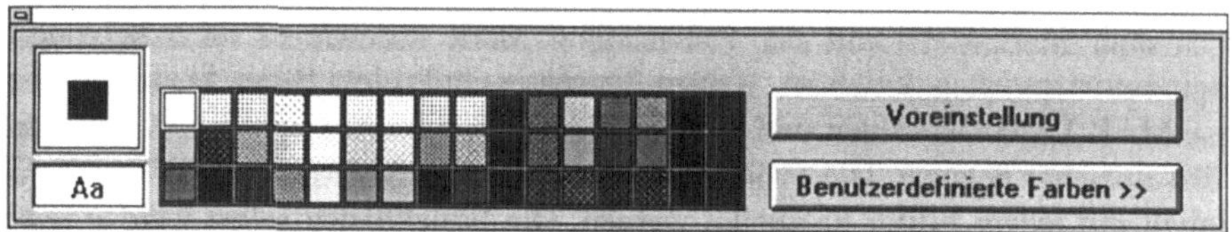

Bild 1.12: Farbpalettenfenster

Im linken Teil des Fensters sehen Sie die aktuelle Farbauswahl für den Vorder- und Hintergrund. Durch ein Anklicken des jeweiligen Bereiches kann entweder die Vorder- oder Hintergrundfarbe festgelegt werden. Der untere linke Bereich des Fensters, in dem die Buchstaben *Aa* angezeigt werden, gibt die aktuelle Farbwahl für Textfelder wieder. Berücksichtigen Sie, daß für Textfelder keine Mischfarben gültig sind. Wählen Sie dennoch Mischfarben für Textfelder, egal ob für Vorder- oder Hintergrund, dann wird diese automatisch durch eine naheliegende Grundfarbe ersetzt.- Im mittleren Bereich können Sie eine vordefinierte Farbe auswählen, und über die Schaltflächen im rechten Fensterbereich verlassen Sie das Farbpalettenfenster. Beachten Sie, daß die Farbauswahl unmittelbar für das aktive Oberflächenelement aktiviert wird, eine Quittierung über eine Schaltfläche ist nicht erforderlich. Über die Schaltfläche *<Standard>* stellen Sie die ursprüngliche Windows-Farbeinstellung wieder her (diese ist abhängig von der jeweiligen Windows-Konfiguration), und über die Schaltfläche <Benutzerdefinierte Farben>> > können Sie eine eigene Farbe definieren, die noch nicht im Farbpalettenfenster enthalten ist. Dazu wird zunächst eine neue Farbleiste im Palettenfenster eingerichtet. Klicken Sie hier ein leeres Feld an, öffnet sich das Farbdefinitionsfenster, wie es in Bild 1.13 dargestellt ist. Haben Sie eine Farbe definiert und mit der Schaltfläche *<OK>* quittiert, wird diese in das Farbpalettenfenster übernommen. Die benutzerdefinierte Farbe kann nun wie die vordefinierten Farben eingesetzt werden.

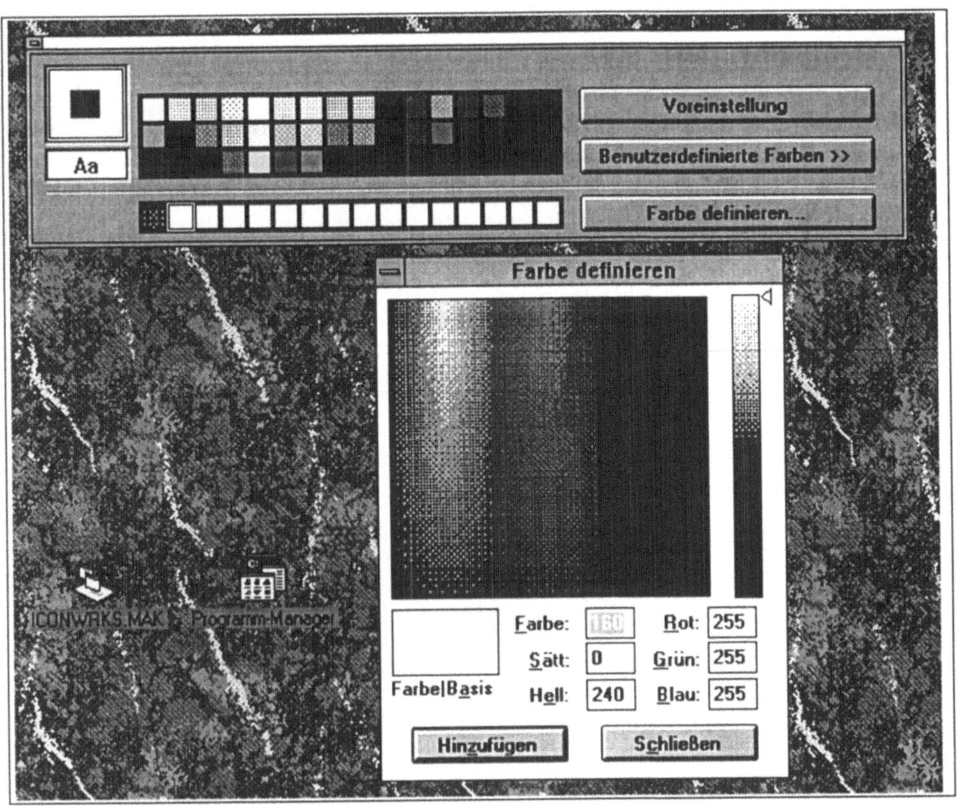

Bild 1.13: Farbdefinitionsfenster

Betrachten Sie sich das Farbdefinitionsfenster genauer, werden Sie sehr viele Dialogelemente entdecken. Die Handhabung ist allerdings recht einfach. Wählen Sie die Farben im oberen Dialogfensterbereich aus und nehmen Sie lediglich die Feinabstimmung in den Textfeldern mit den Farbwerten vor. Die jeweils aktuelle Farbeinstellung wird links oberhalb der Schaltfläche <*Hinzufügen*> angezeigt. Sind Sie mit der Anwahl zufrieden, verlassen Sie das Dialogfeld über die Schaltfläche <*Hinzufügen*> und die Farbe wird in das Farbpalettenfenster mit aufgenommen. Wählen Sie stattdessen die Schaltfläche <*Schließen*>, wird die benutzerdefinierte Farbe nicht in die Farbpalette eingetragen. Sollten Sie zeitweise das Farbpalettenfenster schließen, gehen die benutzerdefinierten Farben nicht verloren, allerdings muß die Farbleiste mit den durch den Anwender festgelegten Farben unter Umständen zunächst über die Schaltfläche <*Benutzerdefinierte Farben*>> > angezeigt werden.

Das Menüentwurfsfenster

Umfangreiche Anwendungsprogramme verfügen über eine Vielzahl von Funktionen, die in der Regel über eine Menüsteuerung komfortabel abgerufen werden können. Auch Visual Basic-Programme lassen sich mit komplexen Menüstrukturen entwickeln. Anders als bei den anderen Oberflächenlementen werden Menüs allerdings nicht gezeichnet, sondern in einem Menüentwurfsfenster definiert. Hier werden auch die Eigenschaften der Menübefehle festgelegt. Ein Beispiel für ein Menüentwurfsfenster mit einigen Einträgen ist in Bild 1.14 dargestellt.

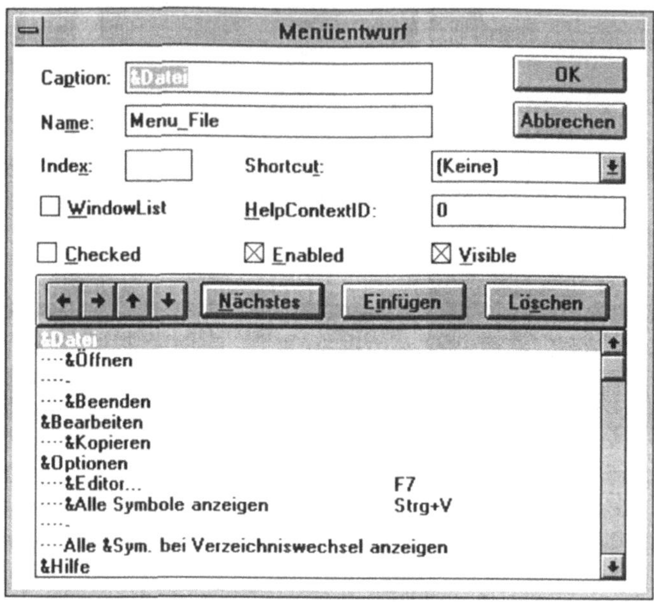

Bild 1.14: Menüentwurfsfenster

Bedenken Sie allerdings, daß, obwohl ein Programm mit einem Menü sehr professionell aussieht, Menüs nicht in jedem Falle sinnvoll oder notwendig sind. Versuchen Sie also nicht unbedingt, ein Programm mit Menüs auszustatten. Realisiert das Programm lediglich wenige Funktionen, kann es durchaus sinnvoller sein, einzelne Schaltflächen zur Anwahl einzusetzen und auf ein Auswahlmenü zu verzichten.- Wollen Sie ein Menü entwerfen, müssen Sie zunächst ein Formular aktivieren und anschließend den Menüeintrag FENSTER • MENÜENTWURF anwählen. Das Menü, das Sie nun entwerfen können, bezieht sich jeweils auf das aktuelle Formular. Da ein Programm in der Regel nur über ein Hauptmenü verfügt, sollten Sie darauf achten, daß Sie das Menü für das Startformular definieren. Die einzelnen Textfelder und Schaltflächen des Menüentwurfsfensters sind nachfolgend erläutert.

Caption: Mit diesem Textfeld legen Sie den Menüeintrag fest, so wie er später während des Programmlaufes erscheint. Wollen Sie eine Direktzugriffstaste für einen Menüpunkt definieren, müssen Sie vor dem entsprechenden Buchstaben ein & eintragen. Das Zeichen & erscheint später nicht im Menü und sorgt lediglich dafür, daß der nachfolgende Buchstabe des Menüeintrages unterstrichen und als Direktzugriffstaste genutzt wird. Das muß nicht, wie in unserem Beispiel der erste, sondern kann jeder beliebige Buchstabe eines Wortes sein. Berücksichtigen Sie allerdings, daß Visual Basic nicht überprüft, ob ein Buchstabe bereits für einen anderen Befehl desselben Menüs verwendet wurde. Ist dies der Fall, wird beim Programmlauf zunächst der erste Menüeintrag mit dem entsprechenden Buchstaben erkannt. Erst bei erneuter Buchstabenanwahl wird ein eventuell zweiter vorhandener Eintrag angesteuert. Die Verwendung des Zeichens & ist wahlfrei möglich und nicht Voraussetzung zur Einrichtung eines Menüeintrages.- Wollen Sie bei umfangreichen Untermenüs Teilungslinien zur Gruppierung von einzelnen Befehlsgruppen verwenden, so müssen Sie in das Textfeld *Caption* einen Bindestrich eintragen. Bei der Programmausführung wird später für diesen Bindestrich die Teilungslinie (Accelerator) generiert.

Name: Der Name, den Sie im Textfeld *Name* eingeben, erscheint nicht im Menü. Er dient als Bezeichnung innerhalb des Quelltextes. Versuchen Sie den Menüeinträgen aussagekräftige Namen zu vergeben und sorgen Sie dafür, daß diese unmittelbar als Menüeinträge erkennbar sind. In diesem Buch werden sämtliche Kontrollnamen mit MNU_ eingeleitet und durch einen kurzen Zusatznamen erweitert. Um z.B. den Menüpunkt Ende zu benennen, könnten Sie den Namen *MNU_End* verwenden. Beachten Sie, daß an jeden Menüeintrag ein einmaliger Name vergeben werden muß, und zwar auch dann, wenn es sich um eine Teilungslinie handelt.

Index: Das Textfeld *Index* legt das erste Element eines Steuerelementefeldes fest. Dabei handelt es sich um Menübefehle, die wie ein Datenfeld indiziert werden und allesamt die gleichen ereignisgesteuerten Unterprogramme verwenden. Steuerelementefelder werden dazu benötigt, Steuerelemente während der Laufzeit anzulegen und eventuell wieder zu entfernen. Da der zugehörige Programmcode für die neuen Elemente allerdings schon bei der Programmentwicklung festgelegt werden muß, müssen auch die ereignisgesteuerten Unterprogramme bereits im Vorfeld festgelegt werden. Dies erfolgt durch die Definition des ersten Elementes eines Steuerelementefeldes.

Shortcut: Wollen Sie spezielle Menübefehle unmittelbar über einen Tastaturbefehl bzw. über eine Tastenkombination aufrufen, dann können Sie dies durch Definition einer Schnelltaste erreichen. Eine Hilfsinformation, die sowohl über das Menü als auch direkt über ein Tastaturkommando abrufbar sein soll, sollte z.B. die Funktionstaste [F1] als Schnelltaste verwenden. Die möglichen Tastaturbefehle werden in einer Liste bereitgestellt und sind nicht frei vom Anwender wählbar.

WindowList: Für eine Multi Document-Anwendung können Sie ein bestimmtes Menü in einer MDI-Form (Container) definieren, in das die Fensterliste mit einer Aufstellung aller geöffneten Kindfenster (MDI Child) aufgenommen wird. Diese Liste ermöglicht einen komfortablen Wechsel zwischen den geöffneten Fenstern eiener Anwendung.

HelpContectID: Sie können für Ihre Menüeinträge eine Hilfe einrichten. Dazu vergeben Sie in diesem Textfeld eine eindeutige Kennung für den Hilfeindex. Hilfedateien erstellen Sie mit einer RTF-fähigen Textverarbeitung und lassen sie mit dem Windows-Hilfecompiler übersetzen.

Checked: Bei Anwahl dieser Eigenschaft wird ein Menüeintrag beim Programmstart durch einen Haken ✓ gekennzeichnet, um zu zeigen, daß eine Menüoption aktiviert wurde. Beachten Sie, daß die entsprechende Auswertung einer Menüoption und eine eventuelle Umstellung im Quelltext erfolgen muß.

Enabled: Wählen Sie diese Eigenschaft für einen Menüeintrag, ist dieser beim Programmstart nicht aktivierbar. Gekennzeichnet wird ein solcher Menüeintrag, indem der Text abgeblendet in hellem Grau erscheint. Eine Aktivierung und Deaktivierung eines Menüpunktes kann im Quelltext erfolgen.

Visible: Diese Eigenschaft legt fest, daß ein Menüeintrag bereits beim Programmstart im Menü erscheint. Auch diese Eigenschaft kann zur Laufzeit geändert werden.

Die nächsten Schaltflächen beziehen sich jeweils auf die Liste der Menüeinträge, die im unteren Teil des Menüentwurfsfensters dargestellt wird. Wie in allgemeinen Listenfeldern, wird der jeweils aktivierte Eintrag durch einen schwarzen Balken hervorgehoben. Der Balken selbst kann sowohl über die Cursorsteuerung als auch über die Maus gesetzt werden. Kann die Menüdefinition nicht in der Gesamtheit auf den Bildschirm gebracht werden, können Sie mit Hilfe der Tasten [Bild oben] und [Bild unten] bzw. über den in diesem Fall erscheinenden Rollbalken die Liste im Fenster verschieben. In der Menüdefinition werden Direktzugriffs- und Schnelltasten sowie Menüebenen angezeigt. Beachten Sie, daß Direktzugriffstasten wieder durch das vorangestellte Zeichen & gekennzeichnet werden, Menüebenen werden durch Einrückungen gekennzeichnet.

⇦ Mit dieser Schaltfläche bewegen Sie einen Menüeintrag in die nächsttiefere Menüebene. In der Darstellung der Menüdefinition werden jeweils vier führende Punkte eines Menüeintrages entfernt. Wird ein Menüeintrag nicht durch Punkte eingeleitet, so handelt es sich um einen Hauptmenüeintrag, der jeweils in der Menüzeile eines Programmes ausgegeben wird. Beachten Sie, daß Menüeinträge in der Reihenfolge ihrer Definition im Menü eingetragen werden. Sie sollten darauf achten, daß Sie übliche Menüstrukturen übernehmen. So sollte sich das Hilfemenü z.B. am rechten Rand und das Dateimenü am linken Rand des Hauptmenüs befinden.

⇨ Mit dieser Schaltfläche bewegen Sie einen Menüeintrag in die nächsthöhere Menüebene. In der Darstellung der Menüdefinition werden jeweils vier Punkte vor den Menüeintrag vorangestellt. Einträge mit jeweils vier vorangestellten Punkten unter einem Hauptmenüpunkt ergeben das erste Untermenü, das nach der Anwahl eines Hauptmenüpunktes erscheint. Bis zu 5 Einrückungsebenen sind in Visual Basic möglich. Beachten Sie aber, daß auch hier übermäßige Menüebenen eher die Bedienungsfreundlichkeit verschlechtern als fördern. Versuchen Sie die Funktionen Ihres Programmes also sinnvoll zu gliedern und nicht unnötige Befehle in die Menüs aufzunehmen.

⇧ Mit Hilfe dieser Schaltfläche können Sie den aktiv markierten Menüeintrag in der Liste um ein Feld nach oben verschieben und damit die Position im späteren Programmlauf festlegen.

⇩ Mit Hilfe dieser Schaltfläche können Sie den aktiv markierten Menüeintrag in der Liste um ein Feld nach unten verschieben und damit die Position im späteren Programmlauf festlegen.

❑ *Nächstes*: Mit dieser Schaltfläche bewegen Sie den Balken zur Markierung eines Menüeintrages um eine Position nach unten. Ist das Listenende erreicht, wird der Balken wieder auf den ersten Menüeintrag gesetzt.

❑ *Einfügen*: Steuern Sie diese Schaltfläche an, wird vor dem aktivierten Menüeintrag Platz für die Definition eines neuen Eintrages geschaffen.

❑ *Löschen*: Um einen Menüeintrag zu löschen, können Sie die Schaltfläche <*Löschen*> betätigen. Beachten Sie allerdings, daß eine Funktion zum Rückgängigmachen eines Löschbefehls im Menüentwurfsfenster nicht enthalten ist.

❑ *Fertig*: Über die Schaltfläche <*Fertig*> quittieren Sie den Menüentwurf, der unmittelbar in das aktivierte Formular übernommen wird. Obgleich eine Ansteuerung der Menüeinträge im Anschluß bereits möglich ist, wird noch kein Programmcode ausgeführt.

Sie können in diesem Zustand allerdings bereits die Korrektheit Ihrer Definition überprüfen. Sollten Sie an dieser Stelle einen Fehler feststellen, können Sie erneut das Menüentwurfsfenster öffnen und die Definition des Menüs bearbeiten. Beachten Sie wiederum, daß auch Änderungen nur über die Schaltfläche <*Fertig*> übernommen werden. Beachten Sie, daß das Menüentwurfsfenster nur dann von Visual Basic geschlossen wird, wenn die Syntax korrekt ist, d.h. alle Menünamen innerhalb des Menüs einmalig und zu jedem Menüeintrag vorhanden sind.

- *Abbrechen*: Mit dieser Funktion brechen Sie Ihre Menüdefinition ab. Alle bislang gemachten Eingaben zur Menüdefinition gehen unwiderruflich verloren. Ein nachträgliches Bearbeiten der gemachten Eingaben ist nicht mehr möglich. Öffnen Sie das Menüentwurfsfenster erneut, sind sämtliche Eingaben gelöscht.

Beachten Sie, daß Sie mit dem Menüentwurfsfenster das Menü so definieren, wie es beim Programmstart bzw. bei der Anzeige eines bestimten Formulars erscheint. Änderungen der Menüeinträge und Eigenschaften zu speziellen Menübefehlen sind während der Laufzeit über spezielle Visual Basic-Anweisungen möglich.

Das Code- oder Editorfenster

Nachdem auf den letzten Seiten ausschließlich Fenster zur Bearbeitung der Oberfläche angeführt wurden, bleibt nun noch der Quelltexteditor zu erläutern, der in Bild 1.15 abgebildet ist. Anders als in anderen Programmiersprachen wird, angelehnt an Quick Basic, nie der gesamte Quelltext eines Programmes aufgelistet. Lediglich ein einzelnes Unterprogramm bzw. ein Deklarationsteil kann jeweils im Editorfenster angezeigt und bearbeitet werden. Die Steuerung des Editors selbst unterscheidet sich nicht von üblichen Editoren, so daß wir auf eine genauere Erläuterung an dieser Stelle verzichten können. Auch die Vergrößerung des Fensters wurde bereits angesprochen und braucht nicht noch einmal erläutert zu werden.

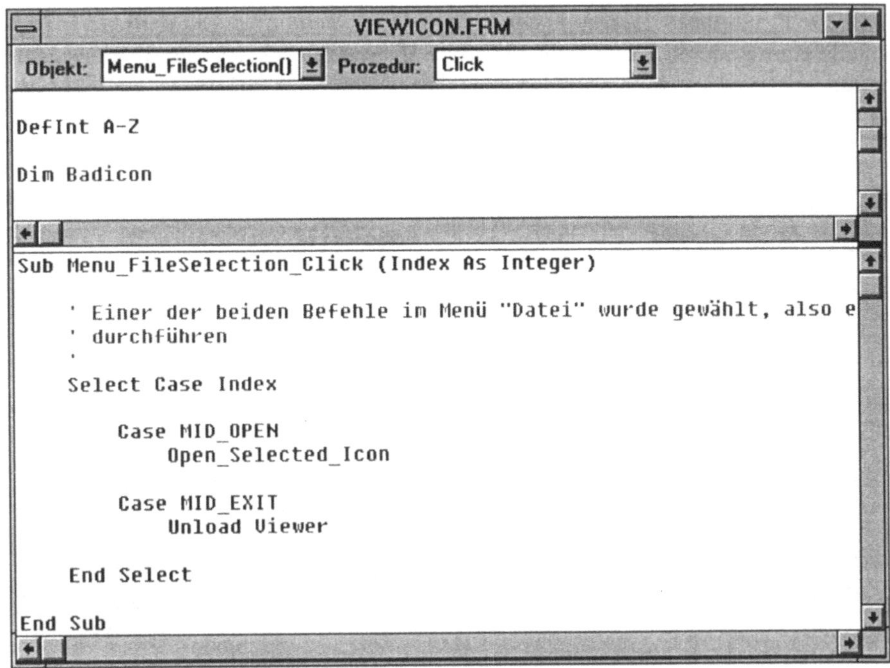

Bild 1.15: Der Teilungsmodus des Quelltexteditors

Anders sieht es hingegen mit der Auswahlleiste unterhalb der Titelleiste aus. Jedes Formular besteht aus der Definition der grafischen Oberfläche und zugehörigem Quelltext. Der Quelltext kann zum einen ereignisgesteuert sein und steht dann in direktem Zusammenhang mit den Oberflächenelementen bzw. Objekten, zum anderen können benutzerdefinierte Prozeduren (echte Unterprogramme und echte Funktionen) definiert werden, die nicht ereignisorientiert arbeiten und dementsprechend nicht an ein bestimmtes Objekt gebunden sind. Der Aufruf wird also nicht von einem Ereignis, sondern durch einen benutzerdefinierten Unterprogramm- bzw. Funktionsaufruf festgelegt.

Je nachdem, welchen Programmcode Sie eingeben und ändern, unterscheiden sich die Kombinationslistenfelder im Editorfenster. Bearbeiten Sie ereignisorientierte Prozeduren, so werden diese als Objekt verwaltet. Mögliche Ereignisse können in diesem Fall im Listenfeld Prozedur abgerufen werden. Bearbeiten Sie stattdessen benutzerdefinierte Prozeduren, so werden diese im Kombinationsfeld Prozedur verwaltet, im Listenfeld Objekt erscheint lediglich der Begriff generell. Beide Listenfelder dienen zur schnellen Anwahl und anschließenden Anzeige einer Prozedur oder eines Deklarationsteiles im Editor. Um zwischen einzelnen Programmteilen zu wechseln, die nicht parallel angezeigt werden können, brauchen Sie also den Editor nicht zu verlassen. Vorausgesetzt natürlich, die Programmteile gehören zu ein und demselben Formular. Wollen Sie Programmteile eines anderen Formulars bearbeiten, so erreichen Sie dies über das Projektfenster.

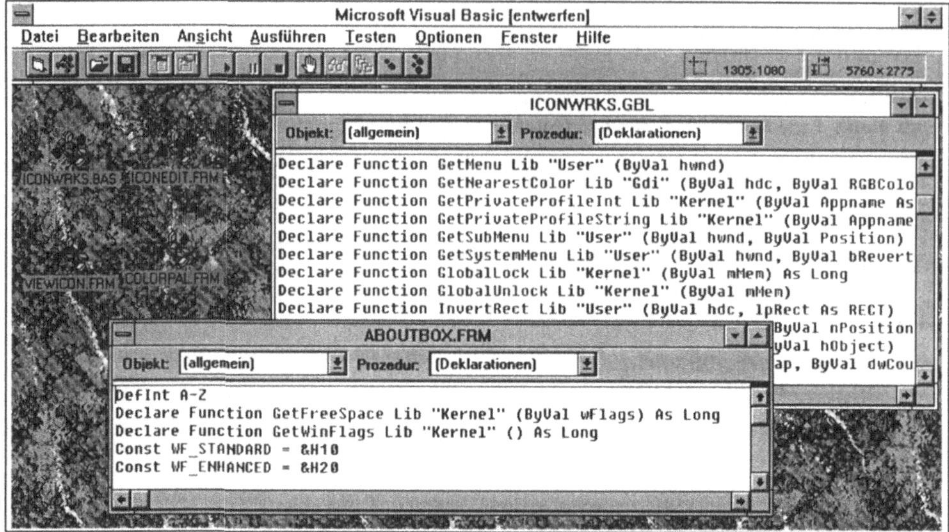

Bild 1.16: Paralleles Öffnen mehrere Editorfenster

Beachten Sie, daß das Editorfenster sowohl beim Programmentwurf als auch bei der Programmausführung aufrufbar ist. Bei der Programmausführung werden im Editorfenster Haltepunkte gesetzt und Ausführungen von Programmanweisungen im Einzelschritt- und Prozedurmodus verfolgt.

Das Testfenster

Das Testfenster, in der Visual Basic-Version 1.0 als Direktfenster bezeichnet, kann nur während der Programmausführung in der Visual Basic-Benutzeroberfläche geöffnet werden und dient zur Variablenverfolgung und zum Ändern von Variablenwerten zur Laufzeit. Zum einen können Sie Ihr Programm unterbrechen und eine initialisierte Programmvariable über den Befehl *Print* anzeigen lassen (der Befehl *Print* kann stellvertretend durch ein Fragezeichen ersetzt werden), zum anderen können Sie Werte mit Hilfe der Methode *Debug* automatisch im Testfenster ausgeben lassen. Dazu müssen Sie die Anweisung *Debug.Print*, gefolgt von den Variablennamen an den Stellen im Quelltext unterbringen, an denen die Ausgabe im Testfenster durchgeführt werden soll.

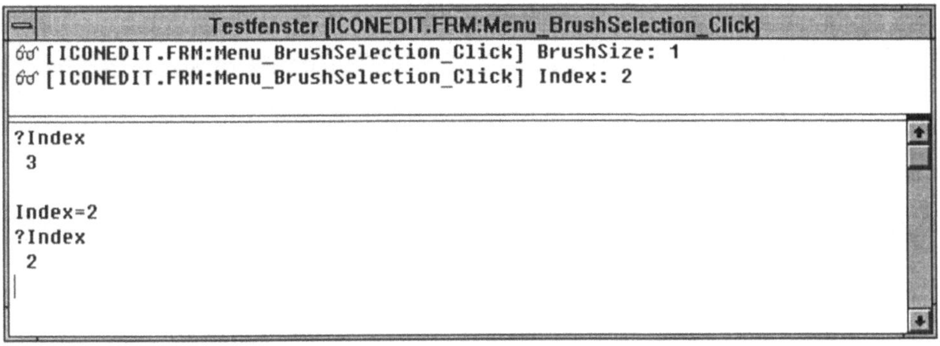

```
Testfenster [ICONEDIT.FRM:Menu_BrushSelection_Click]
6σ' [ICONEDIT.FRM:Menu_BrushSelection_Click] BrushSize: 1
6σ' [ICONEDIT.FRM:Menu_BrushSelection_Click] Index: 2

?Index
 3

Index=2
?Index
 2
```

Bild 1.17: Das Testfenster

Beachten Sie, daß in der Titelleiste des Testfensters jeweils der Name des aktuell abgearbeiteten Programmoduls angezeigt wird. In Bild 1.17 ist dies das Formular RECHNER.FRM.- Neben der Verfolgung von Variablenwerten lassen sich im Testfenster auch einzelne Anweisungen und Funktionsaufrufe durchführen. Jede Anweisung bzw. Folge von Anweisungen (z.B. Schleifenkonstrukte) muß in einer einzelnen Zeile formuliert sein. Mehrzeilige Anweisungen werden im Testfenster nicht unterstützt. Haben Sie einmal eine Anweisung getestet, so müssen Sie diese bei wiederholtem Aufruf nicht erneut eingeben. In diesem Fall brauchen Sie lediglich den Textcursor auf die entsprechende Anweisungszeile zu positionieren und mit `Return` zu quittieren.

1.4.2 Das Hilfesystem

Visual Basic ist mit einer kontext-sensitiven Hilfsfunktion ausgestattet. Um zur aktiv bearbeiteten Programmfunktion eine zugehörige Information anzeigen zu lassen, brauchen Sie lediglich die Funktionstaste `F1` zu betätigen. Wird zu einem Thema kein Hilfetext gefunden, erhalten Sie eine kurze Bildschirmmeldung. Beachten Sie, daß die Hilfe selbst über das Windows-Hilfsprogramm ausgegeben wird und nicht eigentlicher Bestandteil des Programmentwicklungssystems ist. Kennen Sie also bereits die Windows-Hilfsfunktion bzw. die Hilfefunktion einer anderen komplexen Windows-Anwendung, dann werden Sie auch keine Schwierigkeiten mit der Hilfefunktion von Visual Basic haben (Bild 1.18).

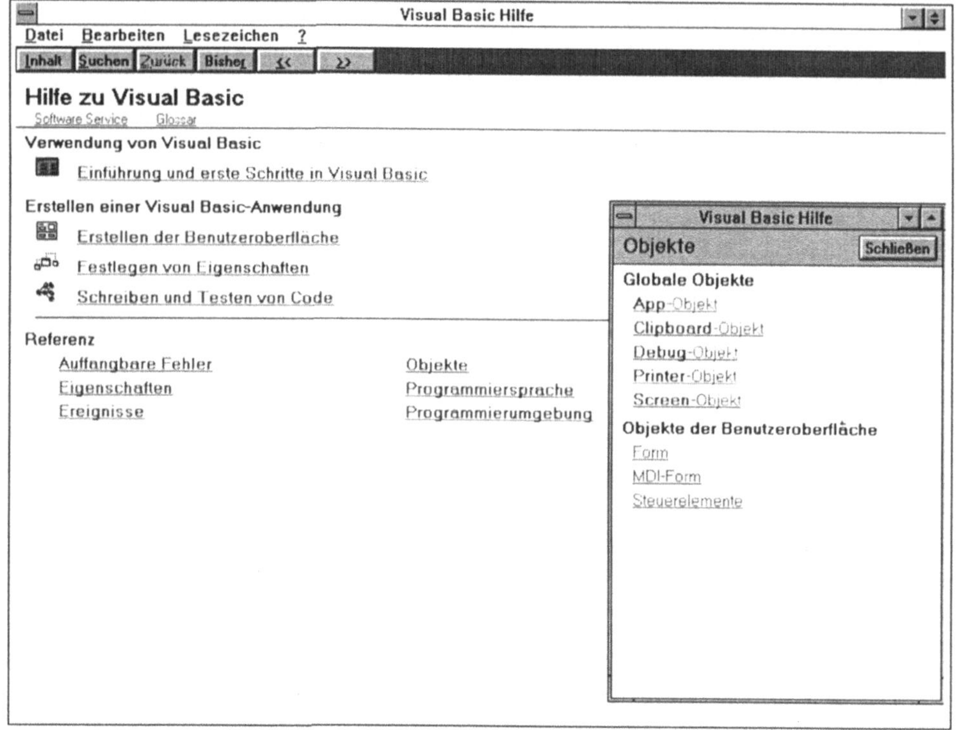

Bild 1.18: Hilfesystem von Visual Basic

Ein direkter Aufruf des Hilfeprogrammes ist auch über das Menü HILFE von Visual Basic möglich. Die Menübefehle und die jeweils erscheinenden Hilfsinformationen sind nachfolgend aufgelistet.

INHALT: Anzeige einer Inhaltsübersicht mit den Hauptthemen der Hilfedatei von Visual Basic.

SOFTWARE-SERVICE: Hier sind Informationen zum Microsoft Software Service enthalten, beispielsweise Telefonnummern und Adressen an die Sie sich wenden können, falls Sie Probleme mit dem Programm haben. Sie erhalten auch Hinweise, wie Sie die CompuServe-Mailbox von Microsoft in Zentraleuropa nutzen können.

EINFÜHRUNG IN MICROSOFT VISUAL BASIC: Hier werden Sie in die Programmiersprache Visual Basic eingeführt. Dieses Hilfethema ist besonders denen zu empfehlen, die mit der Version 2.0 in Visual Basic einsteigen. Von dort aus können Sie auch eine Beispielanwendung starten, die Sie mit den wichtigsten Bestandteilen eines Visual Basic Programmes vertraut macht.

LERNPROGRAMM: Hiermit gelangen Sie in das Lernprogramm von Visual Basic. Wie Sie mit diesem Programm umgehen, wird Ihnen in den Anleitungen erläutert. Mit dem Lernprogramm arbeiten Sie sich schnell in das Entwicklungskonzept der visuellen Sprache ein, das sich stark von dem herkömmlicher Sprachen unterschiedet. Das Lernprogramm wird in Kapitel 1.4.3 näher besprochen.

INFO...: Hinter diesem Menübefehl verbirgt sich eine Kurzformationen zu Microsoft.

Bedienung des Hilfesystems:

Nachfolgend sind die Bedienelemente des Hilfesystems von Visual Basic erläutert. Innerhalb des Hilfefensters sind einzelne Begriffe und Texte unterstrichen. Klicken Sie auf unterstrichenen Text, wird zu einem anderen Hilfethema verzweigt, das thematisch mit dem ursprünglichen Thema verwandt ist (Querverweis). Spezielle Begriffe, die mit einer gestrichelten Linie unterstrichen sind, können ebenfalls mit der Maus angesteuert werden. Halten Sie die linke Maustaste gedrückt, erhalten Sie in einem speziellen Bildschirmfenster eine zugehörige Begriffsdefinition. Sobald Sie die Maustaste wieder lösen, verschwindet auch das Fenster mit der Begriffserläuterung wieder vom Bildschirm. Folgende Schaltflächen stehen im Hilfsprogramm zur Verfügung:

Inhalt: Über diese Schaltfläche können Sie jederzeit zum Inhaltsverzeichnis der Hilfe verzweigen, um sich eine beliebige Hilfsinformation anzeigen zu lassen. Diese Funktion entspricht der Funktion, die Sie durch den Menübefehl HILFE • INHALT innerhalb von Visual Basic aufrufen können.

Suchen: Benötigen Sie Hilfe zu einem speziellen Begriff, so steht Ihnen innerhalb des Hilfeprogrammes eine Suchfunktion zur Verfügung. Mit dieser Funktion lassen sich spezielle Informationen zu einem Thema am schnellsten auffinden. Nachdem Sie die Schaltfläche angeklickt haben, erscheint zunächst ein spezielles Dialogfenster. Geben Sie nun im Textfeld

Suchen nach den Buchstaben ein, mit dem der zu suchende Begriff beginnt, erscheinen in einem Listenfeld Worte, die mit diesem Buchstaben beginnen. Geben Sie zwei Buchstaben ein, erscheinen in der Liste die Begriffe, die genau mit diesen beiden Buchstaben beginnen. Sie können also den vorhandenen Begriff aus der Liste anwählen und brauchen ihn nicht in der Gesamtheit einzugeben. Haben Sie den Begriff ausgewählt, quittieren Sie die Anwahl über die Schaltfläche <*Suchen*>. Danach werden die gefundenen Hilfsthemen in einer Liste im unteren Bereich des Dialogfensters angezeigt. Hier können Sie nun ein Thema wählen und mit Hilfe der Schaltfläche <*Gehe zu*> anzeigen lassen. Wird kein Thema zu einem Begriff gefunden, können Sie mit der Eingabe eines neuen Suchbegriffes fortfahren oder aber die Suchfunktion über die Schaltfläche <*Abbrechen*> vorzeitig beenden.

Zurück: Die Hilfethemen sind untereinander verknüpft, so daß Sie sehr schnell zu einem verwandten Hilfethema wechseln können. Um zu einem jeweils vorangehenden Thema zurückzukehren, können Sie diese Schaltfläche benutzen.

<<: Mit Hilfe dieser Schaltfläche können Sie zu einem vorangehenden Thema verzweigen. Lassen Sie sich zum Beispiel Visual Basic-Eigenschaften anzeigen, können Sie mit dieser und der folgenden Schaltfläche zwischen den Eigenschaften blättern.

>>: Mit Hilfe dieser Schaltfläche können Sie zu einem nachfolgendem Thema verzweigen. Lassen Sie sich zum Beispiel Visual Basic-Eigenschaften anzeigen, können Sie mit dieser und der vorangehenden Schaltfläche zwischen den Eigenschaften blättern.

Über die Menübefehle im Hilfsprogramm können Sie Hilfsinformationen ausdrucken oder aber Beispielprogramme in die Benutzerumgebung von Visual Basic kopieren und anschließend bearbeiten und ausführen lassen. Beachten Sie, daß Sie auch beliebige Hilfsdateien, die mit dem Windows-Hilfecompiler erstellt wurden, über den Menübefehl DATEI • DATEI ÖFFNEN verwenden können. Verfügen Sie über den Hilfecompiler, der nicht zum Lieferumfang der Standardversion von Visual Basic gehört, und wollen Sie hiermit Hilfstexte für Ihre Visual Basic-Applikation erstellen, dann können Sie diese vorab testen. Die Einbindung in ein Visual Basic-Programm erfolgt, wenn die Hilfedatei Ihren Vorstellungen entspricht. Beachten Sie, daß ein Zugriff auf das Windows-Hilfsprogramm mit eigenen Hilfedateien über Windows-Systemfunktionen möglich ist. Hinweise hierzu können Sie Kapitel 3.7 entnehmen.

1.4.3 Das Lernprogramm

Visual Basic weist zwar sehr viele Ähnlichkeiten zu anderen Basic-Dialekten auf, unterscheidet sich allerdings durch die Oberflächenentwicklung und die Anbindung des zugehörigen Quelltextes. Wollen Sie die Konzepte der Visual Basic-Programmierung kennenlernen, können Sie auf das Lernprogramm zurückgreifen, das mit dem Windows-Programmiersystem ausgeliefert wird (s. Bild 1.19).

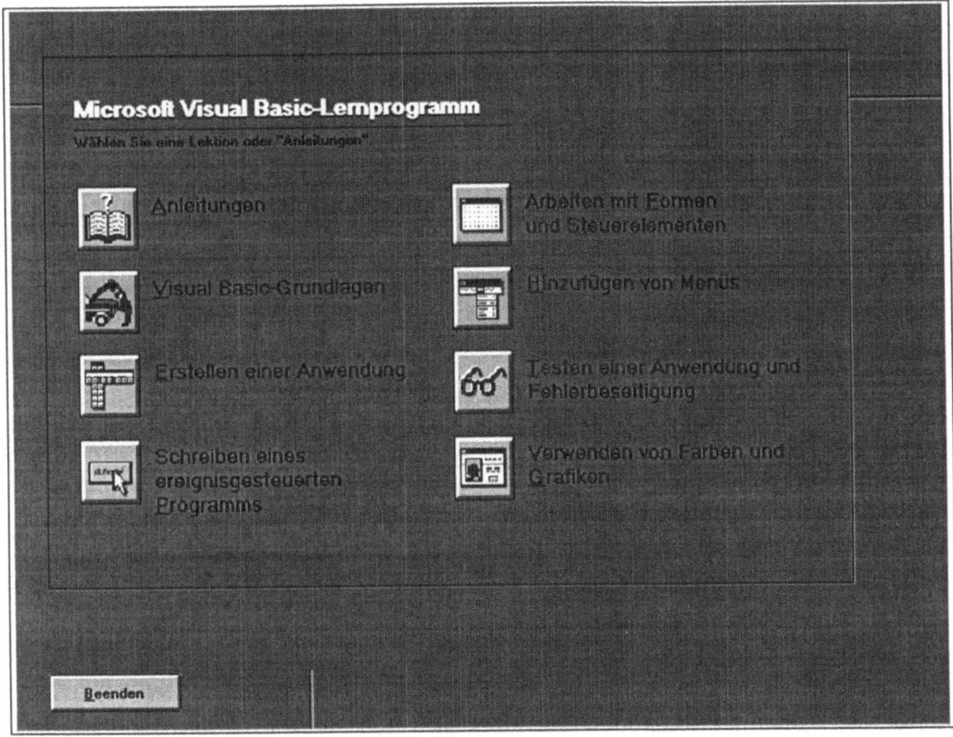

Bild 1.19: Das Lernprogramm

Das Lernprogramm wird über den Menübefehl HILFE • LERNPROGRAMM gestartet. Es stehen verschiedene Lektionen bereit, die Sie durcharbeiten können. Die einzelnen Inhalte der Übungen sind nachfolgend kurz angeführt.

Visual Basic Grundlagen: In dieser Lektion erhalten Sie eine Erläuterung der Visual Basic-Entwicklungsumgebung und der Hilfefunktion sowie Hinweise zu Anwendungsprogrammen, die Sie mit dem Programmentwicklungssystem erstellen können.

Erstellen einer Anwendung: In dieser Lektion erfahren Sie, wie Sie eine Anwendung mit Visual Basic entwickeln. Dabei wird sowohl die Erstellung der Oberfläche als auch die Eingabe des zugehörigen Quelltextes berücksichtigt.

Schreiben eines ereignisgesteuerten Programmes: Diese Lektion erläutert die ereignisgesteuerte Programmierung. Sie erfahren, wie Ereignisprozeduren aufgebaut sind und welche Syntax verwendet wird.

Arbeiten mit Formen und Steuerelementen: Hier lernen Sie, wie Sie mit Visual Basic ansprechende Benutzeroberflächen zeichnen und Formen und Steuerelemente mit Eigenschaften und Ereignisprozeduren versehen.

Hinzufügen von Menüs: Hier werden Sie in die Erstellung von Menüs mit dem Menüentwurfsfenster von Visual Basic eingeführt und erfahren einiges über den Aufbau von Menüs sowie über Menüentwurfsrichtlinien.

Die folgenden Themen wurden in Visual Basic mit der Version 2.0 neu aufgenommen:

Testen einer Anwendung und Fehlerbeseitigung: Hier erfahren Sie, wie Sie mit Hilfe des Quelltext-Debuggers in Ihren Programmen nach Fehlern suchen und wie Sie diese beseitigen.

Verwenden von Farben und Grafiken: In dieser Lektion lernen Sie, wie Sie Visual Basic Programme mit Hilfe von Farben und Grafiken besonders ansprechend gestalten.

Die Lektionen selbst geben nur einen kleinen Ausschnitt der Möglichkeiten wieder, die Ihnen das Windows-Programmiersystem bietet. Innerhalb des Lernprogrammes steht Ihnen eine Kurssteuerung zur Verfügung, die eine komfortable Bedienung gestattet.

Die einzelnen Menübefehle dieser Kurssteuerung sind nachfolgend kurz angeführt:

Anleitungen: Abrufen von Informationen, um mit dem Lernprogramm fortzufahren.
Zurück: Zum vorangehenden Schritt einer Lektion zurückkehren.
Übersicht: Zusammenfassung der Lektion anzeigen.
Menü: Hauptmenü des Lernprogrammes aufrufen.
Beenden: Lernprogramm beenden und zu Visual Basic zurückkehren.
Abbrechen/
ESC: Kurssteuerung beenden und mit aktivierter Lektion fortfahren.

Nachdem Sie nun die Visual Basic-Benutzeroberfläche kennengelernt haben, werden Sie im nächsten Kapitel sehen, wie ein Programm mit Visual Basic generiert wird.

1.5 Das visuelle Entwicklungssystem

Um Ihnen den Einstieg in die Visual Basic-Programmierung und den Umgang mit der Benutzeroberfläche zu erleichtern, werden wir in diesem Kapitel exemplarisch zwei Anwendungsprogramme entwickeln. Dabei werden die einzelnen Schritte der Programmierung mit der Erstellung der Benutzeroberfläche und der Eingabe des zugehörigen Quelltextes bis zur Generierung des ausführbaren Anwendungsprogrammes ausführlich besprochen. Das erste Programm soll demonstrieren, wie einfache Hilfsprogramme mit einem einzelnen Formular und ohne Menüstruktur generiert werden können. An einem zweiten Programm wird in einem weiteren Schritt die Entwicklung eines Programmes mit mehreren Formularen erläutert. Dabei werden Sie auch die Erstellung eines Menüs und die Projektverwaltung der Programmierumgebung im Einsatz kennenlernen. Haben Sie weder mit einem anderen Basic-Dialekt noch mit einer anderen Programmiersprache gearbeitet und sind auch mit den Programmierkonzepten von Visual Basic nur begrenzt vertraut, dann sollten Sie versuchen, die Programme nach der folgenden Beschreibung innerhalb der Entwicklungsumgebung zu erstellen, ohne auf die Quelltexte der Diskette zurückzugreifen. Sie werden durch diese Übung nicht nur die Handhabung der Benutzeroberfläche, sondern bereits viele Grundlagen der Programmentwicklung mit Visual Basic kennenlernen. Berücksichtigen Sie bereits jetzt, daß wir die Möglichkeiten der Formulargenerierung und die einzelnen Sprachelemente im zweiten Kapitel genauer beschreiben werden und daher an dieser Stelle nur die wichtigsten Anmerkungen machen. Obgleich Visual Basic eine sehr gute Benutzerführung beinhaltet, ist es kein "interaktives Entwicklungssystem". So werden Sie bei der Programmerstellung nicht schrittweise durch Visual Basic geführt, sondern lediglich die Bereitstellung sogenannter Prozedurschablonen beim Anklicken einzelner Oberflächenelemente erfolgt automatisch.

Auch die Hauptprogrammerstellung und Verwaltung der Projekte und Unterprogramme erfolgt in weiten Teilen eigenständig durch das Programmiersystem. Hauptziel dieses Kapitels ist, Ihnen den Umgang mit der Benutzeroberfläche und das Zusammenwirken der einzelnen Fenster der Entwicklungsumgebung aufzuzeigen. Mit diesen Grundlagen sollten Sie bereits in der Lage sein, einfache Programme eigenständig zu entwickeln.

1.5.1 Das Programm WinSTAT

Ein wesentlicher Schritt in der Erstellung eines Programmes ist weniger die Programmierung selbst, als vielmehr die Suche nach einer speziellen Programmieraufgabe. Welches Programm soll geschrieben werden, welche Leistungsmerkmale soll es aufweisen und mit welchem Bedienungskomfort soll es ausgestattet sein? Ist es eine Individualanwendung für den Hausgebrauch, oder soll das Programm kommerziell weitergegeben werden? Im letzteren Falle sollte besonderer Wert auf eine komfortable Benutzerführung gelegt werden. Nachdem Sie das Thema ausgewählt, sich auf spezielle Programmfunktionen festgelegt und den Programmaufbau geplant haben, können Sie mit der Programmierung beginnen. Die Vorüberlegungen zur Festlegung des Programmablaufes können Sie sich auf einem Zettel notieren oder im Kopf behalten. Programmablaufpläne und gezeichnete Ablaufdiagramme können ebenfalls zur Grob- und Feinstrukturierung eines Programmes eingesetzt werden.

Wir wollen zunächst ein einfaches Programm entwickeln. Was bietet sich also eher an, als eine einfache Berechnung durchzuführen, die sehr verständlich ist und selbst nicht bereits mehrere Tage Einarbeitungszeit erfordert? Dabei sollen bereits Leistungsmerkmale der aktuellen Visual Basic-Version genutzt werden. Aus einer Reihe von Meßwerten wollen wir optional den Mittelwert, das Maximum und das Minimum ermitteln. Um die Werte eingeben zu können, benötigen wir also ein Textfeld. Dabei wollen wir bereits berücksichtigen, daß nur numerische Eingabewerte zulässig sind. Die Liste selbst wollen wir in einem Listenfeld verwalten, aus dem angewählte Einträge mit einem Doppelklick oder über eine Befehlsschaltfläche wieder gelöscht werden können. Ebenso soll eine Funktion realisiert werden, die das automatische Füllen der Liste mit Zufallszahlen erlaubt. Entsprechend soll auch die gesamte Liste über eine Schaltfläche wieder zu löschen sein. Die Berechnungsfunktionen sollen über Kontrollfelder festgelegt werden. Die eigentliche Programmsteuerung erfolgt über Schaltflächen, wodurch auf den Einsatz eines Menüs verzichtet werden kann. Damit haben wir die Programmfunktionen bereits grob festgelegt und können in einem ersten Schritt mit der Formulargenerierung beginnen.

Generierung der Programmoberfläche

Obgleich ein Wechsel zwischen Oberflächenerstellung und Quelltexteingabe möglich und in der Praxis sogar wahrscheinlich ist, um Änderungen und Anpassungen vorzunehmen, werden wir in unseren Beispielen eine festgelegte Reihenfolge einhalten. Zunächst werden wir die Programmoberfläche erstellen und diese erst im zweiten Schritt um den zugehörigen Quelltext ergänzen. Dabei gehen wir davon aus, daß die Oberfläche bereits in der endgültigen Fassung generiert wurde und keine nachträgliche Bearbeitung erforderlich ist. Wir wollen an dieser Stelle davon ausgehen, daß Sie Visual Basic bereits geladen haben und sich der Bildschirm, wie in Bild 1.20 dargestellt, präsentiert.

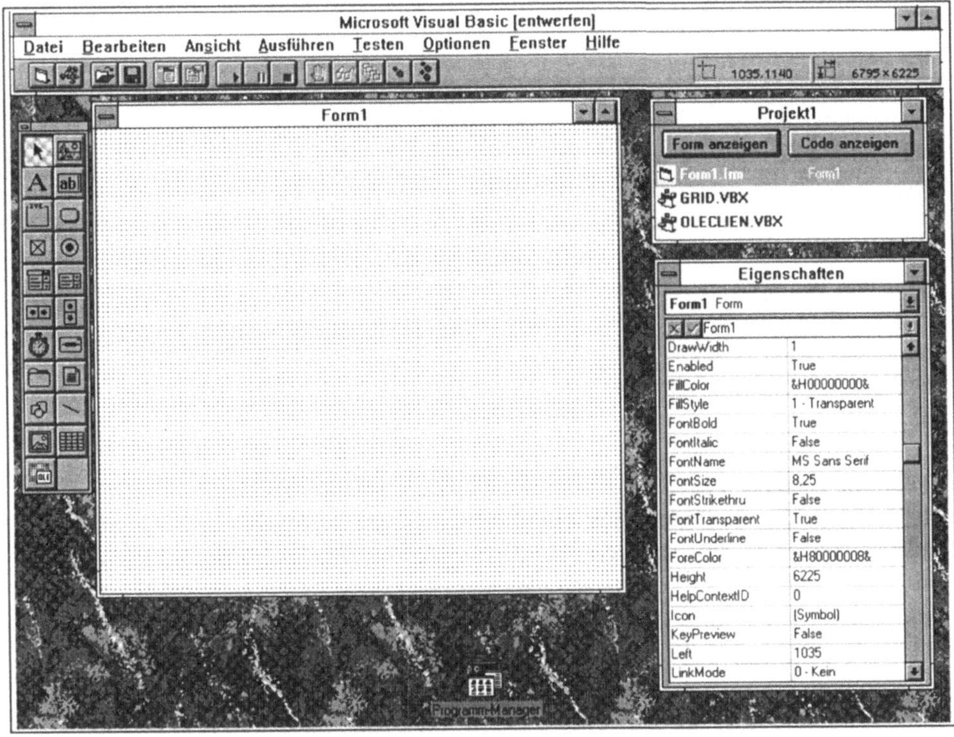

Bild 1.13: Beginn eines neuen Projektes

Visual Basic lädt unter Umständen zusätzliche Steuerelementedateien, wie beispielsweise OLECLIEN.VBX und GRID.VBX. Diese werden für unser erstes Projekt nicht benötigt und können daher über den Menübefehl DATEI • DATEI ENTFERNEN nach erfolgter Anwahl in der Projektdateiliste entfernt werden.

Danach können Sie unmittelbar mit der Entwicklung eines neuen Anwendungsprogrammes beginnen. Das erste Formular, das zunächst automatisch als Startformular gültig ist und später beim Programmaufruf geladen wird, befindet sich bereits auf dem Bildschirm. Auch das Toolbox-Fenster, das Sie zur Auswahl der Oberflächenelemente benötigen, ist bereits geöffnet. Am oberen Bildschirmrand sehen Sie die Menü- und Werkzeugleiste und im rechten Bildschirmbereich das Projekt- und das Eigenschaftenfenster. Beachten Sie, daß die Fenster, die nicht unbedingt für die Oberflächengestaltung erforderlich sind, wie das Menüentwurfs- und Farbpalettenfenster, gesondert über das Menü FENSTER zu öffnen sind. Das leere Formular ist automatisch aktiviert, was an der farblichen Hervorhebung der Titelleiste erkennbar ist. Beim ersten Entwurfsformular handelt es sich um ein normales Dialogfeld, das auch als MDI-Kindfenster eingerichtet werden könnte. Wollen Sie später eine größere MDI-Anwendung entwickeln, so müssen Sie die MDI-Form gesondert über den Menübefehl DATEI • NEUE MDI-FORM anlegen.

Beginnen wir zunächst damit, dem Programm einen Namen und ein ansprechendes Erscheinungsbild zu geben. Da es sich um ein Statistikprogramm für die grafische Benutzeroberfläche Windows handelt, bietet sich der Name *WinSTAT* an. Der Name selbst identifiziert später das Programm, ohne das Programm starten zu müssen, weil Sie den Namen unmittelbar zuordnen können. Verwenden Sie also immer aussagekräftige Namen, die ein Programm erläutern. Der Name selbst wird später beim Abspeichern und bei der Generierung des ausführbaren Maschinenprogrammes benötigt. In der Oberfläche selbst kann die Bezeichnung durchaus von dem eigentlichen Programmnamen abweichen. Dateinamen können maximal aus acht Zeichen und dem Dateikürzel bestehen, Bezeichnungen in Formularen weisen diese Beschränkung nicht auf. Daher soll in unserem Formular der Name *WinSTATISTIK* angezeigt werden.

Bevor wir einzelne Oberflächenelemente für das Formular einrichten, können wir die Eigenschaften für das Formular Form1 festlegen. Dazu verwenden Sie die Eigenschaftenleiste. Beachten Sie, daß sämtliche Eigenschaften Standardwerte besitzen, die nur bei Bedarf geändert werden müssen. Welche Änderungen in unserem Fall vorzunehmen sind, ist nachfolgend erläutert.

Caption: Mit der Eigenschaft *Caption* können Sie die Bezeichnung des Formulars, die in der Titelleiste des Fensters erscheint, ändern. In unserem Fall wurde die Bezeichnung beim Start von Visual Basic automatisch mit *Form1* festgelegt. Wir ändern diesen Wert durch Bearbeitung des Eintrages im Eigenschaftenfenster auf *WinStat* (s. Bild 1.21). Doppelklicken Sie dazu zunächst auf den Eigenschaftswert in der Liste, geben anschließend in der Bearbeitungszeile die neue Titelzeile ein und quittieren diese abschließend mit [Return].

Name: Über die Eigenschaft *Name* können Sie den Namen, unter dem das Formular gespeichert und im Quelltext verwaltet wird, festlegen. Bei Bedarf wird der Name auf acht Zeichen gekürzt. Beim Abspeichern wird eine Formulardatei mit dem Suffix FRM erweitert. Der interne Name, mit dem Sie bei mehreren Formularen auf dieses Formular zugreifen können, kann länger als 8 Zeichen sein und wird ebenfalls über diese Eigenschaft festgelegt. In unserem Fall verwenden wir den Namen STATISTIK. Der verwendete Formulardateiname lautet dann STATISTI.FRM und der programminterne Name STATISTIK. Beachten Sie, daß die Eigenschaft *Name* der Eigenschaft *FormName* unter Visual Basic 1.0 entspricht. Importieren Sie Programme von VB 1.0, so wird die Eigenscahft automatisch konvertiert.

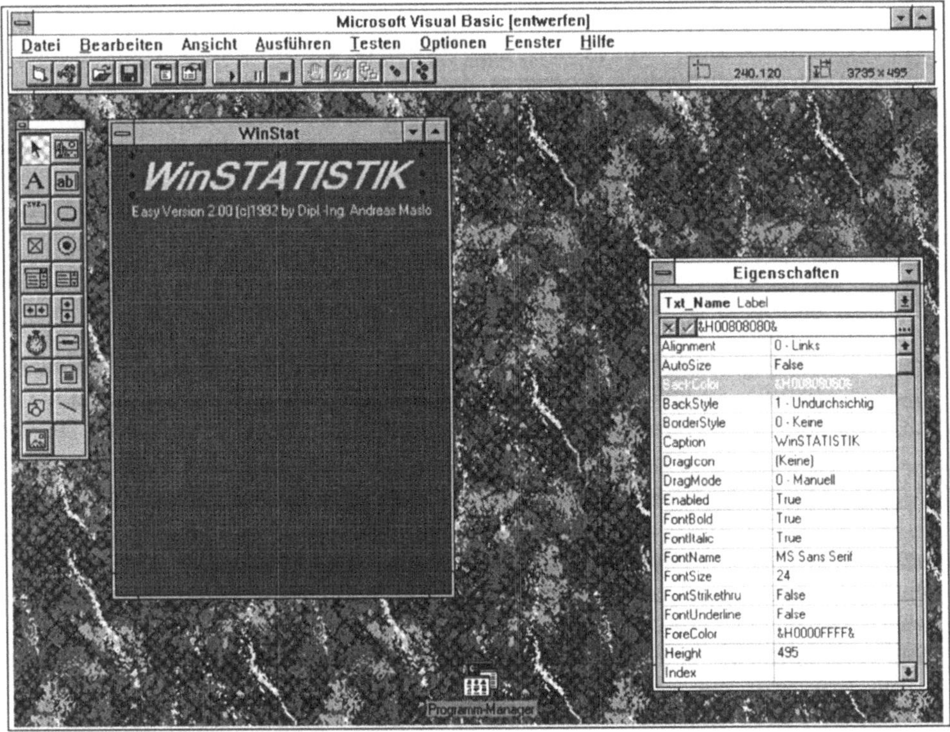

Bild 1.21: Programmbezeichnung im Formular

MaxButton: Mit der Eigenschaft *MaxButton* können wir erreichen, daß unser Formular zur Laufzeit nicht auf die volle Bildschirmgröße gezoomt werden kann. Dazu ist der Wert im Eigenschaftenfenster durch einen Doppelklick auf die Eigenschaft *false* (falsch) zu setzen.

Borderstyle: Indem wir den Wert für *Borderstyle* auf *3* setzen, verfügt das Formular unseres Programmes zur Laufzeit nicht über eine Symbolschaltfläche am rechten Rand der Titelleiste. Eine Verkleinerung auf Symbolgröße ist nur über das Systemmenü möglich.

Icon: Nachdem Sie die Eigenschaft *Icon* angewählt haben, können Sie ein Bildsymbol festlegen, das als Datei mit dem Suffix .ICO auf dem Festspeicher vorhanden ist. Das kann ein bereits vordefiniertes Bild der mit Visual Basic ausgelieferten Symbolbibliothek oder auch ein selbst entworfenes oder bearbeitetes Symbol sein. Im letzteren Fall können Sie den Symboleditor *IconWorks* von Visual Basic verwenden oder jedes andere Programm, das die Anlage von Bildsymbolen unterstützt (s. Kapitel 3.6). In unserem Beispiel haben wir das Icon mit dem "Borland Resource Workshop" erstellt, mit dem Namen STATISTI.ICO versehen und mit Visual Basic über die Eigenschaftenleiste geladen. Das Symbol ist auf der Diskette enthalten, aber für das ausführbare Programm, da es in dieses integriert wird, zur Laufzeit nicht erforderlich. Es bleibt abschließend zu erwähnen, wofür das Bildsymbol verwendet wird. Programme und einzelne Fenster können im Regelfall in Windows auf Symbolgröße verkleinert werden. Das Programm bleibt geladen und lediglich das Icon wird noch angezeigt. Ein Doppelklick auf das entsprechende Bildsymbol öffnet das Fenster wieder. Legen Sie über diese Eigenschaft kein spezielles Bildsymbol fest, so wird standardmäßig ein Formularsymbol eingesetzt.

Hintergrundfarbe festlegen: Öffnen Sie nun zunächst das Farbpalettenfenster und wählen Sie die Hintergrundfarbe, wie es bereits in Kapitel 1.4 beschrieben wurde, aus. In unserem Beispiel verwenden wir die Farbe dunkelgrau. Die Farbeinstellung selbst kann zwar auch über das Eigenschaftenfenster, jedoch einfacher über die direkte Farbauswahl festgelegt werden.

Nachdem wir das Aussehen des Formulars festgelegt haben, können wir nun die einzelnen Oberflächenelemente definieren. Beachten Sie, daß die Fenstergröße und die Fensterposition des Formulars, die beim Entwurf festgelegt werden, auch für den späteren Programmstart verwendet werden. Die aktuellen Werte werden im rechten Teil der Werkzeugleiste angezeigt.

Nun wollen wir die Programmbezeichnung WinSTATISTIK in das Formular eintragen. Damit der Text entsprechend wirkt, sind auch hierfür wieder spezielle Eigenschaften erforderlich. Bevor Sie diese allerdings festlegen können, müssen Sie zunächst ein Bezeichnungsfeld im Formular einrichten. Wählen Sie dazu das Feld aus der Toolbox

(Werkzeugsammlung), das durch den Buchstaben *A* gekennzeichnet ist, und zeichnen Sie anschließend mit Hilfe der Maus den Platzhalter in der gewünschten Größe in das Formular. Beachten Sie, daß ein im Entwurfsmodus aktiviertes Oberflächenelement durch mehrere kleine schwarze Quadrate umrandet ist (s. Bild 1.21). Klicken Sie eines dieser Quadrate mit dem Mauszeiger an und bewegen die Maus bei gedrückter linker Maustaste, können Sie die Größe des Oberflächenelementes ändern. Erst jetzt können die folgenden Eigenschaften festgelegt werden.

Hintergrundfarbe Textfeld: Wählen Sie aus dem Farbpalettenfenster die Hintergrundfarbe dunkelgrau. Dazu muß das äußere Kästchen am linken Rand des Farbpalettenfensters mit der Maus markiert worden sein. Beachten Sie, daß die Hintergrundfarbe für ein Oberflächenelement nicht automatisch an die für das Formular gewählte Hintergrundfarbe angepaßt wird. Anpassungen sind manuell durchzuführen.

Schriftfarbe: Die Schriftfarbe legen Sie ebenfalls über das Farbpalettenfenster mit der Farbe gelb fest. Dazu muß das innere Kästchen am linken Rand des Farbpalettenfensters mit der Maus markiert worden sein. Beachten Sie, daß keine Mischfarben für Schriften zulässig sind.

Caption: Legen Sie den Text des Bezeichnungsfeldes mit Hilfe des Eigenschaftenfensters fest. Geben Sie nach Anwahl von *Caption* den Begriff *WinSTATISTIK* ein.

Name: Muß auf ein Textelement im Quelltext zugegriffen werden, was in unserem Beispiel nicht der Fall ist, ist es sinnvoll, einen benutzerdefinierten Namen für das Oberflächenelement zu vergeben. Die Namensvergabe von Oberflächenelementen ähnelt der Namensvergabe von Variablen. In unserem Fall wählen wir den Namen *TXT_Name*. Sie sehen, auch hier können aussagekräftige Bezeichnungen gewählt werden. *TXT_* kennzeichnet das Bezeichnungsfeld und der Anhang *Name* gibt an, daß in diesem Bezeichnungsfeld der Programmname verwaltet wird.

FontItalic: Damit der Programmname kursiv im Bezeichnungsfeld ausgegeben wird, setzen wir die Eigenschaft *FontItalic* auf *true* (wahr).

FontSize: Natürlich ist es auch sinnvoll, den Programmnamen durch eine größere und fette Schrift hervorzuheben. Da das Attribut *fett* (Eigenschaft *FontBold*) automatisch aktiviert ist, brauchen wir an dieser Stelle lediglich die Schriftgröße zu variieren. dazu setzen wir die Punktgröße mit Hilfe der Eigenschaft *FontSize* auf *24*.

In einem Untertitel wollen wir nun einen Copyright-Vermerk im Formular unterbringen. Dazu erstellen wir über die Toolbox zunächst wieder ein Bezeichnungsfeld im Formular. Danach können die einzelnen Eigenschaften festgelegt werden.

Hintergrundfarbe: Wählen Sie die Hintergrundfarbe dunkelgrau aus dem Farbpalettenfenster.

Schriftfarbe: Legen Sie die Farbe Gelb für die Schriftfarbe mit dem Farbpalettenfenster fest.

Caption: Tragen Sie über die Eigenschaft *Caption* den Copyright-Vermerk und eine Versionsnummer in der Form *Easy Version 2.00 (c)1992 by Dipl.-Ing. Andreas Maslo* in das Bezeichnungsfeld ein.

Name: Legen Sie den Namen, über den im Quelltext auf das Steuerelement zugegriffen wird, mit *TXT_Version* fest.

FontName: Verwenden Sie eine serifenlose Schrift, wie beispielsweise Arial oder MS Sans Serif, und ändern Sie die Größe nicht (8,25 Punkt). Damit der Text nicht im Fettdruck ausgegeben wird, setzen Sie die Eigenschaft *FontBold* auf *false* (falsch).

Bereits an dieser Stelle werden Sie erkennen, daß es sehr leicht ist, ansprechende Oberflächen mit Visual Basic zu gestalten. Dabei ist besonders hervorzuheben, daß die Oberfläche in der Grundform ohne speziellen Quelltext generiert wird. Allerdings werden Sie auch bemerkt haben, daß ein endgültiges Formular erst nach einer Vielzahl von Bearbeitungsschritten so aussieht, wie der Programmierer es sich vorstellt. Dabei spielen viele, nahezu unüberschaubar erscheinende Eigenschaften eine wesentliche Rolle. Diese variieren zudem je nach gewähltem Oberflächenelement. Dennoch ist die Generierung einer Oberfläche mit Visual Basic in einem Bruchteil der Zeit möglich, die Sie unter einem herkömmlichen Programmiersystem aufwenden müßten.

Nun wollen wir zunächst einen Rahmen für das Eingabefeld des Programmes *WinSTAT* festlegen. Dazu wählen wir das entsprechende Symbol aus der Toolbox und plazieren es im Formular. Die Eigenschaft *Caption* setzen wir auf *Werteingabe* und den Farbhintergrund über das Farbpalettenfenster auf dunkelgrau.

Wie bereits beim Programmentwurf festgelegt, benötigen wir ein Werteingabefeld. Dazu wählen wir das Symbol *Textfeld* aus der Toolbox und plazieren es im Formular. Danach legen wir die Eigenschaft *Name* mit *Ein_Wert* fest und löschen den Text der Eigenschaft *Text*.

Um die eingegebenen Werte verwalten zu können, verwenden wir ein Listenfeld in unserem Formular. Die Einrichtung einer vertikalen Bildlaufleiste für das Listenfeld ist nicht erforderlich, da diese automatisch angelegt wird, wenn nicht mehr alle Einträge in der Liste parallel darstellbar sind. Dieses geschieht nur während der Programmausführung und nicht beim Formularentwurf. Nachdem das Oberflächenelement eingerichtet ist, legen wir die Eigenschaften *Name* mit *List_Werte*, *FontBold* mit *false* (falsch) und *Sorted* mit *true* (wahr) fest. Die letztgenannte Eigenschaft sorgt dafür, daß die Liste sortiert ausgegeben wird. Die Sortierung erfolgt allerdings alphanumerisch und nicht numerisch. Das Listenfeld selbst soll die Mehrfachanwahl von Werten unterstützen. Dazu wird die Eigenschaft *MultiSelect* auf *1-Einfach* gesetzt. Die markierten Einträge sollen später durch Anwahl einer speziellen Schaltfläche gelöscht werden können.

Zur Anwahl einzelner Berechnungsfunktionen verwenden wir drei Kontrollfelder. Die Eigenschaft *Caption* legen wir mit *&Mittelwert*, *M&inimum* und *M&aximum* fest. Das Zeichen *&* sorgt dafür, daß der jeweils nachfolgende Buchstabe im Formular unterstrichen wird und mit Hilfe der Taste `Alt` direkt angesteuert werden kann. Die Eigenschaften *Name* legen wir dementsprechend mit *K_Mittel, K_Min* und *K_Max* fest. In unserem Programm wollen wir standardmäßig nur den Mittelwert berechnen lassen. Aus diesem Grunde setzen wir die Eigenschaft *Value* des Kontrollfeldes *K_Mittel* auf *1-Ausgewählt*. Dadurch wird das Kontrollfeld zur Berechnung des Mittelwertes automatisch durch ein ✘ markiert. Die Auswertung dieser Markierung erfolgt nicht automatisch, sondern hat später im Quelltext zu erfolgen. Für sämtliche Kontrollfelder verwenden wir die Hintergrundfarbe dunkelgrau und die Schriftfarbe cyan.

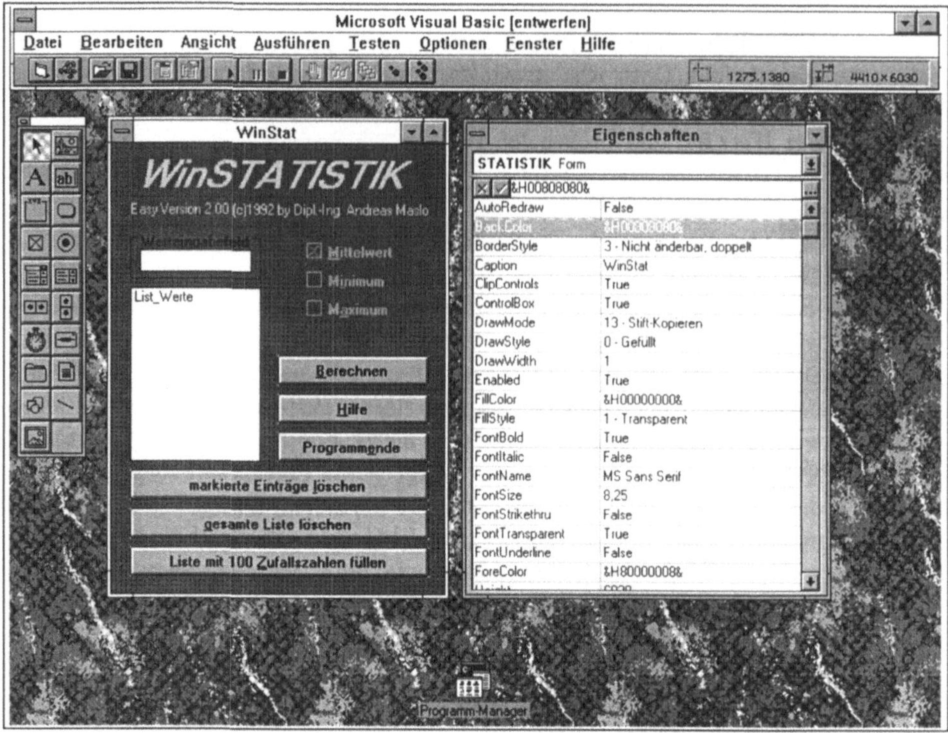

Bild 1.22: Funktionsauswahl durch Kontrollfelder

Weitere Oberflächenelmente, die wir in unserem Formular benötigen, dienen der Programmsteuerung. Da wir an dieser Stelle auf eine Menüdefinition verzichten wollen, bieten sich mehrere Schaltflächen an. Wir benötigen eine Schaltfläche, um die Berechnung durchzuführen (*Caption: &Berechnen*; *Name: S_Rechne*), eine, um eine kurze Hilfe auszugeben (*Caption: &Hilfe; Name: S_Hilfe*) und eine, um das Programm zu beenden (*Caption: Programmende; Name: S_Ende*).

Weitere Befehlsschaltflächen stellen spezielle Listenfunktionen bereit. So wird eine Schaltfläche eingerichtet, um die markierten Einträge wieder aus der Liste zu löschen (*Caption: markierte Einträge &löschen; Name: S_DeleteMarker*) , eine weitere, um die gesamte Liste zu löschen (*Caption: &gesamte Liste löschen; Name: S_DeleteAll*), und eine, um die Liste mit 100 Zufallszahlen (Ganzzahlen) zu füllen (*Caption: Liste mit 100 &Zufallszahlen füllen; Name: S_Random*).

Damit haben wir das Formular des Programmes *WinSTAT* bereits definiert (s. Bild 1.22). Haben Sie die Programmentwicklung bis hierhin verfolgt, dann sollte Ihnen aufgefallen sein, daß Ergebnisse, Hilfstexte und eventuelle Sicherheitsabfragen ausgegeben werden müssen. Da jedes Programm unter Windows fensterorientiert in einem virtuellen Bildschirm abgearbeitet wird, und auch sämtliche Ausgaben in Fenstern erfolgen müssen, wohin sollen dann diese speziellen Ausgaben gemacht werden? Kein Problem: Spezielle Visual Basic-Anweisungen ermöglichen Standardabfragen und Ausgaben, so daß nicht in jedem Fall benutzerdefinierte Formulare erforderlich sind. Die durch Anweisungen generierbaren Standardfenster eignen sich insbesondere für Sicherheitsabfragen, kurze Programmeldungen und die Abfrage eines einzelnen Wertes. Den Einsatz dieser Anweisungen werden Sie bei der Erstellung des Quelltextes sehen.

Erstellung des Quelltextes

Die Erstellung des Quelltextes erfolgt nach einem einheitlichen Schema. Jedes Oberflächenelement kann ereignisorientiert Unterprogramme aufrufen. Ein Hauptprogramm zur Kontrolle spezieller Programmfunktionen ist nicht erforderlich. Beachten Sie, daß, obwohl eine Vielzahl von Steuerelementen in einem Formular enthalten sein können, nicht alle auch mit speziellem Quelltext verknüpft sein müssen. Andere Oberflächenelemente können wiederum auf mehrere Ereignisse reagieren. Manche Oberflächenelemente werden durch einfache Abfrage ihrer Eigenschaften im Programm genutzt. Wollen Sie zu einem Oberflächenelement ein ereignisorientiertes Unterprogramm erstellen, wählen Sie es mit einem Mausdoppelklick an. Danach öffnet sich automatisch das Quelltexteditorfenster mit einer vorbereiteten Unterprogrammschablone, die durch die Schlüsselwörter SUB und END SUB gekennzeichnet ist. Zwischen diesen Schlüsselwörtern können Sie nun die Sprachanweisungen von Visual Basic eingeben, die später bei Anwahl des Oberflächenelementes ausgeführt werden sollen. In Bild 1.23 ist der Editor mit dem zur Schaltfläche <*Berechnen*> gehörenden Quelltext abgebildet. Sie erkennen den Namen im Kombinationsfeld *Objekt* und das zugehörige Ereignis im Kombinationsfeld *Prozedur*.

Oberflächenelemente können auf spezielle Ereignisse reagieren. An dieser Stelle wollen wir dies lediglich am Beispiel der Ereignisse *Click* und *DblClick* erläutern. Das Ereignis *Click* tritt ein, wenn Sie einmalig mit der Maus auf ein Oberflächenelement klicken und das Ereignis *DblClick* tritt ein, wenn Sie ein Element mit einem Doppelklick ansteuern. Je nach Wahl können Sie nun unterschiedliche Programmanweisungen ausführen lassen. In der Regel werden Sie, je nach Oberflächenelement, nur ein einzelnes Ereignis mit Quelltext belegen. In den meisten Fällen sind dies die hier genannten Ereignisse. Wollen Sie ein anderes Ereignis abfragen, können Sie dies durch Anwahl im Kombinationslistenfeld Prozedur erreichen. So könnte das Ereignis *Load* bei einem Formular zum Beispiel genutzt werden, um Anweisungen bereits beim Laden eines Formulares abzuarbeiten oder um globale Variablen zu initialisieren. Das gewählte Ereignis erscheint auch im Kopf einer ereignisorientierten Prozedur. In unserem Beispiel würde die Unterprogrammschablone bei gewählter Schaltfläche *<Programmende>* und dem Kontrollnamen *S_Ende* (Eigenschaft CtlName) und dem Ereignis *Click* wie folgt lauten:

```
SUB S_Ende_Click()

END SUB
```

Das Ganze klingt recht komplex und ist sicherlich zunächst nicht einfach zu verstehen. Die Zusammensetzung von Namen ereignisorientierter Unterprogramme erfolgt eigenständig durch Visual Basic. Kennen Sie die Ereignisse erst einmal und wissen, wie Sie auf Objekte und Eigenschaften von Oberflächenelementen im Quelltext zugreifen können, dann werden Sie auch mit den Konzepten der Visual Basic-Programmierung keine Schwierigkeiten mehr haben. Haben Sie bereits mit anderen Programmiersprachen gearbeitet, so sollten Sie wissen, daß Sie auch mit Visual Basic benutzerdefinierte Unterprogramme und Funktionen einrichten können. Auf diese greifen Sie später genauso zu, wie Sie es von den internen Visual Basic-Anweisungen gewohnt sind. Ebenso können Sie Ereignisprozeduren auch über Quelltextanweisungen aufrufen. Genauere Hinweise zur Spachsyntax erhalten Sie im 2. Kapitel.

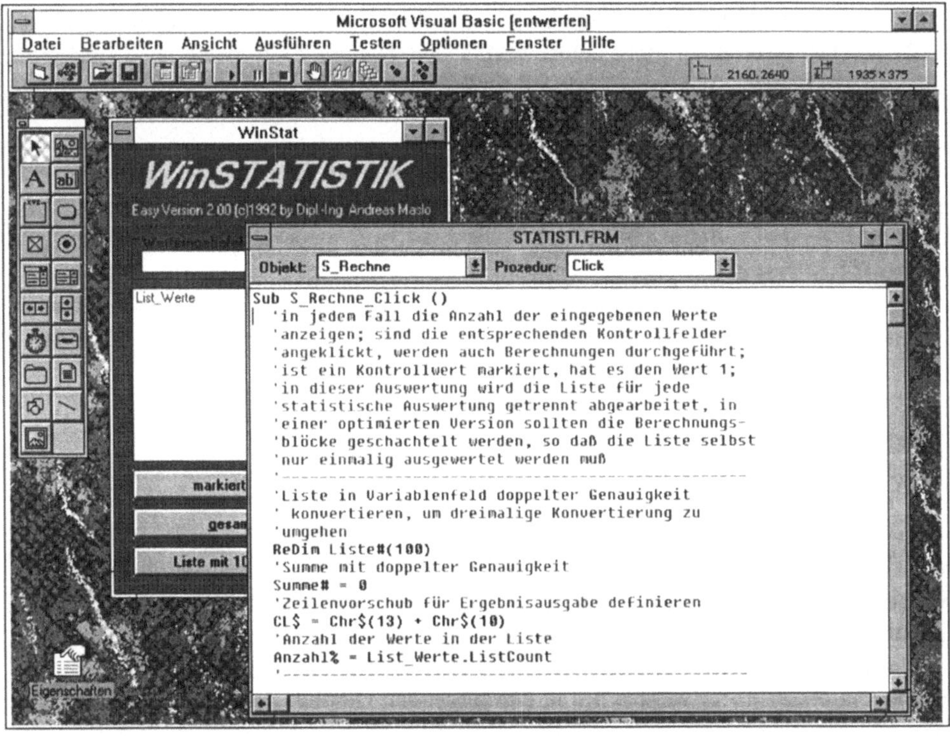

Bild 1.23: Schaltflächen zur Programmsteuerung

Bevor wir uns allerdings dem Quelltext des Programmes *WinSTAT* zuwenden, wollen wir kurz die Namensvergabe von Objekten erläutern. Diese Namen verwenden Sie im Programm, um Steuerelemente anzusprechen. Die eigentlichen Namen selbst haben Sie bereits über die Eigenschaft *Name*, die sowohl für Formulare als auch Toolbox-Elemente verfügbar ist, vergeben. Im späteren Verlauf werden Sie allerdings Programme erstellen, die aus mehreren Formularen bestehen können. Jedes Formular kann wiederum aus mehreren Toolbox-Elementen aufgebaut sein. Da die Namensvergabe automatisch bei jedem Formular intern nach einem einheitlichen Schema verläuft, müssen Sie ein Oberflächenelement auch formularübergreifend ansprechen können. Beginnen wir auf Formularebene. Ein Formular kann direkt mit dem zugehörigen Namen angesprochen werden. Haben Sie die Formulareigenschaft *Name* auf *Statistik* gesetzt, können Sie das Formular auch mit diesem Namen ansprechen. Wollen Sie z.B. das Formular laden, verwenden Sie den folgenden Befehl:

```
LOAD Statistik
```

Nehmen wir nun an, Sie wollen die Eigenschaft *Caption* eines Bezeichnungsfeldes ändern. Das Bezeichnungfeld selbst besitzt den Namen *TXT_Name*. Eine mögliche Anweisung lautet:

```
TXT_Name.Caption = "Neuname"
```

Diese Anweisung ist allerdings nur bedingt sinnvoll. Sollten Sie viele Programme mit mehreren Fomularen entwickeln, dann sollten Sie den direkten Bezug zum Formular mit angeben. Gehen wir also davon aus, daß das Bezeichnungsfeld sich auf das Formular Statistik bezieht. In diesem Fall würde die Anweisung lauten:

```
Statistik!TXT_Name.Caption = "Neuname"
```

Beachten Sie, daß die Punkt-Schreibweise

```
Statistik.TXT_Name.Caption = "Neuname"
```

von Visual Basic 1.0 zwar von VB 2.0 weiterhin unterstützt, in späteren Programmversionen jedoch nicht mehr implementiert sein wird. Die aktuelle Bezeichnung macht unmittelbar erkennbar, daß eine Steuerelementeigenschaft zu einem bestimmten Formular (Fom-Steuerelemente-Kennung = Form-Control-ID) abgefragt wird. Anweisungen in dieser Form werden Sie in den folgenden Quelltexten immer wieder auffinden können. Mit diesen Informationen sollten Sie in der Lage sein, diese komplexen Bezeichnungen zu identifizieren. Vergleichen Sie auch jeweils die vergebenen Namen, die beim Formualarentwurf vergeben wurden und nun im Quelltext wiederkehren. Berücksichtigen Sie, daß auf einzelne Elemente benutzerfdefinierter Datenstrukturen (Records) in ähnlicher Form, mit *Datenstrukturname.Datenstrukturelementname* zugegriffen wird. Hinweise hierzu erhalten Sie im 2. Kapitel. Da in den ersten beiden Programmen allerdings nicht mit diesen Datenstrukturen gearbeitet wird, können Sie zunächst sicher sein, daß es sich in den Quelltexten um Elementnamen und Eigenschaften handelt.

Anmerkung: Es bleibt abschließend darauf hinzuweisen, daß in einigen Ausnahmefällen Quelltextzeilen in den Listings umgebrochen werden mußten. Dies ist an einem Tiefstrich _ am Zeilenende erkennbar. Visual Basic selbst unterstützt dieses Fortsetzungszeichen nicht. Eine Zeile muß also immer in einer einzelnen Zeile eingegeben werden.

Festlegung globaler Variablen

Konnten Sie unter Visual Basic für Windows 1.0 globale Variablen, Variablen die programmübergreifend bekannt sind, nur im globalen Modul GLOBAL.BAS definieren, können diese nunmehr in beliebigen Quelltextmodulen deklariert werden. Ebenso deklarieren Sie API- und DLL-Deklarationen und definieren benutzerdefinierte Datenstrukturen in beliebigen Quellmodulen. Das globale Modul ist unter Visual Basic 2.0 nicht mehr bekannt. Programme, die mit dem globalen Modul unter VB 1.0 erzeugt wurden, werden von Visual Basic für Windows 2.0 problemlos importiert. Im Programm WinSTAT verwenden wir lediglich die globale Variable *Zaehler* (s. Listing 1.1).

Die Deklaration einer programmübergreifenden globalen Variablen erfolgt über das Schlüsselwort *Global.* Das Programm WinStat besteht lediglich aus einem einzelnen Formular, d.h. die Variable *Zaehler* muß lediglich formularübergreifend global sein. Da die Anweisung *Global* ausschließlich in Quellmodulen (Suffix BAS) verwendet werden darf, müssen Sie die Variable nunmehr über *Dim Shared* deklarieren. Da die hier verwendete Variable zur Verwaltung der Anzahl der maximal 100 eingegebenen Werte genutzt wird, ist der Datentyp Ganzzahl (Integer) sinnvoll.

Ereignisorientierte Unterprogramme

In Listing 1.1 sind die Formulardefinition und die ereignisorientierten Unterprogramme unseres Statistikprogrammes zusammengefaßt. Auf die Verwendung zusätzlicher benutzerdefinierter Prozeduren wurde bei diesem Programm bewußt verzichtet. Bevor einige spezielle Informationen zu den einzelnen Unterprogrammen angeführt werden, sollten Sie sich zunächst den Quelltext etwas genauer betrachten. Das Programm gliedert sich in zwei wesentliche Teile: der Formulardefinition und dem Basic-Quelltext. Unter Visual Basic können Programmdateien binär oder im Textformat abgespeichert werden. Anders als unter VB 1.0 wird in diesem Fall auch die Formulardefinition in eine lesbare Form gebracht. Die Formularbeschreibung kann mit jedem Editor bearbeitet und nachträglich wieder in die Visual Basic-Entwicklungsumgebung geladen werden. Die Formularbeschreibung (ASCII-Form) erfolgt strukturiert. Eingeleitet wird sie mit der aktuellen Visual Basic-Versionsnummer. Jedes Steuerelement wird durch einen Namen gekennzeichnet. Die einzelnen Namen entsprechen der Objektbezeichnung, die in Verbindung mit der *TypeOf*-Anweisung genutzt wird. Die einzelnen Bezeichnungen der Steuerelementetypen sind in der nachfolgenden Tabelle zusammengestellt.

Schlüsselwort:	**Steuerelementetyp:**
Form	Form
MDIForm	MDI-Form
CheckBox	Kontrollfeld
ComboBox	Kombinationslistenfeld
CommandButton	Befehlsschaltfläche
DirListBox	Verzeichnislistenfeld
DriveListBox	Laufwerkslistenfeld
FileListBox	Dateilistenfeld
Frame	Rahmen
Grid	Gitternetz / Tabelle
HScrollBar	horizontale Bildlaufleiste
Label	Bezeichnungsfeld
ListBox	Verzeichnislistenfeld
OLEClient	OLE-Client
OptionButton	Optionsfeld
PictureBox	Bildfeld
TextBox	Textfeld
Timer	Zeitgeber
VScrollBar	vertikaler Rollbalken
benutzerdefinierte Steuerelemente	entspricht der *Name*-Eigenschaft

In der Formularbeschreibung wird jedes Formular und Steuerelement in einem *Begin-End*-Block definiert. Nimmt ein Element ein weiteres Steuerelement auf, so wird dieses in der Formularbeschreibung innerhalb des umgebenden Steuerelementes ausgegeben. Befindet sich beispielsweise das Listenfeld *TestListe* im Formular *TestForm*, so ergibt sich folgende Oberflächenbeschreibung:

```
Begin Form TestForm
  Begin ListBox TestListe
    'Eigenschaften zum Listenfeld
  End
  'Eigenschaften zum Formular
End
```

Innerhalb des Blockes werden die Eigenschaften und Eigenschaftswerte genannt, die von den Standardeigenschaftswerten abweichen (vgl. Listing 1.1). Grafiken, die in ein Formular eingebunden werden, werden beim Abspeichern in gesonderten Grafikbibliotheken gespeichert (*.FRX).

Diese werden benötigt, wenn das Programm wieder in die Entwicklungsumgebung geladen werden soll. Innerhalb der ASCII-Form-Beschreibung tauchen die Grafikbibliotheken wieder auf.

```
Icon = STATISTI.FRX:0000
```

Die Grafiksammlung unterscheidet sich in der Namensgebung von dem zugehörigen Formular lediglich im Dateikürzel. Der Zahlenwert, der sich an die Grafikdatei innerhalb einer Formbeschreibung anschließt, ist der Offset (Position) einer bestimmten Grafik innerhalb der Grafikdatei.

```
VERSION 2.00
Begin Form STATISTIK
   BackColor       =   &H00808080&
   BorderStyle     =   3  'Nicht änderbar, doppelt
   Caption         =   "WinStat"
   Height          =   6030
   Icon            =   STATISTI.FRX:0000
   Left            =   2100
   LinkMode        =   1  'Quelle
   LinkTopic       =   "Form1"
   MaxButton       =   0   'False
   ScaleHeight     =   5625
   ScaleWidth      =   4290
   Top             =   1125
   Width           =   4410
   Begin CommandButton S_Random
      Caption         =   "Liste mit 100 &Zufallszahlen füllen"
      Height          =   375
      Left            =   240
      TabIndex        =   13
      Top             =   5040
      Width           =   3855
   End
   Begin CommandButton S_DeleteAll
      Caption         =   "&gesamte Liste löschen"
      Height          =   375
      Left            =   240
      TabIndex        =   12
      Top             =   4560
      Width           =   3855
   End
   Begin CommandButton S_DeleteMarker
      Caption         =   "markierte Einträge &löschen"
      Height          =   375
      Left            =   240
```

```
      TabIndex          =   11
      Top               =   4080
      Width             =   3855
   End
   Begin CommandButton S_Ende
      Caption           =   "Programm&ende"
      Height            =   375
      Left              =   2160
      TabIndex          =   6
      Top               =   3600
      Width             =   1935
   End
   Begin CommandButton S_Hilfe
      Caption           =   "&Hilfe"
      Height            =   375
      Left              =   2160
      TabIndex          =   5
      Top               =   3120
      Width             =   1935
   End
   Begin CommandButton S_Rechne
      Caption           =   "&Berechnen"
      Height            =   375
      Left              =   2160
      TabIndex          =   7
      Top               =   2640
      Width             =   1935
   End
   Begin CheckBox K_Max
      BackColor         =   &H00808080&
      Caption           =   "M&aximum"
      ForeColor         =   &H00FFFF00&
      Height            =   255
      Left              =   2520
      TabIndex          =   10
      Top               =   1920
      Width             =   1575
   End
   Begin ListBox List_Werte
      BackColor         =   &H00FFFFFF&
      FontBold          =   0   'False
      FontItalic        =   0   'False
      FontName          =   "MS Sans Serif"
      FontSize          =   8,25
      FontStrikethru    =   0   'False
      FontUnderline     =   0   'False
      Height            =   2175
      Left              =   240
```

```
      MultiSelect      =   1  'Einfach
      Sorted           =   -1  'True
      TabIndex         =   4
      Top              =   1800
      Width            =   1695
   End
   Begin CheckBox K_Min
      BackColor        =   &H00808080&
      Caption          =   "M&inimum"
      ForeColor        =   &H00FFFF00&
      Height           =   255
      Left             =   2520
      TabIndex         =   9
      Top              =   1560
      Width            =   1455
   End
   Begin CheckBox K_Mittel
      BackColor        =   &H00808080&
      Caption          =   "&Mittelwert"
      ForeColor        =   &H00FFFF00&
      Height           =   255
      Left             =   2520
      TabIndex         =   8
      Top              =   1200
      Value            =   1  'Ausgewählt
      Width            =   1455
   End
   Begin Frame Rahmen1
      BackColor        =   &H00808080&
      Caption          =   "Werteingabefeld"
      ForeColor        =   &H00000000&
      Height           =   615
      Left             =   240
      TabIndex         =   2
      Top              =   1080
      Width            =   1695
      Begin TextBox Ein_Wert
         Height           =   285
         Left             =   120
         TabIndex         =   3
         Top              =   240
         Width            =   1455
      End
   End
   Begin Label Txt_Version
      BackColor        =   &H00808080&
      Caption          =   "Easy Version 2.00 (c)1992 by Dipl.-Ing. Andreas_
                            Maslo"
```

```
      FontBold        =   0   'False
      FontItalic      =   0   'False
      FontName        =   "MS Sans Serif"
      FontSize        =   8,25
      FontStrikethru  =   0   'False
      FontUnderline   =   0   'False
      ForeColor       =   &H0000FFFF&
      Height          =   255
      Left            =   240
      TabIndex        =   1
      Top             =   720
      Width           =   3975
   End
   Begin Label Txt_Name
      BackColor       =   &H00808080&
      Caption         =   "WinSTATISTIK"
      FontBold        =   -1  'True
      FontItalic      =   -1  'True
      FontName        =   "MS Sans Serif"
      FontSize        =   24
      FontStrikethru  =   0   'False
      FontUnderline   =   0   'False
      ForeColor       =   &H0000FFFF&
      Height          =   495
      Left            =   240
      TabIndex        =   0
      Top             =   120
      Width           =   3735
   End
End


'*****************************************************
'* WinSTATISTIK - Easy Version 2.00                  *
'* (c) 1993 by Dipl.-Ing. Andreas Maslo              *
'* Das Vieweg-Buch zu Visual Basic für Windows 2.0   *
'*                                                   *
'* Demonstrationsprogramm zur Entwicklung eines      *
'* Programmes mit einem einzelnen Formular am        *
'* Beispiel einfacher statistischer Auswertungen     *
'*****************************************************

'formglobale Variable zur Verwaltung der Anzahl der
'eingegebenen Werte
Dim Shared Zaehler As Integer
```

```
Sub Ein_Wert_KeyPress (TastenAscii As Integer)
  'Eingabewert nur übernehmen, wenn weniger als
  'hundert positive Werte in der Liste enthalten sind
  'und wenn die Taste [Return] gedrückt wurde
  'TastenAscii=13 ... [Return] = Eingabe quittieren
  'TastenAscii=8  ... [Backspace] = zeichenweise löschen
  'TastenAscii=25 ... [Ctrl+Y] = Eingabefeld löschen
  If InStr("1234567890.", Chr$(TastenAscii)) = 0 And TastenAscii <> 13 And_
      TastenAscii <> 8 And TastenAscii <> 25 Then
      'nur numerische Eingabezeichen berücksichtigen,
      'in allen anderen Fällen Tatstaturinformation
      'löschen (hier vereinfacht, indem drei Sonderzeichen
      'an beliebiger Position erlaubt werden)
      TastenAscii = 0
    ElseIf TastenAscii = 25 Then
      Ein_Wert.Text = ""
    ElseIf TastenAscii = 13 Then
      If Zaehler < 100 Then
        'Zähler erhöhen
        Zaehler = Zaehler + 1
        'Methode AddItem zum Anfügen eines Listeneintrages
        List_Werte.AddItem Ein_Wert.Text
      Else
        'Meldung ausgeben, daß eventuell erst
        'Werte gelöscht werden müssen, bevor neue
        'Werte eingebbar sind
        'Wert 0 : OK-Schaltfläche
        'Wert 64: Symbol für Informationsmeldung
        Msg$ = "Leider können mit WinSTATISTIK maximal "
        Msg$ = Msg$ + "100 Werte verwaltet werden. Um "
        Msg$ = Msg$ + "neue Werte eingeben zu können, "
        Msg$ = Msg$ + "müssen Sie zunächst alte Werte "
        Msg$ = Msg$ + "aus der Werteliste löschen..."
        MsgBox Msg$, 0 + 64, "Achtung!"
        'Fokus auf Listenfeld, um eventuell Werte
        'zu löschen
        List_Werte.SetFocus
      End If
  End If
End Sub

Sub List_Werte_DblClick ()
  'Ereignis: Doppelklick
  'eventuell vorhandene Listeneinträge aus
  'der Werteliste entfernen
  If Zaehler > 0 Then
    'Sicherheitsabfrage
    Msg$ = "Wollen Sie den Wert "
```

```
    Msg$ = Msg$ + List_Werte.List(List_Werte.ListIndex)
    Msg$ = Msg$ + " wirklich löschen?"
    Antwort% = MsgBox(Msg$, 4 + 32, "Achtung!")
    If Antwort% = 6 Then
      'falls Löschen mit <Ja> bestätigt wurde
      List_Werte.RemoveItem List_Werte.ListIndex
      'Fokus wieder auf Werteingabefeld, da nun
      'eine Werteingabe wieder möglich ist
      Ein_Wert.SetFocus
      'globale Variable 'Zaehler' auf aktuellen Stand bringen
      Zaehler = Zaehler - 1
    End If
  End If
End Sub

Sub S_DeleteAll_Click ()
  'gesamte Liste löschen
  'Hinweis: die Methode Clear erlaubt
  'das LKöschen sämtlicher Listeneinträge
  List_Werte.Clear
  'Zählvariable auf Null zurücksetzen
  Zaehler = 0
End Sub

Sub S_DeleteMarker_Click ()
  'die neue Eigenschaft MultiSelect des
  'Listenfeldes erlaubt die Mehrfachanwahl
  'von Listeneinträgen, die Auswertung der
  'Markierungen erfolgt über die Eigenschaft
  'Selected
  'durch sämtliche Einträge iterieren
  For x% = List_Werte.ListCount - 1 To 0 Step -2
    If List_Werte.Selected(x%) = True Then
      'Markierung vorhanden, also Eintrag
      'aus der Liste löschen
      List_Werte.RemoveItem x%
     'interne Zählvariable korrigieren
     Zaehler = Zaehler - 1
    End If
  Next x%
End Sub

Sub S_Ende_Click ()
  'Programm WinStat beenden
  'Sicherheitsabfrage ermöglicht Abbruch
  Msg$ = "Wollen Sie das Programm wirklich beenden?"
  'Wert 4 : Ja/Nein-Schaltflächen
  'Wert 32: Symbol für Warnmeldungsabfrage
```

```
  Antwort% = MsgBox(Msg$, 4 + 32, "WinStat beenden...")
  If Antwort% = 6 Then
      'Schaltfläche <Ja> wurde gedrückt
      'Programm beenden
      End
    Else
      'Fokus auf Eingabefeld der Werte, d.h.
      'Eingabefeld aktiv schalten
      Ein_Wert.SetFocus
  End If
End Sub

Sub S_Hilfe_Click ()
  'kurze Hilfsinformation ausgeben
  'Wert 0 : OK-Schaltfläche
  'Wert 64: Symbol für Informationsmeldung
  'Wagenrücklauf/Zeilenvorschub für Zeilenumbruch
  'im Meldungsfenster definieren
  Msg$ = "Werte werden nur in die Werteliste übernommen, "
  Msg$ = Msg$ + "wenn Sie mit der Taste [Return] quittiert "
  Msg$ = Msg$ + "wurden. Ein Doppelklick auf einen "
  Msg$ = Msg$ + "Listeneintrag löscht "
  Msg$ = Msg$ + "den entsprechenden Wert."
  MsgBox Msg$, 0 + 64, "Hilfe WinStat"
  'Fokus auf Eingabefeld der Werte, d.h.
  'Eingabefeld aktiv schalten
  Ein_Wert.SetFocus
End Sub

Sub S_Random_Click ()
'Liste automatisch mit Zufallszahlen
  '(hier: Wertebereich von 0-32000)
  'da nur 100 Werte zugelassen werden sollen, muß
  'die bestehende Liste zunächst gelöscht werden
  List_Werte.Clear
  '100 Zufallszahlen generieren
  For x% = 1 To 100
    'Zufallszahlengenerator initialisieren
    Randomize
    'Zufallswert aus gewünschtem Wertebereich ermitteln
    'Formel: Int((OGrenze-UGrenze+1) * Rnd + UGrenze)
    Wert% = Int((32000 - 1 + 1) * Rnd + 1)' Int(32000 + 1 * Rnd)
    'Zufallsert in die Liste im Zeichenkettenformat übernehmen
    List_Werte.AddItem Trim$(Str$(Wert%))
  Next x%
  'Anzahl der eingegebenen Werte in die globale Variable Zaehler übernehmen
  Zaehler = 100
End Sub
```

```
Sub S_Rechne_Click ()
  'in jedem Fall die Anzahl der eingegebenen Werte
  'anzeigen; sind die entsprechenden Kontrollfelder
  'angeklickt, werden auch Berechnungen durchgeführt;
  'ist ein Kontrollwert markiert, hat es den Wert 1;
  'in dieser Auswertung wird die Liste für jede
  'statistische Auswertung getrennt abgearbeitet, in
  'einer optimierten Version sollten die Berechnungs-
  'blöcke geschachtelt werden, so daß die Liste selbst
  'nur einmalig ausgewertet werden muß
  '---------------------------------------------------
  'Liste in Variablenfeld doppelter Genauigkeit
  ' konvertieren, um dreimalige Konvertierung zu
  'umgehen
  ReDim Liste#(100)
  'Summe mit doppelter Genauigkeit
  Summe# = 0
  'Zeilenvorschub für Ergebnisausgabe definieren
  CL$ = Chr$(13) + Chr$(10)
  'Anzahl der Werte in der Liste
  Anzahl% = List_Werte.ListCount
  '---------------------------------------------------
  'Ausgabe der Anzahl der Listenwerte vorbereiten
  Msg$ = "Es wurden " + Str$(Zaehler) + " Werte eingegeben."
  '---------------------------------------------------
  'nur rechnen, falls mindestens ein Wert eingegeben wurde
  If Zaehler > 0 Then
    'Listeninhalt in Zahlendatenfeld einlesen, um
    'unnötige Konvertierungen zu umgehen
    For x% = 1 To Anzahl%
      'erstes Listenelement von Windows hat den Index 0
      Liste#(x%) = Val(List_Werte.List(x% - 1))
    Next x%
    '---------------------------------------------------
    'Mittelwert berechnen
    If K_Mittel.Value = 1 Then
      For x% = 1 To Anzahl%
      Summe# = Summe# + Liste#(x%)
      Next x%
      Mittelwert$ = Str$(Summe# / Anzahl%)
      Msg$ = Msg$ + CL$ + "Der Mittelwert beträgt: "
      Msg$ = Msg$ + Mittelwert$
    End If
    '---------------------------------------------------
    'Maximum ermitteln
    If K_Max.Value = 1 Then
      Max# = 0
      For x% = 1 To Anzahl%
```

```
      If Liste#(x%) > Max# Then
        Max# = Liste#(x%)
      End If
     Next x%
     MaxWert$ = Str$(Max#)
     Msg$ = Msg$ + CL$ + "Der maximale Wert ist: "
     Msg$ = Msg$ + MaxWert$
   End If
   '--------------------------------------------------
   'Minimum ermitteln
   If K_Min.Value = 1 Then
     'Annahme: Minimum ist maximal möglicher Wert
     If Anzahl% > 0 Then Min# = 1.67E+308
     For x% = 1 To Anzahl%
      If Liste#(x%) < Min# Then
        Min# = Liste#(x%)
      End If
     Next x%
     MinWert$ = Str$(Min#)
     Msg$ = Msg$ + CL$ + "Der minimale Wert ist: "
     Msg$ = Msg$ + MinWert$
   End If
  End If
  '--------------------------------------------------
  'Informationen ausgeben
  MsgBox Msg$, 0 + 64, "Ergebnisse WinStat"
  'Fokus auf Programmende-Schaltfläche
  S_Ende.SetFocus
End Sub
```

Listing 1.1: Die Formdatei STATISTI.FRM des Programmes WinSTAT

In der nachfolgenden Liste erhalten Sie noch einmal in Kurzform wesentliche Informationen und Hinweise zu den einzelnen Unterprogrammen, die für das Programm *WinSTAT* erstellt wurden.

Unterprogramm:	**S_ENDE_CLICK()**
Funktion:	Programm nach Quittierung einer Sicherheitsabfrage beenden
Aufruf:	Ereignis
Ereignis:	Click (Mausklick)
Parameter:	-
Hinweise:	Die Sicherheitsabfrage erfolgt über die interne Visual Basic-Funktion *MsgBox*. Das Erscheinungsbild wird durch die Aufsummierung spezieller Kennwerte festgelegt (s. Listing). Wird das Programm nicht beendet, indem die Schaltfläche *<Nein>* angewählt wird, wird der Fokus auf das Eingabefeld gesetzt. Ein Oberflächenelement, das den Fokus erhält, ist das aktive Element in einem Formular. In unserem Programm wird der Fokuswechsel durch das Erscheinen des Textcursors im Eingabefeld erkennbar. Es können also unmittelbar weitere Werte eingegeben werden.

Unterprogramm:	**S_RECHNE_CLICK()**
Funktion:	Berechnungen durchführen und anzeigen
Aufruf:	Ereignis
Ereignis:	Click (Mausklick)
Parameter:	-
Hinweise:	Da Eingabewerte des Listenfeldes als Zeichenkette vorliegen, werden diese zunächst in Werte mit doppelter Genauigkeit konvertiert und in ein entsprechendes Datenfeld *Liste#()* überführt. Das Datenfeld muß zunächst dimensioniert werden. Die Anzahl der Werte in der Liste kann über die *ListCount*-Eigenschaft ausgelesen werden. Beachten Sie, daß die einzelnen Informationen und Ergebnisse schrittweise ermittelt werden. Ob einzelne Berechnungen durchzuführen sind, ist von der Markierung der entsprechenden Kontrollfelder abhängig. Ist die Eigenschaft *Value* eines Kontrollfeldes *true* (wahr) bzw. gleich *1*, dann ist das entsprechende Feld markiert und die Berechnung muß durchgeführt werden. Nur wenn die Berechnung erfolgt ist, wird auch das Ergebnis für die Ausgabe aufbereitet. Da Ausgaben wieder in Form einer Zeichenkette erfolgen müssen, muß das Ergebnis jeweils über die interne Visual Basic-Funktion *STR$* zunächst in eine Zeichenkette umgewandelt werden. Nach der Berechnung gehen wir davon aus, daß das Programm *WinSTAT* beendet werden soll. Aus diesem Grund setzen wir nach der Berechnung den Fokus auf die Schaltfläche *<Programmende>*.

Um bei der Ausgabe von Informationen in einem Meldungsfenster einen Zeilenvorschub zu erzwingen, ist die Codesequenz Carriage

Return / Linefeed bzw. Wagenrücklauf / Zeilenvorschub notwendig. Diese wird durch die Zeichenkette *CHR$(13)+CHR$(10)* festgelegt (s. Listing).

Unterprogramm: **S_HILFE_CLICK()**
Funktion: Kurze Hilfsinformation ausgeben
Aufruf: Ereignis
Ereignis: Click (Mausklick)
Parameter: -
Hinweise: Dieses Unterprogramm gibt lediglich Hinweise zur Programmsteuerung aus, die nicht unmittelbar erkennbar sind. Dazu zählt insbesondere der Hinweis, daß Einträge aus dem Listenfeld mit einem Doppelklick gelöscht werden können. Nach der Ausgabe der Hilfe wird der Fokus wieder auf das Werteingabefeld gesetzt. Beachten Sie, daß der Inhalt des Werteeingabefeldes mit [Strg]+[Y] gelöscht werden kann. Auf eine Ausgabe dieser Information wurde verzichtet. Um einzelne Werte mehrfach hintereinander mit der Taste [Return] übernehmen zu können, wird der Eingabewert nach der Aufnahme in das Listenfeld nicht automatisch aus dem Textfeld gelöscht. Bei statistischen Auswertungen sind sich wiederholende Meßwerte recht häufig, so daß Sie sich mit dieser Funktion zum Teil sehr viel Tipparbeit ersparen können. Natürlich wäre es auch denkbar, diese Funktion über ein weiteres Kontroll- oder Optionsfeld festzulegen. In diesem Fall könnten Sie den Quelltext so erweitern, daß der Eingabewert wahlfrei nach einer Quittierung mit der Taste [Return] wieder gelöscht würde oder aber für eine erneute Übernahme erhalten bleibt.

Unterprogramm: **LIST_WERTEDBLCLICK()**
Funktion: Einzelne Werte aus Liste löschen
Aufruf: Ereignis
Ereignis: DblClick (Mausdoppelklick)
Parameter: -
Hinweise: Beachten Sie, daß dieses Unterprogramm im Gegensatz zu den übrigen erstellten Unterprogrammen speziell auf einen Doppelklick reagiert. Dies ist sinnvoll, damit nicht bei jedem Ansteuern des Listenfeldes ein Eintrag gelöscht wird. Die Löschfunktion wird nur abgerufen, wenn überhaupt löschbare Listeneinträge vorhanden sind, in diesem Fall ist der Wert der globalen Variablen *Zaehler* größer als Null, und wenn die Sicherheitsabfrage zum Löschen mit der Schaltfläche *<Ja>*

quittiert wurde. Der angesteuerte Eintrag wird über die Eigenschaft *ListIndex* ermittelt, die Entfernung des Eintrages ist über die Eigenschaft *RemoveItem* möglich. Wurde ein Wert gelöscht, wird der Fokus erneut auf das Eingabefeld gesetzt und die globale Variable *Zaehler* um eins abgemindert.

Unterprogramm: **EIN_WERT_KEYPRESS(TASTENASCII AS INTEGER)**
Funktion: Nur numerische Eingabewerte im Eingabefeld zulassen
Aufruf: Ereignis
Ereignis: KeyPress (Tastendruck)
Parameter: *TastenAscii* - automatisch übergebener Tasturcode
Hinweise: Dieses Unterprogramm übernimmt die Kontrolle der Tastatureingaben. Da nur numerische Eingabewerte sinnvoll sind, ignorieren wir sämtliche nichtnumerischen Zeichen, außer dem Dezimalpunkt für gebrochen rationale Zahlen. Dabei verzichten wir der Einfachheit halber auf die Kontrolle, ob der Dezimalpunkt unzulässigerweise mehrfach eingegeben wird. Bei Bedarf können Sie diese Programmerweiterung eigenständig durch die Einführung einer statischen Zählvariablen realisieren. Wenn die Taste [Return] gedrückt wurde und weniger als hundert Werte eingegeben wurden (*Zaehler <100*), dann wird der Wert über die Eigenschaft *AddItem* automatisch dem Listenfeld angefügt, und die globale Variable *Zaehler* wird um eins erhöht. Wurden bereits hundert Werte eingegeben, erscheint eine kurze Programmeldung, daß zunächst ein Wert gelöscht werden muß. Nach dieser Meldung wird der Fokus programmintern auf das Listenfeld gesetzt, um ein Löschen zu erleichtern.

Unterprogramm: **S_DELETEMARKER_CLICK()**
Funktion: Einen oder emehrere markierte Werte aus der Liste löschen
Aufruf: Ereignis
Ereignis: Click (Mausklick)
Parameter: -
Hinweise: Diese Ereignisprozedur wird ausgeführt, wenn Sie die Schaltfläche <*markierte Einträge löschen*> anwählen. Damit diese Funktion sinnvoll ist, muß die Eigenschaft *MultiSelect* des Listenfeldes auf einen Wert ungleich Null gesetzt sein. Dann werden sämtliche Einträge in einer *For-Next*-Schleife auf eine Markierung hin untersucht. Die Anzahl der Einträge wird über die Eigenschaft *ListCount* ausgelesen. Ob der jeweilige Eintrag markiert ist, wird über die Eigenschaft *Selected(ListenNummer)* ermittelt. Nur wenn die Markierung

vorhanden ist, wird der Eintrag mit der *RemoveItem*-Methode aus der Liste entfernt. Nach jeder Eintragslöschung muß die Zählvariable Zaehler um eins abgenmindert werden.

Unterprogramm: **S_DELETEALL_CLICK()**
Funktion: Alle Einträge des Listenfeldes löschen
Aufruf: Ereignis
Ereignis: Click (Mausklick)
Parameter: -
Hinweise: Mit Hilfe der Methode *Clear* können alle Einträge eines Listenfeldes gelöscht werden. Unter Visual Basic mußten Sie jeden einzelnen Eintrag über eine Schleife entfernen oder aber auf Windows-API-Funktionen zurückgreifen. Nach dem Löschen der Liste, muß die Zählvariable *Zaehler* auf Null gesetzt werden.

Unterprogramm: **S_RANDOM_CLICK()**
Funktion: Liste mit 100 Zufallszahlen aus dem Wertebereich 0 bis 32000 füllen
Aufruf: Ereignis
Ereignis: Click (Mausklick)
Parameter: -
Hinweise: Wählen Sie die Schaltfläche <*Liste mit 100 Zufallszahlen füllen*> an, wird diese Ereignisprozedur ausgeführt. In einem ersten Schritt werden über die Methode *Clear* sämtliche bereits vorhandenen Listeneinträge gelöscht. Dann wir in einer Schleife der Zufallszahlengenerator aufgerufen. Jeder ermittelte Wert wird mit Hilfe der Methode *AddItem* in das Listenfeld aufgenommen. Ist die Liste gefüllt, wird die Zählvariable *Zaehler* auf 100 gesetzt.

Nachdem Sie den Quelltext komplett eingegeben haben, sollten Sie das Programm zunächst über den Menübefehl DATEI • PROJEKT SPEICHERN sichern. Visual Basic legt automatisch eine Make-Datei beim Speichern an, die es ermöglicht, daß beim nächsten Laden sämtliche Module eines Projektes automatisch wieder eingelesen werden. In einem weiteren Schritt sollten Sie nun Ihr Programm ausgiebig innerhalb der Benutzeroberfläche testen. Wählen Sie dazu im Menü den Eintrag AUSFÜHREN • STARTEN (s. Bild 1.24) an.

Sollten Fehler auftreten oder Änderungen erforderlich sein, können Sie die Ausführung mit AUSFÜHREN • BEENDEN abbrechen und notwendige Änderungen unmittelbar vornehmen. Testen Sie das Programm innerhalb der Visual Basic-Entwicklungsumgebung, steht Ihnen auch der Quelltextdebugger und das Direktfenster zur Verfügung.- In Bild 1.24 können Sie auch das Fenster mit der Sicherheitsabfrage sehen, das beim Programmende erscheint. Zum Öffnen dieses Meldungsfensters wird die Funktion *MsgBox* eingesetzt.

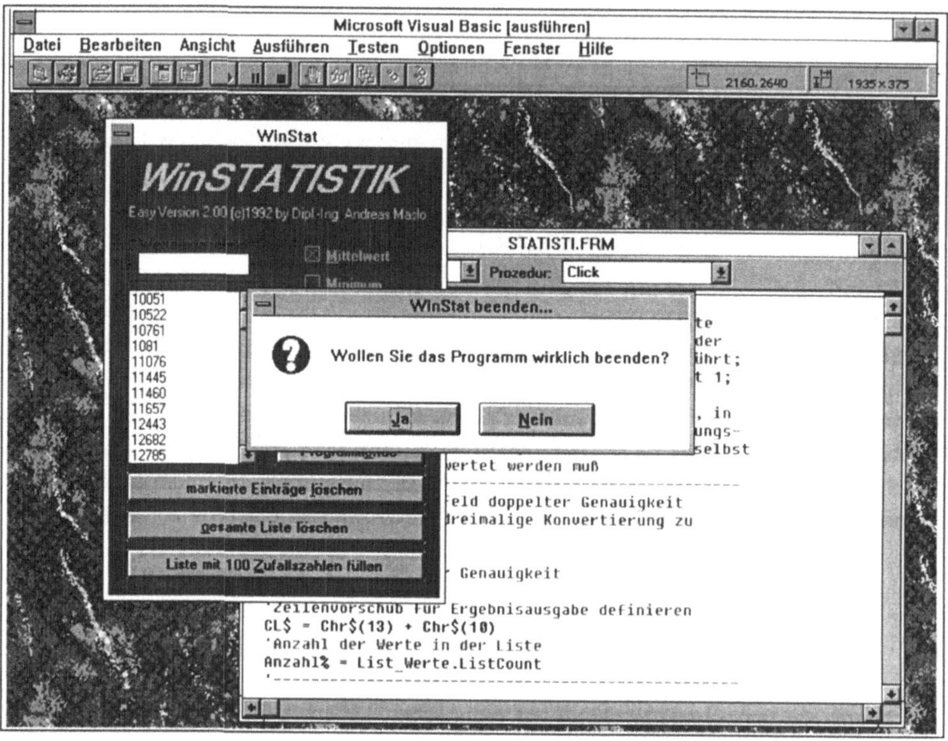

Bild 1.24: Sicherheitsabfrage vor dem Programmende

Erst wenn ein Programm scheinbar fehlerfrei arbeitet, sollten Sie das Maschinenprogramm erstellen. Dazu wählen Sie den Menüeintrag DATEI • EXE-DATEI ERSTELLEN an, geben den gewünschten Programmnamen ein und quittieren die Eingabe mit `Return`. Das Programm wird erzeugt und liegt nun auf Festplatte vor. Sie können das generierte Programm ohne die Visual Basic-Entwicklungsumgebung ausführen. Beachten Sie allerdings, daß in jedem Fall die Datei VBRUN200.DLL mit der Visual Basic-Laufzeitbibliothek für die Programmausführung erforderlich ist. Wollen Sie eine eigene Visual Basic-Applikation einer dritten Person überlassen, dann müssen Sie auch diese Laufzeitbibliothek weitergeben. Die Weitergabe ist lizenzfrei erlaubt, falls Sie registrierter Anwender des visuellen Entwicklungssystemes sind.

Damit *WinSTAT* über den Windows-Programm-Manager gestartet werden kann, müssen Sie zunächst das Programm in eine Programmgruppe einbinden. Danach erscheint das Programmsymbol, das Sie über die Bildsymbolauswahl festgelegt haben. Genauere Hinweise zur Einrichtung von Programmgruppen und Programmen können Sie Ihrem Windows-Benutzerhandbuch entnehmen. Wie sich *WinSTAT* in der Anwendung präsentiert, ist in Bild 1.25 dargestellt. Da mehr als elf der parallel in der Liste darstellbaren Werte eingegeben wurden, wurde das Listenfeld automatisch während der Laufzeit um eine vertikale Bildlaufleiste erweitert. Sind sämtliche Berechnungen durch Markierung der Kontrollfelder angewählt, wird das Ergebnis in Form des abgebildeten Meldungsfensters ausgegeben.

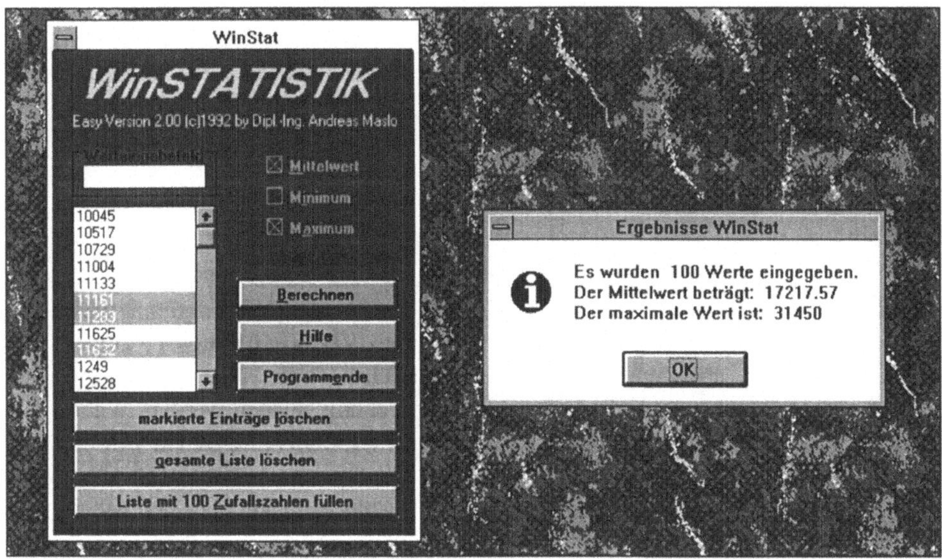

Bild 1.25: Ausführung des Programmes WinSTAT

Beachten Sie, daß das Programm nicht nur über die Schaltfläche *<Programmende>*, sondern auch über einen Doppelklick auf das Symbol in der linken oberen Fensterecke, das sogenannte Systemmenü, des Formulars *WinSTAT* beendet werden kann.

Abschließende Anmerkungen zum Programm WinSTAT

WinSTAT ist, obgleich es bereits viele Möglichkeiten von Visual Basic nutzt, ein recht einfaches Anwendungsprogramm. Durch Erweiterungen bzw. Abwandlungen der Oberfläche und des Quelltextes kann es sehr leicht für allgemeine Listenverwaltungen eingesetzt werden. Bevor wir uns dem nächsten Projekt zuwenden, sind nachfolgend noch einmal die Schwerpunktthemen, die mit diesem Programmprojekt erläutert werden sollten, angeführt.

- Formularentwurf
- Erstellung ereignisorientierter Unterprogramme
- Verknüpfung der Oberfläche mit zugehörigem Quelltext
- Turnaround (Entwicklungszyklus)
- Anwendung diverser Toolbox-Elemente
- Eigenschaften
- Ereignisse
- Objektnamensvergabe
- MultiSelect-Eigenschaft des Listenfeldes
- Erzeugung von Zufallszahlen

Das Programm *WinStatistik* befindet sich im selbstentpackenden Archiv VBSTAT.EXE auf der Installationsdiskette zu diesem Buch. Das Programm wird während der Einrichtung im Regelfall in das Verzeichnis \VIEWEG\VBSTAT kopiert. Die Anwendung kann, nachdem Visual Basic ausgeführt wurde, über den Menübefehl DATEI • PROJEKT ÖFFNEN in die Entwicklungsumgebung geladen werden. Wählen Sie dazu im nachfolgenden Dialogfeld die Projektdatei STATISTI.MAK an. Um das Programm zu starten, brauchen Sie lediglich den Menüpunkt AUSFÜHREN • STARTEN wählen. Ein eigenständig ausführbares Programm generieren Sie über den Menüpunkt DATEI • EXE-DATEI ERSTELLEN.

1.5.2 Das Programm WinTIME

In unserer zweiten Anwendung wollen wir ein Programm zur Umrechnung der Systemzeit in unterschiedliche Zeitzonen entwickeln. Dabei wollen wir auch ein Menü zur Festlegung der einzelnen Zeitzonen generieren. Die Anzeige der Systemzeit und einer beliebigen weiteren Zeitzone soll parallel in zwei speziellen Formularen möglich sein. Die Formulare sollen beliebig aktivierbar, deaktivierbar und auch auf Symbolgröße verkleinerbar sein. Da sich der Programmcode zu den einzelnen Zeitzonen nur geringfügig unterscheidet und jeweils auf ein Menüereignis reagiert wird, bietet sich der Einsatz eines Steuerelementefeldes an. Was darunter zu verstehen ist, werden Sie im Verlaufe der Programmentwicklung noch sehen. Kurz gesagt heißt das, daß jeder Aufruf eines Zeitzoneneintrages aus dem Menü dasselbe ereignisorientierte Unterprogramm aufruft. Um die Zeitzonen zu veranschaulichen, soll als Formularhintergrund ein Bild mit den entsprechenden Informationen angezeigt werden. Auf die Entwicklung einer Fehlerbehandlung und Hilfefunktion werden wir in diesem Programm verzichten.

Auch an dieser Stelle wollen wir einzelne Funktionen vereinfachen, um den Quelltext nicht zu komplex werden zu lassen. Zum einen werden wir nicht zwischen Sommer- und Winterzeit unterscheiden, zum anderen werden wir auch keine Gebiete mit Sonderzeiten berücksichtigen. Das Datum wollen wir nur ansatzweise im Programm verwenden. Die wichtigsten Themen, die an diesem Beispiel demonstriert werden sollen, sind der Umgang mit mehreren Formularen, das Erstellen eines Menüs und die Verwendung eines Steuerelementefeldes zur Reduzierung des Programmcodes. Auf den Umgang mit der Benutzeroberfläche wollen wir an dieser Stelle nicht noch einmal eingehen. Sollten Sie hierzu noch Fragen haben, schlagen Sie in Kapitel 1.4 bzw. 1.5.1 nach.

Das Startformular

Wie bereits in unserem ersten Beispiel können wir auch in diesem Projekt das automatisch bereitgestellte leere Formular als Hauptprogramm verwenden. Automatisch beim Programmstart geladene Steuerelementedateien, wie beispielsweise OLECLIEN.VBX und GRID.VBX, können zunächst über den Menüpunkt DATEI • DATEI ENTFERNEN wieder aus der Projektliste gelöscht werden. Wir gehen an dieser Stelle bereits davon aus, daß die benötigte Hintergrundgrafik zur Darstellung der Zeitzonen im Bitmap-Format vorliegt und von Visual Basic verarbeitet werden kann. In unserem Fall wurde die Grafik mit einem Scanner eingelesen, in das PCX-Format konvertiert und mit Paintbrush bearbeitet. Das Ergebnis ist zwar nur begrenzt brauchbar, zeigt aber immerhin die Möglichkeiten, die Ihnen durch Grafikeinbindungen zur Verfügung stehen (vgl. Kapitel 3.6). Die Grafik selbst wurde nach der Bearbeitung mit Paintbrush unter dem Namen WELT.BMP im Bitmap-Format gespeichert und ist auch auf der

Buchdiskette enthalten, so daß Sie die Programmierung dieses Beispieles nachvollziehen können. Ist die Grafik verfügbar und Visual Basic geladen, können sie die Eigenschaften für das Startformular festlegen.

Picture: *WELT.BMP* - Über die Eigenschaft *Picture* können Sie die Grafikdatei WELT.BMP als Formularhintergrund laden. Bei Bedarf können Sie auf diesem Hintergrund Toolbox-Elemente plazieren, was in unserem Programmbeispiel nicht nötig ist. Die gesamte Programmsteuerung erfolgt in diesem Programm über die Menüs.

Icon: *FlgDeut* - Das Formular soll beim Verkleinern auf Symbolgröße die deutsche Flagge anzeigen. Das Symbol selbst mit dem Namen *FlgDeut* gehört zur Symbolbibliothek des Programmiersystems und kann mit der Eigenschaft *Icon* ausgewählt werden. Alternativ können Sie jedes andere Bildsymbol auswählen.

Caption: *Weltzeituhr* - Mit der Eigenschaft *Caption* legen Sie den Namen des Formulars in der Titelleiste fest.

Name: *Welt* - Über die Eigenschaft *Name* können Sie den Namen angeben, unter dem das Formular später gespeichert wird. Der Name selbst wird auch als Name, unter dem das Formular im Quelltext angesprochen wird, verwendet. Besteht der Name aus mehr als acht Zeichen, wird dieser für den Dateinamen (nicht für den Kontrollnamen) gekürzt und um das Kürzel .FRM erweitert.

MaxButton: *false* / falsch - Setzen Sie diese Eigenschaft auf falsch, damit das Formular nicht auf die volle Bildschirmgröße gezoomt werden kann.

BorderStyle: *1* - Damit das Formular über das Symbolfeld am rechten Rand der Titelleiste verfügt, müssen Sie die Eigenschaft *BorderStyle* mit dem Wert *1* belegen.

Auch in diesem Fall ist die Formularposition und Formulargröße im Entwurfsmodus entscheidend für den Platz und die Größe des Formulars beim Programmstart. Am Startformular selbst sind keine weiteren Änderungen erforderlich, das benötigte Menü wird getrennt im Menüentwurfsfenster entworfen und erst später dem Formular hinzugefügt.

Die Menügenerierung

Um das Menü zu entwerfen, überprüfen Sie zunächst, ob das Formular, für das das Menü erstellt werden soll, auch aktiviert ist. Sie können dies an der farblich hervorgehobenen Titelleiste erkennen. Erst dann können Sie über den Menüeintrag FENSTER • MENÜENTWURF das benötigte Fenster auf den Bildschirm bringen. Die wichtigsten Informationen, die sie für die Menüdefinition benötigen, sind in Tabelle 1.1 zusammengefaßt.

Menü(Caption):	**Name(Name):**	**Ebene:**	**Index:**
&Zeitzonen	MNU_Zeit	1	-
1 Zeitzone	MNU_Z	2	1
2 Hawaii	MNU_Z	2	2
3 Alaska, Dawson	MNU_Z	2	3
4 San Francisco	MNU_Z	2	4
5 Denver	MNU_Z	2	5
6 Chicago, Mexico	MNU_Z	2	6
7 New York, Bogota	MNU_Z	2	7
8 Caracas, Santiago	MNU_Z	2	8
9 Rio, Buenos Aires	MNU_Z	2	9
10 Trinidad	MNU_Z	2	10
11 Azoren,...	MNU_Z	2	11
12 London, Dakar,...	MNU_Z	2	12
13 Berlin, Paris,...	MNU_Z	2	13
14 Moskau, Kairo,...	MNU_Z	2	14
15 Ankara, Bagdad	MNU_Z	2	15
16 Zeitzone	MNU_Z	2	16
17 Omsk, Karatschi	MNU_Z	2	17
18 Nowosibirsk	MNU_Z	2	18
19 Irkutsk	MNU_Z	2	19
20 Peking	MNU_Z	2	20
21 Tokio	MNU_Z	2	21
22 Sydney	MNU_Z	2	22
23 Petropawlowsk	MNU_Z	2	23
24 Wellington	MNU_Z	2	24
&Systemdatum/Zeit	MNU_Sys	1	-
&Ende	MNU_End	1	-

Tabelle 1.1: Informationen zur Menüdefinition des Programmes WinTIME (gekürzt, s. Bild 1.26)

Anhand des Tabelleneintrages Ebene sind die zwei Menüebenen erkennbar. Die erste Ebene repräsentiert das Hauptmenü, das später im Formular in der Zeile unterhalb der Titelleiste ausgegeben wird. Die einzelnen Einträge können bei der Programmausführung über die Taste [Alt] und den jeweils hervorgehobenen Buchstaben aufgerufen werden. Lediglich zum Hauptmenüeintrag *Zeitzonen* ist ein Untermenü (2. Ebene) definiert Sämtliche Menünamen dieser zweiten Menüebene verfügen über denselben Namen, was nur innerhalb eines Steuerelementefeldes erlaubt ist. Zudem muß jeweils eine zugehörige Indexnummer, die eine Unterscheidung der einzelnen Elemente des Feldes gestattet, festgelegt werden. Insgesamt enthält das Steuerelementefeld 24 Elemente. Egal welches Element Sie später aktivieren, es wird jeweils dieselbe Ereignisprozedur aufrufen. Ein Menüsteuerelementefeld muß immer in der Gesamtheit in einer gemeinsamen Menüebene definiert sein und kann sich nicht über mehrere Menüebenen oder unterschiedliche Menüs erstrecken. Die maximal zulässige Elementanzahl in einem Steuerelementefeld ist auf 255 begrenzt. Der Zugriff auf eine einzelne Ereignisprozedur ist allerdings nur ein Vorteil, den diese Menüeinrichtung bietet. So wäre es auch denkbar, Menüeinträge während der Laufzeit dem Steuerelementefeld anzufügen oder aber zu entfernen. Würden Sie das Programm ohne Verwendung eines Steuerelementefeldes entwickeln, so müßten Sie für jeden Menüeintrag eine einzelne Ereignisprozedur definieren.

Haben Sie sämtliche Einträge korrekt eingegeben, dann erscheint die Menüdefinition im unteren Teilbereich des Menüentwurfsfensters in der in Tabelle 1.2 dargestellten Form. Durch die führenden vier Punkte bei einzelnen Einträgen wird die zweite Menüebene erkennbar.

Menüeinträge (Auszug):
&Zeitzonen ....1 Zeitzone ....2 Hawaii : : ....24 Wellington &Systenmdatum/Zeit &Ende

Tabelle 1.2: Auszug der Menüliste im Menüentwurfsfenster

In Bild 1.26 ist die Programmoberfläche des Hauptformulars mit der eingebundenen Hintergrundgrafik und der Menüdefinition dargestellt. Anders als im Programm *WinSTAT* erfolgt im Programm *WinTIME* die Ausgabe der Ergebnisse nicht in einem Meldungsfenster, sondern in benutzerdefinierten Formularen. Damit haben wir drei wesentliche Vorteile gegenüber der internen Anweisung *MsgBox* von Visual Basic.

Zum einen können wir die Ergebnisausgabe nach Wunsch optisch aufbereiten, zum anderen muß das benutzerdefinierte Formular, im Gegensatz zum Meldungsfenster, nicht modal sein. Ein Fenster, das modal bzw. gebunden ist, erscheint im Vordergrund und muß zunächst geschlossen werden, um zu einem anderen Fenster zu wechseln.

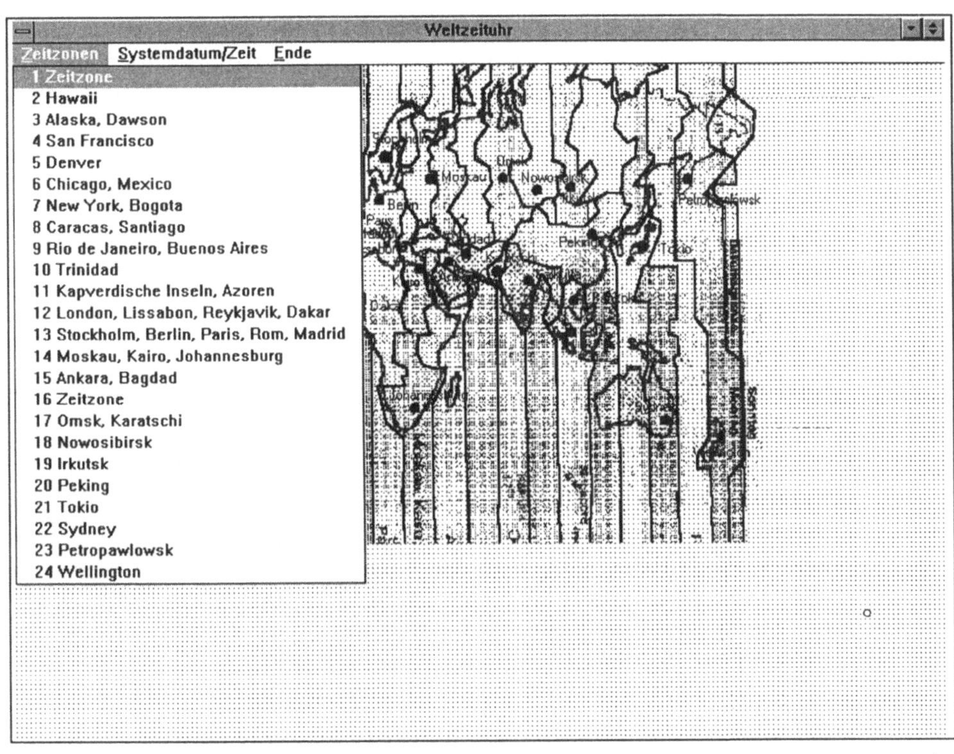

Bild 1.26: Startformular und Hauptmenü des Programmes WinTIME

Benutzerdefinierte Formulare können parallel auf dem Bildschirm verwaltet werden. Der letzte Vorteil, der gerade im vorliegenden Programmprojekt nicht zu unterschätzen ist, ist die Möglichkeit, Formularinhalte beliebig während der Anzeige zu ändern. Dabei ist es nicht erforderlich, das jeweils angesprochene Formular zu aktivieren. Um Änderungen zeitabhängig vorzunehmen, kann das Zeitmesser-Objekt aus dem Toolbox-Fenster verwendet werden. Dieses wird wie jedes andere Oberflächenelement im Formular plaziert, kann allerdings nicht in Größe und Erscheinungsbild geändert werden. Das wäre auch nicht sinnvoll, da es sich nicht um ein Element handelt, das später bei der Programmausführung angezeigt wird. Es ist lediglich dafür verantwortlich, daß in bestimmten Zeitabständen spezieller Quelltext wiederholt abgearbeitet wird. In unserem Fall werden wir diese Eigenschaft nutzen, um die Zeitausgabe der Systemzeit bzw. die Anzeige der Zeit zu einer speziellen Zeitzone jeweils auf dem aktuellen Stand zu halten.

Generierung der Zusatzformulare

Insgesamt benötigen wir zwei Zusatzformulare. Im ersten soll die Systemzeit und das Systemdatum angezeigt werden (s. Bild 1.27). Versehen Sie das Formular, nachdem Sie es erstellt haben, mit den folgenden Eigenschaften:

Icon: *Uhr02* - Das Formular soll beim Verkleinern auf Symbolgröße eine Uhr anzeigen. Das Symbol selbst mit dem Namen *Uhr02* gehört zur Symbolbibliothek des Programmiersystems und kann mit der Eigenschaft *Icon* ausgewählt werden.

Caption: *Datum / Zeit (MEZ)* - Mit der Eigenschaft *Caption* legen Sie den Namen des Formulars in der Titelleiste fest.

Name: *Systemwerte* - Über die Eigenschaft *Name* können Sie den Namen angeben, unter dem das Formular später gespeichert wird. Der Name selbst wird auch als Name, unter dem das Formular im Quelltext angesprochen wird, verwendet. Besteht der Name aus mehr als acht Zeichen, wird dieser für den Dateinamen (nicht für den Kontrollnamen) gekürzt und um das Kürzel .FRM erweitert.

MaxButton: *falsch* - Setzen Sie diese Eigenschaft auf *false* bzw. falsch, damit das Formular nicht auf die volle Bildschirmgröße gezoomt werden kann.

BorderStyle: *1* - Damit das Formular über ein Symbolfeld am rechten Rand der Titelleiste verfügt, müssen Sie die Eigenschaft *BorderStyle* mit dem Wert *1* belegen.

Farbhintergrund: Legen Sie über das Farbpalettenfenster die Formularhintergrundfarbe auf hellgrau fest.

Nachdem das Formular selbst fertiggestellt und mit den gewünschten Eigenschaften versehen ist, müssen die benötigten Oberflächenelemente aus der Toolbox übernommen, ins Formular plaziert und in der Größe angepaßt werden. Die einzelnen Oberflächenelemente und zugehörigen Eigenschaften sind nachfolgend aufgelistet.

Fügen Sie für das Datum zunächst einen Rahmen ein und legen Sie die Hintergrundfarbe mit schwarz und die Schriftfarbe mit weiß fest. Setzen Sie anschließend die Eigenschaft *Caption* auf *Datum:*.

Fügen Sie für die Zeit zunächst einen Rahmen ein und legen Sie die Hintergrundfarbe mit schwarz und die Schriftfarbe mit weiß fest. Setzen Sie anschließend die Eigenschaft *Caption* auf *Zeit:*.

Plazieren Sie innerhalb des Rahmens für das Datum ein Bezeichnungsfeld. Legen Sie anschließend die Eigenschaft *Name* mit *TXT_Datum* fest. Löschen Sie danach den Wert der Eigenschaft *Text* und wählen Sie aus dem Farbpalettenfenster die Hintergrundfarbe schwarz und die Schriftfarbe grün aus. Rufen Sie anschließend die Schrifteigenschaft *FontSize* auf und legen Sie den Wert mit *24* fest (Schriftgröße).

Plazieren Sie innerhalb des Rahmens für die Zeit ein Bezeichnungsfeld. Legen Sie anschließend die Eigenschaft *Name* mit *TXT_Zeit* fest, löschen Sie danach den Wert der Eigenschaft *Text* und wählen Sie aus dem Farbpalettenfenster die Hintergrundfarbe schwarz und die Schriftfarbe grün aus. Rufen Sie anschließend die Schrifteigenschaft *FontSize* auf und legen Sie den Wert mit *24* fest (Schriftgröße).

Plazieren Sie innerhalb des Formulares ein Zeitmesser-Objekt. Geben Sie der Eigenschaft *Interval* den Wert *1000*. Damit ist gewährleistet, daß das zeitabhängige Unterprogramm im Sekundentakt aufgerufen wird. Die Aktualisierung der Zeit in den Formularen soll später jede Sekunde einmal erfolgen.

Damit haben Sie bereits das erste Zusatzformular definiert. In einem zweiten Schritt können Sie nun eine annähernde Kopie des zuerst erzeugten Formulars anlegen. Verwenden Sie dazu die Kopier- und Einfügebefehle aus dem Menü BEARBEITEN. Dabei wirkt sich insbesondere das Rahmenelement positiv aus. Dieses hat verknüpfende Auswirkung auf integrierte Oberflächenelemente. Kopieren Sie den Rahmen von einem Formular zu einem anderen, so werden alle Steuerelemente, die nachträglich in diesen Rahmen integriert wurden, ebenfalls kopiert. Das wären in unserem Fall die

Bezeichnungsfelder. Der Hauptunterschied der einzelnen Formulare liegt in der Titelleiste und in dem Bezeichnungsfeld für zusätzliche Informationen im unteren Bereich des Formulars. Der Vollständigkeit halber sollen dennoch die Formulareigenschaften und einzelnen Oberflächenelemente in der Gesamtheit kurz erläutert werden. Markieren Sie also zunächst das 2. Zusatzformular und legen Sie die Formulareigenschaften wie folgt fest.

Icon: Wählen Sie aus der Visual Basic-Symbolbibliothek das Bildsymbol *Uhr02* aus. Dieses Bildsymbol wird angezeigt, wenn das Formular auf Symbolgröße verkleinert wird.

Caption: Beachten Sie, daß anders als beim ersten Zusatzformular die Festlegung dieser Eigenschaft nicht erforderlich ist. Der Eintrag der Titelleiste wird abhängig vom jeweils gewählten Menüpunkt erst während der Programmausführung festgelegt.

Name: *Zeitzone* - Über die Eigenschaft *Name* können Sie den Namen angeben, unter dem das Formular später gespeichert wird. Der Name selbst wird auch als Name, unter dem das Formular im Quelltext angesprochen wird, verwendet. Besteht der Name aus mehr als acht Zeichen, wird dieser für den Dateinamen (nicht für den Kontrollnamen) gekürzt und um das Kürzel .FRM erweitert.

MaxButton: *false / falsch* - Setzen Sie diese Eigenschaft auf falsch, damit das Formularfenster nicht auf die volle Bildschirmgröße gezoomt werden kann.

BorderStyle: *1* - Damit das Formular über ein Symbolfeld am rechten Rand der Titelleiste verfügt, müssen Sie die Eigenschaft *BorderStyle* mit dem Wert *1* belegen.

Farbhintergrund: Legen Sie über das Farbpalettenfenster die Formularhintergrundfarbe auf türkis fest.

Nachfolgend sind noch einmal die Oberflächenelemente angeführt, die das 2. Zusatzformular enthalten muß. Dabei bleibt es Ihnen überlassen, ob Sie die meisten Elemente aus dem 1. Zusatzformular kopieren oder aber über die Toolbox festlegen. Im letztgenannten Fall müssen Sie auch sämtliche Eigenschaften neu eingeben. Zusätzlich müssen Sie ein weiteres Bezeichnungsfeld zur Ausgabe von Städtenamen einrichten, die später bei der Programmausführung zur Charakterisierung der Zeitzonen ausgegeben werden. Dieses neue Element muß über die Toolbox ausgewählt werden. In unserer folgenden Aufstellung gehen wir davon aus, daß Sie alle Elemente mit Hilfe der Toolbox neu erstellen.

Fügen Sie für das Datum zunächst einen Rahmen ein und legen Sie die Hintergrundfarbe mit schwarz und die Schriftfarbe mit weiß fest. Setzen Sie anschließend die Eigenschaft *Caption* auf *Datum*:.

Fügen Sie für die Zeit zunächst einen Rahmen ein und legen Sie die Hintergrundfarbe mit schwarz und die Schriftfarbe mit weiß fest. Setzen Sie anschließend die Eigenschaft *Caption* auf *Zeit:*.

Plazieren Sie innerhalb des Rahmens für das Datum ein Bezeichnungsfeld. Legen Sie anschließend die Eigenschaft *Name* mit *TXT_Datum* fest. Löschen Sie danach den Wert der Eigenschaft *Text* und wählen Sie aus dem Farbpalettenfenster die Hintergrundfarbe schwarz und die Schriftfarbe grün aus. Rufen Sie anschließend die Schrifteigenschaft *FontSize* auf und legen Sie den Wert mit *24* fest (Schriftgröße).

Plazieren Sie innerhalb des Rahmens für die Zeit ein Bezeichnungsfeld. Legen Sie anschließend die Eigenschaft *Name* mit *TXT_Zeit* fest, löschen Sie danach den Wert der Eigenschaft *Text* und wählen Sie aus dem Farbpalettenfenster die Hintergrundfarbe schwarz und die Schriftfarbe grün aus. Rufen Sie anschließend die Schrifteigenschaft *FontSize* auf und legen Sie den Wert mit *24* fest (Schriftgröße).

Plazieren Sie innerhalb des Formulares ein Zeitmesser-Objekt. Geben Sie der Eigenschaft *Interval* den Wert *1000*. Damit ist gewährleistet, daß das zeitabhängige Unterprogramm im Sekundentakt aufgerufen wird. Die Aktualisierung der Zeit in den Formularen soll später jede Sekunde einmal erfolgen.

Legen Sie im unteren ein Bezeichnungsfeld für zusatzinformationen an. Setzen sie die Eigenschaften *Name* auf *Info*, *FontBold* auf *false* (falsch), *FontItalic* auf wahr und löschen Sie den Inhalt der Eigenschaft *Caption*.

Einen endgültigen Eindruck der definierten Zusatzformulare erhalten Sie erst bei der Programmausführung. In Bild 1.27 sind die Fenster dargestellt, wie sie sich zur Laufzeit präsentieren. Egal welches Fenster Sie jeweils aktivieren, beide Zeiten werden auf dem aktuellen Stand gehalten. Der wesentlichste erkennbare Unterschied der Formulare liegt in den Bezeichnungen. Im Zeitzonenformular wird in der Titelleiste die Zeitzone angezeigt, im unteren Fensterbereich werden in der Regel einige Städte der entsprechenden Zeitzone zur besseren Einordnung angeführt.

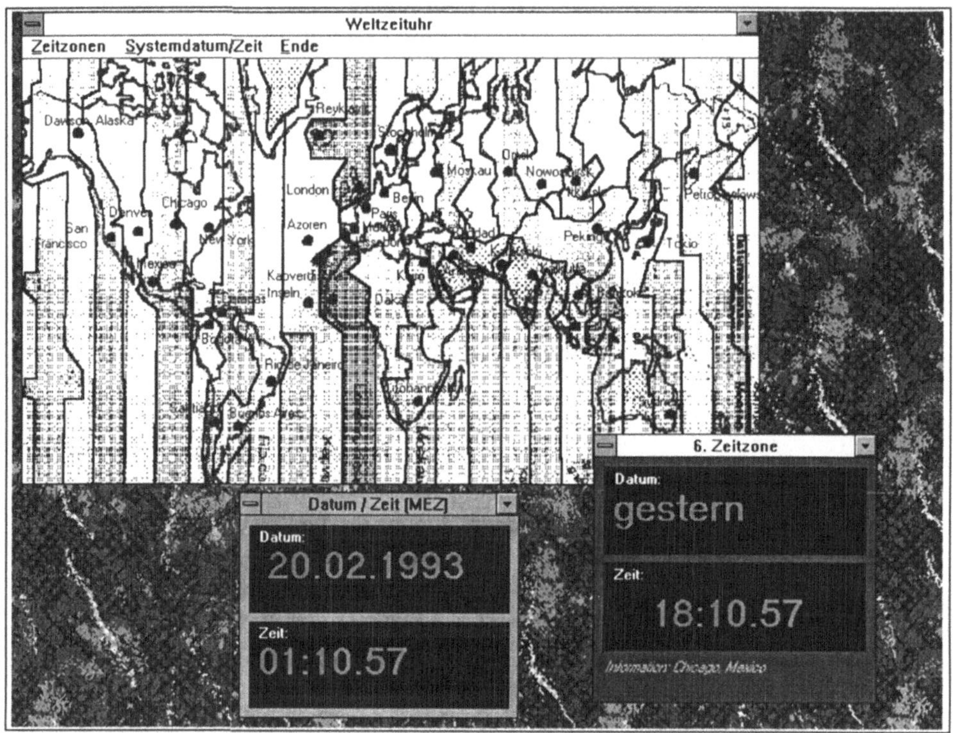

Bild 1.27: Zusatzformulare zur Ausgabe von Zeit und Datum

Nachdem sie die einzelnen Formulare erstellt haben, können Sie nun den Quelltext eingeben. Anders als in unserem ersten Beispiel besteht das Projekt *WinTIME* aus einer Vielzahl von Modulen, die jeweils über das Projektfenster angesteuert werden können. Die Preojektdatei wird in einer Make-Datei verwaltet.

```
VERSION 2.00
Begin Form Welt
   BorderStyle     =   1  'Nicht änderbar, einfach
   Caption         =   "Weltzeituhr"
   Height          =   6030
   Icon            =   WELT.FRX:0000
   Left            =   780
   LinkMode        =   1  'Quelle
   LinkTopic       =   "Form1"
   MaxButton       =   0   'False
   Picture         =   WELT.FRX:0302
   ScaleHeight     =   5340
   ScaleWidth      =   9495
   Top             =   885
   Width           =   9615
   Begin Menu MNU_Zeit
      Caption         =   "&Zeitzonen"
      Begin Menu MNU_Z
         Caption         =   "1 Zeitzone"
         Index           =   1
      End
      Begin Menu MNU_Z
         Caption         =   "2 Hawaii"
         Index           =   2
      End
      Begin Menu MNU_Z
         Caption         =   "3 Alaska, Dawson"
         Index           =   3
      End
      Begin Menu MNU_Z
         Caption         =   "4 San Francisco"
         Index           =   4
      End
      Begin Menu MNU_Z
         Caption         =   "5 Denver"
         Index           =   5
      End
      Begin Menu MNU_Z
         Caption         =   "6 Chicago, Mexico"
         Index           =   6
      End
      Begin Menu MNU_Z
         Caption         =   "7 New York, Bogota"
         Index           =   7
      End
      Begin Menu MNU_Z
         Caption         =   "8 Caracas, Santiago"
         Index           =   8
```

```
End
Begin Menu MNU_Z
   Caption         =   "9 Rio de Janeiro, Buenos Aires"
   Index           =   9
End
Begin Menu MNU_Z
   Caption         =   "10 Trinidad"
   Index           =   10
End
Begin Menu MNU_Z
   Caption         =   "11 Kapverdische Inseln, Azoren"
   Index           =   11
End
Begin Menu MNU_Z
   Caption         =   "12 London, Lissabon, Reykjavik, Dakar"
   Index           =   12
End
Begin Menu MNU_Z
   Caption         =   "13 Stockholm, Berlin, Paris, Rom, Madrid"
   Index           =   13
End
Begin Menu MNU_Z
   Caption         =   "14 Moskau, Kairo, Johannesburg"
   Index           =   14
End
Begin Menu MNU_Z
   Caption         =   "15 Ankara, Bagdad"
   Index           =   15
End
Begin Menu MNU_Z
   Caption         =   "16 Zeitzone"
   Index           =   16
End
Begin Menu MNU_Z
   Caption         =   "17 Omsk, Karatschi"
   Index           =   17
End
Begin Menu MNU_Z
   Caption         =   "18 Nowosibirsk"
   Index           =   18
End
Begin Menu MNU_Z
   Caption         =   "19 Irkutsk"
   Index           =   19
End
Begin Menu MNU_Z
   Caption         =   "20 Peking"
   Index           =   20
```

```
      End
      Begin Menu MNU_Z
         Caption         =   "21 Tokio"
         Index           =   21
      End
      Begin Menu MNU_Z
         Caption         =   "22 Sydney"
         Index           =   22
      End
      Begin Menu MNU_Z
         Caption         =   "23 Petropawlowsk"
         Index           =   23
      End
      Begin Menu MNU_Z
         Caption         =   "24 Wellington"
         Index           =   24
      End
   End
   Begin Menu MNU_Sys
      Caption         =   "&Systemdatum/Zeit"
   End
   Begin Menu MNU_End
      Caption         =   "&Ende"
   End
End

Sub MNU_End_Click ()
  'Sicherheitsabfrage, bevor das Programm
  'beendet wird
  '32 - Fragezeichensymbol bei Meldung anzeigen
  '4  - Schaltflächen <Ja> und <Nein> anzeigen
  Msg$ = "Wollen Sie das Programm 'Weltzeituhr' beenden?"
  Antwort% = MsgBox(Msg$, 32 + 4, "Programmende WinTIME")
  If Antwort% = 6 Then
    'beenden, falls Sicherheitsabfrage mit <Ja>
    'quittiert wurde
    End
  End If
End Sub

Sub MNU_Sys_Click ()
  'Zusatzformular laden und anzeigen
  SystemWerte.Show
End Sub

Sub MNU_Z_Click (Index As Integer)
  'Ereignisgesteuertes Unterprogramm für Steuerelementefeld
  'zuletzt angewählte Zeitzone merken, um u.U. ein
```

```
  'Formular zu entfernen und mit neuen Werten erneut zu laden
  Static AltZone
  AltZone = Zone
  'Zeitzone in globale Variable 'Zone' übernehmen
  Zone = Index
  'Formular mit alter Zeitzone evtl. zunächst entfernen
  If Zone <> AltZone And AltZone <> 0 Then
    Unload Zeitzone
  End If
  'Zeitzoneninformationen aus Menüeintrag herausfiltern
  ' und an globlae Variable 'ZeitzonenInfo' übergeben
  '(Menülänge abzüglich der ersten zwei Zeichen, in denen
  'die Zeitzonen verwaltet werden)
  MNULen% = Len(Welt!MNU_Z(Index).Caption)
  ZeitZonenInfo = Right$(Welt!MNU_Z(Index).Caption, MNULen% - 2)
  ZeitZonenInfo = LTrim$(ZeitZonenInfo$)
  'Zeitzonenformular laden und anzeigen
  Zeitzone.Show
End Sub
```

Listing 1.3: Datei WELT.FRM des Programmes WinTIME

Unterprogramm:	**MNU_SYS_CLICK()**
Funktion:	Fenster mit Systemdatum und Systemzeit anzeigen
Aufruf:	Aktivierung durch Menüereignis
Ereignis:	Click (Mausereignis)
Parameter:	-
Hinweise:	Besitzt ein Programm mehrere Formulare, dann wird beim Programmstart zunächst nur das Startformular geladen, um den Speicher nicht unnötig zu belasten. Wollen Sie bereits beim Programmstart weitere Formulare in den Speicher bringen, so müssen Sie dies durch das Load realisieren. In der Regel sollten Sie nur Formulare standardmäßig in den Arbeitsspeicher einlesen, die Sie in jedem Fall mehrmals bei der Programmausführung benötigen. Ansonsten sollten Sie diese nur bei Bedarf laden. Wird ein Formular nicht mehr benötigt, können Sie es mit *Unload* wieder aus dem Speicher entfernen. Damit ein eingelesenes Formular angezeigt wird, ist die Methode *Show* zu verwenden. Die Anweisung *Load* brauchen Sie nur zu verwenden, wenn das Formular nicht unmittelbar angezeigt werden soll, da *Show* ein nicht geladenes Formular ebenfalls automatisch lädt und anschließend anzeigt.

Unterprogramm:	**MNU_END_CLICK()**
Funktion:	Programm WinTIME beenden

Aufruf: Aktivierung durch Menüereignis
Ereignis: Click (Mausanwahl)
Parameter: -
Hinweise: Bevor das Programm über den Menüeintrag ENDE beendet wird, erscheint zunächst eine Sicherheitsabfrage. Wird diese Abfrage über die Schaltfläche <*Ja*> quittiert, wird das Programm beendet und sämtliche Formulare des Anwendungsprogrammes werden geschlossen.

Unterprogramm: **MNU_Z_CLICK (INDEX AS INTEGER)**
Funktion: Fenster mit Zeit und Datum einer speziellen Zeitzone anzeigen
Aufruf: Aktivierung durch Menüereignis
Ereignis: Click (Mausanwahl)
Parameter: Index - Die Nummer des angewählten Elementes eines Steuerelementefeldes wird automatisch von Windows an die Ereignisprozedur übergeben und kann in den Quelltextanweisungen ausgewertet werden.
Hinweise: Diese ereignisorientierte Prozedur wird automatisch bei Anwahl eines Elementes des Menüsteuerelementefeldes aufgerufen. Intern wird mit Hilfe der globalen Variablen *Zone* und der statischen Variablen *AltZone* kontrolliert, ob ein Wechsel der Zeitzone durch einen erneuten Menüaufruf erfolgt ist. Falls ja, wird das Formular mit der alten Zeitzone zunächst entfernt und im Anschluß daran das neue Formular aufbereitet und ausgegeben. Beachten Sie, daß bereits in diesem Unterprogramm die globale Variable *ZeitzonenInfo* initialisiert wird, indem lediglich der gewählte Menüeintrag ohne die enthaltene Ordnungsnummer übergeben wird.

In dem Modul SYSTEMWE.FRM ist das Formular zur Ausgabe des Systemdatums und der Systemzeit enthalten. Außerdem besitzt dieses Modul zwei ereignisorientierte Unterprogramme (s. Listing 1.4). Vergleichen Sie diese mit den Unterprogrammen des Moduls ZEITZONE.FRM, dann werden Sie feststellen, daß die Unterprogrammschablonen sich entsprechen. Anders als in anderen Basic-Dialekten dürfen Unterprogrammbezeichnungen sich in unterschiedlichen Formulardateien eines Programmes also durchaus wiederholen.

```
VERSION 2.00
Begin Form SystemWerte
   BackColor       =   &H00C0C0C0&
   BorderStyle     =   1  'Nicht änderbar, einfach
   Caption         =   "Datum / Zeit (MEZ)"
   Height          =   2925
```

```
CONVERT.BAS
SYSTEMWE.FRM
ZEITZONE.FRM
ProjWinSize=127,152,282,195
ProjWinShow=2
Title="WINTIME"
ExeName="WINTIME.EXE"
Path="D:\VBGER"
```

Listing 1.2: Die Projektdatei WINTIME.MAK

Beginnen Sie mit der Programmentwicklung, ist standardmäßig nur das Startformular angelegt (FORM1.FRM). Um weitere Formulare einem Projekt hinzuzufügen, wählen Sie den Menüeintrag DATEI • NEUE FORM, und um ein reines Quelltextmodul anzulegen den Menüeintrag DATEI • NEUES MODUL an. Steuerelementedateien die sich eventuell in der Projektliste befinden, können zunächst über den Menübefehl DATEI • DATEI ENTFERNEN gelöscht werden.

Erstellung des Quelltextes

Andes als unter Visual Basic 1.0 gibt es unter der neuen Version kein globales Modul mehr. Globale Variablen und Funktionsdeklarationen sowie benutzerdefinierte Typdeklarationen können in jedem Quelltextmodul vorgenommen werden. Die globalen Variablen für das Programm *WinTIME* sind im Quellmodul CONVERT.BAS definiert. In der Ganzzahlvariablen *Zone* wird die jeweils gewählte Zeitzone verwaltet. Diese wird im Programm benötigt, um den Wechsel der Zeitzone durch eine erneute Menüanwahl zu ermitteln. Die Information, welche Städte in einer bestimmten Zeitzone liegen, wird in der Zeichenkettenvariablen *ZeitzonenInfo* übergeben. Die Information wird jeweils aus dem angesteuerten Menübefehl ermittelt.

Auf den nächsten Seiten ist der Quelltext zum Programm *WinTIME* abgedruckt. Da dieser zunächst eine untergeordnetere Rolle spielt, ist es nicht erforderlich, daß Sie bereits jetzt sämtliche Anweisungen verstehen. Eine Vielzahl von Kommentaren wird es Ihnen allerdings wieder erleichtern, den Programmablauf zu verfolgen. Zusätzliche Hinweise zu den einzelnen Unterprogrammen sind am Anschluß des jeweiligen Listings angeführt. Dort erhalten Sie wichtige Zusatzinformationen zum Quelltext selbst. Sollten Sie im Zusammenhang mit den Listings weitere Fragen zu einzelnen Sprachelementen von Visual Basic haben, dann können Sie im 2. Kapitel dieses Buches nachschlagen. Beginnen wir zunächst mit dem Modul WELT.FRM, in dem das Hauptformular mit den zugehörigen Ereignisprozeduren enthalten ist.

```
Icon            =   SYSTEMWE.FRX:0000
Left            =   5115
LinkMode        =   1  'Quelle
LinkTopic       =   "Form2"
MaxButton       =   0   'False
ScaleHeight     =   2520
ScaleWidth      =   3600
Top             =   1425
Width           =   3720
Begin Frame Rahmen2
   BackColor       =   &H00000000&
   Caption         =   "Zeit:"
   ForeColor       =   &H00FFFFFF&
   Height          =   1095
   Left            =   120
   TabIndex        =   1
   Top             =   1320
   Width           =   3375
   Begin Label TXT_Zeit
      BackColor       =   &H00000000&
      FontBold        =   -1  'True
      FontItalic      =   0   'False
      FontName        =   "MS Sans Serif"
      FontSize        =   24
      FontStrikethru  =   0   'False
      FontUnderline   =   0   'False
      ForeColor       =   &H0000FF00&
      Height          =   615
      Left            =   120
      TabIndex        =   3
      Top             =   240
      Width           =   3135
   End
End
Begin Timer Zeitmesser1
   Interval        =   100
   Left            =   3720
   Top             =   240
End
Begin Frame Rahmen1
   BackColor       =   &H00000000&
   Caption         =   "Datum:"
   ForeColor       =   &H00FFFFFF&
   Height          =   1095
   Left            =   120
   TabIndex        =   0
   Top             =   120
   Width           =   3375
```

```
      Begin Label TXT_Datum
         BackColor       =   &H00000000&
         FontBold        =   -1  'True
         FontItalic      =   0   'False
         FontName        =   "MS Sans Serif"
         FontSize        =   24
         FontStrikethru  =   0   'False
         FontUnderline   =   0   'False
         ForeColor       =   &H0000FF00&
         Height          =   615
         Left            =   240
         TabIndex        =   2
         Top             =   240
         Width           =   3135
      End
   End
End

Sub Form_Load ()
  'Initialisierung der Werte für Ausgabe von
  'Datum und Zeit; dieses Unterprogramm wird
  'automatisch beim Laden des Formulares aus-
  'geführt
  Z$ = Time$
  SystemWerte!TXT_Zeit.Caption = GerTime$(Z$)
  D$ = Date$
  SystemWerte!TXT_Datum.Caption = GerDate$(D$)
End Sub

Sub Zeitmesser1_Timer ()
  'Zeit aktualisieren
  Z$ = Time$
  SystemWerte!TXT_Zeit.Caption = GerTime$(Z$)
End Sub
```

Listing 1.4: Datei SYSTEMWE.FRM des Programmes WinTIME

Unterprogramm:	**FORM_LOAD()**
Funktion:	Ausgabewerte für Erstausgabe festlegen und ausgeben
Aufruf:	Ereignis
Ereignis:	Load (Laden des Formulars)
Parameter:	-
Hinweise:	In diesem Unterprogramm, das automatisch beim Laden des Formulars ausgeführt wird, wird über die Visual Basic-Anweisungen *Time$* und *Date$* die aktuelle Systemzeit und das aktuelle Systemdatum ermittelt. Die Ergebnisse werden mit Hilfe

der benutzerdefinierten Funktionen *GerTime$* und *GerDate$* in das deutsche Format umgewandelt und anschließend über die Eigenschaft *Caption* an die entsprechenden Bezeichnungsfelder des Formulars übergeben und damit unmittelbar ausgegeben. Beachten Sie, daß diese Routine lediglich für die Erstausgabe der Werte verantwortlich ist. Die Aktualisierung der Informationen erfolgt über die Ereignisprozedur *Zeitmesser1_Timer*.

Unterprogramm:	**ZEITMESSER1_TIMER()**
Funktion:	Zeit- und Datumseintrag im Sekundentakt aktualisieren
Aufruf:	Ereignis
Ereignis:	Timer (Zeitmesser)
Parameter:	-
Hinweise:	Dieses Unterprogramm wird automatisch in einem festgelegten Zeitintervall aufgerufen. Im vorliegenden Fall wird lediglich die Zeitausgabe aktualisiert. Sollten Sie regelmäßig bei einem Datumswechsel am Rechner arbeiten, dann sollten Sie auch das Datum durch diese Routine aktualisieren lassen, da ansonsten die Ausgabe nicht mehr mit dem tatsächlichen Datum übereinstimmt. Vergleichen Sie hierzu auch das entsprechende Unterpogramm im Formular ZEITZONE.FRM, in dem wir alternativ sowohl die Zeit als auch das Datum bei jedem Aufruf auf einen eventuellen Wechsel kontrollieren.

Wie bereits das Modul SYSTEMWE.FRM, besitzt auch das Formular ZEITZONE.FRM zur Ausgabe von Daten einer bestimmten Zeitzone lediglich zwei Ereignisprozeduren. Auch die einzelnen Quelltextanweisungen der beiden Formulare unterscheiden sich nur geringfügig voneinander. Betrachten Sie sich zunächst den Quelltext des Moduls, der in Listing 1.5 abgedruckt ist und vergleichen Sie ihn anschließend mit dem Quelltext in Listing 1.4.

```
VERSION 2.00
Begin Form Zeitzone
   BackColor       =   &H00808000&
   BorderStyle     =   1  'Nicht änderbar, einfach
   Caption         =   "Form1"
   ForeColor       =   &H00000000&
   Height          =   3465
   Icon            =   ZEITZONE.FRX:0000
   Left            =   1230
   LinkMode        =   1  'Quelle
   LinkTopic       =   "Form1"
   MaxButton       =   0   'False
```

```
ScaleHeight     =   3060
ScaleWidth      =   3615
Top             =   2550
Width           =   3735
Begin Frame Rahmen2
   BackColor       =   &H00000000&
   Caption         =   "Zeit:"
   ForeColor       =   &H00FFFFFF&
   Height          =   1095
   Left            =   120
   TabIndex        =   2
   Top             =   1320
   Width           =   3375
   Begin Label TXT_Zeit
      BackColor       =   &H00000000&
      FontBold        =   -1  'True
      FontItalic      =   0   'False
      FontName        =   "MS Sans Serif"
      FontSize        =   24
      FontStrikethru  =   0   'False
      FontUnderline   =   0   'False
      ForeColor       =   &H0000FF00&
      Height          =   615
      Left            =   480
      TabIndex        =   3
      Top             =   360
      Width           =   3135
   End
End
Begin Timer Zeitmesser1
   Interval        =   100
   Left            =   3840
   Top             =   120
End
Begin Frame Rahmen1
   BackColor       =   &H00000000&
   Caption         =   "Datum:"
   ForeColor       =   &H00FFFFFF&
   Height          =   1095
   Left            =   120
   TabIndex        =   0
   Top             =   120
   Width           =   3375
   Begin Label TXT_Datum
      BackColor       =   &H00000000&
      FontBold        =   -1  'True
      FontItalic      =   0   'False
      FontName        =   "MS Sans Serif"
```

```
        FontSize         =   24
        FontStrikethru   =   0   'False
        FontUnderline    =   0   'False
        ForeColor        =   &H0000FF00&
        Height           =   615
        Left             =   120
        TabIndex         =   1
        Top              =   240
        Width            =   3135
      End
   End
   Begin Label TXT_Info
      BackColor       =   &H00808000&
      FontBold        =   0   'False
      FontItalic      =   -1  'True
      FontName        =   "MS Sans Serif"
      FontSize        =   8,25
      FontStrikethru  =   0   'False
      FontUnderline   =   0   'False
      ForeColor       =   &H0000FFFF&
      Height          =   495
      Left            =   120
      TabIndex        =   4
      Top             =   2520
      Width           =   3375
   End
End

Sub Form_Load ()
  'Initialisierung der Werte für Ausgabe von
  'Datum und Zeit; dieses Unterprogramm wird
  'automatisch beim Laden des Formulares aus-
  'geführt
  'Formulartitel festlegen
  ZeitZone.Caption = LTrim$(Str$(Zone)) + ". Zeitzone"
  'Systemdatum und Systemzeit als Grundlage für
  'die Umrechnung verwenden
  Z$ = GerTime$(Time$)
  D$ = GerDate$(Date$)
  'benutzerdefiniertes Unterprogramm zur Umrechnung der
  'Systemzeit und des Systemdatums in die gewählte Zeitzone
  '(Rückgabe: Z$=geänderte Zeit, D$= geändertes Datum)
  Call ZeitzonenUmrechnung(Z$, D$)
  ZeitZone!TXT_Zeit.Caption = Z$
  ZeitZone!TXT_Datum.Caption = D$
  ZeitZone!TXT_Info.Caption = "Information: " + ZeitZonenInfo
End Sub
```

```
Sub Zeitmesser1_Timer ()
  'Zeit und Datum aktualisieren für Übergabe
  'an Unterprogramm
  'ZeitzonenUmrechnung
  ' initialisieren
  Z$ = GerTime$(Time$)
  D$ = GerDate$(Date$)
  'Werte ermitteln
  Call ZeitzonenUmrechnung(Z$, D$)
  'Ergebnisse in Formular ausgeben
  ZeitZone!TXT_Zeit.Caption = Z$
  ZeitZone!TXT_Datum.Caption = D$
End Sub
```

Listing 1.6: Datei ZEITZONE.FRM des Programmes WinTIME

Unterprogramm:	**FORM_LOAD()**
Funktion:	Ausgabewerte für Erstausgabe festlegen und ausgeben
Aufruf:	Ereignis
Ereignis:	Load (Laden des Formulars)
Parameter:	-
Hinweise:	In diesem Unterprogramm, das automatisch beim Laden des Formulars ausgeführt wird, wird über die Visual Basic-Anweisungen *Time$* und *Date$* die aktuelle Systemzeit und das aktuelle Systemdatum ermittelt. Die Ergebnisse werden mit Hilfe der benutzerdefinierten Funktionen *GerTime$* und *GerDate$* in das deutsche Format umgewandelt und danach mit dem benutzerdefinierten Unterprogramm *ZeitzonenUmrechnung* in das benötigte Zeitzonenformat umgewandelt. Anschließend werden die Ergebnisse über die Eigenschaft *Caption* an die entsprechenden Bezeichnungsfelder des Formulars übergeben und damit unmittelbar ausgegeben. Beachten Sie, daß diese Routine lediglich für die Erstausgabe der Werte verantwortlich ist. Die Aktualisierung der Informationen erfolgt über die Ereignisprozedur *Zeitmesser1_Timer*. Beachten Sie, daß bei dieser Erstausgabe des Formulars auch die Zeitzonenzusatzinformation und der im Quelltext festgelegte Inhalt der Titelleiste ausgegeben werden.

Unterprogramm:	**ZEITMESSER1_TIMER()**
Funktion:	Zeit- und Datumseintrag im Sekundentakt aktualisieren
Aufruf:	Ereignis
Ereignis:	Timer (Zeitmesser)
Parameter:	-

Hinweise: Dieses Unterprogramm wird automatisch in einem festgelegten Zeitintervall aufgerufen, um das aktuelle Datum und die aktuelle Zeit erneut festzulegen und auszugeben.

Das letzte Modul CONVERT.BAS beinhaltet einige benutzerdefinierte Konvertierroutinen, die innerhalb eines Programmes von allen Formularen genutzt werden können. Oberflächendefinitionen sind in diesem Programmteil nicht enthalten. Sie sehen an diesen Unterprogrammen und Funktionen, daß in Visual Basic nicht ausschließlich ereignisorientierte Unterprogramme erstellt werden können. Benutzerdefinierte Quelltextdateien können als Bibliotheksmodule auch in andere Programmprojekte importiert werden. Beachten Sie aber auch, daß ebenso gesamte Formulardateien in beliebige Programme eingelesen werden können. Haben Sie also eine Zeitanzeige wie in *WinTIME* generiert, dann können Sie sie durchaus in mehreren Programmen nutzen, ohne das Formular oder den zugehörigen Quelltext neu erstellen zu müssen.

```
'*******************************************************
'* Weltzeituhr mit Visual Basic                        *
'* Demonstrationsprogramm mit mehreren Formularen      *
'* Verwendung von Menüsteuerelementefeldern            *
'*                                                     *
'* Das Vieweg-Buch zu Visual Basic für Windows 2.0     *
'* (c)1993 by Dipl.-Ing. Andreas Maslo                 *
'*******************************************************

'globale Variable, in der die aktuelle Zeitzone
'verwaltet wird (der Wert ist auch in den Menüs
'enthalten)

Global Zone As Integer

'globale Information zur Erläuterung einer Zeitzone
'(Information der Städte wird dem Menüeintrag entnommen)

Global ZeitzonenInfo As String


Function GerDate$ (D$)
  'Konvertierroutine: Umsetzung ins deutsche
  'Datumsformat
  GerDate$ = Mid$(D$, 4, 2) + "." + Left$(D$, 2) + "." + Right$(D$, 4)
End Function

Function GerTime$ (T$)
  'Konvertierung der Systemzeit in deutsches Format
  GerTime$ = Left$(T$, 5) + "." + Right$(T$, 2)
End Function
```

```
Sub ZeitzonenUmrechnung (Z$, D$)
  'Das Unterprogramm erhält das Datum und die Zeit
  'im deutschen Format und ist für die Konvertierung
  'in eine spezielle Zeitzone verantwortlich; die
  'Ergebnisse selbst werden in Z$ (Zeit) und D$ (Datum)
  'wieder an das aufrufende Unterprogramm zurückgegeben
  '(in der globalen Variable 'Zone' wird die gewählte
  'Zeitzone an dieses Unterprogramm übergeben)
  'Basis MEZ durch Systemzeit (Basis Zeitzonen WEZ)
  If Zone < 13 Then
      'wenn westlich MEZ
      Unterschied% = -12 + Zone - 1
    ElseIf Zone > 13 Then
      'wenn östlich MEZ
      Unterschied% = Zone - 12 - 1
    Else
      'MEZ
      Unterschied% = 0
  End If
  'Zeitunterschied wird hier nur stundenweise berücksichtigt,
  'Gebiete mit Sonderzeiten werden vernachlässigt
  Stunde% = Val(Left$(Z$, 2))
  MEZStunde% = Stunde%
  Rest$ = Right$(Z$, 6)
  If Stunde% + Unterschied% < 0 Then
      'Zeit umrechnen (folgender Tag)
      Stunde% = Stunde% + Unterschied% + 24
       Z$ = Str$(Stunde%) + Rest$
    ElseIf Stunde% + Unterschied% > 23 Then
      'Zeit umrechnen (vorangehender Tag)
      Stunde% = Stunde% + Unterschied% - 24
       Z$ = Str$(Stunde%) + Rest$
    Else
      'Zeit direkt auswertbar (gleicher Tag)
      Stunde% = Stunde% + Unterschied%
      Z$ = Str$(Stunde%) + Rest$
  End If
  'Datumswechsel abhängig von der Uhrzeit
  'hier vereinfacht nur Anzeige, ob das Datum
  'für eine Zeitzone von gestern oder morgen gültig ist
```

```
  If MEZStunde% + Unterschied% < 0 Then
      'Datumswechsel (nächstes Datum)
      D$ = "gestern"
    ElseIf MEZStunde% + Unterschied% > 23 Then
      'Datumswechsel (vorangehendes Datum)
      D$ = "morgen"
  End If
End Sub
```

Listing 1.7: Datei CONVERT.BAS des Programmes WinTIME

Funktion:	**GERTIME$(T$)**
Funktion:	Systemzeit in deutsches Format konvertieren
Aufruf:	a$=GerTime$(T$)
Ereignis:	Funktionsaufruf (Quelltextanweisung)
Parameter:	hin: *T$* - Systemzeit (ermittelt durch Time$) zurück: *a$* - Systemzeit im deutschen Format
Hinweise:	Diese Funktion wandelt ein Zeitformat in der Form "20:30:15" in die Form "20:30.15" um.

Funktion:	**GERDATE$(D$)**
Funktion:	Systemdatum in deutsches Format konvertieren
Aufruf:	a$=GerDate$(D$)
Ereignis:	Funktionsaufruf (Quelltextanweisung)
Parameter:	hin: *D$* - Systemdatum (ermittelt mit *Date$*) zurück: *a$* - Systemdatum in deutschem Format
Hinweise:	Diese Funktion wandelt ein Datumsformat in der Form "01-30-1992" in das Format "30.01.1992" um.

Unterprogramm:	**ZEITZONENUMRECHNUNG(Z$, D$)**
Funktion:	Systemzeit in Zeit einer ausgewählten Zeitzone übersetzen und feststellen, ob ein Datumswechsel zwischen der Zeitzone und der Zeitzone von Deutschland existiert.
Aufruf:	CALL ZeitzonenUmrechnung (Z$, D$) bzw. ZeitZonenUmrechnung Z$, D$
Ereignis:	Unterprogrammaufruf (Quelltextanweisung)
Parameter:	hin: *D$* - Systemdatumn; *Z$* - Systemzeit zurück: *D$* - Datumswechsel; *Z$* - Zeitzonenzeit
Hinweise:	Die Parameter *Z$* und *D$* werden sowohl für die Übergabewerte als auch für die Ergebniswerte genutzt. Aus diesem Grund darf die Wertübergabe nicht beim Unterprogrammaufruf erfolgen, sondern die Werte *Z$* und *D$* müssen vorab initialisiert werden.

D.h., die Übergabewerte müssen als Referenz und dürfen nicht als Wert an das Unterprogramm übergeben werden.

```
Beispiel:
:
Z$=Time$
D$=Date$
CALL ZeitzonenUmrechnung (Z$, D$)
PRINT "Umrechnung Datum: "; D$
PRINT "Umrechnung Zeit : "; Z$
:
```

Die Auswertung der Zeit- und Datumsumwandlung wurde nur vereinfacht implementiert. Erweiterungen sollten Sie bei Bedarf jedoch eigenständig durchführen können. Beachten Sie, daß in der vorliegenden Unterpogrammfassung weder die Sommerzeit, noch die korrekte Datumsumrechnung implementiert sind. In unserem Fall geben wir bei einem Datumswechsel lediglich aus, ob in der angewählten Zeitzone das Systemdatum gültig, oder ob noch gestern oder schon morgen ist. Damit umgehen wir die genaue Ermittlung von Monats-, Tages- und Jahreswechseln.

Das Programm ist nun vollständig und kann gespeichert, getestet und in ein ausführbares Programm übersetzt werden. Verfahren Sie wieder so, wie wir es bereits beim ersten Programm *WinSTAT* erläutert haben. Führen Sie das Programm aus, kann es sich auf dem Bildschirm, wie in Bild 1.28 dargestellt, präsentieren. Das Hauptformular ist geöffnet, die Zusatzformulare sind auf Symbolgröße verkleinert (Bildsymbol *Uhr02.ICO*). Auch wenn die Zusatzformulare mit der Zeitanzeige nicht den Fokus haben, wird die Zeit jederzeit auf dem aktuellsten Stand gehalten.

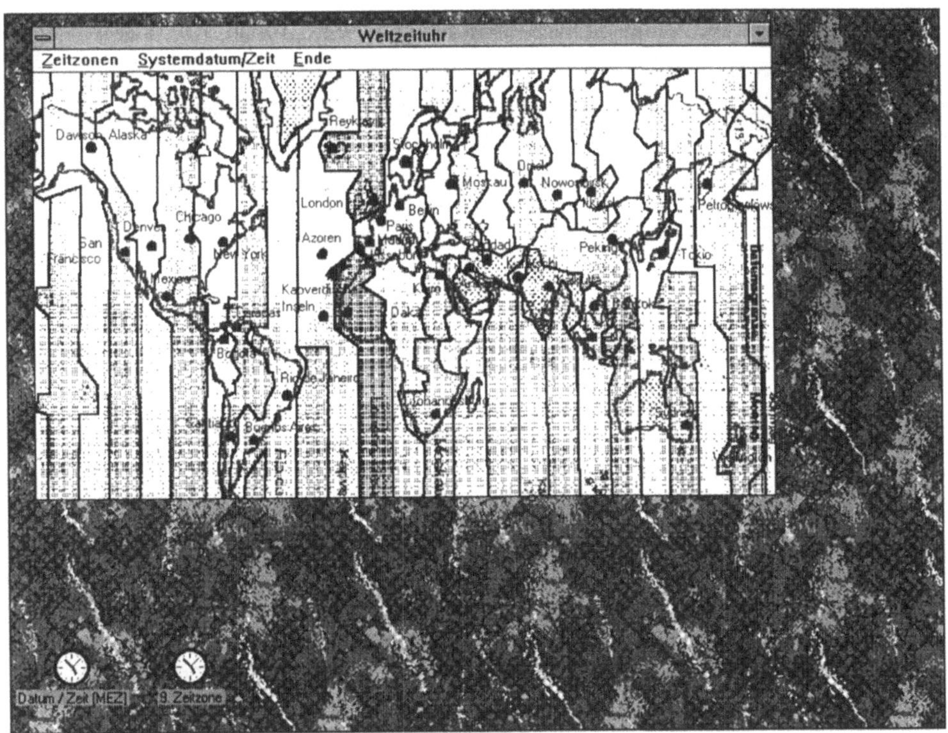

Bild 1.28: Komfortable Programmausführung von WinTIME mit Bildsymbolen

Beachten Sie, daß das ausführbare Programm WINTIME.EXE im Vergleich zum Programm *WinSTAT* mit über 200 KByte eine weit umfangreichere Programmgröße aufweist. Dies liegt daran, daß das Hintergrundbild des Hauptformulars in das Programm eingebunden wird.

Abschließende Anmerkungen zum Programm WinTIME

Eine Besonderheit, die sich beim Beenden des Programmes bietet, wollen wir Ihnen nicht vorenthalten. Verlassen Sie *WinTIME* über den Menübefehl ENDE und quittieren anschließend die Sicherheitsabfrage mit der Schaltfläche <*Ja*>, dann werden sämtliche Fenster geschlossen und aus dem Speicher entfernt. Dabei spielt es keine Rolle, ob ein oder zwei Zeitanzeigen aktiv sind (Visual Basic-*End*-Anweisung). Verlassen Sie allerdings das Hauptformular bzw. Startformular (das Formular mit dem Hauptmenü) durch einen Doppelklick auf das Systemmenüfeld bzw. durch Anwahl des Menüpunktes BEENDEN im Systemmenü, dann wird nur das Hauptformular geschlossen und aus dem Speicher entfernt. Die Zeitanzeigen bleiben aktiv und werden weiterhin abgearbeitet. Dadurch ist es mit *WinTIME* möglich, zwei Uhren mit unterschiedlichen Zeitzonenanzeigen in die Windows-Oberfläche einzubinden.- Bevor wir dieses Kapitel beenden, sind in der nachfolgenden Liste noch einmal die wichtigsten Themen zusammengestellt, dir Ihnen an diesem Programm exemplarisch vorgetsellt wurden.

- ❑ Menüentwurf
- ❑ Anwendung von Steuerelementefeldern
- ❑ Projektverwaltung
- ❑ Arbeiten mit mehreren Formularen
- ❑ mehrmodulige Programmentwicklung
- ❑ benutzerdefinierte Unterprogramme
- ❑ Einbindung grafischer Elemente
- ❑ Zeitmesser-Element
- ❑ Anlage von Benutzerbibliotheken in Form von Quellmodulen

Nachdem Sie in diesem Kapitel das Entwicklungssystem für die grafische Benutzeroberfläche kennengelernt haben, werden Sie im zweiten Kapitel einen umfassenden Überblick über die Möglichkeiten der Oberflächenelemente und Spracheigenschaften von Visual Basic erhalten. Dabei wird auf die Entwicklung von umfangreichen Programmen verzichtet. Wann immer sinnvoll, werden Anweisungen durch kleine Beispiele demonstriert, die Sie unmittelbar in Visual Basic testen können, um die Wirkungsweise unmittelbar nachzuvollziehen.

Das Programm *WinTime* befindet sich im selbstentpackenden Archiv VBTIME.EXE auf der Installationsdiskette zu diesem Buch. Das Programm wird während der Einrichtung im Regelfall in das Verzeichnis \VIEWEG\VBTIME kopiert. Die Anwendung kann, nachdem Visual Basic ausgeführt wurde, über den Menübefehl DATEI • PROJEKT ÖFFNEN in die Entwicklungsumgebung geladen werden. Wählen Sie dazu im nachfolgenden Dialogfeld die Projektdatei WINTIME.MAK an. Um das Programm zu starten, brauchen Sie lediglich den Menüpunkt AUSFÜHREN • STARTEN wählen. Ein eigenständig ausführbares Programm generieren Sie über den Menüpunkt DATEI • EXE-DATEI ERSTELLEN.

Grundlagen der Programmentwicklung

Nachdem wir im ersten Kapitel den Umgang mit der Entwicklungsumgebung von Visual Basic für Windows 2.0 exemplarisch vorgeführt haben, werden wir in diesem Kapitel die Elemente eines Programmes vorstellen. Dabei wird neben den grafischen Oberflächenelementen und den zugehörigen Eigenschaften und Ereignissen auch der Sprachumfang themenorientiert behandelt. Die einzelnen Anweisungen werden an kurzen, verständlichen Beispielen erläutert. Die Grundlagen, die in diesem Kapitel gelegt werden, sind zur Entwicklung von Anwendungsprogrammen erforderlich. Bei der späteren Programmentwicklung kann Ihnen dieses Kapitel als Nachschlagewerk dienen. Anders als in den Handbüchern zu Visual Basic, erhalten Sie nicht die Eigenschaften, Ereignisse und Methoden in einem Gesamtverzeichnis sortiert, sondern jeweils getrennt in kurzen Zusammenfassungen. Entwickeln Sie eine Oberfläche, sind zunächst nur die Eigenschaften von Belang, in diesem Fall ist es also nicht sinnvoll, eine Gesamtreferenz zu durchsuchen. Ebenso verhält es sich bei den Informationen zu den Ereignissen, die Sie zur Festlegung der ereignisorientierten Unterprogramme benötigen und mit den Methoden, die Sie zur Handhabung der Objekte verwenden. Bei den Zusammenstellungen wurde insbesondere darauf geachtet, daß Sie jeweils die wichtigsten Informationen parat haben. Sollten Sie weitere Hilfe benötigen, dann können Sie diese über das Hilfsprogramm abrufen oder in der Visual Basic-Sprachreferenz nachschlagen.

2.1 Der Programmaufbau

Im ersten Teil dieses Kapitels werden wir Ihnen noch einmal die einzelnen Programm- und Oberflächenelemente eines Visual Basic-Programmes vorstellen. Neben den Eigenschaften, Ereignissen und Methoden wird insbesondere die Entwicklung der benutzerdefinierten und ereignisorientierten Prozeduren beschrieben.

2.1.1 Allgemeiner Aufbau eines Programmes

Wie bereits erläutert, wird in Visual Basic kein Hauptprogramm erstellt. Die Programmsteuerung wird vollständig vom Programmiersystem und Windows übernommen. Ein Programm setzt sich aus Formen (in diesem Buch wird alternativ die Bezeichnung Formular verwendet) und Quellmodulen zusammen.

Anders als unter Visual Basic für Windows 1.0 kennt VB 2.0 kein spezielles globales Modul mehr. Globale Variablen., Funktions- und benutzerdefinierte Typdeklarationen können in beliebigen Quellmodulen vorgenommen werden. Sämtliche ausführbaren Programmanweisungen dürfen in Formular- und Quellmodulen ausschließlich innerhalb von Prozeduren (Unterprogramme und Funktionen) enthalten sein. Im Allgemeinteil sich nur Deklarationen zulässig. Formulardateien enthalten im Vergleich zu reinen Quellmodulen neben ereignisorientierte und benutzerdefiniertem Quelltext auch die Oberflächendefinition (Ressourcen). In Quellmodulen sind ausschließlich Deklarationen und benutzerdefinierte Prozeduren enthalten.

Formdateien: Diese Dateien enthalten neben der Oberflächendefinition eines einzelnen Formulares (evtl. mit Menüdefinition) auch die Ereignisprozeduren und eventuell zusätzlich benötigte benutzerdefinierte Unterprogramme und Funktionen, die in Verbindung mit den Oberflächenelementen des Formulars genutzt und zur Ausführung eines Programmes gebraucht werden. Benutzerdefinierte und ereignisorientierte Prozeduren, die in der Form codiert sind, sind ausschließlich innerhalb dieser Form bekannt und können nicht von anderen Formen oder Quellmodulen aufgerufen werden. Variablen die Sie global über die *Dim Shared*-Anweisung im Allgemeinteil einer Formdatei deklarieren, sind nur auf das Formular bezogen global.

Jedes Programm kann aus mehreren Formdateien bestehen, wobei beim Programmstart jeweils nur eine automatisch in den Speicher geladen wird. Dieses Formular bezeichnet man als Startformular. Welches Formular das Startformular sein soll, kann vom Programmierer frei festgelegt werden. Alle übrigen Formulare können temporär oder auch permanent (falls ausreichend Speicher vorhanden ist) über spezielle Anweisungen geladen werden. Nehmen wir an, Sie haben ein Formular, das nicht das Startformular ist, mit dem Kontroll- bzw. Zugriffsnamen *Form1* erstellt und wollen dieses laden bzw. aus dem Speicher entfernen. In diesem Fall stehen Ihnen die nachfolgend angeführten Anweisungen zur Verfügung. Um eine Form zu laden, geben Sie den Befehl

```
Load Form1
```

ein. Dementsprechend können Sie die Form über

```
Unload Form1
```

wieder aus dem Speicher entfernen.

Das Laden bewirkt allerdings noch nicht die Anzeige einer Form. Dieses hat gesondert über die Methode *Show* zu erfolgen.

```
Form1.Show
```

Solange eine Form geladen, aber noch nicht aus dem Speicher entfernt wurde, können Sie auf die Steuerelemente und die zugehörigen Eigenschaften dieses Formulars zugreifen. Verwenden Sie *Show*, ohne daß die Form geladen wurde, so wird dies programmintern automatisch nachgeholt. Ebenso wird ein Formular automatisch geladen, wenn Sie gezielt auf eine Eigenschaft zugreifen und beispielsweise über die Anweisung

```
TitelText$=Form2!Bezeichnung1.Caption
```

auf den Text des Bezeichnungsfeldes *Bezeichnung1* im Formular *Form2* zugreifen. Geben Sie die Formbezeichnung an dieser Stelle nicht explizit mit an, so wird die Eigenschaft und das Steuerelement im aktuellen Formular gesucht.

Wollen Sie ein Formular temporär ausblenden, ohne daß es aus dem Speicher entfernt wird, verwenden Sie die *Hide*-Methode.

```
Form1.Hide
```

Ein Beispiel zur Verwaltung von Programmen mit mehreren Formularen haben Sie bereits im 1. Kapitel bei der Erstellung des Programmes *WinTIME* kennengelernt.

In Visual Basic für Windows 2.0 wird zwischen zwei Formtypen unterschieden, der MDI-Form und den einfachen Formen. Eine MDI-Form ist in der Regel das Startformular und muß über den Menübefehl DATEI · NEUE MDI-FORM gesondert angelegt werden. Innerhalb einer MDI-Form können zur Laufzeit mehrere Dokumentenfenster, sogenannte Kind- bzw. Child-Fenster, geöffnet werden. Die Kindfenster können aus dem Arbeitsbereich der MDI-Form nicht herausbewegt werden. Textverarbeitungen, Kalkulationsprogramme und Datenbanksysteme sind typische MDI-Anwendungsprogramme.

Wollen Sie nicht mehrere Dokumente parallel in Ihrer Anwendung bearbeiten oder sollen weitere Formen der Anwendung nicht an das Elternfenster gebunden sein, dann müssen Sie die MDI-Form nicht verwenden. Alle weiteren Formulare, also sowohl Kindfenster einer MDI-Form, als auch Dialogfelder, werden über den Menübefehl DATEI · NEUE FORM angelegt. Die normalen Formen verfügen über die Eigenschaft *MDIChild*. Setzen Sie den zugehörigen Eigenschaftswert auf *True*, so wird das Formular zur Laufzeit zum Kindfenster, ansonsten zur normalen Form. Beachten Sie, daß Kindfenster nur dann eingerichtet werden dürfen, wenn für das jeweilige Programm eine MDI-Form definiert ist. Die Anlage mehrerer MDI-Formen innerhalb eines Programmes ist nicht möglich.

☞ Hinweise zum praktischen Umgang mit MDI-Anwendungen, können Sie dem Kapitel 4.8 entnehmen. Dort wird eine Einnahmen- und Ausgabenüberschußrechnung vorgestellt, in der Konten in mehreren Dokumentenfenstern verwaltet werden können.

Quellmodule: Bei Quellmodulen handelt es sich um Dateien, die benutzerdefinierte Unterprogramme und Funktionen enthalten, die in der Regel von allen Formularen eines Projektes genutzt werden können, also programmübergreifend global sind. Ausnahmen bilden die Prozeduren, die innerhalb eines Quellmoduls als *Private*, also lokal zum jeweiligen Modul deklariert wurden.. Quellmodule haben den Status von Benutzerbibliotheken. Universell nutzbare Unterprogramme und Funktionen, die Sie häufig in Programmen verwenden, können Sie in solchen Quellmodulen zusammenfassen und später zu Programmen wahlfrei hinzuladen. Auf die Syntax und Merkmale der Programmiersprache selbst wollen wir hier noch nicht näher eingehen. Diese Informationen erhalten Sie ab Kapitel 2.1.3.

☞ Hinweise zur Anlage von Quellmodulen können Sie den Erläuterungen zum Programm WinTIME entnehmen, das im Rahmen des Kapitels 1.5.2 entwickelt wurde.

Wenn Sie ein Programm erstellen, verwenden Sie die nachfolgenden Arbeitsschritte. Dabei ist ein zeitweiser Wechsel zwischen Formulargenerierung und Quelltextprogrammierung durchaus möglich, um gegenseitige Anpassungen vorzunehmen. Der Programmentwurf erfolgt im Regelfall in den nachfolgend aufgeführten Schritten.

1) Projekt planen (Programmaufbau, Formulare, Anweisungen)
2) Visual Basic und eventuell benötigte Steuerelementebibliotheken (VBX-Dateien) laden
3) Startformular mit eventuellem Hauptmenü definieren (evtl. MDI-Form und MDI-Kindfenster definieren)
4) Zusatzformulare erstellen bzw. bereits erstellte und benötige Formulare hinzuladen
5) Quelltextformulierung (ereignisorientiert)
6) Erweiterung um notwendige benutzerdefinierte Routinen
7) Eventuell bereits erstellte Bibliotheken im Quelltextformat hinzuladen (wahlweise vor Punkt 5)
8) Programm austesten, Fehler beheben
9) Programm erzeugen (EXE-Datei) und Visual Basic beenden

Sie sehen also, daß Sie, bevor Sie mit der Quelltexteingabe beginnen, die Oberfläche generieren. Aus diesem Grunde wollen wir an dieser Stelle zunächst noch einmal die einzelnen Oberflächenelemente vorstellen und kurz erläutern, wie, und wofür Sie diese nutzen können.

2.1.2 Die Formulargenerierung

In Kapitel 1.4.1 haben Sie die Benutzeroberfläche von Visual Basic kennengelernt und bereits einige wichtige Informationen zu speziellen Fenstern in der Visual Basic-Programmierumgebung erhalten. Auf eine genaue Erläuterung des Toolbox-Fensters haben wir zu Beginn bewußt verzichtet, da es sich um das wichtigste Fenster zur Formulargenerierung und damit um das wichtigste Element für die Programmentwicklung handelt. Die genaue Erläuterung der einzelnen Toolbox-Symbole wollen wir nun, an passender Stelle, nachholen. Die Toolbox und die Bezeichnungen der einzelnen Schaltflächen sind in Bild 2.1 dargestellt. Diese Bezeichnungen werden wir im gesamten Buch verwenden. Sollten Sie also einmal nicht genau wissen, welches Symbol sich hinter einer Bezeichnung verbirgt, dann sollten Sie an dieser Stelle nachschlagen.

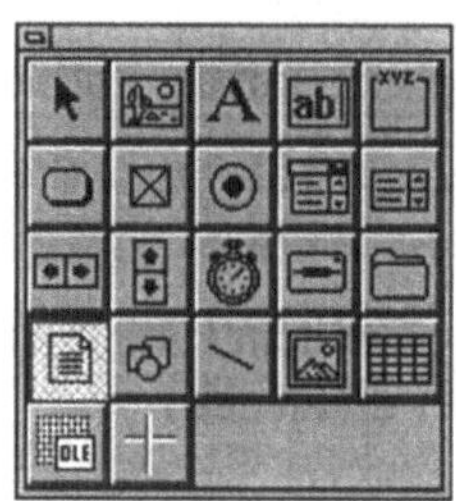

Bild 2.1: Die Werkzeugsammlung (Toolbox)

Allgemein werden sämtliche Symbole als Steuerelemente bezeichnet. Auch diesen Begriff haben wir bereits mehrfach verwendet. Um ein Steuerelement in ein Formular zu zeichnen, klicken Sie das entsprechende Symbol an und zeichnen danach einen Rahmen mit der Maus in das Formular. Drücken Sie dazu an der Stelle, an der die linke obere Ecke des Steuerelementes erscheinen soll die linke Maustaste und bewegen Sie die Maus bei gedrückter Taste solange, bis der Rahmen die gewünschte Größe hat. Beim Lösen der Taste erscheint nun das Steuerelement. Beachten Sie, daß ein Anklicken beliebiger Elemente in einem Formular im Entwurfsmodus die nachträgliche Bearbeitung des Steuerelementes ermöglicht. Die kleinen schwarzen Quadrate können zu einer Größenänderung verwendet werden. Klicken Sie das Element an, drücken Sie dabei die linke Maustaste, und bewegen Sie im Anschluß daran die Maus, dann können Sie ein Element im Formular verschieben. Sie können auch mehrere Steuerelemente gleichzeitig verschieben und mit der Taste `Entf` löschen, indem Sie die Taste `Strg` gedrückt halten und die entsprechenden Elemente mit der Maus anklicken und damit für die speziellen Funktionen markieren.

Zeiger: Dieses Symbol ist standardmäßig aktiviert und zeigt an, daß Sie sich im Mauszeigermodus befinden. In dieser Einstellung können Sie Steuerlemente in einem Formular in der Größe verändern und frei plazieren (s.o.).

Bildfeld: Über das Bildfeld können Sie einen bestimmten rechteckigen Bereich in einem Formular definieren. In dem festgelegten Feld können Sie Bitmap-Grafiken, Windows-Meta-Dateien oder Bildsymbole laden oder kopieren, Grafiken mit den Grafikanweisungen erstellen oder aber auch Text ausgeben. Der Vorteil eines Bildfeldes ist, daß sich die Ausgaben jeweils auf diesen abgegrenzten Bereich und nicht auf das gesamte Formular beziehen. Die Grafiken können sowohl im Entwurfsmodus als auch zur Laufzeit in ein Bildfeld geladen werden.

Bezeichnungsfeld: In einem Bezeichnungsfeld können Sie Text als Information anzeigen lassen. Unter anderem können die Schriftart, -größe und -stil sowie Formatierungen über Eigenschaften wahlfrei festgelegt werden. Dieses Feld kann beispielsweise zur Anzeige eines Programmnamens, einer Copyright-Meldung oder zur Statusanzeige verwendet werden. Die Hauptanwendung eines Bezeichnungsfeldes liegt jedoch in der Verbindung mit einem Textfeld, um zu erläutern, welche Eingabe in dem jeweiligen Eingabefeld erwartet wird.

Textfeld: Das Textfeld dient zur Eingabe einer einzelnen Information (Eingabefeld). Die jeweils aktuelle Position im Editierfeld wird durch einen Textcursor (senkrechter Strich) gekennzeichnet. Ein Textfeld kann sowohl ein- als auch mehrzeilig sein. Unter anderem können die Schriftart, -größe und -stil sowie Formatierungen über Eigenschaften wahlfrei festgelegt werden. Dieses Steuerelement verwenden Sie in der Regel zur Abfrage von Werten, die vom Anwender manuell einzugeben sind, da keine Standardvorgaben bekannt sind. Dieses Feld eignet sich zur Erstellung bildschirmorientierter, mehrzeiliger Eingaben (z.B. für Texte). Die Länge des eingebbaren Textes kann über die Eigenschaft *MaxLength* festgelegt werden.

Rahmen: Ein Rahmen dient zur optischen Abgrenzung von Steuerelementen in einem Formular, kann allerdings auch zur Gruppierung genutzt werden. Zeichnen Sie zunächst einen Rahmen und plazieren Sie innerhalb dieses Steuerelementes weitere Elemente, können diese über den Rahmen in der Gesamtheit bearbeitet werden (z.B. Kopierfunktion). Der Rahmen selbst kann am oberen Rand einen Namen oder eine Bezeichnung für eine Gruppe von Steuerelementen enthalten. Für die Bezeichnung kann die Schriftart, -größe und der -stil sowie Formatierungen wahlfrei festgelegt werden.

Befehlsschaltfläche: Eine Befehlsschaltfäche entspricht einem Schaltknopf und dient zum Abruf einfacher Funktionen, die keine speziellen Benutzereingaben erfordern. Einige der wichtigsten Schaltflächen sind die <*OK*>-, <*Abbrechen*>-, <*Ja*>-, <*Nein*>-, <*Wiederholen*>- und <*Ignorieren*>-Schaltflächen. Der Text innerhalb einer Befehlsschaltfläche kann frei definiert werden. Unter anderem können die Schriftart, -größe und -stil sowie Formatierungen über Eigenschaften wahlfrei festgelegt werden. Verwenden Sie eine Symbolschrift, können Sie auch Grafiken in den Schaltflächen anzeigen lassen.

Kontrollfeld: Kontrollfelder können zur Anwahl spezieller Programmfunktionen genutzt werden. Jedes Kontrollfeld wird durch ein Quadrat eingeleitet, das mit einem markiert werden kann, und durch einen Informationstext ergänzt wird. Befinden sich mehrere Kontrollfelder in einer Kontrollfeldgruppe, können alle, muß aber kein Eintrag markiert werden. Ein sinnvoller Einsatz von Kontrollfeldern liegt in der Festlegung zusätzlicher, aber optionaler Programmfunktionen. Nehmen Sie einmal an, Sie führen in jedem Fall eine Sortierung durch. Die Unterscheidung zwischen Groß- und Kleinschreibung und das Suchen eines Begriffes als Wort oder Teil einer Wortkette könnte dann z.B. zusätzlich verwendet werden. Für die eigentliche Sortierung ist es zunächst einmal egal, ob und wie viele Einträge Sie markieren.

Optionsfeld: Im Vergleich zu Kontrollfeldern sind Optionsfelder durch einen Kreis eingeleitet und werden mit einem Punkt markiert. In einer Gruppe von Optionsfeldern ist immer nur ein Eintrag markierbar, d.h. eine Anwahl schließt alle anderen Optionen aus. Eine Mehrfachmarkierung wie bei den Kontrollfeldern ist also nicht zulässig. Auch hier wollen wir dies an einem kleinen Beispiel erläutern. Nehmen wir also an, Sie generieren ein Dialogfeld für eine Textverarbeitung, in der die Formatierung abgefragt werden soll. Die drei Optionsfelder tragen den Informationstext linksbündig, rechtsbündig und zentriert. Natürlich kann ein Text nicht linksbündig- und gleichzeitig zentriert formatiert werden. Also bietet sich der Einsatz von Optionsfeldern an.

Kombinationslistenfeld: Bei Kombinationsfeldern handelt es sich um eine Mischform aus Textfeld (Eingabefeld) und Listenfeld (Auswahlliste). Die Liste selbst kann entweder permanent oder nur auf Anweisung geöffnet werden, das Textfeld kann bearbeitbar sein oder auch lediglich als Anzeigefeld für die Listenauswahl dienen. Dieses Steuerelement ist insbesondere dann sinnvoll, wenn einige Standardeingaben zwar bekannt sind, allerdings auch andere Eingaben möglich sind. Es kann auch sinnvoll in ein Formular plaziert werden, wenn der Platz für ein Listenfeld nicht ausreichend ist.

Listenfeld: Ein Listenfeld besteht aus mehreren Einträgen, aus denen ein beliebiger ausgewählt und für eine weitere Programmverarbeitung genutzt werden kann. Können die vorhandenen Einträge nicht komplett in der Liste angezeigt werden, wird diese automatisch um eine vertikale Bildlaufleiste erweitert. Über Methoden können beliebige Zeichenketten in die Liste aufgenommen, ausgelesen und wieder aus der Liste entfernt werden.

Horizontale Bildlaufleiste: Die horizontale Bildlaufleiste kann verwendet werden, um Elemente und Forminhalte horizontal auf dem Bildschirm zu verschieben (z.B. Text oder Tabellen horizontal scrollen). Die Bildlaufleiste kann auch zur Abfrage und Festlegung von Zahlenwerten genutzt werden (z.B. Farbwerte oder Mausgeschwindigkeit). Anders als unter Visual Basic für Windows 1.0 ist nun auch die permanente Abfrage des Schiebers bzw. Bildlaufpfeils möglich.

Vertikale Bildlaufleiste: Die vertikale Bildlaufleiste kann verwendet werden, um Elemente und Forminhalte vertikal auf dem Bildschirm zu verschieben (z.B. Text oder Tabellen vertikal scrollen). Die Bildlaufleiste kann auch zur Abfrage und Festlegung von Zahlenwerten genutzt werden (z.B. Farbwerte oder Mausgeschwindigkeit). Anders als unter Visual Basic für Windows 1.0 ist nun auch die permanente Abfrage des Schiebers bzw. Bildlaufpfeils möglich.

Zeitmesser: Mit dem Zeitmesser-Steuerelement können Sie in einem bestimmten Intervall Anweisungen ausführen lassen. Beachten Sie, daß das Steuerelement im Entwurf als Stoppuhr dargestellt, während der Programmausführung allerdings nicht angezeigt wird. Ein Beispiel zum Einsatz dieses Elementes haben Sie bereits in Kapitel 1.5.2 kennengelernt. Dieses Steuerelement ersetzt die *On Timer*-Anweisungen üblicher Basic-Dialekte.

Laufwerkslistenfeld: Das Laufwerkslistenfeld ist ein Listenfeld, in dem zur Laufzeit die aktuell verfügbaren Laufwerke angezeigt werden. Mit diesem Steuerelement können Sie in Anwendungsprogrammen einen Laufwerkswechsel realisieren bzw. die vorhandenen Laufwerke abfragen.

Verzeichnislistenfeld: Das Verzeichnislistenfeld ist ein Listenfeld, in dem zur Laufzeit die Verzeichnisse eines bestimmten Laufwerkes angezeigt werden. Mit diesem Steuerelement können Sie in Anwendungsprogrammen einen Pfadwechsel durchführen.

Dateilistenfeld: Das Dateilistenfeld ist ein Listenfeld, in dem zur Laufzeit die Dateien eines bestimmten Verzeichnisses angezeigt werden. Mit diesem Steuerelement können Sie in Anwendungsprogrammen eine Dateianwahl durchführen. Anders als unter Visual Basic für Windows 1.0 wird nun auch eine Mehrfachanwahl unterstützt.

Anmerkung: In der Regel werden die Steuerelemente Laufwerks-, Verzeichnis- und Dateilistenfeld innerhalb eines Formulars gemeinsam genutzt, damit der Anwender nicht nur eine Arbeitsdatei auswählen, sondern auch bei Bedarf das Laufwerk und das Verzeichnis wechseln kann.

Linie: Mit Hilfe des Liniensteuerelementes zeichnen Sie Linien in Formulare. Das Steuerelement kann Ersatzweise zu Windows-GDI-Funktionen und der internen Visual Basic-*Line*-Methode eingesetzt werden. Der Vorteil des Liniensteuerelementes ist, daß es bereits zur Laufzeit sichtbar ist. Wollen Sie spezielle Schaltflächen, Rahmen oder 3D-Oberflächenelemente zeichnen, so ist dies mit ein wenig Aufwand kein Problem. Unterschiedliche Linienstärken, -farben und -stile legen Sie über Eigenschaften fest.

Figur: Mit Hilfe des Figurensteuerelementes zeichnen Sie Quadrate, Rechtecke, Ellipsen und Kreise in Formulare. Das Steuerelement kann Ersatzweise zu Windows-GDI-Funktionen und internen Visual Basic-*Line*-Methode eingesetzt werden. Der Vorteil des Figurensteuerelementes ist, daß es bereits zur Laufzeit sichtbar ist. Wollen Sie spezielle Grafiken zeichnen, so ist dies mit ein wenig Aufwand kein Problem. Unterschiedliche Linienstärken, -farben , -stile und Füllmuster legen Sie über Eigenschaften fest.

Anzeige: Über das Anzeigefeld können Sie einen bestimmten rechteckigen Bereich in einem Formular definieren. In dem festgelegten Feld können Sie Bitmap-Grafiken, Windows-Meta-Dateien oder Bildsymbole laden. Der Vorteil gegenüber dem Bildfeldes ist, daß das Anzeigefeld aufgrund weniger Eigenschaften eine schnellere Anzeige von Grafiken erlaubt. Die Grafiken können sowohl im Entwurfsmodus als auch zur Laufzeit in ein Bildfeld geladen werden. Über die *Stretch*-Eigenschaft können Sie Grafiken automatisch an die Größe des Anzeigefeldes anpassen lassen.

Grid/Gitter: Mit dem Steuerelement *Gitter* können Sie Tabellen mit einer bestimmten Anzahl von Zeilen und Spalten auf dem Bildschirm anzeigen lassen. Zeilen und Spalten können je nach Bedarf beschriftet werden. Einzelne Zellen innerhalb der Tabelle können gefüllt und ebenso wieder ausgelesen werden. Wollen Sie Ihr eigenes Kalkulationsprogramm entwerfen oder Datensätze einer Datenbank in Listenform anzeigen, dann können Sie dieses Steuerelement sinnvoll einsetzen. Wollen Sie die Tabelle in Ihren Anwendungen nutzen, müssen Sie die Steuerelementebibliothek GRID.VBX Ihrem Projekt hinzufügen. Ebenso wird die Steuerelementedatei benötigt, um ein eigenständig ausführbares Programm, das mit Tabellen arbeitet, starten zu können.

OLE Client: Mit dem OLE-Client-Steuerelement werden Visual Basic-Anwendungen OLE-fähig (OLE = Object Linking and Embedding) und können damit Objekte, wie Grafiken, Tabellen und Texte, anderer Anwendungsprogramme (OLE-Server) nutzen, ohne das zugehörige Datenformat selbst kennen zu müssen. Objekte können sowohl eingebettet als auch verbunden werden. Im letztgenannten Fall wird eine Änderung des Zielobjektes in der Visual Basic-Anwendung automatisch berücksichtigt. Sollen Ihre Anwendungen als OLE-Client-Anwendungen auftreten, müssen Sie die Steuerelementebibliothek OLECLIEN.VBX Ihrem Projekt hinzufügen. Ebenso wird die Steuerelementedatei benötigt, um ein eigenständig ausführbares Programm, das als Client-Anwendung fungiert, starten zu können.

Reichen Ihnen die zur Verfügung gestellten Elemente der Werkzeugsammlung (Toolbox) nicht aus, können Sie mit dem Entwicklungspaket CDK (Control Development Kit - Werkzeuge zur Entwicklung von Steuerelementen) zusätzliche Steuerelemente entwerfen. Das CDK ist Bestandteil der professionellen Version von Visual Basic für Windows 2.0. Die Steuerelemente können dann zur bestehenden Toolbox hinzugeladen werden und werden ohne erkennbaren Unterschied im Werkzeugkasten angezeigt. Dabei ist allerdings zu berücksichtigen, daß das CDK nicht in Verbindung mit Visual Basic, sondern nur mit einer Programmiersprache genutzt werden kann, die auch DLLs (Dynamic Link Libraries) generieren kann (z.B. Quick C für Windows).

☞ Betrachten Sie sich Bild 2.1 noch einmal genauer, dann werden Sie ein benutzerdefiniertes Steuerelement erkennen, das als Bildsymbol gekreuzte Linien besitzt. Dieses Steuerelement zum Zeichnen von 3D-Linien wird in Kapitel 3.4.1 mit Hilfe von Quick C für Windows und dem CDK entwickelt.

Eigenschaften in Visual Basic

Jedes Steuerelement kann über spezielle Eigenschaften verfügen, die bei jeweiliger Aktivierung über das Eigenschaftenfenster festgelegt werden können. Diese Eigenschaften sind zum Teil sehr komplex und gerade für Umsteiger schwer zu merken. Aus diesem Grund sind auf den nächsten Seiten die wesentlichen Informationen zusammengestellt, die Sie zur Festlegung von Eigenschaften benötigen. Dabei wurden nicht nur die Eigenschaften berücksichtigt, die mit Steuerelementen genutzt werden können, sondern Eigenschaften im allgemeinen (Eigenschaften für Objekte, Formen und Steuerelemente). Anwendungsbeispiele und Möglichkeiten zur Nutzung dieser Eigenschaften, finden Sie in den Anwendungsprogrammen zu diesem Buch. Beachten Sie bereits jetzt, daß eine Vielzahl der Eigenschaften nicht nur über das Eigenschaftenfenster der Visual Basic-Benutzerumgebung, sondern auch über den Quelltext festgelegt oder abgefragt werden kann. Einige wiederum können nur im Entwurfsmodus gesetzt, andere nur zur Laufzeit verwendet werden. Auch diese Informationen sind in den folgenden Beispielen enthalten. Weitere Hinweise zur Namensvergabe und Verwendung von Objekten, Formen, Steuerelementen und Eigenschaften im Quelltext, erhalten sie in Kapitel 2.1.3. Die Eigenschaften werden nach folgendem Schema beschrieben:

Eigenschaft:	Bezeichnung der Eigenschaft
Funktion:	Kurzbeschreibung einer Eigenschaft
Objekt:	Auflistung der einzelnen Objekte, für die diese Eigenschaft festgelegt werden kann
Verwendung:	Gibt an, ob eine Eigenschaft nur über den Quelltext oder aber auch über die Eigenschaftenleiste eingesetzt werden kann
Erläuterung:	Beschreibung vordefinierter Eigenschaftswerte bzw. Anführung wichtiger Hinweise
Syntax:	Syntax bei Verwendung der Eigenschaft im Quelltext
Parameter:	Erläuterung eventuell vorhandener Parameter
Beispiel:	Quelltextbeispiel

Eigenschaft:	**ACTION**
Funktion:	Bestimmt das Verhalten von OLE-Objekten während des Datenaustausches
Objekt:	OLE-Steuerelement
Verwendung:	Kann zur Laufzeit nur geschrieben werden.
Erläuterung:	Mit dieser Eigenschaft bauen Sie eine OLE-Verbindung auf und bestimmen das Verhalten des OLE-Client-Objekts.
Syntax:	[Form.]Oleclient.Action = Einstellung
Parameter:	

Einstellung	Beschreibung
0	erstellt neue Instanz eines Objekts
1	erstellt verknüpftes Objekt aus dem Dateiinhalt
2	z.Zt. nicht belegt
3	z.Zt. nicht belegt
4	kopiert Objekt in die Zwischenablage
5	fügt Objekt aus der Zwischenablage ein
6	aktualisieren
7	aktiviert ein Objekt zur Bearbeitung

	8	sendet eine Zeichenkette zur Ausführung an den Server
	9	schießt ein Objekt und beendet die Verbindung zum Server
	10	löscht das gewählte Objekt
	11	speichert Client-Objekt in einer Datei
	12	laden eines Client-Objekts aus einer Datei
	13	konvertiert ein Objekt mit der vom Server bestimmten Eigenschaft
Beispiel:	Form1.Oleclient.Action = 6	

Eigenschaft:	**ACTIVECONTROL**
Funktion:	Aktiviertes Steuerelement ermitteln (Fokus)
Objekt:	Screen, Form, MDI-Form
Verwendung:	Festlegung bei Entwurf
Erläuterung:	Mit dieser Eigenschaft kann das aktivierte Steuerelement zur Programmlaufzeit abgefragt werden (sogenannter Fokus). Wollen Sie generelle Anweisungen für ein aktiviertes Steuerelement und nicht für ein bestimmtes Steuerelement festlegen, müssen Sie diese Eigenschaft verwenden (z.B. um Text aus der Zwischenablage in ein mehrzeiliges Textfeld eines Formulars zu übernehmen).
Syntax:	Screen.ActiveControl
Parameter:	-
Beispiel:	Screen.ActiveControl.SelText=ClipBoard.GetText()

Eigenschaft:	**ACTIVEFORM**
Funktion:	Mit dieser Eigenschaft kann das aktivierte Formular zur Programmlaufzeit ermittelt werden (vgl. Eigenschaft ActiveControl).
Objekt:	Screen, Form, MDI-Form
Verwendung:	Festlegung bei Entwurf
Erläuterung:	Ein aktiviertes Formular ist während der Programmausführung an der farblich hervorgehobenen Titelleiste erkennbar.
Syntax:	Screen.ActiveForm
Parameter:	-
Beispiel:	Screen.ActiveForm.Caption="aktives Fenster"

Eigenschaft: **ALIGN**
Funktion: Bestimmt Größe und Form von Bildfeldern
Objekt: Bildfeld
Verwendung: Eigenschaft abfragen und setzen.
Erläuterung: Diese Eigenschaft die Größe und Position eines Bildfeld auf der Form und erlaubt das Erstellen von Symbolleisten und Statuszeilen.
Syntax: [Form.]Bildfeld.Align[= Einstellung]
Parameter:
0 Standard bei Nicht-MDI-Fenstern, Position und Größe frei bestimmbar
1 Standard bei MDI-Fenstern, Position am oberen Rand der Form
2 Position am unteren Rand der Form
Beispiel: Form1.PictureBox1.Align = 1

Eigenschaft: **ALIGNMENT**
Funktion: Formatierung von Text in verschiedenen Steuerelementen
Objekt: Bezeichnungsfeld, Kontrollfeld, Optionsfeld, Textfeld
Verwendung: Eigenschaft abfragen und setzen beim Bezeichnungsfeld; Festlegen beim Entwurf für die anderen genannten Steuerelemente.
Erläuterung: Die Wahl zwischen linksbündiger, rechtsbündiger und zentrierter Ausrichtung ist durch diese Eigenschaft möglich.
Syntax: [Form.][Bezeichnungsfeld.]Alignment[=Einstellung%]
Parameter: Einstellung - 0 (linksbündig); 1 (rechtsbündig); 2 (zentriert)
Beispiel: Eingabe.Alignment = 0

Eigenschaft: **ARCHIVE, HIDDEN, NORMAL, READONLY, SYSTEM**
Funktion: Festlegung, welche Dateien, bezogen auf ihr Attribut, in einem Dateilistenfeld zur Anzeige kommen.
Objekt: Dateilistenfeld
Verwendung: Eigenschaft abfragen und setzen.
Erläuterung: Indem Sie für bestimmte Attribute die Einstellungen wahr oder falsch wählen, variieren Sie die Ausgabe in der Dateiliste. Nützlich sind diese Angaben, um etwa bei umfangreichen Dateilisten die Übersicht zu behalten oder einem anderen Anwender nur eine Auswahl von Dateien zugänglich zu machen. Standardmäßig wird von Visual Basic für Archive, Normal und ReadOnly die Einstellung wahr (-1; Anzeige in der Dateiliste), für Hidden und System die Einstellung falsch (0; keine Anzeige in der Dateiliste) vorgenommen.

Syntax: [Form.]Dateilistenfeld.Archive[=boolesch%]
[Form.]Dateilistenfeld.Hidden[=boolesch%]
[Form.]Dateilistenfeld.Normal[=boolesch%]
[Form.]Dateilistenfeld.ReadOnly[=boolesch%]
[Form.]Dateilistenfeld.System[=boolesch%]
Parameter: Einstellung - -1 (wahr); 0 (falsch)
Beispiel: Datei1.ReadOnly=-1

Eigenschaft: **AUTOREDRAW**
Funktion: Automatisches Neuzeichnen von grafischen Elementen, die zur Laufzeit in ein Bildfeld oder eine Form gezeichnet werden.
Objekt: Form, Bildfeld
Verwendung: Eigenschaft abfragen und setzen.
Erläuterung: Ist AutoRedraw auf wahr (-1) gesetzt, so werden Grafiken und Druckausgaben zusätzlich gespeichert. Der Speicherinhalt wird verwendet, wenn es nötig wird, die Grafik oder Druckausgabe erneut zu zeichnen. Dies ist z.B. dann der Fall, wenn diese Bildschirminhalte zeitweise durch ein anderes Fenster verdeckt sind. Ist die Eigenschaft auf falsch (0) gesetzt (Standardeinstellung), so erfolgt die Aktualisierung des Bildschirminhaltes durch ein Paint-Ereignis (siehe dort). Beachten Sie, daß die AutoRedraw-Eigenschaft sehr viel Speicher in Anspruch nehmen kann und daher nur in besonderen Fällen, insbesondere bei Einsatz der Grafikmethoden Circle, Cls, Line, Point, PSet und Print aktiv geschaltet werden sollte.
Syntax: [Form.][Bildfeld.]AutoRedraw[=boolesch%]
Parameter: Einstellung- -1 (wahr); 0 (falsch)
Beispiel: Diagramm.AutoRedraw=-1

Eigenschaft: **AUTOSIZE**
Funktion: Automatische, dem Inhalt entsprechende Größenanpassung eines Steuerelementes
Objekt: Bezeichnungsfeld, Bildfeld
Verwendung: Eigenschaft abfragen und setzen.
Erläuterung: Mit dieser Eigenschaft können Sie festlegen, ob die Größe eines Steuerelementes automatisch an den Inhalt angepaßt wird (-1 = wahr) oder der Inhalt, sollte er über die festgelegt Größe hinausreichen, abgeschnitten wird (Standardeinstellung 0 = falsch).
Syntax: [Form.]{Bezeichnungsfeld.|Bildfeld.}AutoSize[=boolesch%]
Parameter: Einstellung - -1(wahr); 0 (falsch)
Beispiel: Infotext.AutoSize=-1

Eigenschaft: **BACKCOLOR**
Funktion: Bestimmt die Hintergrundfarbe eines Objektes.
Objekt: Form, Kontrollkästchen, Kombinationsfeld, Befehlsschaltfläche, Textfeld, Verzeichnislistenfeld, Laufwerkslistenfeld, Rahmen, Tabelle, OLE-Steuerelement
Dateilistenfeld, Rahmen, Bezeichnungsfeld, Listenfeld, Optionsfeld, Bildfeld,
Erläuterung: -
Verwendung: Eigenschaft abfragen und setzen.
Syntax: [Form.][Steuerelement.]BackColor[=Farbe&]
Parameter: Farbe&=Farbwert
Beispiel: Rahmen.BackColor=QBColor(7)

Eigenschaft: **BACKSTYLE**
Funktion: Bestimmt die Hintergrundart von Bezeichnungsfeldern und Figuren.
Objekt: Figur, Bezeichnungsfeld
Verwendung: Eigenschaft abfragen und setzen.
Erläuterung: Mit dieser Eigenschaft legen Sie die Hintergrundart (durchsichtig oder undurchsichtig) für Bezeichnungsfelder und Figuren fest.
Syntax: [Form.]{Figur|Bezeichnungsfeld}.BackStyle[= Einstellung%]
Parameter: 0 = durchsichtig; 1 = undurchsichtig
Beispiel: Form1.Figur1.BackStyle = 0

Eigenschaft: **BORDERCOLOR**
Funktion: Bestimmt die Rahmenfarbe bei Bezeichnungsfeldern und die Farbe von Linien.
Objekt: Linie, Bezeichnungsfeld
Verwendung: Eigenschaft abfragen und setzen
Erläuterung: Mit dieser Eigenschaft legen Sie die Farbe von gezeichneten
Linien auf der Form fest sowie die Farbe des Rahmens von Bezeichnungsfeldern.
Syntax: [Form]{Linie|Bezeichnungsfeld}.BorderColor[= Farbe&]
Parameter: Farbe& = Farbwert
Beispiel: Linie1.BorderColor=QBColor(7)

Eigenschaft: **BORDERWIDTH**
Funktion: Bestimmt die Dicke von Linien und Rahmen von Bezeichnungsfeldern.
Objekt: Linie, Bezeichnungsfeld
Verwendung: Eigenschaft abfragen und setzen.

Erläuterung: Mit dieser Eigenschaft bestimmen Sie die Dicke bzw. die Breite von Linien sowie der Rahmen von Bezeichnungsfeldern.

Syntax: [Form.]{Linie|Bezeichnungsfeld}[= Einstellung]

Parameter: Numerischer Wert zwischen 1 und 8192; die Auswirkung ist abhängig vom gesetzten Wert für die Eigenschaft BorderStyle.

Beispiel: Form1.Linie1.BorderWidth = 25

Eigenschaft: **BORDERSTYLE**

Funktion: Die Eigenschaft legt den Rahmenstil für die aufgeführten Objekte fest.

Objekt: Form, Bezeichnungsfeld, Bildfeld, Textfeld

Verwendung: Eigenschaft abfragen, setzen über Eigenschaftenleiste.

Erläuterung: Mehrere Rahmenstile werden von Visual Basic angeboten. Über die Eigenschaftenliste können Sie Ihren Formen und Feldern während der Programmerstellung entsprechende Rahmen zuweisen. Zur Laufzeit ist die Eigenschaft schreibgeschützt. Beachten Sie, daß bei der Einstellung 0 (kein Rahmen) auch keine Rahmenelemente (z.B. das System-Menüfeld) eingerichtet werden können (vergleiche Eigenschaft ControlBox).

Syntax: [Form.][Steuerelement.]BorderStyle[=Einstellung%]

Parameter: Form: Einstellung - 0 (kein Rahmen); 1 (einfach, Größe nicht veränderbar); 2 (einfach, Größe veränderbar, Standard); 3 (doppelt, Größe nicht veränderbar).
Textfeld, Bildfeld: Einstellung - 0 (kein Rahmen, Standard für Bezeichnungsfeld); 1 (einfach, Größe nicht veränderbar, Standard für Bildfeld und Textfeld).

Beispiel: Infotext.BorderStyle=1

Eigenschaft: **CANCEL**

Funktion: Kann eine Befehlsschaltfläche als Schaltfläche <Abbrechen> in einer Form ausweisen.

Objekt: Befehlsschaltfläche

Verwendung: Eigenschaft abfragen und setzen.

Erläuterung: Nur eine Befehlsschaltfläche einer Form kann als Schaltfläche <Abbrechen> eingerichtet werden. Für alle anderen Befehlsschaltflächen ist diese Eigenschaft dann gesperrt. Die Schaltfläche ist insbesondere dann als Standard sinnvoll, wenn eine Form eine unwiderrufliche Funktion erfüllt.

Syntax: Befehlsschaltfläche.Cancel[=boolesch%]

Parameter: Einstellung - -1 (wahr); 0 (falsch, Standardwert).

Beispiel: Befehlsschaltfläche.Cancel=-1

Eigenschaft:	CAPTION
Funktion:	Form: Text in der Titelleiste; Steuerelement: Text in einem oder in der Nähe eines Steuerelements.
Objekt:	Form, Kontrollkästchen, Befehlsschaltfläche, Rahmen, Bezeichnungsfeld, Menü, Optionsfeld, MDI-Form
Verwendung:	Eigenschaft abfragen und setzen.
Erläuterung:	Visual Basic erstellt Standard-Aufschriften für Formen und Steuerelemente, die Sie mit der Caption-Eigenschaft ändern können. Wird eine Form auf Symbolgröße verkleinert,so steht der Text unterhalb des Symbols.
Syntax:	[Form.][Steuerelement.]Caption[=Zeichenfolgenausdruck$]
Parameter:	-
Beispiel:	Infotext.Caption="Informationstext"

Eigenschaft:	CellSelected
Funktion:	Ermittelt das Vorhandensein einer Zelle in einem ausgewählten Bereich.
Objekt:	Tabelle
Verwendung:	Festlegung bei Entwurf.
Erläuterung:	Mit dieser Eigenschaft ermitteln Sie, ob eine bestimmte Zelle einer Tabelle sich innerhalb des ausgewählten Bereichs befindet oder nicht.
Syntax:	[Form.]Tabelle.CellSelected
Parameter:	True, wenn sich die Zelle im ausgewählten Bereich befindet; false, wenn dies nicht der Fall ist.
Beispiel:	Tabelle1.CellSelected

Eigenschaft:	CHECKED
Funktion:	Läßt neben einem Menübefehl ein Häkchen anzeigen.
Objekt:	Menü
Verwendung:	Eigenschaft abfragen und setzen.
Erläuterung:	-
Syntax:	Menüelement.Checked[=boolesch%]
Parameter:	Einstellung - -1 (wahr, das Häkchen wird neben dem Menübefehl angezeigt); 0 (falsch, Standardwert, das Häkchen kommt nicht zur Anzeige bzw. wird entfernt).
Beispiel:	MNU_FileBackup.Checked=-1

Eigenschaft: **CLASS**
Funktion: Bestimmt den Klassennamen eines eingebetteten Objektes.
Objekt: OLE-Client-Steuerelement
Verwendung: Eigenschaft abfragen und setzen.
Erläuterung: Mit dieser Eigenschaft legen Sie den Typ eines Objektes fest, das eine Server-Anwendung generieren soll. Die Klassennamen entnehmen Sie Bei OLE-fähigen Anwendungen den zugehörigen Handbüchern.
Syntax: [Form]Oleclient.Class[= Klassenname]
Parameter: -
Beispiel: -

Eigenschaft: **CLIP**
Funktion: Bestimmt den Inhalt von Zellen in einer ausgewählten Region einer Tabelle.
Objekt: Tabelle
Verwendung: Eigenschaft abfragen und setzen.
Erläuterung: Die Eigenschaft legt in Form einer Zeichenkette den Inhalt von Zellen einer Tabelle fest. Der Beginn einer neuen Zelle beziehungsweise einer neuen Zeile wird innerhalb des Ausdrucks mit Hilfe der Chr$()-Funktion festgelegt. Hierbei kennzeichnet ein TAB (ANSI 9) den Beginn einer neuen Zelle und ein Carrige Return (ANSI 13) eine neue Zeile.
Syntax: [Form.]Tabelle.Clip[= Zeichenkette]
Parameter: -
Beispiel:

```
Tabelle1.Clip="Wert1"&Chr(9)&"34"&Chr(13)&_
              "Wert2"&Chr(9) & "26"
```

Eigenschaft: **CLIPCONTROLS**
Funktion: Bestimmt den Umfang des neu zu Zeichnenden Bereichs bei Paint-Ereignissen.
Objekt: Form, Rahmen, Bildfeld
Verwendung: Eigenschaft abfragen und setzen.
Erläuterung: Diese Eigenschaft legt fest, ob zur Laufzeit mit Zeichenmethoden bei Paint-Ereignissen nur die neu freigelegten Teilbereiche oder das gesamte Objekt neu gezeichnet werden muß.
Syntax: [Form.][Rahmen.|Bildfeld.]ClipControls
Parameter: True, das komplette Objekt muß neu gezeichnet werden (Standard); False, nur der neu freigelegte Teil wird neu gezeichnet.
Beispiel: -

Eigenschaft:	**Col, Row**
Funktion:	Bestimmen die aktive Zelle in einer Tabelle.
Objekt:	Tabelle
Verwendung:	Eigenschaft abfragen und setzen.
Erläuterung:	Mit Hilfe der Werte für Zeile (Row) und Spalte (Col) wird die aktive Zelle festgelegt.
Syntax:	[Form.]Tabelle.Col[= Wert] [Form.]Tabelle.Row[= Wert]
Parameter:	-
Beispiel:	Tabelle1.Col = 3 Tabelle1.Row = 5

Eigenschaft:	**ColAlignment**
Funktion:	Formatierung von Text in einer Tabelle.
Objekt:	Tabelle
Verwendung:	Eigenschaft abfragen und setzen.
Erläuterung:	Die Wahl zwischen linksbündiger, rechtsbündiger und zentrierter Ausrichtung ist durch diese Eigenschaft möglich.
Syntax:	[Form.]Tabelle.ColAlignment[= Einstellung%]
Parameter:	Einstellung - 0 (linksbündig); 1 (rechtsbündig); 2 (zentriert)
Beispiel:	Tabelle1.ColAlignment = 0

Eigenschaft:	**Cols, Rows**
Funktion:	Bestimmt die Anzahl von Zeilen und Spalten in einer Tabelle.
Objekt:	Tabelle
Verwendung:	Eigenschaft abfragen und setzen.
Erläuterung:	Mit dieser Eigenschaft legen Sie die Anzahl von Zeilen und Spalten für eine Tabelle fest. Die kleinste Zahl ist hierbei je die 1.
Syntax:	[Form.]Tabelle.Cols[= Wert%] [Form.]Tabelle.Rows[= Wert%]
Parameter:	Als Werte sind nur Ganzzahlen zugelassen.
Beispiel:	Tabelle1.Cols = 4 Tabelle1.Rows = 5

Eigenschaft:	**Columns**
Funktion:	Bestimmt, ob ein Listenfeld über eine horizontale oder eine vertikale Bildlaufleiste verfügt.
Objekt:	Listenfeld
Verwendung:	Eigenschaft abfragen und setzen.

Erläuterung:	Diese Eigenschaft betrifft das Listenfeld und legt fest, ob das Listenfeld über einen horizontalen oder vertikalen Bildlauf verfügt. Die Eigenschaft bestimmt zudem die Anzahl der angezeigten Spalten bei horizontalem Bildlauf.
Syntax:	[Form.]Listenfeld.Columns
Parameter:	0, Standard, das Listenfeld ist einspaltig und verfügt über eine vertikale Bildlaufleiste; 1 bis n, das Listenfeld verfügt über eine horizontale Bildlaufleiste und hat die angegebene Anzahl von Spalten.
Beispiel:	-
Eigenschaft:	**COLWIDTH**
Funktion:	Bestimmt die Breite einer Spalte in Twips.
Objekt:	Tabelle
Verwendung:	Eigenschaft abfragen und setzen.
Erläuterung:	Mit dieser Eigenschaft legen Sie die Breite einer speziellen Spalte einer Tabelle fest.
Syntax:	[Form.]Tabelle.ColWidth(column)[= Wert]
Parameter:	-
Beispiel:	-
Eigenschaft:	**CONTROLBOX**
Funktion:	Bestimmt zur Laufzeit das Erscheinen eines System-Menüfeldes in einer Form.
Objekt:	Form
Verwendung:	Eigenschaft abfragen.
Erläuterung:	Ein modales und auch ein wirkungsloses (inaktives) Fenster kann ein System-Menüfeld enthalten. Verwandte Eigenschaften (z.B. MaxButton, MinButton, BorderStyle) müssen entsprechend eingerichtet sein (siehe dort), damit ein solches Feld angezeigt werden kann.
Syntax:	[Form.]ControlBox
Parameter:	Einstellung- -1 (wahr, System-Menüfeld wird angezeigt, Standard); 0 (falsch, System-Menüfeld wird entfernt)
Beispiel:	Form1.ControlBox=-1
Eigenschaft:	**COUNT**
Funktion:	Bestimmt die Anzahl der Steuerelemente bzw. Formen in der Sammlung.
Objekt:	Steuerelemente-Sammlung, Formen-Sammlung
Verwendung:	Festlegung bei Entwurf.

Erläuterung: Die Eigenschaft bestimmt die Anzahl der geladenen Formen beziehungsweise die Anzahl der Steuerelemente einer Form, wobei auch Menüs und Menüelemente mit berücksichtigt werden.
Syntax: [Form.][Controls.]Count
Forms.Count
Parameter: -
Beispiel: -

Eigenschaft: **CURRENTX, CURRENTY**
Funktion: Einstellung der aktuellen horizontalen (x) und vertikalen (y) Koordinaten des Bildschirms für die Ausgabe von Grafikmethoden.
Objekt: Form, Bildfeld, Objekt Printer
Verwendung: Eigenschaft abfragen und setzen.
Erläuterung: Mit diesen Eigenschaften legen Sie die Ausgabe von grafischen Elementen in einem Koordinatensystem fest. Beim Aufruf bestimmter Grafikmethoden werden CurrentX und CurrentY automatisch geändert (Beispiele: Circle setzt die Koordinaten auf die Mitte des Objektes, Cls auf 0,0). Daneben existieren verwandte Eigenschaften, die das Koordinatensystem eines Objektes bestimmen: ScaleHeight, ScaleWidth, ScaleLeft, ScaleTop und ScaleMode (siehe dort).
Syntax: {[Form.][Bildfeld.]Printer.}CurrentX[=x!]
{[Form.][Bildfeld.]Printer.}CurrentY[=y!]
Parameter: x! und y! sind Koordinaten, die standardmäßig in Twips (1 cm entspricht 567 Twips) angegeben werden.
Beispiel: -

Eigenschaft: **DATA**
Funktion: Datenübertragung an eine Server-Anwendung.
Objekt: OLE-Client-Steuerelement
Verwendung: Abfragen und Setzen.
Erläuterung: Mit dieser Eigenschaft senden Sie Daten an einen Server.
Syntax: [Form.]Oleclient.Data[= data]
Parameter: -
Beispiel: -

Eigenschaft: **DATATEXT**
Funktion: Datenempfang von einer Server-Anwendung.
Objekt: OLE-Client-Steuerelement
Verwendung: Abfragen und Setzen.
Erläuterung: Mit dieser Eigenschaft empfangen Sie Daten als Zeichenkette von einem Server.
Syntax: [Form1.]Oleclient.DataText[= data]
Parameter: -
Beispiel: -

Eigenschaft: **DEFAULT**
Funktion: Mit dieser Eigenschaft wird in einer Form eine Befehlsschaltfläche als Standard-Schaltfläche ausgewiesen.
Objekt: Befehlsschaltfläche
Verwendung: Eigenschaft abfragen und setzen.
Erläuterung: In einer Form kann immer nur eine Schaltfläche eine Standardschaltfläche sein (vergleiche Eigenschaft Cancel).
Syntax: [Form.]Befehlsschaltfläche.Default[=boolesch%]
Parameter: Einstellung - -1 (wahr, Steuerelement ist Standardschaltfläche); 0 (falsch, Eigenschaft für das Steuerelement gesperrt).
Beispiel: Abbrechen.Default=-1

Eigenschaft: **DRAGICON**
Funktion: Auswahl eines Symbols für einen Drag und Drop-Vorgang (Ziehen und Loslassen).
Objekt: Kontrollkästchen, Kombinationsfeld, Befehlsschaltfläche, Verzeichnislistenfeld, Laufwerklistenfeld, Dateilistenfeld, Rahmen, horizontale Bildlaufleiste, Bezeichnungsfeld, Listenfeld, Optionsfeld, Bildfeld, Textfeld, vertikale Bildlaufleiste, Tabelle, Anzeige, OLE-Client-Steuerelement
Verwendung: Eigenschaft abfragen und setzen.
Erläuterung: Sie verwenden diese Eigenschaft, um eine visuelle Anzeige während eines Ziehvorganges zu gestalten. So kann der Benutzer beispielsweise sofort erkennen, wenn sich ein Steuerelement über einem geeigneten Ziel befindet. Über die Anweisung LoadPicture können weitere Symbole zugewiesen werden.
Syntax: [Form.]Steuerelement.DragIcon[=Symbol]
Parameter: Einstellung - keine (Standard, während eines Ziehvorganges wird ein Pfeil in einem Rechteck angezeigt); Symbol (zeigt das aus der Eigenschaftenliste ausgewählte Symbol an).
Beispiel: Bild1.DragIcon=Bild2.Picture

Eigenschaft:	**DRAGMODE**
Funktion:	Legt den Modus (manuell oder automatisch) für einen Drag und Drop-Vorgang eines Steuerelements fest.
Objekt:	Kontrollkästchen, Kombinationsfeld, Befehlsschaltfläche, Verzeichnislistenfeld, Laufwerklistenfeld, Dateilistenfeld, Rahmen, horizontale Bildlaufleiste, Bezeichnungsfeld, Listenfeld, Optionsfeld, Bildfeld, Textfeld, vertikale Bildlaufleiste, Tabelle, Anzeige, OLE-Client-Steuerelement
Verwendung:	Eigenschaft abfragen und setzen.
Syntax:	[Form.]Steuerelement.DragMode[=Modus%]
Parameter:	Einstellung - 0 (manuell, Standardwert); 1 (automatisch, es wird automatisch mit dem Ziehen begonnen, sobald auf das Steuerelement geklickt wird.
Beispiel:	Ja_Schaltfläche.DragMode=1

Eigenschaft:	**DRAWMODE**	
Funktion:	Bestimmt das Erscheinungsbild der Ausgabe von Grafikmethoden	
Objekt:	Form, Bildfeld, Objekt Printer	
Verwendung:	Eigenschaft abfragen und setzen.	
Erläuterung:	Mit dieser Eigenschaft können Sie visuelle Effekte erzielen, insbesondere, wenn Sie mit den Grafikmethoden Pset, Line und Circle arbeiten.	
Syntax:	{[Form.][Bildfeld.]|Printer.}DrawMode[=Modus%]	
Parameter:	Einstellung	Beschreibung
	1	Schwarz
	2	Nicht-Stift-Mischen
	3	Maskieren-Nicht-Stift
	4	Nicht-Stift-Kopieren
	5	Stift-Maskieren-Nicht
	6	Invers
	7	Stift-Xor
	8	Nicht-Stift-Maskieren
	9	Stift-Maskieren
	10	Nicht-Stift-Xor
	11	Keine Operation
	12	Nicht-Mischen-Stift
	13	Stift-Kopieren (Standardwert)
	14	Stift-Mischen-Nicht
	15	Stift-Mischen
	16	Weiß
Beispiel:	Form1.DrawMode=7	

Eigenschaft:	**DRAWSTYLE**
Funktion:	Bestimmt bei der Ausgabe von Grafikmethoden den Linienstil.
Objekt:	Form, Bildfeld, Objekt Printer
Verwendung:	Eigenschaft abfragen und setzen.
Erläuterung:	-
Syntax:	{[Form.][Bildfeld.]|Printer.}DrawStyle[=Linienstil%]
Parameter:	Einstellung Beschreibung 0 Durchgezogen (Standardwert) 1 Strich 2 Punkt 3 Strich-Punkt 4 Strich-Punkt-Punkt 5 Unsichtbar 6 Innerhalb durchgezogen
Beispiel:	Form1.DrawStyle=3

Eigenschaft:	**DRAWWIDTH**
Funktion:	Bestimmt bei der Ausgabe von Grafikelementen die Linienbreite.
Objekt:	Form, Bildfeld, Objekt Printer
Verwendung:	Eigenschaft abfragen und setzen.
Erläuterung:	-
Syntax:	{[Form.][Bildfeld.]|Printer.}DrawWidth[=Größe%]
Parameter:	Einstellung - 1 (Standard, entspricht der Breite von 1 Pixel); höhere Zahlenwerte erzeugen entsprechend breitere Ausgaben.
Beispiel:	Form1.DrawWidth=3

Eigenschaft:	**DRIVE**
Funktion:	Gibt zur Laufzeit das ausgewählte Laufwerk an.
Objekt:	Laufwerklistenfeld
Verwendung:	Eigenschaft abfragen und setzen.
Erläuterung:	-
Syntax:	Laufwerklistenfeld.Drive[=Laufwerksangabe$]
Parameter:	Laufwerksangabe=Laufwerksbuchstabe$
Beispiel:	Laufwerksliste1.Drive="A:"

Eigenschaft:	**ENABLED**
Funktion:	Mit dieser Eigenschaft kann eine Form oder ein Steuerelement auf Ereignisse, die der Benutzer erzeugt (z.B. Mausklick, Tastaturkommando), reagieren.
Objekt:	Form, Kontrollkästchen, Kombinationsfeld, Befehlsschaltfläche, Verzeichnislistenfeld, Laufwerkslistenfeld, Dateilistenfeld, Rahmen, horizontale Bildlaufleiste, Bezeichnungsfeld, Listenfeld, Menü, Optionsfeld, Bildfeld, Textfeld, Zeitmesser, vertikale Bildlaufleiste, Tabelle, Anzeige, MDI-Form
Verwendung:	Ereignis abfragen und setzen.
Erläuterung:	Sie setzen diese Eigenschaft ein, um zur Laufzeit Formen und Steuerelemente verfügbar zu machen oder aber zu sperren. So können zum Beispiel Textfelder, deren Inhalte nicht verändert werden sollen, gesperrt werden, indem Sie Enabled auf falsch (0) setzen.
Syntax:	[Form.][Steuerelement.]Enabled[=boolesch%]
Parameter:	Einstellung - -1 (wahr, Standardwert, das Objekt kann auf Ereignisse reagieren); 0 (falsch, das Objekt reagiert nicht auf Ereignisse).
Beispiel:	Form1.Enabled=0

Eigenschaft:	**EXECUTE**
Funktion:	Bestimmt eine Zeichenkette für das Verbindungsende.
Objekt:	OLE-Client-Steuerelement
Verwendung:	Abfragen und setzen.
Erläuterung:	Mit dieser Eigenschaft weisen Sie einer Zeichenkette die Funktion als Unterbrecher einer OLE-Verbindung zu.
Syntax:	[Form.]Oleclient.Execute[= Zeichenkette]
Parameter:	-
Beispiel:	-

Eigenschaft:	**EXENAME**
Funktion:	Liefert den Namen der ausführbaren Programmdatei einer Anwendung, ohne Suffix.
Objekt:	App (Anwendung)
Verwendung:	Abfrage zur Laufzeit.
Erläuterung:	-
Syntax:	App.EXEName
Parameter:	-
Beispiel:	App.ExeName

Eigenschaft: **FILENAME**
Funktion: Eigenschaft, in der die ausgewählte Datei aus einem Dateilistenfeld verwaltet wird.
Objekt: Dateilistenfeld
Verwendung: Eigenschaft abfragen und setzen (nur zur Laufzeit verfügbar).
Erläuterung: -
Syntax: [Form.][Dateilistenfeld.]FileName[=Dateiname$]
Parameter: -
Beispiel: DateiName$=Dateiliste1.FileName

Eigenschaft: **FILENUMBER**
Funktion: Bestimmt die Dateinummer, die beim Speichern oder Laden eines Objekts verwendet werden soll oder gibt die zuletzt verwendete Dateinummer zurück.
Objekt: OLE-Client-Steuerelement
Verwendung: Abfragen und setzen.
Erläuterung: -
Syntax: [Form.]Oleclient.FileNumber[= Dateinummer]
Parameter: -
Beispiel: -

Eigenschaft: **FILLCOLOR**
Funktion: Bestimmt bei Anwendung der Grafikmethoden Circle und Line die Farbe, mit der Kreise und Felder ausgefüllt werden.
Objekt: Form, Bildfeld, Objekt Printer, Figur
Verwendung: Eigenschaft abfragen und setzen.
Erläuterung: -
Syntax: {[Form.][Bildfeld.]|Printer.}FillColor[=Farbe&]
Parameter: Einstellung

Bereich	Beschreibung
Normale RGB-Farben	Farben, die mit den Funktionen RGB oder QBColor im Code gesetzt wurden. (Standardwert 0 = schwarz)
Standardfarben des Systems	Farben, die mit Systemfarbenkonstanten aus CONSTANT.TXT angegeben wurden.

Beispiel: Form1.FillColor=0

Eigenschaft:	**FILLSTYLE**
Funktion:	Bestimmt bei Anwendung der Grafikmethoden Circle und Line das Muster, mit der Kreise und Felder ausgefüllt werden.
Objekt:	Form, Bildfeld, Objekt Printer, Tabelle, Figur
Verwendung:	Eigenschaft abfragen und setzen.
Erläuterung:	-
Syntax:	{[Form.][Bildfeld.]|Printer.}FillStyle[=Stil%]
Parameter:	Einstellung Beschreibung 0 Gefüllt 1 Transparent (Standardwert) 2 Horizontale Linie 3 Vertikale Linie 4 Aufwärtsdiagonal 5 Abwärtsdiagonal 6 Kreuz 7 Diagonal Ist der Standardwert eingestellt (1 = Transparent), so kann die Eigenschaft nicht mit FillColor kombiniert werden.
Beispiel:	Form1.FillStyle=0

Eigenschaft:	**FIXEDALIGNMENT**
Funktion:	Bestimmt die Ausrichtung von Text in den festen Zellen einer Tabelle.
Objekt:	Tabelle
Verwendung:	Abfragen und setzen.
Erläuterung:	-
Syntax:	[Form.]Tabelle.FixedAlignment(column)[= Einstellung]
Parameter:	Einstellung - 0 (linksbündig); 1 (rechtsbündig); 2 (zentriert); 3 (übernimmt die Einstellung der Eigenschaft ColAlignment)

Eigenschaft:	**FIXEDCOLS, FIXEDROWS**
Funktion:	Bestimmt die Anzahl fester Spalten und Zeilen in einer Tabelle.
Objekt:	Tabelle
Verwendung:	Abfragen und setzen.
Erläuterung:	Standardmäßig besitzt eine Tabelle je eine feste Spalte und Zeile. Mit dieser Eigenschaft können Sie weitere feste Zeilen und Spalten bestimmen oder einer Tabelle keine festen Zeilen und Spalten zuweisen.
Syntax:	[Form.]Tabelle.FixedCols[= Wert] [Form.]Tabelle.FixedRows[= Wert]
Parameter:	Als Werte sind nur Ganzzahlen zugelassen.
Beispiel:	-

Eigenschaft: **FOCUS**

Funktion: Bestimmt, ob die Server-Anwendung den Fokus erhält, wenn ein eingebettetes Objekt aus dieser Anwendung aktiviert wird.

Objekt: OLE-Client-Steuerelement

Verwendung: Abfragen und setzen.

Erläuterung: Mit dieser Eigenschaft können Sie die Verbindung zwischen Server und Client so ausbauen, daß die Server-Anwendung automatisch gestartet wird, wenn ein von ihr stammendes Objekt beispielsweise durch einen Doppelklick aktiviert wird.

Syntax: [Form.]Oleclient.Focus[= boolesch%]

Parameter: True (Standard), die Server-Anwendung wird gestartet, wenn das eingebettete Objekt aktiviert wird; False, der Server erhält den Fokus nicht.

Beispiel: -

Eigenschaft: **FONTBOLD, FONTITALIC, FONTSTRIKETHRU, FONTTRANSPARENT, FONTUNDERLINE**

Funktion: Textformatierungen in den aufgeführten Objekten.

Objekt: Form, Kontrollkästen, Kombinationsfeld, Befehlsschaltfläche Verzeichnislistenfeld, Laufwerkslistenfeld, Dateilistenfeld, Rahmen, Bezeichnungsfeld, Listenfeld, Optionsfeld, Bildfeld, Textfeld, Objekt Printer, Tabelle

Verwendung: Eigenschaft abfragen und setzen.

Erläuterung: Sie nutzen diese Eigenschaften, um Text innerhalb von Steuerelementen zu formatieren. Beachten Sie, daß zunächst die Eigenschaft FontName geändert werden muß (siehe dort), bevor Sie die Formatierungen vornehmen können. Die Eigenschaft FontTransparent steht nur für die Objekte Form, Bildfeld und Drucker zur Verfügung.

Syntax:
{[Form.][Steuerelement.]|Printer.}FontBold[=boolesch%]
{[Form.][Steuerelement.]|Printer.}FontItalic[=boolesch%]
{[Form.][Steuerelement.]|Printer.}FontStrikeThru[=boolesch%]
{[Form.][Bildfeld.]|Printer.}FontTransparent[=boolesch%]
{[Form.][Steuerelement.]|Printer.}FontUnderline[=boolesch%]

Parameter: Einstellung - -1 (wahr, Standard für Fontbold und FontTransparent, schaltet die entsprechende Formatierung ein); 0 (falsch,) Standard für FontItalic, FontStrikeThru und FontUnderline, schaltet die entsprechende Formatierung aus).

Beispiel: Form1.FontBold=-1

Eigenschaft:	**FONTCOUNT**
Funktion:	Gibt an, wieviele Schriftarten für den angeschlossenen Monitor oder Drucker zur Verfügung stehen.
Objekt:	Objekt Printer, Objekt Screen
Verwendung:	Eigenschaft abfragen.
Erläuterung:	In Verbindung mit der Eigenschaft Fonts (siehe dort) werden die verfügbaren Schriftarten für Bildschirm oder Drucker angezeigt.
Syntax:	{Printer|Screen}.FontCount
Parameter:	-
Beispiel:	-

Eigenschaft:	**FONTNAME**
Funktion:	Gibt zur Laufzeit oder bei einer Druckoperation die Schriftart an, die zur Textanzeige in einem Steuerelement oder bei einer Ziehoperation verwendet wird.
Objekt:	Form, Kontrollkästen, Kombinationsfeld, Befehlsschaltfläche Verzeichnislistenfeld, Laufwerkslistenfeld, Dateilistenfeld, Rahmen, Bezeichnungsfeld, Listenfeld, Optionsfeld, Bildfeld, Textfeld, Objekt Printer, Tabelle
Verwendung:	Eigenschaft abfragen und setzen.
Erläuterung:	-
Syntax:	{[Form.][Steuerelement.]|Printer}FontName[=Schriftart$]
Parameter:	-
Beispiel:	-

Eigenschaft:	**FONTS**
Funktion:	Erstellt eine Liste aller Schriftarten, die für das aktuelle Ausgabegerät oder den aktiven Drucker zur Verfügung stehen, wenn von 0 bis FontCount -1 durchgezählt wird (siehe dort).
Objekt:	Objekt Printer, Objekt Screen
Verwendung:	Eigenschaft abfragen.
Erläuterung:	-
Syntax:	{Printer|Screen}.Fonts(Index%)
Parameter:	-
Beispiel:	-

Eigenschaft:	**FONTSIZE**
Funktion:	Gibt zur Laufzeit die Schriftgröße an, die für die Textanzeige in einem Steuerelement oder bei einer Zeichen- oder Druckoperation verwendet wird.
Objekt:	Form, Kontrollkästen, Kombinationsfeld, Befehlsschaltfläche Verzeichnislistenfeld, Laufwerkslistenfeld, Dateilistenfeld, Rahmen, Bezeichnungsfeld, Listenfeld, Optionsfeld, Bildfeld, Textfeld, Objekt Printer
Verwendung:	Eigenschaft abfragen und setzen.
Erläuterung:	-
Syntax:	{[Form.][Steuerelement.]|Printer}FontSize[=Punkte%]
Parameter:	Punktgröße
Beispiel:	Form1.FontSize=24

Eigenschaft:	**FORECOLOR**
Funktion:	Bestimmt die Vordergrundfarbe eines Objektes.
Objekt:	Form, Kontrollkästchen, Kombinationsfeld, Textfeld, Verzeichnislistenfeld, Laufwerkslistenfeld, Dateilistenfeld, Rahmen, Bezeichnungsfeld, Listenfeld, Optionsfeld, Bildfeld, Objekt Printer, Tabelle
Verwendung:	Eigenschaft abfragen und setzen.
Erläuterung:	-
Syntax:	[Form.][Steuerelement.]BackColor[=Farbe&]
Parameter:	Farbe&=Farbwert
Beispiel:	Rahmen.ForeColor=QBColor(1)

Eigenschaft:	**FORMAT**
Funktion:	Bestimmt das Format während der Datenübertragung.
Objekt:	OLE-Client-Steuerelement
Verwendung:	Abfragen und setzen.
Erläuterung:	Mit dieser Eigenschaft bestimmen Sie das Format der Daten bei einer OLE-Verbindung.
Syntax:	[Form.]Oleclient.Format[= Format]
Parameter:	Format ist eine Zeichenkette.
Beispiel:	OleClient1.Format = "CF_METAFILE"

Eigenschaft: **GRIDLINES**
Funktion: Bestimmt, ob die Linien zwischen den Zellen einer Tabelle sichtbar sind oder nicht.
Objekt: Tabelle
Verwendung: Abfragen und setzen.
Erläuterung: -
Syntax: [Form.]Tabelle.Gridlines[= {True|False}]
Parameter: True (Standard), die Linien sind sichtbar; False, die Linien sind nicht sichtbar.
Beispiel: -

Eigenschaft: **HDC**
Funktion: Microsoft Windows stellt mit dieser Eigenschaft eine Gerätezusammenhangskennung zur Verfügung, die bei Windows API-Aufrufen genutzt wird.
Objekt: Objekt, Bildfeld, Objekt Printer
Verwendung: Eigenschaft abfragen.
Erläuterung: Beispiele siehe Kapitel 3.3.
Syntax: {[Form.][Bildfeld.]|Printer.}hDC
Parameter: -
Beispiel: -

Eigenschaft: **HEIGHT, WIDTH**
Funktion: Angabe der Dimensionen für Steuerelemente, Drucker und Bildschirm.
Objekt: Form, Kontrollkästchen, Kombinationsfeld, Textfeld, Verzeichnislistenfeld, Laufwerkslistenfeld, Dateilistenfeld, Rahmen, Bezeichnungsfeld, Listenfeld, Optionsfeld, Bildfeld, Objekt Printer; Objekt Screen, vertikale Bildlaufleiste, Tabelle, Anzeige, Figur, MDI-Form
Verwendung: Eigenschaft abfragen und setzen.
Erläuterung: Mit diesen Eigenschaften können Sie die externe Höhe und Breite für Formen und Steuerelemente angeben, wobei hier bei Formen der Rahmen und die Titelleiste mit eingeschlossen sind. Für das Objekt Printer entsprechen diese Eigenschaften den physikalischen Dimensionen des Papiers, mit denen das Gerät initialisiert wurde und können nur abgefragt werden. Auch die entsprechenden Werte für den Bildschirm stehen nur zur Abfrage zur Verfügung.
Syntax: {[Form.][Steuerelement.]|Printer.|Screen.}Height[=Höhe!]
{[Form.][Steuerelement.]|Printer.|Screen.}Width[=Breite!]

Parameter: Höhe!, Breite! = Abmessungen eines Objektes in einer bestimmten Einheit (bei Form, Objekt Printer und Objekt Screen in Twips; bei Steuerelementen in Teilungseinheiten des Platzhalters).

Beispiel: -

Eigenschaft: **HELPCONTEXTID**

Funktion: Bestimmt eine Hilfekontextnummer.

Objekt: Kontrollkästchen, Kombinationsfeld, Textfeld, Verzeichnislistenfeld, Laufwerkslistenfeld, Dateilistenfeld, Rahmen, Menü, Listenfeld, Optionsfeld, Bildfeld, vertikale Bildlaufleiste, Tabelle, OLE-Client-Steuerelement, MDI-Form

Verwendung: Eigenschaft abfragen und setzen.

Erläuterung: Mit dieser Eigenschaft wird für eine Form oder ein Steuerelement eine Kontextnummer bestimmt, der sich die kontextbezogene Hilfe einer Anwendung bedient.

Syntax: [Form.][Steuerelement.]HelpContextID[= Wert]

Parameter: -

Beispiel: -

Eigenschaft: **HELPFILE**

Funktion: Bestimmt den Namen der Hilfedatei für eine Anwendung.

Objekt: Anwendung

Verwendung: Eigenschaft abfragen und setzen.

Erläuterung: Mit dem Windows-Hilfecompiler erzeugen Sie Hilfedateien im Windows-Standard. Der Compiler ist im Lieferumfang der professionellen Version von Visual Basic 2.0 enthalten.

Syntax: App.HelpFile[= Zeichenkette]

Parameter: -

Eigenschaft: **HIDESELECTION**

Funktion: Bestimmt, ob markierter Text hervorgehoben bleibt, wenn das Textfeld den Fokus verliert.

Objekt: Textfeld

Verwendung: Festlegen bei Entwurf.

Erläuterung: Diese Eigenschaft legt fest, ob markierter Text eines Textfeldes markiert bleiben soll, auch wenn das Steuerelement den Fokus verliert.

Syntax: [Form.]Textfeld.HideSelektion

Parameter: True (Standard), markierter Text bleibt nicht hervorgehoben; False, markierter Text bleibt hervorgehoben.

Beispiel: -

Eigenschaft:	**HIGHLIGHT**
Funktion:	Bestimmt, ob ausgewählte Zellen hervorgehoben werden.
Objekt:	Tabelle
Verwendung:	Abfragen und setzen.
Erläuterung:	Mit dieser Eigenschaft können Sie ausgewählte Zellen durch eine Hervorhebung (Highlight) kennzeichnen bzw. eine solche Kennzeichnung unterdrücken.
Syntax:	[Form.]Tabelle.HighLight[= {True|False}]
Parameter:	True (Standard), die ausgewählten Zellen werden hervorgehoben; False, die Zellen werden nicht hervorgehoben.
Beispiel:	-

Eigenschaft:	**HOSTNAME**
Funktion:	Bestimmt den Namen der Client-Anwendung.
Objekt:	OLE-Client-Steuerelement
Verwendung:	Abfragen und setzen.
Erläuterung:	-
Syntax:	[Form.]Oleclient.HostName[= Name]
Parameter:	-
Beispiel:	-

Eigenschaft:	**HWND**
Funktion:	Automatische Kennung einer Form oder eines Steuerelementes.
Objekt:	Form, Kontrollfeld, Kombinationslistenfeld, Verzeichnislistenfeld, Laufwerkslistenfeld, Dateilistenfeld, Rahmen, Tabelle, Listenfeld, MDI-Form, Ole-Client-Steuerelement, Optionsfeld, Bildfeld, Bildlaufleisten
Verwendung:	Eigenschaft abfragen.
Erläuterung:	Microsoft Windows vergibt jeder Form und bestimmten Steuerelementen eine Kennung, die es der Betriebsumgebung erlaubt, das Objekt in einer Anwendung zu identifizieren. Sie können mit der hWnd-Eigenschaft auf diese Kennung zugreifen.
Syntax:	[Form.]hWnd
Parameter:	-
Beispiel:	Form1.hWnd

Eigenschaft: **ICON**
Funktion: Bereitstellung des Symbols bei Verkleinerung einer Form auf Symbolgröße zur Laufzeit.
Objekt: Form, MDI-Form
Verwendung: Wird zur Entwicklungszeit nur geschrieben, zur Laufzeit nur gelesen.
Erläuterung: Verwenden Sie die Eigenschaft, um einer beliebigen Form ein eindeutiges Symbol zuzuweisen. Eine Auswahl bietet das Symbolverzeichnis, Sie können aber auch selber Grafiken zeichnen und einbinden (siehe Kapitel 2.6).
Syntax : [Form.]Icon
Parameter: Einstellung - kein (Standard, es wird das Standardsymbol von Visual Basic angezeigt); Symbol (es wird das benutzerdefinierte Symbol angezeigt).
Beispiel: -

Eigenschaft: **IMAGE**
Funktion: Weist einem bleibenden Bitmap eine Kennung zu.
Objekt: Bildfeld, Anzeige
Verwendung: Eigenschaft abfragen.
Erläuterung: Microsoft Windows vergibt einem bleibenden Bitmap automatisch eine Kennung, mit der die Betriebsumgebung das bleibende Bitmap eines Objektes identifiziert.
Syntax: [Form.][Bildfeld.]Image
Parameter: -
Beispiel: -

Eigenschaft: **INDEX**
Funktion: Eigenschaft zur Identifikation eines Steuerelementes in einem Steuerelementefeld.
Objekt: Kontrollkästchen, Kombinationsfeld, Textfeld, Befehlsschaltfläche, Verzeichnislistenfeld, Laufwerkslistenfeld, Dateilistenfeld, Rahmen, Bezeichnungsfeld, Listenfeld, Optionsfeld, Bildfeld, Zeitmesser, horizontale Bildlaufleiste, vertikale Bildlaufleiste, Tabelle, Anzeige, Linie, Menü, OLE-Client-Steuerelement, Figur
Verwendung: Eigenschaft abfragen.
Erläuterung: Siehe Kapitel 1.5.2 Verwendung von Steuerelementefeldern.
Syntax: [Form.]Steuerelement[(I%)].Index

Parameter:	Einstellung - kein Wert (Standard, das Steuerelement ist nicht Bestandteil eines Steuerelementefeldes); 0 bis 32.767 (Das Steuerelement wird seinem Wert entsprechend einem Steuerelementefeld zugewiesen).
Beispiel:	a% = Index
Eigenschaft:	**INTERVAL**
Funktion:	Bestimmt den Eintritt einer Timer-Ereignisprozedur durch Festlegung der Millisekundenanzahl im Countdown-Intervall.
Objekt:	Zeitmesser
Verwendung:	Eigenschaft abfragen und setzen.
Erläuterung:	-
Syntax :	[Form.]Zeitmesser.Intervall[=Millisekunden&]
Parameter:	Einstellung- 0 (Standard, Zeitmesser ist gesperrt); 1 bis 65.535 (legt das Intervall dem Wert entsprechend fest).
Beispiel:	Zeitmesser1.Intervall=15.000
Eigenschaft:	**ITEMDATA**
Funktion:	Datenkennung für Einträge in Listenfeldern.
Objekt:	Kombinationslistenfeld, Listenfeld
Verwendung:	Abfragen und setzen.
Erläuterung:	Diese Eigenschaft erzeugt eine Datenkennung für die Einträge in einem Listenfeld oder Kombinationslistenfeld. Jeder Eintrag erhält ein Ganzahl zugewiesen, die Zahlen werden in einem speziellen Datenfeld verwaltet.
Syntax:	[Form.]{Kombinationslistenfeld|Listenfeld}.ItemData(Listindex)_ [= Wert]
Parameter:	-
Beispiel:	-
Eigenschaft:	**KEYPREVIEW**
Funktion:	Bestimmt, ob Tastaturereignisse vorrangig an die Form gesendet werden.
Objekt:	Form
Verwendung:	Eigenschaft abfragen und setzen.
Erläuterung:	Mit dieser Eigenschaft legen Sie fest, ob eine Form ein Tastaturkommando vor dem aktiven Steuerelement empfängt und auswertet.
Syntax:	[Form.]KeyPreview[= {True|False}]
Parameter:	True, die Form empfäng Tastarurereignisse vor dem aktiven Steuerelement; False (Standard), das aktive Steuerelement empfängt Tastaturereignisse zuerst.
Beispiel:	-

Eigenschaft:	**LARGECHANGE, SMALLCHANGE**
Funktion:	LargeCange: Größe der Änderung im Bildlaufleisten-Steuerelement bei einem Klick-Ereignis im Bereich zwischen Bildlauffeld und Bildlaufpfeil. SmallChange: Größe der Änderung bei Klick-Ereignis auf den Bildlaufpfeil.
Objekt:	Horizontale und vertikale Bildlaufleiste
Verwendung:	Eigenschaft abfragen und setzen.
Erläuterung:	Die Größe der Änderung kommt jeweils im Bildlaufleisten-Steuerelement zur Anzeige. Die Eigenschaft Value der Bildlaufleiste wird um den entsprechenden Betrag vergrößert oder verkleinert (siehe dort).
Syntax:	[Form.]{HBildlaufleiste.|VBildlaufleiste.}LargeChange [=Änderung%] [Form.]{HBildlaufleiste.|VBildlaufleiste.}SmallChange [=Änderung%]
Parameter:	Einstellung - 1 bis 32.767 (Standardwert 1,
Beispiel:	-

Eigenschaft:	**LEFT, TOP**
Funktion:	Left: regelt die Entfernung zwischen dem inneren linken Rand eines Objektes und dem linken Rand seines Platzhalters. Top: regelt die Entfernung zwischen dem inneren oberen Rand eines Objektes und dem oberen Rand seines Platzhalters.
Objekt:	Form, Kontrollkästchen, Kombinationsfeld, Textfeld, Befehlsschaltfläche, Verzeichnislistenfeld, Laufwerklistenfeld, Dateilistenfeld, Rahmen, Bezeichnungsfeld, Listenfeld, Optionsfeld, Bildfeld, horizontale Bildlaufleiste, vertikale Bildlaufleiste, Tabelle, Anzeige, MDI-Form, OLE-Client-Steuerelement, Figur
Verwendung:	Eigenschaft abfragen und setzen.
Erläuterung:	Für beide Eigenschaften kann eine Zahl einfacher Genauigkeit angegeben werden. Bei Formen ist die Einheit Twips, bei Steuerelementen ist die Einheit dem Koordinatensystem des Platzhalters angepaßt.
Syntax:	[Form.][Steuerelement.]Left[=x!] [Form.][Steuerelement.]Top[=y!]
Parameter:	Ganzzahl
Beispiel:	Form1.Left=15

Eigenschaft:	**LEFTCOL, TOPROW**
Funktion:	Bestimmt die am weitesten links bzw. oben sichtbare Spalte bzw. Zeile einer Tabelle.
Objekt:	Tabelle
Verwendung:	Eigenschaft abfragen uund setzen.
Erläuterung:	Mit dieser Eigenschaft bestimmen Sie die Randspalte bzw. Randzeile einer Tabelle. Mit Hilfe dieser Eigenschaften können Sie eine Tabelle srollen.
Syntax:	[Form.]Tabelle.LeftCol[= Wert] [Form.]Tabelle.TopRow[= Wert]
Parameter:	Als Werte sind nur Ganzzahlen zugelassen.
Beispiel:	Tabelle1.LeftCol = 4 Tabelle1.TopRow = 3

Eigenschaft:	**LINKITEM**
Funktion:	Datenübergabe an Client-Steuerelement während einer DDE-Kommunikation mit einem anderen Anwendungsprogramm.
Objekt:	Bezeichnungsfeld, Bildfeld, Textfeld
Verwendung:	Eigenschaft abfragen und setzen.
Erläuterung:	siehe Kapitel 3.2
Syntax:	[Form.]{Bezeichnungsfeld|Bildfeld|Textfeld}.LinkItem [=Zeichenfolgeausdruck$]
Parameter:	-
Beispiel:	-

Eigenschaft:	**LINKMODE**
Funktion:	Angabe des Verbindungstyps für eine DDE-Kommunikation und Aktivieren der Verbindung.
Objekt:	Form, Bezeichnungsfeld, Bildfeld, Textfeld
Verwendung:	Eigenschaft abfragen und setzen.
Erläuterung:	siehe Kapitel 3.2
Syntax:	[Form.][Steuerelement.]LinkMode[=Typ%]
Parameter:	Steuerelemente:

Einstellung	Beschreibung
0	(Standard, kein Typ, keine Kommunikation)
1	Aktiv, das Client-Steuerelement wird aktualisiert, sobald sich verbundene Dateien ändern
2	Passiv, das Client-Steuerelement wird nur aktualisiert, wenn die LinkRequest-Methode aufgerufen wird

Beispiel:	Steuerelement1.LinkMode=1

Eigenschaft:	**LINKTIMEOUT**
Funktion:	Angabe der Wartezeit, wenn ein Steuerelement auf die Antwort zu einer DDE-Nachricht wartet.
Objekt:	Bezeichnungsfeld, Bildfeld, Textfeld
Verwendung:	Eigenschaft abfragen und setzen.
Erläuterung:	Nutzen Sie die Eigenschaft, um die Wartezeit variabel zu gestalten, da Antworten von Programm zu Programm unterschiedliche Zeiten in Anspruch nehmen können.
Syntax:	[Form.]{Bezeichnungsfeld|Bildfeld|Textfeld}.LinkTimeOut [=Dauer%]
Parameter:	Einstellung - 50 (Standard, entspricht 5 Sekunden, andere Einstellungen in Zehntelsekunden sind möglich); -1 (Steuerelement wartet unbegrente Zeit, Abbruch mit [Alt]).
Beispiel:	Bildfeld1.LinkTimeOut=100

Eigenschaft:	**LINKTOPIC**
Funktion:	Client-Steuerelement: Angabe des Server-Anwendungsprogrammes und des Themas. Bildet zusammen mit LinkItem die vollständige Angabe zu einer Datenverbindung. Server-Form: Angabe des Themas, auf das die Server-Form in einer DDE-Kommunikation antwortet.
Objekt:	Form, Bezeichnungsfeld, Bildfeld, Textfeld
Verwendung:	Eigenschaft abfragen und setzen.
Erläuterung:	Mit dieser Eigenschaft und LinkItem werden die Informationen angegeben, die für eine Client- oder Server-Verbindung notwendig sind.
Syntax:	[Form.][Bezeichnungsfeld.]LinkTopic[=Link$]
Parameter:	Die Eigenschaft besteht aus einer Zeichenfolge, die in der Regel Anwendung,Thema und Element angibt. Siehe hierzu auch Kapitel 3.2.
Beispiel:	-

Eigenschaft:	**LIST**
Funktion:	Listenverarbeitung in Verbindung mit Listenfeldern.
Objekt:	Kombinationsfeld, Listenfeld, Verzeichnisfeld, Laufwerklistenfeld, Dateilistenfeld
Verwendung:	Eigenschaft abfragen.
Erläuterung:	Mit dieser Eigenschaft können Sie gezielt auf bestimmte Elemente in einem Listenfeld zugreifen.
Syntax:	[Form.]Steuerelement.List(Index%)[=Zeichenfolgenausdruck$]

Parameter: hin: Index% - Nummer des angegebenen Elementes in der Liste
hin: Zeichenfolgenausdruck - neuer Listeneintrag
Beispiel: Form1.Liste1.List(3)="neuer Eintrag"

Eigenschaft: **LISTCOUNT**
Funktion: Gibt die Anzahl der Elemente einer Liste aus.
Objekt: Kombinationsfeld, Listenfeld, Verzeichnisfeld, Laufwerk-listenfeld, Dateilistenfeld
Verwendung: Eigenschaft abfragen.
Erläuterung: Die Eigenschaft gibt je nach Steuerelement unterschiedliche Informationen aus.
Kombinationsfeld und Listenfeld: Anzahl der Elemente in der Liste.
Verzeichnislistenfeld: Anzahl der Unterverzeichnisse, die dem aktuellen Verzeichnis untergeordnet sind.
Laufwerkslistenfeld: Anzahl der Laufwerkverbindungen.
Dateilistenfeld: Anzahl der Dateien im aktuellen Verzeichnis, die mit der Eigenschaft Pattern (siehe dort) übereinstimmen.
Syntax: [Form.]Steuerelement.ListCount
Parameter: -
Beispiel: Form1.Dateiliste1.ListCount

Eigenschaft: **LISTINDEX**
Funktion: Verwaltung des Auswahlbalkens in einem Listenfeld.
Objekt: Kombinationsfeld, Listenfeld, Verzeichnisfeld, Laufwerks-listenfeld, Dateilistenfeld
Verwendung: Eigenschaft setzen und abfragen.
Erläuterung: ListIndex wird auch in Verbindung mit den Eigenschaften List und ListCount genutzt. Ist kein Element gewählt, so gibt die Eigenschaft den Wert -1 aus.
Syntax: [Form.]Steuerelement.ListIndex[=Index%]
Parameter: Index%=Nummer des angewählten Eintrags
Beispiel: Form1.Liste1.ListIndex=5

Eigenschaft: **LPOLEOBJEKT**
Funktion: Bestimmt den Zugriff auf ein OLE_Objekt.
Objekt: OLE-Client-Steuerelement
Verwendung: Eigenschaft abfragen.
Erläuterung: -
Syntax: [Form.]Oleclient.lpOleObjekt
Parameter: -
Beispiel: -

Eigenschaft:	**MAX, MIN**
Funktion:	Max: Maximaler Wert für die Position der Bildlaufleiste. Min: Minimaler Wert für die Position der Bildlaufleiste.
Objekt:	Horizontale und vertikale Bildlaufleiste
Verwendung:	Eigenschaft setzen und abfragen.
Erläuterung:	Diese Eigenschaften legen den Wert für die Eigenschaft Value (siehe dort) fest und beziehen sich auf die Position des Bildlauffeldes. Der Standardwert für Min beträgt 0, der Standardwert für Max 32.767.
Syntax:	[Form.]{HBildlaufleiste|VBildlaufleiste}.Max[=Grenze%] [Form.]{HBildlaufleiste|VBildlaufleiste}.Min[=Grenze%]
Parameter:	Grenze%=maximaler bzw. minimaler Wert
Beispiel:	Form1.HBildlaufleiste.Max=15.000

Eigenschaft:	**MAXBUTTON**
Funktion:	Festlegung eines Vollbildfeldes in der oberen, rechten Ecke für eine Form.
Objekt:	Form
Verwendung:	Eigenschaft abfragen.
Erläuterung:	Sie verwenden diese Eigenschaft, um ein Formfenster auf volle Bildschirmgröße bringen zu lassen. Beachten Sie, daß die Eigenschaft Borderstyle hierzu den Wert 1 oder 2 besitzen muß (siehe dort).
Syntax:	[Form.]MaxButton
Parameter:	-
Beispiel:	Form1.MaxButton

Eigenschaft:	**MAXLENGTH**
Funktion:	Bestimmt, ob der Inhalt eines Textfeldes eine begrenzte Länge hat.
Objekt:	Textfeld
Verwendung:	Abfragen und setzen.
Erläuterung:	Mit dieser Eigenschaft können Sie die Eingabe in Textfelder auf eine bestimmte Zeichenlänge begrenzen.
Syntax:	[Form.]Textfeld.MaxLength[= Wert]
Parameter:	0 (Standard), keine Begrenzung; 1 bis n, Begrenzung der Textlänge auf eine bestimmte Anzahl von Zeichen.
Beispiel:	Text1.MaxLength = 5

Eigenschaft:	**MDI-CHILD**
Funktion:	Weist eine Form als MDI-Child-Fenster aus.
Objekt:	Form
Verwendung:	Festlegen bei Entwurf.
Erläuterung:	Mit dieser Eigenschaft bestimmen Sie bei der Programmierung einer MDI-Anwendung Formen als MDI-Child-Fenster.
Syntax:	Form.MDIChild
Parameter:	True, die Form ist ein MDI-Child-Fenster; False (Standard), die Form ist kein MDI-Child-Fenster.
Beispiel:	-

Eigenschaft:	**MINBUTTON**
Funktion:	Ermöglicht die Verkleinerung einer Form auf Symbolgröße.
Objekt:	Form
Verwendung:	Eigenschaft abfragen.
Erläuterung:	-
Syntax:	[Form.]MinButton
Parameter:	-
Beispiel:	Form1.MinButton

Eigenschaft:	**MOUSEPOINTER**
Funktion:	Legt den Typ des Mauszeigers fest, wenn die Maus sich zur Laufzeit über bestimmten Bildschirmelementen befindet.
Objekt:	Form, Kontrollkästchen, Kombinationsfeld, Textfeld, Befehlsschaltfläche, Verzeichnislistenfeld, Laufwerkslistenfeld, Dateilistenfeld, Rahmen, Bezeichnungsfeld, Listenfeld, Optionsfeld, Bildfeld, horizontale Bildlaufleiste, vertikale Bildlaufleiste, Objekt Screen, Anzeige
Verwendung:	Eigenschaft abfragen und setzen.
Erläuterung:	Verwenden Sie diese Eigenschaft, um Änderungen in der Funktion der Maus anzuzeigen.
Syntax:	{[Form.][Steuerelement.]|Screen.}MousePointer [=Einstellung%]
Parameter:	

Einstellung	Beschreibung
0	Standard, das Steuerelement bestimmt die Form des Mauszeigers
1	Zeiger
2	Kreuz
3	Einfügemarke
4	Symbol (Quadrat im Quadrat)

	5 Richtungspfeil N-S-O-W
	6 Richtungspfeil NO-SW
	7 Richtungspfeil N-S
	8 Richtungspfeil NW-SO
	9 Richtungspfeil W-O
	10 Pfeil nach oben
	11 Sanduhr (Warten)
	12 Kein-Loslassen
Beispiel:	Screen.MousePointer=2

Eigenschaft:	**MULTILINE**
Funktion:	Bestimmt für ein Textfeld, ob es mehrere Textzeilen aufnehmen und anzeigen kann.
Objekt:	Textfeld
Verwendung:	Eigenschaft abfragen.
Erläuterung:	Ist diese Eigenschaft auf wahr (-1), so akzeptiert das Textfeld mehrzeilige Angaben. Hierbei wird ein automatischer Zeilenumbruch durchgeführt.
Syntax:	[Form.]Textfeld.MultiLine
Parameter:	Einstellung - -1 (wahr, Textfeld ist mehrzeilig); 0 (falsch, Standardwert, Textfeld ist einzeilig).
Beispiel:	Form1.Textblock.MultiLine

Eigenschaft:	**MULTISELECT**
Funktion:	Mit dieser Eigenschaft wird die Mehrfachauswahl in Dateilistenfeldern und Listenfeldern ermöglicht.
Objekt:	Dateilistenfeld, Listenfeld
Verwendung:	Festlegen im Entwurf.
Erläuterung:	Wenn Funktionen beispielweise mit mehreren Dateien gleichzeitig ausgeführt werden können (Kopieren, Verschieben, Löschen etc.) empfiehlt sich der Einsatz dieser Eigenschaft.
Syntax:	[Form.]{Dateilistenfeld|Listenfeld}.Multiselect
Parameter:	0 (Standard), keine Mehrfachauswahl möglich; 1 einfache Mehrfachauswahl; 2 erweiterte Mehrfachauswahl
Beispiel:	Liste1.MultiSelect = 2

Eigenschaft:	**NAME**
Funktion:	Name, unter dem ein Steuerelement im Quelltext angesprochen wird.
Objekt:	Form, alle Steuerlemente, die aus der Toolbox gewählt werden können
Verwendung:	Festlegung bei Entwurf.

Erläuterung:	Visual Basic vergibt bei Anwahl eines Steuerelementes Standardnamen, die Sie ändern können. Die Zeichenlänge ist auf 40 begrenzt, wobei auch numerische und unterstrichene Zeichen enthalten sein dürfen.
Syntax:	-
Parameter:	-
Beispiel:	-

Eigenschaft:	**NEWINDEX**
Funktion:	Index festlegen.
Objekt:	Listenfeld, Kombinationslistenfed
Verwendung:	Beim Entwurf festlegen.
Erläuterung:	Die Eigenschaft bestimmt den Index des zuletzt zu einem Kombinationsfeld oder Listenfeld hinzugefügten Eintrags.
Syntax:	[Form.]{Listenfeld|Kombinationslistenfeld}.NewIndex
Parameter:	-
Beispiel:	-

Eigenschaft:	**PAGE**
Funktion:	Bestimmt die aktuelle Druckseite
Objekt:	Objekt Printer
Verwendung:	Beim Entwurf festlegen.
Erläuterung:	-
Syntax:	Printer.Page
Parameter:	-
Beispiel:	-

Eigenschaft:	**PARENT**
Funktion:	Gibt die Form an, die das gefragte Steuerelement enthält.
Objekt:	Kontrollkästchen, Kombinationsfeld, Textfeld, Befehlsschaltfläche, Verzeichnislistenfeld, Laufwerkslistenfeld, Dateilistenfeld, Rahmen, Bezeichnungsfeld, Listenfeld, Optionsfeld, Bildfeld, horizontale Bildlaufleiste, vertikale Bildlaufleiste, Zeitmesser
Verwendung:	Eigenschaft abfragen.
Erläuterung:	Mit dieser Eigenschaft haben Sie die Möglichkeit, über ein Steuerelement auf die übergeordnete Form zuzugreifen und für diese dann wiederum Steuerelemente, Eigenschaften oder Methoden anzugeben.
Syntax:	Steuerelement.Parent
Parameter:	-
Beispiel:	Schaltfläche1.Parent.MousePointer=1

Eigenschaft:	**PASSWORDCHAR**
Funktion:	Nutzung von Platzhalterzeichen bei der Paßworteingabe.
Objekt:	Textfeld
Verwendung:	Eigenschaft abfragen und setzen.
Erläuterung:	Diese Eigenschaft bestimmt die Art von Platzhaltern für vom Benutzer eingegebene Zeichen und ob diese Platzhalter anstelle der eigentlichen Zeichen erscheinen sollen. Sie nutzen diese Eigenschaft für Paßworteingaben und -kontrollen.
Syntax:	Testfeld.PasswordChar[= Char]
Parameter:	-
Beispiel:	Testfeld.PasswordChasr ="§"

Eigenschaft:	**PASTEOK**
Funktion:	Bestimmt, ob der Inhalt der Zwischenablage in die Client-Anwendung eingfügt werden kann.
Objekt:	OLE_Client-Steuerelement
Verwendung:	Beim Entwurf festlegen.
Erläuterung:	-
Syntax:	[Form.]Oleclient.PasteOK
Parameter:	-
Beispiel:	-

Eigenschaft:	**PATH**
Funktion:	Bestimmung des aktuellen Pfades.
Objekt:	Verzeichnislistenfeld, Dateilistenfeld
Verwendung:	Eigenschaft abfragen und setzen.
Erläuterung:	Mit dieser Eigenschaft können Sie den Pfad wechseln, oder sich den aktuellen Pfad anzeigen lassen.
Syntax:	[Form.]{Verzeichnislistenfeld.|Dateilistenfeld.}Path[=Spez$]
Parameter:	Pfadangabe oder nur Laufwerksangabe (Zeichenketten).
Beispiel:	Form1.Dateiliste1.Path="A:\"

Eigenschaft:	**PATTERN**
Funktion:	Bestimmt die Dateinamen, die ein Dateilistenfeld zur Laufzeit enthält (Suchmaske).
Objekt:	Dateilistenfeld
Verwendung:	Eigenschaft festlegen
Erläuterung:	Mit dieser Eigenschaft können Sie in Ihrer Anwendung Dateien verwalten. Für die Dateiverwaltung sind außerdem die Eigenschaften Drive, FileName und Path (siehe dort) von Bedeutung. Die Angabe von Platzhaltern ist erlaubt (z.B. *.* für alle Dateien).

Syntax: [Form.]Dateilistenfeld.Pattern[Anzeige$]
Parameter: Dateinamen, auch Platzhalter (Zeichenketten).
Beispiel: Form1.Dateiliste1.Pattern="*.EXE"

Eigenschaft: **PICTURE**
Funktion: Bestimmt eine Grafik, die eine Form oder ein Bildfeld enthalten soll.
Objekt: Form, Bildfeld, Anzeige, OLE-Client-Steuerelement
Verwendung: Eigenschaft abfragen und setzen.
Erläuterung: Mit dieser Eigenschaft können Sie Grafiken in eine Form einbinden. Picture ist sowohl zur Entwicklungszeit wie auch zur Laufzeit verfügbar. Beachten Sie, daß zur Entwicklungszeit geladene Grafiken in das Maschinenprogramm eingebunden werden und nicht getrennt auf der Festplatte vorliegen müssen. Im anderen Fall muß die Grafikdatei zur Laufzeit vorhanden sein (siehe auch Kapitel 3.6).
Syntax: [Form.][Bildfeld.|Anzeige.|Oleclient.]Picture[=Bild]
Parameter: Bildname (Dateiname im Zeichenkettenformat)
Beispiel: Diagramm.Picture=LoadPicture("DIAGRAMM.BMP")
Ist die zu ladende Grafik nicht im aktuellen Pfad, bzw. Laufwerk vorhanden, so muß die Angabe Pfad- und Laufwerksbezeichnung enthalten.

Eigenschaft: **PREVINSTANCE**
Funktion: Bestimmt, ob eine Anwendung bereits ausgeführt wird, wenn der Anwender Sie laden möchte.
Objekt: Anwendung
Verwendung: Festlegung zur Entwurfszeit.
Erläuterung: Diese Eigenschaft können Sie einsetzen, um zu bestimmen, daß eine Anwendung nur in einer Instanz ausgeführt werden kann.
Syntax: App.PrevInstance
Parameter: -
Beispiel: -

Eigenschaft: **PROTOCOL**
Funktion: Bestimmt das Protokoll das eingesetzt wird, wenn ein neues Objekt kreiert wird.
Objekt: OLE-Client-Steuerelement
Verwendung: Eigenschaft abfragen und setzen.
Erläuterung: Mit dieses Eigenschaft legen Sie das Übertragungsprotokoll für ein neues DLE-Objekt fest.

Syntax: [Form.]Oleclient.Protocol[= Protokoll]
Parameter: Für das Protokoll stehen 3 Einstellungen zur Verfügung: StdFileEditing (Standard), das Objekt kann vom Anwender bearbeitet werden; StdExecute, das Objekt kann nicht vom Anwender bearbeitet werden; Static, das Objekt kann nur so lange bearbeitet werden, wie die Server-Anwendung geöffnet ist.
Beispiel: OleClient1.Protocol = Static

Eigenschaft: **ROWHEIGHT**
Funktion: Bestimmt die Höhe einer ausgewählten Zeile einer Tabelle in Twips.
Objekt: Tabelle
Verwendung: Eigenschaft abfragen und setzen.
Erläuterung: -
Syntax: [Form.]Tabelle.RowHight(rownum)[= Wert]
Parameter: -
Beispiel: Tabelle1.RowHight(Tabelle1.Row) = 300

Eigenschaft: **SCALEHEIGHT, SCALEWIDTH**
Funktion: Definiert die Einteilung eines benutzerdefinierten Koordinatensystems in einer Form.
Objekt: Form, Bildfeld, Objekt Printer, MDI-Form
Verwendung: Eigenschaft abfragen und setzen. Bei der MDI-Form kann die Eigenschaft nur abgefragt werden.
Erläuterung: Mit diesen Eigenschaften können Sie die Skalierung eines Koordinatensystems selbst bestimmen. Verwandte Eigenschaften sind ScaleMode, ScaleLeft und ScaleTop (siehe dort), sowie die Eigenschaften CurrentX und CurrentY.
Syntax: {[Form.][Bildfeld.]|Printer.}ScaleHeight[=Skalierung!]
{[Form.][Bildfeld.]|Printer.}ScaleWidth[=Skalierung!]
Parameter: Wert für Skalierung
Beispiel: Bild1.ScaleHeight=100
Bild1.ScaleWidth=100

Eigenschaft: **SCALELEFT, SCALETOP**
Funktion: Horizontale (ScaleLeft) und vertikale (ScaleTop) Koordinate der oberen, linken Ecke des inneren Bereiches eines Objektes.
Objekt: Form, Bildfeld, Objekt Printer
Verwendung: Eigenschaft abfragen und setzen.
Erläuterung: Mit diesen Eigenschaften geben Sie die Plazierung von Steuerelementen auf Formen oder Bildfeldern an.

Syntax: {[Form.][Bildfeld.]|Printer.}ScaleHeight[=Skalierung!]
{[Form.][Bildfeld.]|Printer.}ScaleWidth[=Skalierung!]
Parameter: Wert für Skalierung (Standardwert 0)
Beispiel: Bild1.ScaleLeft=25
Bild1.ScaleTop=10

Eigenschaft: **SCALEMODE**
Funktion: Definiert die Maßeinheiten eines Koordinatensystems.
Objekt: Form, Bildfeld, Objekt Printer
Verwendung: Eigenschaft abfragen und setzen.
Erläuterung: Das mit dieser Eigenschaft definierte Koordinatensystem dient zu Positionierung von Steuerelementen auf Formen oder Bildfeldern und zur grafischen Ausgabe von Objekten.
Syntax: {[Form.][Bildfeld.]|Printer.}ScaleMode[=Modus%]
Parameter:

Einstellung	Beschreibung
0	ScaleMode nicht aktiv, Koordinatensystem wird direkt über ScaleHeight, ScaleWidth, ScaleLeft und ScaleTop eingerichtet (siehe dort)
1	Standard, Einheit Twips (1440 Twips pro logischer Zoll, 567 Twips pro logischer Zentimeter)
2	Punkt (72 Punkte pro logischer Zoll)
3	Pixel (kleinste Einheit der Bildschirmauflösung)
4	Zeichen (120 Twips pro Einheit der X-Achse, 240 Twips pro Einheit der Y-Achse)
5	Zoll
6	Millimeter
7	Zentimeter

Beispiel: Bild1.ScaleMode=2

Eigenschaft: **SCROLLBARS**
Funktion: Weist einem Textfeld Bildlaufleisten zu.
Objekt: Textfeld, Tabelle, MDI-Form
Verwendung: Eigenschaft abfragen.
Erläuterung: Diese Eigenschaft ist insbesondere für mehrzeilige Textfelder (siehe Eigenschaft MultiLine) sinnvoll, da Bildlaufleisten das Blättern und Bewegen im Text sehr komfortabel gestalten.

Syntax:	{Textfeld|Tabelle|MDI-Form}.ScrollBars
Parameter:	Einstellung Beschreibung 0 (Standard) Keine 1 Horizontal 2 Vertikal 3 Beide
Beispiel:	Form1.Liste1.ScrollBars (Wertfestlegung über Eigenschaftenliste)

Eigenschaft:	**SELECTED**
Funktion:	Ermittelt den Auswahlstatus.
Objekt:	Dateilistenfeld, Listenfeld
Verwendung:	Eigenschaft abfragen und setzen.
Erläuterung:	Die Eigenschaft gibt an, ob ein Element in einem Listenfeld oder einem Dateilistenfeld ausgewählt ist oder nicht.
Syntax:	[Form.]{Dateilistenfeld|Listenfeld}.Selected(index) = [{True|False}]
Parameter:	True, wenn der Eintrag ausgewählt ist; False (Standard), wenn der Eintrag nicht ausgewählt ist.
Beispiel:	-

Eigenschaft:	**SELENDCOL, SELSTARTCOL, SELENDROW, SELSTARTROW**
Funktion:	Bestimmt jeweils die Start- und Endzeile bzw. -spalte eines ausgewählten Bereichs in einer Tabelle.
Objekt:	Tabelle
Verwendung:	Eigenschaft abfragen und setzen.
Erläuterung:	-
Syntax:	[Form.]Tabelle.SelEndCol[= Wert] [Form.]Tabelle.SelStartCol[= Wert] [Form.]Tabelle.SelEndRow[= Wert] [Form.]Tabelle.SelStartRow[= Wert]

Eigenschaft:	**SELLENGTH**
Funktion:	Anzahl der ausgewählten Zeichen wird festgelegt.
Objekt:	Kombinationsfeld, Textfeld
Verwendung:	Eigenschaft abfragen und setzen.
Erläuterung:	Mit dieser Eigenschaft können Sie beispielsweise die Zeichenlänge für eine Texteingabe festlegen oder den Umfang eines Löschvorganges bestimmen.
Syntax:	[Form.]{Kombinationsfeld|Testfeld}.SelLength[=Länge&]
Parameter:	Werte: 0 bis Textlänge (Anzahl der Zeichen)
Beispiel:	Eingabe.SelLength=25

Eigenschaft: **SELSTART**
Funktion: Anfangspunkt des ausgewählten Textes bzw. Anzeige der Eingabeposition.
Objekt: Kombinationsfeld, Textfeld
Verwendung: Eigenschaft abfragen und setzen.
Erläuterung: -
Syntax: [Form.]{Kombinationsfeld|Testfeld}.SelStart[=Index&]
Parameter: Werte: 0 bis Textlänge (Anzahl der Zeichen)
Beispiel: Eingabe.SelStart=0

Eigenschaft: **SELTEXT**
Funktion: Zeichenfolge des ausgewählten Textes.
Objekt: Kombinationsfeld, Textfeld
Verwendung: Eigenschaft abfragen und setzen.
Erläuterung: -
Syntax: [Form.]{Kombinationsfeld|Testfeld}.SelText [=Zeichenfolgenausdruck$]
Parameter: Zeichenkette
Beispiel: Eingabe.SelText="Hallo Welt!"

Eigenschaft: **SERVERACCEPTFORMATS**
Funktion: Bestimmt die Formate, die eine Serveranwendung akzeptiert.
Objekt: OLE-Client-Steuerelement
Verwendung: Eigenschaft abfragen.
Erläuterung: -
Syntax: [Form.]Oleclient.ServerAcceptFormats(index)
Parameter: -
Beispiel: -

Eigenschaft: **SERVERACCEPTFORMATSCOUNT**
Funktion: Bestimmt die Anzahl an Formaten, die eine Serveranwendung akzeptiert.
Objekt: OLE-Client-Steuerelement
Verwendung: Eigenschaft abfragen.
Erläuterung: -
Syntax: [Form.]Oleclient.ServerAcceptFormatsCount
Parameter: -
Beispiel: -

Eigenschaft:	**SERVERCLASS**
Funktion:	Bestimmt eine Server-Klasse für die spätere Abfrage aus der Registrierdatenbank.
Objekt:	OLE-Client-Steuerelement
Verwendung:	Eigenschaft abfragen und setzen.
Erläuterung:	-
Syntax:	[Form.]Oleclient.ServerClass [= Klasse]
Parameter:	-
Beispiel:	-

Eigenschaft:	**SERVERCLASSCOUNT**
Funktion:	Bestimmt die Anzahl der Server-Klassen in der Registrierdatenbank.
Objekt:	OLE-Client-Steuerelement
Verwendung:	Eigenschaft abfragen.
Erläuterung:	-
Syntax:	[Form.]Oleclient.ServerClassCount
Parameter:	-
Beispiel:	-

Eigenschaft:	**SERVERCLASSES**
Funktion:	Gibt eine Liste der vorhandenen Server-Klassen aus der Registrierdatenbank aus.
Objekt:	OLE-Client-Steuerelement.
Verwendung:	Eigenschaft abfragen.
Erläuterung:	-
Syntax:	[Form.]Oleclient.ServerClasses(index)
Parameter:	-
Beispiel:	-

Eigenschaft:	**SERVERCLASSESDISPLAY**
Funktion:	Gibt eine Liste der Klassennamen aus, die in der Titelzeile der jeweiligen Server stehen.
Objekt:	OLE-Client-Steuerelement
Verwendung:	Eigenschaft abfragen.
Erläuterung:	-
Syntax:	[Form.]Oleclient.ServerClassesDisplay(index)
Parameter:	-
Beispiel:	-

Eigenschaft: **SERVERGETFORMATS**
Funktion: Bestimmt eine Liste der Formate für den Datenaustausch mit Server-Anwendungen in der Registrierdatenbank.
Objekt: OLE-Client-Steuerelement
Verwendung: Eigenschaft abfragen.
Erläuterung: -
Syntax: [Form.]Oleclient.ServerGetFormats(index)
Parameter: -
Beispiel: -

Eigenschaft: **SERVERGETFORMATSCOUNT**
Funktion: Bestimmt die Anzahl der Formate, mit denen ein Server arbeiten kann.
Objekt: OLE-Client-Steuerelement
Verwendung: Eigenschaft abfragen
Erläuterung: -
Syntax: [Form.]Oleclient.ServerGetFormatCount
Parameter: -
Beispiel: -

Eigenschaft: **SERVERPROTOCOL**
Funktion: Gibt eine Liste der Protokolle aus, die ein Server unterstützt.
Objekt: OLE-Client-Steuerelement
Verwendung: Eigenschaft abfragen.
Erläuterung: -
Syntax: [Form.]Oleclient.ServerProtocol(index)
Parameter: -
Beispiel: -

Eigenschaft: **SERVERPROTOCOLCOUNT**
Funktion: Gibt die Anzahl der Protokolle aus, die ein Server unterstützt.
Objekt: OLE-Client-Steuerelement
Verwendung: Eigenschaft abfragen.
Erläuterung: -
Syntax: [Form.]Oleclient.ServerProtocolCount
Parameter: -
Beispiel: -

Eigenschaft:	**SERVERSHOW**
Funktion:	Bestimmt, ob eine Server-Anwendung auf dem Bildschirm angezeigt wird, wenn ein neues Objekt erstellt wird.
Objekt:	OLE-Client-Steuerelement
Verwendung:	Eigenschaft abfragen und setzen.
Erläuterung:	-
Syntax:	[Form.]Oleclient.ServerShow[= Boolesch]
Parameter:	True(Standard), der Server wird angezeigt; False, der Server gelangt nicht auf den Bildschirm.
Beispiel:	-

Eigenschaft:	**SERVERTYPE**
Funktion:	Bestimmt den Typ der Verbindung zwischen Client und Server.
Objekt:	OLE-Client-Steuerelement
Verwendung:	Eigenschaft abfragen und setzen.
Erläuterung:	-
Syntax:	[Form.]Oleclient.ServerType[= Verknüpfungsart]
Parameter:	0 (Standard) Objekt ist verknüpft; 1 Objekt ist eingebettet; 2 Objekt ist statisch.
Beispiel:	-

Eigenschaft:	**SERVERVERBS**
Funktion:	Gibt eine Liste der Verben aus, die ein Server unterstützt.
Objekt:	OLE-Client-Steuerelement
Verwendung:	Eigenschaft abfragen.
Erläuterung:	-
Syntax:	[Form.]Oleclient.ServerVerbs(index)
Parameter:	-
Beispiel:	-

Eigenschaft:	**SERVERVERBSCOUNT**
Funktion:	Ermittelt die Anzahl der Verben, die ein Server unterstützt.
Objekt:	OLE-Cient-Steuerelement
Verwendung:	Eigenschaft abfragen.
Erläuterung:	-
Syntax:	[Form.]Oleclient.ServerVerbsCount
Parameter:	-
Beispiel:	-

Eigenschaft: **SHAPE**
Funktion: Bestimmt das Erscheinungsbild eines Figurensteuerelementes.
Objekt: Shape
Verwendung: Eigenschaft abfragen und setzen.
Erläuterung: -
Syntax: [Form.]Figur.Shape[= Einstellung]
Parameter:

Einstellung	Beschreibug
0	(Standard) Rechteck
1	Quadrat
2	Ellipse
3	Kreis
4	abgerundetes Rechteck
5	abgerundetes Quadrat

Beispiel: Figur1.Shape = 2

Eigenschaft: **SHORTCUT**
Funktion: Direktzugriffstaste auf Menüfunktion festlegen.
Objekt: Menü
Verwendung: Beim Entwurf festlegen.
Erläuterung: Legt einen Tastaturkurzbefehl für ein Menü-Steuerelement fest.
Syntax: -
Parameter: -
Beispiel: -

Eigenschaft: **SORTED**
Funktion: Ermöglicht eine automatische, alphabetische Sortierfunktion.
Objekt: Kombinationsfeld, Listenfeld
Verwendung: Eigenschaft abfragen.
Erläuterung: Wenn Sie mit dieser Eigenschaft arbeiten, verwaltet Visual Basic die Liste entsprechend dieser Sortierung bei neuen Eingaben und Löschvorgängen. Elemente mit der Methode AddItem (siehe dort) werden jedoch in der Regel nicht korrekt eingefügt.
Syntax: [Form.]{Kombinationsfeld|Listenfeld}.Sorted
Parameter:

Einstellung	Beschreibung
-1 (wahr)	alphabetische Sortierung
0 (falsch)	keine Sortierung (Standard)

Beispiel: Liste1.Sorted

Eigenschaft:	**SOURCEDOC**
Funktion:	Bestimmt den Dateinamen, der verwendet werden soll, wenn ein Objekt von einer Datei kreiert wird.
Objekt:	OLE-Client-Steuerelement
Verwendung:	Eigenschaft abfragen und setzen.
Erläuterung:	-
Syntax:	[Form.]Oleclient.SourceDoc[= Dateiname]
Parameter:	-
Beispiel:	-

Eigenschaft:	**SOURCEITEM**
Funktion:	Bestimmt den Inhalt der Datei in einer OLE-Verbindung.
Objekt:	OLE-Client-Steuerelement
Verwendung:	Eigenschaft abfragen und setzen.
Erläuterung:	-
Syntax:	[Form.]Oleclient.SourceItem[= Zeichenkette]
Parameter:	-
Beispiel:	-

Eigenschaft:	**STRETCH**
Funktion:	Bestimmt, ob ein Bild durch Strecken die Ausdehnung einer Anzeige annehmen soll.
Objekt:	Anzeige
Verwendung:	Eigenschaft abfragen und setzen.
Erläuterung:	Mit dieser Eigenschaft bestimen Sie, ob ein Bild an die Anzeige angepaßt wird oder umgekeht die Anzeige auf die Größe des Bildes abgestimmt wird.
Syntax:	[Form.]Anzeige.Strech[= {True|False}]
Parameter:	True, das Bild nimmt die Größe de Azeige an; False (Standard), die Anzeige wird an die Größe des Bildes angepaßt.
Beispiel:	-

Eigenschaft:	**STYLE**
Funktion:	Festlegung des Kombinationsfeldtyps und des Verhaltens der Listenfeldkomponente des Steuerelementes.
Objekt:	Kombinationsfeld
Verwendung:	Eigenschaft abfragen.
Erläuterung:	-
Syntax:	[Form.]Kombinationsfeld.Style
Parameter:	Einstellung - 0 (Standard, Dropdown-Kombinationsfeld, dieses beinhaltet ein Bearbeitungsfeld und eine Liste, die nur angezeigt

wird, wenn der Benutzer auf den nach unten zeigenden Bildlaufpfeil klickt); 1 (einfaches Kombinationsfeld, beinhaltet einen Bearbeitungsbereich und eine permanente Liste);
2 (Dropdown-Liste, enthält eine aufschlagbare Liste).

Beispiel: -

Eigenschaft: **TABINDEX**
Funktion: Tabulatorindex eines Steuerelementes.
Objekt: Kontrollkästchen, Kombinationsfeld, Textfeld, Befehlsschaltfläche, Verzeichnislistenfeld, Laufwerkslistenfeld, Dateilistenfeld, Rahmen, Bezeichnungsfeld, Listenfeld, Optionsfeld, Bildfeld, horizontale Bildlaufleiste, vertikale Bildlaufleiste, Tabelle
Verwendung: Eigenschaft abfragen und setzen.
Erläuterung: Der Tabulatorindex wird beim Zeichnen eines Steuerelementes auf eine Form automatisch vergeben, ist jedoch im nachhinein änderbar.
Syntax: [Form.]Steuerelement.TabIndex[=Index%]
Parameter: Werte von 0 bis n-1 (n = Anzahl der Steuerelemente mit einer TabIndex-Eigenschaft auf einer Form)
Beispiel: Schaltfläche1.TabIndex=1

Eigenschaft: **TABSTOP**
Funktion: Eigenschaft zur Anwahl eines Steuerelementes mit der Tabulatortaste.
Objekt: Kontrollkästchen, Kombinationsfeld, Textfeld, Befehlsschaltfläche, Verzeichnislistenfeld, Laufwerkslistenfeld, Dateilistenfeld, Rahmen, Bezeichnungsfeld, Listenfeld, Optionsfeld, Bildfeld, horizontale Bildlaufleiste, vertikale Bildlaufleiste Tabelle
Verwendung: Eigenschaft abfragen und setzen.
Erläuterung: Verwenden Sie diese Eigenschaft, um Steuerelemente in die Tabulatorreihenfolge einer Form einzufügen oder daraus zu entfernen.
Syntax: [Form.]Steuerelement.TabStop[=boolesch%]
Parameter: Einstellung - -1 (wahr, Standard, Steuerelement mit Tabulator anwählbar); 0 (falsch, Tabulator überspringt das Steuerelement).
Beispiel: Schaltfläche1.TabStop

Eigenschaft: **TAG**
Funktion: Speicherung spezieller Daten mit einem Objekt.
Objekt: Kontrollkästchen, Kombinationsfeld, Textfeld, Befehlsschaltfläche, Verzeichnislistenfeld, Laufwerklistenfeld, Dateilistenfeld, Rahmen, Bezeichnungsfeld, Listenfeld, Optionsfeld, Bildfeld, horizontale Bildlaufleiste, vertikale Bildlaufleiste, Zeitmesser, Tabelle, Anzeige, Figur, OLE-Client-Steuerelement, MDI-Form
Verwendung: Eigenschaft abfragen und setzen.
Erläuterung: Verwenden Sie diese Eigenschaft, um Objekten besondere Daten zur Identifikation und Verwaltung zuzuordnen.
Syntax: {[Form.]|[Steuerelement.]}Tag[=Zeichenfolgenausdruck$]
Parameter: Zeichenfolge
Beispiel: -

Eigenschaft: **TEXT**
Funktion: Aktuell gewählter Eintrag.
Objekt: Kombinationsfeld, Listenfeld, Textfeld
Verwendung: Eigenschaft abfragen.
Erläuterung: -
Syntax: [Form.]{Kombinationsfeld|Listenfeld|Textfeld}.Text [=Zeichenfolgenausdruck$]
Parameter: Zeichenfolge
Beispiel: a$ = Blumenliste.Text

Eigenschaft: **TIMEOUT**
Funktion: Bestimmt die Zeit, die Visual Basic auf Daten von einer Server-Anwendung wartet, nachdem die Daten angefordert wurden.
Objekt: OLE-Client-Steuerelement
Verwendung: Eigenschaft abfragen und setzen.
Erläuterung: Die Zeit wird in Zehntelsekunden angegeben.
Syntax: [Form.]Olecllient.TimeOut[= Zeit]
Parameter: -
Beispiel: Oleclient1.TimeOut = 6000

Eigenschaft: **TITLE**
Funktion: Bestimt den Titel einer Anwendung für die Windows-Task-Liste.
Objekt: Anwendung
Verwendung: Eigenschaft abfragen und setzen.
Erläuterung: Mit diesen Namen, der maximal 40 Zeichen lang sein darf, wird die Anwendung in der Taskliste eingetragen.
Syntax: App.Title[= Zeichenkette]

Eigenschaft:	**TOPINDEX**
Funktion:	Bestimmt den ersten Eintrag in einer Liste.
Objekt:	Dateilistenfeld, Listenfeld
Verwendung:	Eigenschaft abfragen und setzen.
Erläuterung:	Diese Eigenschaft gibt an, welches Element eines Dateilistenfeldes oder eines Listenfeldes die oberste Stelle einnimmt. Mit dieser Eigenschaft können Sie Listenfelder scrollen.
Syntax:	[Form.]{Dateilistenfeld.|Listenfeld.}TopIndex[= Wert]
Parameter:	-
Beispiel:	-

Eigenschaft:	**TWIPSPERPIXELX, TWIPSPERPIXELY**
Funktion:	Gibt die Anzahl von Twips pro Pixel (horizontal und vertikal) für ein Objekt an.
Objekt:	Objekt Screen, Objekt Printer
Verwendung:	Eigenshaft abfragen.
Erläuterung:	-
Syntax:	{Sreen|Printer}.TwipsPerPixelX {Sreen|Printer}.TwipsPerPixelY
Parameter:	-
Beispiel:	-

Eigenschaft:	**UPDATEOPTIONS**
Funktion:	Bestimmt den Typ einer Verbindung mit einer Server-Anwendung.
Objekt:	OLE-Client-Steuerelement
Verwendung:	Eigenschaft abfragen und setzen.
Erläuterung:	Über diese Eigenschaft legen Sie fest, wie ein OLE-Objekt aktualisiert wird.
Syntax:	[Form.]Oleclient.UpateOptions[= Option]
Parameter:	0 (Standard), das Objekt wird automatisch bei jeder Änderung der Quelldaten aktualisiert; 1, das Aktualisieren erfolgt beim Speichern durch den Anwender; 2, das Aktualisieren erfolgt manuell.
Beispiel:	Oleclient.UpdateOptions = 0

Eigenschaft:	**VALUE**
Funktion:	Aktueller Status des Steuerelementes.
Objekt:	Kontrollkästchen, Befehlsschaltfläche, horizontale und vertikale Bildlaufleiste, Optionsfeld
Verwendung:	Eigenschaft abfragen und setzen.

Erläuterung:	Je nach Art des Steuerelementes gibt diese Eigenschaft den aktuellen Zustand an.
Syntax:	[Form.][Steuerelement.]Value[=Einstellung%]
Parameter:	Einstellung

Kontrollkästchen	0	aus (Standard)
	1	ein
	2	abgeblendet
Befehlsschaltfläche	-1	wahr, Schaltfläche gedrückt
	0	falsch, nicht gedrückt
Optionsfeld	-1	wahr, Feld ausgewählt
	0	falsch, Standard, nicht ausgewählt

	Horizontale und vertikale Bildlaufleisten, Werte zwischen -32.768 und 32.767 zur Positionierung des Bildlauffeldes
Beispiel:	Schaltfläche1.Value=-1

Eigenschaft:	**VERB**
Funktion:	Bestimmt die Operation, um ein Objekt zu aktvieren.
Objekt:	OLE-Client-Steuerelement
Verwendung:	Eigenschaft abfragen und setzen.
Erläuterung:	-
Syntax:	[Form.]Oleclient.Verb[= Verb-Nummer]
Parameter:	-
Beispiel:	-

Eigenschaft:	**VISIBLE**
Funktion:	Legt den Sichtbarkeitsstatus eines Objektes fest.
Objekt:	Kontrollkästchen, Kombinationsfeld, Textfeld, Befehlsschaltfläche, Verzeichnislistenfeld, Laufwerkslistenfeld, Dateilistenfeld, Rahmen, Bezeichnungsfeld, Listenfeld, Optionsfeld, Bildfeld, horizontale Bildlaufleiste, vertikale Bildlaufleiste
Verwendung:	Eigenschaft abfragen und setzen.
Erläuterung:	Verwenden Sie diese Eigenschaft, um etwa ein Steuerelement beim Programmstart zunächst zu verbergen. Durch ein bestimmtes Ereignis kann es zur Laufzeit dann wieder sichtbar werden.
Syntax:	[Form.][Steuerelement.]Visible[=boolesch%]
Parameter:	Einstellung - -1 (wahr, Standard, das Objekt ist sichtbar); 0 (falsch, das Objekt ist unsichtbar).
Beispiel:	Schaltfläche5.Visible=0

Eigenschaft: **WINDOWLIST**
Funktion: Bestimmt, ob ein Menü eine Liste der aktuell geöffneten Fenster in einer MDI-Anwendung enthält.
Objekt: Menü
Verwendung: Eigenschaft abfragen.
Erläuterung: -
Syntax: Menü-Name.WindowList
Parameter: -
Beispiel: -

Eigenschaft: **WINDOWSTATE**
Funktion: Legt den Sichtbarkeitsstatus eines Formfensters zur Laufzeit fest.
Objekt: Form, MDI-Form
Verwendung: Eigenschaft abfragen und setzen.
Erläuterung: Mit dieser Eigenschaft legen Sie fest, in welcher Form ein Fenster zur Laufzeit angezeigt wird, wobei Sie zwischen Normal, Symbol und Vollbild wählen können.
Syntax: [Form.]WindowState[=Status%]
Parameter:

Einstellung	Beschreibung
0	Normal (Standard)
1	Symbol
2	Vollbild

Beispiel: Form1.WindowState=1

Eigenschaft: **WORDWRAP**
Funktion: Wordumbruch in der Titelzeile von Bezeichungsfeldern.
Objekt: Bezeichnungsfeld
Verwendung: Eigenschaft abfragen und setzen.
Erläuterung: Diese Eigenschaft erlaubt einen Wortumbruch des Textes in der Caption-Eigenschaft eines Bezeichungsfeldes, dessen AutoSize-Eigenschaft auf True gesetzt ist.
Syntax: [Form.]Bezeichnungsfeld.WordWrap[= {True|False}]
Parameter: True, der Text wird umgebrochen; False (Standard), kein Umbruch, das Bezeichnungsfeld erhält die Größe, die durch den Titeltext vorgegeben ist.
Beispiel: -

Eigenschaft: **X1, Y1, X2, Y2**
Funktion: Bestimmt Startpunkt (X1,Y1) und Endpunkt (X2,Y2) eines Linien-Steuerelementes.
Objekt: Linie
Verwendung: Eigenschaft abfragen und setzen.

Erläuterung:	-
Syntax:	[Form.]Linie.X1[= Wert] [Form.]Linie.Y1[= Wert] [Form.]Linie.X2[= Wert] [Form.]Linie.Y2[= Wert]
Parameter:	-
Beispiel:	Linie1.X1 = 200 Linie1.Y1 = 300 Linie1.X2 = 500 Linie1.Y2 = 600

Die Eigenschaften gehören mit zu den wichtigsten Sprachmerkmalen von Visual Basic und stellen neben den Ereignissen und Methoden die eigentliche Windows-Schnittstelle dar.

2.1.3 Objektorientierte Programmierung

Die Programmierung in Visual Basic erfolgt objektorientiert, auch wenn dies für den Programmierer selbst kaum erkennbar ist. Aus diesem Grund ist das visuelle Programmiersystem auch so einfach zu handhaben. Wesentliche Grundlage, um mit Visual Basic programmieren zu können, ist das Verständnis der Namensvergabe und das Ansprechen von Oberflächenelementen und deren Verknüpfung mit dem zugehörigen Quelltext. An dieser Stelle wollen wir die wichtigsten Informationen und einige spezielle Themen zur Programmierung anführen.

Verknüpfung der Objekte mit Quelltext

Die Eingabe und Verknüpfung von Quelltext mit den Oberflächenelementen ist denkbar einfach und läßt sich in einem einzelnen Satz beschreiben. Sie klicken im Entwurfsmodus lediglich auf das Element, zu dem Sie Quelltext eingeben wollen und schon können Sie in einer automatisch bereitgestellten Unterprogrammschablone den Quelltext eintasten. Schwieriger hingegen ist die Verwendung der Oberflächenelemente im Quelltext selbst. Bevor wir allerdings die Verwendung erläutern, zunächst einige Hinweise zu den Oberflächenelementen:

> **Formulare:** Der Name, unter dem das Formular in einem Quelltext angesprochen wird, kann vom Programmierer über die Eigenschaft Name frei festgelegt werden.

Steuerelemente: Der Name, unter dem das Steuerelement in einem Quelltext angesprochen wird, kann vom Programmierer über die Eigenschaft Name frei festgelegt werden.

Objekte: Der Begriff Objekt bezieht sich auf alle Formen bzw. Formulare, Steuerelemente und die nachfolgend angeführten speziellen Objekte *Clipboard, Debug, Printer* und *Screen.* Anweisungen, die sich auf Objekte beziehen, werden als Methoden bezeichnet. Diese werden später noch aufgelistet und beschrieben.

App-Objekt: Anders als andere Objekte verfügt das Objekt *App* weder über Ereignisse noch über Methoden. Über dieses Objekt rufen Sie Informationen zum aktuellen Anwendungsprogramm ab, wie Programmtitel oder Programmpfad.

Clipboard-Objekt: Objekt zum Zugriff auf die Windows-Zwischenablage, um Text- oder Grafikdaten auszutauschen.

Debug-Objekt: Objekt, um Fehler innerhalb eines Visual Basic-Programmes zu suchen. Mit Hilfe dieses Objektes können Ausgaben in das Direktfenster umgeleitet werden.

Printer-Objekt: Objekt zum Umgang mit dem Drucker. Damit können Sie Text und Grafiken zum Drucker schicken.

Screen-Objekt: Mit diesem Objekt können sie ein bestimmtes Objekt (Form oder Steuerelement) aktivieren.

Eigenschaften: Bei Eigenschaften handelt es sich um Attribute von Steuerelementen, Objekten und Formen, mit denen das Erscheinungsbild oder das Verhalten beeinflußt wird.

Ereignisse: Jedes Oberflächenelement (Objekt), kann Ereignisse empfangen. Diese können bei der Programmausführung genutzt werden, um spezielle Programmanweisungen auszuführen. Das Prinzip ist denkbar einfach. Ein Oberflächenelement, z.B. ein Listenfeld, wartet auf beliebige Benutzereingaben wie z.B. Tastatureingaben, Mausansteuerungen usw. Tritt eines dieser Ereignisse auf, wird kontrolliert, ob für dieses entsprechende Ereignis Anweisungen innerhalb der zugehörigen Ereignisprozedur definiert sind. Die allgemeine Syntax einer solchen Prozedur lautet:

```
Sub SteuerelementeName_Ereignis ([Parameterliste])
  'Anweisungen, die ausgeführt werden, wenn das
  'Ereignis erkannt wurde
End Sub
```

Der Aufruf dieses Unterprogrammes erfolgt nicht durch einen Unterprogrammaufruf, sondern durch das Ereignis. Innerhalb des Unterprogrammes können sämtliche Visual Basic- und benutzerdefinierten Anweisungen verwendet werden. Da die Ereignisse die wichtigsten Bestandteile zur Festlegung des Programmablaufes darstellen, sind diese nachfolgend in einer Liste zusammengestellt und anschließend einzeln erläutert.

ACTIVATE	Das Ereignis Activate tritt ein, wenn die Form den Fokus erhält.
CHANGE	Dieses Ereignis zeigt an, daß sich der Inhalt eines Steuerelementefeldes geändert hat.
CLICK	Wenn Sie mit der Maus ein Formular oder ein Steuerelement anklicken, tritt dieses Ereignis ein.
DBLCLICK	Ein Doppelklick mit der Maus auf ein Steuerelement oder eine Form führen zu diesem Ergebnis.
DEACTIVATE	Das Ereignis Deactivate tritt ein, wenn eine Form den Fokus verliert.
DRAGDROP	Zeigt an, das eine DragDrop-Behandlung beendet wurde (schieben und loslassen).
DRAGOVER	DragDrop-Behandlung wird gerade durchgeführt (aktiv).
DROPDOWN	Zeigt an, daß eine Liste in einem Kombinationsfeld geöffnet wird.
GOTFOCUS	Dieses Ereignis tritt ein, wenn ein Objekt aktiviert wurde (Fokus mit Maus oder Taste [Tab] gesetzt).
KEYDOWN	Anzeige, daß eine Taste gedrückt wurde.
KEYPRESS	Anzeige, daß eine ASCII-Taste gedrückt wurde.
KEYUP	Anzeige, daß eine Taste losgelassen wurde.
LINKCLOSE	DDE-Kommunikation wurde beendet.
LINKERROR	Kommunikationsfehler während DDE.
LINKEXECUTE	Befehlszeichenkette wurde vom Client-Anwendungsprogramm in einer DDE-Kommunikation gesendet (Client = Programm, das Daten erhält).
LINKNOTIFY	LinkNotify ist ein Ereignis in DDE-Kommumikationen. Es registriert, wenn Daten, die in der DDE-Verknüpfung definiert sind, in der Quelle geändert werden.
LINKOPEN	DDE-Kommunikation wurde begonnen.
LOAD	Eine Form wurde geladen.
LOSTFOCUS	Ein Objekt hat den Fokus verloren (Aktivierungswechsel).
MOUSEDOWN	Eine Maustaste wurde gedrückt.
MOUSEMOVE	Ereignis zeigt an, daß die Maus bewegt wurde.
MOUSEUP	Eine Maustaste wurde wieder gelöst.
PAINT	Form oder Teil wurde freigelegt.
PATHCHANGE	Aktueller Pfad wurde gewechselt.
PATTERNCHANGE	Suchmaske für Dateien wurde geändert.

QUERYUNLOAD	Mit dem Ereignis *QueryLoad* wird auf das Beenden des Programmes über den Task-Manager und das Schließen eines Programmes über das Systemmenüfeld, die *Unload*-Methode und das Schließen eines MDI-Dokumentenfensters reagiert.
RESIZE	Die Größe einer Form wurde geändert.
ROWCOLCHANGE	Dieses Ereignis tritt ein, wenn eine neue Zelle markiert wird.
SCROLL	Dieses Ereignis trifft ein, wenn der Anwender mit Hilfe des Bildlauffeldes scrollt.
SELCHANGE	Dieses Ereignis tritt ein, wenn der ausgewählte Bereich einer Zelle gewechselt wird.
TIMER	Zeitmesserintervall ist abgelaufen.
UNLOAD	Form wurde vom Bildschirm entfernt.
UPDATED	Das Ereignis tritt ein, wenn ein Objekt von der Server-Anwendung aktualisiert wird.

Ereignis:	Bezeichnung des Ereignisses
Hinweis:	Tritt ein Ereignis auf zu dem Anweisungen innerhalb der vordefinierten Tastaturschablone formuliert sind, dann wird diese Ereignisprozedur abgearbeitet.
Beschreibung:	Kurzbeschreibung des Ereignisses
Objekt:	Auflistung der einzelnen Objekte, für die dieses Ereignis verwendbar ist
Erläuterung:	Erläuterung wichtiger Besonderheiten
Syntax:	Syntax bei Verwendung der Eigenschaft im Quelltext (wird als Prozedurschablone automatisch von Visual Basic zur Verfügung gestellt)
Parameter:	Erläuterung der eventuell vorhandenen Parameter

Ereignis	**ACTIVATE**
Beschreibung:	Form erhält den Fokus.
Objekt:	Form, MDI-Form
Erläuterung:	Dies Ereignis tritt ein, wenn eine Form zu aktiven Fenster wird.
Syntax:	Sub Form_Activate() Sub MDIForm_Activate()
Parameter:	-

Ereignis:	**CHANGE**
Beschreibung:	Inhalt eines Steuerelementes wurde geändert
Objekt:	Kombinations- und Bezeichnungsfeld, Verzeichnis- und Laufwerkslistenfeld, Bildlaufleisten, Bild- und Textfeld
Erläuterung:	Die Änderungen können zum Teil durch eine Ansteuerung des Objektes oder durch Änderung einer Eigenschaft im Quelltext erfolgen.
Syntax:	SUB Steuerelementname_Change(Index As Integer)
Parameter:	Steuerelementname - Kontrollname eines Objekts Index - Nummer eines Elementes eines Steuerelementefeldes (optional)

Ereignis:	**CLICK**
Beschreibung:	Maustaste wurde über einem Objekt gedrückt und wieder losgelassen
Objekt:	Form, Kontrollkästchen, Kombinationsfeld, Befehlsschaltfläche, Verzeichnislistenfeld, Dateilistenfeld, Menü, Bezeichnungsfeld, Listenfeld, Optionsfeld, Bildfeld
Erläuterung:	Bei Steuerelementen kann auch über die Tastatur ein Click-Ereignis ausgelöst werden:

Steuerelement	Taste	Funktion
Kombinationsfeld, Listenfeld	Richtungstasten	Auswahl eines Elementes
Befehlsschaltfläche, Optionsfeld, Kontrollkästchen	Leertaste	Wenn das Steuerelement den Fokus hat, wird auf die Leertaste reagiert
Befehlsschaltfläche	Eingabetaste	Ist die Eigenschaft Default auf wahr (-1) gesetzt, so wird auf die Eingabetaste reagiert Schaltfläche
<Abbrechen>	Esc-Taste	Besitzt eine Form diese Schaltfläche, so wird auch auf Esc reagiert

Daneben läßt sich das Click-Ereignis auch im Code auslösen, indem Sie bei Befehlsschaltflächen und Optionsfeldern die Eigenschaft Value auf wahr (-1) setzen oder bei einem Kontrollkästchen diese Eigenschaft ändern.

Syntax: Sub Form_Click ()
Sub Steuerelementname_Click (Index As Integer)
Parameter: Steuerelementname - Kontrollname eines Objekts
Index - Nummer eines Elementes eines Steuerelementefeldes (optional)

Ereignis: **DblClick**
Beschreibung: Maustaste wurde über einem Objekt gedrückt, losgelassen und erneut gedrückt
Objekt: Form, Kombinationsfeld, Verzeichnislistenfeld, Dateilistenfeld, Bezeichnungsfeld, Listenfeld, Optionsfeld, Bildfeld
Erläuterung: Vom Code aus können Sie ebenfalls Doppelklick-Ereignisse auslösen. So für ein Verzeichnislistenfeld durch Ändern der Eigenschaft Path oder für ein Listenfeld durch setzen der Eigenschaft FileName auf einen vorhandenen Dateinamen.
Syntax: Sub Form_DblClick ()_
Sub Steuerelementname_DblClick (Index As Integer)
Parameter: Steuerelementname - Kontrollname eines Objekts
Index - Nummer eines Elementes eines Steuerelementefeldes (optional)

Ereignis **Deactivate**
Beschreibung: Form verliert den Fokus.
Objekt: Form, MDI-Form
Erläuterung: Dieses Ereignis tritt ein, wenn ein aktives Fenster deaktiviert wird.
Syntax: Sub Form_Deactivate()
Sub MDIForm_Deactivate()
Parameter: -

Ereignis: **DragDrop**
Beschreibung: Zeigt an, daß eine DragDrop-Handlung (ziehen und loslassen) beendet wurde
Objekt: Form, Kontrollkästchen, Kombinationsfeld, Befehlsschaltfläche, Verzeichnislistenfeld, Laufwerkslistenfeld, Dateilistenfeld, Rahmen, horizontale Bildlaufleiste, vertikale Bildlaufleiste, Bezeichnungsfeld, Listenfeld, Optionsfeld, Bildfeld, Textfeld
Erläuterung: Ein Steuerelement wird angeklickt und bei gedrückter Maustaste verschoben. Ist die gewünschte Position erreicht, wird die Maustaste losgelassen. Sie erzielen ein solches Ereignis auch, wenn Sie die Methode Drag mit dem Argument Action%=2 erwenden.

Syntax: Sub Form_DragDrop (Quelle As Controll, X As Single,_
Y As Single)
Sub Steuerelementname_DragDrop ([Index As Integer,]_
Quelle As Control, X As Single, Y As Single)

Parameter: Steuerelementname - Kontrollname eines Objekts
Index - Nummer eines Elementes eines Steuerelementefeldes (optional)
Quelle - Name des Steuerelementes, das gezogen wird
X,Y - aktuelle Koordinaten des Mauszeigers in der Zielform, bzw. des Zielsteuerelementes

Ereignis: **DRAGOVER**

Beschreibung: Zeigt an, daß eine DragDrop-Handlung (ziehen und loslassen) durchgeführt wird

Objekt: Form, Kontrollkästchen, Kombinationsfeld, Befehlsschaltfläche, Verzeichnislistenfeld, Laufwerkslistenfeld, Dateilistenfeld, Rahmen, horizontale Bildlaufleiste, vertikale Bildlaufleiste, Bezeichnungsfeld, Listenfeld, Optionsfeld, Bildfeld, Textfeld

Erläuterung: Mit einem DragOver-Ereignis verfolgen Sie die Position des Mauszeigers.

Syntax: Sub Form_DragOver (Quelle As Control, X As Single,_
Y As Single, Zustand As Integer)
Sub Steuerelementname_DragOver ([Index As Integer,]_
Quelle As Control, X As Single, Y As Single,
Zustand As Integer)

Parameter: Steuerelementname - Kontrollname eines Objekts
Index - Nummer eines Elementes eines Steuerelementefeldes (optional)
Quelle - Name des Steuerelementes, das gezogen wird
X,Y - aktuelle Koordinaten des Mauszeigers in der Zielform, bzw. des Zielsteuerelementes
Zustand - Übergangszustand eines Steuerelementes im Verhältnis zu seinem Ziel:

0 Eintreten (Steuerelement im Bereich des Zieles)
1 Verlassen (Steuerelement verläßt Ziel)
2 Darüber (Steuerelement wurde im Bereich des Zieles bewegt)

Ereignis:	**DROPDOWN**
Beschreibung:	Zeigt an, daß eine Liste in einem Kombinationsfeld geöffnet wird
Objekt:	Kombinationsfeld
Erläuterung:	Beachten Sie, daß dieses Ereignis einfache Kombinationsfelder (Eigenschaft Style=1) nicht betrifft.
Syntax:	Sub Steuerelementname_DropDown (Index As Integer)
Parameter:	Steuerelementname - Kontrollname eines Objekts Index - Nummer eines Elementes eines Steuerelementefeldes (optional)

Ereignis:	**GOTFOCUS**
Beschreibung:	Dieses Ereignis tritt ein, wenn ein Objekt aktiviert wird, also den Fokus bekommt
Objekt:	Form, Kontrollkästchen, Kombinationsfeld, Befehlsschaltfläche, Verzeichnislistenfeld, Laufwerklistenfeld, Dateilistenfeld, Rahmen, horizontale Bildlaufleiste, vertikale Bildlaufleiste, Bezeichnungsfeld, Listenfeld, Optionsfeld, Bildfeld, Textfeld
Erläuterung:	Ein Objekt erhält den Fokus durch Anklicken mit der Maus oder durch Bewegen des Fokus mit der Tabulatortaste. Im Code wird der Fokus durch die Methode SetFocus geändert.
Syntax:	Sub Form_GotFocus () Sub Steuerelementname_GotFocus (Index As Integer)
Parameter:	Steuerelementname - Kontrollname eines Objekts Index - Nummer eines Elementes eines Steuerelementefeldes (optional)

Ereignis:	**KEYDOWN**
Beschreibung:	Anzeige, daß eine Taste gedrückt wurde
Objekt:	Form, Kontrollkästchen, Kombinationsfeld, Befehlsschaltfläche, Verzeichnislistenfeld, Laufwerklistenfeld, Dateilistenfeld, Rahmen, horizontale Bildlaufleiste, vertikale Bildlaufleiste, Bezeichnungsfeld, Listenfeld, Optionsfeld, Bildfeld, Textfeld
Erläuterung:	Während ein Objekt den Fokus hat, zeigt dieses Ereignis an, daß eine Taste gedrückt wurde.
Syntax:	Sub Form_KeyDown (Tastencode As Integer,_ Umschalten As Integer) Sub Steuerelementname_KeyDown (Tastencode As Integer,_ Umschalten As Integer)
Parameter:	Steuerelementname - Kontrollname eines Objekts Index - Nummer eines Elementes eines Steuerelementefeldes (optional)

Tastencode - Beispiel: Key_F1 (F1-Taste), siehe Visual Basic-Datei CONSTANT.TXT
Umschalten-Status von Umschalt-, Strg- und Alt-Taste, Angabe als Bit-Wert

Bit-Wert	Taste
1	Umschalttaste gedrückt
2	Strg-Taste gedrückt
4	Alt-Taste gedrückt

Ereignis: **KEYPRESS**
Beschreibung: Anzeige, daß eine ASCII-Taste gedrückt wurde
Objekt: Form, Kontrollkästchen, Kombinationsfeld, Befehlsschaltfläche, Verzeichnislistenfeld, Laufwerklistenfeld, Dateilistenfeld, Rahmen, horizontale Bildlaufleiste, vertikale Bildlaufleiste, Bezeichnungsfeld, Listenfeld, Optionsfeld, Bildfeld, Textfeld
Erläuterung: Während ein Objekt den Fokus hat, zeigt dieses Ereignis an, daß eine Taste gedrückt wurde. Das Ereignis gilt für das Objekt mit dem Fokus.
Syntax:

```
Sub Form_KeyPress (AsciiTaste As Integer)
Sub Steuerelementname_KeyPress([Index As Integer]_
AsciiTaste As Integer)
```

Parameter: Steuerelementname - Kontrollname eines Objekts
Index - Nummer eines Elementes eines Steuerelementefeldes (optional)
AsciiTaste - Angabe des nummerischen Standard-ASCII-Codes

Ereignis: **KEYUP**
Beschreibung: Anzeige, daß eine Taste losgelassen wurde
Objekt: Form, Kontrollkästchen, Kombinationsfeld, Befehlsschaltfläche, Verzeichnislistenfeld, Laufwerklistenfeld, Dateilistenfeld, Rahmen, horizontale Bildlaufleiste, vertikale Bildlaufleiste, Bezeichnungsfeld, Listenfeld, Optionsfeld, Bildfeld, Textfeld
Erläuterung: Während ein Objekt den Fokus hat, zeigt dieses Ereignis an, daß eine Taste gedrückt wurde.
Syntax:

```
Sub Form_Key Up ([Index As Integer]Tastencode As Integer,_
        Umschalten As Integer)
Sub Steuerelementname_KeyUp ([Index As Integer]_
        Tastencode As Integer, Umschalten As Integer)
```

Parameter:	Steuerelementname - Kontrollname eines Objekts Index - Nummer eines Elementes eines Steuerelementefeldes (optional) Tastencode - Beispiel: Key_F1 (F1-Taste), siehe Visual Basic-Datei CONSTANT.TXT Umschalten - Status von Umschalt-, Strg- und Alt-Taste, Angabe als Bit-Wert Bit-Wert Taste 1 Umschalttaste gedrückt 2 Strg-Taste gedrückt 4 Alt-Taste gedrückt

Ereignis:	**LINKCLOSE**
Beschreibung:	DDE wurde beendet
Objekt:	Form, Bezeichnungsfeld, Bildfeld, Textfeld
Erläuterung:	Das Ereignis zeigt an, daß eine DDE-Kommunikation beendet ist.
Syntax:	Sub Form_LinkClose () Sub Steuerelementname_LinkClose (Index As Integer)
Parameter:	Steuerelementname - Kontrollname eines Objekts Index - Nummer eines Elementes eines Steuerelementefeldes (optional)

Ereignis:	**LINKERROR**
Beschreibung:	Kommunikationsfehler während einer DDE
Objekt:	Form, Bezeichnungsfeld, Bildfeld, Textfeld
Erläuterung:	Das Ereignis tritt bei Fehlern ein, die auftreten, wenn kein Visual Basic-Code ausgeführt wird.
Syntax:	Sub Form_LinkError (LinkFehler As Integer) Sub Steuerelementname_LinkError ([Index As Integer]_ LinkFehler As Integer)
Parameter:	Steuerelementname - Kontrollname eines Objekts Index - Nummer eines Elementes eines Steuerelementefeldes (optional) LinkFehler - Fehlernummer 1 Daten wurden im falschen Format angefordert 2 Daten wurden ohne vorherige Einleitung einer DDE angefordert 3 Versuch der Durchführung einer DDE ohne Einleitung 4 Versuch der Änderung des Elementes einer nicht existenten DDE 5 Versuch eines Daten-Poking ohne Einleitung einer DDE

6	Versuch einer Fortführung der DDE bei Server LinkMode auf 0 (Keine)
7	Zu viele DDE-Verbindungen
8	Zu lange Zeichenfolge
9	Client hat ungültiges Element aus einem Steuerelementefeld angegeben
10	Unerwartete DDE-Meldung
11	Speicherplatz für DDE nicht ausreichend
12	Server versuchte Client-Funktionen

Ereignis: **LINKEXECUTE**
Beschreibung: Befehlszeichenkette wurde vom Client-Anwendungsprogramm in einer DDE-Kommunikation gesendet (Client = Programm, das Daten erhält)
Objekt: Form
Erläuterung: Nach Übersendung der Befehle erwartet der Client, daß der Server die entsprechnde Handlung durchführt.
Syntax: Sub Form_LinkExecute (BefZeichenfolge As String, Abbrechen As Integer)
Parameter: BefZeichenfolge - Befehlszeichenfolge, die vom Client-Anwendungsprogramm gesendet wurde
Abbrechen - 0 (Befehlszeichenfolge wurde zurückgewiesen), 1 (Befehlszeichenfolge wurde angenommen)

Ereignis: **LINKNOTIFY**
Beschreibung: Die Quelle eines OLE-Objektes wurde geändert.
Objekt: Bezeichnungsfeld, Bildfeld, Textfeld
Erläuterung: LinkNotify ist ein Ereignis in DDE-Kommumikationen. Es registriert, wenn Daten, die in der DDE-Verknüpfung definiert sind, in der Quelle geändert werden. Damit das Ereignis eintritt, muß die LinkMode-Eigenschaft des Zieles auf 3 (Benachrichtigung) gesetzt sein.
Syntax: Sub Name_LinkNotify (Index As Integer)
Parameter: -

Ereignis: **LINKOPEN**
Beschreibung: DDE-Kommunikation wurde begonnen
Objekt: Form, Bezeichnungsfeld, Bildfeld, Textfeld
Erläuterung: Dieses Ereignis zeigt an, daß eine DDE-Kommunikation begonnen wurde.

Syntax: Sub Form_LinkOpen (Abbrechen As Integer)
Sub Steuerelementname_LinkOpen([Index As Integer]_
Abbrechen As Integer)

Parameter: Steuerelementname - Kontrollname eines Objekts
Index - Nummer eines Elementes eines Steuerelementefeldes (optional)
Abbrechen - 0 (Kommunikation wird angenommen),
1 (Kommunikation wird zurückgewiesen)

Ereignis: **LOAD**
Beschreibung: Eine Form wurde geladen
Objekt: Form
Erläuterung: Durch eine Load-Anweisung tritt beim Start einer Anwendung ein Load-Ereignis ein.
Syntax: Sub Form_Load ()
Parameter: -

Ereignis: **LOSTFOCUS**
Beschreibung: Ein Objekt hat den Fokus verloren, Aktivierungswechsel
Objekt: Form, Kontrollkästchen, Kombinationsfeld, Befehlsschaltfläche, Verzeichnislistenfeld, Laufwerklistenfeld, Dateilistenfeld, Rahmen, horizontale Bildlaufleiste, vertikale Bildlaufleiste, Bezeichnungsfeld, Listenfeld, Optionsfeld, Bildfeld, Textfeld
Erläuterung: Ein Objekt verliert den Fokus durch Klicken mit der Maus oder durch Bewegen des Fokus mit der Tabulatortaste auf ein anderes Objekt. Im Code wird der Fokus durch die Methode SetFocus geändert.
Syntax: Sub Form_LostFocus ()
Sub Steuerelementname_LostFocus (Index As Integer)
Parameter: Steuerelementname - Kontrollname eines Objekts
Index - Nummer eines Elementes eines Steuerelementefeldes (optional)

Ereignis: **MOUSEDOWN**
Beschreibung: Eine Maustaste wurde gedrückt
Objekt: Form, Dateilistenfeld, Bezeichnungsfeld, Listenfeld, Bildfeld
Erläuterung: Das Ereignis tritt ein, wenn der Benutzer auf eine Maustaste drückt.
Syntax:

```
Sub Form_MouseDown (Maustaste As Integer,_
                Umschalten As Integer, X As Single, Y As Single)
Sub Steuerelementname_MouseDown ([Index As Integer]_
   Maustaste As Integer, Umschalten As Integer, X As Single,_
   Y As Single)
```

Parameter: Steuerelementname - Kontrollname eines Objekts
Index - Nummer eines Elementes eines Steuerelementefeldes (optional); Maustaste - Bitfeld, Bit0=Linke Maustaste, Bit1= rechte Maustaste, Bit 2 = mittlere Maustaste.

Wert	Bedeutung
1	linke Maustaste wurde gedrückt
2	rechte Maustaste wurde gedrückt
4	mittlere Maustaste wurde gedrückt

Umschalten - Status von Umschalt-, Strg- und Alt-Taste, Angabe als Bit-Wert

Bit-Wert	Taste
1	Umschalttaste gedrückt
2	Strg-Taste gedrückt
4	Alt-Taste gedrückt

X, Y - aktuelle Koordinaten des Mauszeigers

Ereignis: **MOUSEMOVE**
Beschreibung: Die Maus wurde bewegt
Objekt: Form, Dateilistenfeld, Bezeichnungsfeld, Listenfeld, Bildfeld
Erläuterung: Das Ereignis tritt ein, wenn der Benutzer die Maus bewegt.
Syntax:

```
Sub Form_MouseMove (Maustaste As Integer,_
   Umschalten As Integer, X As Single, Y As Single)
Sub Steuerelementname_MouseMove ([Index As Integer]_
   Maustaste As Integer, Umschalten As Integer, X As Single,_
   Y As Single)
```

Parameter: Steuerelementname - Kontrollname eines Objekts
Index - Nummer eines Elementes eines Steuerelementefeldes (optional)
Maustaste - Bitfeld, Bit 0 = Linke Maustaste, Bit 1 = rechte Maustaste, Bit 2 = mittlere Maustaste.

Wert	Bedeutung
1	linke Maustaste wurde gedrückt
2	rechte Maustaste wurde gedrückt
4	mittlere Maustaste wurde gedrückt

Umschalten - Status von Umschalt-, Strg- und Alt-Taste, Angabe als Bit-Wert

Bit-Wert	Taste
1	Umschalttaste gedrückt
2	Strg-Taste gedrückt
4	Alt-Taste gedrückt

X, Y - aktuelle Koordinaten des Mauszeigers

Ereignis: **MOUSEUP**
Beschreibung: Eine Maustaste wurde wieder losgelassen
Objekt: Form, Dateilistenfeld, Bezeichnungsfeld, Listenfeld, Bildfeld
Erläuterung: Das Ereignis tritt ein, wenn der Benutzer die gedrückte Maustaste wieder losläßt.
Syntax: Sub Form_MouseUp (Maustaste As Integer,_
Umschalten As Integer, X As Single, Y As Single)
Sub Steuerelementname_MouseUp ([Index As Integer]_
Maustaste As Integer, Umschalten As Integer, X As Single,_
Y As Single)
Parameter: Steuerelementname - Kontrollname eines Objekts
Index - Nummer eines Steuerelementefeldindex (optional)
Maustaste - Bitfeld, Bit 0 = Linke Maustaste, Bit 1 = rechte Maustaste, Bit 2 = mittlere Maustaste.

Wert	Bedeutung
1	linke Maustaste wurde gedrückt
2	rechte Maustaste wurde gedrückt
4	mittlere Maustaste wurde gedrückt

Umschalten - Status von Umschalt-, Strg- und Alt-Taste, Angabe als Bit-Wert

Bit-Wert	Taste
1	Umschalttaste gedrückt
2	Strg-Taste gedrückt
4	Alt-Taste gedrückt

X, Y - aktuelle Koordinaten des Mauszeigers

Ereignis: **PAINT**
Beschreibung: Eine Form, oder ein Teil von ihr wurde freigelegt
Objekt: Form, Bildfeld
Erläuterung: Das Ereignis tritt ein, wenn eine Form, oder ein Teil von ihr freigelegt, also sichtbar geworden ist, nachdem sie verschoben oder vergrößert wurde, bzw. ein Fenster, das die Form überlagerte, verschoben oder verkleinert wurde.
Syntax: Sub Form_Paint ()
Sub Steuerelementname_Paint ([Index As Integer])
Parameter: Steuerelementname - Kontrollname eines Objekts
Index - Nummer eines Elementes eines Steuerelementefeldes (optional)

Ereignis: **PATHCHANGE**
Beschreibung: Der aktuelle Pfad wurde gewechselt
Objekt: Dateilistenfeld
Erläuterung: Das Ereignis tritt ein, wenn der aktuelle Pfad durch Setzen der Eigenschaften FileName oder Path im Code verändert wurde.
Syntax: Sub Steuerelementname_PathChange ([Index As Integer])
Parameter: Steuerelementname - Kontrollname eines Objekts
Index - Nummer eines Elementes eines Steuerelementefeldes (optional)

Ereignis: **PATTERNCHANGE**
Beschreibung: Suchmaske für Dateien wurde geändert
Objekt: Dateilistenfeld
Erläuterung: Das Ereignis tritt ein, wenn die Art der Dateilistung durch Setzen der Eigenschaften FileName oder Path im Code verändert wurde.
Syntax: Sub Steuerelementname_PatternChange ([Index As Integer])
Parameter: Steuerelementname - Kontrollname eines Objekts
Index - Nummer eines Elementes eines Steuerelementefeldes (optional)

Ereignis: **QUERYUNLOAD**
Beschreibung: Form wurde geschlossen.
Objekt: Form, MDI-Form
Erläuterung: Das Ereignis QueryLoad reagiert auf das Beenden des Programmes über den Task-Manager und das Schließen eines Programmes über das Systemmenüfeld, die Unload-Methode und das Schließen eines MDI-Dokumentenfensters.

Syntax:	Sub Form_QueryUnload (Cancel As Integer, UnloadMode As Integer)
	Sub MDIForm_QueryUnload (Cancel As Integer, UnloadMode As Integer)
Parameter:	Argument Beschreibung
	Cancel Wert ungleich Null verhindert das Schließen der Anwendung
	UnloadMode betimmt die Ursache des QueryUnload-Ereignisses
	Wert UnloadMode Beschreibung
	0 Anwender hat den Beenden-Befehl aufgerufen
	1 Schließen-Befehl über Quelltext
	2 Windows-Sitzung wird beendet
	3 Task-Manager schließt die Anwendung
	4 Ein MDI-Kindfenster wird geschlossen, weil die MDI-Anwendung geschlossen wird.
Ereignis:	**RESIZE**
Beschreibung:	Die Größe einer Form wurde geändert
Objekt:	Form
Erläuterung:	Das Ereignis tritt ein, wenn die Größe einer Form verändert wurde und auch, wenn die Form zum ersten Mal dargestellt wurde.
Syntax:	Sub Form_Resize ()
Parameter:	-

Ereignis:	**ROWCOLCHANGE**
Beschreibung:	Aktive Zelle einer Tabelle wechselt.
Objekt:	Tabelle
Erläuterung:	Dieses Ereignis trit ein, wenn die aktuell markierte Zelle die Markierung verliert und eine andere Zelle gewählt wird, z.B. durch Anklicken durch den Anwender.
Syntax:	Sub Grid_RowColChange ()
Parameter:	-

Ereignis	**SCROLL**
Beschreibung:	Bildlauffeld wird gezogen.
Objekt:	Bildlaufleisten
Erläuterung:	Dieses Ereignis reagert auf ds Scrollen mit Hilfe des Bildlauffeldes.
Syntax:	Scrollbar_Scroll ()
Parameter:	-

Ereignis	**SELCHANGE**
Beschreibung:	Ausgewählter Bereich in einer Tabelle wechselt.
Objekt:	Tabelle
Erläuterung:	Diese Ereignis tritt ein, wenn der aktuell markierte Bereich einer Tabelle die Markierung verliert und ein anderer Bereich oder eine Zelle ausgewählt wird.
Syntax:	Sub Grid_SelChange ()
Parameter:	-

Ereignis:	**TIMER**
Beschreibung:	Zeitmesserintervall ist abgelaufen
Objekt:	Zeitmesser
Erläuterung:	Das Ereignis tritt ein, wenn das eingestellte Intervall (Zeitraum in Millisekunden) eines Zeitmessers abgelaufen ist.
Syntax:	Sub Steuerelementname_Timer ([Index As Integer])
Parameter:	Steuerelementname - Kontrollname eines Objekts Index - Nummer eines Elementes eines Steuerelementefeldes (optional)

Ereignis:	**UNLOAD**
Beschreibung:	Eine Form wurde vom Bildschirm entfernt
Objekt:	Form
Erläuterung:	Das Ereignis tritt in dem Moment ein, wenn eine Form vom Bildschirm gelöscht wird. Es wird vom Benutzer durch Schließen der Form oder durch die Anweisung Unload im Code ausgelöst.
Syntax:	Sub Form_Unload (Abbrechen As Integer)
Parameter:	Abbrechen - 0 (die Form kann entfernt werden); ungleich 0 (die Form kann nicht entfernt werden)

Ereignis:	**UPDATED**
Beschreibung:	OLE-Objekt wird aktualisiert.
Objekt:	OLE-Client-Steuerelement
Erläuterung:	Das Ereignis tritt ein, wenn ein OLE-Objekt von der Server-Anwendung aktualisiert wird.
Syntax:	Sub Oleclient_Updated (Code As Integer)
Parameter:	

Wert	Konstante	Beschreibung
0	OLE_CHANGED	Objekt wurde geändert
1	OLE_SAVED	Objekt wurde vom Server gespeichert
2	OLE_CLOSED	Objekt wurde vom Server geschlossen
5	OLE_RELEASE	Objekt wurde im Server bearbeitet und im Client aktualisiert.

Methoden

Bei den Methoden handelt es sich um Anweisungen, die sich auf bestimmte Objekte beziehen. Die Methoden selbst (z.B. die *Circle*-Methode zum Zeichen von Kreisen, Kreisbögen und Ellipsen) werden nachfolgend aufgelistet und beschrieben.

Methode:	Bezeichnung der Methode
Funktion:	Kurzbeschreibung der Methode, bei der es sich um eine Anweisung für ein bzw. mehrere bestimmte Objekte handelt.
Objekt:	Auflistung der einzelnen Objekte, für die diese Methode verwendbar ist. Beachten Sie, daß Methoden wie interne Visual Basic-Anweisungen nur zur Programmlaufzeit ausgeführt werden.
Syntax:	Syntax bei Verwendung der Eigenschaft im Quelltext. Damit die Anweisung ausgeführt werden kann, muß das angesprochene Steuerelement existieren.
Parameter:	Erläuterung eventuell vorhandener Funktionsparameter

Methode: **ADDITEM**
Funktion: Eintrag an Liste anhängen
Objekt: Listenfeld, Kombinationsfeld
Syntax: Steuerelement.AddItem Element$ [,Index%]
Parameter: Steuerelement - Kontrollname des Objektes
Element$ - anzuhängender Eintrag im Zeichenkettenformat
Index% - Position innerhalb der Liste

Methode: **CIRCLE**
Funktion: Kreis, Ellipse oder Bogen zeichnen
Objekt: Form (Standard), Bildfeld, Printer
Syntax: [Objekt.]Circle [Step](x!,y!),Radius![,[Farbe&][,[Start!]_
[,[Ende!][,Verhältnis!]]]]

Methode: **CLEAR**
Funktion: Inhalt der Zwischenablage löschen
Objekt: Clipboard
Syntax: ClipBoard.Clear

Methode:	**CLS**
Funktion:	Zur Laufzeit erstellte Grafik- oder Textausgaben löschen
Objekt:	Form, Bildfeld
Syntax:	[Objekt.]Cls
Methode:	Drag
Funktion:	Ziehvorgang beginnen, abbrechen oder beenden
Objekt:	Steuerelement
Syntax:	[Steuerelement.]Drag [Funktion%]
Parameter:	0 - abbrechen; 1 bzw. ohne Parameter - beginnen; 2 - beenden

Methode:	**ENDDOC**
Funktion:	Druckerausgabe beenden und für Drucker bzw. Druckerspooler freigeben
Objekt:	Printer
Syntax:	Printer.EndDoc

Methode:	**GETDATA**
Funktion:	Bild aus Zwischenablage liefern
Objekt:	Clipboard
Syntax:	ClipBoard.GetData([Format%])
Parameter:	2 - Bitmap (Standard); 3 - Metafile; 8 - DIB

Methode:	**GETFORMAT**
Funktion:	Überprüfen, ob sich ein Element mit angegebenem Format in der Zwischenablage befindet
Objekt:	ClipBoard
Syntax:	ClipBoard.GetFormat(Format%)
Parameter:	&HBF00 - Link; 1 - Text; 2 - Bitmap; 3 - Metafile; 8 - DIB

Methode:	**GETTEXT**
Funktion:	Text aus Zwischenablage übernehmen
Objekt:	Clipboard
Syntax:	ClipBoard.GetText (Format%)
Parameter:	&HBF00 - Link; 1 - Text

Methode:	**HIDE**
Funktion:	Formular ausblenden, aber im Speicher lassen
Objekt:	Form
Syntax:	[Form.]Hide

Methode: **LINE**
Funktion: Linien und Rechtecke zeichnen
Objekt: Form, Bildfeld, Printer
Syntax: [Objekt.]Line [[Step](x1!,y1!]-[Step](x2!,y2!)[,[Farbe&],B[F]]
Parameter: x1!, y1! - Anfangsposition
x1!, y2! - Endposition
Farbwert der Linie (RGB-Farbe)
B - Rechteck
F - Füllfläche bei Rechteck

Methode: **LINKEXECUTE, LINKPOKE, LINKREQUEST, LINKSEND**
Funktion: Methoden für den dyta Exchange
Hinweis: Das Thema DDE wird gesondert im Kapitel 3.2 behandelt.

Methode: **MOVE**
Funktion: Verschiebefunktion
Objekt: Form, Steuerelement (außer Zeitmesser)
Syntax: [Objekt.]Move x! [,y! [,B! [,H!]
Parameter: x!, y! - linker oberer Rand des Objekts
B!, H! - Objektbreite Höhe

Methode: **NEWPAGE**
Funktion: Seitenumbruch für Drucker
Objekt: Printer
Syntax: Printer.NewPage

Methode: **PAINT**
Funktion: Objekt nach Zeichenvorgang neu konstruieren
Objekt: Form, Bildfeld
Syntax: SubForm_Paint()
Sub Steuerelementename_Paint([Index As Integer])
Parameter: Index - Elementnummer in einem Steuerelementefeld

Methode: **PRINT**
Funktion: Ausdrucksliste ausgeben lassen
Objekt: Form, Bildfeld, Printer
Syntax: [Objekt.]Print [Ausdrucksliste][,|;]
Parameter: ; - Zeilenvorschub unterdrücken
, - Tabultorsprung (14 Zeichen)

Methode:	**PRINTFORM**
Funktion:	Formular auf Drucker ausgeben
Objekt:	Form
Syntax:	[Form.]PrintForm

Methode:	**PSET**
Funktion:	Punkt ausgeben
Objekt:	Form, Bildfeld, Printer
Syntax:	[Objekt.]PSet[Step](x!,y!)[,Farbe&]
Parameter:	x!, y! - Punktkoordinaten
	Farbe& - RGB-Farbnummer

Methode:	**REFRESH**
Funktion:	Aktualisierung erzwingen
Objekt:	Form, Steuerelement
Syntax:	[Objekt.]Refresh

Methode:	**REMOVEITEM**
Funktion:	Eintrag zur Laufzeit aus Listenfeld entfernen
Objekt:	Listenfeld, Kombinationsfeld
Syntax:	Steuerelement.RemoveItem Index%
Parameter:	Index - Indexnummer des Eintrages

Methode:	**SCALE**
Funktion:	Koordinatensystem definieren
Objekt:	Form, Bildfeld, Printer
Syntax:	[Objekt.]Scale[(x1!,y1!)-(x2!,y2!)
Parameter:	x1!, x2!, y1!, y2! - Grenzen

Methode:	**SETDATA**
Funktion:	Bild in Zwischenablage kopieren
Objekt:	Clipboard
Syntax:	Clipboard.SetData (Daten,[Format%])
Parameter:	Daten% - Eigenschaft "Image" oder "Picture"
	Format% - 2 - Bitmap; 3 - Metafile; 8 - DIB

Methode:	**SETFOCUS**
Funktion:	Fokus auf Objekt plazieren
Objekt:	Form, Steuerelement
Syntax:	Objekt.Focus

Methode: **SetText**
Funktion: Text in Zwischenablage kopieren
Objekt: Clipboard
Syntax: Clipboard.SetText Daten$, [Format%]
Parameter: Daten$ - Zeichenkette mit Text
Format% - &HBF00 - Link; 1 - Text

Methode: **Show**
Funktion: Form anzeigen
Objekt: Form
Syntax: [Form.]Show [Style%]`
Parameter: Style% - 1- modal (aktiv); 0 - wirkungslos

Methode: **TextHeight, TextWidth**
Funktion: Höhe und Breite eines Textes ermitteln
Objekt: Form, Bildfeld, Printer
Syntax: [Objekt.]TextHeight(Zeichenkette$)
[Objekt.]TextWidth(Zeichenkette$)
Parameter: Zeichenkette$ - zu untersuchender Text

Methode: **ZOrder**
Funktion: Mit der Methode ZOrder wird eine Form oder ein Steuerelement an die erste oder letzte Stelle der Z-Reihenfolge in der aktuellen grafischen Ebene positioniert.
Objekt: Form, MDI-Form, Kontrollfeld, Kombinationslistenfeld, Schaltfläche, Laufwerkslistenfeld, Verzeichnislistenfeld, Dateilistenfeld, Rahmen, Anzeige, Bezeichnungsfeld, Linie, Listenfeld, OLE-Client-Steuerelement, Optionsfeld, Bildlaufleisten, Figur, Textfeld
Syntax: [Objekt]ZOrder[Position]
Parameter: Objekt, Form oder Steuerelement, die bzw. das positioniert werden soll
Position = Position in der Z-Reihenfolge

Das größte Problem, welches u.U. das Nachvollziehen eines bereits vorhandenen Visual Basic-Programmlistings erschwert, ist, daß sämtliche Namen bzw. sogenannte Kontrollnamen für Oberflächenelemente frei vergeben werden können. In der Regel werden Objekte in Verbindung mit Ihren Eigenschaften in folgender Syntax angesprochen:

```
Formular!Steuerelement.Eigenschaft
```

Alternativ können Sie unter den aktuellen Visual Basic-Versionen stellvertretend die Syntax:

```
Formular.Steuerelement.Eigenschaft
```

verwenden. Die erstgenannte Formulierung ist die empfohlene, die auch von Nachfolgeversionen weiterverwendet wird. Die Verknüpfung der Oberflächenelemente und Eigenschaften erfolgt durch Punkte. Steuerelemente einer Form werden wahlweise durch einen Punkt oder ein Ausrufungszeichen verbunden (*Form Control ID* bzw. *Form-Steuerelementekennung*). Das Ansprechen von Elementen benutzerdefinierter Datenstrukturen erfolgt nach dem selben Schema (*Datensatzvariable.DatensatzFeld*) und kann ein Erkennen von Objektbezeichnungen erschweren. Bezeichnungen, in denen Punkte vorhanden sind, müssen also nicht unbedingt Objektformulierungen sein. Vergleichen Sie in diesem Zusammenhang die Beispiele und Erläuterungen in Kapitel 2.2.5. Hinzu kommt, daß Sie, falls Sie ohnehin mit einem einzigen Formular arbeiten oder sich auf das aktuelle Formular beziehen, den Namen für das Formular weglassen können. In diesem Fall könnte es sich auch um ein Record-Element handeln. Vergeben Sie allerdings aussagekräftige Namen, dann sollte Ihnen nach einiger Zeit die Unterscheidung zwischen Datenstrukturelement und Objektbezeichnung nicht mehr schwer fallen.

Unterprogramme und Funktionen

Da sämtliche Anweisungen in Prozeduren ausgeführt werden müssen, wird der Anwender automatisch zur strukturierten Programmierung gezwungen. Funktionen und Unterprogramme sind die leistungsfähigsten Sprachelemente einer höheren Programmiersprache, ermöglichen sie doch erst den Einsatz lokaler und globaler Variablen (s. Kapitel 2.2.1). Den Aufbau der ereignisorientierten Prozedur, die wir kurz erläutert haben, wollen wir hier nicht mehr berücksichtigen, sondern uns speziell mit den benutzerdefinierten Prozeduren befassen. Beginnen wir zunächst mit der Funktion. Dabei handelt es sich um eine Prozedur, die ein Ergebnis in ihrem Namen zurückgibt. Die allgemeine Syntax lautet:

```
Function FktName [(Parameterliste)]
  'Anweisungen
  'evtl. Funktion vorzeitig verlassen
  [Exit Function]
  'Anweisungen
  'im Funktionsnamen das Ergebnis zurückliefern
  FktName = Ergebnis
End Function

'Beispiel Ganzzahlmultiplikation
```

```
'Ergebnis vom Datentyp lange Ganzzahl (&)
Function Mult& (a%, b%)
  Mult& = a% * b%
End Function

'Beispiel Funktionsaufruf
a& = Mult& (2, 3)
```

Die benutzerdefinierten Funktionen werden im Quelltext wie Visual Basic-interne Funktionen verwendet (z.B. Sin()). Anders als die Funktion, kann ein Unterprogramm keinen Rückgabewert im Namen zurückgeben. Wollen Sie das Ergebnis der Beispielfunktion mit einem Unterprogramm ermitteln, dann müßten Sie einen zusätzlichen Unterprogrammparameter einführen.

```
Sub SubName [(Parameterliste)]
  'Anweisungen
  'evtl. Unterprogramm vorzeitig verlassen
  [Exit Sub]
  'Anweisungen
End Sub

'Beispiel Ganzzahlmultiplikation
'Ergebnis vom Datentyp lange Ganzzahl (&)
Sub Multiplikation (a%, b%, Ergebnis&)
  Ergebnis& = a% * b%
End Function

'Beispiel Unterprogrammaufruf
Mult 2, 3, a&
```

Umfangreichere und vor allen Dingen sinnvollere Funktionen und Unterprogramme können Sie den Quelltexten der Anwendungsprogrogramme in diesem Buch entnehmen.

2.2 Sprachelemente von Visual Basic

Im zweiten Teil dieses Kapitels werden wir Ihnen die Sprachelemente von Visual Basic vorstellen, die Sie bei der Programmentwicklung am häufigsten benötigen werden. Berücksichtigen Sie bereits jetzt, daß einige spezielle Themen gesondert im dritten Kapitel behandelt werden. Haben Sie bereits mit einem anderen Basic-Dialekt gearbeitet, dann werden Sie an dieser Stelle sehr viele Ähnlichkeiten mit Visual Basic erkennen. Beachten Sie allerdings, daß sämtliche ausführbaren Programmanweisungen innerhalb von echten Unterprogrammen und echten Funktionen stehen müssen. Anders als in anderen Programmiersprachen wird in Visual Basic kein Hauptprogramm auf Quelltextebene erstellt.

Damit Sie die einzelnen Anweisungen praktisch ausprobieren können, sind kleine Beispielprogramme angeführt. Diese müssen Sie innerhalb einer Prozedur ausführen. Um die Eingabe möglichst einfach zu realisieren, stehen Ihnen zwei Möglichkeiten zur Verfügung. Gehen wir zunächst einmal davon aus, daß Sie sich innerhalb der Visual Basic-Entwicklungsumgebung befinden und gerade ein neues Projekt geöffnet haben. In diesem Fall befindet sich ein leeres Formular auf dem Bildschirm. Da für eine Vielzahl der folgenden Beispiele keine Steuerelemente erforderlich sind, können Sie die Ereignisprozedur *Form1.Load()* zur Ausführung der Beispiele verwenden. Sobald Sie die Anweisungen in die vordefinierte Unterprogrammschablone eingetragen haben, können Sie das jeweilige Beispielprogramm ausführen. Beachten Sie die jeweiligen Anmerkungen in den Quelltexten.

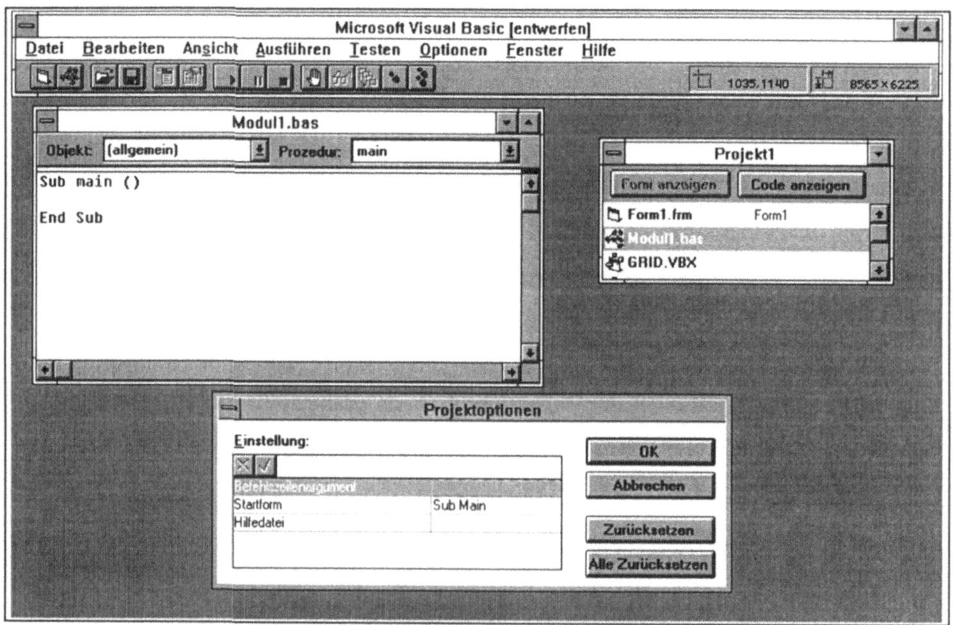

Bild 2.2: Festlegung des Startformulars über das Dialogfeld der Projektoptionen

Ereignisorientiertes Unterprogramm:

```
Sub Form1_Load()
  'hier Beispiel eingeben
End Sub
```

Alternativ können Sie, und damit wären wir bei der zweiten Möglichkeit, die Prozedur *Main* in einem beliebigen Quellmodul einführen (s. Kapitel 2.1). Das Quellmodul sorgt dafür, das die Routine programmübergreifend global ist. *Sub Main* wird automatisch beim Programmstart als "Startform" abgearbeitet, wenn Sie die Prozedur über den Menübefehl OPTIONEN · PROJEKT... als Startform ausgewählt haben (s. Bild 2.2).

Werden in Quelltextauszügen Ergebnisausgaben in ein Formular gemacht, muß allerdings auch das zugehörige Formular angezeigt werden. Dieses erreichen Sie innerhalb der Routine *Main* durch Anwendung der Methode *Show*. Beachten Sie, daß es sich bei der Routine *Main*, obgleich diese Prozedur spezielle Aufgaben übernehmen kann und gesondert von Visual Basic behandelt wird, um ein benutzerdefiniertes Unterprogramm handelt, das nicht automatisch angelegt wird.

Benutzerdefiniertes Unterprogramm:

```
Sub Main()
  Form1.Show
  'hier Beispiel eingeben
End Sub
```

In den Beispielen selbst wird auf die wiederholte Angabe der Prozedurköpfe verzichtet. Ein Beispiel weist daher den nachfolgenden Aufbau auf:

```
:
Abzug% = 100
Wert% = 200 + 200 - Abzug%
Print "Ergebnis: "; Wert%
:
```

Sie sehen, daß sich stellvertretend für einleitende und sich anschließende Quellzeilen jeweils ein Doppelpunkt im Beispiellisting befindet. Diese Doppelpunkte können bereits stellvertretend für die genannten Prozedurschablonen, oder aber für andere ausführbare Programmanweisungen stehen.

☝ Sie können die Beispiele auch in jede andere Ereignisprozedur integrieren. Die Ausführung erfolgt dann nur, wenn auch das entsprechend gewählte Ereignis eingetreten ist. Wollen Sie das Anklicken eines Formulars zur Ausführung der Beispiele verwenden, könnten Sie z.B. die Ereignisprozedur *Form_Click()* mit dem entsprechenden Quelltext füllen.

2.2.1 Variablen, Datentypen und Operatoren

Um innerhalb einer Programmiersprache mit Daten arbeiten zu können, muß zunächst die programminterne Verwaltung festgelegt werden. Anders als in anderen Programmiersprachen, ist die Variablendeklaration in Basic nicht am Programmbeginn erforderlich und kann innerhalb des Quelltextes erfolgen. Alternativ können Sie auch eine explizite Variablendeklaration festlegen oder über den neuen *Variant*-Datentyp die Typanpassung intern vornehmen lassen. Dem Programmierer stehen eine Vielzahl von Datentypen zur Verfügung, die sicherstellen, daß für Variablen nicht mehr Speicher verwendet wird, als unbedingt nötig.

Variablennamen und Variablentypen

Wollen Sie in einem Programm mit Zahlen und Zeichenketten arbeiten, so müssen Sie hierfür entsprechende Namen einfügen, unter denen diese variablen Werte verwaltet werden. Variablennamen selbst können aus bis zu 40 Zeichen bestehen, werden durch einen Buchstaben begonnen und dürfen nicht identisch mit den Namen der internen Visual Basic-Anweisungen sein.- Wollen Sie eine einzelne Ganzzahl in einem Programm benutzen, könnten Sie den folgenden Namen wählen:

```
Eingabewert%
```

Der Variablenname ist durch ein sogenanntes Typkennzeichen erweitert (Prozentzeichen), das in diesem Beispiel den Datentyp auf eine 2 Byte-Ganzzahl festlegt. Welche Typkennzeichen für die unterschiedlichen Datentypen verwendet werden, ist in der folgenden Tabelle dargestellt.

Datentyp	**Beispiel**	**Wertebereich**	**Erläuterung**
Integer	Wert%	-32.768 bis 32.767	Ganzzahl (2 Byte)
Long	Wert&	-2.147.483.648 bis 2.147.483.647	Ganzzahl (4 Byte)
Single	Wert!	-3,37E+38 bis 3,37E+38	Gleitpunktzahl (4 Byte)
Double	Wert#	-1,67D+308 bis 1,67D+308	Gleitpunktzahl (8 Byte)
Currency	Wert@	-9.22E+14 bis 9.22E+14	Währungsdatentyp
String	Wert$	z.B. "Testtext"	Zeichenkette
Variant	Wert	variabel	Standarddatenyp

Tabelle 2.1: Visual Basic-Datentypen

Sie sehen, daß Sie neben Ganzzahlen auch Gleitkommazahlen und Zeichenketten mit Visual Basic bearbeiten können. Die Variablen können in dieser Form beliebig in Quelltexten eingeführt werden und müssen nicht explizit deklariert werden. Der *Variant*-Datentyp ist der Standarddatentyp. Alle Variablen, denen nicht explizit ein Variablentyp, wie beispielsweise Integer oder Real, zugewiesen wird, erhalten den Datentyp *Variant*.

```
'Variant-Variablen im Einsatz
WertA = "Dies ist eine Zeichenkettenzuweisung"
'eine Ganzzahl-Zuweisung
WertB = 2345
'eine Real-Zuweisung
WertC = 1.5
```

Obgleich im hier angeführten Beispiel keine explizite Typdeklaration erfolgt ist, nehmen die Variablen *WertA, WertB* und *WertC* den *Variant*-Datentyp an. Was sich hinter den intern verwalteten Werten einer *Variant*-Variablen verbirgt, kann über die Funktion *VarType* ermittelt werden (s. Tabelle 2.2).

VarType-Ergebnis	interner Datentyp
0	Empty
1	Null
2	Integer
3	Long
4	Single
5	Double
6	Currency
7	[Date/Time]
8	String

Tabell 2.2: Interne Datentypen einer Variant-Variablen

Beachten Sie, daß in anderen Basic-Dialekten, mit Ausnahme der Makrosprache AccessBasic des Datenbanksystems MS-Access, der Standarddatentyp mit *Single* festgelegt ist. Importieren Sie Programme anderer Basic-Dialekte nach Visual Basic ergeben sich dadurch keine Probleme, da dieser Datenbereich auch vom *Variant*-Datentyp abgedeckt wird. Der umgekehrte Weg ist derzeit nicht gehbar, da kein anderer Basic-Dialekt, auch Visual Basic für DOS nicht, den *Variant*-Datentyp anbietet. Wollen Sie Anwendungen für die DOS- und Windows-Plattform parallel entwickeln, dann sollten Sie auf den Einsatz des *Variant*-Datentyps verzichten und mit den Standarddatentypen arbeiten.

Alternativ zur Variablendeklaration über Typkennzeichen lassen sich mehrere Variablen, die mit einem festgelegten Buchstaben beginnen, mit einem Standarddatentyp belegen. Dazu stehen Ihnen die Anweisungen *DefInt, DefLng* usw. zur Verfügung. Beispiele zu den Standarddatentypen sind in Tabelle 2.3 enthalten. Sie können bei den entsprechenden Anweisungen nicht nur einen einzelnen Buchstaben, sondern auch Buchstabenbereiche mit anführen. Beachten Sie, daß, wenn Sie Variablentypen nicht explizit deklarieren, der Typ *Variant* verwendet wird.

Standarddatentyp	**Anweisung**	**Beispiel**	**Beispielvariablen**
Integer	DefInt	DefInt A	AWert, AEingabe,...
Long	DefLng	DefLng A, C	AWert, CWert,...
Single	DefSng	DefSng A-C	AWert, BWert,...
Double	DefDbl	DefDbl X	XWert, XEingabe,...
Currency	DefCur	DefCur X-Z	XWert, ZWert,...
String	DefStr	DefStr S	S_Wert, SText...
Variant	DefVar	DefVar A-Z	AWert, ZWert,...

Tabelle 2.3: Visual Basic-Standarddatentypfestlegung

Beachten Sie, daß Variablendeklarationen mit der *Def*Typ-Anweisung in Allgemeinteile von Formen oder Quelldateien untergebracht werden müssen. Die Standardtypenfestlegung in Prozeduren ist nicht möglich. Um eine Variable nach der Standardtypenfestlegung mit einem anderen Datentyp zu versehen, können Sie die *Dim*-Anweisung nutzen. Innerhalb benutzerdefinierter Datenstrukturen haben die *Def*Typ-Anweisungen keine Auswirkungen.

```
'1. Beispiel: Standarddatentyp Integer
DefInt A-Z
'Ausnahme-Deklaration String
Dim Test As String
```

Es ist nicht möglich, gleiche Variablennamen mit unterschiedlichen Typkennzeichnen innerhlab einer Prozedur zu verwenden, wie beispielsweise A$ und A%. Visual Basic meldet in diesem Fall einen Fehler. Wann immer möglich, sollten Sie Ganzzahldatentypen, insbesondere den Datentyp *Integer* verwenden, da dieser am schnellsten in einem Programm verarbeitet werden kann. Arbeiten Sie nur mit 2-Byte-Ganzzahlen, können Sie mit der Anweisung *DefInt A-Z* alle Variablen auf den Typ *Integer* festlegen und auf die Angabe der Typkennzeichen am Variablennamen verzichten. Verwenden Sie bei Variablen andere Datentypen durch eine Typkennzeichnung, wird die *DefInt*-Anweisung wieder übersteuert. Mit der DIM-Anweisung können Sie zusätzlich einem

Variablennamen einen bestimmten Datentyp zuweisen. Verwenden Sie dazu die Bezeichnung der Datentypen, wie Sie in Tabelle 2.1 angegeben sind.

```
Ganzzahlwert:                 Dim WertEingabe As Integer
Lange Ganzzahl:               Dim WertEingabe As Long
dynamische Zeichenkette:      Dim TextEingabe As String
Zeichenkette fester Länge:    Dim TextEingabe As String * 30
```

In den hier angeführten Beispielen sehen Sie, wie Sie neben den dynamischen Zeichenketten auch Zeichenketten mit fester Länge deklarieren können. Standardmäßig sind alle Zeichenketten in Visual Basic in der Länge variabel. Mit Visual Basic für Windows 2.0 können Sie die explizite Variablendeklaration erzwingen. In diesem Fall können Variablen nicht mehr beliebig im Quelltext eingeführt werden und müssen ausdrücklich mit der *Dim*-Anweisung deklariert werden. Schreiben Sie dazu die Anweisung

```
Option Explicit
```

in den Allgemeinteil einer Form oder eines Quellmoduls. Damit haben Sie die einfachsten Variablendeklarationen kennengelernt. Wollen Sie Listen und Meßreihen bearbeiten oder Vektor- und auch Matrizenberechnungen durchführen, können Sie ein- und mehrdimensionale Datenfelder einrichten. Nehmen wir z.B. an, Sie wollen eine Meßreihe mit 100 Ganzzahlwerten (2 Byte) verarbeiten. In diesem Fall könnten Sie eine der nachfolgenden Anweisungen verwenden.

```
Dim Werte%(1 to 100)

Dim Werte (1 to 100) As Integer
```

Auf jedes Element eines Datenfeldes können Sie später über einen bestimmten Index zugreifen. Das erste Element wird mit *Wert%(1),* das zweite mit *Wert%(2)* usw. angesprochen. In der Regel geben Sie jeweils die untere und obere Grenze des Datenfeldes bei der Dimensionierung an. Verzichten Sie auf die Angabe der unteren Grenze, so wird diese automatisch mit Null festgelegt. Wollen Sie die Untergrenze standardmäßig für Datenfelder bestimmen, so ist das über die Anweisung *Option Base* möglich. Auch negative Zahlenwerte sind als Grenzbereiche denkbar (Wertebereich: -32768 bis 32767):

```
DIM Werte%(-20 To -10)
DIM Werte%(-20 To 20)
DIM Werte%(200)
```

Entsprechend den eindimensionalen Feldern werden auch die mehrdimensionalen Datenfelder dimensioniert (z.B. *Dim Werte%(10, 10)* oder *Dim Liste$(1 To 5, 4 To 6)*). Bis zu 60 Dimensionen sind in Datenfeldern zulässig, ein Wert, den Sie wohl kaum benötigen werden. Sie sollten die Dimensionen in jedem Fall so gering wie eben möglich halten, da der Speicherbedarf mehrdimensionaler Datenfelder sehr groß ist und exponentiell mit der Anzahl der Dimensionen wächst. Mit der *ReDim*-Anweisung können Sie die Datenfelder jederzeit wieder redimensionieren, die Datenfeldgrenzen neu festlegen oder den Speicher, den das Datenfeld belegt, wieder freigeben.,

☝ Anders als in Visual Basic für Windows 1.0 und anderen Basic-Dialekten können Sie Datenfelder mit der Anweisung *ReDim Preserve* redimensisonieren, ohne das die Werte der verbleibenden Elemente zwangsläufig verloren gehen müssen. Um dies nachzuvollziehen, sollten Sie sich das folgende Programmbeispiel ansehen. Dabei handelt es sich um eine Ereignisprozedur, die ausgeführt wird, wenn das zugehörige Formular *Form1* geladen wird. Um das Programm zu übernehmen, legen Sie zunächst ein Projekt an und zeichnen in das automatisch geöffnete Formular ein Listenfeld. Klicken Sie anschließend auf den Arbeitsbereich des Formulars, um die Prozedurschablone *Form_Click()* zu öffnen. Haben Sie den Quelltext eingegeben,. führen Sie das Ergebnis aus und werden sehen, daß bis auf die letzte Dimension keine Werte des Datenfeldes durch die Redimensionierung verloren gegangen sind.

```
VERSION 2.00
Begin Form Form1
   Caption         =   "Form1"
   Height          =   3585
   Left            =   1020
   LinkTopic       =   "Form1"
   ScaleHeight     =   3180
   ScaleWidth      =   8460
   Top             =   1140
   Width           =   8580
   Begin ListBox Liste1
      Height          =   2955
      Left            =   2340
      TabIndex        =   0
      Top             =   60
      Width           =   1755
   End
End
```

```
Sub Form_Load ()
  'Das später zu redimensionierende, dynamische Datenfeld
  'muß mit Redim-Anweisung angelegt werden
  ReDim A%(1 To 10)
  'Datenfeldelemente mit Werten initialisieren
  For x% = 1 To 10
    A%(x%) = x%
  Next
  'Datenfeld redimensionieren ohne  kompletten
  'Datenverlust
  ReDim Preserve A%(1 To 9)
  For x% = 1 To 9
    'erhaltene Datenfeldelemente in einem
    'Listenfeld ausgeben
    Listel.AddItem Str$(A%(x%))
  Next x%
End Sub
```

Listing 2.1: Beispielprogramm zur Redimensionierung eines Datenfeldes ohne kompletten Datenverlust

Anders als in anderen Basic-Dialekten müssen Datenfelder in Visual Basic vor der Verwendung in jedem Fall deklariert werden, auch wenn weniger als 10 Elemente verwaltet werden.

Es wird zwischen dynamischen und statischen Datenfeldern in Visual Basic unterschieden. Die Anzahl der Elemente in einem statischen Datenfeld werden bereits bei der Erstellung des Quelltextes durch den Programmierer festgelegt (s. vorangehende Beispiele). Alternativ können Sie die Datenfelder dynamisch dimensionieren. Dann kann die Größe des Datenfeldes zur Laufzeit und je nach Bedarf festgelegt werden. Verwenden Sie zur Dimensionierung dynamischer Datenfelder die Anweisung in der nachfolgenden Form:

```
Dim Datenfeld ()
```

Verzichten Sie in jedem Fall auf die Angabe der Grenzwerte für das Datenfeld. Die eigentliche Festlegung kann nun gezielt bei Bedarf durch die *ReDim*-Anweisung vorgenommen werden (z.B. *ReDim Datenfeld(20,100)*). Der Vorteil dieser dynamischen Deklaration ist, daß Speicher nur temporär vom Datenfeld selbst belegt wird. Beachten Sie, daß durch jede erneute *ReDim*-Anweisung, die ohne das Schlüsselwort *Preserve* eingesetzt wird, der ursprüngliche Inhalt des gesamten Datenfeldes verloren geht. Abschließend bleibt darauf hinzuweisen, daß globale Datenfelder (Felder, die im gesamten Programm bekannt sind) mit dem Schlüsselwort *Global* in einem beliebigen Quellmodul, statt mit der *Dim*- oder *Dim Shared*-Anweisung auf sonstiger Quelltextebene zu deklarieren sind. Mit der Anweisung *UBound* können Sie im Quelltext die obere Grenze und mit der Anweisung *LBound* die untere Grenze eines Datenfeldes zur Laufzeit ermitteln (z.B. *A%=UBound(A,2)*). Geben Sie bei den letztgenannten Anweisungen die Datenfeldbezeichnung, gefolgt von der Nummer der Dimension, die abgefragt werden soll, als Aufrufparameter an.

☞ Visual Basic für Windows 2.0 kann den gesamten Arbeitsspeicher eines Rechners nutzen. Datenfelder sind nicht mehr auf eine Größe von 64 KByte begrenzt (sogenannte Huge Arrays). Im Standardmodus können Datenfelder eine maximale Größe von 1 und im erweiterten Modus bis 64 MByte einnehmen,

☞ Anders als unter Visual Basic für Windows 1.0 ist der Speicher für Zeichenketten nicht mehr auf 64 KByte für dynamische Zeichenketten beschränkt. Unter Visual Basic für Windows 2.0 können Zeichenketten den gesamten Arbeitsspeicher eines Rechners nutzen (Far Strings). Die Größe einer einzelnen Zeichenkette ist auf 64 KByte beschränkt.

Häufig ist es sinnvoll, mehrere Variablen in einer benutzerdefinierten Datenstruktur bzw. Recordstruktur zu verbinden. Wollen Sie z.B. eine Adressverwaltung programmieren, könnten Sie die Datensatzstruktur in der folgenden Form festlegen:

```
Type AdressDatenSatz
  Nachname As String * 30
  Vorname As String * 30
  Postleitzahl As Integer
  Wohnort As String *50
  Strasse As String *50
  Hausnummer As Integer
End Type
```

☝ Innerhalb einer Recordstruktur können Sie alle Datentypen verwenden, wie Ganzzahlen (*Integer, Long*), rationale Zahlen (*Single, Double, Currency*) und dynamische und feste Zeichenketten (*String, String *.N*). Selbst Datenfelder sind innerhalb benutzerdefinierter Datenstrukturen kein Problem.

```
Type ZugriffSchluessel
  Schluessel$(1 To 100) As String
  SchluesselInfoCode (1 To 100) As Integer
  ZugriffSchluessel As Integer
End Type
```

```
Type AdressDatenSatz
  Nachname As Variant
  Vorname As Variant
  Postleitzahl As Variant
  Wohnort As Variant
  Strasse As Variant
  Hausnummer As Variant
End Type
```

Nutzen Sie in einer Record-Struktur den *Variant*-Datentyp, ist der Datensatz in Aufbau und Länge variabel. Beachten Sie jedoch, daß die interne Verarbeitungsgeschwindigkeit durch eingeschaltete Konvertierungen des *Variant*-Datentypes zeitintensiver ist, als bei den übrigen Datentypen. Außerdem können Sie in Verbindung mit Direktzugriffsdateien ausschließlich mit Datensätzen und Datenfeldern fester Länge arbeiten. Um den variablen Datentyp in Verbindung mit Dateien einsetzen zu können, müssen Sie mit Binärdateien arbeiten.

Beachten Sie, daß die Definition der einzelnen Elemente mit der As-Klausel erfolgen muß. Typkennzeichen sind bei den Elementnamen nicht zulässig. Außerdem muß die Definition in einem beliebigen Quellmodul erfolgen. In Formdateien dürfen keine benutzerdefinierten Variablentypen eingeführt werden. Danach kann die Verbundstruktur im Programm genutzt werden. Variablen, die auf diese Definition zurückgreifen sollen, sind gesondert zu deklarieren. Soll z.B. die Variable *Adresse* vom Typ *AdressDatensatz* sein, so lautet die Anweisung:

```
Dim Adresse As AdressDatenSatz
```

Wollen Sie gezielt auf einzelne Elemente der Datenstruktur zugreifen, können Sie dies über die Angabe Datenstruktur.Element erreichen. Nehmen wir an, Sie wollen für den Titel im Formular *Form1* den Nachnamen verwenden. Benutzen Sie dazu die folgende Anweisung:

```
Form1.Caption = Adresse.Nachname
```

☞ Anders als in anderen Basic-Dialekten können Sie in Visual Basic Zeichenketten fester und variabler Länge in benutzerdefinierten Datenstrukturen einsetzen. Handelt es sich allerdings um die Datensatzdefinition für eine Direktzugriffsdatei, müssen Sie auf variable Zeichenketten verzichten. Die Verwendung von Datenfeldern als Elemente in einem benutzerdefinierten Verbund sind erst mit der Version 2.0 von Visual Basic zulässig.

Geltungsbereiche für Variablen

In der Programmierung wird zwischen globalen, lokalen und statischen Variablen unterschieden. Zunächst wollen wir kurz die Unterschiede der Geltungsbereiche dieser Variablen erläutern.

Globale Variablen: Globale Variablen sind im gesamten Anwendungsprogramm, also in sämtlichen Formularen und Quellmodulen bekannt. Eine Änderung einer globalen Variablen wirkt sich auf das gesamte Programm aus. Die Deklarationen von globalen Variablen erfolgen ausschließlich in beliebigen Quelltextmodulen (Suffix BAS) über das Schlüsselwort Global.

Lokale Variablen: In der Regel nimmt Visual Basic an, daß es sich bei einer eingeführten und nicht explizit einem speziellen Geltungsbereich zugeordneten Variablen um eine lokale Variable handelt. Eine lokale Variable ist immer nur in dem Unterprogramm bzw. der Funktion bekannt, in der Sie mit *Dim* deklariert bzw. ohne Deklaration verwendet wird. Aus diesem Grunde ist es durchaus möglich, in mehreren Prozeduren lokale Variablen gleichen Namens einzusetzen, ohne daß diese sich untereinander beeinflussen. Bei jedem Aufruf eines Unterprogrammes werden alle lokalen Variablen neu initialisiert. Stringvariablen werden mit einer leeren Zeichenkette und alle anderen Variablenwerte auf Null gesetzt.

Statische Variablen: Statische Variablen werden innerhalb von Prozeduren verwendet und sind wie lokale Variablen nur innerhalb dieser Prozeduren bekannt. Wird ein Unterprogramm oder eine Funktion beendet, dann geht der Wert einer statischen Variablen allerdings nicht wie bei den lokalen Variablen verloren, sondern kann bei einem erneuten Prozeduraufruf weiterverwendet werden. Um Variablen als statisch zu deklarieren, müssen Sie das Schlüsselwort *Static* entprechend der *Dim*-Anweisung verwenden.

Variablen auf Form- bzw. Modulebene: Visual Basic stellt eine besondere Möglichkeit zur Deklaration von Variablen bereit. Neben lokalen und statischen Variablen, die nur in einzelnen Prozeduren bekannt sind, und den globalen Variablen, die im gesamten Programm beeinflußbar sind, können auch Variablen auf Form- bzw. Modulebene eingerichtet werden. Diese Variablen sind jeweils global in dem Modul bekannt, in dem sie definiert worden sind. Außerdem sind diese Variablen bezogen auf das Hauptprogramm statisch, d.h der jeweilige Wert dieser Variablen ist zwar nicht im gesamten Programm bekannt, geht aber auch beim Verlassen eines Formulars oder Moduls nicht verloren. - Um Variablen auf Form- bzw. Modulebene zu deklarieren, müssen Sie zunächst über das Projektfenster den entsprechenden Code anzeigen lassen. Danach wählen Sie aus dem Kombinationsfeld Objekt den Eintrag generell und aus dem Kombinationsfeld Prozedur den Eintrag Deklarationen aus. Nun können Sie die Variablen mit der Dim-Anweisung, wie bereits erläutert, festlegen.

Konstanten

Häufig werden in einem Programm feste Werte benötigt. Führen Sie z.B. trigonometrische Berechnungen durch, dann werden Sie in den meisten Fällen mit der Kreiszahl *Pi* arbeiten. Da es nicht zulässig ist, diese Zahl irrtümlicherweise zu ändern, können Sie in Visual Basic eine Konstante definieren. Der weitere Vorteil ist, daß die Verwendung von Konstanten zu einer besseren Lesbarkeit eines Programmes führt. Kehren wir also noch einmal zur Mathematik zurück und definieren wir einige Konstanten:

```
'Pi
Const Pi = 3.14159265
'Fallbeschleunigung in m/s*s in Meereshöhe
'und 45° geografischer Breite
Const G = 9.80665
'boolescher Wert: wahr
Const wahr = -1
'boolescher Wert: falsch
Const falsch = 0
'konstante Zeichenkette
Const ProgName = "WinStat 1.00"
```

Beachten Sie, daß Definitionen von globalen Konstanten in Quelltextmodulen durch das Schlüsselwort Global eingeleitet werden müssen (z.B. *Global Const falsch=0*). In der Datei CONSTANT.TXT, die mit Visual Basic ausgeliefert wird, sind eine Vielzahl vordefinierter Konstanten enthalten, die Sie in Ihr Anwendungsprogramm bei Bedarf importieren können. Nachdem Sie die Konstante definiert haben, können Sie diese stellvertretend für den entsprechenden Wert im Quelltext verwenden.

```
:
'Abfrage der Eigenschaft ControlBox
If Form1.ControlBox = wahr Then
  'weitere Anweissungen, die nur ausgeführt
  'werden, wenn Form1.ControlBox = -1 ist
End If
:
```

Operatoren

Neben der einfachen Wertzuweisung, die durch ein Gleichheitszeichen erfolgt (z.B. *Wert%=5*), spielen die relationalen, arithmetischen und logischen Vergleichsoperatoren in der Programmierung eine wesentliche Rolle. Damit können Variablen, Zeichenketten und Konstanten miteinander verknüpft und diverse Auswertungen durchgeführt werden.

Arithmetische Operatoren: Diese Operatoren werden für einfache mathematische Anweisungen wie die Addition und Subtraktion genutzt.

```
:
'Beispielausdruck:
'Operator für Addition
Wert% = AWert% + 200
'Operator für Subtraktion
BWert% = 2000 - Wert%
:
```

Relationale Operatoren: Bei den relationalen Operatoren handelt es sich um Vergleichsoperatoren. Das Ergebnis eines Vergleiches ist immer ein boolescher Wert, nämlich -1 oder *true*, wenn die Beziehung wahr (true) und 0 oder *false*, wenn die Beziehung falsch (false) ist. Relationale Operatoren werden in *If-Then-Else-End If*-Kontrollstrukturen verwendet.

```
:
'Überprüfen, ob ein Wert größer als ein anderer ist
AWert%=100
BWert%=200
If AWert%>BWert% Then
    'Bedingung ist in diesem Beispiel nicht
    'erfüllt, daher wird auch dieser
    'Anweisungsblock nicht ausgeführt
    Print "Bedingung ist wahr"
  Else
    'Bedingung ist nicht erfüllte
    Print "Bedingung ist nicht erfüllt."
End If
:
```

Logische Operatoren: Über diese Operatoren können Werte miteinander logisch verknüpft und Auswertungen auf Bitebene durchgeführt werden. Dabei stehen Ihnen mit UND, ODER und NICHT die wichtigsten Operatoren zur Verfügung.

```
:
'Vergleichsoperator UND
AWert%=300
BWert%=50
If AWert%>200 AND BWert%<100 THEN
    'diese Anweisung wird ausgeführt, da
    'die aufgestellte Bedingung wahr ist
    Print "Bedingung ist erfüllt"
  Else
    'diese Anweisung wird nicht ausgeführt
    Print "Bedingung ist nicht erfüllt"
End If
:
```

```
:
'Vergleichsoperator UND/ODER
A%=3
B%=5
C%=1
If (A%>200 AND B%>100) OR C%=1 THEN
   'diese Bedingung wird ausgeführt, da
   'die aufgestellte Bedingung wahr ist
   Print "Bedingung ist erfüllt"
 Else
   'diese Bedingung wird nicht ausgeführt
   Print "Bedingung ist nicht erfüllt"
End If
:
```

Weitere Beispiele zur Verknüpfung mit Operatoren erhalten Sie in den späteren Anwendungsprogrammen und bei der Erläuterung der Kontroll- und Entscheidungsstrukturen. Die einzelnen Operatoren sind in der Reihenfolge ihrer Auswertung (Rangfolge) in der folgenden Tabelle zusammengestellt.

Bezeichnung:	**Rangfolge:**	**Symbol:**	**Erläuterung:**
relational	1	=	gleich
		>	größer
		<	kleiner
		<=	kleiner gleich
		>=	größer gleich
		<>	ungleich
		Like	Zeichenkettenvergleich
arithmetisch	1	^	Exponentiation
	2	-	Negation
	3	*	Multiplikation,
		/	Division (Ergebnis als Gleitkommazahl)
	4	\	Ganzzahldivision
	5	Mod	Ganzahlarithemethik (Rest geht verloren)
	6	+	Addition
		-	Subtraktion
	7	&	Zeichenkettenverknüpfung
logisch	1	Not	Logische Negation
	2	And	UND-Verknüpfung
	3	Or	ODER-Verknüpfung
	4	Xor	Exklusives ODER (entweder oder)
	5	Eqv	Logische Äquivalenz
	6	Imp	Implikation (1.Operand falsch, 2.Operand wahr)
	7	Is	Objektvariablenvergleich

Tabelle 2.4: Rangfolge der Operatoren

Ausdrücke in der Form A%=B%+C%+C% werden von links nach rechts abgearbeitet, da die Operatoren allesamt eine gleiche Rangfolge aufweisen. Werden in einem Ausdruck Operatoren unterschiedlicher Rangfolge miteinander verknüpft, dann wird die höhere Rangstufe zunächst ausgewertet (vgl. Multiplikation und Addition in der Mathematik). Um komplexe Ausdrücke besser formulieren zu können, sind Klammerebenen erlaubt. Bevor wir uns den wichtigsten Anweisungen zuwenden, sind nachfolgend die Ergebniswerte der logischen Operatoren zusammengestellt.

And	1. Wert	2. Wert	Ergebnis
	0	0	0
	0	1	0
	1	0	0
	1	1	1

Eqv	1. Wert	2. Wert	Ergebnis
	0	0	1
	0	1	0
	1	0	0
	1	1	1

IMP	1. Wert	2. Wert	Ergebnis
	0	0	1
	0	1	1
	1	0	0
	1	1	1

OR	1. Wert	2. Wert	Ergebnis
	0	0	0
	0	1	1
	1	0	1
	1	1	1

XOR	1. Wert	2. Wert	Ergebnis
	0	0	0
	0	1	1
	1	0	1
	1	1	0

Tabellen 2.5: Wahrheitstabellen logischer Verknüpfungen

2.2.2 Standardanweisungen

In diesem Kapitel wollen wir Ihnen die wichtigsten Standardfunktionen von Visual Basic für Windows 2.0 kurz vorstellen. Die Syntax dieser Anweisungen selbst entspricht in den meisten Fällen der Syntax anderer Basic-Dialekte. Und zwar auch dann, wenn die Realisierung einzelner Befehle aufgrund der Systemschnittstelle von Windows und der Verwendung von Objekten und Oberflächenelementen komplexer sein kann. Insbesondere bei den grafischen Methoden, die wir bereits im ersten Teil dieses Kapitels kennengelernt haben, wird das deutlich. Die Hinweise auf diese speziellen Funktionen soll Ihnen ein Auffinden in der Sprachreferenz bzw. der Hilfsfunktion von Visual Basic erleichtern. Wie Sie die Anwendungen praktisch in größeren Projekten Einsetzen, erfahren Sie im 3. und 4. Kapitel.

Kommentare

Die erste Anweisung, die wir Ihnen vorstellen und die Sie zur Kommentierung Ihres Quelltextes einsetzen sollten, ist die *Rem*-Anweisung. Diese kann wahlweise durch ein Apostroph ersetzt werden. In den Listings, die sie bislang kennengelernt haben, wurde von dieser Anweisung bereits ausgiebiger Gebrauch gemacht.

```
Rem Dies ist ein Kommentar
'Dies ist auch ein Kommentar
```

Beachten Sie allerdings, daß ein Apostroph nicht über die Taste links neben der Taste [Backspace], sondern mit der Taste rechts neben der Taste [Ä] eingegeben werden muß.

Mathematische Funktionen

Computer und Programmiersprachen sind zunächst ausschließlich für Rechenoperationen entwickelt worden. Konnten die ersten Rechner lediglich etwas mit den Grundrechenarten anfangen, so gehören heute alle wichtigen mathematischen Funktionen standardmäßig zu einer Programmiersprache, die Sie zur Entwicklung jeder weiteren Funktion benötigen. Wollen Sie z.B. Hyberbelfunktionen oder Rotationskörper berechnen, so ist das mit Visual Basic kein Problem. Die einzelnen Funktionen sind in Tabelle 2.6 zusammengestellt.

Funktion:	**Erläuterung:**
Abs	Absolutbetrag, z.B. A%=ABS(-200)
Atn	Arkustangens eines Argumentes (Ergebnis in Bogenmaß)
Cos	Kosinus eines Argumentes (Ergebnis in Bogenmaß)
Exp	e^x ermitteln (x=Argument)
Log	Natürlichen Logarithmus eines Argumentes ermitteln
Sin	Sinus eines Argumentes ermitteln (Ergebnis in Bogenmaß)
Tan	Tangens eines Argumentes ermitteln (Ergebnis in Bogenmaß)

Tabelle 2.6: Mathematische Funktionen

Stringfunktionen

Auch die Zeichenkettenverarbeitung spielt in der Programmierung eine sehr wichtige Rolle. Sei es zur Datenverwaltung, zur Entwicklung kontext-sensitiver Hilfsprogramme oder aber für einfache Ausgabeformatierungen. Zeichenketten selbst können über die Operatoren + oder & miteinander verkettet werden.

```
:
Teil_A_Text$="Textanfang..."
Teil_B_Text$="Textende"
GesamtText$ = Teil_A_Text + Teil_B_Text
Print Ergebnis: "; GesamtText$
:
```

In unserem Beispiel wird z.B. der Text aus den Teilzeichenketten *Teil_A_Text$* und *Teil_B_Text$* in der Variablen *GesamtText$* verbunden und ausgegeben. Das Ergebnis lautet also "Textanfang...Textende". Mit weiteren speziellen Funktionen können Sie Zeichenketten beliebig manipulieren. Die wichtigsten sind in Tabelle 2.7 zusammengestellt.

Funktion:	**Erläuterung:**
Instr	Position einer gesuchten Zeichenkette in einem Suchstring ermitteln
LCase$	Zeichenkette in Kleinbuchstaben umwandeln, z.B. a$=LCase$(a$)
Left$	Linken Teil einer Zeichenkette ermitteln, z.B. a$=Left$(b$,8)
Len	Länge einer Zeichenkette ermitteln, z.B. a%=Len(Text$)
LSet	Zeichenkette einer anderen festen Zeichenkette linksbündig zuweisen bzw. Datensatzvariable in eine andere Datensatzvariable kopieren
LTrim$	Linke Leerzeichen einer Zeichenkette entfernen, z.B. a$=LTrim$(a$)
Mid$	Teilzeichenkette aus einem String extrahieren bzw. neu setzen (Syntax: Mid$(Gesamt$, Beginn&, Länge&))
RSet	Zeichenkette einer anderen festen Zeichenkette rechtsbündig zuweisen bzw. Datensatzvariable in eine andere Datensatzvariable kopieren
Right$	Rechten Teil einer Zeichenkette ermitteln, z.B. a$=Right$(b$,8)
RTrim$	Rechte Leerzeichen einer Zeichenkette entfernen, z.B. a$=RTrim$(a$)
Spc$	Zeichen mit festgelegter Anzahl von Leerzeichen erzeugen, z.B. b$=Spc$(5)
Str$	Numerischen Ausdruck in Zeichenkette umwandeln, z.B.a$=Str$(34.5)
String$	Zeichenkette aus ANSI-Code erzeugen, z.B. a$=String$(3,65), a$=String$(3,"A") bzw. a$=String$(3,"ABCD") ergeben jeweils die Zeichenkette "AAA"
Trim$	Linke und rechte Leerzeichen einer Zeichenkette entfernen (entspricht der Funktion LTrim$(RTrim$(Zeichenkette))
Ucase$	Zeichenkette in Großbuchstaben umwandeln, z.B. a$=RCase$(a$)

Tabelle 2.7: Stringfunktionen

Bevor wir uns dem nächsten Thema widmen, wollen wir zunächst ein kurzes Beispiel zur Verdeutlichung der Zeichenkettenverarbeitung vorstellen:

```
:
'Vorname und Nachname aus einer
'Zeichenkette ermitteln, die alle Angaben
'enthält.
GName$="Gero Schöpker"
'Gesamtlänge der Zeichenkette ermitteln
GLen%=Len(GName$)
'Position Leerzeichen ermitteln
```

```
Leer%=Instr(GName$, " ")
'Länge der Restzeichenkette (Nachname)
Rest%=GLen%-Leer%
'Länge des ersten Teiles (Vorname)
Anfang%=GLen%-(GLen%-Leer%)
'Vornamen ermitteln
Vorname$=Left$(GName$, Anfang%)
'Nachnamen ermitteln
Nachname$=Right$(GName$, Rest%)
'Ergebnisse ausgeben
Print "Vorname : "; Vorname$
Print "Nachname: "; Nachname$
:
```

Zeit-, Datum- , Konvertier- und Formatierroutinen

Mit Hilfe der Konvertierfunktionen können Variablen von einem Datentyp in einen anderen Datentyp umgewandelt werden. Beachten Sie allerdings, daß dabei u.U. Informationen verloren gehen. Konvertieren Sie z.B. den Wert einer Gleitpunktzahl in das Format einer Ganzzahl, gehen logischerweise die Informationen der Nachkommastellen verloren. Die wichtigsten Funktionen zur Konvertierung in einen neuen Datentyp werden durch den Buchstaben C für Convert eingeleitet (s. Tabelle 2.8).- Mit Hilfe der Funktionen *Okt$* und *Hex$* können Sie auch mit zwei speziellen Zahlensystemen arbeiten. Berücksichtigen Sie dabei, daß sämtliche Konvertierungen eine Zeichenkette als Ergebnis zurückliefern. Diese können Sie allerdings mit Hilfe der *Val*-Funktion wieder in einen numerischen Wert konvertieren. Wir wollen Ihnen die Möglichkeiten dieser Umwandlungen kurz demonstrieren.

```
:
'Ganzzahl in Hexadezimalstring umwandeln
'(Zahlensystem zur Basis 16)
Wert%=200
HexWert$ = Hex$(200)
'Hexadezimale Zeichenkette in Ganzzahl umwandeln
HexWert% = Val("&H"+HexWert$)
Print "eingegebene Ganzzahl: "; Wert%
Print "Zeichenkette Hex    : "; HexWert$
Print "Hexstring in Wert   : "; HexWert%
:
```

```
:
'Ganzzahl in Oktalstring umwandeln
'(Zahlensystem zur Basis 8)
Wert%=200
OktWert$ = Oct$(200)
'Oktalstring in Ganzzahl umwandeln
OktWert% = Val("&O"+OktWert$)
Print "eingegebene Ganzzahl: "; Wert%
Print "Zeichenkette Oct    : "; OktWert$
Print "Oktalstring in Wert : "; OktWert%
:
```

Bei der Zurückübersetzung der erstellten Zeichenkette in einen numerischen Wert nutzen wir die Präfixe *&H* und *&O* aus, an denen Visual Basic die speziellen Zahlensysteme erkennt. Die Kennungen verknüpfen wir mit der über die Funktion *Hex$* bzw. *Oct$* ermittelten Zeichenkette und verwenden erst im Anschluß daran die *Val*-Funktion.- Eine besondere Funktion liegt mit *Format$* vor. Damit können Sie das Datum, die Zeit oder Variablen beliebig formatieren. Dabei erfolgt automatisch eine Umwandlung in das Zeichenkettenformat. Die allgemeine Syntax lautet:

```
Format$(Ausdruck[,Formatierungszeichenkette$])
```

Geben Sie keine Zeichenkette an, die eine Formatierung festlegt, ist *Format$* identisch mit der Funktion *Str$*. Innerhalb einer Formatierungszeichenkette steht die 0 als Platzhalter für eine Ziffer bzw. falls keine vorhanden ist, für die Ausgabe der Null. Das Doppelkreuz # dient ebenfalls als Platzhalter für eine Ziffer, ist jedoch keine vorhanden, wird keine Null stellvertretend ausgegeben. Der Dezimalpunkt wird zur Angabe für das Dezimaltrennzeichen (im deutschen Format ergibt der Dezimalpunkt bei der Formatierung ein Dezimalkomma) und ein Komma als Trennzeichen für Tausenderstellen genutzt (im deutschen Format ergibt das Komma bei der Formatierung einen Punkt). Die Zeichen + - ( ) und Leerzeichen erscheinen bei der Formatierung eines Ausdrucks genau so, wie Sie in der Formatzeichenkette verwendet wurden. An den nachfolgenden Beispielen können Sie die Leistungsfähigkeit dieser Anweisung erkennen. Wir gehen davon aus, daß Sie bei der Installation von Windows das Land auf Deutschland gesetzt haben.

Beispiel:	**Ergebnis:**
Format$(645.67, "####.##")	645,67
Format$(654.6, "####.00")	645,60
Format$(Now,"ddddd")	Datum in der Form: 30.11.1991
Format$(Now,"ttttt")	Zeit in der Form: 20:15:12
Format$(Now,"ddddd ttttt")	30.11.1991 20:15:12

Funktion:	Erläuterung:
Asc	Ermittlung des ASCII- bzw. ANSI-Codes des ersten Zeichens einer Zeichenkette, z.B. a%=ASC("Text")
CCur	Numerischen Ausdruck in Währungsausdruck umwandeln, z.B. A@ = CCur(A#)
CDbl	Numerischen Ausdruck in Wert mit doppelter Genauigkeit umwandeln
Chr$	Zeichen aus ANSI-Code ermitteln
CInt	Numerischen Ausdruck in Ganzzahl umwandeln (runden)
CLng	Numerischen Ausdruck in lange Ganzzahl umwandeln
CSng	Numerischen Ausdruck in Wert einfacher Genauigkeit umwandeln
Fix	Numerischen Ausdruck in Ganzzahl umwandeln (Nachkommastellen abschneiden)
Format$	Zahl in Zeichenkette mit benutzerdefiniertem Format umwandeln
Hex$	Dezimales Argument in Hexadezimalstring umwandeln
Int	Numerischen Ausdruck in Ganzzahl umwandeln
Oct$	Argument in Zeichenkette im Oktalformat umwandeln
Sgn	Vorzeichen eines numerischen Ausdrucks ermitteln (>0 ergibt das Ergebnis 1, =0 ergibt 0 und <0 ergibt das Ergebnis -1)
Val	Zahl im Zeichenkettenformat in numerischen Wert umwandeln, z.B. a%=Val("200)

Tabelle 2.8: Konvertier- und Formatierfunktionen

Im Vergleich zu Quick Basic wurden in Visual Basic auch spezielle Konvertierfunktionen für die Zeit und das Datum integriert (s. *Now*-Funktion im Beispiel der Funktion *Format$*). Haben Sie bereits mit MS-Basic PDS gearbeitet, dann werden Sie diese Funktionen aus der Zusatzbibliothek (Add-On-Library) DTFMTxx.LIB kennen. Wollen Sie Berechnungen auf Basis der Zeit oder eines Datums durchführen, dann sollten Sie mit diesen Funktionen arbeiten.

Funktion:	**Erläuterung:**
DateSerial	Zahlwert für Datum ermitteln (Syntax: DateSerial(Jahr%, Monat%, Tag%)
DateValue	Zahlwert aus Datum, das im Zeichenkettenformat übergeben wird, ermitteln (Syntax: DateValue(Datum$))
Day	Tag aus Datumswert ermitteln (Syntax: Day(Datumswert))
Hour	Stunde aus Zeitwert ermitteln (Syntax: Hour(Zeitwert))
Minute	Minute aus Zeitwert ermitteln (Syntax: Minute(Datumswert))
Month	Monat aus Datumswert ermitteln (Syntax: Month(Datumswert))
Now	Zahlenwert für Datum und Zeit ermitteln
Second	Sekunde aus Zeitwert ermitteln (Syntax: Second(Zeitwert))
TimeSerial	Zeitwert ermitteln (Syntax: TimeSerial(Stunde%, Minute%, Sekunde%)
TimeValue	Zeitwert aus Datumszeichenkette ermitteln (Syntax: TimeValue(Zeit$)
Weekday	Tag aus Datumswert ermitteln (Syntax: Weekday(Datumswert))
Year	Jahr aus Datumswert ermitteln (Syntax: Year(Datumswert)

Tabelle 2.9: Zeit- und Datumfunktionen

Vordefinierte Ein- und Ausgabeanweisungen

Haben Sie bereits mit einem anderen Basic-Dialekt gearbeitet, dann ergeben sich insbesondere bei den bildschirmorientierten Ein- und Ausgaben wesentliche Unterschiede. Das ist allerdings nicht verwunderlich, da der Formulargenerator spezielle Anweisungen dieser Art nicht erforderlich macht. Lediglich für Standardmeldungen und die Eingabe eines einzelnen Wertes stehen Befehle zur Verfügung (s. Tabelle 2.10).

Anweisung:	**Erläuterung:**
Beep	Ton auf Lautsprecher ausgeben, z.B. Beep
InputBox$	fensterorientierte Eingabeaufforderung eines einzelnen Fensters im Zeichenkettenformat
MsgBox	Meldung in einem Dialog anzeigen und u.U. gedrückte Schaltflächen auswerten
SendKeys	Tastaturfolgen an ein aktives Fenster senden

Tabelle 2.10: Ein- und Ausgabeanweisungen

Da Sie mit Hilfe dieser vordefinierten Ein- und Ausgabefunktionen auf die Generierung einer Vielzahl von Formularen verzichten können, sollen an dieser Stelle die Syntax und die möglichen Parameter kurz zusammengestellt werden.

Funktion: **MSGBOX**

Syntax: a% = MsgBox(Msg$[, Typ%[, Titel$]])

Parameter: a% - Rückgabewert (Antwort)

1 <OK> angewählt
2 <Abbrechen> angewählt
3 <Abbrechen> angewählt
4 <Wiederholen> angewählt
5 <Ignorieren> angewählt
6 <Ja> angewählt
7 <Nein> angewählt

Msg$ - Zeichenkette mit Meldungstext

Titel$ - Eintrag der Titelleiste

Typ% - Erscheinungsbild festlegen (durch die Aufsummierung von Werten ist eine Kombination von Schaltflächen , Bildsymbol, Fokus und Modalität möglich)

<u>Schaltflächen:</u>

0 <OK>
1 <OK>, <Abbrechen>
2 <Abbrechen>, <Wiederholen>, <Ignorieren>
3 <Ja>, <Nein>, <Abbrechen>
4 <Ja>, <Nein>
5 <Wiederholen>, <Abbrechen>

<u>Bildsymbole:</u>

16 [Stop]-Symbol
32 [Fragezeichen]-Symbol
48 [Ausrufungszeichen]-Symbol
64 [Informations]-Symbol

<u>Fokus:</u>

0 erste Schaltfläche hat den Fokus
256 zweite Schaltfläche hat den Fokus
512 dritte Schaltfläche hat den Fokus

<u>Modalität:</u>

0 modal bezogen auf das Programm
4096 systemmodal (Windows)

Hinweis: Über die Zeichenfolge Chr$(13)+Chr$(10) kann innerhalb einer Meldung ein Zeilenumbruch erzwungen werden (s. Anwendungsprogramme im 4. Kapitel). Besitzt das Meldungsfenster die <Abbrechen>-Schaltfläche, dann kann das Fenster auch mit der Taste [Esc] geschlossen werden. Es kann für ein Meldungsfenster nur ein Symbol und eine Schaltflächenwahl erfolgen.

Beispiel:

```
:
Titel$="Programm beenden..."
Msg$ = "Wollen Sie das Programm wirklich beenden?"
'<Ja>- , <Nein>-Schaltfläche und Fragezeichensymbol
Erscheinung% = 4 + 32
Antwort% = MsgBox$ (Msg$, Erscheinung%, Titel$)
If Antwort% = 6 Then
   End  '<Ja> gewählt
End If
:
```

Anweisung: **MsgBox**

Syntax: MsgBox Msg$[, Typ%[, Titel$]]

Parameter: Msg$ - Zeichenkette mit Meldungstext
Titel$ - Eintrag der Titelleiste
Typ% - Erscheinungsbild festlegen
<u>Schaltflächen:</u>

0	<OK>
16	[Stop]-Symbol
32	[Fragezeichen]-Symbol
48	[Ausrufungszeichen]-Symbol
64	[Informations]-Symbol

Hinweis: Über die Zeichenfolge Chr$(13)+Chr$(10) kann innerhalb einer Meldung ein Zeilenumbruch erzwungen werden. Beachten Sie, daß an dieser Stelle nur die Typen für das Erscheinungsbild sinnvoll sind, die hier auch angeführt wurden. Theoretisch können Sie alle Typen verwenden, die bereits bei der Funktion MsgBox$ angeführt wurden. Berücksichtigen Sie allerdings, daß mehrere Schaltflächen unsinnig wären, da Sie nicht kontrollieren können, welche Schaltfläche vom Anwender gedrückt wurde (Die Anweisung MsgBox gibt keinen Wert an das aufrufende Programm zurück).

Beispiel:

```
:
Titel$="Alarmzeit..."
Msg$ = "Sie wollten um 18.00 Uhr an einen Termin "
Msg$ = Msg$ + "erinnert werden."
Erscheinung% = 48
MsgBox Msg$, Erscheinung%, Titel$
:
```

Funktion: **INPUTBOX$**

Syntax: a$ = InputBox(Meldung$[, Titel$[, Vorgabe$[,x%[,y%]]]])

Parameter: a$ - zurückgegebene Eingabe
Meldung$ - im Fenster ausgegebene Informtion
Titel$ - Eintrag der Titelleiste
Vorgabe$ - Feldvorgabe im Eingabefeld
x%, y% - Fensterposition in Twips bezogen auf die linke obere Bildschirmecke

Hinweis: Über die Zeichenfolge Chr$(13)+Chr$(10) kann innerhalb einer Meldung ein Zeilenumbruch erzwungen werden. Das Dialogfenster verfügt über die Schaltflächen <OK> und <Abbrechen>. Wählen Sie nicht die Schaltfläche <OK> zur Quittierung einer Eingabe an, wird eine leere Zeichenkette zurückgeliefert.

Beispiel:

```
:
Titel$="Identifizierung..."
Meldung$ = "Bitte geben Sie Ihren Benutzernamen ein!"
'keine Feldvorgabe
Antwort$ = InputBox$(Meldung$, Titel$)
If Antwort$ = "" Then
   'keine Eingabe, Programm wird beendet
   End
End If
:
```

Die Ein- und Ausgabefunktionen, die sich auf Dateien beziehen, sind gegenüber Quick und MS-Basic nahezu unverändert. Statt der Druckeranweisung *LPRINT* müssen Sie allerdings mit dem Druckerobjekt *Printer* arbeiten. Hinweise zur Dateiverwaltung erhalten Sie in Kapitel 2.2.5 und Hinweise zum Objekt *Printer* im Kapitel 2.1.3.

Druckerausgabe

Um Informationen auf dem Drucker auszugeben, haben Sie zwei Möglichkeiten. Entweder senden Sie den Text direkt zum Drucker, oder aber Sie schreiben die Informationen zunächst in ein Formular und drucken das Formular anschließend aus. Berücksichtigen Sie allerdings, daß Druckerausgaben nicht über *LPRINT* möglich sind. Die letztgenannte Anweisung kennen Sie vielleicht aus anderen Basic-Dialekten. Stattdessen erfolgt die Druckerausgabe über das Objekt *Printer* oder aber mit Hilfe der Methode *PrintForm*. Bevor wir die beiden unterschiedlichen Varianten an kurzen Beispielen vorstellen, soll darauf hingewiesen werden, daß auch für die Druckerausgabe eine Vielzahl von Eigenschaften gesetzt werden kann. Diese wurden bereits in Kapitel 2.1 erläutert und sollen daher an dieser Stelle nicht noch einmal angeführt werden. Um Text direkt auf dem Drucker, ähnlich wie mit der *LPRINT*-Anweisung, auszugeben, verwenden Sie das Objekt *Printer* in Verbindung mit der Methode *Print*.

```
Syntax:     Printer.Print Text$;

Beispiel:   Printer.Print "Dieser Text wird ausgedruckt"
```

Alternativ schreiben Sie den Text erst in ein Formular und anschließend auf den Drukker.

```
Syntax:     [Form.]Print Text$
            [Form.]PrintForm

Beispiel:   Form1.Print "Dies ist der zu druckende Text"
            Form1.PrintForm
```

Auf die Angabe und Erläuterung weiterer Eigenschaften und Methoden, die mit dem Objekt Printer genutzt werden können, wollen wir an dieser Stelle verzichten. Die Funktionen, die in Verbindung mit der Druckerausgabe eingesetzt werden können, sind in der Tabelle 2.11 zusammengestellt.

Funktion:	Erläuterung:
EndDoc	Methode zum Beenden des Ausdrucks (Seitenvorschub)
NewPage	Methode, um einen Seitenumbruch auf dem Drucker zu erzwingen
PrintForm	Methode zum Ausdrucken einer Form
Spc	Bestimmte Anzahl von Leerzeichen beim Ausdruck überspringen
Tab	Tabulatorfunktion

Tabelle 2.9: Funktionen zur Druckausgabe

Systemfunktionen

Visual Basic stellt eine Vielzahl von Systemfunktionen zur Verfügung. Damit können Sie über eigene Anwendungen getrennt vorliegende Maschinenprogramme für das Betriebssystem DOS bzw. echte Windows-Applikationen ausführen. Auch die wichtigsten Betriebssystemkommandos, wie z.B. Laufwerks- und Verzeichniswechsel sind implementiert. Neben einem Zufallsgenerator können Sie auch Kommandozeilenparameter in einem Visual Basic-Programm nutzen. Spezielle Dateifunktionen liefen die Dateilänge beliebiger Dateien zurück, lesen oder setzen Dateiattribute und kopieren Dateien Eine Liste der wichtigsten Funktionen ist in den Tabellen 2.10 und 2.11 enthalten.

Anweisung:	**Erläuterung:**
Randomize	Startwert für Zufallszahlengenerator ermitteln
Rnd	Zufallszahl zwischen 0 und 1 ermitteln
Timer	Anzahl der seit Mitternacht vergangenen Sekunden ermitteln

Tabelle 2.12: Anweisungen des Zufallszahlengenerators

Einige Besonderheiten sollen allerdings nicht verschwiegen werden. Haben Sie Erfahrung mit der Interrupt-Programmierung (Programmierung von Systemunterbrechungsroutinen zum Zugriff auf DOS- und BIOS-Funktionen), dann werden Sie feststellen, daß eine entsprechende Funktion in Visual Basic nicht vorhanden ist. Wollen Sie maschinennah bzw. betriebssystemnah und nah am Windows-Kern programmieren, müssen Sie schon ein wenig in die Trickkiste greifen. Sie können auf die Programmierstelle von Windows mit Visual Basic zugreifen, oder aber benötigte Routinen über Fremdsprachen-DLLs (Dynamic Link Libraries = dynamische Link-Bibliotheken) bereitstellen. Die benötigten Informationen sind allerdings nicht in der Dokumentation der Standardversion von Visual Basic, und in der Profi-Version ausschließlich alsOnline-Hilfe enthalten, so daß Sie zwangsläufig auf Sekundärliteratur zurückgreifen müssen. An dieser Stelle würde die Erläuterung dieser fortgeschrittenen Programmiertechniken zu weit führen, daher wollen wir hier lediglich auf das dritte Kapitel dieses Buches verweisen. Dort werden wir Ihnen einige erweiterte Möglichkeiten von Visual Basic vorstellen. Neben dem Zugriff und der Dokumentation wichtiger Windows-API-(Application Program Interface = Programmierschnittstelle für Anwendungsprogramme) und GDI-Funktionen (Graphics Device Interface = grafische Geräteschnittstelle), werden wir Ihnen anhand Turbo Pascal für Windows die Einsatzgebiete von Fremdsprachen-DLLs aufzeigen. Wie Sie benutzerdefinierte Steuerelemente mit Quick C für Windows entwerfen, ist ein weiteres Thema des dritten Kapitels

Anweisung:	**Erläuterung:**
AppActivate	Fenster eines Anwendungsprogrammes mit dem entsprechenden Titeltext aktivieren, z. B. AppActivate "Programm-Manager"
ChDir	Verzeichnis wechseln, z.B. ChDir "C:\WINDOWS"
ChDrive	Laufwerk wechseln, z.B. ChDrive "A"
Command$	Kommandozeilenparameter einlesen, z.B. a$=Command$
CurDir$	aktuelles Verzeichnis eines Laufwerks ermitteln, z.B. a$=CurDir$("A")
Date$	Systemdatum ermitteln, z.B. a$ = Date$
Date$	Systemdatum setzen, z.B. Date$ = "12.30.1992"
Dir$	Dateiname nach bestimmtem Suchmuster aus Laufwerksverzeichnis einlesen, z.B. Dir$ "*.BAS". Sollen mehrere Dateinamen mit gleichem Muster in ein Dateidatenfeld eingelesen werden, darf nur beim ersten Aufruf die Suchmaske angegeben werden.
DoEvents	Prozessorrechenzeit anderen Anwendungen zur Ereignis-verarbeitung zur Verfügung stellen
End	Programm beenden
Environ$	bestimmte Umgebungsvariablen auslesen, z.B. a$=Environ$("PATH"); bestimmten Eintrag der Umgebung auslesen (Syntax: a$=Environ(Eintragsnummer%)
FileCopy	Datei kopieren
FileDateTime	Zeit und Datum der letzten Dateiänderung ermitteln
FileLen	Dateilänge ermitteln
GetAttr	Dateiattribute ermitteln
Kill	Datei(en) löschen, z.B. Kill "C:\VB\TEST.BAS" oder Kill "A:*.BAK"
MkDir	Unterverzeichnis anlegen, z.B. MkDir "C:\WINDOWS\TEST"
Name	Dateiname ändern, z.B. Name "ALT.DAT" As "NEU.DAT"
RmDir	Leeres Unterverzeichnis löschen, z.B. RmDir "C:\WINDOS\TEST"
SetAttr	Dateiattribute neu setzen
Shell	DOS-Shell; DOS- oder Windows-Programm ausführen (s. Applikation WinSHELL im 4. Kapitel)
Stop	Programmausführung temporär unterbrechen (nur in der Anwendungsumgebung verfügbar, in einem Maschinenprogramm entspricht die Stop- der End-Anweisung)
Time$	Systemzeit ermitteln, z.B. a$=Time$
Time$	Systemzeit setzen, z.B. Time$="20.12.00"

Tabelle 2.13: Systemfunktionen

Auf einzelne Beispiele zu den hier vorgestellten Anweisungen wollen wir an dieser Stelle verzichten. Ein Großteil dieser Funktionen wurde dazu verwendet, um einen alternativen Programm-Manager unter Visual Basic zu implementieren. Das Programm mit dem Namen WinSHELL wird in Kapitel 4.2 vorgestellt. Im Programmlisting zu dieser Anwendung werden Sie auch den Einsatz vieler dieser Funktionen kennenlernen.

2.2.3 Anweisungen zur Programmablaufsteuerung

Zur strukturierten Programmierung stehen innerhalb von Visual Basic spezielle Kontrollstrukturen bereit. Diese unterscheiden sich nicht von den Programmablaufsteuerungen, die Ihnen in anderen Basic-Dialekten, wie z.B. Quick und MS-Basic PDS zur Verfügung stehen. Verwenden Sie keine Kontrollanweisungen, werden die Befehle, die Sie in einem Programm eingeben, linear in Folge abgearbeitet. Wie alle anderen Programmanweisungen, dürfen auch die Kontrollstrukturen nur innerhalb von Prozeduren verwendet werden.

Sprunganweisungen

Die einfachste Anweisung zur Programmablaufsteuerung liegt mit dem *Goto*-Befehl vor. Damit können Sie die Ausführung eines Programmes an einer beliebigen Stelle fortsetzen. Beachten Sie allerdings, daß eine übermäßige Anwendung dieses Befehls ein Programm nur schwer lesbar macht und eine spätere Fehlersuche unnötig erschwert. Verwenden Sie daher diese Anweisung nur, wenn Sie keine andere Möglichkeit haben. Über die Schleifenkonstrukte, die wir später noch genauer betrachten werden, erübrigt sich in der Regel eine *Goto*-Anweisung. Der Vollständigkeit halber sollen dennoch einige aussagekräftige Beispiele angeführt werden. Die Sprünge selbst werden durch Pfeile hervorgehoben. Diese erscheinen später nicht im Quelltext.

```
:
Wert% = 50
Goto Marke
'die nächsten drei Anweisungen werden
'nicht ausgeführt!
Print "Wertberechnung"
Wert% = Wert%+50
Wert% = Wert%*2
Marke:
Print "Programmsprung"
:
```

Sie können in diesem Beispiel noch sehr einfach den Programmablauf verfolgen. Verwenden Sie allerdings mehrere Goto-Anweisungen und springen vermehrt an diverse Sprungmarken bzw. Label, ist der Programmablauf kaum mehr zu verfolgen. Damit Sie diese Technik nicht unnötig nutzen, wollen wir, obgleich dies nicht üblich ist, ein Negativ-Beispiel vorstellen.

```
:
Anfang:
Goto weiter
Goto ende
weiter:
Print "A"
Goto Anfang
ende:
Print "Z"
:
```

In diesen wenigen Programmzeilen ist bereits das erfolgt, was einer der gröbsten Fehler in der Programmierung ist. Durch unsinnig eingesetzte Sprungmarken ist eine Endlosschleife programmiert worden. Es wird in endloser Folge der Buchstabe "A" ausgegeben, die Anweisung nach der Sprungmarke *ende* wird nie ausgeführt. So offensichtlich ist ein Fehler in einem größeren Programm allerdings nicht. Diese schwer lesbare Quelltextaufbereitung wird auch als "Spaghetti-Code" bezeichnet, da eine Programmwartung und spätere Quelltextanpassung kaum möglich ist. Damit wollen wir uns einigen sinnvolleren Anweisungen zuwenden.

Mit den Anweisungen *Gosub* und *Return* können Sie "Unterprogramme" innerhalb von Prozeduren definieren. Dabei handelt es sich natürlich nicht um echte Unterprogramme, sondern lediglich um in Blöcke zusammengefaßte Anweisungen ohne Prozedurköpfe. Alle Variablen des Anweisungsblockes sind global innerhalb der verwendeten Prozedur gültig. *Gosub* ist dabei die Anweisung, mit der zu einer Sprungmarke verzeigt wird, und die Anweisung *Return* ist dafür verantwortlich, daß das Programm unmittelbar nach dem *Gosub*-Befehl weiter fortgesetzt wird.

☞ Ein *Gosub*-Block befindet sich als getrennter Bereich innerhalb einer Prozedur, d.h. alle Variablen der Prozedur sind auch im abgetrennten *Gosub*-Block global. Um Fehler zu vermeiden, können Sie den Block in einem Quellmodul, in dem sich die ursprüngliche Prozedur befindet, in eine private Prozedur (Schlüsselwort *private*) auslagern. Dann können gezielt die Variablen übergeben werden, die vom ehemaligen Block benötigt werden, alle anderen Variablen sind nicht mehr für den ehemaligen *Gosub*-Teil zugänglich. Da die ausgelagerte Prozedur als privat deklariert wurde, kann sie auch nicht von anderen Modulen heraus aufgerufen werden.

Zur Veranschaulichung ist nachfolgend die allgemeine Syntax dargestellt. Stellvertretend wurde hier eine allgemeine Schablone für ein Unterprogramm verwendet. Beachten Sie, daß die Gosub-Return-Anweisung auch innerhalb von Funktionen (Function-End Funtion) genutzt werden kann.

allgemeine Syntax:

```
Sub Unterprogramm [(Parameterliste)]
  'Programmanweisungen
  Gosub Marke
  'Programmanweisungen
  Exit Sub
Marke:
  'Anweisungsblock
Return
End Sub
```

Anweisungsblöcke sollten Sie immmer am Ende von Prozeduren plazieren. Verwenden Sie vor den Sprungmarken der Anweisungsblöcke keinen *Exit*-Befehl, wird der Anweisungsblock vor dem Verlassen der Prozedur erneut abgearbeitet, ohne daß dieser mit *Gosub* angesprungen wurde. Würde in diesem Fall die Ausführung auf die *Return*-Anweisung treffen, wäre eine Fehlermeldung und u.U. ein Programmabbruch das Ergebnis. Natürlich können Sie auch mehrere Anweisungsblöcke innerhalb einer Prozedur einrichten (s. nächstes Beispiel).

```
Sub Form1_Click()
  'Programmanweisungen
  Gosub Marke1
  'Programmanweisungen
  Gosub Marke3
  Gosub Marke2
  'Programmanweisungen
  Exit Sub
Marke1:
  'Anweisungsblock
Return
Marke2:
  'Anweisungsblock
Return
Marke3:
  'Anweisungsblock
Return
End Sub
```

In Verbindung mit dem Schlüsselwort *On* können Sie mit einem *Goto*- bzw. *Gosub*-Befehl, abhängig von einem numerischen Ausdruck, unterschiedliche Sprungmarken ansteuern. *Goto* bewirkt dabei einen unbedingten Sprung und bei *Gosub* wird später mit der Anweisung *Return* die Programmausführung nach der *Gosub*-Anweisung fortgesetzt. Auch diese beiden Anweisungen wollen wir an allgemeinen Beispielen verdeutlichen.

```
Syntax: On Ausdruck Goto Zeilenmarken
        On Ausdruck Gosub Zeilenmarken

      Sub Form1_Click()
        'Programmanweisungen
        ' Wert% entweder 1, dann zu Marke1
        '           oder 2, dann zu Marke2
        '           oder 3, dann zu Marke3
        On Wert% Goto Marke1, Marke2, Marke3
        'Programmanweisungen, falls Wert% <> 1, 2, 3
        'wird keine Exit-Anweisung verwendet, werden
        'alle nachfolgenden Anweisungsblöcke linear
        'nacheinander abgearbeitet
        Exit Sub
      Marke1:
        'Anweisungsblock
        'wird Marke1 angesteuert, wird auch der 2.
        'Anweisungsblock abgearbeitet
      Marke2:
        'Anweisungsblock
        'End-Anweisung beendet das Unterprogramm
        End
      Marke3:
        'Anweisungsblock
        'Prozedur wird normal beendet
      End Sub
```

```
Sub Form1_Click()
  'Programmanweisungen
  ' Wert% entweder 1, dann zu Marke1
  '           oder 2, dann zu Marke2
  '           oder 3, dann zu Marke3
  On Wert% Gosub Marke1, Marke2, Marke3
  'Programmanweisungen
  Exit Sub
Marke1:
  'Anweisungsblock
Return
Marke2:
  'Anweisungsblock
Return
Marke3:
  'Anweisungsblock
Return
End Sub
```

Damit haben Sie bereits einige komplexere Kontrollstrukturen kennengelernt. Die *On-Goto*-Anweisung bietet zwar viele Möglichkeiten, birgt aber auch durch unbedingte Sprunganweisungen wieder Gefahren. Beachten Sie, daß der numerische Wert (*Wert%* in den Beispielen) für diese Anweisungen zwischen 1 und 255 liegen sollte. Der Wert 0 unterdrückt einen Sprung zu einer Marke, negative Werte und größere Werte führen zu einer Fehlermeldung. Wenn für einen numerischen Wert keine zugeordnete Sprunganweisung vorhanden ist, dies wäre z.B. in unseren Beispielen für den Wert 4 der Fall, würde die Anweisung ignoriert.

Schleifenkonstrukte

Bei den Schleifenkonstrukten handelt es sich mit um die wichtigsten und komfortabelsten Elemente einer höheren Programmiersprache. Damit können Sie, abhängig von einem bestimmten Ausdruck, Programmanweisungen wiederholt ausführen lassen. Neben der *While-Wend-* und der *For-Next-*, steht Ihnen auch die *Do-Loop*-Schleife zur Verfügung. Beginnen wir der Einfachheit halber zunächst mit der *While-Wend*-Konstruktion.

```
While Bedingung
  'Programmanweisungen
Wend
```

```
:
'Beispiel
While x%<20
  Form1.Print x%;". Zeile wird ausgegeben"
  x% = x% +1
Wend
:
```

Die Anweisungen innerhalb dieses Schleifenkonstruktes werden solange abgearbeitet, wie die Bedingung wahr ist (boolescher Wert). Beachten Sie allerdings, daß, falls die Bedingung bereits zu Beginn falsch ist, die Anweisungen innerhalb dieser Schleife nicht abgearbeitet werden. Berücksichtigen Sie dieses Merkmal insbesondere dann, wenn wichtige Initialisierungen in einer Schleife erfolgen, ohne die das eigentliche Programm nicht mehr korrekt oder überhaupt nicht mehr abgearbeitet werden kann. In einem solchen Fall wäre die *Do-Loop*-Schleife vorzuziehen, die so programmiert werden kann, daß sie in jedem Fall einmal durchlaufen wird. Beachten Sie, daß *While-Wend*-Schleifen auch geschachtelt sein können.

```
'allgemein
While [1.Bedingung]
  While [2.Bedingung]
    [Programmanweisungen]
  'Ende zweiter bzw. innerere Schleife
  Wend
'Ende erster Schleife
Wend
```

Mit Hilfe der *For-Next*-Schleife können spezielle Start-, End- und Schrittweiten festgelegt werden. Wird kein spezieller Wert für die Schrittweite bestimmt, wird die Zählvariable jeweils um 1 erhöht. Die allgemeine Syntax und kurze Beispiele sind nachfolgend angeführt.

```
For Zaehlvariable = Startwert To Endwert [Step Schrittweite]
   'Programmanweisungen
Next [Zaehlvariable]
```

```
:
'Beispiel
For x% = 1 To 100 Step 20
  Form1.Print "Wert der Zaehlvariablen"; x%
Next x%
:
```

```
:
'geschachtelte Schleife
For i%=1 To 100
   [Programmanweisungen]
  For j%=100 to 20 Step -1
    [Programmanweisungen]
    For k%=2 To 4
      'Programmanweisungen
    Next k%
  Next j%
Next i%
:
```

Die *Do-Loop*-Schleife kann auf zwei unterschiedliche Arten verwendet werden. Wird die Anweisung in Form der *While-Wend*-Schleife genutzt, wird eine Bedingung zu Beginn der Schleife abgefragt. Ist diese Bedingung nicht wahr, wird die Schleife keinmal durchlaufen. Beachten Sie, daß Sie das Schlüsselwort *While* oder *Until* wahlweise verwenden können. Geben Sie keine Bedingung an, handelt es sich um eine Endlosschleife. Diese kann über die Anweisung *Exit Do* (evtl. in Verbindung mit einer *If*-Abfrage) beendet werden.

```
'Syntax
Do [{While|Until}]
  [Anweisungen]
  [Exit Do]
Loop

:
'Beispiel
Do While x%<100
  x%=x%+1
  Form1.Print x%;".
Loop
:
```

In der zweiten Syntax erfolgt die Bedingungsabfrage am Ende der *Do-Loop*-Schleife. Anders als bei *While-Wend* bedeutet dies, daß die Schleife in jedem Fall einmal durchlaufen wird, und zwar auch dann, wenn die Bedingung selbst von vornherein falsch ist.

```
'Syntax
Do
  [Anweisungen]
  [Exit Do]
Loop [{While|Until}]
```

```
:
'Beispiel
Wert%=1000
Do
  x%=x%+1
  Form1.Print x%;".
Loop While Wert%<100
'Bedingung ist falsch, die Schleife wird nur
'einmal durchlaufen
:
```

Damit haben Sie die Syntax der Schleifenkonstrukte kennengelernt. Natürlich können die einzelnen Konstrukte auch in Verbindung genutzt werden. Wir wollen uns nun den Entscheidungsabfragen zuwenden.

2.2.4 Entscheidungsstrukturen

Neben der *If*- und der erweiterten Block-*If*-Anweisung steht Ihnen in Visual Basic die *Select Case*-Anweisung zur Verfügung. Damit können Sie, abhängig von einem bestimmten Wert oder einer speziellen Bedingung, unterschiedlichen Programmcode abarbeiten lassen. Die Entscheidungsstrukturen sind die effektivsten Elemente zur Strukturierung von Quelltext. Beginnen wir zunächst mit der einfachen If-Anweisung.

```
Syntax:          If Bedingung Then Anweisung1 [Else Anweisung2]
Beispiel:        If A%=1 THEN B%=0 Else B%=10
```

Ist die Bedingung wahr, wird *Anweisung1*, ansonsten optional *Anweisung2* ausgeführt. Die einzeilige *If*-Anweisung eignet sich in der Regel nur für kurze Entscheidungsabfragen, die lediglich eine einzelne Programmausführung ergeben. Sollen abhängig von speziellen Bedingungen Anweisungsblöcke ausgeführt werden, sollten Sie mit der erweiterten *If*-Abfrage arbeiten.

```
:
'allgemein
If 1_Bedingung Then
    'Anweisungen, wenn 1_Bedingung wahr
  [ElseIf 2_Bedingung Then
    'Anweisungen, wenn 2_Bedingung wahr]
  [Else
    'Anweisungen wenn keine vorherige Bedingung erfüllt ist]
End If
:
```

```
:
'Beispiel
Wert%=5
IF Wert%=5 Then
    'Anweisung wird ausgeführt
    BWert%=10
  Else
    'Anweisung wird nicht ausgeführt
    BWert%=0
End If
'BWert%=10 ausgeben
Froml.Print "Ergebnis: "; BWert%
:
```

Im nachfolgenden Beispiel ist exemplarisch dargestellt, wie *If*-Blöcke verschachtelt werden können.

```
:
'Beispiel
Wert%=1
BWert%=2
If Wert%<0 Then
      IF BWert%=2 Then
          CWert%=2
        Else
          CWert%=0
      End If
    ElseIf Wert%>1 Then
      CWert%=2
    Else
      'dann ist Wert%=0
      If BWert%=2 Then CWert%=5 ELSE CWert%=1
End If
:
```

Die letzte Kontrollanweisung, die wir behandeln, ist die *Select Case*-Auswahl. Dabei wird, abhängig von einem Wert, einer von mehreren definierten Anweisungsblöcken ausgeführt. Die allgemeine Syntax ist auf der nächsten Seite dargestellt.

```
:
Select Case Ausdruck
  Case 1.Prüfung
    'Anweisungen, falls 1.Prüfung wahr
  [Case 2.Prüfung
    'Anweisungen, falls 2. Prüfung wahr]
  [Case n.Prüfung
    'Anweisungen, falls n.Prüfung wahr]
  [Case Else
    'Anweisungen wenn keine Prüfung wahr]
End Select
:
```

Über das Schlüsselwort *To* können Sie Wertebereiche für eine Prüfung festlegen. Aber auch Vergleichsoperatoren, die Sie bereits in Kapitel 2.2.1 kennengelernt haben, sind innerhalb dieser Ausdruckslisten in Verbindung mit dem Schlüsselwort *Is* zulässig. Einige Möglichkeiten sind im nachfolgenden Beispiel dargestellt.

```
:
'Beispiel
'Annahme: Wert% wurde bereits initialisiert
Select Case Wert%
   Case 1
     'Anweisungen
   Case 2
     'Aneisungen
   Case 3 To 20
     'Anweisungen
   Case 30 To 35, 40 To 45, 50
     'Anweisungen
   Case Is >=60
     'Anweisungen
   Case Else
     'Anweisungen
End Select
:
```

Nachdem wir die Grundlagen der wichtigsten Themen von Visual Basic bereits besprochen haben, wollen wir uns nun kurz mit den speziellen Themen Dateiverwaltung, Grafik und Fehlerbehandlung befassen.

2.2.5 Dateiverwaltung

Der Umgang mit Dateien ist, egal welchen Dateimodus Sie wählen, identisch. Zunächst müssen Sie die Datei mit der *Open*-Anweisung öffnen, dann können Sie Daten mit speziellen Schreib- und Leseanweisungen bearbeiten und abschließend mit der *Close*-Anweisung wieder schließen. Bei der *Open*-Anweisung wird neben dem Dateimodus (binär, random, sequentiell), in dem eine Datei bearbeitet werden soll, auch die Dateinummer, unter der die Datei später angesprochen wird, vergeben. Die Dateinummer selbst kann jeweils nur einmalig verwendet werden. Um die Nummer nicht selbst festlegen zu müssen, können Sie die nächstfreie Nummer über die Visual Basic-Funktion *FreeFile* ermitteln. Damit lassen sich spezielle Unterprogramme und Funktionen allgemein für Dateien formulieren.

Dateitypen

Bevor wir ein wenig genauer auf die Dateiverwaltung eingehen, wollen wir an dieser Stelle zunächst die unterschiedlichen Dateimodi erläutern.

Sequentieller Dateimodus: Datensätze in sequentiellen Dateien werden zeilenweise gespeichert. Die Trennung der Datensätze erfolgt durch ein Carriage Return / LineFeed (CR/LF = Wagenrücklauf / Zeilenvorschub) und ist erforderlich, da jeder Datensatz eine unterschiedliche Länge aufweisen kann. Dieser Modus kann zur Verwaltung von ASCII- und ANSI-Textdateien und kleinen Datendateien wie Initialisierungsdateien, Makrodateien usw. genutzt werden. Beachten Sie, daß das wahlfreie Lesen eines Datensatzes aus einer sequentiellen Datei nicht möglich ist. Wollen Sie z.B. den letzten Datensatz in den Speicher einlesen, dann müssen Sie auch alle vorherigen Datensätze lesen, und zwar auch dann, wenn Sie diese für die eigentliche Bearbeitung des Programmes nicht benötigen. Müssen Sie schnell und gezielt auf spezielle Daten in einer großen Indexdatei zugreifen, die nicht in ihrer Gesamtheit in den Arbeitsspeicher eingelesen werden kann, dann sollten Sie den Randommodus verwenden.

Randommodus: In Direktzugriffsdateien werden Datensätze mit einer fest definierten Datensatzlänge verwaltet. Zwischen den Sätzen ist aufgrund der bekannten Datensatzlänge kein spezielles Trennzeichen erforderlich. Innerhalb einer Randomdatei können Sie auf jeden Datensatz wahlfrei zugreifen. Ein Einlesen nicht benötigter Datensätze ist nicht erforderlich. Diesen Modus sollten Sie zur Verwaltung großer Datenbenstände nutzen, wie z.B. in Lager-, Literatur- oder Adressverwaltungen.

Index-sequentieller Dateimodus: Bei der index-sequentiellen Dateiverwaltung handelt es sich um eine Mischform aus sequentiellen und Direktzugriffsdateien. Visual Basic stellt zur Anlage dieses Dateimodus keine Anweisung bereit, so daß Sie die Dateiverwaltungsroutinen selbst entwickeln müssen. Dazu sei angemerkt, daß Speicher in jedem Rechner nur begrenzt zur Verfügung steht und daher bei großen Datenmengen ein Einlesen aller Daten einer Datei in den Speicher nicht möglich ist. Wollen Sie nun Datensätze aus einer Datei sortieren, stoßen Sie also auf eines der ersten Probleme. Führen Sie die Sortierung festspeichergebunden aus, d.h. Sie speichern alle Zwischenschritte der Sortierung, damit jeweils nur wenige Datensätze im Speicher gehalten werden müssen, dann sind die Sortierzeiten sehr hoch. Alternativ können Sie einen Index erstellen, der jeweils nur eine Auswahl einer Datei enthält. So könnte eine Indexdatei zu einer Adreßverwaltung z.B. lediglich die Nachnamen und die Datensatznummern der zugehörigen Datensätze der Adreßdatenbank enthalten. Zur Sortierung der Gesamtdatei reicht nun die Sortierung der Indexdatei aus. Diese kann, aufgrund eines geringeren Datenumfanges, komplett im Speicher sortiert werden. Ob Sie nun über den sortierten Index auf die Adreßdatenbank zugreifen oder die Sortierung der Gesamtdatei unmittelbar mit Hilfe der Indexdatei nachholen, können Sie selbst entscheiden. Die Verwendung einer Indexdatei in Verbindung mit einer Direktzugriffsdatei wird als index-sequentielle Zugriffsmethode bezeichnet. Den Index selbst haben wir erläutert und auch den Begriff sequentiell sollten Sie bereits kennen (s.o.). Kurz beschrieben heißt das nichts anderes, als das der Index selbst wiederum in einer sequentiellen Datei gespeichert wird. Dennoch soll auch nicht unerwähnt bleiben, daß dem Anwender kaum Grenzen gesetzt sind und auch weitere Mischformen definierbar sind. So können Sie natürlich den Index auch in einer eigenen Direktzugriffsdatei verwalten oder aber eine Gesamtdatei erstellen, in der Sie eine bestimmte Byte-Anzahl zur Verwaltung von Index-Einträgen reservieren. Die letztgenannte Möglichkeit wird auch von der ISAM-Toolbox des MS-Basic-Programmiersystems genutzt.

☞ Müssen Sie umfangreiche Datenbankprogramme erstellen, so kann es unter Umständen für Sie sinnvoller sein, wenn Sie vorgefertigte Toolboxen mit erweiterten Datenbankroutinen für Visual Basic verwenden. Diese nutzen zudem das sogenannte DBASE-Format, mit dem der Zugriff auf Datenbestände der meisten populären Anwendungsprogramme möglich ist. Hinweise zu Zusatzsoftware zu Visual Basic geben wir Ihnen in Kapitel 3.8.

Binärmodus: Im Binärmodus können Sie beliebige Datendateien aber auch Maschinenprogramme byteweise verarbeiten. Dieser Modus kann zum Beispiel verwendet werden, wenn Sie sich Ihren eigenen Hexadezimaleditor für beliebige Dateien oder auch eigene Kopierprogramme erstellen wollen. Aber auch zur speziellen Einrichtung benutzerdefinierter Dateiformate kann dieser Modus genutzt werden.

Sie sehen also, mit den Dateiverwaltungsroutinen von Visual Basic haben Sie nahezu unbegrenzte Möglichkeiten. Haben Sie bereits mit Quick oder MS-Basic gearbeitet, dann bemerken Sie kaum Änderungen in der Syntax, und auch bereits bestehende Datenbestände können weiterverarbeitet werden. Der Hauptunterschied erfordert allerdings in bestehenden Anwendungen mit Direktzugriffsdateien einige Änderungen. So können Sie die *Field*-Anweisung, die zum Standardelement der meisten Basic-Dialekte zählt (z.B. GWBasic, Quick- Power- und MS-Basic) innerhalb von Visual Basic nicht mehr verwenden. Stattdessen müssen Sie Datensätze innerhalb einer einzelnen Zeichenkettenvariablen oder einer benutzerdefinierten Datenstruktur (Type...End Type) verwalten.

Arbeiten mit Dateien

Da wir nicht auf sämtliche Anweisungen ausführlich eingehen können, wollen wir Ihnen an dieser Stelle exemplarisch die Grundbefehle zum Arbeiten mit den unterschiedlichen Dateibefehlen vorstellen. Eine vollständige Liste der Anweisungen mit kurzen Funktionserläuterungen ist in Tabelle 2.14 enthalten. Praktische Anwendungen zur dateiverqwaltung finden Sie in den Kapiteln 4.4 und 4.8.

Sequentielle Dateien

Beginnen wir also zunächst mit den sequentiellen Dateien. Sie werden sehen, daß drei unterschiedliche Öffnungsmodi angewendet werden können. Mit *Output* öffnen Sie eine neue Datei, um Daten zu speichern. Bereits vorhandene Dateiinhalte gehen dabei jedoch automatisch verloren. Verwenden Sie stattdessen den Modus *Append*, dann werden bestehende Daten der Datei nicht gelöscht, sondern die Datei wird lediglich um neue Informationen erweitert. Anders als bei Direktzugriffs- und Binärdateien müssen sequentielle Dateien für Schreib- und Lesevorgänge gesondert geöffnet werden. Wollen Sie also Daten aus einer vorhandenen sequentiellen Datei in den Speicher einlesen, dann müssen Sie den Öffnungsmodus *Input* verwenden (s. Beispiele).

```
:
'Daten in eine sequentielle Datei schreiben
'Dateimodus: OUTPUT
'Dateinummer festlegen
DateiNummer% = FreeFile
'Datei im sequentiellen Ausgabemodus öffnen
Open "TEST.DAT" For Output As #DateiNummer%
  a%=300
  b!=2.5
  DateiText$="Dies ist der neue Dateiinhalt"
  Print #DateiNummer%, DateiText$
  Print #Dateinummer%, a%, b!
'Datei schließen
Close #DateiNummer%
:
```

```
:
'Daten in eine sequentielle Datei schreiben
'Dateimodus: APPEND
'Dateinummer festlegen
DateiNummer% = FreeFile
'Datei im sequentiellen Anfügemodus öffnen
Open "TEST.DAT" For Output Aa #DateiNummer%
  DateiText$="angefügter Dateiinhalt"
  Print #Dateinummer%, DateiText$
'Datei schließen
Close #DateiNummer%
:
```

```
:
'Daten aus einer sequentiellen Datei lesen
'(Annahme: vorangehende Beispiele wurden
'nacheinander abgearbeitet)
'Dateimodus: INPUT
'Dateinummer festlegen
DateiNummer% = FreeFile
'Datei im sequentiellen Lesemodus öffnen
Open "TEST.DAT" For Input As #DateiNummer%
  DateiText$="angefügter Dateiinhalt"
  'Datensatz in Zeichenkette einlesen (Line
  'Input); auch Kommata in der Zeile sind erlaubt
  Line Input #Dateinummer%, DateiText$
  'Werte lesen und Variablen zuweisen (Zuweisung
  'ist durch Trennnung in Datei durch Leerzeichen
  'oder Komma möglich) Leseanweisungen
  'entsprechen den ehemaligen Schreibanweisungen
  Input #DateiNummer%, a%, b!
Close #DateiNummer%
```

Wie bereits kurz angedeutet, werden sequentielle Dateien häufig in Ihrer Gesamtheit in den Speicher eingelesen. Eine einfache Möglichkeit, dies zu realisieren, liegt in derAnwendung der *While-Wend*-Schleife in Kombination mit der *EOF*-Funktion. Damit Sie den Programmablauf besser nachvollziehen können, befinden sich in dem Auszug des Listings umfangreiche Erläuterungen.

```
:
'Datei in Datenfeld einlesen
'Annahme: Datei besteht aus maximal 100 Zeilen
'Variable für dateinummer als Integer deklarieren
Dim DNr As Integer
'Datenfeld für Dateiinhalt dimensionieren
Dim Zeilen$(1 To 100)
'Datei im sequentiellen Lesemodus öffnen
Open "TEST.DAT" For Input As #DNr
  'Datei zeilenweise einlesen, bis das Dateiende
  'erreicht wird
  Zaehler%=0
  'nur einlesen, wenn EOF-Marke nicht erreicht
  'ist und außerdem weniger als 100 Zeilen
  'gelesen wurden
  While Not Eof(DNr) AND Zaehler%<100
    'Listenindex hochzählen
    Zaehler%=Zaehler%+1
    Line Input #DNr, Zeilen$(Zaehler%)
  Wend
Close #DNr
'an dieser Stelle kann der Listeninhalt weiter
'verarbeitet werden
:
```

Direktzugriffs- oder Randomdateien

Nun wollen wir uns kurz mit den Direktzugriffsdateien befassen. Hier stehen Ihnen zwei alternative Bearbeitungsmethoden zur Verfügung. Welche Sie wählen, muß nach der jeweiligen Programmieraufgabe festgelegt werden. Generell werden Sie allerdings feststellen, daß mit benutzerdefinierten Datenstrukturen eine einfachere Handhabung komplexer Datensätze möglich ist. Einzelne Variablen, die vom Benutzer aufgebaut und später wieder getrennt werden, erfordern zwar mehr Bearbeitungsschritte, bieten allerdings auch mehr Flexibilität für den fortgeschrittenen Programmierer.

```
Syntax Datei öffnen:      Open DName$ For Random As DNr% Len=L%
                          Dateiname$ - zulässiger Dateiname
                          DNr% - Dateinummer (ermittelt mit FreeFile)
                          L% - Datensatzlänge
Datensatz lesen:          Get #DNr, [SatzNummer], DatensatzVariable
Datensatz schreiben:      Put #DNr, [SatzNummer], DatenSatzVariable
```

Betrachten Sie sich nun das erste Beispiel, in dem wir mit Datensätzen arbeiten, die über benutzerdefinierte Recordstrukturen festgelegt werden. Die benutzerdefinierte Datenstruktur muß in einem beliebigen Quellmodul deklariert werden, die eigentliche Datensatzvariable wird gesondert über die *Dim*-Anweisung festgelegt.

```
'Quellmodul
Type DatenSatz
  'Datensatzlänge 120 Zeichen
  Vorname As String * 30
  Nachname As String * 30
  Strasse As String * 30
  Wohnort As String * 30
End Type


:
'innerhalb einer Prozedur
Dim DNr As Integer
Dim AdressDatenSatz As DatenSatz
Open "TEST.DBF" For Random As #DNr
  'Daten initialisieren (elementweise)
  AdressDatenSatz.Vorname = "Gero"
  AdressDatenSatz.Nachname = "Schöpker"
  AdressDatenSatz.Strasse = "Traumstraße 7"
  AdressDatenSatz.Wohnort = "3200 Hildesheim / Himmeltür"
  '1. Datensatz schreiben
  Put #DNr%, 1, AdressDatenSatz
  '1. Datensatz lesen
  Get #DNr%, 1, AdressDatensatz
  'Datenwerte aus Datensatz neuen Variablen zuweisen
  DBF_V$ = AdressDatenSatz.Vorname
  DBF_N$ = AdressDatenSatz.Nachname
  DBF_S$ = AdressDatenSatz.Strasse
  DBF_W$ = AdressDatenSatz.Wohnort
  'neue Variablen beinhalten nun den Inhalt des Datensatzes
  'weitere Programmanweisungen
Close
:
```

Erstellung allgemeiner Datenbanksysteme

Das nächste Beispiel, das wir Ihnen vorstellen, ermöglicht Ihnen die Programmierung allgemeiner Datenbankanwendungen. Bei einer variablen Festlegung der Datensatzlänge und der Verwendung einer variablen Zeichenkette als Datensatzvariable, können Sie Dateien mit Datensatzlängen von 1 bis 32.767 Byte mit allgemeinen Routinen erstellen. Das Besondere daran ist, daß Sie sämtliche Datensatzinformationen im Quelltext aufbauen, abspeichern und nachträglich die Informationen der einzelnen Zeichenkette wieder splitten. Beachten Sie, daß die Verwendung variabler Zeichenketten in Record-Strukturen in Verbindung mit Direktzugriffsdateien nicht möglich ist. Sollen Ihre Datensätze in einem Programm je nach Bedarf unterschiedliche Satzlängen aufweisen, um Speicherplatz zu sparen (ansonsten könnten Sie natürlich auch jeweils die maximale Datensatzlänge für jede Datei definieren), sollten Sie daher die Formulierungen Ihrer Quelltexte an dem folgenden Beispiel orientieren. Auf eine komplette Erstellung eines allgemeinen Datenbanksystems werden wir in diesem Buch verzichten, um nicht andere Software-Hersteller von Datenbanksystemen brotlos zu machen. Reizt Sie allerdings dieses Thema, dann sollten mit diesen Hinweisen dazu in der Lage sein, die Entwicklung eigenständig vorzunehmen. Beachten Sie allerdings, daß in diesem Fall ausgiebig mit Steuerelementefeldern gearbeitet werden muß, da Sie keine speziellen Formulardefinitionen in Verbindung mit allgemeinen Datenbankensystemen verwenden können. Das nachfolgende Beispiel können Sie nach dem Programmstart von Visual Basic ohne Änderungen und Erweiterungen in die Ereignisprozedur *Form_Click* übernehmen und anschließend ausführen lassen.

```
Sub Form_Click ()
  Dim SatzVar As String
  Dim DNr As Integer
  'Datensatzlänge wird durch Datensatzvariable bestimmt
  'die Datensatzlänge muß <= der Größe sein, die in der
  'Open-Anweisung definiert wurde; beachten Sie, daß
  'variable Zeichenketten einen 2-Byte-Stringdeskriptor
  'besitzen, der ebenfalls innerhlab des Datensatzes
  'abgelegt wird (Deskriptor wird zur Speicherung der
  'Länge der variablen Zeichenkette benötigt)
  'Datensatzlänge variabel (f. allgemeine Datenbank-
  'anwendungen, evtl. durch Benutzerdefinition zur
  'Laufzeit festgelegt)
  Laenge% = 400
```

```
    'zulässige Dateinummer ermitteln
    DNr = FreeFile
    Open "TEST.DBF" For Random As #DNr Len = Laenge%
    'Variable Zeichenkettenvariable nimmt Datensatz auf
    '(d.h. maximale Datensatzlänge 32.767 Zeichen)
    SatzVar = "beliebiger Datensatz im Zeichenkettenformat"
    'Datensatz 20 x in Datei schreiben
    For i% = 1 To 20
      Put #DNr, i%, SatzVar
    Next i%
    'Datensatz einlesen und in Form schreiben
    For j% = 1 To 20
      Get #DNr, j%, SatzVar
      Form1.Print j%; ".Datensatz: "; SatzVar
    Next j%
    Close
    MsgBox "Programmende"
  End Sub
```

Wollen Sie die Anzahl der Datensätze in einer Direktzugriffsdatei ermitteln, dann können Sie die *Lof*-Funktion verwenden. Diese liefert die Gesamtzahl von Bytes einer geöffneten Datei. Die allgemeine Syntax lautet:

```
DatenSatzAnzahl&=LOF(DateiNummer)\DatensatzLaenge%
```

Binärdateien

Kommen wir nun abschließend zu den Binärdateien. Die Verwaltung erfolgt ähnlich wie bei den Direktzugriffsdateien. Unterschiede sind beim Vergleich der Beispiele erkennbar. Theoretisch können Sie jeden Datentyp als Datensatzvariable einer Binärdatei verwenden (s. Tabelle 2.1). Die Größe der Variablen entscheidet darüber, wieviele Bytes parallel aus einer Datei gelesen oder in eine Datei geschrieben werden. In der Regel werden Zeichenketten in Verbindung mit Binärdateien genutzt.

```
:
'1.Beispiel: Daten binär aus einem
'            Maschinenprogramm lesen
Dim DNr As Integer
'freie Dateinummer ermitteln
DNr = FreeFile
'Datei binär öffnen
Open "VB.EXE" For Binary as #DNr
  'Zeichenkette (Länge 1)
  a$=" "
  'Zeichenkette (Länge 50)
```

```
    b$=Space$(50)
    'ein Byte lesen
    Get #DNr,, a$
    '50 Byte lesen
    Get #DNr,, b$
Close #DNr
:
```

```
:
'2.Beispiel: Daten binär in eine Datei schreiben
Dim DNr As Integer
'freie Dateinummer ermitteln
DNr = FreeFile
'Datei binär öffnen
Open "TEXT.DAT" For Binary as #DNr
    'Zeichenkette (Länge 1)
    a$="a"
    'Zeichenkette (Länge 5)
    b$="abcde"
    'ein Byte schreiben
    Put #DNr,, a$
    '50 Byte lesen
    Put #DNr,, b$
Close #DNr
:
```

Zusammenfassung

Da an dieser Stelle eine Beschreibung sämtlicher Funktionen zur Dateiverwaltung mit Visual Basic nicht möglich ist, sind in der Tabelle 2.14 noch einmal sämtliche Funktionen und Anweisungen zu diesem Thema mit einer kurzen Erläuterung abgedruckt.

Anweisung:	**Erläuterung:**
Close	Dateien schließen
EOF	End-Of-File-Marke einer sequentiellen Datei überprüfen (EOF-Marke = Dateiendemarke)
FileAttr	Dateimodus einer bereits geöffneten Datei ermitteln
Get	Datensatz einlesen
Line Input #	Datensatz aus sequentieller Datei einlesen
Input #	Variablen aus einer sequentiellen Datei einlesen und Variablen zuweisen
Input$	Zeichenfolge aus einer Datei einlesen
Loc	Aktuelle Dateiposition in Byte ermitteln
Lock/Unlock	Zugriffsrechte für Dateien oder bestimmte Datensätze einer geöffneten Datei festlegen (insbesondere im Netzwerkbetrieb)
Lof	Dateilänge einer geöffneten Datei in Bytes ermitteln
Open	Datei im Binär- sequentiellen oder Direktzugriffsmodus öffnen
Print #	Daten in sequentielle Dateien schreiben
Put	Datensatz (Variable oder benutzerdefinierter Datensatz) in eine Datei schreiben
Reset	alle geöffneten Dateien schließen
Seek	Funktion, um aktuelle Dateiposition zu ermitteln (abhängig vom Dateimodus)
Seek	Anweisung zur Positionierung innerhalb einer Datei (abhängig vom Dateimodus)
Type	Recordstruktur zur Definition eines Datensatzes
Width	Ausgabebreite für Datei festlegen
Write #	Daten in eine sequentielle Datei schreiben (anders als bei Print # werden die Werte durch Kommata getrennt, Zeichenketten werden in Anführungszeichen gesetzt)

Bild 2.14: Anweisungen zur Bearbeitung von Dateien

Beachten Sie, daß wir an dieser Stelle keine umfassenden Beispiele vorgestellt haben, da eine Vielzahl der hier angeführten Anweisungen und Funktionen in Kapitel 4.1, 4.3, 4.4 und 4.8 ausführlich genutzt wird. Dort wird gezeigt, wie Sie einen Editor (sequentielle Dateibearbeitung) und ein spezielles Datenbankprogramm (Direktzugriffsdateien) erstellen. Den binären Dateimodus werden wir an einem Kopierprogramm in Kapitel 4.1.1 demonstrieren.

2.2.6 Grafikprogrammierung

Das Thema Grafikbehandlung können wir recht schnell abhandeln. Zwar sind viele Grafikanweisungen im Vergleich zu übrigen Basic-Dialekten nahezu unverändert anwendbar, dennoch erfolgt die interne Ausführung nach anderen Kriterien. Diese haben wir bereits in der Zusammenstellung der Methoden und Eigenschaften in Kapitel 2.1 erläutert. Da Farben unter Windows nicht mehr so leicht zu handhaben sind, sollten Sie sich unbedingt die Datei CONSTANT.TXT ansehen, in der wichtige Farbkonstanten definiert sind. Diese können Sie in Ihre Anwendugen einbinden und anschließend nutzen.

Die wichtigsten Methoden zum Erstellen von Grafiken sind in Tabelle 2.15 zusammengefaßt. Beachten Sie allerdings, daß Sie auf sämtliche GDI-Funktionen (Graphics Device Interface = grafische Geräteschnittstelle) zugreifen können und daher weitaus mehr Möglichkeiten haben, als es auf den ersten Blick den Anschein hat. Hinweise hierzu können Sie auch dem Programmlisting zum Symboleditor entnehmen, das zum Lieferumfang von Visual Basic gehört.

Anweisung:	**Erläuterung:**
Circle	Methode zum Zeichnen von Kreisen, Kreisbögen und Ellipsen
Cls	Methode zum Löschen einer Form oder eines Bildfeldes (abfragen oder setzen)
Line	Methode zum Zeichnen von Linien und Rechtecken
Point	Methode zur Farbermittlung eines Bildpunktes (RGB-Farbe)
Print	Methode zum Ausgeben von Text
PSet	Methode zum Setzen eines Bildpunktes
QBColor	RGB-Farbnummer aus Quick Basic-Farbnummer ermitteln
RGB	RGB-Farbwert aus Rot-, Grün- und Blau-Anteil ermitteln

Tabelle 2.15: Grafikanweisungen

Eigenschaft:	**Erläuterung:**
CurrentX	horizontale Koordinate des Bildschirms (abfragen oder setzen)
CurrentY	vertikale Koordinate des Bildschirms (abfragen und setzen)
DrawMode	Zeichenmodus festlegen
DrawStyle	Linienstil festlegen (z.B. gestrichelt, durchgezogen)
DrawWidth	Linienstärke bzw. Linienbreite festlegen
FillColor	Eigenschaft zum Festlegen einer Füllfarbe
FillStyle	Eigenschaft zum Festlegen eines Füllmusters
BackColor	Farbhintergrund definieren
ForeColor	Farbvordergrundfarbe festlegen

Tabelle 2.16: Grafikeigenschaften

Auf die Anführung spezieller oder allgemeiner Beispiele wollen wir an dieser Stelle verzichten. Es sei jedoch darauf hingewiesen, daß Grafikanweisungen im Anwendungsprogramm WinPAINT, das in Kapitel 4.5 vorgestellt wird, demonstriert werden.

2.2.7 Fehlerverfolgung

Sie haben zwei Möglichkeiten, um ein Programm ablaufsicher zu programmieren. Zum einen können Sie sämtliche Eingabewerte und im Programm errechnete Zwischenwerte so umfangreich kontrollieren und auf sinnvolle Wertbereiche überprüfen, daß kein Fehler auftritt, zum anderen implementieren Sie eine Fehlerbehandlungsroutine, um eventuell auftretende Fehler abzufangen, zu melden oder programmintern zu beheben, so daß das Programm weiter ausgeführt werden kann. Ein häufig angeführtes Beispiel, in dem kaum auf eine Fehlerbehandlung verzichtet werden kann, ist das Ansprechen eines Diskettenlaufwerkes, in das keine Diskette eingelegt ist. Die Anweisungen, die Visual Basic zur Fehlerbehandlung bereitstellt, sind in Tabelle 2.17 zusammengestellt. Damit lassen sich selbst benutzerdefinierte Fehler und Fehlermeldungen in ein Anwendungsprogramm integrieren. Beachten Sie jedoch, daß unter Visual Basic für Windows alle Fehlerbehandlungsroutinen nur in der Prozedur gültig sind, in der sie definiert wurden. Tritt in einer Prozedur ein Fehler auf, in der keine *On Error*-Anweisung enthalten ist, bricht das Programm vorzeitig den Programmlauf ab.

Anweisung:	Erläuterung:
Err, Erl	Abfrage des Fehlerstatus (Err gibt einen Fehlercode zu einem aufgetretenen Fehler zurück, Erl stattdessen die Zeilennumer, in der der Fehler aufgetreten ist) (Funktionen)
Err	Anweisung, um Fehlercode selbst festzulegen
Error$	Entsprechende Fehlermeldung (Zeichenkette) zu einem Fehlercode (Ganzzahl) ermitteln.
Error	Laufzeitfehler simulieren (Fehlernummer zwischen 1 und 32.767), um die interne Fehlerbehandlung von Visual Basic in eigenen Anwendungen zu erweitern.
On Error...	Benutzerdefinierte Fehlerbehandlungsroutine anspringen (die Verwendung ist, anders als bei Quick Basic ausschließlich innerhalb von Prozeduren zulässig; aus Kompatibilitätsgründen zu MS-Basic PDS kann stellvertretend für On Error... auch On Local Error... eingesetzt werden, Auswirkungen auf die Programmausführung hat dieses Schlüsselwort nicht)
Resume	Benutzerdefinierte Fehlerbehandlungsroutine beenden

Tabelle 2.17: Anweisungen zur Fehlerbehandlung

Wie Sie Fehlerhandlungsroutinen praktisch in ein Programm einbauen, können Sie in Kapitel 4 anhand der entwickelten Anwendungsprogramme verfolgen. Aus diesem Grund wollen wir auch auf zusätzliche Beispiele an dieser Stelle verzichten. Lediglich die Strukturierung einer Fehlerbehandlungsroutine soll hier vorgestellt werden. Jede Fehlerbehandlung wird durch eine *On Error*-Anweisung aktiviert, durch einen auftretenden Fehler ausgelöst und durch die Resume-Anweisung wieder beendet.

```
{Sub|Function} ProzedurName ([Parameterliste])
On Error Goto ErrorHandling:
   :
   'Programmanweisungen
   :
   'optional: Fehlerbehandlung vorzeitig
   'ausschalten
   [On Error Goto 0]
   :
'Prozedurende
Exit {Sub|Function}
:'Fehlerbehandlung nächste Seite
```

```
:'Fehlerbehandlung
ErrorHandling:
  'allgemeine Fehlerbehandlung für beliebige
  'Fehlernummern
  If Err=Fehlernummer_1 Then
      'Fehlerbehandlung für Fehlernummer_1
          ElseIf Err=FehlerNummer_2 Then
      'Fehlerbehandlung für Fehlernummer_2
    Else
      'Fehlerbehandlung für nicht definierte
      'Fehlernummern
   End If
'Next - weiter mit Anweisung, nach der der Fehler
'       aufgetreten ist
'Zeilennumer - Sprungmarke an der die Ausführung
'       fortgesetzt werden soll
'Resume ohne Zusatz bzw Rsume 0 - Anweisung die
'       Fehler hervorgerufen hat erneut ausführen
'       (z.B. nach Fehlermeldung: "Bitte zunächst
'       Diskettte einlegen..." (in diesem Fall
'       tritt der Fehler solange auf, bis er
'       programmintern oder durch den Anwender
'       abgestellt wurde)
Resume [0|Next|Zeilennummer]
End {Sub|Function}
```

Sie können in der folgenden Variante, die zudem eine Erweiterung gegenüber der Fehlerbehandlung von Quick und MS-Basic darstellt, Fehler an beliebigen Stellen des Quelltextes auswerten. Die *On Error Goto Resume Next*-Anweisung sorgt bei einem auftretenden Fehler zunächst dafür, daß das Programm mit der nächten Programmanweisung fortgesetzt wird, ohne daß Ausgaben oder Fehlerbehandlungsroutinen abgearbeitet werden. In diesem Fall kann an beliebiger Stelle innerhalb der Prozedur mit der *Err*-Funktion die Fehlernummer abgefragt und bei Bedarf behandelt werden.

```
{Sub|Function} ProzedurName ([Parameterliste])
  On Error Goto Resume Next
  :
  'Programmanweisungen
  :
  'optional: Fehlerbehandlung ausschalten
  [On Error Goto 0]
  :
  [optional: Auswertung des Fehlers mit ERR-Funktion]
  :
End {Sub|Function}
```

Nachdem wir in diesem Kapitel die wichtigsten Informationen zur Formular- und Quelltexterstellung vorgestellt haben, werden wir uns im nächsten Kapitel einigen fortgeschrittenen Themen zuwenden. Sollte Ihnen der Sprachumfang einmal nicht ausreichen und Sie suchen gezielt eine spezielle Funktion, dann müssen Sie nicht gleich die Programmiersprache wechseln, denn mit Visual Basic können Sie auch direkt auf die Windows-Programmierschnittstelle zugreifen. Wie, das ist eines unserer nächsten Themen. Aber auch Hinweise zur Einbindung grafischer Elemente aus anderen Grafikprogrammen oder die Verwendung von dynamischen Link-Bibliotheken werden wir behandeln.

Fortgeschrittene Programmiertechniken

An dieser Stelle wollen wir einige Themen für fortgeschrittene Visual Basic-Programmierer behandeln. Neben der Verwendung dynamischer Link-Bibliotheken, die eine Erweiterung des Sprachumfanges ermöglichen, werden wir zeigen, wie Sie bereits bestehenden Quelltext anderer Basic-Dialekte importieren und anpassen und wie Sie erweiterte Spracheigenschaften von Visual Basic sinnvoll nutzen können. Mit Hilfe spezieller Deklarationen von API- und GDI-Funktionen ist auch ein direkter Zugriff auf Windows-Systemfunktionen realisierbar. Da eine Dokumentation in den Visual Basic-Handbüchern nicht enthalten ist, werden wir eine Auswahl dieser Funktionen in diesem Buch beschreiben. Beachten Sie allerdings, daß die hier vorgestellten 50 Funktionen lediglich einen Teil der immerhin mehr als 800 Funktionen umfassenden Programmierschnittstelle von Windows ausmachen.

Am Beispiel von Turbo Pascal für Windows zeigen wir Ihnen abschließend, wie Sie Visual Basic selbst erweitern können. Auch hier erzeugen wir eine DLL. Leider ist Visual Basic selbst nicht dazu in der Lage, dynamische Link-Bibliotheken, die parallel von mehreren Anwendungsprogrammen genutzt werden können, zu generieren. Allerdings kann jede, durch eine andere Programmiersprache erstellte DLL genutzt werden. Das muß nicht Turbo Pascal für Windows, sondern kann entsprechend TopSpeed Pascal, Quick C für Windows oder auch MS-Fortran PDS 5.1 sein. Besitzen Sie neben Visual Basic noch eine weitere Programmiersprache für Windows, die DLLs generieren kann, lassen sich beide sinnvoll im Verbund nutzen. Wollen Sie sich Ihre Zusatzbibliothek nicht selbst schreiben, so stehen Ihnen bereits eine Vielzahl von Benutzerbibliotheken zur Verfügung, die Sie über den Fachhandel beziehen können. Reichen Ihnen die Steuerelemente von Visual Basic nicht aus, können Sie auch diese erweitern. Dazu sollten Sie über einen C-Compiler und das CDK verfügen. In Kapitel 3.42 eird mit Hilfe von Quick C für Windows ein benutzerdefiniertes Steuerelement entworfen.

☝ In Kapitel 3 sind mehrere Listings enthalten. Dort, wo Zeilen umbrochen wurden, wird dies durch einen Tiefstrich deutlich gemacht. Beachten Sie, daß innerhalb des Visual Basic-Editors diese Tiefstriche nicht erlaubt sind und die Anweisung immer innerhalb einer einzelnen Zeile stehen muß!

3.1 Übernahme von Basic-Programmen

Bei jedem Update auf eine neue Version oder ein neues Programmierkonzept stellt sich die Frage, in welcher Form vorhandene Programme portiert werden können. Dieses gilt insbesondere für die Dialekte Quick-, MS-, Power und Visual Basic für DOS. Obgleich Visual Basic im Vergleich zu den Programmiersprachen Power, Quick und MS-Basic sehr viele Übereinstimmungen in der Syntax aufweist, gibt es auch eine Vielzahl von Unterschieden. Aus diesem Grunde lassen sich bereits vorhandene Quelltexte nur schwer, wenn überhaupt, auf Windows übertragen. Programme mit umfangreichen Ein- und Ausgaberoutinen fallen dem Systemwechsel ebenso zum Opfer, wie hardwarenah programmierte Anwendungen. Auf der anderen Seite haben Sie allerdings mit Visual Basic weitaus mehr Möglichkeiten zur Programmerstellung. Eine Textverarbeitung, ein Zeichenprogramm oder auch ein kleines Datenbankprogramm läßt sich sehr schnell mit dieser Sprache entwickeln. Haben Sie erst einmal ein wenig mit dem Windows-Programmiersystem experimentiert und die erweiterten Möglichkeiten kennengelernt (DLLs, API- und GDI-Funktionen), dann werden Sie auch mit den Schwachpunkten leben können. Damit Sie einen Überblick über wesentliche Änderungen und stattdessen bereitstehende Anweisungen bekommen, betrachten Sie sich die nachfolgende Aufstellung.

Befehle:	**Ersatz:**
BLOAD, BSAVE	Objekt ClipBoard
CHAIN	Methoden Show, Hide, Load, Unload
INTERRUPT, PEEK, POKE, DEF SEG, VARSEG, SADD, SETMEM, INP, OUT	Fremdsprachenroutinen, API-Funktionen spezielle Steuerelementebibliotheken
READ, DATA, RESTORE	Ersetzung durch Datenfelder
SWAP	Einführung einer temporären Variablen (Wertaustausch)
diverse Zeichenfunktionen und Bildschirmanweisungen	GDI-Funktionen und Steuerlemente Linie und Figur
Ein- und Ausgaberoutinen	Visual Basic-Anweisungen, Formularentwurf
LPRINT, WIDTH LPRINT	Objekt *Printer*
LOCATE, CSRLIN	Formularmodus
	diverse Konvertierroutinen Toolboxen
FIELD	Realisierung über benutzerdefinierte Datenstrukturen

Beachten Sie, daß, falls Sie unter Visual Basic eine Funktion ohne Parameter verwenden, der Aufruf immer mit leeren Klammern erfolgen muß. Die *Declare*-Anweisung dient ausschließlich der Benennung von Prozeduren in DLLs. Unterprogramme und Funktionen von Visual Basic werden nicht deklariert, auch nicht, wenn Sie sich in unterschiedlichen Modulen und Formularen befinden. Fehlerbehandlungsroutinen sind, anders als in MS- und Quick Basic, immer lokal. Die Aktivierung und Fehlerbehandlungsroutine selbst müssen sich jeweils innerhalb einer Prozedur (Funktion oder Unterprogramm) befinden. Eine prozedurübergreifende Fehlerbehandlung ist nicht möglich.

Trotz dieser Vielzahl von Unterschieden lassen sich dennoch viele Routinen aus MS- und Quick Basic übernehmen, vorausgesetzt, Sie haben sich Benutzerbibliotheken angelegt und mit echten Unterprogrammen und Funktionen gearbeitet. Allgemeine Konvertierroutinen, Dateiverwaltungsroutinen und mathematische Funktionen können ohne jede Änderung von Visual Basic übernommen werden. Die Routinen müssen allerdings immer als Quellmodul eingebunden werden, da Visual Basic über kein eigenes Bibliothekskonzept verfügt.

Visual Basic für DOS

Mit Visual Basic für DOS 1.0, ebenfalls in einer Standard- und professionellen Fassung erhältlich, können Sie mit dem von Visual Basic bekannten Programmierkonzept DOS-Programme entwickeln. Müssen Sie Anwendungen sowohl für DOS als auch für Windows parallel programmieren, ist Visual Basic die richtige Programmiersprache für Sie. Beide Programmversionen arbeiten mit nahezu identischem Oberflächendesign und entsprechendem ereignisorientierten Programmierkonzept. Unterschiede ergeben sich zwangsläufig daraus, daß DOS ein Single-Tasking und Windows ein Multitasking-System ist. Demzufolge kann es unter DOS keinen dynamischen Datenaustausch und kein Einbinden und Einbetten von Objekten geben. Zudem arbeitet die DOS-.Version im Text- die Windows-Version hingegen im Grafikmodus. Die professionellen Programmfassungen weichen verständlicherweise noch weiter voneinander ab. Zusätzliche Steuerelemente sind in jedem Fall an die Betriebssystemumgebung gebunden und können nicht übernommen werden. Hilfedateien werden für Windows mit dem Hilfe-Complier generiert, die DOS-Version verfügt über ein eigenes Hilfesystem. Bietet die Windows-Fassung die Möglichkeit der Anbindung an beliebige Datenbanksysteme mit gleicher Syntax (ODBC - Opn database Connectivity), so bietet VBDOS eine komplexes Modul zur Isam-Dateiverwaltung an.

☝ Mit Visual Basic für DOS wird das Hilfsprogramm TRANSLATE ausgeliefert, das Dateien von Visual Basic für Windows 1.0 in ein ASCII-Format übersetzt, das in die DOS-Version eingelesen werden kann. Das Programm selbst kommuniziert zur Konvertierung mit der VB-Entwicklungsumgebung. Da das interne Dateiformat von VB 2.0 anders ist als das der Verrsion 1.0, kann die Konvertierung mit dem Programm nicht mehr erfolgen. Arbeiten Sie mit VB 2.0, können Sie jedoch als ASCII-Formen und Quellmodule abgespeicherte Projektdateien direkt mit VBDOS einlesen, da der Aufbau der ASCII-Formdefinition sich nicht mehr unterscheidet. Dementsprechend ist die Übernahme vorhandener Module wesentlich vereinfacht worden.

☝ Haben Sie auf Ihrem Rechner noch Visual Basic für Windows 1.0 installiert und wollen Sie bereits existierende Programme in die neue Entwicklungsumgebung übernehmen, so beachten Sie folgendes: Programme der Version 1.0 werden beim Einlesen und nächträglichen Speichern auf den Festspeicher automatisch in das akttueklle Dateiformat übersetzt. Dies hat jedoch zur Folge, das einmal bearbeitete Dateien mit VB 2.0 nicht mehr in die alte Entwicklungsumgebung geladen werden können. Sorgen Sie daher vor dem Bearbeiten dafür, daß die Originaldateien gesichert werden. Es kann nämlich durchaus passieren, daß Anwendungen nur schwerlich auf die neue Version umzustellen sind. Beachten Sie, daß das Binärdateiformat der unterschiedlichen Systeme unterschiedlich ist.

☝ Wie bereits erwähnt, verfügt Visual Basic für Windows 2.0 über den neuen *Variant*-Datentyp. Dieser wird derzeit nicht von der DOS-Version unterstüzt und sollte aus Gründen der besseren Portierung nicht genutzt werden. Die Portierung von DOS- zu Windows-Anwendungen erfolgt in den folgenden Arbeitsschrittebn.

- ❑ Kopieren Sie die umzuwandelnden Projektdateien in ein neues, eigenständiges Unterverzeichnis.
- ❑ Entfernen Sie in sämtlichen umzusetzenden Quelldateien die eventuell eingebundenen Einfügedateien (*.INC oder *.BIO)
- ❑ Bauen Sie die Projektdatei wieder erneut auf (*Datei hinzufügen*).
- ❑ Veruchen Sie die übernommen Module zu laden. Treten hierbei Fehler auf, können Sie diese in der Datei mit dem Suffix LOG nachlesen.
- ❑ Ändern Sie nun die einzelnen Formulare so, das sie auch unter DOS wirken und einsetzbar sind.
- ❑ Beseitigen Sie nun die Probleme, die sich mit einzelnen Schlüsselworten ergeben.

- Schreiben Sie unter Umständen die Prozeduren um, die durch den Systemwechsel anders zu lösen sind.
- Problematische Quelltextpassagen können Sie unter Umständen zunächst auskommentieren. Wichtig ist, das Sie das portierte Programm intensiv untersuchen und auf Lauffähigkeit überprüfen..

Müssen Sie Programme parallel für beide Systeme entwickeln, dann sollten Sie zunächst mit der DOS-Plattform beginnen. In jedem Fall werden Quell- und Formdateien über Dateien im *ASCII-Format* ausgetauscht

3.2 Datenaustausch unter Visual Basic

Unter einer Multitasking-Betriebssystemumgebung ist es sinnvoll, daß unterschiedliche Anwendungen miteinander kommunizieren können. Windows bietet neben dem dynamischen Datentausch auch das Verbinden und Einbetten von Objekten an (OLE). Sowohl beim DDE als auch beim OLE tritt jeweils ein Programm als Server (Source-Anwendung) und eines als *Client* (Destination) auf. Visual Basic-Programme können als DDE-Client, DDE-Server auch als OLE-Client auftreten. Sind die DDE-Funktionen Bestandteil der Visual Basic-Syntax, so müssen die OLE-Funktion explizit über das Laden des Moduls OLECLIEN.VBX bereitgestellt werden.

3.2.1 Dynamischer Datenaustausch (DDE)

Ein allgemeines Leistungsmerkmal von Windows ist der dynamische Datenaustausch (DDE = Dynamic Data Exchange). Damit lassen sich Daten zwischen Anwendungsprogrammen automatisch und fortlaufend austauschen. Berücksichtigen Sie allerdings, daß, obwohl Windows diese Möglichkeit bietet, nicht alle Windows-Anwendungen ebenfalls mit diesem Leistungsmerkmal aufwarten können. Visual Basic verfügt jedoch über die nötigen Anweisungen, um, in hiermit entwickelten Programmen, Daten dynamisch auszutauschen. Für den Vorgang selbst sind mindestens zwei Anwendungsprogramme notwendig. Ein Anwendungsprogramm ist jeweils der Client, d.h. das Programm, das die Kommunikation beginnt, und ein Anwendungsprogramm der Server, d.h. das Programm, das auf die Kommunikationsanforderung des Client antwortet. Die Kommunikation wird jeweils durch den Aufruf eines Namens von einem speziellen DDE-Anwendungsprogramm begonnen. Welcher Name das ist, ist abhängig von der Anwendung selbst und wird in der Regel im Benutzerhandbuch des jeweiligen Programmes dokumentiert. Die einzelnen Eigenschaften und Methoden, die in Verbindung mit dem dynamischen Datenaustausch verwendet werden, wurden bereits in Kapitel 2 zusammengestellt, so daß wir uns an dieser Stelle lediglich auf einige wesentliche Punkte beschränken wollen.

Herstellen einer DDE-Verbindung

In einem ersten Schritt, ist beim Aufbau einer DDE-Verbindung, der Modus festzulegen. Entweder ist die Verbindung passiv oder aktiv. Bei der aktiven Verbindung wird das für den DDE verwendete Client-Steuerelement automatisch bei jeder Datenänderung aktualisiert und bei der passiven Verbindung nur, wenn die Methode *Link-Request* im Quelltext aufgerufen wird. Beachten Sie, daß auch der Modus für den Server mit 1 gesetzt sein muß (Standardwert).

```
Client: Steuerelement.LinkMode = {0|1|2}

Server: Steuerelement.LinkMode = {0|1}
```

Über die Eigenschaft *LinkTopic* legen Sie das Thema für die DDE-Kommunikation fest. Das kann lediglich der Name eines Anwendungsprogrammes sein, ist aber in der Regel zusätzlich ein zugehöriger Dateiname, in dem die entsprechenden Daten verwaltet werden. Die beiden Informationen werden über ein Verknüpfungssysmbol innerhalb der Eigenschaft festgelegt. Zusätzlich kann über LinkItem auch ein einzelnes Datenfeld für eine DDE-Verbindung genutzt werden.

```
LinkTopic = "DDE-Anwendungsname|Lw:\Pfad\Datei.Suffix"

LinkItem =  "Datenfeld"
```

Nachdem die Verbindung existiert, ergeben sich DDE-Ereignisse, die ebenso verarbeitet werden können, wie die vom Benutzer ausgelösten Ereignisse, z.B. LinkOpen, LinkClose und LinkError. Um die DDE-Verbindung wieder aufzuheben, ist der DDE-Modus (LinkMode) lediglich auf Null zurückzusetzen.

DDE - praxisnah

Um die DDE-Funktionen soll an dieser Stelle ein kleines Demonstrationsprogramm vorgestellt werde. Es erlaubt die Aufnahme einer Verbindung zwischen zwei Visual Basic-Programmen. Beide werden für den Datenaustausch parallel ausgeführt. Dies bedeutet, daß jeweils nur eine der Anwendungen, in der Entwicklungsumgebung ausführbar ist.

```
SOURCE.FRM
ProjWinSize=100,145,252,122
ProjWinShow=2
Title="SOURCE"
ExeName="SOURCE.EXE"
Path="..\VB"
```

Listing 3.1: Die Projektdatei SOURCE.MAK

Die Source- oder Quellanwendung, von der später die Daten an die Zielanwendung übergeben werden, werden getrennt entwicket. Dementsprechend gehört zu jedem Anwendungsprogramm eine eigene Projektdatei. Die des *Source* ist in Listing 3.1 dargestellt.

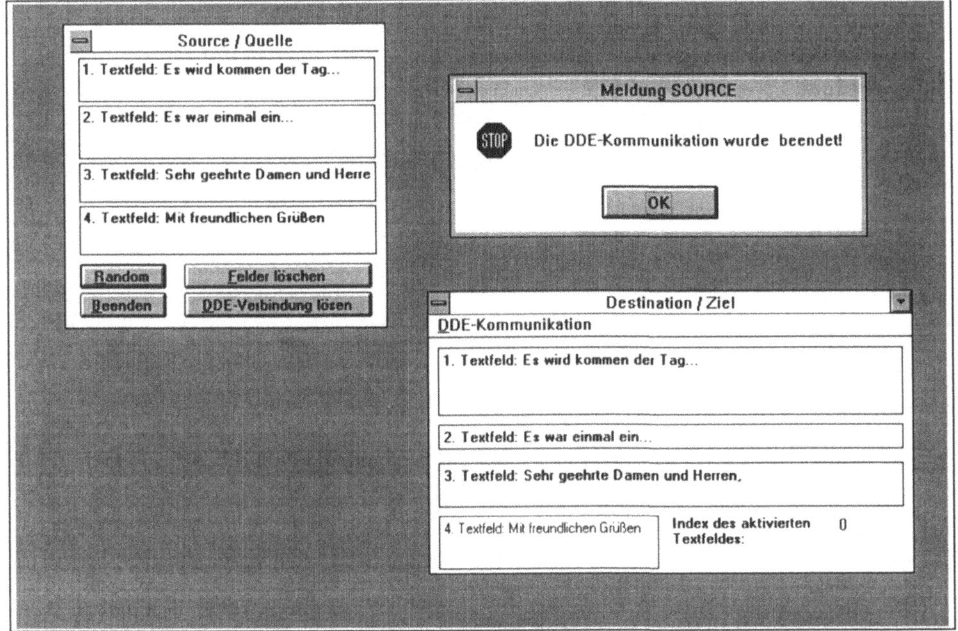

Bild 3.1: DDE-Kommunikation mit Visual Basic für Windows 2.0

Das Hauptformular der Anwendung *Source* besteht lediglich aus vier Textfeldern, in die Daten eingegebar sind und die programmintern nicht behandelt werden. Am unteren Formularrand stehen zwei Schaltflächen bereit, die das Beenden des Programmes sowie einer DDE-Kommunikation erlauben. Das Programm selbst hat keine wichtige Fuinktion, außer die Textfelder zur Eingabe bereitzustellen. Bestimmte Operationen, wie das Beenden-Ereignis einer DDE-Verbindung, kann durch das Programm *Source* gemeldet werden (s. Listing 3.2)

```
VERSION 2.00
Begin Form Form1
   BorderStyle     =   3  'Nicht änderbar, doppelt
   Caption         =   "Source / Quelle"
   Height          =   3780
   Left            =   1620
   LinkMode        =   1  'Quelle
   LinkTopic       =   "Source"
   MaxButton       =   0   'False
   ScaleHeight     =   3375
   ScaleWidth      =   3975
   Top             =   1515
   Width           =   4095
   Begin TextBox Text4
      Height          =   615
      Left            =   120
      TabIndex        =   7
      Text            =   "Text4"
      Top             =   1920
      Width           =   3795
   End
   Begin TextBox Text3
      Height          =   495
      Left            =   120
      TabIndex        =   6
      Text            =   "Text3"
      Top             =   1380
      Width           =   3795
   End
   Begin TextBox Text2
      Height          =   675
      Left            =   120
      TabIndex        =   5
      Text            =   "Text2"
      Top             =   660
      Width           =   3795
   End
   Begin TextBox Text1
      Height          =   555
      Left            =   120
      TabIndex        =   4
      Text            =   "Text1"
      Top             =   60
      Width           =   3795
```

```
   End
   Begin CommandButton Befehl4
      Caption         =   "&Random"
      Height          =   315
      Left            =   120
      TabIndex        =   0
      Top             =   2640
      Width           =   1095
   End
   Begin CommandButton Befehl3
      Caption         =   "&Felder löschen"
      Height          =   315
      Left            =   1440
      TabIndex        =   1
      Top             =   2640
      Width           =   2415
   End
   Begin CommandButton Befehl2
      Caption         =   "&DDE-Verbindung lösen"
      Height          =   315
      Left            =   1440
      TabIndex        =   3
      Top             =   3000
      Width           =   2415
   End
   Begin CommandButton Befehl1
      Caption         =   "&Beenden"
      Height          =   315
      Left            =   120
      TabIndex        =   2
      Top             =   3000
      Width           =   1095
   End
End

Sub Befehl1_Click ()
  'Programmende mit lösen der
  'DDE-Verbindung
  End
End Sub
```

```
Sub Befehl2_Click ()
  'Lösen der DDE-Verbindung,
  'ohne das Programm zu beenden
  Form1.LinkMode = 0
  'Server- /Source-Mode
  'wiederherstellen
  Form1.LinkMode = 1
End Sub

Sub Befehl3_Click ()
 'Textinhalte löschen
 Text1.Text = ""
 Text2.Text = ""
 Text3.Text = ""
 Text4.Text = ""
 'bei aktiver Verbindung erfolgt auch die Löschung
 'in der Zielanwendung
End Sub

Sub Befehl4_Click ()
 'Vorgabetexte automatisch einfügen
 Text1.Text = "1. Textfeld: Es wird kommen der Tag..."
 Text2.Text = "2. Textfeld: Es war einmal ein..."
 Text3.Text = "3. Textfeld: Sehr geehrte Damen und Herren,"
 Text4.Text = "4. Textfeld: Mit freundlichen Grüßen"
 'bei aktiver Verbindung erfolgt auch die Initialisierung
 'in der Zielanwendung
End Sub

Sub Form_LinkClose ()
  'dies Ereignis tritt auf, wenn die
  'Kommunikation durch das Programm
  'DESTINATION beendet wird
  M$ = M$ + "Die DDE-Kommunikation wurde "
  M$ = M$ + " beendet!"
  MsgBox M$, 16, "Meldung SOURCE"
End Sub

Sub Form_LinkError (LinkErr As Integer)
  'Tritt auf, wenn ein Fehler in der DDE-
  'Kommunikation eintritt
End Sub

Sub Form_LinkExecute (CmdStr As String, Cancel As Integer)
  'wird ausgeführt, wenn eine Kommandozeichenkette
  'an das Programm SOURCE übergeben wird
End Sub
```

```
Sub Form_LinkOpen (Cancel As Integer)
  'dies Ereignis tritt auf, wenn die
  'Kommunikation durch das Programm
  'DESTINATION vorgenommen wird
  M$ = M$ + "Die DDE-Kommunikation wurde vom Programm"
  M$ = M$ + " Destination aufgenommen!"
  MsgBox M$, 64, "Meldung SOURCE"
End Sub

Sub Form_Load ()
  'Quelle soll nur einmalig ausführbar
  'sein; der Programmstart erfolgt
  'über die Destination-Anwendung
  If App.PrevInstance = True Then
    'Programm wird bereits ausgeführt
    'Programmabbruch melden
    M$ = "SOURCE kann nicht mehrfach unter "
    M$ = M$ + "Windows ausgeführt werden. Der erneute "
    M$ = M$ + " Programmstart wird ignoriert! "
    M$ = M$ + "Die DDE-Kommunikation wird mit der "
    M$ = M$ + "ersten Instanz aufgebaut!"
    MsgBox M$, 16, "Programmabbruch"
    'Programm nicht erneut ausführen sondern beenden
    End
  End If
End Sub
```

Listing 3.2: Die Formdatei zur DDE-Sorce-Anwendung SOURCE.FRM

Über die Eigenschaft *PrevInstance* wird bereits beim Laden des Formulars überprüft, ob die Anwendung schon ausgeführt wird. Ist dies der Fall und *App.PrtevInstance=True*, so wird der Ladevorgang unmittelbar abgebrochen.

Das Programm *Source* befindet sich im selbstentpackenden Archiv VBDDE.EXE auf der Installationsdiskette zu diesem Buch. Das Programm wird während der Einrichtung im Regelfall in das Verzeichnis \VIEWEG\VBDDE kopiert. Die Anwendung kann, nachdem Visual Basic ausgeführt wurde, über den Menübefehl DATEI • PROJEKT ÖFFNEN in die Entwicklungsumgebung geladen werden. Wählen Sie dazu im nachfolgenden Dialogfeld die Projektdatei SOURCE.MAK an. Erstellen Sie im Anschluß daran im Programmverzeichnis das eigenständig ausführbare Programm über den Menüpunkt DATEI • EXE-DATEI ERSTELLEN. Das Programm selbst wird anschließend über die DDE-Destination-Anwendung *DEST* ausgeführt. Wird das Programm eigenständig ausgeführt, hat es keine sinnvolle Funktion. In Verbindung mit dem Programm DEST dient es als Eingabemaske.

```
DEST.FRM
ProjWinSize=74,204,252,122
ProjWinShow=2
Title="DEST"
ExeName="DEST.EXE"
Path="..\VB"
```

Listing 3.3: Die Projektdatei DEST.MAK

Die Source-Anwendung wird sinnvoll durch die Destination-Anwendung ergänzt. Das Projekt selbst besteht ausschließlich aus der Formdatei DEST.FRM (s. Tabelle 3.3). In der Form der Destination-Anwendung sind spezielle Textfelder eingebaut, die den Eingabefeldern der Source-Anwendung entsprechen. Wird nachder die DDE-Kommunikation aufgenommen, werden zu diesen vier Textfeldern Daten übertragen.

```
VERSION 2.00
Begin Form Form1
   BorderStyle     =   3  'Nicht änderbar, doppelt
   Caption         =   "Destination / Ziel"
   Height          =   3630
   Left            =   1200
   LinkTopic       =   "Form1"
   MaxButton       =   0   'False
   ScaleHeight     =   2940
   ScaleWidth      =   6255
   Top             =   1260
   Width           =   6375
   Begin TextBox Text1
      FontBold        =   0   'False
      FontItalic      =   0   'False
      FontName        =   "MS Sans Serif"
      FontSize        =   8,25
      FontStrikethru  =   0   'False
      FontUnderline   =   0   'False
      Height          =   675
      Index           =   3
      Left            =   120
      MaxLength       =   50
      MultiLine       =   -1  'True
      TabIndex        =   3
      Top             =   2220
      Width           =   2835
   End
   Begin TextBox Text1
      Height          =   555
```

```
      Index            =   2
      Left             =   120
      MaxLength        =   300
      MultiLine        =   -1  'True
      TabIndex         =   2
      Top              =   1560
      Width            =   6015
   End
   Begin TextBox Text1
      Height           =   315
      Index            =   1
      Left             =   120
      MaxLength        =   100
      MultiLine        =   -1  'True
      TabIndex         =   1
      Top              =   1080
      Width            =   6015
   End
   Begin TextBox Text1
      Height           =   855
      Index            =   0
      Left             =   120
      MultiLine        =   -1  'True
      TabIndex         =   0
      Top              =   120
      Width            =   6015
   End
   Begin Label Bezeichnung2
      BackColor        =   &H00FFFFFF&
      Caption          =   "0"
      FontBold         =   -1  'True
      FontItalic       =   0   'False
      FontName         =   "MS Sans Serif"
      FontSize         =   9,75
      FontStrikethru   =   0   'False
      FontUnderline    =   0   'False
      ForeColor        =   &H000000C0&
      Height           =   375
      Left             =   5220
      TabIndex         =   5
      Top              =   2220
      Width            =   615
   End
```

```
   Begin Label Bezeichnung1
      Caption          =   "Index des aktivierten Textfeldes:"
      Height           =   435
      Left             =   3120
      TabIndex         =   4
      Top              =   2220
      Width            =   1875
   End
   Begin Menu MNU_DDE
      Caption          =   "&DDE-Kommunikation"
      Begin Menu MNU_HotLink
         Caption          =   "&aktiv (hot link)"
      End
      Begin Menu MNU_ColdLink
         Caption          =   "&passiv (cold link)"
      End
      Begin Menu MNU_NotifyLink
         Caption          =   "&notify (warm link)"
      End
      Begin Menu MNU_EndDDE
         Caption          =   "&Verbindung lösen"
      End
      Begin Menu MNU_Leer
         Caption          =   "-"
      End
      Begin Menu MNU_Exit
         Caption          =   "&Beenden"
      End
   End
End

'**********************************************
'* Demonstrationsprogramm zu DDE-Operationen  *
'* Destination- bzw. Zielanwendung            *
'* Das Vieweg-Buch zu Visual Basic für        *
'* Windows 2.0                                *
'* (c)1993 by Dipl.-Ing. Andreas Maslo        *
'**********************************************

'Aktiviertes Feld für DDE-Kommunikation merken
'(diese Variable ist aufgrund der Deklaration
'in der Form formglobal)
Dim Shared ActiveField%
```

```
Sub Form_LinkClose ()
  'DDE-Kommunikation wurde beendet
  M$ = "Die DDE-Kommunikation wurde "
  M$ = M$ + " vom SOURCE beendet!"
  MsgBox M$, 16, "Meldung DESTINATION"
End Sub

Sub Form_Load ()
  'Source/Quelle automatisch starten
  '(Laufzeitfehler kann alternativ
  'zum Laden verwendet werden)
  a% = Shell("source", 1)
End Sub

Sub MNU_ColdLink_Click ()
  'passive Verbindung aufnehmen bzw.
  'bei bereits bestehender DDE-
  'Verbindung aktualisieren
  If Text1(ActiveField%).LinkMode = 0 Then
    For x% = 0 To 3
      'kein DDE-Dialog
      Text1(x%).LinkMode = 0
      'Thema für DDE-Kommunikation
      Text1(x%).LinkTopic = "Source|Source"
      'DDE-Element
      Select Case x%
        Case 0: Text1(x%).LinkItem = "Text1"
        Case 1: Text1(x%).LinkItem = "Text2"
        Case 2: Text1(x%).LinkItem = "Text3"
        Case 3: Text1(x%).LinkItem = "Text4"
      End Select
      'passive Verbindung (Aktualisierung
      'nur auf Anforderung)
      Text1(x%).LinkMode = 2
    Next x%
    'Funktion der Schaltfläche wechseln
    MNU_ColdLink.Caption = "Passive Verbindung aktualisieren"
    'Schaltfläche zur Herstellung einer
    'aktiven Verbindung deaktivieren
    MNU_HotLink.Enabled = 0
    'dto. notify link
    MNU_NotifyLink.Enabled = 0
  End If
  'Aktualisierung
  For x% = 0 To 3
    Text1(x%).LinkRequest
  Next x%
End Sub
```

```
Sub MNU_EndDDE_Click ()
  'DDE-Verbindung lösen
  For x% = 0 To 3
    Text1(x%).LinkMode = 0
  Next x%
  'Schaltflächen zur Aufnahme
  'einer DDE-Kommunikation
  'wieder aktivieren
  MNU_HotLink.Enabled = 1
  MNU_ColdLink.Enabled = 1
  MNU_NotifyLink.Enabled = 1
  MNU_ColdLink.Caption = "Passive Verbindung herstellen (cold link)"
End Sub

Sub MNU_Exit_Click ()
  'Programm beenden
  End
End Sub

Sub MNU_HotLink_Click ()
  'aktive DDE-Verbindung aufbauen
  '(hot link/automatic link)
  For x% = 0 To 3
    'kein DDE-Dialog
    Text1(x%).LinkMode = 0
    'Programm/Thema für DDE-Kommunikation
    Text1(x%).LinkTopic = "Source|Source"
    'DDE-Element
    Select Case x%
      Case 0: Text1(x%).LinkItem = "Text1"
      Case 1: Text1(x%).LinkItem = "Text2"
      Case 2: Text1(x%).LinkItem = "Text3"
      Case 3: Text1(x%).LinkItem = "Text4"
    End Select
    'passive Verbindung (Aktualisierung
    'nur auf Anforderung)
    Text1(x%).LinkMode = 1
  Next x%
  'Menübefehl für Aufnahme einer
  'aktiven Verbindung sperren
  MNU_HotLink.Enabled = 0
  'dto. manual link
  MNU_ColdLink.Enabled = 0
  'dto. notify link
  MNU_NotifyLink.Enabled = 0
End Sub
```

```
Sub MNU_NotifyLink_Click ()
  'warm link/notify link
  'kein DDE-Dialog
  For x% = 0 To 3
    Text1(x%).LinkMode = 0
    'Thema für DDE-Kommunikation
    Text1(x%).LinkTopic = "Source|Source"
    'DDE-Element
    Select Case x%
      Case 0: Text1(x%).LinkItem = "Text1"
      Case 1: Text1(x%).LinkItem = "Text2"
      Case 2: Text1(x%).LinkItem = "Text3"
      Case 3: Text1(x%).LinkItem = "Text4"
    End Select
    'Notify Link
    Text1(x%).LinkMode = 3
    'Hinweis: hierdurch tritt das Ereignis
    'LinkNotify ein, das vom SOURCE aus-
    'gelöst wird (siehe dort)
  Next x%
  'Schaltflächen zur Aufnahme einer DDE-
  'Verbindung deaktivieren
  MNU_HotLink.Enabled = 0
  MNU_ColdLink.Enabled = 0
  MNU_NotifyLink.Enabled = 0
End Sub

Sub Text1_GotFocus (Index As Integer)
  'aktiviertes Textfeld
  ActiveField% = Index
  'aktives Textfeld anzeigen
  Bezeichnung2.Caption = Str$(Index)
End Sub

Sub Text1_LinkNotify (Index As Integer)
  'SERVER/SOURCE teilt Veränderung der Daten, die
  'an der DDE-Kommunikation beteiligt sind, mit
  M$ = "Die Daten der DDE-Verbindung wurden geändert. "
  M$ = M$ + " Sollen die Daten in DESTINATION  "
  M$ = M$ + "aktualisiert werden?"
  'Abfrage zur Datenübernahme
  a% = MsgBox(M$, 4 + 32, "DESTINATION: Notify Link")
  If a% = 6 Then
    'aktuell geändertes Feld aktualisieren
    Text1(Index).LinkRequest
  End If
End Sub
```

```
Sub Text1_LostFocus (Index As Integer)
  'Textfeld verliert den Fokus, d.h. vorübergehend
  'hat kein Textfeld den Fokus
  Bezeichnung2.Caption = " 0"
End Sub
```

Listing 3.4: Die Formdatei zur DDE-Destination-Anwendung DEST.FRM

Wird das Programm ausgeführt, wird versucht, die Source-Anwendung zu starten. Liegt die zugehörige EXE-Datei SOURCE.EXE noch nicht vor, bricht das Programm mit einem Laufzeitfehler ab. Auf eine Fehlerbehandlungsroutine wurde verzichtet. Wird SOURCE korrekt ausgeführt, können Sie über das Hauptmenü die DDE-Verbindungsform wählen. Beim **hot link** bzw. der aktiven Verbindung werden Daten automatisch bei Änderung aktualisiert, beim **cold** bzw. der passiven Verbindung erfolgt die Aktualisierung der Daten ausschließlich nach Anforderung (ebenfalls über einen Menüeintrag, der intern auf eine andere Funktion umgeschaltet wird) und beim *notify link* bzw. der warmen Verbindung meldet der Source die Änderung der Daten, woraufhin die Destination Anwendung über die eine Aktualisierung entscheiden muß.

Das Programm *Dest* befindet sich im selbstentpackenden Archiv VBDDE.EXE auf der Installationsdiskette zu diesem Buch. Das Programm wird während der Einrichtung im Regelfall in das Verzeichnis \VIEWEG\VBDDE kopiert. Die Anwendung kann, nachdem Visual Basic ausgeführt wurde, über den Menübefehl DATEI • PROJEKT ÖFFNEN in die Entwicklungsumgebung geladen werden. Wählen Sie dazu im nachfolgenden Dialogfeld die Projektdatei DEST.MAK an. Um das Programm zu starten, brauchen Sie lediglich den Menüpunkt AUSFÜHREN • STARTEN wählen. Ein eigenständig ausführbares Programm generieren Sie über den Menüpunkt DATEI • EXE-DATEI ERSTELLEN. Starteen Sie diese DDE-Zielanwendung, so wird, falls nicht bereits geschehen, auch die DDE-Quellanwendung gestartet. Wird diese bereits ausgeführt, wird dies von Dest erkannt und entsprechend gemeldet. Ein doppelter Programmstart der Source-Anwendung foindet nicht statt.

3.2.2 Objekte verbinden und einbetten (OLE)

OLE erweitert die DDE-Funktionen, indem die Datenverbindung noch genauer festgelegt wird. Objekte werden verbunden (Linking) und in ein Dokument eingebettet (Embedding). Ein Objekt kann ein Text, eine Grafik oder eine Kalkulationstabelle mit beliebigem Datenformat sein, das dem Anwendungsprogramm selbst nicht bekannt sein muß. Ein Doppelklick auf ein in ein Dokument eingefügtes Objekt erlaubt den Aufruf des jeweiligen Anwendungsprogrammes, das diese Daten erstellt hat. Danach ist die Überarbeitung des angewählten Objektes und die anschließende Übernahme in die Zielanwendung möglich. Aber auch die Einbettung von Bildsymbolen in ein Dokument ist durchführbar.

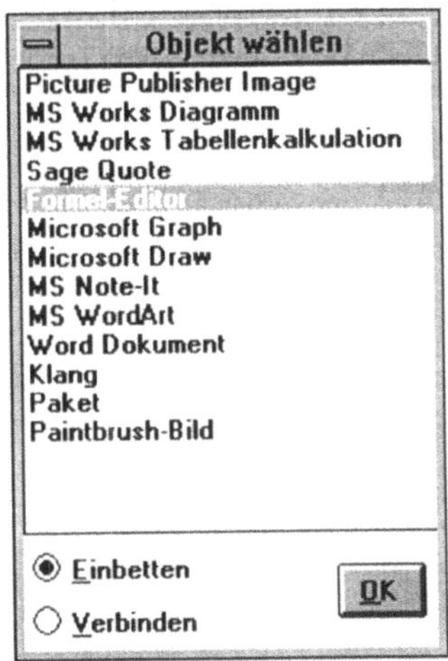

Bild 3.2: Benutzerdefiniertes Auswahlfenster für registrierte Objekte

Um OLE-Anwendungen ausführen zu können, sind die DLLS OLECLI.DLL und OLESVR.DLL nötig. Zusätzlich zu den bereits genannten DLLs, ist die Bibliothek SHELL.DLL von wesentlicher Bedeutung für das OLE. Diese enthält Funktionen, die einem OLE-Server-Anwendungsprogramm die Registrierung bei der Installation gestattet. Visual Basic-Anwendungen können mit Hilfe des OLE-Client-Server-Steuerelementes als Client-Anwendugen auftreten und Objekte in eigene Anwendungen einbinden.

```
OLE.FRM
C:\WINDOWS\SYSTEM\OLECLIEN.VBX
OBJEKT.FRM
ProjWinSize=126,218,252,122
ProjWinShow=2
Title="OLE"
ExeName="OLE.EXE"
Path="C:\VB"
```

Listing 3.5: Dier Projektdatei OLE.MAK

Das Programm OLE, das den Einsatz des neuen Steuerelementes zeigen soll, besteht aus drei Projektdateien, einem Hauptformular, einem Zusatzformular zur Anwahl eines registrierten Objekttyps und der Steuerelementebibliothek OLECLIEN.VBX.

```
VERSION 2.00
Begin Form Form1
   BorderStyle     =   1  'Nicht änderbar, einfach
   Caption         =   "OLE-Client-Demonstration"
   Height          =   4935
   Left            =   1140
   LinkTopic       =   "Form1"
   MaxButton       =   0   'False
   MinButton       =   0   'False
   ScaleHeight     =   4245
   ScaleWidth      =   6915
   Top             =   1065
   Width           =   7035
   Begin PictureBox Bild1
      Height          =   4275
      Left            =   0
      ScaleHeight     =   4245
      ScaleWidth      =   6885
      TabIndex        =   0
      Top             =   0
      Width           =   6915
      Begin OleClient OleClient1
         Height          =   4215
         Left            =   0
         Top             =   0
         Width           =   6915
      End
   End
   Begin Menu MNU_Objekte
      Caption         =   "&Objekte"
      Begin Menu MNU_LinkingEmbedding
         Caption         =   "&Verbinden und Einbetten"
      End
      Begin Menu MNU_Leer
         Caption         =   "-"
      End
      Begin Menu MNU_Exit
         Caption         =   "&Beenden"
      End
   End
```

```
   Begin Menu MNU_Edit
      Caption         =   "&Bearbeiten"
      Begin Menu MNU_OLEEdit
         Caption         =   "&Objekt"
         Enabled         =   0   'False
      End
      Begin Menu MNU_Delete
         Caption         =   "&Löschen"
         Enabled         =   0   'False
      End
   End
   Begin Menu MNU_Help
      Caption         =   "&Hilfe"
      Begin Menu MNU_About
         Caption         =   "&Info..."
      End
   End
End

Sub Form_Load ()
  'Form2 zur Auswahl des Objektes laden
  'aber noch nicht anzeigen
  Load Form2
  'OLE-fähige Server aus Registrierdatenbank
  'ermitteln und in Listenfeld ausgeben
  For x% = 0 To OleClient1.ServerClassCount - 1
    'Protokoll vorhanden?
    OleClient1.ServerClass = OleClient1.ServerClasses(x%)
    If (OleClient1.ServerProtocolCount) Then
      'in Listenfeld übernehmen
      Form2!Liste1.AddItem OleClient1.ServerClassesDisplay(x%)
    End If
  Next x%
  'ersten Listeneintrag aktivieren
  Form2!Liste1.ListIndex = 0
End Sub
```

```
Sub MNU_About_Click ()
  'Programminformationen ausgeben
  'Zeilenvorschub definieren
  CL$ = Chr$(13) + Chr$(10)
  Titel$ = "Info"
  Meldung$ = "Dieses Programm demonstriert das Einbinden "
  Meldung$ = Meldung$ + "und Einbetten von Objekten in eine "
  Meldung$ = Meldung$ + "Client-Anwendung mit Hilfe des OLE-"
  Meldung$ = Meldung$ + "Client-Steuerelementes von Visual "
  Meldung$ = Meldung$ + "Basic für Windows 2.0" + CL$ + CL$
  Meldung$ = Meldung$ + "Das Vieweg-Buch zu Visual Basic für Windows 2.0"_
           + CL$ + CL$
  Meldung$ = Meldung$ + "(c)1993 by Dipl.-Ing. Andreas Maslo"
  MsgBox Meldung$, 64, Titel$
End Sub

Sub MNU_Delete_Click ()
  'wird diese Funktion aufgerufen, ohne daß ein Objekt
  'vorhanden ist, tritt ein Fehler auf, daher:
  On Error GoTo ExitDeleteObject
  'Objekt wieder löschen
  OleClient1.Action = 10
  'Schaltfläche zum Bearbeiten und Löschen deaktivieren
  MNU_OLEEdit.Enabled = False
  MNU_Delete.Enabled = False
ExitDeleteObject:
  Exit Sub
End Sub

Sub MNU_Exit_Click ()
  'OLE-Verbindung aufheben und
  'Programm beenden
  'Ereignisprozedur aufrufen (löschen)
  MNU_Delete_Click
  'Programmende
  End
End Sub

Sub MNU_LinkingEmbedding_Click ()
  'eventuell bereits vorhandenes Objekt löschen
  MNU_Delete_Click
  'Objektanwahl anzeigen
  Form2.Show
  'Bearbeiten-Funktionen aktivieren
  MNU_OLEEdit.Enabled = True
  MNU_Delete.Enabled = True
End Sub
```

```
Sub MNU_OLEEdit_Click ()
  'entspricht Doppelklick auf OLE-Client
  'entsprechende Ereignisprozedur aufrufen
  OleClient1_DblClick
End Sub

Sub OleClient1_DblClick ()
  'Objekt bei Doppelklick auf OLE-
  'Steuerelement bearbeiten
  On Error Resume Next
  ' 0 ist erstes Verb eines Objektes in der Liste aller
  'verfügbaren Verben (z.B. edit=bearbeiten, play=spielen)
  OleClient1.Verb = 0
  'Server-Anwendung starten
  OleClient1.Action = 7
End Sub
```

Listing 3.6: Das Hauptformular OLE.FRM

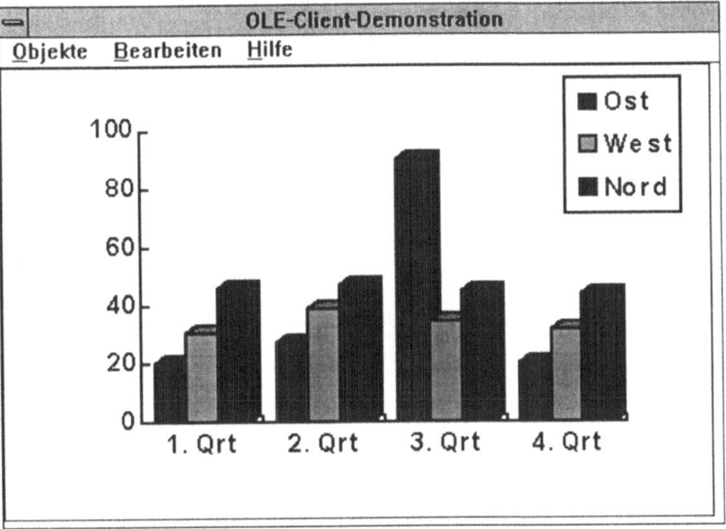

Bild 3.3: Objekte verbinden und einbetten mit Visual Basic

Aus Platzgründen wird in diesem Beispielprogramm nur das Laden eines Objektes und die Herstellung der Verbindung dargestellt. Natürlich können die Objekte und deren Verbindung aucvh in Dateien abgespeichert und von dort wieder geladen werden.

```
VERSION 2.00
Begin Form Form2
   BorderStyle     =   3  'Nicht änderbar, doppelt
   Caption         =   "Objekt wählen"
   Height          =   4365
   Left            =   2940
   LinkTopic       =   "Form2"
   MaxButton       =   0   'False
   MinButton       =   0   'False
   ScaleHeight     =   3960
   ScaleWidth      =   2880
   Top             =   2010
   Width           =   3000
   Begin OptionButton Option2
      Caption         =   "&Verbinden"
      Height          =   255
      Left            =   60
      TabIndex        =   3
      Top             =   3600
      Width           =   1695
   End
   Begin OptionButton Option1
      Caption         =   "&Einbetten"
      Height          =   255
      Left            =   60
      TabIndex        =   2
      Top             =   3240
      Value           =   -1  'True
      Width           =   1635
   End
   Begin CommandButton Befehl1
      Caption         =   "&OK"
      Height          =   375
      Left            =   2160
      TabIndex        =   1
      Top             =   3360
      Width           =   615
   End
   Begin ListBox Liste1
      Height          =   3150
      Left            =   0
      TabIndex        =   0
      Top             =   0
      Width           =   2895
   End
End
```

```
Sub Befehl1_Click ()
  'Form verstecken
  Form2.Hide
End Sub

Sub Liste1_Click ()
  On Error Resume Next
  'Dialogfeld zur Objektanwahl verstecken
  Form2.Hide
  'Mauszeiger als Sanduhr
  MousePonter = 11
  'Klassennamen zum gewählten Eintrag
  'nach Doppelklick ermitteln
  'aktuelle Anwahl ermitteln
  Eintrag$ = Liste1.List(Liste1.ListIndex)
  'Klassennamen auslesen
  'Iteration durch alle Server-Klassen
  For x% = 0 To Form1!OleClient1.ServerClassCount - 1
    'Klassennamen ermittelt?
    If (Form1!OleClient1.ServerClassesDisplay(x%) = Eintrag$) Then
      'Schleife beendne, falls Klassenname bekannt
      Exit For
    End If
  Next x%
  OLEReg% = x%
  'Klassenname an OLE-Steuerelement
  Form1!OleClient1.Class = Form1!OleClient1.ServerClasses(OLEReg%)
  'Objekt einfügen oder einbinden
  '(Servertyp wird über Optionsfelder festgelegt)
  If Option1.Value = True Then
      'Objekt wird eingebettet, d.h. das Objekt
      'wird in der aktuellen Datei beim Speichern gesichert
      Form1!OleClient1.ServerType = 1
    ElseIf Option2.Value = True Then
      'Objekt wird verbunden, d.h. das Objekt
      'wird vonm Server verwaltet
      Form1!OleClient1.ServerType = 1
  End If
  'neues Objekt anlegen
  Form1!OleClient1.Action = 0
  'Mauszeiger wieder normal
  MousePointer = 0
End Sub
```

Listing 3.7: Die Form OBJEKT.FRM zur Auswahl eines OLE-Objektes

Das Programm *OLE* befindet sich im selbstentpackenden Archiv VBOLE.EXE auf der Installationsdiskette zu diesem Buch. Das Programm wird während der Einrichtung im Regelfall in das Verzeichnis \VIEWEG\VBOLE kopiert. Die Anwendung kann, nachdem Visual Basic ausgeführt wurde, über den Menübefehl DATEI • PROJEKT ÖFFNEN in die Entwicklungsumgebung geladen werden. Wählen Sie dazu im nachfolgenden Dialogfeld die Projektdatei OLE.MAK an. Um das Programm zu starten, brauchen Sie lediglich den Menüpunkt AUSFÜHREN • STARTEN wählen. Ein eigenständig ausführbares Programm generieren Sie über den Menüpunkt DATEI • EXE-DATEI ERSTELLEN.

3.3 Verwendung von API- und GDI-Funktionen

An dieser Stelle wollen wir Ihnen demonstrieren, welche Möglichkeiten Sie beim Einsatz der API- und GDI-Funktionen haben. Dabei handelt es sich um derzeit ca. 800 Funktionen, die die Programmierschnittstelle von Windows darstellen. Sollten Sie bei Visual Basic-Anweisungen einmal eine benötigte Anweisung nicht entdecken können, dann werden Sie wahrscheinlich bei diesen Systemfunktionen fündig. Dabei ist allerdings zu bemängeln, daß Visual Basic in der Standardversion selbst keine Dokumentation zu diesen Funktionen enthält, so daß Sie bei Bedarf auf Sekundärliteratur zurückgreifen müssen. Auch sind die Funktionsdeklarationen der API- und GDI-Funktionen, ohne die ein Einsatz in Visual Basic nicht möglich ist, auch nicht im Lieferumfang enthalten.Die profesisionelle Version bietet ersatzweise eine Online-Hilfe und Dateien mit sämtlichen Datentypen-, Konstanten- und Funktionsdeklarationen. Um Ihnen hier einige erweiterte Möglichkeiten in der Visual Basic-Programmierung zu geben, stellen wir Ihnen zunächst 50 dieser Systemfunktionen in der Syntax mit einer kurzen Beschreibung vor. Die Deklarationen dieser Funktionen befinden sich zum größten Teil in der Datei APIGDI.BAS auf der Buchdiskette. Einige weitere Funktionen wurden im Beispielprogramm Symboleditor zu Visual Basic genutzt aber leider von Microsoft ebenfalls nicht in der Dokumentation erläutert. Die Deklarationen dieser Funktionen können Sie dem Quelltext zum Symboleditor entnehmen. Die einzelnen Informationen zu den einzelnen Funktionen sind nachfolgend kurz erläutert.

Funktion:	**Bezeichnung:**
Beschreibung:	Kurzbeschreibung der Funktion
Deklaration:	Definition des Funktionsaufrufes einer DLL (ohne diese Deklaration kann eine Funktion nicht verwendet werden)
DLL:	Name der Datei
Syntax:	Syntax bei Verwendung der Funktion im Quelltext
Parameter:	Erläuterung der eventuell vorhandenen Parameter
Rückgabewert:	Angabe des Rückgabewertes
Beispiel:	Quelltextbeispiel

API-Funktionen (DLL: KERNEL.EXE) für Visual Basic

Funktion:	**GETVERSION%**
Beschreibung:	Funktion gibt die Nummer der aktuellen Windows-Version an.
Deklaration:	Declare Function GetVersion% Lib "Kernel" ()
DLL:	KERNEL.EXE
Syntax:	GetVersion% ()
Parameter:	-
Rückgabewert:	Haupt- und Nebenversionsnummer von Windows als Speicherwort
Beispiel:	a% = GetVersion% ()
Anmerkung:	Wie der ermittelte Zahlenwert in ein Zeichenkettenformat konvertiert werden kann, sehen Sie an der benutzerdefinierten Funktion WinVer$ (siehe Listing zu den API-Funktionen).

Funktion:	**GETNUMTASKS%**
Beschreibung:	Funktion gibt die Anzahl, der zur Abfragezeit aktiven Prozesse (Tasks = einzelne Instanzen einer Windows-Anwendung) wieder.
Deklaration:	Declare Function GetNumTasks% Lib "Kernel" ()
DLL:	KERNEL.EXE
Syntax:	GetNumTask% ()
Parameter:	-
Rückgabewert:	Anzahl der Tasks (Integer)
Beispiel:	Print "Anzahl Tasks: "; GetNumTask% ()

Funktion:	**GETMODULEHANDLE%**
Beschreibung:	Funktion ruft das Module-Handle des angegebenen Moduls ab.
Deklaration:	Declare Function GetModuleHandle% Lib "Kernel" _ (ByVal Modulename$)
DLL:	KERNEL.EXE
Syntax:	GetModuleHandle% (ModuleName$)
Parameter:	ModuleName$ - Dateiname (Zeichenkette)
Rückgabewert:	Nummer des Moduls oder 0, bei erfolgloser Ausführung der Funktion
Beispiel:	Handle% = GetModuleHandle% ("ToolsDLL")

Funktion:	**GETMODULEFILENAME%**
Beschreibung:	Funktion ruft den Pfadnamen der Datei ab, aus der das angegebene Modul geladen wurde.
Deklaration:	Declare Function GetModuleFileName% Lib "Kernel"_ (ByVal Handl%, ByVal Dateiname$, ByVal Laenge%)
DLL :	KERNEL.EXE
Syntax:	**GETMODULEFILENAME%_ (HANDLE%, DATEINAME$, LAENGE%)**
Parameter:	Handle% - Nummer, unter der das Modul verwaltet wird Dateiname$ - Zeichenkette, Name der Datei Laenge% - Länge der Zeichenkette
Rückgabewert:	Tatsächliche Länge des vollständigen Pfadnamens
Beispiel:	a%=GetModuleFileName% (Handle%, Dateiname$, 255)

Funktion:	**GETWINFLAGS&**
Beschreibung:	Funktion gibt die aktuelle Speicherkonfiguration für Windows an.
Deklaration:	Declare Function GetWinFlags& Lib "Kernel" () DLL: KERNEL.EXE
Syntax:	GetWinFlags& ()
Parameter: -	
Rückgabewert:	32-Bit-Wert mit den Flags der Speicherkonfiguration

Wert	Bedeutung
wf_80x87	System enthält einen mathematischen Intel- Coprozessor
wf_CPU086	System-CPU ist ein 8086
wf_CPU186	System-CPU ist ein 80186
wf_CPU286	System-CPU ist ein 80286
wf_CPU386	System-CPU ist ein 80386
wf_CPU486	System-CPU ist ein 80486
wf_Enhanced	erweiterter 386-Modus, immer auch wf_PMode gesetzt
wf_LargeFrame	Large-Frame-EMS-Speicherkonfiguration
wf_Mode	Protected Mode, immer gesetzt bei wf_Enhanced oder wf_Standard
wf_SmallFrame	Small-Frame-EMS-Speicherkonfiguration
wf_Standard f_PMode	Standardmodus, immer auch gesetzt

Beispiel:	Flags& = GetWinFlags& ()

Funktion:	**GETFREESPACE&**
Beschreibung:	Funktion ermittelt den freien Speicher.
Deklaration:	Declare Function GetFreeSpace& Lib "Kernel" (ByVal_ wFlag%)
DLL:	KERNEL.EXE
Syntax:	GetFreeSpace& (wFlag%)
Parameter:	wFlag - 0
Rückgabewert:	Größe des freien Speichers in Byte
Beispiel:	a& = GetFreeSpace& (0)
Anmerkung:	Die Funktion berücksichtigt nicht, ob der Speicherplatz zusammenhängend ist.

Funktion: **GETDRIVETYPE%**

Beschreibung: Funktion stellt den Laufwerkstyp fest (Diskettenlaufwerk, Festplatte, Netzwerk).

Deklaration: Declare Funktion GetDriveType% Lib "Kernel"_
(ByVal Lw%)

DLL: KERNEL.EXE

Syntax: a%=GetDriveType% (Lw%)

Parameter: Lw - Nummer des Laufwerks (i.d.R. 0=A, 1=B, 2=C,...)

Rückgabewert:

Wert	Bedeutung
Drive_Removeable	Diskettenlaufwerk
Drive_Fixed	Festplattenlaufwerk
Drive_Remote	Netzwerklaufwerk

Beispiel: a% = GetDriveType% (2)

Unterprogramm: **GETSYSTEMDIRECTORY**

Beschreibung: Unterprogramm stellt den Systempfad des Windows-Unterverzeichnisses fest.

Deklaration: Declare Sub GetSystemDirectory Lib "Kernel" (ByVal_
Text$, ByVal Laenge%)

DLL: KERNEL.EXE

Syntax: GetSystemDirectory (Text$, Laenge%)

Parameter: Text$ - Zeichenkette, Pfadname
Laenge% - Länge der Zeichenkette

Rückgabewert: Länge des Pfadnamens

Beispiel: GetSystemDirectory Text$, Laenge%

Funktion: **GETWINDOWSDIRECTORY%**

Beschreibung: Funktion stellt den Pfadnamen des Windows-Verzeichnisses fest.

Deklaration: Declare Function GetWindowsDirectory% Lib "Kernel" _
(ByVal Text$, ByVal Laenge%)

DLL: KERNEL.EXE

Syntax: GetWindowsDirectory% (Text$, Laenge%)

Parameter: Text$ - Zeichenkette, Pfadname
Laenge% - Länge der Zeichenkette
Rückgabewert: Länge des Pfadnamens

Beispiel: a%=GetWindowsDirectory% (Text$, Laenge%)

GDI-Funktionen (DLL: GDI.EXE) für Visual Basic

Funktion:	**ARC%**
Beschreibung:	Funktion zeichnet einen elliptischen Kreisbogen.
Deklaration:	Declare Function Arc% Lib "GDI"_ (ByVal Hdc, ByVal x1%,_ ByVal y1%, ByVal x2%, ByVal y2%, ByVal x3%,_ ByVal y3%, ByVal x4%, ByVal y4%)
DLL:	GDI.EXE
Syntax:	Arc% (Hdc, x1%, y1%, x2%, y2%, x3%, y3%, x4%, y4%)
Parameter:	Hdc - Gerätekontext, Festlegung automatisch über Visual Basic x1/y1 Virtuelle x/y-Koordinaten der oberen linken Ecke des umgebenden Rechtecks x2/y2 Virtuelle x/y-Koordinaten der unteren rechten Ecke des umgebenden Rechtecks x3/y3 Virtuelle x/y-Koordinaten des Startpunktes des Kreisbogens x4/y4 Virtuelle x/y-Koordinaten des Endpunktes des Kreisbogens
Rückgabewert:	True, wenn der Bogen gezeichnet wird, sonst false.
Beispiel:	R% = Arc% (Hdc, 300, 50, 600, 200, 360, 60, 580, 180)

Funktion:	**CHORD%**
Beschreibung:	Funktion zeichnet einen elliptischen Bogen (Ausschnitt einer Ellipse) einschließlich der Schnittlinie.
Deklaration :	Declare Function Chord% Lib "GDI" (ByVal Hdc, ByVal_ x1%, ByVal y1%, ByVal x2%, ByVal y2%, ByVal x3%,_ ByVal y3%, ByVal x4%, ByVal y4%)
DLL:	GDI.EXE
Syntax:	Chord % (Hdc, x1%, y1%, x2%, y2%, x3%, y3%,_ x4%, y4%)
Parameter:	Hdc - Gerätekontext, Festlegung automatisch über Visual Basic x1/y1 Virtuelle x/y-Koordinaten der oberen linken Ecke des eingrenzenden Rechtecks x2/y2 Virtuelle x/y-Koordinaten der unteren rechten Ecke des eingrenzenden Rechtecks x3/y3 Virtuelle x/y-Koordinaten des ersten Endpunktes der Schnittlinie X4/y4 Virtuelle x/y-Koordinaten des zweiten Endpunktes der Schnittlinie

<table>
<tr><td>Rückgabewert:</td><td>True, wenn der Bogen gezeichnet wurde, sonst false.</td></tr>
<tr><td>Beispiel:</td><td>R% = Chord% (Hdc, 350, 50, 550, 150, 360, 60, 580, 180)</td></tr>
<tr><td>Funktion:</td><td>ELLIPSE%</td></tr>
<tr><td>Beschreibung:</td><td>Funktion zeichnet eine Ellipse.</td></tr>
<tr><td>Deklaration:</td><td>Declare Function Ellipse% Lib "GDI" (ByVal Hdc,_
ByVal x1%, ByVal y1%, ByVal x2%, ByVal y2%)</td></tr>
<tr><td>DLL:</td><td>GDI.EXE</td></tr>
<tr><td>Syntax:</td><td>Ellipse% (Hdc, x1%, y1%, x2%, y2%)</td></tr>
<tr><td>Parameter:</td><td>Hdc - Gerätekontext, Festlegung automatisch über Visual Basic
x1/y1 Virtuelle x/y-Koordinaten der oberen linken Ecke des umgebenden Rechtecks
x2/y2 Virtuelle x/y-Koordinaten der unteren rechten Ecke des umgebenden Rechtecks</td></tr>
<tr><td>Rückgabewert:</td><td>True, wenn die Ellipse gezeichnet wurde, sonst false.</td></tr>
<tr><td>Beispiel:</td><td>R% = Ellipse% (Hdc, 360, 100, 400, 200)</td></tr>
<tr><td>Funktion:</td><td>GETPIXEL&</td></tr>
<tr><td>Beschreibung:</td><td>Funktion stellt fest, welchen RGB-Farbwert der Pixel an der mit x/y angegebenen Position hat (gilt nur für Clipping-Region).</td></tr>
<tr><td>Deklaration:</td><td>Declare Function GetPixel% Lib "GDI" (ByVal Hdc,_
ByVal x%, ByVal y%)</td></tr>
<tr><td>DLL:</td><td>GDI.EXE</td></tr>
<tr><td>Syntax:</td><td>GetPixel& (Hdc, x%, y%)</td></tr>
<tr><td>Parameter:</td><td>Hdc - Gerätekontext, Festlegung automatisch über Visual Basic
x/y - Virtuelle x/y-Koordinaten des gefragten Punktes</td></tr>
<tr><td>Rückgabewert:</td><td>RGB-Farbwert; -1, wenn Punkt außerhalb der Clipping-Region</td></tr>
<tr><td>Beispiel:</td><td>a& = GetPixel& (Hdc, 370, 100)</td></tr>
<tr><td>Funktion:</td><td>LINETO%</td></tr>
<tr><td>Beschreibung:</td><td>Funktion zeichnet eine Linie von der aktuellen Position bis zu der mit x/y angegebenen Position.</td></tr>
<tr><td>Deklaration: D</td><td>Declare Function LineTo% Lib "GDI" (ByVal Hdc, ByVal x%, ByVal y%)</td></tr>
<tr><td>DLL:</td><td>GDI.EXE</td></tr>
</table>

Syntax: LineTo% (Hdc, x%, y%)
Parameter: Hdc - Gerätekontext, Festlegung automatisch über Visual Basic
x/y - Virtuelle x/y-Koordinaten des Endpunktes der Linie
Rückgabewert: True, wenn die Linie gezeichnet wurde, sonst false.
Beispiel: R% = LineTo% (Hdc, 320, 60)

Funktion: **MoveTo%**
Beschreibung: Funktion verlegt aktuelle Position an Punkt x/y.
Deklaration: Declare Function MoveTo% Lib "GDI" (ByVal Hdc,_
ByVal x%, ByVal y%)
DLL: GDI.EXE
Syntax: MoveTo% (Hdc, x%, y%)
Parameter: Hdc - Gerätekontext, Festlegung automatisch über Visual Basic
x/y - Virtuelle x/y-Koordinaten des Punktes
Rückgabewert: Koordinaten der vorherigen Position
Beispiel: R% = MoveTo% (Hdc, 320, 60)
Funktion: Pie%
Beschreibung: Funktion zeichnet ein Tortendiagramm.
Deklaration: Declare Function Pie% Lib "GDI" (ByVal Hdc,_
ByVal x1%, ByVal y1%, ByVal x2%,_
ByVal y2%, ByVal x3%, ByVal y3%,_
ByVal x4%, ByVal y4%)
DLL: GDI.EXE
Syntax: Pie% (Hdc, x1%, y1%, x2%, y2%, x3%, y3%, x4%, y4%)
Parameter: Hdc - Gerätekontext, Festlegung automatisch über Visual Basic
x1/y1 Virtuelle x/y-Koordinaten der oberen linken Ecke des umgebenden Rechtecks
x2/y2 Virtuelle x/y-Koordinaten der unteren rechten Ecke des umgebenden Rechtecks
x3/y3 Virtuelle x/y-Koordinaten des Startpunktes des Bogens
x4/y4 Virtuelle x/y-Koordinaten des Endpunktes des Bogens
Rückgabewert: True, wenn das Diagramm gezeichnet wurde, sonst false.
Beispiel: R% = Pie% (Hdc, 400, 30, 420, 50, 410, 35, 400, 40)

Funktion:	**RECTANGLE%**
Beschreibung:	Funktion zeichnet ein Rechteck und füllt es aus.
Deklaration:	Declare Function Rectangle% Lib "GDI" (ByVal Hdc,_ ByVal x1%, ByVal y1%, ByVal x2%, ByVal y2%)
DLL:	GDI.EXE
Syntax:	Rectangle% (Hdc, x1%, y1%, x2%, y2%)
Parameter:	Hdc - Gerätekontext, Festlegung automatisch über Visual Basic x1/y1 Virtuelle x/y-Koordinaten der oberen linken Ecke des Rechtecks x2/y2 Virtuelle x/y-Koordinaten der unteren rechten Ecke des Rechtecks
Rückgabewert:	True, wenn das Rechteck gezeichnet wurde, sonst false.
Beispiel:	R% = Rectangle% (Hdc, 450, 50, 470, 100)

Funktion:	**ROUNDRECT%**
Beschreibung:	Funktion zeichnet ein Rechteck mit abgerundeten Ecken und füllt es aus.
Deklaration:	Declare Function RoundRect% Lib "GDI" (ByVal Hdc,_ ByVal x1%, ByVal y1%, ByVal x2%, ByVal y2%,_ ByVal x3%, ByVal y3%)
DLL:	GDI.EXE
Syntax:	RoundRect% (Hdc, x1%, y1%, x2%, y2%, x3%, y3%)
Parameter:	Hdc - Gerätekontext, Festlegung automatisch über Visual Basic x1/y1 Virtuelle x/y-Koordinaten der oberen linken Ecke des Rechtecks x2/y2 Virtuelle x/y-Koordinaten der unteren rechten Ecke des Rechtecks x3/y3 Breite/Höhe der Ellipse, die verwendet wird, um die abgerundeten Ecken zu zeichnen
Rückgabewert:	True, wenn das Rechteck gezeichnet wurde, sonst false.
Beispiel:	R% = RoundRec% (Hdc, 480, 50, 520, 100, 20, 20)

Funktion: **SETPIXEL&**
Beschreibung: Funktion setzt einen Pixel am Punkt x/y, mit möglichst dem Parameter Color& entsprechendem Farbwert (gilt nur für die Clipping-Region).
Deklaration: Declare Function SetPixel% Lib "GDI" (ByVal Hdc,_ ByVal x%, ByVal y%, ByVal Color&)
DLL: GDI.EXE
Syntax: SetPixel& (Hdc, x%, y%, Color&)
Parameter: Hdc - Gerätekontext, Festlegung automatisch über Visual Basic
x/y - Virtuelle x/y-Koordinaten des gefragten Punktes
Rückgabewert: RGB-Farbwert; -1, wenn Punkt außerhalb der Clipping-Region
Beispiel: S& = SetPixel& (Hdc, 350 + x%, 100, Purpur)

API-Funktionen (DLL: USER.EXE) für Visual Basic

Funktion: **ANSILOWERBUFF%**
Beschreibung: Funktion konvertiert den String im Puffer in Kleinbuchstaben.
Deklaration: Declare Function AnsiLowerBuff% Lib "User" (ByVal_ Text$, ByVal Laenge%)
DLL: USER.EXE
Syntax: AnsiLowerBuff% (Text$, Laenge%)
Parameter: Text$ - Zeichenkette, String
Laenge% - Länge der Zeichenkette
Rückgabewert: Länge des konvertierten Strings
Beispiel: R% = AnsiLowerBuff (Text$, Laenge%)

Funktion: **ANSIUPPERBUFF%**
Beschreibung: Funktion konvertiert den String im Puffer in Großbuchstaben.
Deklaration: Declare Function AnsiUpperBuff% Lib "User"_ (ByVal Text$, ByVal Laenge%)
DLL: USER.EXE
Syntax: AnsiUpperBuff% (Text$, Laenge%)
Parameter: Text$ - Zeichenkette, String
Laenge% - Länge der Zeichenkette
Rückgabewert: Länge des konvertierten Strings
Beispiel: R% = AnsiUpperBuff (Text$, Laenge%)

Funktion:	**WINHELP%**
Beschreibung:	Funktion ruft die Hilfeanwendung von Windows auf und übergibt optional Daten zur Art der angeforderten Hilfe.
Deklaration:	Declare Function WinHelp% Lib "User" (ByVal Hwnd,_ ByVal Datei$, ByVal wCommand, ByVal dwData_ As Long)
DLL:	USER.EXE
Syntax:	WinHelp% (Hwnd, Datei$, wCommand, dwData)
Parameter:	Hwnd - Fenster, das die Hilfe anfordert Datei$ - Hilfedatei wCommand - Art der Hilfe (s. Kapitel 3.7)
Rückgabewert	True, wenn die Funktion erfolgreich war, sonst false.
Beispiel:	s. Kapitel 3.7

Unterprogramm:	**MESSAGEBEEP**
Beschreibung:	Unterprogramm erzeugt einen Warnton am Systemlautsprecher.
Deklaration:	Declare Sub MessageBeep Lib "User" (ByVal Null%)
DLL:	USER.EXE
Syntax:	MessageBeep (Null%)
Parameter:	Null% - nicht belegt
Beispiel:	MessageBeep (0)

Funktion:	**GETDESKTOPWINDOW%**
Beschreibung:	Funktion stellt das Fenster-Handle für das Windows-Desktop-Fenster (Hintergrundfenster) zur Verfügung.
Deklaration:	Declare Function GetDesktopWindow% Lib "User" ()
DLL:	USER.EXE
Syntax:	GetDesktopWindow% ()
Parameter:	-
Rückgabewert:	Wert, der das Desktop-Fenster bezeichnet.
Beispiel:	a%=GetDesktopWindow% ()

Funktion:	**GETDOUBLECLICKTIME%**
Beschreibung:	Funktion gibt die Zeit an, in der ein Doppelklick mit der Maus durchgeführt werden muß.
Deklaration:	Declare Function GetDoubleClickTime% Lib "User" ()
DLL:	USER.EXE
Syntax:	GetDoubleClickTime% ()
Parameter:	-
Rückgabewert:	aktuelle Doppelklickzeit in Millisekunden
Beispiel:	a%=GetDoubleClickTime% ()

Funktion:	**SETDOUBLECLICKTIME%**
Beschreibung:	Über die Funktion wird das Doppelklickzeitintervall für die Maus geändert.
Deklaration:	Declare Function SetDoubleClickTime% Lib "User" _ (ByVal Wert%)
DLL:	USER.EXE
Syntax:	SetDoubleClickTime% (Wert%)
Parameter:	Wert - Anzahl der Millisekunden, die zwischen den beiden Klicks verstreichen dürfen
Beispiel:	a%=SetDoubleClickTime% (600)

Funktion:	**SWAPMOUSEBUTTON%**
Beschreibung:	Funktion tauscht die Belegung von linker und rechter Maustaste.
Deklaration:	Declare Function SwapMouseButton% Lib "User" (ByVal_ Wert%))
DLL:	USER.EXE
Syntax:	SwapMouseButton% (Wert%)
Parameter:	Wert - 1, Tasten vertauschen; 0, ursprüngliche Einstellung
Rückgabewert:	True, wenn durch die Funktion die Belegung der Maustasten getauscht wurde, sonst false.
Beispiel:	a%=SwapMouseButton% (0)

API- und GDI Funktionen aus dem Beispielprogramm Symboleditor

Quelltextbeispiele zu den einzelnen, nachfolgenden Funktionen entnehmen Sie dem Listing des Programmes Symboleditor, das auf den Origianldisketten zu Visual Basic als Demonstrationsprogramm enthalten ist. Sämtliche in den Beschreibungen nicht explizit deklarierten Funktionen und Parameter sind vom Typ Integer (Typkennzeichen %).

Funktion: **BITBLT**

Beschreibung: Funktion bewegt ein Bitmap von einem Quellgerät (Kontext destHdc) zu einem Zielgerät (Kontext scrHdc).

Deklaration: Declare Function BitBlt Lib "GDI"(ByVal destHdc, _
ByVal X, ByVal Y, ByVal w, ByVal h, ByVal scrHdc,_
ByVal scrX, ByVal scrY, ByVal Rop As Long)

DLL: GDI

Syntax: BitBlt (destHdc, X, Y, w, h, scrHdc, scrX, scrY, Rop)

Parameter:

destHdc	Gerätekontext des Zielgerätes
X/Y	virtuelle X/Y-Koordinaten der oberen linken Ecke des Zielrechtecks
w	Breite des Ziel- und Quell-Bitmaps in virtuellen Einheiten
h	Höhe des Ziel- und Quell-Bitmaps in virtuellen Einheiten
scrHdc	Gerätekontext des Quellgerätes (muß den Wert 0 haben, wenn durch den Parameter Rob eine Rasteroperation bestimmt wird, die keine Quelle enthält)
scrX/scrY	virtuelle X/Y-Koordinaten der oberen linken Ecke des Quellrechtecks
Rop	gibt die durchzuführende Rasteroperation an

Rückgabewert: True, wenn das Bitmap gezeichnet wurde, sonst false.

Funktion: **CREATECOMPATIBLEBITMAP**

Beschreibung: Funktion erzeugt ein Bitmap, das dem, durch den Parameter hdc angegebenen, Gerätekontext kompatibel ist.

Deklaration: Declare Function CreateCompatibleBitmap Lib "GDI"_
(ByVal hdc, ByVal w, ByVal h)

DLL: GDI

Syntax: CreateCompatibleBitmap

Parameter:

hdc	Gerätekontext
w	Breite des Bitmaps in Bits
h	Höhe des Bitmaps in Bits

Rückgabewert: Bezeichnet ein Bitmap, wenn die Funktion erfolgreich durchgeführt wurde, sonst 0.

Funktion:	**CREATECOMPATIBLEDC**
Beschreibung:	Funktion erzeugt einen Speichergerätekontext, der dem, durch den Parameter hdc angegebenen, Gerätekontext kompatibel ist.
Deklaration:	Declare Function CreateCompatibleDC Lib "GDI"_ (ByVal hdc)
Syntax:	CreateCompatibleDC (hdc)
Parameter:	hdc - Gerätekontext
Rückgabewert:	Neuer Speichergerätekontext, wenn die Funktion erfolgreich durchgeführt wurde, sonst 0.

Funktion:	**DELETECD**
Beschreibung:	Funktion löscht den angegebenen Gerätekontext.
Deklaration:	Declare Function DeleteCD Lib "GDI" (ByVal hdc)
DLL:	GDI
Syntax:	DeleteCD (hdc)
Parameter:	hdc - Gerätekontext
Rückgabewert:	True, wenn Löschvorgang erfolgreich war, sonst false.

Funktion:	**DELETEOBJECT**
Beschreibung:	Funktion löscht das angegebene Objekt.
Deklaration:	Declare Function DeleteObject Lib "GDI" (ByVal hObject)
DLL:	GDI
Syntax:	DeleteObject (hObject)
Parameter:	hObject - Gerätekontext
Rückgabewert:	True, wenn Löschvorgang erfolgreich war, sonst false.
Funktion:	ExtFloodFill
Beschreibung:	Funktion füllt einen Bereich des Bildschirmes mit dem aktuellen Pinsel.
Deklaration:	Declare Function ExtFloodFill "GDI" (ByVal hdc,_ ByVal X, ByVal Y, ByVal scrColor As Long,_ ByVal wFillType As Long)
DLL:	GDI
Syntax:	ExtFloodFill (hdc, X, Y, scrColor, wFillType)

Parameter:

hdc	Gerätekontext des Zielgerätes
X/Y	virtuelle X/Y-Koordinaten des Ausgangspunktes
scrColor	Farbe der Begrenzung oder des ausgefüllten Bereichs, abhängig vom Parameter wFillType
wFillType	legt die Art des Ausfüllens fest: FloodFillBorder - der auszufüllende Bereich wird begrenzt durch die im Parameter Color festgelegte Farbe

FloodFillSurface - der auszufüllende Bereich wird definiert durch die im Parameter Color festgelegte Farbe

Rückgabewert: Ungleich 0, wenn das Ausfüllen erfolgreich war, sonst false.

Funktion: **GETBITMAPBITS**

Beschreibung: Funktion kopiert die Bits der angegebenen Bitmaps in den Puffer, der durch den Parameter lpBits bezeichnet wird

Deklaration:

```
Declare Function GetBitmapBits Lib "GDI"_
(ByVal hBitmap,ByVal dwCount As Long,_
ByVal lpBits As Long) As Long
```

DLL: GDI

Syntax: GetBitmapBits (hBitmap, dwCount, lpBits)

Parameter:

hBitmap	gibt das zu kopierende Bitmap an
dwCount	gibt die Anzahl der zu kopierenden Bytes an
lpBits	Gibt den Puffer an, in den das Bitmap kopiert werden soll

Rückgabewert: Tatsächliche Anzahl der Bytes des Bitmaps, bei Fehler 0

Funktion: **GETDEVICECAPS**

Beschreibung: Funktion gibt gerätespezifische Informationen zu einem Bildschirm aus, wobei der Parameter nIndex den Typ der angeforderten Informationen bestimmt.

Deklaration:

```
Declare Function GetDeviceCaps Lib "GDI" (ByVal hdc,_
ByVal nIndex)
```

DLL: GDI

Syntax: GetDeviceCaps (hdc, nIndex)

Parameter:

hdc	Gerätekontext des Zielgerätes
nIndex	legt die zurückgegebene Information fest:

Index	Bedeutung
DriverVersion	Versionsnummer, z.B. $100 für 1.0
Technology	Gerätetechnik, mögliche Werte:
dt_Plotter	Vektorplotter
dt_RasDisplay	Rasterbildschirm
dt_RasPrinter	Rasterdrucker
dt_RasCamera	Rasterkamera
dt_CharStream	Zeichen-Stream
dt_MetaFile	Metafile
dt_DispFile	Bildschirmdatei
HorzSize	Breite der physikalischen Anzeige in Millimetern
VertSize	Höhe der physikalischen Anzeige in Millimetern
HorzRes	Breite der Anzeige in Pixel
VertRes	Höhe der Anzeige in Scan-Zeilen
LogPixelsX	Anzahl der Pixel pro virtuellem Zoll über die Breite der Anzeige
LogPixelsY	Anzahl der Pixel pro virtuellem Zoll über die Höhe der Anzeige
BitsPixel	Anzahl der benachbarten Farb-Bits eines Pixels
Planes	Anzahl der Farbebenen
NumBrushes	Anzahl der gerätespezifischen Pinsel
NumMarkers	Anzahl der Markierungssymbole
NumPens	Anzahl der gerätespezifischen Stifte
NumFonts	Anzahl der gerätespezifischen Schriften
NumColors	Anzahl der Einträge in der Farbtabelle des Geräts
AspectX	Relative Breite des zum Zeichnen einer Linie verwendeten Pixels eines Gerätes
AspectY	Relative Höhe des zum Zeichnen einer Linie verwendeten Pixels eines Gerätes
AspectXY	Diagonale Abmessung des zum Zeichnen einer Linie verwendeten Pixels eines Gerätes
PDeviceSize	Größe der internen PDEVICE-Datenstruktur

ClipClaps	Flag, das die Clipping-Fähigkeit des Geräts anzeigt. Es ist 1, wenn das Gerät entlang eines Rechtecks abschneiden kann und 0, wenn es dazu nicht in der Lage ist
SizePalette	Anzahl der Einträge in der Systempalette. Dieser Index ist nur dann gültig, wenn der Gerätetreiber das rc_Palette-Bit im RasterCaps-Index setzt. Er ist nur verfügbar, wenn die Versionsnummer des Treibers 3.0 und höher ist.
NumReserved	Anzahl der reservierten Einträge in der Systempalette. Dieser Index ist nur dann gültig, wenn der Gerätetreiber das rc_Palette-Bit im RasterCaps-Index setzt. Er ist nur verfügbar, wenn die Versionsnummer des Treibers 3.0 und höher ist.
ColorRes	Gegenwärtige Farbauflösung des Geräts in Bits je Pixel.Dieser Index ist nur dann gültig, wenn der Gerätetreiber das rc_Palette-Bit im RasterCaps-Index setzt. Er ist nur verfügbar, wenn die Versionsnummer des Treibers 3.0 und höher ist.
RasterCaps	Wert, der die Rasterfähigkeiten anzeigt:
rc_Banding	Benötigt Frequenzunter-stützung
rc_BitBlt	Fahigkeit zur Bitmap-Übertragung
rc_BigFont	Unterstützt Schriften mit mehr als 64 KByte
rc_Bitmap64	Fähig zur Unterstützung von Bitmaps mit mehr als 64 KByte
rc_DI_Bitmap	Fähig zu Unterstützung von SetDIBits und GetDIBits
rc_DIBToDev	Fähig zu Unterstützung von SetDIBitsToDevice

rc_FloodFill	Fähig zum Ausmalen
rc_GDI20_ Output	Fähig zur Untestützung von Merkmalen der Version Windows 2.0
rc_Palette	Unterstützt Farbpaletten
rc_Scaling	Fähig zum Skalieren
rc_StretchBlt	Fähig zur Durchführung von StretchBlt
rc_StretchDIB	Fähig zur Durchführung von StretchDIB
CurveCaps	Zeigt die Bogenzeichenfähigkeit des Geräts:
cc_Chord	Kann Kreisbögen darstellen
cc_Circles	Kann Kreise darstellen
cc_Ellipses	Kann Ellipsen darstellen
cc_Interiors	Kann Ausfüllungen darstellen
cc_None	Gerät hat keine Bogenzeichnungsfähigkeiten
cc_Pie	Kann Tortendiagramme darstellen
cc_Styled	Kann veschiedene Linien darstellen
cc_Wide	Kann breite Lienien darstellen
cc_WideStyled	Kann verschieden breite Linien darstellen
LineCaps	Zeigt die Linienzeichenfähigkeit des Geräts:
lc_Interiors	Kann Ausfüllungen darstellen
lc_Marker	Kann Markierungen darstellen
lc_None	Gerät hat keine Linienzeichnungsfähigkeiten
lc_PolyLine	Kann Linienzüge darstellen
lc_PolyMarker	Kann Punktmarkierungen darstellen

lc_Styled	Kann verschiedene Linien darstellen
lc_Wide	Kann breite Linien darstellen
lc_WideStyled	Kann veschieden breite Linien darstellen
PolygonalCaps	Fähigkeit zum Zeichnen von Vielecken:
pc_Interior	Kann Ausfüllungen darstellen
pc_None	Gerät kann keine Vielecke darstellen
pc_Polygon	Kann Vielecke darstellen
pc_Rectangle	Kann Rechtecke darstellen
pc_ScanLine	Kann Scan-Zeilen darstellen
pc_Styled	Kann verschiedene Rahmen darstellen
pc_Trapezoid	Kann Trapeze darstellen
pc_Wide	Kann breite Rahmen darstellen
pc_WideStyled	Kann verschieden breite Rahmen darstellen
pc_Wind_ Polygon	Kann komplexe Vielecke darstellen
TextCaps	Fähigkeit des Gerätes Text darzustellen:
tc_cp_Stroke	Kann vektoriell mit Clipping ausgeben
tc_cr_90	Kann Buchstaben um 90 Grad rotieren
tc_cr_Any	Kann beliebige Buchstabenrotationen vornehmen
tc_ca_Double	Kann Zeichen fett setzen
tc_la_Able	Kann Zeichen kursiv setzen
tc_op_ Character	Kann zeichengenau ausgeben

	tc_op_Stroke	Kann vektoriell ausgeben
	tc_va_Able	kann Rasterschriften darstellen
	tc_sa_Double	Kann mit zweifachem Skalenabstand skalieren
	tc_sa_Integer	Kann das mehrfache eines Integerwertes zur Skalierung verwenden
	tc_sa_Contin	Kann einen beliebigen vielfachen Wert zur Skalierung verwenden
	tc_st_X_ YIndep	Kann unabhängig von X und Y skalieren
	tc_so_Able	Kann Zeichen durchgestrichen darstellen
	tc_ua_Able	Kann unterstreichen
	tc_va_Able	Kann Vektorschriften darstellen
Rückgabewert:	Wert der angeforderten Information	

Funktion: **GETMENU**
Beschreibung: Gibt für ein Menu im angegebenen Fenster das Handle an.
Deklaration: Declare Function GetMenu Lib "User" (ByVal hwnd)
DLL USER
Syntax: GetMenu (hwnd)
Parameter: hwnd - legt das Fenster des gefragten Menüs fest
Rückgabewert: Bezeichnung des Menüs; 0, wenn ein Fenster ohne Menü ausgewählt wurde.

Funktion: **GETNEARESTCOLOR**
Beschreibung: Funktion gibt die virtuelle Farbe an, die einer angegebenen virtuellen Farbe am ähnlichsten ist und von dem im Parameter hdc festgelegten Gerät darstellbar ist.
Deklaration: Declare Function GetNearestColor Lib "GDI" (ByVal hdc,_ ByVal RGBColor As Long) As Long
DLL GDI
Syntax: GetNearestColor (hdc, RGBColor)
Parameter:

hdc	Gerätekontext des Zielgerätes
RGBColor	Wert der Farbe, die verglichen werden soll

Rückgabewert: Wert der ähnlichsten, darstellbaren, virtuellen Farbe

Funktion: **GETPRIVATEPROFILEINT**

Beschreibung: Funktion ermittelt aus einer Initialisierungsdatei den Wert einer Integerschlüsselanweisung.

Deklaration: Declare Function GetPrivateProfileInt Lib "Kernel" (ByVal_ Appname As String, ByVal Keyname As String, ByVal standard_ As Integer, ByVal FileName As String)

DLL KERNEL

Syntax: GetPrivateProfileInt (Appname, Keyname, standard, Filename)

Hinweis: Der Eintrag in der Initialisierungsdatei hat folgenden Aufbau:
[Anwendungsname]
Schlüsselname = Ganzzahl

Parameter:

Appname	Name einer Windows-Anwendung, die in der Initialisierungsdatei erscheint
Keyname	Bezeichnung der Schlüsselanweisung
standard	Standardwert der angegebenen Schlüsselanweisung
Filename	Bezeichnung der Initialisierungsdatei

Rückgabewert: 0, wenn zum Schlüsselnamen kein oder ein negativer Integerwert gehört; Wert der Ziffern, sofern der Schlüsselname Ziffern enthält; standard, wenn die Schlüsselanweisung nicht gefunden wurde

Funktion: **GETPRIVATEPROFILESTRING**

Beschreibung: Funktion ermittelt aus einer Initialisierungsdatei den String einer Schlüsselanweisung und speichert diesen in einen Puffer.

Deklaration: Declare Function GetPrivateProfileString Lib "Kernel" (ByVal_ Appname As String, ByVal Keyname As String, ByVal standard_ As String, ByVal ReturnedString As String, ByVal MaxSize As_ Integer, ByVal FileName As String)

DLL: KERNEL

Syntax: GetPrivateProfileString (Appname, Keyname, standard,_ ReturnedString, MaxSize, Filename)

Hinweis: Der Eintrag in der Initialisierungsdatei muß folgenden Aufbau haben:
[Anwendungsname]
Schlüsselname = Zeichenkette
Geben Sie für Keyname 0 an, so listet die Funktion alle Schlüsselnamen auf, die der Anwendung Appname zugeordnet sind. Die Länge der Zeichenkette ist allerdings durch MaxSize begrenzt.

Parameter:	Appname	Name einer Windows-Anwendung, die in der Initialisierungsdatei erscheint
	Keyname	Bezeichnung der Schlüsselanweisung
	standard	Standardzeichenkette der angegebenen Schlüsselanweisung
	ReturnedString	Puffer, in den die Zeichenkette kopiert wird
	MaxSize	maximale Anzahl der Zeichen, einschließlich Nullen, die in den Speicher kopiert werden sollen
	Filename	Bezeichnung der Initialisierungsdatei

Rückgabewert: Anzahl der kopierten Zeichen, ohne abschließende Nullzeichen

Funktion: **WRITEPRIVATEPROFILESTRING**
Beschreibung: Funktion trägt eine neue Schllüsselanweisung in eine Initialisierungsdatei ein oder ersetzt bei einer bestehenden Schlüsselanweisung den Wert.
Deklaration: Declare Function WritePrivateProfileString Lib "Kernel" (ByVal Appname As String, ByVal Keyname As String, ByVal_ NewString As String, FileName As String)
DLL KERNEL
Syntax: WritePrivateProfileString (Appname, Keyname, NewString,_ FileName)
Hinweis: Der Eintrag in der Initialisierungsdatei muß folgenden Aufbau haben:
[Anwendungsname]
Schlüsselname = Zeichenkette

Parameter:	Appname	Name einer Windows-Anwendung, die in der Initialisierungsdatei erscheint
	Keyname	Bezeichnung der Schlüsselanweisung
	NewString	Wert (neuer Wert) der angegebenen Schlüsselanweisung
	Filename	Bezeichnung der Initialisierungsdatei

Rückgabewert: True, wenn die Funktion erfolgreich durchgeführt wurde, sonst false.

Funktion: **GETSUBMENUE**
Beschreibung: Funktion gibt das Menü-Handle eines Pop-Up-Menüs an.
Deklaration: Declare Function GetSubMenu Lib "User" (ByVal hwnd,_ ByVal Position)
DLL: USER

Syntax:	GetSubMenu (hwnd, Position)
Parameter:	hwnd - Bezeichnung des Menüs Position - gibt die Position des Pop-Up-Menüs im angegebenen Menü an, die Werte beginnen mit 0 für die erste Menüoption.
Rückgabewert:	Bezeichnet das Pop-Up-Menü; 0, wenn an der angegebenen Position kein solches Menü besteht

Funktion:	**GETSYSTEMMENU**
Beschreibung:	Greift über die Anwendung auf das Systemmenü zu, um dieses zu kopieren und eventuell zu ändern.
Deklaration:	Declare Function GetSystemMenu Lib "User" (ByVal_ hwnd, ByVal bRevert)
DLL:	USER
Syntax:	GetSystemMenu (hwnd, bRevert)
Parameter:	hwnd - gibt das Fenster an, das eine Kopie des Systemmenüs erhalten soll bRevert.- Bestimmung der auszuführenden Aktion: false: Die Funktion gibt ein Handel des aktuell verwendeten Systemmenüs zurück, die anschließend verändert werden kann. true: Die Funktion entfernt die aktuell zu dem bestimmten Fenster gehörige Kopie des Systemmenüs und ersetzt sie durch ein Handle der ursprünglichen Systemmenüversion.
Rückgabewert:	Bezeichnet das Systemmenü

Funktion:	**GLOBALLOCK**
Beschreibung:	Funktion reserviert einen Speicherbereich im globalen Speicher für eine Anwendung und sperrt ihn gegen andere Zugriffe. Die Aufhebung dieser Funktion erfolgt durch GlobalUnlock (siehe unten).
Deklaration:	Declare Function GlobalLock Lib "Kernel" (ByVal_ nMem) As Long
DLL:	KERNEL
Syntax:	GlobalLock (nMem)
Parameter:	nMem - bezeichnet einen Speicherblock
Rückgabewert:	Erstes Speicherbyte im globalen Block, wenn die Funktion erfolgreich ausgeführt wurde, sonst 0.

Funktion:	**GLOBALUNLOCK**
Beschreibung:	Funktion hebt die Reservierung eines Speicherbereich im globalen Speicher, die durch GlobalLock gesetzt wurde, wieder auf.
Deklaration:	Declare Function GlobalUnlock Lib "Kernel" (ByVal_ nMem)
DLL:	KERNEL
Syntax:	GlobalUnlock (nMem)
Parameter:	nMem - bezeichnet den Speicherblock, dessen Sperrung aufgehoben werden soll
Rückgabewert:	False, wenn Sperrenzähler auf 0 verringert wurde, sonst true.

Funktion:	**INVERTRECT**
Beschreibung:	Funktion gibt ein inverses Bild des bezeichneten Rechtecks aus.
Deklaration:	Declare Function InvertRect Lib "User"_ (ByVal hdc, lpRect As RECT)
DLL:	USER
Syntax:	InvertRect (hdc, lpRect)
Parameter:	hdc - Gerätekontext lpRect - Datenstruktur mit den virtuellen Koordinaten des Rechtecks

Funktion:	**REMOVEMENU**
Beschreibung:	Funktion löscht einen Menüeintrag mit verbundenem Pop-Up-Menü, das Handle bleibt erhalten, so daß eine Wiederverwendung des Menüs möglich ist.
Deklaration:	Declare Function RemoveMenu Lib "User" (ByVal_ hMenu, ByVal nPosition, ByVal wFlags)
DLL:	USER
Syntax:	RemoveMenu (hMenu, nPosition, wFlags)
Parameter:	hMenu - gibt das zu verändernde Menü an nPosition - gibt die zu löschende Menüoption an wFlags - bestimmt die Interpretation des Parameters nPosition, er muß mf_ByCommand (Befehls-ID des Menüs) oder mf_ByPosition (Position der Menüoption) sein.
Rückgabewert:	True, wenn die Funktion erfolgreich ausgeführt wurde, sonst false.

Funktion:	**SELECTOBJECT**
Beschreibung:	Funktion wählt ein virtuelles Objekt aus, wobei dieses das vorherige Objekt gleichen Typs ersetzt.
Deklaration:	Declare Funktion SelectObject Lib "GDI" (ByVal_ hdc, ByVal hObject)
DLL:	GDI
Syntax:	SelectObject (hdc, hObject)
Parameter:	hdc - Gerätekontext hObject - Standardobjekt der GDI-Ausgabefunktionen
Rückgabewert:	Bezeichnet das ersetzte Objekt

Funktion:	**SETBITMAPBITS**
Beschreibung:	Funktion setzt die Bits der angegebenen Bitmaps auf die Werte, die durch den Parameter lpBits bezeichnet werden.
Deklaration:	Declare Function SetBitmapBits Lib "GDI"_ (ByVal hBitmap, ByVal dwCount As Long, ByVal lpBits_ As Long) As Long
DLL:	GDI
Syntax:	SetBitmapBits (hBitmap, dwCount, lpBits)
Parameter:	hBitmap gibt das zu setzende Bitmap an dwCount gibt die Anzahl der zu setzenden Bytes an lpBits Gibt die Bitmap-Bits an, die in einem Byte-Array gespeichert sind
Rückgabewert:	Anzahl der gesetzten Bytes des Bitmaps, bei Fehler 0

Funktion:	**STRETCHBLT**
Beschreibung:	Funktion bewegt ein Bitmap von einem Quellrecht (Kontext destHdc) zu einem Zielrechteck (Kontext scrHdc) und paßt seine Abmessungen an (Strecken und Stauchen).
Deklaration:	Declare Function StretchBlt Lib "GDI" (ByVal destHdc, ByVal_ X, ByVal Y, ByVal w, ByVal h, ByVal scrHdc, ByVal scrX,_ ByVal scrY, ByVal scrW, ByVal scrH, ByVal Rop As Long)
DLL:	GDI
Syntax:	StretchBlt (destHdc, X, Y, w, h, scrHdc, scrX, scrY, scrW,_ scrH, Rop)
Parameter:	destHdc — Gerätekontext des Zielrechtecks
	X/Y — virtuelle X/Y-Koordinaten der oberen linken Ecke des Zielrechtecks
	w/h — Breite/Höhe des Zielrechtecks in virtuellen Einheiten
	scrHdc — Gerätekontext des Quellrechtecks
	scrX/scrY — virtuelle X/Y-Koordinaten der oberen linken Ecke des Quellrechtecks
	scrW/scrH — Breite/Höhe des Quellrechtecks in virtuellen Einheiten
	Rop — gibt die durchzuführende Rasteroperation an
Rückgabewert:	True, wenn das Bitmap gezeichnet wurde, sonst false.

Funktion:	**TRACKPOPUPMENU**
Beschreibung:	Funktion gibt an der angegebenen Position ein Pop-Up-Menü aus und ermittelt dessen Tracking-Auswahl für die Optionen.
Deklaration:	Declare Function TrackPopupMenu Lib "User" (ByVal hMenu,_ ByVal r1, ByVal X, ByVal Y, ByVal r2, ByVal hwnd, ByVal_ r3 As Long)
DLL:	USER
Syntax:	TrackPopupMenu (hmenu, r1, X, Y, r2, hwnd, r3)
Parameter:	hMenu — gibt das darzustellende Pop-Up-Menü an
	r1,r2 — reserviert, müssen auf 0 gesetzt werden
	r3 — reserviert, muß auf nil gesetzt werden
	X — legt die horizontale Position der linken Seite des Menüs auf dem Bildschirm in Bildschirmkoordinaten fest
	Y — legt die vertikale Position der Oberkante des Menüs auf dem Bildschirm in Bildschirmkoordinaten fest
Rückgabewert:	True, wenn die Funbktion erfolgreich ausgeführt wurde, sonst false.

Um Ihnen den Einsatz der Funktionen zu verdeutlichen, ist nachfolgend ein kleines Demonstrationsprogramm abgedruckt, in dem die API- und GDI-Funktionen aufgerufen werden. In der Regel sollten Sie die Datentypen standardmäßig auf Integer festlegen. In diesem Fall brauchen Sie Ganzzahlvariablen und Funktionen mit dem Typ Integer nicht explizit zu deklarieren (DEFINT A-Z). Wenn Sie sich die aufgeführten Funktionen ein wenig genauer betrachtet haben, werden Sie häufiger mit dem Begriff Gerätekontext (hDC) und mit der Fensterkennung (hWnd) konfrontiert worden sein. Beide Werte können innerhalb von Visual Basic über die Eigenschaften hDC und hWnd ermittelt und unmittelbar an die Systemfunktionen übergeben werden. Weisen Sie den Wert dieser Eigenschaften keinen Variablen zu, sondern übergeben Sie die Funktionen unmittelbar beim Aufruf in der Parameterliste, da sich die Werte sehr schnell ändern können. Wie bereits zu Beginn erwähnt, können die Systemfunktionen nur nach entsprechender Deklaration eingesetzt werden. Diese sind im folgenden Listing enthalten, ebenso wie einige Windows-Konstanten, die in Verbindung mit speziellen Systemfunktionen eingesetzt werden.

☞ Beachten Sie, daß für das Demonstrationsprogramm die benutzerdefinierte DLL ToolsDLL eingesetzt wird. Hinweise zur Erstellung und zum Einsatz dieser dynamischen Link-Bibliothek können Sie Kapitel 3.4 entnehmen. Um eine korrekte Ausführung zu gewährleiste, sollten sie dies zunächst in das Windows-Systemverzeichnis kopieren.

```
API.FRM
APIGDI.BAS
DRVTYPE.FRM
ProjWinSize=105,177,297,121
ProjWinShow=2
Title="API"
ExeName="API.EXE"
Path="..\VB"
```

Listing 3.8: Die Projektdatei API.MAK

Das Programm VBAPI setzt sich aus einem Quellmodul und zwei Formdateien zusammen. Beachten Sie, daß, dynamische Verbindungen zu DLLs nicht in die Projektliste aufgenommen werden.

Im nachfolgenden Listing sind die Funktionsaufrufe und das Formatieren von Zeichenketten enthalten. Zeichenketten, die von Windows zurückgegeben werden, sind ASCIIZ-Strings (ASCII 0), werden also durch ein CHR$(0) beendet. Werden Zeichenketten über Systemfunktionen ermittelt, sollten diese bereits in einer Länge von 255

Zeichen initialisiert sein (z.B. Ergebnis$=Space$(255)) und erst anschließend als Parameter in einem API-Funktionsaufruf eingesetzt werden. Die vom System zurückgegebene Zeichenkette muß von Visual Basic auf die echte Länge gekürzt werden. Entweder verwenden wir hierzu die durch diverse Funktionen in einem speziellen Parameter zurückgegebene Länge der Zeichenkette oder kürzen die Zeichenkette durch eine benutzerdefinierte Funktion (s. Cut$).

```
'************************************************************
'* API-/GDI-Funktionen für Visual Basic                     *
'*                                                          *
'* (die API- und GDI-Funktionen wurden so ausgewählt, daß   *
'* nicht nur alternative, sondern tatsächlich zusätzliche   *
'* Anweisungen in Visual Basic bereitstehen; die Routinen   *
'* können in allen Programmen genutzt werden, in denen dies *
'* globale Deklarationsmodul eingebunden wird)              *
'*                                                          *
'* Das Vieweg-Buch zu Visual Basic für Windows 2.0          *
'* (c)1993 by Dipl.-Ing. Andreas Maslo                      *
'************************************************************

'Anmerkung: In VB 2.0 können globale Deklarationen in jedem
'           beliebigen Quellmodul vorgenommen werden, ein
'           spezielles globales Modul, wie untwer VB 1.0
'           gibt es nicht mehr

'************************************************************
'* Standarddelaration für alle Variablen Integer (Ganzzahl  *
'************************************************************

DefInt A-Z

'************************************************************
'* Deklarationsteil der Funktionen aus der Dynamischen Link-*
'* bibliothek ToolsDLL (erstellt mit Turbo Pascal f.Windows;*
'* kopieren in globalen Windows-Pfad)                       *
'************************************************************

Declare Function HighByte% Lib "ToolsDLL.DLL" (ByVal Wert%)
Declare Function LowByte% Lib "ToolsDLL.DLL" (ByVal Wert%)
Declare Function FreeSpace% Lib "ToolsDLL.DLL" (ByVal Drive%)
Declare Function DiskSpace% Lib "ToolsDLL.DLL" (ByVal Drive%)
```

```
'**********************************************************
'* API-Funktionen (DLL: KERNEL.EXE) für Visual Basic       *
'**********************************************************

Declare Function GetVersion% Lib "Kernel" ()
Declare Function GetNumTasks% Lib "Kernel" ()
Declare Function GetModuleHandle% Lib "Kernel" (ByVal Modulname$)
Declare Function GetModuleFileName% Lib "Kernel" (ByVal Handle%,_
      ByVal Dateiname$, ByVal Laenge%)
Declare Function GetWinFlags& Lib "Kernel" ()
Declare Function GetFreeSpace& Lib "Kernel" (ByVal wFlag%)
Declare Function GetDriveType% Lib "Kernel" (ByVal Lw%)
Declare Sub GetSystemDirectory Lib "Kernel" (ByVal Text$, ByVal Laenge%)
Declare Function GetWindowsDirectory% Lib "Kernel" (ByVal Text$,_
       ByVal Laenge%)
Declare Function GetDriveType% Lib "Kernel" (ByVal nDrive%)

'**********************************************************
'* API-Funktionen (DLL: USER.EXE) für Visual Basic         *
'**********************************************************

Declare Function AnsiLowerBuff% Lib "User" (ByVal Text$, ByVal Laenge%)
Declare Function AnsiUpperBuff% Lib "User" (ByVal Text$, ByVal Laenge%)
Declare Function WinHelp% Lib "User" (ByVal hWnd, ByVal Datei$, ByVal_
      wCommand, ByVal dwData As Long)
Declare Function GetDeskTopWindow% Lib "User" ()
Declare Sub MessageBeep Lib "User" (ByVal N%)
Declare Function GetDoubleClickTime% Lib "User" ()
Declare Function SetDoubleClickTime% Lib "User" (ByVal Wert%)
Declare Function SwapMouseButton% Lib "User" (ByVal Wert%)
Declare Function ExitWindows% Lib "User" (ByVal dwReserved&, ByVal_
      wReturnCode%)
Declare Function GetFreeSystemResources% Lib "User" (ByVal Res%)
Declare Function SetSysModalWindow% Lib "User" (ByVal hWnd%)

'**********************************************************
'* GDI-Funktionen (DLL: GDI.EXE) für Visual Basic          *
'**********************************************************

Declare Function Arc% Lib "GDI" (ByVal Hdc, ByVal x1%, ByVal y1%,_
      ByVal x2%, ByVal y2%, ByVal x3%, ByVal y3%, ByVal x4%, ByVal y4%)
Declare Function Chord% Lib "GDI" (ByVal Hdc, ByVal x1%, ByVal y1%,_
      ByVal x2%, ByVal y2%, ByVal x3%, ByVal y3%, ByVal x4%, ByVal y4%)
Declare Function Ellipse% Lib "GDI" (ByVal Hdc, ByVal x1%, ByVal y1%,_
      ByVal x2%, ByVal y2%)
Declare Function GetPixel& Lib "GDI" (ByVal Hdc, ByVal x%, ByVal y%)
Declare Function LineTo% Lib "GDI" (ByVal Hdc, ByVal x%, ByVal y%)
Declare Function MoveTo% Lib "GDI" (ByVal Hdc, ByVal x%, ByVal y%)
```

```
Declare Function Pie% Lib "GDI" (ByVal Hdc, ByVal x1%, ByVal y1%,_
      ByVal x2%, ByVal y2%, ByVal x3%, ByVal y3%, ByVal x4%, ByVal y4%)
Declare Function Rectangle% Lib "GDI" (ByVal Hdc, ByVal x1%, ByVal y1%,_
      ByVal x2%, ByVal y2%)
Declare Function RoundRect% Lib "GDI" (ByVal Hdc, ByVal x1%, ByVal y1%,_
      ByVal x2%, ByVal y2%, ByVal x3%, ByVal y3%)
Declare Function SetPixel& Lib "GDI" (ByVal Hdc, ByVal x%, ByVal y%,_
      ByVal Color&)


'************************************************************
'* die nachfolgenden Konstanten können bei Bedarf in Verbin-*
'* dung mit den jeweils angegebenen API-/GDI-Funktionen     *
'* genutzt werden                                           *
'************************************************************

'Wert für Funktion SwapMouseButton%
'Tasten vertauschen
Global Const Swap_True = 1
'ursprüngliche Maustasteneinstellung
Global Const Swap_False = 0


'GetWinFlags-Konstante
'Protected Mode
Global Const WF_PMode = &H1
'Hauptprozessor
Global Const WF_CPU286 = &H2
Global Const WF_CPU386 = &H4
Global Const WF_CPU486 = &H8
'Betriebsmodus
Global Const WF_Standard = &H10
Global Const WF_Enhanced = &H20
'Coprozessor
Global Const WF_WF_80x87 = &H400

'GetDriveType-Konstante
'Diskettenlaufwerk
Global Const Drive_Removeable = 2
'Festplattenlaufwerk
Global Const Drive_Fixed = 3
'Netzwerklaufwerk
Global Const Drive_Remote = 4
```

```
'WinHelp-Konstante
Global Const Help_Context = &H1
Global Const Help_Quit = &H2
Global Const HELP_HelpOnHelp = &H4

'Farbwerte für GDI-Funktionen
Global Const Scharz = &H0&
Global Const DunkelBlau = &H800000
Global Const DunkelGruen = &H8000&
Global Const DunkelCyan = &H808000
Global Const DunkelRot = &H80&
Global Const DunkelPurpur = &H800080
Global Const DunkelGelb = &H8080&
Global Const DunkelGrau = &H808080
Global Const Grau = &HC0C0C0
Global Const Blau = &HFF0000
Global Const Gruen = &HFF00&
Global Const Cyan = &HFFFF00
Global Const Rot = &HFF&
Global Const Purpur = &HFF00FF
Global Const Gelb = &HFFFF&
Global Const Weiss = &HFFFFFF

Function Cut$ (Text$)
  'Funktion zum entfernen des letzten ASCII-Zeichens
  'aus einer Zeichenkette (CHR$(0)) (i.V. mit API-Funktion);
  'diese Funktion setzt voraus, daß die Zeichenkette
  'vor einem API-Aufruf mit Leerzeichen aufgefüllt wurde...
  Text$ = RTrim$(Text$)
  'zunächst überprüfen
  If Right$(Text$, 1) = Chr$(0) Then
    ' ein Zeichen abschneiden
    Text$ = Left$(Text$, Len(Text$) - 1)
  End If
  Cut$ = Text$
End Function

Function WinVer$ ()
  'Speicherwort ermitteln, das die aktuelle
  'Windows-Version enthält
  Wert% = GetVersion%()
  'Version in Zeichenkettenform
  'niederwertiges Byte: Unterversionsnummer
  'höherwertiges Byte:  Hauptversionsnummer
  WinVer$ = Str$(LowByte%(Wert%)) + "." + LTrim$(Str$(HighByte%(Wert%)))
End Function
```

Listing 3.9: Das Quellmodul APIGDI.BAS

Die Form *DrvType* besteht aus einem Laufwerkslistenfeld und einem Bezeichnungslistenfeld. Wählen Sie im Laufwerkslistenfeld ein bestimmtes laufwerk an, wird im Bezeichnunsfeld der Laufwerkstyp (z. B. Diskette oder Festplatte) ausgegeben. Um die Form wieder zu schließen, müssen Sie auf das Systemmenü doppelklicken.

```
VERSION 2.00
Begin Form frmDrvType
   BorderStyle     =   3  'Nicht änderbar, doppelt
   Caption         =   "Laufwerkstyp"
   Height          =   1575
   Left            =   1770
   LinkTopic       =   "Form1"
   MaxButton       =   0   'False
   MinButton       =   0   'False
   ScaleHeight     =   1170
   ScaleWidth      =   3585
   Top             =   2520
   Width           =   3705
   Begin DriveListBox Laufwerk1
      Height          =   315
      Left            =   120
      TabIndex        =   0
      Top             =   120
      Width           =   3375
   End
   Begin Label Bezeichnung1
      Alignment       =   2  'Mitte
      BackColor       =   &H00FFFFFF&
      Caption         =   "Bezeichnung1"
      FontBold        =   -1  'True
      FontItalic      =   0   'False
      FontName        =   "MS Sans Serif"
      FontSize        =   12
      FontStrikethru  =   0   'False
      FontUnderline   =   0   'False
      ForeColor       =   &H00000080&
      Height          =   375
      Left            =   120
      TabIndex        =   1
      Top             =   600
      Width           =   3375
   End
End
```

```
Sub Form_Load ()
  'Ereignis zum Laufwerkswechsel auslösen,
  'um Laufwerkstyp des aktuellen Laufwerks
  'korrekt auszugeben
  Laufwerk1_Change
End Sub

Sub Laufwerk1_Change ()
  'Laufwerkswechsel erfordert neue
  'Ermittlung des Laufwerktyps
  'Laufwerksbuchstabe ermitteln
  '(Kleinschrift)
  Lw$ = Left$(Laufwerk1.Drive, 1)
  'daraus resultierende Laufwerkskennung
  '(A=0 entspricht ASCII 97)
  LwNr% = Asc(Lw$) - 97
  Typ% = GetDriveType(LwNr%)
  Select Case Typ%
    Case 0
      'nicht ermittelbar
      Bezeichnung1.Caption = "nicht ermittelbar"
    Case 1
      'tritt hier nicht auf, da Auswahl über
      'Laufwerkslistenfeld erfolgt
      Bezeichnung1.Caption = "nicht vorhanden"
    Case Drive_Removeable
      'Diskettenlaufwerk
      Bezeichnung1.Caption = "Diskettenlaufwerk"
    Case Drive_Fixed
      'Festplattenlaufwerk
      Bezeichnung1.Caption = "Festplattenlaufwerk"
    Case Drive_Remote
      'Netzlaufwerk, CD-ROM
      Bezeichnung1.Caption = "Netzlaufwerk"
    Case Else
  End Select
End Sub
```

Listing 3.10: Das Formular DRVTYPE.FRM zur Abfrage des Laufwerktyps

Das Startformular API.FRM enthält das Menü zum Benutzerprogramm. Von hier rufen Sie diverse Sonderfunktionen auf. So können Sie das Programm oder Windows beenden oder auch Windows über einen Menübefehl neu starten. Dabei kommt die Windows-API-Funktion *ExitWindows* zum Einsatz. Weitere API-Funktionen ermitteln Systemwerte, wie die freien Systemressourcen. Beachten Sie, daß einige Funktionen ihre Ergebnisse in das Formular selbst schreiben. Wählen Sie für diese Funktionen den Eintrag STARTEN im Hauptmenü DEMO an.

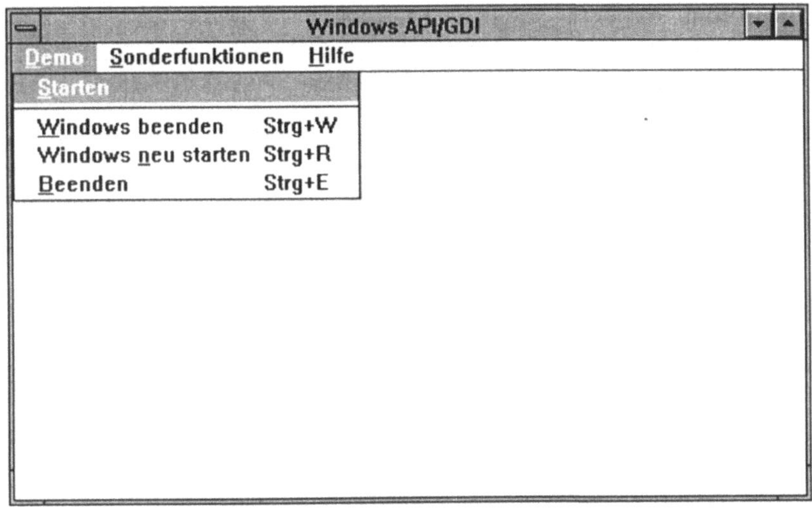

Bild 3.4: API- und GDI-Funkitonen im Einsatz

```
VERSION 2.00
Begin Form API
   AutoRedraw      =   -1  'True
   Caption         =   "Windows API/GDI"
   Height          =   4710
   Left            =   495
   LinkMode        =   1  'Quelle
   LinkTopic       =   "Form2"
   ScaleHeight     =   4020
   ScaleWidth      =   7680
   Top             =   1200
   Width           =   7800
   Begin Menu MNU_Demo
      Caption         =   "&Demo"
      Begin Menu MNU_StartDemo
         Caption         =   "&Starten"
      End
      Begin Menu MNU_Trennung
         Caption         =   "-"
      End
      Begin Menu MNU_ExitWindows
         Caption         =   "&Windows beenden"
         Shortcut        =   ^W
      End
      Begin Menu MNU_RestartWindows
         Caption         =   "Windows &neu starten"
         Shortcut        =   ^R
      End
```

```
      Begin Menu MNU_Exit
         Caption         =   "&Beenden"
         Shortcut        =   ^E
      End
   End
   Begin Menu MNU_Spezial
      Caption         =   "&Sonderfunktionen"
      Begin Menu MNU_GetDriveType
         Caption         =   "&GetDriveType"
      End
      Begin Menu MNU_SystemResources
         Caption         =   "GetFree&SystemResources"
      End
      Begin Menu MNU_SetSysModalWindow
         Caption         =   "SetSys&ModalWindow"
      End
   End
   Begin Menu MNU_Help
      Caption         =   "&Hilfe"
      Begin Menu MNU_About
         Caption         =   "Ü&ber..."
         Shortcut        =   {F1}
      End
   End
End

Sub MNU_About_Click ()
  'Programminformationen
  M$ = "Das Vieweg-Buch zu Visual Basic für"
  M$ = M$ + " Windows 2.0"
  M$ = M$ + Chr$(13) + Chr$(10)
  M$ = M$ + "(c)1993 by Dipl.-Ing. Andreas Maslo"
  'Informationen ausgeben
  MsgBox M$, 64, "API-/GDI-Demo"
End Sub

Sub MNU_Exit_Click ()
  'Demo API/GDI beenden
  Titel$ = "Programm beenden"
  Meldung$ = "Wollen Sie das Programm  wirklich beenden?"
  Antwort% = MsgBox(Meldung$, 4 + 16, Titel$)
  If Antwort% = 6 Then
    End
  End If
End Sub
```

```
Sub MNU_ExitWindows_Click ()
  'Sicherheitsabfrage
  Titel$ = "Achtung"
  Meldung$ = "Wollen Sie Windows wirklich beenden?"
  Antwort% = MsgBox(Meldung$, 4 + 32, Titel$)
  If Antwort% = 6 Then
    'Windows beenden
    a% = ExitWindows%(0, 0)
  End If
End Sub

Sub MNU_GetDriveType_Click ()
  'Laufwerkstyp über gesondertes Formular
  'ermitteln
  frmDrvType.Show 1
End Sub

Sub MNU_RestartWindows_Click ()
  'Sicherheitsabfrage
  Titel$ = "Achtung"
  Meldung$ = "Wollen Sie Windows wirklich neu starten?"
  Antwort% = MsgBox(Meldung$, 4 + 32, Titel$)
  If Antwort% = 6 Then
    'Windows neu starten
    a% = ExitWindows%(66, 66)
  End If
End Sub

Sub MNU_SetSysModalWindow_Click ()
  'aktuelles Fenster zum system-
  'modalen Fenster machen bzw.
  'Systemmodalität rückgängig machen
  a% = SetSysModalWindow%(Me.hWnd)
  'Aktivität durch Markierung des
  'Menüeintrages kennzeichnen
  MNU_SetSysModalWindow.Enabled = False
  'Achtung: um den systemmodulen Status
  'aufzuheben, muß das Fenster
  'geschlossen werden
End Sub
```

```
Sub MNU_StartDemo_Click ()
  'Demoaufrufe ausgewählter API-/GDI-Funktionen
  'Formular löschen
  Me.Cls
  'Windows-Versionsnummer ermitteln
  Print "Hallo Windows "; WinVer$()
  'Anzahl aktiver Prozesse ermitteln
  Print "Anzahl Tasks: "; GetNumTasks%()
  'Dateinummer DLL oder EXE-Datei ermitteln
  Handle% = GetModuleHandle%("ToolsDLL")
  Print "Modul-Handle ToolsDLL: "; Handle%
  'Zeichenkette vorbereiten
  Dateiname$ = Space$(255)
  'Pfad des
  R% = GetModuleFileName%(Handle%, Dateiname$, 255)
  'Achtung: Ende jeder zurückgegebenen Zeichenkette
  'ist ein ASCII 0, daher ein Zeichen entfernen
  Print "Pfad Modul ToolsDLL: "; Cut$(Dateiname$)
  'Hardwareinformationen über die API-Funktion
  'GetWinFlags ermitteln und auswerten
  Flags& = GetWinFlags&()
  If Flags& And WF_PMode Then
    Print "ermittelter Modus: Protected Mode"
  End If
  If Flags& And WF_CPU286 Then
      Print "Hauptprozessor: 286"
    ElseIf Flags& And WF_CPU386 Then
      Print "Hauptprozessor: 386"
    ElseIf Flags& And WF_CPU486 Then
      Print "Hauptprozessor: 486"
  End If
  If Flags& And WF_Standard Then
      Print "Modus: Standardmodus"
    ElseIf Flags& And WF_Enhanced Then
      Print "Modus: Erweiterter Modus für 386er"
  End If
  If Flags& And WF_80x87 Then
      Print "Coprozessor: installiert"
    Else
      Print "Coprozessor: nicht vorhanden"
  End If
  'Laufwerk A=0, B=1, C=2,... (hier Bsp. an Laufwerk C)
  R% = GetDriveType%(2)
```

```
If R% = Drive_Removeable Then
    Print "Laufwerk ist ein Diskettenlaufwerk"
  ElseIf R% = Drive_Fixed Then
    Print "Laufwerk ist ein Festplattenlaufwerk"
  ElseIf R% = Drive_Remote Then
    Print "Laufwerk ist ein Netzwerklaufwerk"
End If
'Zeichenkette in Kleinbuchstaben konvertieren
'(abhängig von Landeseinstellung) und anschließen wieder
'in Großbuchstaben umwandeln
Text$ = "ÄÖÜOKJUOIÜÄÖ"
R% = AnsiLowerBuff%(Text$, Len(Text$))
Print "AnsiLowerBuff: "; Text$
R% = AnsiUpperBuff%(Text$, Len(Text$))
Print "AnsiUpperBuff: "; Text$
'Zeichenkette vom ANSI- ins OEM-Format; die Zeichenkette
'kann nicht größer als 64 KByte sein
Text$ = "ABCabcÄÖÜäöüß=)(890=}][{.:,;0,31"
'elliptischen Kreisbogen Zeichen
R% = Arc%(Hdc, 300, 50, 600, 200, 360, 60, 580, 180)
'elliptischen Bogen zeichnen
'(wie Arc%, jedoch geschlossener Linienzug)
R% = Chord%(Hdc, 350, 50, 550, 150, 360, 60, 580, 180)
'Elliptische Region zeichnen
R% = Ellipse%(Hdc, 360, 100, 400, 200)
'Desktop-Fenster-Handle ermitteln
Print "Desktop-Handle: "; GetDeskTopWindow%()
'Farbwert eines Pixels ermitteln
Print "Farbwert mit GetPixel: "; GetPixel&(Hdc, 370, 100)
'Anfangspunkt zum Linien ziehen ansteuern
R% = MoveTo%(Hdc, 300, 60)
'Linie vom aktuellen bis zum angegebenen Punkt zeichnen
R% = LineTo%(Hdc, 320, 60)
'Tortendiagramm zeichnen
R% = Pie%(Hdc, 400, 30, 420, 50, 410, 35, 400, 40)
'Rechteck zeichnen
R% = Rectangle%(Hdc, 450, 50, 470, 100)
'Rechteck mit abgerundeten Ecken zeichnen
R% = RoundRect%(Hdc, 480, 50, 520, 100, 20, 20)
'Punkt setzen
For x% = 1 To 50
  S& = SetPixel&(Hdc, 350 + x%, 100, Purpur)
Next x%
```

```
  'Windows-Systempfad ermitteln
  Text$ = Space$(255)
  GetSystemDirectory Text$, Len(Text$)
  Print "Systempfad: "; Cut$(Text$)
  'Windows-Pfad ermitteln
  Text$ = Space$(255)
  R% = GetWindowsDirectory(Text$, Len(Text$))
  Print "Windows-Verzeichnis: "; Cut$(Text$)
  'Zeit für Doppelklick in ms ermitteln
  Print "Doppelklickintervall: "; GetDoubleClickTime%()
  'Programmende durch API-Beep-Funktion anzeigen
  R% = SwapMouseButton%(0)
  MessageBeep 0
End Sub

Sub MNU_SystemResources_Click ()
  'Informationen über freie System
  '-ressourcen ausgeben
  'Befehl für Zeilensprung
  CL$ = Chr$(13) + Chr$(10)
  'Ressourcen ermitteln
  SystemRes% = GetFreeSystemResources(0)
  GDIRes% = GetFreeSystemResources(1)
  UserRes% = GetFreeSystemResources(2)
  'Meldung aufbereiten
  M$ = "Freie Systemressourcen:" + CL$ + CL$
  M$ = M$ + "System: " + Str$(SystemRes%) + " %" + CL$
  M$ = M$ + "GDI: " + Str$(GDIRes%) + " %" + CL$
  M$ = M$ + "User: " + Str$(UserRes%) + " %" + CL$
  'Informationen ausgeben
  MsgBox M$, 64, "System-Ressourcen"
End Sub
```

Listing 3.11: Beispielprogramm zum Einsatz ausgewählter API- und GDI-Funktionen (API.FRM)

☞ Beachten Sie, daß das Programm API für die Ausführung die DLL *Toolhelp* benötigt, die standardmäßig im Verzeichnis \VIEWEG\VBDLL eingerichtet wird. Kopieren Sie diese Datei in das Windows-Systemverzeichnis.

Das Programm *WinAPI* befindet sich im selbstentpackenden Archiv VBAPI.EXE auf der Installationsdiskette zu diesem Buch. Das Programm wird während der Einrichtung im Regelfall in das Verzeichnis \VIEWEG\VBAPI kopiert. Die Anwendung kann, nachdem Visual Basic ausgeführt wurde, über den Menübefehl DATEI • PROJEKT ÖFFNEN in die Entwicklungsumgebung geladen werden. Wählen Sie dazu im nachfolgenden Dialogfeld die Projektdatei API.MAK an. Um das Programm zu starten, brauchen Sie lediglich den Menüpunkt AUSFÜHREN • STARTEN wählen. Ein eigenständig ausführbares Programm generieren Sie über den Menüpunkt DATEI • EXE-DATEI ERSTELLEN.

Menümanipulation

Mit Hilfe der Menüroutinen die Windows bereitstellt, können Sie die Funktionalität ihrer Visual Basic-Anwendungen wesentlich erhöhen. So plazieren Sie beispielsweise Grafiken in Menüs und lassen Untermenüs an beliebiger Bildschirmposition öffnen. Wie Sie die einzelnen Menüfunktionen dazu im Verbund eiunsetzen, demonstriert das Programm *Menu.* Das Programmn selbst besteht aus einer einzelnen Formulardatei, die sämtliche Deklarationen und Prozeduren enthät.

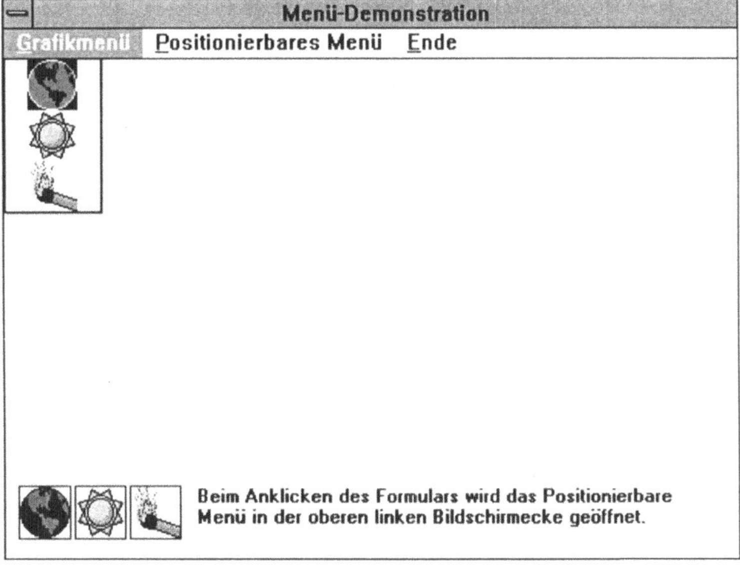

Bild 3.5: Menümanipulation mit Visual Basic

```
MENU.FRM
ProjWinSize=86,145,252,122
ProjWinShow=2
Title="MENU"
ExeName="MENU.EXE"
Path="..\VB"
```

Listing 3.12: Die Projektdatei MENU.MAK

Definieren Sie zunächst das Hauptmenü des Formulars mit Hilfe des Menüentwurfsfensters in herkömmlicher Form, indem Sie Texteinträge definieren. Diese Texteinträge werden erst im späteren Programmlauf durch die in Bildfelder geladenen Grafiken ersetzt.

```
VERSION 2.00
Begin Form Form1
   BorderStyle     =   1  'Nicht änderbar, einfach
   Caption         =   "Menü-Demonstration"
   Height          =   5310
   Left            =   1035
   LinkTopic       =   "Form1"
   MaxButton       =   0   'False
   MinButton       =   0   'False
   ScaleHeight     =   4620
   ScaleWidth      =   7050
   Top             =   1140
   Width           =   7170
   Begin PictureBox Bild3
      AutoSize        =   -1  'True
      Height          =   510
      Left            =   1200
      Picture         =   MENU.FRX:0000
      ScaleHeight     =   480
      ScaleWidth      =   480
      TabIndex        =   2
      Top             =   4020
      Width           =   510
   End
```

```
Begin PictureBox Bild2
   AutoSize        =   -1  'True
   Height          =   510
   Left            =   660
   Picture         =   MENU.FRX:0302
   ScaleHeight     =   480
   ScaleWidth      =   480
   TabIndex        =   1
   Top             =   4020
   Width           =   510
End
Begin PictureBox Bild1
   AutoSize        =   -1  'True
   Height          =   510
   Left            =   120
   Picture         =   MENU.FRX:0604
   ScaleHeight     =   480
   ScaleWidth      =   480
   TabIndex        =   0
   Top             =   4020
   Width           =   510
End
Begin Label Bezeichnung1
   Caption         =   "Beim Anklicken des Formulars wird das_
                        Positionierbare Menü in der oberen linken_
                        Bildschirmecke geöffnet."
   Height          =   495
   Left            =   1860
   TabIndex        =   3
   Top             =   4020
   Width           =   4935
End
Begin Menu MNU_Grafik
   Caption         =   "&Grafikmenü"
   Begin Menu MNU_G1
      Caption         =   "&Graphik1"
   End
   Begin Menu MNU_G2
      Caption         =   "G&rafik2"
   End
   Begin Menu MNU_G3
      Caption         =   "Gr&afik3"
   End
End
```

```
   Begin Menu MNU_TrackPopUp
      Caption         =   "&Positionierbares Menü"
      Begin Menu MNU_F1
         Caption         =   "&Auswahl 1"
      End
      Begin Menu MNU_F2
         Caption         =   "A&uswahl 2"
      End
      Begin Menu MNU_F3
         Caption         =   "Au&swahl 3"
      End
   End
   Begin Menu MNU_Exit
      Caption         =   "&Ende"
   End
End

'*************************************************************
'* Demoprogramm zur Menümanipulation mit Windows-API-        *
'* Funktionen                                                *
'* Das Vieweg-Buch zu Visual Basic für Windows 2.0           *
'* (c)1993 by Dipl.-Ing Andreas Maslo                        *
'*************************************************************

'API-Deklarationen
Declare Function LoadMenu Lib "User" (ByVal hInstance As Integer,_
       ByVal lpString As String) As Integer
Declare Function LoadMenuIndirect Lib "User" (lpMenuTemplate As Any)_
      As Integer
Declare Function GetMenu Lib "User" (ByVal hwnd As Integer) As Integer
Declare Function SetMenu Lib "User" (ByVal hwnd As Integer, ByVal hMenu_
      As Integer) As Integer
Declare Function ChangeMenu Lib "User" (ByVal hMenu As Integer,_
      ByVal wId As Integer, ByVal lpszNew As String, ByVal wIDNew As_
      Integer, ByVal wChange As Integer) As Integer
Declare Function HiliteMenuItem Lib "User" (ByVal hwnd As Integer, ByVal_
      hMenu As Integer, ByVal wIDHiliteItem As Integer, ByVal wHilite As_
      Integer) As Integer
Declare Function GetMenuString Lib "User" (ByVal hMenu As Integer,_
      ByVal wIDItem As Integer, ByVal lpString As String, ByVal nMaxCount_
      As Integer, ByVal wFlag As Integer) As Integer
Declare Function GetMenuState Lib "User" (ByVal hMenu As Integer, ByVal_
      wId As Integer, ByVal wFlags As Integer) As Integer
Declare Sub DrawMenuBar Lib "User" (ByVal hwnd As Integer)
Declare Function GetSystemMenu Lib "User" (ByVal hwnd As Integer,_
      ByVal bRevert As Integer) As Integer
```

```
Declare Function CreateMenu Lib "User" () As Integer
Declare Function CreatePopupMenu Lib "User" () As Integer
Declare Function DestroyMenu Lib "User" (ByVal hMenu As Integer) As Integer
Declare Function CheckMenuItem Lib "User" (ByVal hMenu As Integer,_
      ByVal wIDCheckItem As Integer, ByVal wCheck As Integer) As Integer
Declare Function EnableMenuItem Lib "User" (ByVal hMenu As Integer, ByVal_
      wIDEnableItem As Integer, ByVal wEnable As Integer) As Integer
Declare Function GetSubMenu Lib "User" (ByVal hMenu As Integer, ByVal_
      nPos As Integer) As Integer
Declare Function GetMenuItemID Lib "User" (ByVal hMenu As Integer, ByVal_
      nPos As Integer) As Integer
Declare Function GetMenuItemCount Lib "User" (ByVal hMenu As Integer)_
      As Integer
Declare Function InsertMenu Lib "User" (ByVal hMenu As Integer, ByVal_
      nPosition As Integer, ByVal wFlags As Integer, ByVal wIDNewItem As
Integer, ByVal lpNewItem As Any) As Integer
Declare Function AppendMenu Lib "User" (ByVal hMenu As Integer, ByVal_
      wFlags As Integer, ByVal wIDNewItem As Integer, ByVal lpNewItem_
      As Any) As Integer
Declare Function ModifyMenu Lib "User" (ByVal hMenu As Integer, ByVal_
      nPosition As Integer, ByVal wFlags As Integer, ByVal wIDNewItem_
      As Integer, ByVal lpString As Any) As Integer
Declare Function RemoveMenu Lib "User" (ByVal hMenu As Integer, ByVal_
      nPosition As Integer, ByVal wFlags As Integer) As Integer
Declare Function DeleteMenu Lib "User" (ByVal hMenu As Integer,_
      ByVal nPosition As Integer, ByVal wFlags As Integer) As Integer
Declare Function SetMenuItemBitmaps Lib "User" (ByVal hMenu As_
      Integer, ByVal nPosition As Integer, ByVal wFlags As Integer,_
      ByVal hBitmapUnchecked As Integer, ByVal hBitmapChecked As_
      Integer) As Integer
Declare Function GetMenuCheckMarkDimensions Lib "User" () As Long
Declare Function TrackPopupMenu Lib "User" (ByVal hMenu As Integer,_
      ByVal wFlags As Integer, ByVal x As Integer, ByVal y As Integer,_
      ByVal nReserved As Integer, ByVal hwnd As Integer, lpReserved_
      As Any) As Integer

Sub Form_Click ()
  'da das Menü deaktiviert wurde, muß nun die Aktivierung erfolgen
  hMenu% = GetMenu(hwnd)
  HSubMenu% = GetSubMenu(hMenu%, 1)
  xWert% = 0
  yWert% = 0
  R% = TrackPopupMenu(HSubMenu%, 0, xWert%, yWert%, 0, hwnd, 0)
End Sub
```

```
Sub Form_Load ()
  'Initialisierungssequenz GRAFIK
  'Handle des Hauptmenüs ermitteln
  hMenu% = GetMenu%(hwnd)
  'Handle des ersten Untermenüs ermitteln
  HSubMenu% = GetSubMenu(hMenu%, 0)
  'Bitmap-Handle an Picture-Eigenschaft
  Bild1.Picture = Bild1.Image
  'Menükennung
  MenuID% = GetMenuItemID%(HSubMenu%, 0)
  'Menü modifizieren
  D% = ModifyMenu%(hMenu%, MenuID%, &H4, MenuID%, CLng(Bild1.Picture))
  'Grafik einsetzen
  R% = SetMenuItemBitmaps%(hMenu%, MenuID%, 0 Or 4 Or 8, 0,_
       CLng(Bild1.Picture))
  'dto. 2.Bild
  'Bitmap-Handle an Picture-Eigenschaft
  Bild2.Picture = Bild2.Image
  'Menükennung
  MenuID% = GetMenuItemID%(HSubMenu%, 1)
  'Menü modifizieren
  D% = ModifyMenu%(hMenu%, MenuID%, &H4, MenuID%, CLng(Bild2.Picture))
  'Grafik einsetzen
  R% = SetMenuItemBitmaps%(hMenu%, MenuID%, &H0 Or &H4 Or &H8, 0,_
     CLng(Bild2.Picture))
  'dto. 3.Bild
  'Bitmap-Handle an Picture-Eigenschaft
  Bild3.Picture = Bild3.Image
  'Menükennung
  MenuID% = GetMenuItemID%(HSubMenu%, 2)
  'Menü modifizieren
  D% = ModifyMenu%(hMenu%, MenuID%, &H4, MenuID%, CLng(Bild3.Picture))
  'Grafik einsetzen
  R% = SetMenuItemBitmaps%(hMenu%, MenuID%, &H0 Or &H4 Or &H8, 0,_
     CLng(Bild3.Picture))
End Sub

Sub MNU_Exit_Click ()
  'Programm beenden
  End
End Sub
```

Listing 3.13: Die Formdatei zur Demonstration der Windows-MENÜ-Funktionen

Das Programm *Menu* befindet sich im selbstentpackenden Archiv VBAPI.EXE auf der Installationsdiskette zu diesem Buch. Das Programm wird während der Einrichtung im Regelfall in das Verzeichnis \VIEWEG\VBAPI kopiert. Die Anwendung kann, nachdem Visual Basic ausgeführt wurde, über den Menübefehl DATEI • PROJEKT ÖFFNEN in die Entwicklungsumgebung geladen werden. Wählen Sie dazu im nachfolgenden Dialogfeld die Projektdatei MENU.MAK an. Um das Programm zu starten, brauchen Sie lediglich den Menüpunkt AUSFÜHREN • STARTEN wählen. Ein eigenständig ausführbares Programm generieren Sie über den Menüpunkt DATEI • EXE-DATEI ERSTELLEN.

Basic, so auch Visual Basic, verfügt im Vergleich zu anderen Programmiersprachen, wie z.B. C, nur über eine begrenzte Anzahl von Datentypen (vgl. Kapitel 2). Windows selbst ist in C entwickelt und gibt Werte entsprechend anderer Datentypen zurück. In der Regel können Datentypen, wie Byte und Word mit den Visual Basic-Datentypen Integer und Long ausgelesen werden. Für das Ermitteln der einzelnen Werte, wie höherwertiges und niederwertiges Byte oder einzelne Bit-Informationen fehlen jedoch die entsprechenden Anweisungen. Zwar lassen sich die Funktionen zur Bitmanipulation auch in Basic entwickeln, in unserem Fall verwenden wir jedoch die Konvertierroutinen des Turbo Pascal-Entwicklungssystems für Windows (vgl. Kapitel 3.4). Diese setzen wir im Demoprogramm zur Ermittlung der Windows-Version ein.

Damit haben Sie bereits eine Möglichkeit kennengelernt, wie Sie den Sprachumfang von Visual Basic sinnvoll erweitern könnnen. Wollen Sie eigene DLLs anlegen, und um nichts anderes handelt es sich bei den Dateien USER.EXE, KERNEL.EXE und GDI.EXE, dann müssen Sie auf eine Fremdsprache ausweichen. Im nächsten Kapitel werden wir Ihnen an einem einfachen Beispiel die Entwicklung einer DLL vorstellen und einer benutzerdefinierten Steuerelementebibliothek zeigen.

3.4 Schnittstelle zu anderen Programmiersprachen

Haben Sie bereits mit einem Basic-Compiler unter dem Betriebssystem MS-DOS gearbeitet, dann sind Sie es wahrscheinlich gewohnt, benutzerdefinierte Bibliotheken anzulegen, die bereits compiliert sind und lediglich zu einem ausführbaren Programm hinzugebunden werden müssen. In Visual Basic selbst lassen sich lediglich Quelldateien als Benutzerbibliotheken anlegen. Wollen Sie DLLs generieren, müssen Sie eine andere Programmiersprache, wie beispielsweise Turbo Pascal für Windows, verwenden.- Der Bedienungskomfort von Visual Basic liegt in den Steuerelementen begründet, die in der Toolbox der Entwicklungsumgebung enthalten sind und die um benutzerdefinierte Steuerelemente erweitert werden können. Auch hier gilt: Benutzerdefinierte Steuerelemente sind ausschließlich über DLL-fähige Programmiersprachen definierbar. Bei VBX-Dateien (**V**isual **B**asic e**X**tension) handelt es sich um eine Sonderform einer dynamischen Link-Bibliothek. Alle Informationen, die zum Erzeugen von VBX-Dateien notwendig sind, sind im CDK (Control Development Kit) enthalten. Da sämtliche Beispiele des CDK in der Sprache C vorliegen, wird an dieser Stelle das benutzerdefinierte Steuerelement ebenfalls mit einem C-Dialekt erstellt (Quick C für Windows).

3.4.1 Dynamische Link-Bibliotheken mit Turbo Pascal für Windows

Aufgrund der Popularität von Turbo Pascal für Windows, wollen wir Ihnen die einzelnen Arbeitsschritte an einem leicht nachvollziehbaren Beispiel mit dieser Sprache demonstrieren. Dabei gehen wir davon aus, daß Sie mit der Pascal-Programmierung und der entsprechenden Syntax ein wenig vertraut sind. Zunächst erstellen Sie sich eine Benutzerbibliothek und geben dieser Bibliothek über das Schlüsselwort Library einen Namen. Danach binden Sie benötigte Units (Bibliotheken) ein, definieren Sie die Prozeduren und deklarieren die für Visual Basic vorgesehenen Funktionen und Unterprogramme mit dem Schlüsselwort export als exportierbar (s. Listing 3.14).

```
{**********************************************}
{ Turbo Pascal für Windows - DLL               }
{ DEMO-Funktionsbibliothek für Visual Basic    }
{ (c)1992 by Dipl.-Ing. Andreas Maslo          }
{**********************************************}

{Bibliothek benennen}
library ToolsDLL;

{einbinden der benötigten Units}
uses WinDOS, Strings;

{Konvertierroutinen}
function HighByte(Wert:Integer):Integer;export;
{höherwertigen Teil eines Wortes ermitteln}
begin
  HighByte:=HI(Wert)
end;
```

```
function LowByte(Wert:Integer):Integer;export;
{höherwertigen Teil eines Wortes ermitteln}
begin
  LowByte:=LO(Wert)
end;

{DOS-Funktionen}
function FreeSpace(Drive: Byte):Integer; export;
{freie Laufwerkskapazität in KByte
 A=1, B=2,...}
begin
  FreeSpace:=DiskFree(Drive) div 1024
end;

function DiskSpace(Drive: Byte):Integer; export;
{Laufwerkskapazität gesamt in KByte
 A=1, B=2,...}
begin
  DiskSpace:=DiskSize(Drive) div 1024
end;

{Funktionen exportieren}
exports
  HighByte        index 1,
  LowByte         index 2,
  FreeSpace       index 3,
  DiskSpace       index 4;

begin
end.
```

Listing 3.14: Aufbau einer DLL in Turbo Pascal für Windows (TOOLSDLL.PAS)

In einem zweiten Schritt starten Sie nun den Testlauf unter Turbo Pascal. Es sei allerdings schon jetzt darauf hingewiesen, daß nicht alle Routinen, die einwandfrei in Turbo Pascal laufen, auch in Visual Basic fehlerfrei genutzt werden können.- Erzeugen Sie sich zunächst eine Unit, die den Aufbau besitzt, wie er in Listing 3.5 dargestellt ist. Diese Unit ermöglicht es, daß Turbo Pascal die angegebenen Prozeduren als external erkennt.

```
{*********************************************}
{ Turbo Pascal für Windows                    }
{ Unit zur Dynamischen Link-Bibliothek ToolsDLL }
{ Testlauf der Funktionen in Turbo Pascal      }
{ (c) 1992 by Dipl.-Ing. Andreas Maslo         }
{*********************************************}

{************************}
{Name der Unit vereinbaren}
{************************}

unit Tools;

{***************}
{Deklarationsteil}
{***************}

interface

function HighByte(Wert: Integer):Integer;
function LowByte(Wert: Integer): Integer;
function FreeSpace(Drive: Byte):Integer;
function DiskSpace(Drive:Byte):Integer;

{********************************}
{externe Zuweisung zur DLL ToolsDLL}
{********************************}

implementation

function HighByte;        external 'ToolsDLL' index 1;
function LowByte;         external 'ToolsDLL' index 2;
function FreeSpace;       external 'ToolsDLL' index 3;
function DiskSpace;       external 'ToolsDLL' index 4;

begin
end.
```

Listing 3.15: Erstellung einer Unit für Turbo Pascal für Windows (TOOLS.PAS)

Nun können Sie das Pascal-Programm in üblicher Weise erstellen. Anstatt der DLL verwenden Sie die zuvor generierte Unit als einzubindende Funktionsbibliothek (s. Listing 3.5). Damit kann während der Programmausführung auf die DLL zugegriffen werden. Auch der Name der DLL ist bereits durch die Unit bekannt.

```
{***********************************************}
{ Turbo Pascal für Windows / Visual Basic       }
{ Demo-Programm zur Bibliothek ToolsDLL         }
{ für Turbo Pascal für Windows                  }
{ Anmerkung: Die Ausgabe erfolgt unter Windows  }
{            mit Hilfe der Unit WinCrt          }
{ (c)1992 by Dipl.-Ing. Andreas Maslo           }
{***********************************************}

program DLLTest;

uses WinCrt, Tools;

begin
  {Laufwerk A=1, B=2,...}
  WriteLn('Demoprogramm zu ToolsDLL in Turbo Pascal_
           für Windows');
  Write('freier Speicher auf Laufwerk B: >');
  WriteLn(FreeSpace(2));
  Write('Gesamtspeicher auf Laufwerk B: >');
  WriteLn(DiskSpace(2));
  Write('HighByte von 3232 >');
  WriteLn(HighByte(3232));
  Write('LowByte von 3232 >');
  WriteLn(Lowbyte(3232));
end.
```

Listing 3.16: Test der benutzerdefinierten DLL in Turbo Pascal für Windows (DLLTEST.PAS)

Sollten die benutzerdefinierten Anweisungen korrekt arbeiten, können Sie sie auch mit Visual Basic testen (s. Listing 3.16). Die Unit selbst ist für Basic nicht erforderlich, da bei Funktionsaufrufen aus einer DLL der Bibliotheksname mit angegeben werden muß. Ansonsten gehen Sie so vor, als wenn Sie eine API-Funktion verwenden wollen. Deklarieren Sie zunächst die Funktion entsprechend und verwenden Sie sie anschließend wie eine interne Basic-Anweisung. Die Ausgabe erfolgt in unserem Visual Basic-Demoprogramm über das Ereignis Paint und ähnelt der Ausgabe des Pascal-Programmes.

```
VERSION 2.00
Begin Form Form1
   Caption         =   "Form1"
   Height          =   4425
   Left            =   1035
   LinkMode        =   1  'Quelle
   LinkTopic       =   "Form1"
   ScaleHeight     =   4020
   ScaleWidth      =   7725
   Top             =   1140
   Width           =   7845
End

'*********************************************************
'* Deklarationsteil der Funktionen aus der Dynamischen Link-*
'* bibliothek ToolsDLL (erstellt mit Turbo Pascal f. Windows*
'* (c) 1992 by Dipl.-Ing. Andreas Maslo                    *
'*********************************************************

'Deklarationsaufbau: Routine, Bibliothek, Parameterliste

Declare Function HighByte% Lib "ToolsDLL.DLL" (ByVal Wert%)
Declare Function LowByte% Lib "ToolsDLL.DLL" (ByVal Wert%)
Declare Function FreeSpace% Lib "ToolsDLL.DLL" (ByVal Drive%)
Declare Function DiskSpace% Lib "ToolsDLL.DLL" (ByVal Drive%)

Sub Form_Paint ()
On Error Resume Next
  'Dieses ereignisorientierte Unterprogramm wird automatisch
  'beim Programmstart ausgeführt...
  'Ausgabe angelehnt an Turbo Pascal-Programm DLLTEST.PAS
  'A=1, B=2,...
  Print "Demoprogramm zum Testen der Bibliothek ToolsDLL"
  Print "freier Speicher auf Laufwerk B: >";
  Print FreeSpace(2)
  Print "Gesamtsspeicher auf Laufwerk B: >";
  Print DiskSpace(2)
  Print "HighByte von 3232 > "; HighByte%(3232)
  Print "LowByte von 3232 > "; LowByte%(3232)
End Sub
```

Listing 3.17: Einsatz der benutzerdefinierten DLL unter Visual Basic (PASCAL.FRM)

Die Programme zur Demonstration des DLL-Einsatzes mit Visual Basic befinden sich im selbstentpackenden Archiv VBDLL.EXE auf der Installationsdiskette zu diesem Buch. Die zugehörigen Dateien werden während der Einrichtung im Regelfall in das Verzeichnis \VIEWEG\VBDLL kopiert. Das Visual Basic-Demonstrationsprogramm kann, nachdem Visual Basic ausgeführt wurde, über den Menübefehl DATEI • PROJEKT ÖFFNEN in die Entwicklungsumgebung geladen werden. Wählen Sie dazu im nachfolgenden Dialogfeld die Projektdatei VBDLL.MAK an. Um das Programm zu starten, brauchen Sie lediglich den Menüpunkt AUSFÜHREN • STARTEN wählen. Ein eigenständig ausführbares Programm generieren Sie über den Menüpunkt DATEI • EXE-DATEI ERSTELLEN. Sowohl beim Start über die Entwicklungsumgebung, als auch bei Ausführung des eigenständigen Programmes, muß der Zugriff auf die DLL selbst gewährleistet sein. Sollte bei der Ausführung ein Fehler auftreten, überbrüfen Sie, ob sich die Datei im Windows-Systemverzeichnis befindet. Die standard,mäßihg

3.4.2 Benutzerdefinierte Steuerelemente mit Quick C für Windows

Die Definition eines Steuerelementes verläuft jeweils nach einem einheitlichen Schema, das nachfolgend kurz beschrieben werden soll. Auf eine Erläuterung der C-Syntax wird bewußt verzichtet.- Jedes Steuerelement muß zunächst initilisiert werden. Dabei handelt es sich um nichts anderes als eine übliche DLL-Initialisierungssequenz . Wesentlich ist dabei die Festlegung des Einsprungspunktes in die Steuerelementebibliothek.

```
// ccInit.c
// Initialisierung der Steuerelement-DLL LINE3D.VBX

#define  NOCOMM
#include <windows.h>
#include <vbapi.h>
//Statische Daten in Headerdatei
#define  CTL_DATA
#include "line3d.h"

//Globale Variablen
HANDLE hmodDLL;

// Einsprungspunkt des Steuerelementes
BOOL FAR PASCAL _export VBINITCC
(
    USHORT usVersion,
    BOOL   fRuntime
```

```
)
{
    //Formalparameter
    fRuntime  = fRuntime;
    usVersion = usVersion;
    // Steuerelement(e) registrieren
    return VBRegisterModel(hmodDLL, &modelLine3d);
}

// Initialisierung der DLL
BOOL FAR PASCAL LibMain
(
    HANDLE hmod,
    HANDLE segDS,
    USHORT cbHeapSize
)
{
    //Handle der DLL merken
    cbHeapSize = cbHeapSize;
    segDS = segDS;
    hmodDLL = hmod;
    UnlockData( 0 );
    return TRUE;
}

// DLL aus dem Speicher entfernen
VOID FAR PASCAL _export WEP
(
    BOOL fSystemExit
)
{
    //Formalparameter
    fSystemExit = fSystemExit;
}
```

Listing 3.18: Initialisierungssequenz zum Steuerlement 3DLINE

Ist die Initialisierungssequenz annähernd in dieser Form für jedes benutzerdefinierte Steuerelement übernehmbar, ist die Definition des Steuerelementekontrollmodells wesentlich komplexer. Häufig sind Probleme bei der späteren Nutzung einer Steuerelementebibliothek auf falsche Definitionen im Kontrollmodell zurückzuführen. Die Headerdatei beinhaltet die Definition der Kontrollstruktur, einen benutzerdefinierten Datentyp, in dem spezielle Eigenschaften verwaltet werden. Die Eigenschaften und Ereignisse werden in gesonderten Tabellen definiert. Neben Standardeigenschaften und -ereignissen können auch benutzerdefinierte eingerichtet werden. Letztgenannte müssen gesondert innerhalb der Headerdatei definiert werden (vgl. Listing 3.19;

Eigenschaft *LineStyle*). Mit diesen Definitionen kann letztendlich auch das Steuerelementkontrollmodel definiert werden, das alle Informationen zum definierten Steuerlement zugewiesen bekommt, wie die Tabellen der Eigenschaften und Ereignisse, die Fensterklassenstile, einen Zeiger auf die Kontrollprozedur (diese ist gesondert zu definieren), den Kontrollnamen, den Visual Basic-Klassennamen und die Bitmap-Kennungen für die VB-Werkzeugsammlung.

```
//Line3D.h - Headerdatei zu LINE3D.C
//Dipl.-Ing. Andreas Maslo

#define OFFSETIN(struc,field)   ((USHORT)&(((struc *)0)->field))

//Ressourcenkennungen für VB-Toolbox-Elemente
#define IDBMP_LINE3D          8000
#define IDBMP_LINE3DDOWN      8001
#define IDBMP_LINE3DMONO      8003
#define IDBMP_LINE3DEGA       8006

//Kontrollprozedur zum Steuerelement LINE3D
LONG FAR PASCAL _export Line3dCtlProc(HCTL, HWND, USHORT, USHORT, LONG);

// globale Variablen und Konstanten
extern      HANDLE hmodDLL;     // aus ccinit.c

//LINE3D Kontrollstruktur
typedef struct tagLINE3D
{
    RECT    rectDrawInto;
    ENUM    LineStyle;
    HFONT   hfont;
    HSZ     hszCaption;
} LINE3D;

typedef LINE3D FAR * PLINE3D;

#ifndef RC_INVOKED

//Kennungen der Steuerelementeigenschaften
#define IPROP_LINE3D_CTLNAME              0
#define IPROP_LINE3D_INDEX                1
#define IPROP_LINE3D_BACKCOLOR            2
#define IPROP_LINE3D_LEFT                 3
#define IPROP_LINE3D_TOP                  4
#define IPROP_LINE3D_WIDTH                5
#define IPROP_LINE3D_HEIGHT               6
```

```
#define IPROP_LINE3D_VISIBLE            7
#define IPROP_LINE3D_PARENT             8
#define IPROP_LINE3D_TAG                9
#define IPROP_LINE3D_LINESTYLE         10
#define IPROP_LINE3D_CAPTION           11
#define IPROP_LINE3D_FONTNAME          12
#define IPROP_LINE3D_FONTBOLD          13
#define IPROP_LINE3D_FONTITALIC        14
#define IPROP_LINE3D_FONTSTRIKE        15
#define IPROP_LINE3D_FONTUNDER         16
#define IPROP_LINE3D_FONTSIZE          17

#ifdef CTL_DATA


//benutzerdefinierte Eigenschaft:
//3D-Linienstil
PROPINFO Property_LineStyle =
{
    "LineStyle",
    DT_ENUM | PF_fGetData|PF_fSetData | PF_fSetMsg | PF_fSaveData,
    OFFSETIN(LINE3D, LineStyle), 0,
    0,
    "0 - kein\0" "1 - horizontal\0" "2 - vertikal\0", 3
};

//Tabelle der Steuerelementeigenschaften
PPROPINFO Line3d_Properties[] =
{
    PPROPINFO_STD_CTLNAME,
    PPROPINFO_STD_INDEX,
    PPROPINFO_STD_BACKCOLOR,
    PPROPINFO_STD_LEFT,
    PPROPINFO_STD_TOP,
    PPROPINFO_STD_WIDTH,
    PPROPINFO_STD_HEIGHT,
    PPROPINFO_STD_VISIBLE,
    PPROPINFO_STD_PARENT,
    PPROPINFO_STD_TAG,
    &Property_LineStyle,
    PPROPINFO_STD_CAPTION,
    PPROPINFO_STD_FONTNAME,
    PPROPINFO_STD_FONTBOLD,
    PPROPINFO_STD_FONTITALIC,
    PPROPINFO_STD_FONTSTRIKE,
    PPROPINFO_STD_FONTUNDER,
    PPROPINFO_STD_FONTSIZE,
    PPROPINFO_STD_BORDERSTYLEOFF,
```

```
    PPROPINFO_STD_TABINDEX,
    PPROPINFO_STD_TABSTOP,
    PPROPINFO_STD_ENABLED,
    PPROPINFO_STD_MOUSEPOINTER,
    NULL
};
#endif      // CTL_DATA

//Kennungen der Ereignisse
#define IEVENT_LINE3D_CLICK           0

#ifdef CTL_DATA

//Tabelle der Steuerelementereignisse
PEVENTINFO Line3d_Events[] =
{
    PEVENTINFO_STD_CLICK,
    NULL
};
#endif      // CTL_DATA

// Steuerelementmodellstruktur
#ifdef CTL_DATA
MODEL modelLine3d =
{
    VB_VERSION,
    0,
    //Zeiger auf Kontrollprozedur
    (PCTLPROC)Line3dCtlProc,
    //Klassenstile
    CS_VREDRAW | CS_HREDRAW,
    //Fensterstil
    WS_CLIPCHILDREN,
    //Größe der Steuerelementstruktur
    sizeof(LINE3D),
    //Bitmap-Kennung (Toolbox)
    IDBMP_LINE3D,
    //Standardkontrollname
    "Line3D",
    //Visual Basic-Klassenname
    "Line3D1",
    NULL,
    //Tabelle Eigenschaften
    Line3d_Properties,
    //Tabelle Ereignisse
    Line3d_Events
};
#endif      // CTL_DATA
```

```
#endif        // RC_INVOKED
```

Listing 3.19: Die Headerdatei 3DLINE.H mit der Definition des Steuerelementcontrolmodells

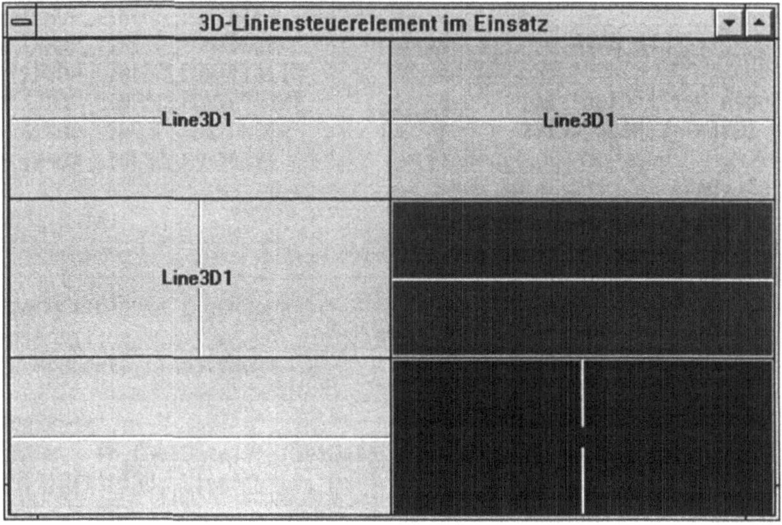

Bild 3.6: Das benutzerdefinierte Liniensteuerelement

In der Steuerelementkontrollprozedur (s. Listing 3.20) wird letztendlich definiert, wie ein Steuerelement auf Visual Basic- und Windows-Botschaften reagieren soll. Die Definition ähnelt sehr startk der ereignisorientierten Programmierung in Visual Basic, außer, daß hier das Hauptprogramm für die Ereignisse noch zu definieren ist. Welche Botschaften (Ereignisse) behandelt werden sollen, ist von Steuerlement zu Steuerelement unterschiedlich. Sind Sie mit der herkömmlichen Windows-Programmierung vertraut, werden Sie mit dem Nachvollziehen des Listings keine Schwierigkeiten haben. Für reine Basic-Programmierer kann die Steuerelement-Programmierung nicht empfohlen werden.

```
// Line3d.c - Steuerelementkontrollprozedur LINE3D
// Autor: Dipl.-Ing. Andreas Maslo

#define  NOCOMM
#include <windows.h>

#include <vbapi.h>
#include <string.h>
#include "line3d.h"

// lokale Prototypen
VOID NEAR DrawBack(PLINE3D pline3d, HWND hwnd, HDC hdc);
VOID NEAR RecalcArea(PLINE3D pline3d, HWND hwnd);

// Line3D-Kontrollprozedur
LONG FAR PASCAL _export Line3dCtlProc
(
    HCTL   hctl,
    HWND   hwnd,
    USHORT msg,
    USHORT wp,
    LONG   lp
)
{
    PLINE3D pline3d = NULL;
    HDC     hdc;
    LPRECT  prect = &pline3d->rectDrawInto;

    switch (msg)
      {
        case WM_CREATE:
          pline3d = (PLINE3D)VBDerefControl(hctl);
            pline3d->LineStyle = 1;
            VBSetControlProperty(hctl, IPROP_LINE3D_BACKCOLOR,_
                                 RGB(192, 192, 192));
          break;
        case WM_SETFONT:
            pline3d = (PLINE3D)VBDerefControl(hctl);
            pline3d->hfont = (HFONT)wp;
          return 0;
        case WM_GETFONT:
            pline3d = (PLINE3D)VBDerefControl(hctl);
            return pline3d->hfont;
```

```
case WM_SETTEXT:
  {
     HSZ hsz;
   pline3d = (PLINE3D)VBDerefControl(hctl);
     if (pline3d->hszCaption)
        {
        VBDestroyHsz(pline3d->hszCaption);
        }
     hsz = VBCreateHsz((_segment)hctl, (LPSTR)lp);
     pline3d = (PLINE3D)VBDerefControl(hctl);
     pline3d->hszCaption = hsz;
     InvalidateRect(hwnd, NULL, TRUE);
     return 0L;
  }
case WM_GETTEXT:
  {
     LPSTR   lpstr;
     WORD    cch;
   pline3d = (PLINE3D)VBDerefControl(hctl);
     if (pline3d->hszCaption == NULL)
          {
           *(LPSTR)lp = 0L;
           wp = 1;
          }
      else
          {
           lpstr = VBDerefHsz(pline3d->hszCaption);
           cch = lstrlen(lpstr) + 1;
       if (wp > cch)
             wp = cch;
             _fstrncpy((LPSTR)lp, lpstr, wp);
             ((LPSTR)lp)[wp - 1] = '\0';
          }
  }
    return (LONG)(wp - 1);
case WM_GETTEXTLENGTH:
    pline3d = (PLINE3D)VBDerefControl(hctl);
  if (pline3d->hszCaption == NULL)
      return 0L;
    else
      return lstrlen(VBDerefHsz(pline3d->hszCaption));
```

```
        case WM_PAINT:
            pline3d = (PLINE3D)VBDerefControl(hctl);
          if (wp)
                DrawBack(pline3d, hwnd, (HDC)wp);
              else
                {
               PAINTSTRUCT ps;
               BeginPaint(hwnd, &ps);
                 DrawBack(pline3d, hwnd, ps.hdc);
                 EndPaint(hwnd, &ps);
                }
          break;
        case WM_SIZE:
            pline3d = (PLINE3D)VBDerefControl(hctl);
            RecalcArea(pline3d, hwnd);
            break;
        case VBM_SETPROPERTY:
          //benutzerdefinierte Eigenschaften
            switch (wp)
              {
               case IPROP_LINE3D_LINESTYLE:
                   //Rahmenstil wurde gewechselt
                   pline3d = (PLINE3D)VBDerefControl(hctl);
               pline3d->LineStyle = (ENUM)lp;
               InvalidateRect(hwnd, prect, FALSE);
              break;
          }
          break;
      }
      //alles weitere an Visual Basic weiterleiten
    return VBDefControlProc(hctl, hwnd, msg, wp, lp);
}


//Zeichnen des Steuerelementes
//Aufruf erfolgt durch Botschaft WM_PAINT
VOID NEAR DrawBack
(
    PLINE3D pline3d,
    HWND    hwnd,
    HDC     hdc
)
```

```
{
    HBRUSH  hbr;
    HBRUSH  hbrOld = NULL;
    LPSTR   lpstr;
    LPRECT  prect = &pline3d->rectDrawInto;
    HFONT   hfontOld;
    HPEN    hPen;

    //Rechteck ausfüllen und mit selber Farbe umranden
    hbr = (HBRUSH)SendMessage(GetParent(hwnd), WM_CTLCOLOR,_
                            hdc, MAKELONG(hwnd, 0));
    hPen=SelectObject(hdc,CreatePen(PS_SOLID,1,RGB(192,192,192)));
    hbrOld = SelectObject(hdc, hbr);
    Rectangle(hdc, prect->left, prect->top, prect->right, prect->bottom);
    //Linie zeichen
    if (pline3d->LineStyle == 1)
        {
         //horizontale 3D-Linie

         DeleteObject(SelectObject(hdc,CreatePen(PS_SOLID,1,_
                            RGB(129,129,129))));
         MoveTo (hdc, prect->right, (prect->bottom - prect->top)/2 );
         LineTo (hdc, prect->left,  (prect->bottom - prect->top)/2 );
         DeleteObject(SelectObject(hdc,GetStockObject(WHITE_PEN)));
         MoveTo (hdc, prect->right, (prect->bottom - prect->top)/2+1 );
         LineTo (hdc, prect->left,  (prect->bottom - prect->top)/2+1 );
         DeleteObject(SelectObject(hdc,GetStockObject(BLACK_PEN)));
        }
     else if (pline3d->LineStyle == 2)
        {
         //vertikale 3D-Linie
         DeleteObject(SelectObject(hdc,CreatePen(PS_SOLID,1,_
                            RGB(129,129,129))));
         MoveTo (hdc, prect->right/2, prect->top);
         LineTo (hdc, prect->right/2, prect->bottom);
         DeleteObject(SelectObject(hdc,GetStockObject(WHITE_PEN)));
         MoveTo (hdc, prect->right/2+1, prect->top);
         LineTo (hdc, prect->right/2+1, prect->bottom);
         DeleteObject(SelectObject(hdc,GetStockObject(BLACK_PEN)));
        };
    hfontOld = SelectObject(hdc, pline3d->hfont);
    //Bezeichnung ausgeben (einzelne Linie, zentriert)
    lpstr = VBDerefHsz(pline3d->hszCaption);
    DrawText(hdc, lpstr, -1, prect, DT_VCENTER|DT_CENTER|DT_SINGLELINE);
    SelectObject(hdc, hfontOld);
    SelectObject(hdc, hbrOld);
    return;
}
```

```
VOID NEAR RecalcArea
(
    PLINE3D pline3d,
    HWND    hwnd
)
{
    LPRECT   prect = &pline3d->rectDrawInto;

    GetClientRect(hwnd, prect);
      return;
}
```

Listing 3.20: Die Definition der Steuerelementkontrollprozedur

```
// Line3D.rc - Ressourcen
//--------------------------------------------------------------

#define  NOCOMM
#include <windows.h>

#include "line3d.h"

//Steuerelementressourcen für das LINE3D-Steuerelement
IDBMP_LINE3D          BITMAP  DISCARDABLE "buttoncu.bmp"
IDBMP_LINE3DDOWN      BITMAP  DISCARDABLE "buttonce.bmp"
IDBMP_LINE3DMONO      BITMAP  DISCARDABLE "buttonmu.bmp"
IDBMP_LINE3DEGA       BITMAP  DISCARDABLE "buttoneu.bmp"
```

Listing 3.21: Definition der Windows -Ressourcen (3DLINE.RC)

Um die vier Symbole für die Werkzeugsammlung zu erstellen (2 Symbole für VGA, 1 Symbol für EGA, und ein Symbol für Monochrom), verwenden Sie ein Grafikprogramm und speichern die Schaltflächensymbole anschließend im Bitmap-Format ab. Danach definieren Sie die Resourcen für den Resourcen-Compiler (Listing 3.21). Für den Linker muß zunächst eine Moduldefinitionsdatei erzeugt werden, die den Bibliotheksnamen, die Zielplattform, die Größe des Heap und Informationen zu Code und Daten enthält. Sind alle dateien korrekt erstellt, legen Sie die Projektliste an und übersetzen das Programm in eine DLL. Die Ergebnisdatei 3DLINE.DLL kann zwar direkt in die Visual Basic-Entwicklungsumgebung geladen werden, üblich ist jedoch das Dateikürzel VBX. Also benennen Sie abschließend die Datei in 3DLINE.VBX um.

```
; line3d.def - Moduledefinitionsdatei für LINE3D.VBX
LIBRARY      LINE3D
EXETYPE      WINDOWS
DESCRIPTION 'Visual Basic Line3D Custom Control'

CODE         MOVEABLE
DATA         MOVEABLE SINGLE
HEAPSIZE     1024
;----------------------------------------------------------------
```

Listing 3.22: Moduldefinitionsdatei 3DLINE.-DEF für den Linker

Der Aufbau eines Steuerelementes ist jeweils sehr ähnlich, so das Sie Teile der Kontrollmodelle und Strukturen für weitere Steuerelemente als Grundlage nutzen können. Auf den Abdruck eines Beispielprogrammes wollen wir an dieser Stelle verzichten.

Das Steuerlement *3DLINE.VBX* befindet sich im selbstentpackenden Archiv VBCDK.EXE auf der Installationsdiskette zu diesem Buch. Das Programm wird während der Einrichtung im Regelfall in das Verzeichnis \VIEWEG\VBCDK kopiert. Die Steuerelementebibliothek kann, nachdem Visual Basic ausgeführt wurde, über den Menübefehl DATEI • DATEI HINZUFÜGEN... zu einem Projekt hinzugeladen werden und wird dann unmittelbar in die Werkzeugsammlung der Entwicklungsumgebung aufgenommen.

3.5 Projektverwaltung in Visual Basic

An dieser Stelle wollen wir uns noch einmal kurz mit der Projektverwaltung befassen, die wir bereits im Zusammenhang mit der Erläuterung des Projektfensters kennengelernt haben. Die Verwaltung eines Projektes, das aus mehreren Formularen und Quellmodulen besteht, gestaltet sich während der Entwurfsphase über dieses Fenster recht einfach. So können Sie sich z.B. sehr leicht Benutzerbibliotheken im Quelldateiformat anlegen, bei Bedarf zu einem Programm hinzuladen und über das Projektfenster verwalten. Aber auch immer wieder benötigte Formulare, z.B. um Dateien zu öffnen, generieren Sie nur einmal und verwenden Sie in allen Programmen, die mit Dateien arbeiten, erneut.

Programme, die Sie mit Visual Basic erstellen, sind zunächst einmal nicht an eine bestimmte Programmgröße gebunden, da einzelne Formulare temporär aus der ausführbaren Datei nachgeladen und ebenso wieder aus dem Speicher entfernt werden können, was einer Overlay-Verwaltung schon recht nahe kommt. Ein nicht zu unterschätzendes Leistungsmerkmal, das inbesondere bei umfangreichen Programmen sinnvoll eingesetzt werden sollte, ist die Übergabe von Steuerelementen und Formen als Parameter in einer Prozedur. Damit lassen sich benutzerdefinierte Routinen allgemein formulierem, in Benutzerdateien im Quellformat integrieren und von beliebigen Steuerelementen bzw. Formularen nutzen (vgl. Kapitel 4.4; Programm *WinFINANZ*; Funktion *WaehrungsEingabe%*). Da jeder Parameter einer Partameterliste einer Funktion und eines Unterprogrammes mit einem speziellen Typ festgelegt werden muß, wurden für Steuerelemente und Formulare spezielle Schlüsselwörter eingeführt. Steuerlemente deklarieren Sie als Control und Formulare als Form. Wollen Sie z.B. allgemein ein Unterprogramm formulieren, das einen Text in der Titelleiste eines beliebigen Formulars festlegt, so könnte das Unterprogramm und der entsprechende Aufruf wie folgt lauten:

```
Sub SchreibeTitel (Formular As Form, Titel$)
  Formular.Caption = Titel$
End Sub

SchreibeTitel WEDIT, "WinEDIT 2.00"
```

Ebenso könnten Sie ein allgemeines Unterprogramm zur Festlegung des Textes einer Schaltfläche (Steuerelement) formulieren.

```
Sub ErsetzeText (Schalter As Control, Text$)
  Schalter.Text = Text$
End Sub

ErsetzeText "Abbruch"
```

Sie können die Funktionen und Unterprogramme allgemein für beliebige Steuerelemente formulieren. Da allerdings nicht jede Anweisung für jedes Steuerelement sinnvoll wäre, steht ihnen eine weitere Anweisung zur Verfügung, die eine Programmausführung abhängig vom Typ des Steuerelementes ermöglicht.

allgemein:

```
If TypeOf Steuerelement Is Steuerelementetyp Then
  ...
End If
```

oder:

```
If Bedingung Then
    ...
  ElseIf TypeOf Steuerelement Is Steuerelementetyp Then
    ...
End If
```

Beispiel:

```
If TypeOf GewaehltesSteuerlement Is CheckBox Then
  'weitere Programmanweisungen
End If
```

Die einzelnen Bezeichnungen der Steuerelementetypen in diesem Befehl sind in der nachfolgenden Tabelle zusammengestellt.

Schlüsselwort:	**Steuerelementetyp:**
CheckBox	Kontrollfeld
ComboBox	Kombinationslistenfeld
CommandButton	Schaltfläche
DirListBox	Verzeichnislistenfeld
DriveListBox	Laufwerkslistenfeld
FileListBox	Dateilistenfeld
Frame	Rahmen
HScrollBar	horizontaler Rollbalken
Label	Bezeichnungs- bzw. Ausgabefeld
ListBox	Verzeichnislistenfeld
OptionButton	Optionsfeld
PictureBox	Bildfeld
TextBox	Text- bzw. Eingabefeld
Timer	Zeitgeber
VScrollBar	vertikaler Rollbalken

Mit den in diesem Kapitel vorgestellten Anweisungen, sollten Sie dazu in der Lage sein, komplexe und allgemein nutzbare Visual Basic-Quellbibliotheken anzulegen. Auch der Quelltext selbst kann bei Verwendung dieser Routinen reduziert werden.

3.6 Einbindung grafischer Elemente

Visual Basic stellt mit dem Bildfeld bzw. der *PictureBox* ein Steuerelement zur Verfügung, das es Ihnen ermöglicht, die grafische Oberfläche an Ihre eigenen Bedürfnisse anzupassen. Anders als es bei der Toolbox zunächst den Anschein hat, können Sie Formularhintergründe und Schalter frei definieren und mit Grafiken versehen. Haben Sie bereits mit Turbo Pascal für Windows oder dem Borland Resource Workshop gearbeitet, dann kennen Sie die optisch aufbereiteten Dialogfenster und dreidimensionalen Schaltflächen mit Schatteneffekt. Wenn nicht, dann werden Sie sie in diesem Kapitel kennenlernen. Wir haben uns bei der Realisierung einer nach Borland orientierten Benutzeroberfläche für den Resource Workshop entschieden. Aber auch Paintbrush kann zur Generierung von Schaltern und Hintergründen eingesetzt werden. Einzige Voraussetzung ist das Bitmap-Dateiformat (BMP). Neben den Grafikdateien sind keine weiteren Hilfsmittel erforderlich. Sie brauchen also weder ein CDK von Microsoft, noch ein Custom Control Kit von einem anderen Software-Hersteller und schon gar keine andere Programmiersprache zur Generierung von DLLs.

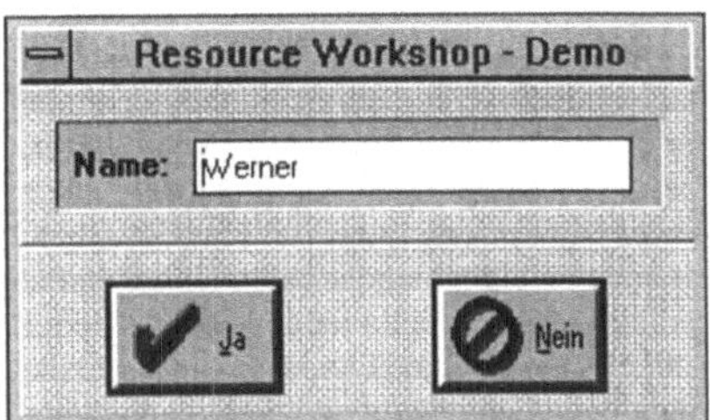

Bild 3.7: Bitmap-Grafiken ausgereizt

Dafür müssen Sie allerdings mit umfangreichen Programmgrößen rechnen, da die Bitmaps selbst in das Programm eingebunden werden. Außerdem können die Ereignisse zu den Schaltflächen nicht mehr frei ausgewertet werden und eine eigene Tastatursteuerung muß implementiert werden. Wie dies geht, wollen wir Ihnen in diesem Kapitel demonstrieren. Eingesetzt werden zum einen Bitmap-Dialogfensterhintergründe und zum anderen »Borland Workshop Custom Controls«. Um Bitmaps als Dialogfensterhintergrund zu laden, brauchen Sie nur die Eigenschaft *Picture* für das jeweilige Formular anzuwählen und ein Bitmap anzugeben. Stellen Sie anschließend die Formulargröße entsprechend dem gewählten Bitmap ein. Wollen Sie Schalter in ein Formular integrieren, definieren Sie zunächst über die Toolbox ein Bildfeld und setzen die Eigenschaft *Autosize* auf wahr. In diesem Fall wird das Bildfeld entsprechend der Größe der eingebundenen Grafik angepaßt. Dabei müssen Sie zunächst die Grafik für die gedrückte Taste und in einem zweiten Schritt, genau darüber, die Grafik der nicht-gedrückten Taste einfügen. Sie definieren also zwei Bildfelder, wobei das erste direkt von einem weiteren Bildfeld verdeckt wird.

Der Aufbau des Formulars ist also sehr schnell realisiert. Umfangreicher wird die Programmierung der Schaltflächendarstellung in Abhängigkeit von speziellen Tastatur- und Mausereignissen, da sie selbst dafür sorgen müssen, daß eine Taste gedrückt ist. Die Anweisung, um die Taste zu drücken, stellt dabei nur die kleinste Schwierigkeit dar. Über die Eingenschaft *Visible* können sie jederzeit die nicht gedrückte Taste verstecken und dadurch unmittelbar die gedrückte Taste sichtbar werden lassen. Sie brauchen also nur speziellen Quellcode zur Handhabung der nicht gedrückten Taste entwickeln. Aus diesem Grunde wäre es also durchaus denkbar, daß Sie die gedrückte Taste direkt mit in das Hintergrundbitmap eines Dialogfensters integrieren. In unseren Beispielen haben wir darauf verzichtet und die Schaltflächen jeweils getrennt in das Formular integriert. Der zugehörige Quelltext ist in Listing 3.23 enthalten.

```
VERSION 2.00
Begin Form Demo
   BorderStyle     =   3  'Nicht änderbar, doppelt
   Caption         =   "Resource Workshop - Demo"
   Height          =   2235
   Left            =   1035
   LinkMode        =   1  'Quelle
   LinkTopic       =   "Form1"
   MaxButton       =   0   'False
   Picture         =   RESOURCE.FRX:0000
   ScaleHeight     =   1830
   ScaleWidth      =   3780
   Top             =   1140
   Width           =   3900
   Begin PictureBox Nein_Down
      AutoSize        =   -1  'True
      Height          =   615
      Left            =   2280
      Picture         =   RESOURCE.FRX:3F7A
      ScaleHeight     =   585
      ScaleWidth      =   945
      TabIndex        =   1
      Top             =   1080
      Width           =   975
```

```
      Begin PictureBox Nein_Up
         AutoSize        =   -1  'True
         Height          =   615
         Left            =   -15
         Picture         =   RESOURCE.FRX:44D4
         ScaleHeight     =   585
         ScaleWidth      =   945
         TabIndex        =   3
         Top             =   -15
         Width           =   975
      End
   End
   Begin PictureBox Ja_Down
      AutoSize        =   -1  'True
      Height          =   615
      Left            =   480
      Picture         =   RESOURCE.FRX:4A2E
      ScaleHeight     =   585
      ScaleWidth      =   945
      TabIndex        =   0
      Top             =   1080
      Width           =   975
      Begin PictureBox Ja_Up
         AutoSize        =   -1  'True
         Height          =   615
         Left            =   -15
         Picture         =   RESOURCE.FRX:4F88
         ScaleHeight     =   585
         ScaleWidth      =   945
         TabIndex        =   2
         Top             =   -15
         Width           =   975
      End
   End
   Begin TextBox Ein
      FontBold        =   0   'False
      FontItalic      =   0   'False
      FontName        =   "MS Sans Serif"
      FontSize        =   8,25
      FontStrikethru  =   0   'False
      FontUnderline   =   0   'False
      Height          =   300
      Left            =   975
      TabIndex        =   5
      Text            =   "Werner"
      Top             =   315
      Width           =   2430
   End
```

```
   Begin Label Bezeichnung1
      BackColor       =   &H00C0C0C0&
      Caption         =   "Name:"
      Height          =   240
      Left            =   300
      TabIndex        =   4
      Top             =   345
      Width           =   630
   End
End

'***************************************************
'* Demonstration der Einbindung von Ressourcen,    *
'* mit dem Resource Workshop von Borland erzeugt   *
'* wurde                                           *
'*                                                 *
'* Das Vieweg-Buch zu Visual Basic für Windows 2.0 *
'* (c)1993 by Dipl.-Ing. Andreas Maslo             *
'***************************************************

Sub ButtonKey (Taste As Integer)
  'allgemeine Tastaturroutine für Dialogfelder
  'Kontrolle, ob "j" gedrückt wurde
  If UCase$(Chr$(Taste)) = "J" Then
    'Schaltfläche <J>a wurde gedrückt
    'Taste optisch anpassen
    Ja_Up.Visible = 0
    'Meldung ausgeben
    DemoMsg "Die Tastenkombination [Alt]+[J] wurde gedrückt..."
    'nicht gedrückte Taste anzeigen
    Ja_Up.Visible = -1
   ElseIf UCase$(Chr$(Taste)) = "N" Then
    'Schaltfläche <N>ein wurde gedrückt
    'optisch anzeigen
    Nein_Up.Visible = 0
    'Meldung ausgeben
    DemoMsg "Die Tastenkombination [Alt]+[N] wurde gedrückt..."
    'normale Taste wiederherstellen
    Nein_Up.Visible = -1
  End If
End Sub

Sub DemoMsg (Text$)
  'kurze Meldung ausgeben, welche Taste gedrückt wurde
  Msg$ = "Die Taste <" + UCase$(Taste$) + "> wurde "
  Msg$ = "über die Tastatur angesteuert..."
  MsgBox Text$, 0, "Demo-Button"
End Sub
```

```
Sub Ein_KeyDown (Tastencode As Integer, Umschalten As Integer)
  If Umschalten = 4 Then
    ButtonKey Tastencode
  End If
End Sub

Sub Form_Click ()
  'da das Demoprogramm bzw. Formular nicht
  'mit einer Programmende-Schaltfläche ausge-
  'stattet ist, wird das Programm RESOURCE uber ein anklicken
  'des Formulars selbst beendet...
  End
End Sub

Sub Form_Paint ()
  'Eingabefeld aktivieren; im Eingabefeld
  'werden auch die Sondertasten zum Drücken
  'der Schaltflächen über die Tastatur abgefragt
  Ein.SetFocus
End Sub

Sub Ja_Up_KeyDown (Tastencode As Integer, Umschalten As Integer)
  'falls Alt-Taste gedrückt wurde (Umschalten=4), dann
  'allgemeine Tastaturbehandlungsroutine ButtonKey
  '(benutzerdefiniert) aufrufen
  If Umschalten = 4 Then
    ButtonKey Tastencode
  End If
End Sub

Sub Ja_Up_MouseDown (Maustaste As Integer, Umschalten As Integer, x As
Single, y As Single)
  'um die gedrückte Ja-Taste anzuzeigen, wird lediglich
  'die nicht gedrückte Taste versteckt
  Ja_Up.Visible = 0
End Sub

Sub Ja_Up_MouseMove (Maustaste As Integer, Umschalten As Integer, x As
Single, y As Single)
  'Schaltflächengrenze allgemein errechnen
  x1! = Ja_Up.ScaleLeft
  x2! = x1! + Ja_Up.ScaleWidth
  y1! = Ja_Up.ScaleTop
  y2! = y2! + Ja_Up.ScaleHeight
  'sobald die Maus bei gedrückter Taste den zulässigen
  'Bereich verläßt, wird die Schaltfläche in den normalen
  'Zusatnd überführt (Taste nicht gedrückt); das Ereignis
```

```
  'soll erst ausgelöst werden, wenn die Taste bei korrektem
  'anklicken wieder gelöst wird!
  If (x < x1! Or x > x2! Or y < y1! Or y > y2!) And Not Ja_Up.Visible Then
    Ja_Up.Visible = -1
    Ein.SetFocus
  End If
End Sub

Sub Ja_Up_MouseUp (Maustaste As Integer, Umschalten As Integer, x As_
                  Single, y As Single)
  'gedrückte Taste wird gelöst; dabei wird die nicht
  'gedrückte Taste wieder angezeigt
  '************************************************
  'an dieser Stelle könnte die Schaltflächen-
  'funktion über die Maus abgerufen werden...
  '************************************************
  Ja_Up.Visible = -1
  Ein.SetFocus
End Sub

Sub Main ()
  'Unterprogramm wurde lediglich für Kommentar angelegt!
  'Hinweis: Sämtliche Ereignissteuerungen werden über
  '         die nichtgedrückten Bitmap-Tasten realisiert,
  '         um innerhalb des Quelltextes keine Unordnung
  '         aufkommen zu lassen. Dazu ist jeweils erforder-
  '         lich, daß die nichtgedrückte Taste in die
  '         gedrückte Taste beim Entwurf gezeichnet wird!
End Sub

Sub Nein_Up_KeyDown (Tastencode As Integer, Umschalten As Integer)
  'falls Alt-Taste gedrückt wurde (Umschalten=4), dann
  'allgemeine Tastaturbehandlungsroutine ButtonKey
  '(benutzerdefiniert) aufrufen
  If Umschalten = 4 Then
    ButtonKey Tastencode
  End If
End Sub

Sub Nein_Up_MouseDown (Maustaste As Integer, Umschalten As Integer, x As
Single, y As Single)
  'nicht gedrückte Taste verstecken, wobei die gedrückte
  'Taste automatisch angezeigt wird...
  Nein_Up.Visible = 0
End Sub
```

```
Sub Nein_Up_MouseMove (Maustaste As Integer, Umschalten As Integer,_
            x As Single, y As Single)
  'Schaltflächengrenze allgemein errechnen
  x1! = Nein_Up.ScaleLeft
  x2! = x1! + Nein_Up.ScaleWidth
  y1! = Nein_Up.ScaleTop
  y2! = y2! + Nein_Up.ScaleHeight
  'sobald die Maus bei gedrückter Taste den zulässigen
  'Bereich verläßt, wird die Schaltfläche in den normalen
  'Zusatnd überführt (Taste nicht gedrückt); das Ereignis
  'soll erst ausgelöst werden, wenn die Taste bei korrektem
  'anklicken wieder gelöst wird!
  If (x < x1! Or x > x2! Or y < y1! Or y > y2!) And_
            Not Nein_Up.Visible Then
    Nein_Up.Visible = -1
    Ein.SetFocus
  End If
End Sub

Sub Nein_Up_MouseUp (Maustaste As Integer, Umschalten As Integer,_
                        x As Single, y As Single)
  'nicht gedrückte Nein-Taste wieder anzeigen
  '***********************************************
  'an dieser Stelle könnte die Schaltflächen-
  'funktion über die Maus abgerufen werden...
  '***********************************************
  Nein_Up.Visible = -1
  Ein.SetFocus
End Sub
```

Listing 3.23: Einbindung von Bitmaps in Visual Basic-Anwendungen

Anders als bei Windows-Dialogschaltflächen üblich, haben wir in diesem Beispiel nur die Zustände gedrückt und nicht gedrückt berücksichtigt. Im Normalfall müßte auch eine Taste, die nicht gedrückt ist aber den Fokus hat, als Zustand implementiert werden. Da die Realisierung sich allerdings nur unwesentlich von dieser Demonstration unterscheidet, wollen wir an dieser Stelle darauf verzichten. Außerdem wollen wir Sie darauf hinweisen, daß Sie die Unterprogramme zur benutzerdefinierten Schaltflächensteuerung später vereinheitlichen und die entsprechenden Steuerelemente (hier Bildfelder) als Kommandozeilenparameter an die jeweiligen Prozeduren übergeben (vgl. Kapitel 3.5) sollten.

☞ Wie die Tastatursteuerung vereinheitlicht werden kann, können Sie dem Quelltext zum Programm *WinFINANZ* entnehmen (s. Kapitel 4.4; Listing *WFINANZ.FRM*; Funktion *WaehrungsEingabe%*). Zur Turbo Pascal-Oberfläche ergeben sich durch den Einsatz von Bitmaps sichtbar zunächst keine Unterschiede mehr. Lediglich die Zeit der Programmausführung ist in Visual Basic höher. Wie Sie die Bitmaps in umfangreicheren Programmen einsetzen können, sehen Sie am Beispiel des Programmes *WinPRINT* (s. Kapitel 4.1.4).

Das Programm *Resource* befindet sich im selbstentpackenden Archiv VBRESOUR.EXE auf der Installationsdiskette zu diesem Buch. Das Programm wird während der Einrichtung im Regelfall in das Verzeichnis \VIEWEG\VBRESOUR kopiert. Die Anwendung kann, nachdem Visual Basic ausgeführt wurde, über den Menübefehl DATEI • PROJEKT ÖFFNEN in die Entwicklungsumgebung geladen werden. Wählen Sie dazu im nachfolgenden Dialogfeld die Projektdatei RESOURCE.MAK an. Um das Programm zu starten, brauchen Sie lediglich den Menüpunkt AUSFÜHREN • STARTEN wählen. Ein eigenständig ausführbares Programm generieren Sie über den Menüpunkt DATEI • EXE-DATEI ERSTELLEN.

3.7 Hilfedateien im Einsatz

Komplexe Windows-Applikationen verwenden in der Regel für die Hilfsfunktion das Windows-Hilfsprogramm WINHELP. Auch in Visual Basic können Sie auf dieses Dienstprogramm zurückgreifen, vorausgesetzt, Sie kennen den API-Funktionsaufruf und verfügen zudem über den Windows-Hilfecompiler. Die API-Funktion haben Sie bereits in Kapitel 3.3 kennengelernt, den Hilfecompiler werden Sie als Bestandteil von Visual Basic in der Standardversion vergeblich suchen, er ist lediglich in der professionellen Ausgabe enthalten. Entweder verfügen Sie also bei der Standardversion über eine andere Windows-Programmiersprache, die dieses Programm beinhaltet, oder aber Sie müssen es gesondert von Microsoft erwerben. Aus diesem Grunde wollen wir die Möglichkeit der Erstellung von Hilfedateien hier an einem kurzen Beispiel vorführen. Dabei werden wir nicht annähernd die Möglichkeiten der Hilfedateien ausschöpfen. So werden weder Grafiken, noch spezielle Schriften oder Suchfunktionen und Kreuzverweise dieser Stelle berücksichtigt. Für die Leser, die nicht über den Hilfecompiler verfügen, sei auf Kapitel 4.1.3 verwiesen. Dort können Sie sehen, wie einfach Sie sich mit Visual Basic Ihr eigenes allgemeines Hilfeprogramm schreiben können.

3.7.1 Der Hilfe-Compiler und das Windows-Hilfeprogramm

Kommen wir nun aber zu einem kurzen Beispiel. Nehmen wir einmal an, Sie haben einen kleinen Programm-Manager für Windows geschrieben (vgl. Kapitel 4.2) und wollen dem Anwender eine Hilfefunktion zur Verfügung stellen. In diesem Fall definieren Sie zunächst eine Hilfethemendatei im Rich-Textformat (z.B. mit Word oder Word für Windows). Geben Sie jeweils die Hilfebegriffe und die zugehörigen Erläuterungen als einzelne Absätze ein. Nach jeder Erläuterung fügen Sie einen Seitenumbruch ein (im folgenden Listing durch eine gepunktete Linie dargestellt). Definieren Sie nun die Steuercodes für den Hilfecompiler (z.B. # oder +), indem Sie diese als Fußnoten formatieren (diese werden am Dateiende verwaltet). Hinweise zu den Steuercodes selbst können Sie der Beschreibung zum Hilfecompiler entnehmen. Einen Eindruck des Textes können Sie aus dem folgenden Listing gewinnen.

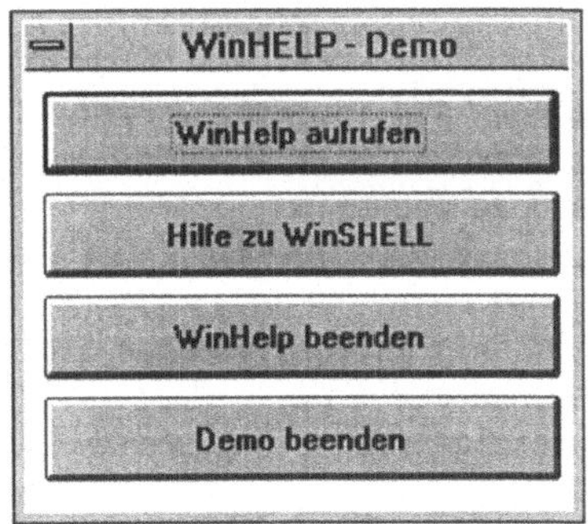

Bild 3.8: Demonstration zum Aufruf des Windows-Hilfeprogrammes

```
#+WinShell
Mit WinSHELL können Sie den Programm-Manager von Windows übersetzen. Neben
den wichtigsten Windows-Applikationen, rufen Sie auch DOS-Anwendungen auf,
oder kehren temporär auf Knopfdruck zur Betriebssystemebene zurück.
.................................................................
Löschen
Mit dem Programm können Sie jeweils eine Datei löschen, die Sie aus einem
beliebigen Verzeichnis des aktuellen Laufwerkes auswählen. U.U. ist das
Laufwerk über das im Arbeitsbereich angezeigte Laufwerkslistenfeld zu wech-
seln. Beachten Sie, daß zur Aktivierung dieser Funktion zunächst das Kon-
trollfeld "Löschen" aktiviert werden muß.
.................................................................

Umbenennen
Durch ein "Umbenennen" können Sie einer einzelnen Datei des aktuellen Lauf-
werks einen neuen Namen zuweisen. U.U. ist das Laufwerk über das im Ar-
beitsbereich angezeigte Laufwerkslistenfeld zu wechseln.
```

....

Verschieben

Durch ein "Verschieben" wird der Eintrag einer Datei im FAT geändert. Eine echte Kopie wird nicht erzeugt. Die Datei liegt nach dieser Funktion auf dem Festspeicher unverändert im ursprünglichen Bereich.

....

Ausführen

Mit diesem Menüpunkt können Sie beliebige Programme (Windows-Anwendungen und DOS-Applikationen) aus WinSHELL heraus ausführen. U.U. ist das Laufwerk über das im Arbeitsbereich angezeigte Laufwerkslistenfeld zu wechseln.

....

Entfernen

Wollen Sie ein Verzeichnis entfernen, dann dürfen sich dort keine Dateien befinden. Ist das Verzeichnis nicht leer, kann keine Löschung erfolgen. Beachten Sie, daß zur Aktivierung dieser Funktion zunächst das Kontrollfeld "Löschen" aktiviert werden muß.

....

Wechseln

Über diesen Menübefehl können Sie in jedes Verzeichnis des aktuellen Laufwerkes wechseln. U.U. ist das Laufwerk über das im Arbeitsbereich angezeigte Laufwerkslistenfeld zu wechseln.

....

Anlegen

Wollen Sie ein Unterverzeichnis anlegen, können Sie diesen Menübefehl anwählen. Wählen Sie zunächst das Verzeichnis, in das der Eintrag erfolgen soll, geben Sie einen zulässigen Verzeichnisnamen ein und quittieren Sie die Eingabe über die entsprechende Schaltfläche.

....

Windows

Mit Hilfe dieses Menüs, lassen sich alle Standard-Anwendungen von Windows, wie z.B. "Write", "Paintbrush" und "Terminal" ausführen. Beachten Sie, daß ausgeführte Programme in der Regel automatisch auf Symbolgröße verkleinert werden. Um dies zu umgehen, müssen Sie das entsprechende Kontrollfeld im unteren Bereich des Arbeitsbildschirmes deaktivieren.

....

Programm-Manager

Mit Hilfe des "Programm-Managers" können Sie beliebige Programme über Programmgruppen und Bildsymbole ausführen.

....

Datei-Manager

Über den "Datei-Manager" führen Sie die wichtigsten Betriebssystemfunktionen aus.

....

Druck-Manager

Über den "Druck-Manager" verwalten Sie die Druckaufträge, die im Hintergrund ausgedruckt werden.

....

Task-Manager
Über den "Task-Manager" wechseln Sie zwischen mehreren aktiven Anwendungen.

....

Paintbrush
Wollen Sie Pixelgrafiken erstellen, können Sie das Zeichenprogramm "PaintBrush" aufrufen.

....

Write
Mit "Write" steht Ihnen eine kleine Textverarbeitung zur Verfügung, mit der Sie schnell und einfach Briefe, kurze Texte oder optisch ansprechende Notizen erstellen.

....

Kartei
Wollen Sie einfache Daten verwalten, verwenden Sie das Datenbankprogramm "Kartei".

....

Rechner
Berechnungen lassen sich komfortabel über den Taschenrechner "Calc" ausführen.

....

Notizblock
Verwalten Sie Ihre Notizen mit einem Notizblock.

....

Terminal
Ein Datenaustausch über ein Modem ist mit dem Dienstprogramm "Terminal" (Datenfernübertragung) möglich.

....

Kalender
Verwalten Sie Ihre Termine mit dem Windows-Terminkalender "Calendar".

....

Zwischenablage
Tauschen Sie Daten im Text- und Grafikformat zwischen Windows-Anwendungen über die Zwischenablage "Clipboard" aus.

....

Rekorder
Mit dem "Rekorder" haben Sie die Möglichkeit, immer wiederkehrende Tastaturfolgen (Makros) aufzuzeichnen und später über einen einzelnen Befehl ausführen zu lassen.

....

Uhr
Rufen Sie die aktuelle Uhrzeit über das Programm "Clock" ab.

....

```
Symbol
Programme, die nach dem Programmstart auf Symbolgröße verkleinert werden,
erscheinen als Bildsymbol am unteren Bildschirmrand. Dadurch lassen sich
mehrere Anwendungen nacheinander laden und bei Bedarf durch einen Doppel-
klick aktivieren. Ist das entsprechende Kontrollfeld nicht markiert, wird
ein angewähltes Programm nicht nur geladen, sondern ausgeführt und in einem
Startformular angezeigt.
.............................................................................

Parameterabfrage
Einer Vielzahl von Programmen lassen sich Kommandozeilenparameter überge-
ben. Damit Sie auch Programmen, die über WinSHELL gestartet werden, Parame-
ter bereits beim Aufruf angeben können, läßt sich ein spezielles Eingabe-
fenster öffnen. Tragen Sie hier die gewünschten Parameter, wie auf Komman-
dozeilenebene ein. Der Programmname selbst darf nicht mehr mit angeführt
werden.
.............................................................................
Löschmodus
Nur wenn das Kontrollfeld "Löschen" markiert ist, können Sie Dateien oder
Verzeichnisse löschen. Ansonsten sind die jeweiligen Menüeinträge nicht
mehr aktivierbar.
.............................................................................
Systemsteuerung
Da Änderungen an den Systemdateien nur bewußt erfolgen sollten, müssen Sie
die jeweiligen Menüeinträge zunächst durch Ansteuerung des Kontrollfeldes
"Systemsteuerung" aktivieren.
.............................................................................
#+Programm beenden
Über diesen Menüpunkt wird WinSHELL beendet und aus dem Speicher entfernt.
=============================================================================
#Shell
+Ende
#Ende
+Shell
```

Listing 3.24: Aufbau einer Hilfedatei im RTF-Format für den MS-Hilfecompiler (WINSHELL.RTF)

Die Hilfethemen sind abgestimmt auf das Dienstprogramm WinSHELL, das in Kapitel 4.2 vorgestellt wird. Auf eine Integration wurde jedoch bewußt verzichtet, damit Sie entweder das Windows-Hilfeprogramm oder aber ersatzweise das benutzerdefinierte Hilfeprogramm WinHELP einbauen können. Die Hilfedatei für den Hilfecompiler von Windows (RTF-Format) und die erstellte Hilfedatei (HLP) sind auf der Buchdiskette enthalten.- Bevor sie allerdings die Hilfedatei erstellen können, müssen Sie in einem weiteren Arbeitsschritt eine Projektdatei für den Hilfecompiler anlegen (s. Listing 3.25). Erst dann können Sie die Hilfedatei generieren.

```
[FILES]
WINSHELL.RTF    ;Hilfethemen zum Anwendungsprogramm WinSHELL

[OPTIONS]
COMPRESS=TRUE   ;Hilfedatei komprimieren
WARNING=3       ;alle Fehler ausgeben
TITLE=WinSHELL-Hilfesystem
```

Listing 3.25: Projektdatei für MS-Hilfecompiler (WINSHELL.HPJ)

Nun kehren wir zu Visual Basic zurück und entwickeln zunächst ein kleines Demoprogramm zum Aufruf der Hilfedatei. Dazu sind zunächst die API-Funktion WinHelp und die zugehörigen Konstanten zu deklarieren. Die einzelnen Formen des Funktionsaufrufes können Sie dem folgenden Listing entnehmen.

```
VERSION 2.00
Begin Form Form1
   BorderStyle     =   3  'Nicht änderbar, doppelt
   Caption         =   "WinHELP - Demo"
   Height          =   3030
   Left            =   1035
   LinkMode        =   1  'Quelle
   LinkTopic       =   "Form1"
   MaxButton       =   0   'False
   ScaleHeight     =   2625
   ScaleWidth      =   3360
   Top             =   1140
   Width           =   3480
   Begin CommandButton Befehl4
      Caption         =   "Demo beenden"
      Height          =   495
      Left            =   120
      TabIndex        =   3
      Top             =   1920
      Width           =   3135
   End
   Begin CommandButton Befehl3
      Caption         =   "WinHelp beenden"
      Height          =   495
      Left            =   120
      TabIndex        =   2
      Top             =   1320
      Width           =   3135
   End
```

```
   Begin CommandButton Befehl2
      Caption         =   "Hilfe zu WinSHELL"
      Height          =   495
      Left            =   120
      TabIndex        =   1
      Top             =   720
      Width           =   3135
   End
   Begin CommandButton Befehl1
      Caption         =   "WinHelp aufrufen"
      Height          =   495
      Left            =   120
      TabIndex        =   0
      Top             =   120
      Width           =   3135
   End
End

'***************************************************
'* Demonstration des Aufrufs von WinHelp mit Hilfe *
'* der Windows-API-Funktion WinHelp                *
'*                                                 *
'* Das Vieweg-Buch zu Visual Basic für Windows 2.0 *
'* (c)1993 by Dipl.-Ing. Andreas Maslo             *
'***************************************************

'Standarddatentyp Integer/Ganzzahl
DefInt A-Z

'Deklaration der API-Funktion
Declare Function WinHelp Lib "User" (ByVal hWnd, ByVal Datei$, ByVal
wCommand, ByVal dwData As Long)
Const Help_Context = &H1
Const Help_Quit = &H2
Const Help_Index = &H3
Const HELP_HelpOnHelp = &H4

Sub Befehl1_Click ()
 'Hilfsprogramm mit Hilfe zum Programm selbst aufrufen
 r% = WinHelp(Form1.hWnd, dummy$, HELP_HelpOnHelp, 0)
End Sub
```

```
Sub Befehl2_Click ()
 'Hilfsprogramm mit Hilfe zum Programm selbst aufrufen
 'Verzeichnis evtl. zunächst über Visual Basic-Funktion
 'CurDir$ ermitteln...
 '(hier vereinfachte Fassung, nicht allgemein lauffähig)
 '(Hilfenummer nicht gültig, daher Meldung innerhalb von
 'Winhelp)
 'HilfeIndex
 Hilfenummer = 0
 'aktueller Programmpfad = Hilfedateipfad
 HlpPath$ = App.Path + "\"
 r% = WinHelp(Form1.hWnd, HlpPath$ + "WINSHELL.HLP", Help_Index,
Hilfenummer)
End Sub

Sub Befehl3_Click ()
  'über die API-Funktion kann das Hilfsprogramm
  'komfortabel wieder geschlossen werden
  r% = WinHelp(Form1.hWnd, "C:\VB\VIEWEG\WINHELP\WINSHELL.HLP",_
           Help_Quit, 0)
End Sub

Sub Befehl4_Click ()
  'wenn die DEMO beendet wird, aber WinHelp noch nicht
  'quittiert wurde, bleibt die Hilfe aktiviert...
  End
End Sub
```

Listing 3.20: Visual Basic-Demoprogramm zum Aufruf einer Hilfedatei (HILFE.FRM)

☞ Verfügen Sie nicht über den Hilfecompiler von Microsoft, dann sollten Sie sich einmal Kapitel 4.1.3 ansehen. Dort sehen Sie, wie Sie mit Visual Basic selbst ein allgemeines Hilfeprogramm entwickeln können.

Das Programm *Hilfe* befindet sich im selbstentpackenden Archiv VBHELP.EXE auf der Installationsdiskette zu diesem Buch. Das Programm wird während der Einrichtung im Regelfall in das Verzeichnis \VIEWEG\VBHILFE kopiert. Die Anwendung kann, nachdem Visual Basic ausgeführt wurde, über den Menübefehl DATEI • PROJEKT ÖFFNEN in die Entwicklungsumgebung geladen werden. Wählen Sie dazu im nachfolgenden Dialogfeld die Projektdatei HILFE.MAK an. Um das Programm zu starten, brauchen Sie lediglich den Menüpunkt AUSFÜHREN • STARTEN wählen. Ein eigenständig ausführbares Programm generieren Sie über den Menüpunkt DATEI • EXE-DATEI ERSTELLEN.

3.7.2 Der Windows Help Magician

Das das Erstellen von Hilfedateien nicht gerade sehr viel Spaß macht, können Sie bereits an der kleinen Hilfedatei erkennen, die im letzten Kapitel entwickelt wurde. Das es auch anders geht, beweist ein Programm mit dem Namen *The Windows Help Magician.* In einer komfortablen Entwicklungsumgebung geben Sie dialogorientiert die Hilfethemen ein, rufen aus der Oberfläche den Hilfe-Compiler, auf Wunsch die RTF-fähige Textverarbeitung Word für Windows und auch das Windows-Hilfeprogramm aus. In der Oberfläche selbst geben Sie die Hilfethemen seitenweise ein, verzieren sie mit unterschiedlichen Schriften und Schriftattributen und testen die Hilfedatei in einem Testmodus auf Lauffähigkeit. Auch das Einfügen von Grafiken ist kein Problem.

Der Windows-Hilfe-Compiler kann von Compuserve (WinSDK Forum) heruntergeladen werden.

Der Windows Help Magician ist mit einer ausführlichen Hilfedatei ausgestattet, die sich in der Datei LIESMICH.WRI befindet. Dort erhalten Sie auch Hinweise zur Vollversion. Mit der vorliegenden Testversion können Sie maximal bis zu sieben Hilfethemen verwalten. Legen Sie je Hauptmenü ein Hilfethema an, so sollte bereit sdie testzversion für viele Zwecke ausreichend sein.

Mit Hilfe des *Help Magician* haben wir eine Hilfedatei für das Programm *WinGewinn* entwickelt, das im Rahen des Kapitels 4.8 entwickelt wird. Alle Arbeitsdateien dazu, befinden sich im selbstentpackenden Archiv VBMAGI.EXE auf der Installationsdiskette zu diesem Buch. Die dateien werden während der Einrichtung im Regelfall in das Verzeichnis \VIEWEG\VBMAGI kopiert und können vom Help Magician weiterbearbeitet werden. Auf den Abdruck der Dateien haben wir aus Platzgründen an dieser Stelle verzichtet.

3.8 Einsatz von Toolboxen

Auf dem Markt befinden sich derzeit bereits umfassende Toolboxen, die Ihnen bei der Erstellung komplexer Anwendungsprogramme helfen. Diese werden in der Regel als DLL bereitgestellt, die Sie ohne Zahlung von Lizenzgebühren weitergeben dürfen. Zum Teil sind diese Toolboxen speziell auf bestimmte Themen, wie z.B. die Datenbankprogrammierung abgestimmt, zum anderen handelt es sich um sogenannte Universaltoolboxen, die mehrere Themenbereiche abdecken. Informationen zu speziellen

Toolboxen können Sie im Fachhandel erhalten.- Mit dem CDK (Control Development Kit), zur Generierung von Custom Controls (Steuerelementen), den erweiterten Steuerelementen und dem Hilfe-Compiler, präsentiert sich die professionelle Version von Visual Basic als kombiniertes Programmiersystem mit Toolbox-Paket.

Damit wollen wir die Themen dieses Kapitels beenden und uns der Anwendungsprogrammierung zuwenden. Dabei wurde besonderer Wert darauf gelegt, daß keine Zusatztoolboxen oder Fremdsprachen-DLLs benötigt werden. Sämtliche Oberflächenänderungen werden ausschließlich mit Bitmap-Grafiken realisiert. Sie erhalten bei den vorgestellten Programmen einen Eindruck davon, was mit Visual Basic möglich ist. Und das ist weitaus mehr, als ein Hobby-Programmierer gewöhnlich braucht.

Anwendungsprogrammierung mit Visual Basic

Nachdem in den ersten drei Kapiteln die Programmentwicklungsumgebung, die grafischen Oberflächenelemente und Sprachanweisungen und die Projektverwaltung von Visual Basic ausführlich erläutert wurden, werden in diesem Kapitel mehrere Windows-Applikationen vorgestellt, die mit Visual Basic entwickelt wurden. Damit lernen Sie, wie Sie kleine Hilfsprogramme und umfangreichere Programme mit Visual Basic erstellen. So erhalten Sie neben einigen kleineren Hilfsprogrammen auch mehrere größere Anwendungsprogramme, die durchaus noch erweitert werden können. Neben einem eigenen Programm-Manager, der den Programmaufruf beliebiger Windows- und DOS-Programme aus Windows heraus erlaubt, entwickeln wir auch einen Editor zum Bearbeiten von Textdateien im ANSI- und ASCII-Format, eine Finanzverwaltung, ein kleines Zeichenprogramm, einen CD-Player für CD-ROM-Laufwerke und ein Einnahmen- und Ausgabenüberschußrechnungsprogramm mit MDI-Interface. Sämtliche Anwendungen werden im Quelltext vorgestellt und demonstrieren jeweils einen speziellen Themenbereich von Visual Basic (s. nachfolgende Aufstellung). Dabei werden zum Teil auch die erweiterten Möglichkeiten der professionellen Programmversion genutzt Werden erweiterte Steuerelemente genutzt, liegen die Programme auf der Buchdiskette auch als ausführbare Fassung mit den Zusatzsteuerelementebibliotheken vor und können damit direkt unter Windows gestartet werden. Ein unmittelbares Bearbeiten dieser Programme mit der Standardversion ist nicht möglich. Sie können in diesem Fall jedoch die 3D-Oberflächenelemente durch Bearbeitung der Formen im ASCII-Format durch entsprechende 2D-Steuerelemente der Standardversion ersetzen.

Programm:	Thema:
WinCONV	Umgang mit Dateisystemsteuerelementen; Verarbeitung sequentieller Dateien; Mehrfachauswahl in Listenfeldern; Arbeiten mit Steuerelementefeldern
WinCOPY	Bearbeiten von Dateien im Binärmodus Dateien kopieren
WinHELP	Umgang mit sequentiellen Datendateien; Verwendung von Datenfeldern (Arrays); Schaltflächen mit Symbolen versehen;
WinPRINT	Objekt Printer; Druckerausgabe; Einbindung von Bitmaps
WinSHELL	Menüprogrammierung; Einbindung von Ikonen; Anwendungsprogramm mit mehreren Formularen
WinEDIT	Arbeiten mit Schriften, Schriftattributen und Schriftgrößen; Vollbildmodus; Verarbeitung sequentieller Textdateien; Systemfunktionen
WinFINANZ	Umgang mit Direktzugriffsdateien; Verbundvariablen; Arbeiten mit Kombinationslistenfeldern; Formatierfunktionen; Verwendung von Rollbalken;
WinPAINT	Objekt Clipboard; Grafikprogrammierung
VBGRAPH	Einsatz des Gitters bzw. Taellensteuerelements Geschäftsgrafik mit dem Graphics Server Options- und Kontrollfelder
CDPLAYER	Multimedia-Programmierung; Einsatz des Zeitgeber-Steuerelementes 3D-Obverflächensteuerelemente
WinGewinn	MDI-Anwendungesprogrammierung 3D-Oberflächensteuerelemente Datenverwaltung mit sequentiellen und Direktzugriffsdateien Einbindung eines Hilfedatei

Tabelle 4.1: Zusammenstellung der Anwendungsprogramme

Die Formulargenerierung und Eigenschaftenvergabe wollen hier nicht mehr in allen Einzelheiten erläutern. Hinweise hierzu entnehmen Sie bitte Kapitel 1.5. In diesem Kapitel wollen wir den Schwerpunkt auf den Quelltext und somit auf die Programmlistings legen. Jedes Unterkapitel zu einer bestimmten Anwendung enthält neben einer kurzen Programmbeschreibung den zugehörigen Quelltext, wichtige Hinweise und einen Bildschirmausdruck. Die Programme liegen auf der Buchdiskette bei und können mit einem einfachen Installationsprogramm auf der Festplatte eingerichtet werden. Hinweise zur Installation erhalten Sie jeweils im Anschluß an die jeweilige Vorstellung bzw. in Anhang C. Die Quelltexte sind bereits so umfassend dokumentiert und mit Kommentaren versehen, daß auf die Programmierung selbst nicht mehr umfangreich eingegangen wird. Lediglich die wichtigsten Informatoionen werden jeweils zu den entsprechenden Anwendungewn angeführt. Sie werden an den erstellten Beispielprogrammen erkennen, daß auch komplexe Anwendungen mit Visual Basic sehr einfach und vor allen Dingen sehr schnell generierbar sind.

☝ In Kapitel 4 sind mehrere Listings enthalten. Dort, wo Zeilen umbrochen wurden, wird dies durch einen Tiefstrich deutlich gemacht. Beachten Sie, daß innerhalb des Visual Basic-Editors diese Tiefstriche nicht erlaubt sind und die Anweisung immer innerhalb einer einzelnen Zeile stehen muß!

4.1 Hilfsprogramme

Die ersten Programme, die wir vorstellen wollen, haben jeweils eine spezielle Aufgabe und sind somit als Hilfsprogramme zu bezeichnen. Dabei ist insbesondere das Programm WinCONV hervorzuheben, mit dem sich mehrere Dateien in einem Arbeitsgang ins ASCII- bzw. ANSI-Format überführen lassen. Die Formulare können Sie sich bei der Programmausführung oder innerhalb der Visual Basic-Entwicklungsumgebung ansehen. Dort rufen Sie auch die Eigenschaften zu den einzelnen Steuerelementen ab. Damit Sie den Quelltext besser nachvollziehen können, werden jeweils die Namen der Steuerelemente mit der jeweiligen Funktion aufgeführt. Von den Namen der Steuerelemente ist jeweils die Bezeichnung der zugehörigen Ereignisprozeduren abhängig. Sie werden an den Listings erkennen, daß einem Steuerelement durchaus mehrere Ereignisprozeduren zugeordnet werden können.

4.1.1 Dateikonvertierung von ANSI zu ASCII mit *WinCONV*

Das Programm *WinCONV* erlaubt die Konvertierung von Textdateien vom ASCII- ins ANSI-Format und umgekehrt. Sie wählen jeweils das gewünschte Laufwerk, den gewünschten Pfad und markieren dann in einem Dateilistenfeld eine oder mehrere Dateien, die Sie konvertieren wollen, mit einem Doppelklick.

Ob eine Einfach- oder Mehrfachauswahl möglich ist, wird durch Optionsfelder festgelegt. Da die Eigenschaft *MultiSelect,* die die Art der Auswahl bestimmt, zur Laufzeit nicht gesetzt werden kann, wird ein Steuerelementefeld mit drei Dateilistenfeldern angelegt. Dies hat den Vorteil, daß alle drei Dateilistenfelder unterschiedliche Eigenschaften zugeordnet bekommen können, jedoch einheitliche Ereignisprozeduren verwenden. In diesem Fall erhält jedes Dateilistenfeld einen anderen Wert für die Eigenschaft *MultiSelect.* Die Dateilistenfelder werden beim Formularentwurf exakt übereinander an eine einheitliche Formularposition gesetzt. Zwei Formen werden durch die Eigenschaft *Visible* bereits im Entwurfsmodus ausgeblendet. Während der Laufzeit wird das jeweilige Dateilistenfeld über das angewählte Optionsfeld angezeigt. Alle anderen werden gleichzeitig versteckt, so daß in jedem Fall nur ein einzelnes Dateilistenfeld geöffnet ist und dem Anwender den Eindruck vermittelt, die Anwahlart würde nur über ein einzelnes Dateilistenfeld bestimmt. Nur die gewählten Dateien des gerade aktiven Listenfeld werden später umgewandelt. Die Konvertierung wird durch entsprechende Schaltflächen ausgelöst. Beachten Sie, daß durch Mehrfachauswahl von Dateien mehrere Konvertierungen in einem Arbeitsgang möglich sind. Der Stand der Konvertierung wird in der Titelleiste des Formulars angezeigt.

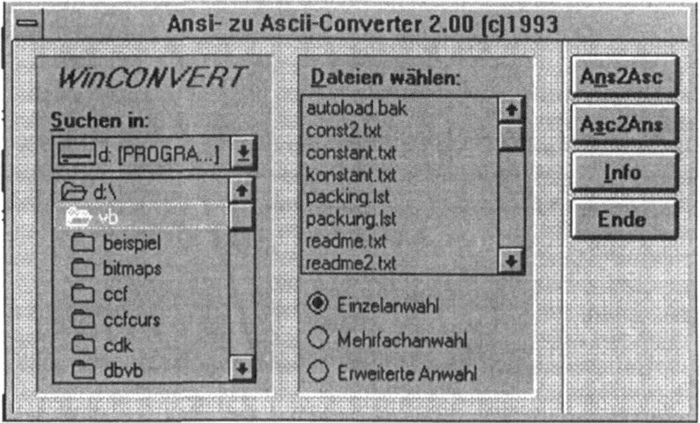

Bild 4.1: Der ASCII- zu ANSI-Converter

Das Programm ist so implementiert, daß es zwar lauffähig ist, aber dennoch erweitert werden kann. Auch hierzu wollen wir Ihnen einige Anregungen geben. So werden die Dateien nicht überprüft und Sie können also durchaus Dateien wählen, die eigentlich nicht konvertiert werden dürfen, wie z.B. Word-Dateien. Dieses Problem wird in der vorliegenden Programmfassung dadurch gelöst, daß immer eine Kopie der Ursprungsdatei in das neue Format umgewandelt wird. Außerdem kann das Suffix für die Ergebnisdatei nicht frei gewählt werden. ANSI-Dateien werden jeweils mit dem Suffix ANS und ASCII-Dateien mit dem Suffix ASC abgespeichert. Die bereits konvertierten Dateien werden auch nicht automatisch aus der Auswahlliste entfernt und zwar auch dann nicht, wenn Sie das Verzeichnis bereits gewechselt haben. Sie sehen also, Sie können sich noch an diversen Programmerweiterungen versuchen. In den folgenden Tabellen sind die wichtigsten Informationen zum Quelltext des Programmes WinCONV zusammengestellt. Im Anschluß daran ist das Listing zum Programm abgedruckt.

Objekt:	**Name:**	**Ereignis:**	**Beschreibung:**
Formular	Form	Load	Variableninitialisierung
Schaltfläche	Befehl1	Click	Konvertierung der ausgewählten ANSI-Dateien ins ASCII-Format
Schaltfläche	Befehl2	Click	dto., Konvertierung ASCII-Datei ins ANSI-Format
Schaltfläche	Befehl3	Click	Information ausgeben
Schaltfläche	Befehl4	Click	Programm beenden
Laufwerksliste	Laufwerk1	Change	Laufwerkswechsel verarbeiten
Verzeichnisliste	Verzeichnis1	Change	Verzeichniswechsel verarbeiten
Dateiliste	Datei1	DblClick	Übernahme der angewählten Datei in das Listenfeld
Listenfeld	List1	DblClick	Eintrag wieder löschen

Tabelle 4.2: Ereignisprozeduren zum Programm WinCONV

Prozedur:	**Beschreibung:**
Asc2Ans$	Umwandlung einer ASCII-Zeichenkette ins ANSI-Format
Ans2Asc$	Umwandlung einer ANSI-Zeichenkette ins ASCII-Format
AnsiMakeAscii	Konvertierung einer ANSI-Datei ins ASCII-Format
AsciiMakeAnsi	Konvertierung einer ASCII-Datei ins ANSI-Format
RemoveSuffix	Enfernen des Dateikürzels einer beliebigen Datei

Tabelle 4.3: Benutzerdefinierte Prozeduren zum Programm WinCONV

```
VERSION 2.00
Begin Form Form1
   BorderStyle     =   3  'Nicht änderbar, doppelt
   Caption         =   "Ansi- zu Ascii-Converter 2.00 (c)1993"
   Height          =   3690
   Left            =   1185
   LinkMode        =   1  'Quelle
   LinkTopic       =   "Form1"
   MaxButton       =   0   'False
   Picture         =   WINCONV.FRX:0000
   ScaleHeight     =   3285
   ScaleWidth      =   6165
   Top             =   1095
   Width           =   6285
   Begin OptionButton Option3
      BackColor       =   &H00C0C0C0&
      Caption         =   "Erweiterte Anwahl"
      FontBold        =   0   'False
      FontItalic      =   0   'False
      FontName        =   "MS Sans Serif"
      FontSize        =   8,25
      FontStrikethru  =   0   'False
      FontUnderline   =   0   'False
      ForeColor       =   &H00000000&
      Height          =   195
      Left            =   2700
      TabIndex        =   14
      Top             =   2820
      Width           =   1875
   End
   Begin OptionButton Option2
      BackColor       =   &H00C0C0C0&
      Caption         =   "Mehrfachanwahl"
      FontBold        =   0   'False
      FontItalic      =   0   'False
      FontName        =   "MS Sans Serif"
      FontSize        =   8,25
      FontStrikethru  =   0   'False
      FontUnderline   =   0   'False
      Height          =   195
      Left            =   2700
      TabIndex        =   13
      Top             =   2520
      Width           =   1875
   End
```

```
Begin OptionButton Option1
   BackColor        =   &H00C0C0C0&
   Caption          =   "Einzelanwahl"
   FontBold         =   0   'False
   FontItalic       =   0   'False
   FontName         =   "MS Sans Serif"
   FontSize         =   8,25
   FontStrikethru   =   0   'False
   FontUnderline    =   0   'False
   Height           =   195
   Left             =   2700
   TabIndex         =   12
   Top              =   2220
   Value            =   -1  'True
   Width            =   1875
End
Begin FileListBox Datei1
   BackColor        =   &H00C0C0C0&
   FontBold         =   0   'False
   FontItalic       =   0   'False
   FontName         =   "MS Sans Serif"
   FontSize         =   8,25
   FontStrikethru   =   0   'False
   FontUnderline    =   0   'False
   Height           =   1590
   Index            =   3
   Left             =   2640
   MultiSelect      =   2  'Erweitert
   TabIndex         =   11
   Top              =   480
   Visible          =   0   'False
   Width            =   2055
End
```

```
Begin FileListBox Datei1
   BackColor       =  &H00C0C0C0&
   FontBold        =  0   'False
   FontItalic      =  0   'False
   FontName        =  "MS Sans Serif"
   FontSize        =  8,25
   FontStrikethru  =  0   'False
   FontUnderline   =  0   'False
   Height          =  1590
   Index           =  2
   Left            =  2640
   MultiSelect     =  1  'Einfach
   TabIndex        =  10
   Top             =  480
   Visible         =  0   'False
   Width           =  2055
End
Begin CommandButton Befehl4
   Caption         =  "Ende"
   Height          =  375
   Left            =  5100
   TabIndex        =  3
   Top             =  1380
   Width           =  975
End
Begin CommandButton Befehl3
   Caption         =  "&Info"
   Height          =  375
   Left            =  5100
   TabIndex        =  2
   Top             =  960
   Width           =  975
End
Begin DirListBox Verzeichnis1
   BackColor       =  &H00C0C0C0&
   FontBold        =  0   'False
   FontItalic      =  0   'False
   FontName        =  "MS Sans Serif"
   FontSize        =  8,25
   FontStrikethru  =  0   'False
   FontUnderline   =  0   'False
   Height          =  1830
   Left            =  375
   TabIndex        =  6
   Top             =  1200
   Width           =  1860
End
```

```
Begin CommandButton Befehl2
   Caption          =   "A&sc2Ans"
   Height           =   375
   Left             =   5100
   TabIndex         =   1
   Top              =   540
   Width            =   975
End
Begin DriveListBox Laufwerk1
   BackColor        =   &H00C0C0C0&
   FontBold         =   0   'False
   FontItalic       =   0   'False
   FontName         =   "MS Sans Serif"
   FontSize         =   8,25
   FontStrikethru   =   0   'False
   FontUnderline    =   0   'False
   ForeColor        =   &H00000000&
   Height           =   315
   Left             =   375
   TabIndex         =   5
   Top              =   840
   Width            =   1875
End
Begin CommandButton Befehl1
   Caption          =   "A&ns2Asc"
   Height           =   375
   Left             =   5100
   TabIndex         =   0
   Top              =   120
   Width            =   975
End
Begin FileListBox Datei1
   BackColor        =   &H00C0C0C0&
   FontBold         =   0   'False
   FontItalic       =   0   'False
   FontName         =   "MS Sans Serif"
   FontSize         =   8,25
   FontStrikethru   =   0   'False
   FontUnderline    =   0   'False
   Height           =   1590
   Index            =   1
   Left             =   2640
   TabIndex         =   7
   Top              =   480
   Width            =   2055
End
```

```
   Begin Label Bezeichnung4
      BackColor       =   &H00C0C0C0&
      Caption         =   "&Suchen in:"
      Height          =   195
      Left            =   360
      TabIndex        =   9
      Top             =   600
      Width           =   1860
   End
   Begin Label Bezeichnung2
      BackColor       =   &H00C0C0C0&
      Caption         =   "&Dateien wählen:"
      Height          =   210
      Left            =   2730
      TabIndex        =   8
      Top             =   225
      Width           =   1875
   End
   Begin Label Bezeichnung1
      BackColor       =   &H00C0C0C0&
      Caption         =   "WinCONVERT"
      FontBold        =   -1  'True
      FontItalic      =   -1  'True
      FontName        =   "MS Sans Serif"
      FontSize        =   12
      FontStrikethru  =   0   'False
      FontUnderline   =   0   'False
      ForeColor       =   &H00000080&
      Height          =   375
      Left            =   360
      TabIndex        =   4
      Top             =   180
      Width           =   1935
   End
End

'**********************************************************
'* WinCONV - Ansi- zu Ascii- und Ascii- zu Ansi-Converter *
'*          Das Programm erlaubt es, mehrere Dateien aus-*
'*          zuwählen und nacheinander in das gewünschte  *
'*          Format umzuwandeln                            *
'*                                                        *
'* Hinweis: Das Hinterdgrundbitmap wurde mit dem Borland  *
'*         Resource Workshop erstellt, die Steuerelemente*
'*         wurden ausschließlich mit Visual Basic erzeugt*
'* ********************************************************
```

```
'Die benutzerdefinierten Konvertier- und Über-
'setztungsroutinen wurden so geschrieben, daß
'sie auch allgemein einsetzbar sind. So kann
'die Konvertierung wahlweise für einen String
'(Zeichenkette) oder für eine gesamte Datei
'erfolgen.
'*
'* Das Vieweg-Buch zu Visual Basic für Windows 2.0
'* (c)1993 by Dipl.-Ing. Andreas Maslo


'ASCII-Codes
Dim ASCII$

'ANSI-Codes
Dim ANSI$

'aktuelles Listenfeld
Dim AktuelleListe%

Function Ans2Asc$ (AnsiZeile$)
  'Zeile im ANSI-Format zeichenweise
  'untersuchen und umwandeln
  'Funktion erzeugt eine Kopie der Ursprungs-
  'zeichenkette
  Temp$ = ""
  For x% = 1 To Len(AnsiZeile$)
    Zeichen$ = Mid$(AnsiZeile$, x%, 1)
    'Austausch für Zeichen erforderlich?
    Nummer% = InStr(ANSI$, Zeichen$)
    If Nummer% > 0 Then
      'Zeichen ersetzen
      Zeichen$ = Mid$(ASCII$, Nummer%, 1)
    End If
    Temp$ = Temp$ + Zeichen$
  Next x%
  Ans2Asc$ = Temp$
End Function

Sub AnsiMakeAscii (Quelldatei$, Zieldatei$)
  'ANSI-Datei in ASCII-Datei umwandeln
  'Dateinummern ermitteln
  QNr = FreeFile
  ZNr = QNr + 1
  'Dateien öffnen
  Open Quelldatei$ For Input As #QNr
  Open Zieldatei$ For Output As #ZNr
```

```
  'zeilenweise lesen und übersetzen
  'konvertierte Datei anlegen
  While Not EOF(QNr)
    Line Input #QNr, Zeile$
    Print #ZNr, Ans2Asc$(Zeile$)
  Wend
  Close #QNr
  Close #ZNr
End Sub

Function Asc2Ans$ (AsciiZeile$)
  'Zeile im ASCII-Format zeichenweise
  'untersuchen und umwandeln
  'Funktion erzeugt eine Kopie der Ursprungs-
  'zeichenkette
  Temp$ = ""
  For x% = 1 To Len(AsciiZeile$)
    Zeichen$ = Mid$(AsciiZeile$, x%, 1)
    'Austausch für Zeichen erforderlich?
    Nummer% = InStr(ASCII$, Zeichen$)
    If Nummer% > 0 Then
      'Zeichen ersetzen
      Zeichen$ = Mid$(ANSI$, Nummer%, 1)
    End If
    Temp$ = Temp$ + Zeichen$
  Next x%
  Asc2Ans$ = Temp$
End Function

Sub AsciiMakeAnsi (Quelldatei$, Zieldatei$)
  'ASCII-Datei in ANSI-Datei umwandeln
  'Dateinummern ermitteln
  QNr = FreeFile
  ZNr = QNr + 1
  'Dateien öffnen
  Open Quelldatei$ For Input As #QNr
  Open Zieldatei$ For Output As #ZNr
  'zeilenweise lesen und übersetzen
  'konvertierte Datei anlegen
  While Not EOF(QNr)
    Line Input #QNr, Zeile$
    Print #ZNr, Asc2Ans$(Zeile$)
  Wend
  Close #QNr
  Close #ZNr
End Sub
```

```
Sub Befehl1_Click ()
  'konvertiere die ausgewählten Dateien im Listenfeld
  'nacheinander vom ANSI- in das ASCII-Format
  'aktueller Pfad
  Pfad$ = Verzeichnis1.Path
  If Right$(Pfad$, 1) <> "\" Then
    Pfad$ = Pfad$ + "\"
  End If
  'aktueller Index der Dateiliste (= aktiviertes Optionsfeld)
  Nr% = AktuelleListe%
  'sämtliche Dateien des aktiven Dateilistenfeldes
  'auf Markierung überprüfen
  For x% = 1 To Datei1(Nr%).ListCount
    'Markierung vorhanden?
    If Datei1(Nr%).Selected(x% - 1) = True Then
      'Datei aus Listenfeld
      Datei$ = Datei1(Nr%).List(x% - 1)
      'Quelldatei mit Suchpfad
      Quelle$ = Pfad$ + Datei$
      If Right$(Datei$, 3) <> "ASC" Then
        'ASCII-Dateien können nicht mehr übersetzt werden,
        'da Zieldatei identisch mit Quelldatei
        '(Namenskonflikt!)
        Ziel$ = RemoveSuffix$(Quelle$) + "ASC"
        Form1.Caption = "konvertiere " + Quelle$ + "..."
        AnsiMakeAscii Quelle$, Ziel$
        Form1.Caption = "Ansi- zu Ascii-Converter 2.00 (c)1993"
      End If
    End If
  Next x%
End Sub

Sub Befehl2_Click ()
  'konvertiere die ausgewählten Dateien im Listenfeld
  'nacheinander vom ASCII- in das ANSI-Format
  'aktueller Pfad
  Pfad$ = Verzeichnis1.Path
  If Right$(Pfad$, 1) <> "\" Then
    Pfad$ = Pfad$ + "\"
  End If
  'aktueller Index der Dateiliste (=aktiviertes Optionsfeld)
  Nr% = AktuelleListe%
```

```
  'sämtliche Dateien des aktiven Dateilistenfeldes
  'auf Markierung überprüfen
  For x% = 1 To Dateil(Nr%).ListCount
    'Markierung vorhanden?
    If Dateil(Nr%).Selected(x% - 1) = True Then
      'Datei aus Listenfeld
      Datei$ = Dateil(Nr%).List(x% - 1)
      'Quelldatei mit Suchpfad
      Quelle$ = Pfad$ + Datei$
      If Right$(Datei$, 3) <> "ANS" Then
        'ANSI-Dateien können nicht mehr übersetzt werden,
        'da Zieldatei identisch mit Quelldatei
        '(Namenskonflikt!)
        Ziel$ = RemoveSuffix$(Quelle$) + "ANS"
        Form1.Caption = "konvertiere " + Quelle$ + "..."
        AsciiMakeAnsi Quelle$, Ziel$
        Form1.Caption = "Ansi- zu Ascii-Converter 2.00 (c)1993"
      End If
    End If
  Next x%
End Sub

Sub Befehl3_Click ()
  'Kurzinformation...
  CL$ = Chr$(13) + Chr$(10)
  Titel$ = "Information zu WinCONV"
  'Info-Symbol, <OK>-Schaltfläche
  Typ% = 64
  Msg$ = "Wählen Sie eine oder mehrere Dateien mit dem Doppelklick "
  Msg$ = Msg$ + "aus dem Dateilistenfeld. Die Form der Anwahl ist "
  Msg$ = Msg$ + "durch das entsprechende Optionsfeld zu aktivieren. "
  Msg$ = Msg$ + "Die Konvertierung erfolgt erst bei Anwahl der "
  Msg$ = Msg$ + "enstprechenden Schaltfläche. Mit <Ans2Asc> wandeln "
  Msg$ = Msg$ + "Sie die angewählten ANSI-Dateien in das ASCII-Format um. "
  Msg$ = Msg$ + " Die umgekehrte Konvertierung rufen Sie mit <Asc2Ans> ab."
  Msg$ = Msg$ + "Beachten Sie, daß die Formate intern nicht kontrolliert_
                werden. "
  Msg$ = Msg$ + "Arbeiten Sie daher mit Sicherheitskopien Ihrer Dateien."_
                 + CL$ + CL$
  Msg$ = Msg$ + "Das Vieweg-Buch zu Visual Basic für Windows 2.0" + CL$
  Msg$ = Msg$ + "(c)1993 by Dipl.-Ing. Andreas Maslo"
  MsgBox Msg$, Typ%, Titel$
End Sub
```

```
Sub Befehl4_Click ()
  'Programm beenden...
  Titel$ = "Programm beenden..."
  Msg$ = "Wollen Sie WinCONV wirklich beenden?"
  'Fragezeichen und <Ja>/<Nein>
  Typ% = 32 + 4
  a% = MsgBox(Msg$, Typ%, Titel$)
  If a% = 6 Then
    End
  End If
End Sub

Sub Form_Load ()
  'aktuelle Dateiliste beim Programmstart
  '(wurde im Entwurf durch Visible-
  'Eigenschaften festgelegt)
  AktuelleListe% = 1
  'Ursprungspfad merken
  Ursprungspfad$ = CurDir$
  'Suchmaske für Textdateien
  'für alle Elemente des Dateilistensteuer-
  'elementefeldes festlegen
  For x% = 1 To 3
    Datei1(x%).Pattern = "*.BA*;*.TXT;*.LST;*.C;*.ASC;*.ANS;*.DO*"
  Next x%
  'Anmerkung: Kürzel ASC - ASCII-Dateien nach Konvertierung
  '                        (Dateien *.ASC werden in Liste ignoriert)
  '           Kürzel ANS - ANSI-Dateien nach Konvertierung
  '                        (Dateien *.ANS werden in Liste ignoriert)
  'Initialisierung der Codetabellen (keine DATA-Anweisung in Visual Basic)
  ASCII$ = Chr$(156) + Chr$(21) + Chr$(34) + Chr$(174) + Chr$(45)
  ASCII$ = ASCII$ + Chr$(241) + Chr$(253) + Chr$(248) + Chr$(175) +_
                Chr$(172)
  ASCII$ = ASCII$ + Chr$(171) + Chr$(142) + Chr$(153) + Chr$(120) +_
                Chr$(154)
  ASCII$ = ASCII$ + Chr$(225) + Chr$(132) + Chr$(148) + Chr$(246) +_
                Chr$(129)
  ANSI$ = Chr$(163) + Chr$(167) + Chr$(168) + Chr$(171) + Chr$(173)
  ANSI$ = ANSI$ + Chr$(177) + Chr$(178) + Chr$(186) + Chr$(187) + Chr$(188)
  ANSI$ = ANSI$ + Chr$(189) + Chr$(196) + Chr$(214) + Chr$(215) + Chr$(220)
  ANSI$ = ANSI$ + Chr$(223) + Chr$(228) + Chr$(246) + Chr$(247) + Chr$(252)
End Sub

Sub Laufwerk1_Change ()
  'Verzeichnislistenfeld das neu angewählte
  'Laufwerk mitteilen...
  Verzeichnis1.Path = Laufwerk1.Drive
End Sub
```

```
Sub Option1_Click ()
  'Dateilistenfeldauswahl mehrfach
  '(entspricht Index 1 des Steuer-
  'elementefeldes)
  Dateil(1).Visible = True
  Dateil(2).Visible = False
  Dateil(3).Visible = False
  'aktuelle Dateiliste des Datei-
  'listensteuerelementes
  AktuelleListe% = 1
End Sub

Sub Option2_Click ()
  'Dateilistenfeldauswahl mehrfach
  '(entspricht Index 2 des Steuer-
  'elementefeldes)
  Dateil(1).Visible = False
  Dateil(2).Visible = True
  Dateil(3).Visible = False
  'aktuelle Dateiliste des Datei-
  'listensteuerelementes
  AktuelleListe% = 2
End Sub

Sub Option3_Click ()
  'Dateilistenfeldauswahl mehrfach
  '(entspricht Index 3 des Steuer-
  'elementefeldes)
  Dateil(1).Visible = False
  Dateil(2).Visible = False
  Dateil(3).Visible = True
  'aktuelle Dateiliste des Datei-
  'listensteuerelementes
  AktuelleListe% = 3
End Sub
```

```
Function RemoveSuffix$ (Datei$)
  'Änderungen an Zeichenkettenkopie vornehmen,
  'um die Variable im Hauptprogramm nicht zu
  'beeinflussen
  File$ = Datei$
  'Dateikürzel entfernen (punkt nicht entfernen)
  While Zeichen$ <> "."
    Zeichen$ = Right$(File$, 1)
    If Zeichen$ <> "." Then
      'Zeichen entfernen, bis Punkt erreicht
      File$ = Left$(File$, Len(File$) - 1)
    End If
  Wend
  'Ergebnis zurückgeben
  RemoveSuffix$ = File$
End Function

Sub Verzeichnis1_Change ()
  'gewähltes Arbeitsverzeichnis an alle
  'Elemente des Dateilistensteuerelemente-
  'feldes übergeben
  For x% = 1 To 3
    Datei1(x%).Path = Verzeichnis1.Path
  Next x%
End Sub
```

Listing 4.1: Das Konvertierprogramm WinCONV (WINCONV.FRM)

Das Programm *WinCONV* befindet sich im selbstentpackenden Archiv VBCONV.EXE auf der Installationsdiskette zu diesem Buch. Das Programm wird während der Einrichtung im Regelfall in das Verzeichnis \VIEWEG\VBCONV kopiert. Die Anwendung kann, nachdem Visual Basic ausgeführt wurde, über den Menübefehl DATEI • PROJEKT ÖFFNEN in die Entwicklungsumgebung geladen werden. Wählen Sie dazu im nachfolgenden Dialogfeld die Projektdatei WINCONV.MAK an. Um das Programm zu starten, brauchen Sie lediglich den Menüpunkt AUSFÜHREN • STARTEN wählen. Ein eigenständig ausführbares Programm generieren Sie über den Menüpunkt DATEI • EXE-DATEI ERSTELLEN.

4.1.2 Kopieren mit WinCOPY

Mit dem Programm WinCOPY können Sie jeweils eine einzelne Datei kopieren. Wählen Sie diese aus einem beliebigen Laufwerk, einem Verzeichnis und einer Dateiliste aus, wird der Dateieintrag einschließlich dem Suchpfad in ein Textfeld übernommen. Gleichzeitig wird der Name für die Zieldatei festgelegt. Dazu wird vom Quelldateinamen das Dateikürzel abgetrennt und durch BAK ersetzt (Standardkürzel für Sicherungsdateien). Bei dieser automatischen Namensvergabe wird jeweils eine Sicherungskopie einer ausgewählten Datei in dem Verzeichnis erstellt, in dem sich auch die Originaldatei befindet. Durch Änderung des Zieldateinamens im Textfeld für die Zieldateibezeichnung, können Sie die Quelldatei in jeden beliebigen Suchpfad kopieren. Die Kopierfunktion kann wahlweise über eine benutzerdefinierte oder durch die VB-interne Routine erfolgen.

Auch das Programm WinCOPY kann noch erweitert werden. Wie wäre es zum Beispiel mit der Erstellung von Mehrfachkopien oder der Erweiterung zum Diskettenkopierprogramm? Auch hier sind Ihren Ideen keine Grenzen gesetzt. In den folgenden Tabellen sind die wichtigsten Informationen zum Quelltext des Programmes WinCOPY zusammengestellt. Im Anschluß daran ist das Listing zum Programm abgedruckt.

Objekt:	**Name:**	**Ereignis:**	**Beschreibung:**
Formular	Form	Load	Festlegung der Tabulatorreihenfolge
Schaltfläche	Ende	Click	Programm beenden
Schaltfläche	Info	Click	Informationen ausgeben
Schaltfläche	Befehl1	Click	Kopieren (benutzerdefeiniert)
Schaltfläche	Befehl	Click	Kopieren mit FileCopy
Verzeichnisliste	Verzeichnis1	Change	Verzeichniswechsel
Laufwerksliste	Laufwerk1	Change	Laufwerkswechsel
Dateiliste	Datei1	DblClick	Auswahl der zu kopierenden Datei

Tabelle 4.4: Ereignisprozeduren zum Programm WinCOPY

Prozedur:	**Beschreibung:**
RemoveSuffix$	Dateikürzel entfernen
Copy	Binäre Kopierroutine für beliebige Dateien (Alternative zur internen *FileCopy*-Anweisung)

Tabelle 4.5: Benutzerdefinierte Prozeduren zum Programm WinCOPY

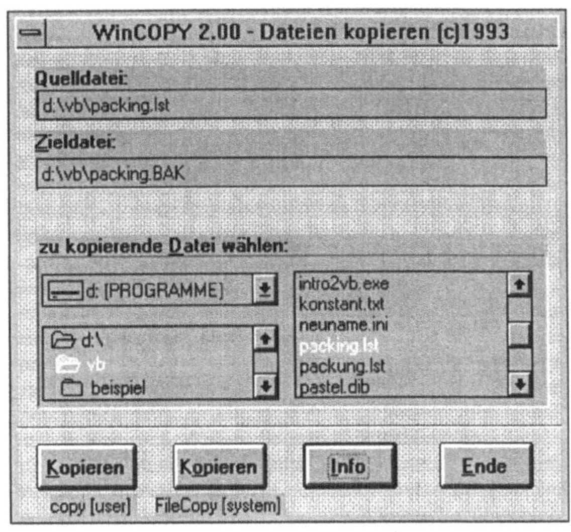

Bild 4.2: Das Kopierprogramm WinCOPY

```
VERSION 2.00
Begin Form WinCOPY
   BackColor       =   &H00C0C0C0&
   BorderStyle     =   3  'Nicht änderbar, doppelt
   Caption         =   "WinCOPY 2.00 - Dateien kopieren (c)1993"
   Height          =   4830
   Left            =   720
   LinkMode        =   1  'Quelle
   LinkTopic       =   "Form1"
   MaxButton       =   0   'False
   Picture         =   WINCOPY.FRX:0000
   ScaleHeight     =   4425
   ScaleWidth      =   5295
   Top             =   990
   Width           =   5415
   Begin CommandButton Befehl2
      Caption         =   "K&opieren"
      Height          =   435
      Left            =   1500
      TabIndex        =   11
      Top             =   3720
      Width           =   915
   End
```

```
Begin CommandButton Ende
   Caption         =   "&Ende"
   Height          =   435
   Left            =   4080
   TabIndex        =   1
   Top             =   3720
   Width           =   915
End
Begin CommandButton Info
   Caption         =   "&Info"
   Height          =   435
   Left            =   2760
   TabIndex        =   0
   Top             =   3720
   Width           =   915
End
Begin CommandButton Befehl1
   Caption         =   "&Kopieren"
   Height          =   435
   Left            =   180
   TabIndex        =   2
   Top             =   3720
   Width           =   975
End
Begin DirListBox Verzeichnis1
   BackColor       =   &H00C0C0C0&
   FontBold        =   0   'False
   FontItalic      =   0   'False
   FontName        =   "MS Sans Serif"
   FontSize        =   8,25
   FontStrikethru  =   0   'False
   FontUnderline   =   0   'False
   Height          =   705
   Left            =   240
   TabIndex        =   4
   Top             =   2610
   Width           =   2295
End
Begin FileListBox Datei1
   BackColor       =   &H00C0C0C0&
   FontBold        =   0   'False
   FontItalic      =   0   'False
   FontName        =   "MS Sans Serif"
   FontSize        =   8,25
   FontStrikethru  =   0   'False
   FontUnderline   =   0   'False
   Height          =   1200
   Left            =   2685
```

```
      TabIndex        =   6
      Top             =   2100
      Width           =   2310
   End
   Begin DriveListBox Laufwerk1
      BackColor       =   &H00C0C0C0&
      FontBold        =   0    'False
      FontItalic      =   0    'False
      FontName        =   "MS Sans Serif"
      FontSize        =   8,25
      FontStrikethru  =   0    'False
      FontUnderline   =   0    'False
      Height          =   315
      Left            =   240
      TabIndex        =   5
      Top             =   2115
      Width           =   2295
   End
   Begin TextBox Ziel
      BackColor       =   &H00C0C0C0&
      FontBold        =   0    'False
      FontItalic      =   0    'False
      FontName        =   "MS Sans Serif"
      FontSize        =   8,25
      FontStrikethru  =   0    'False
      FontUnderline   =   0    'False
      Height          =   285
      Left            =   195
      TabIndex        =   8
      Top             =   1035
      Width           =   4950
   End
   Begin TextBox Quelle
      BackColor       =   &H00C0C0C0&
      FontBold        =   0    'False
      FontItalic      =   0    'False
      FontName        =   "MS Sans Serif"
      FontSize        =   8,25
      FontStrikethru  =   0    'False
      FontUnderline   =   0    'False
      Height          =   285
      Left            =   210
      TabIndex        =   7
      Top             =   390
      Width           =   4935
   End
```

```
Begin Label Bezeichnung4
   BackColor       =   &H00C0C0C0&
   Caption         =   "FileCopy [system]"
   FontBold        =   0   'False
   FontItalic      =   0   'False
   FontName        =   "MS Sans Serif"
   FontSize        =   8,25
   FontStrikethru  =   0   'False
   FontUnderline   =   0   'False
   Height          =   195
   Left            =   1320
   TabIndex        =   13
   Top             =   4200
   Width           =   1275
End
Begin Label Bezeichnung3
   BackColor       =   &H00C0C0C0&
   Caption         =   "copy [user]"
   FontBold        =   0   'False
   FontItalic      =   0   'False
   FontName        =   "MS Sans Serif"
   FontSize        =   8,25
   FontStrikethru  =   0   'False
   FontUnderline   =   0   'False
   Height          =   195
   Left            =   300
   TabIndex        =   12
   Top             =   4200
   Width           =   855
End
Begin Label Bezeichnung5
   BackColor       =   &H00C0C0C0&
   Caption         =   "zu kopierende &Datei wählen:"
   Height          =   195
   Left            =   210
   TabIndex        =   3
   Top             =   1755
   Width           =   2775
End
Begin Label Bezeichnung2
   BackColor       =   &H00C0C0C0&
   Caption         =   "&Zieldatei:"
   Height          =   195
   Left            =   180
   TabIndex        =   10
   Top             =   780
   Width           =   4935
End
```

```
   Begin Label Bezeichnung1
      BackColor       =   &H00C0C0C0&
      Caption         =   "&Quelldatei:"
      Height          =   180
      Left            =   180
      TabIndex        =   9
      Top             =   180
      Width           =   4935
   End
End

'*********************************************************
'* WinCOPY - Programm zum Kopieren von Dateien            *
'*                                                        *
'* Das Vieweg-Buch zu Visual Basic für Windows 2.0        *
'* (c)1993 by Dipl.-Ing. Andreas Maslo                    *
'*********************************************************


Sub Befehl1_Click ()
  'Kopieren mit benutzerdefinierter Kopierroutine
  'Quelldatei aus Textfeld auslesen
  QuellDatei$ = Quelle.Text
  'Zieldatei aus Textfeld auslesen
  ZielDatei$ = Ziel.Text
  'benutzerdefinierte Kopierfunktion
  Copy QuellDatei$, ZielDatei$
  'Dateilistenfeld aktualisieren und
  'damit angefertigte Kopie anzeigen
  Datei1.Refresh
End Sub

Sub Befehl2_Click ()
  'Kopieren mit der Kopierroutine von VB 2.0
  On Error Resume Next
  'Quelldatei aus Textfeld auslesen
  QuellDatei$ = Quelle.Text
  'Zieldatei aus Textfeld auslesen
  ZielDatei$ = Ziel.Text
  'neue Kopierfunktion von Visual Basic 2.0
  FileCopy QuellDatei$, ZielDatei$
  'Dateilistenfeld aktualisieren und
  'damit angefertigte Kopie anzeigen
  Datei1.Refresh
End Sub
```

```
Sub Copy (QuellDatei$, ZielDatei$)
  'benutzerdefinierte Kopierroutine
  'Quelle und Ziel müssen unterschiedlich sein
  If QuellDatei$ <> ZielDatei$ Then
    'Dateinummern zuweisen
    QNr = FreeFile
    ZNr = QNr + 1
    'Dateien öffenn
    Open QuellDatei$ For Binary As #QNr
    Open ZielDatei$ For Binary As #ZNr
    'kopieren (hier je 10 000 Byte)
    PufferLen% = 10000
    GesamtByte& = LOF(QNr)
    If LOF(QNr) >= PufferLen% Then
        Puffer$ = Space$(PufferLen%)
        DurchLaufe% = Int(GesamtByte& / PufferLen%)
        RestByte& = GesamtByte&
        For x% = 1 To DurchLaufe%
          Get #QNr, , Puffer$
          Put #ZNr, , Puffer$
          RestByte& = RestByte& - PufferLen%
          'Meldung in Titelzeile
          Kopiert& = Kopiert& + PufferLen%
          WinCopy.Caption = "kopiere" + Str$(Kopiert&) + _
                        " von " + Str$(GesamtByte&) + " Byte..."
        Next x%
        Puffer$ = Space$(RestByte&)
        Get #QNr, , Puffer$
        Put #ZNr, , Puffer$
      Else
        WinCopy.Caption = "kopiere" + Str$(GesamtByte&)_
                        + " Byte..."
        Puffer$ = Space$(LOF(QNr))
        Get #QNr, , Puffer$
        Put #ZNr, , Puffer$
    End If
    Close #QNr
    Close #ZNr
  End If
  WinCopy.Caption = "WinCOPY 2.00 - Dateien kopieren (c)1993"
End Sub
```

```
Sub Datei1_DblClick ()
  'Quelldatei übernehmen bei Doppelklick
  'auf Dateieintrag
  'aktuell gewähltes Verzeichnis
  Pfad$ = Verzeichnis1.Path
  If Right$(Pfad$, 1) <> "\" Then
    Pfad$ = Pfad$ + "\"
  End If
  'Quelldatei
  Quelle.Text = Pfad$ + Datei1.FileName
  Datei$ = Quelle.Text
  Laenge% = Len(Datei$)
  'Zieldatei (Sicherungsdatei ist Standard)
  Ziel.Text = RemoveSuffix$(Datei$) + "BAK"
End Sub

Sub Ende_Click ()
 'Programm beenden...
  Titel$ = "Programm beenden..."
  Msg$ = "Wollen Sie WinCOPY wirklich beenden?"
  'Fragezeichen und <Ja>/<Nein>
  Typ% = 32 + 4
  a% = MsgBox(Msg$, Typ%, Titel$)
  If a% = 6 Then
    End
  End If
End Sub

Sub Form_Load ()
  'Tabulatorreihenfolge festlegen
  Datei1.TabIndex = 0
  Quelle.TabIndex = 1
  Ziel.TabIndex = 2
  Laufwerk1.TabIndex = 3
  Verzeichnis1.TabIndex = 4
End Sub

Sub Info_Click ()
  'Kurzinformation...
  CL$ = Chr$(13) + Chr$(10)
  Titel$ = "Information zu WinCOPY"
  'Info-Symbol, <OK>-Schaltfläche
  Typ% = 64
  Msg$ = "Mit dem Programm WinCOPY suchen Sie Dateien innerhalb "
  Msg$ = Msg$ + "eines Laufwerks und kopieren diese in eine "
  Msg$ = Msg$ + "andere Datei (Sicherungskopie) bzw. erzeugen "
  Msg$ = Msg$ + "Sie eine Dateikopie in einem anderen Verzeichnis. "
  Msg$ = Msg$ + "Die gewählten Quell- und Zieldateinamen "
```

```
  Msg$ = Msg$ + "können frei editiert werden. Die Angabe besitzt "
  Msg$ = Msg$ + "die Form Laufwerk:\Suchpfad\Dateiname (entsprechend "
  Msg$ = Msg$ + "dem Betriebssystem)." + CL$ + CL$
  Msg$ = Msg$ + "Das Vieweg-Buch zu Visual Basic für "
  Msg$ = Msg$ + CL$ + "Windows 2.0" + CL$
  Msg$ = Msg$ + "(c)1993 by Dipl.-Ing. Andreas Maslo"
  MsgBox Msg$, Typ%, Titel$
End Sub

Sub Laufwerk1_Change ()
  'Fehlerverfolgung aktivieren, Fehler ignorieren
  On Error Resume Next
  'aktuelles Laufwerk an Verzeichnislistenfeld melden
  Verzeichnis1.Path = Laufwerk1.Drive
End Sub

Function RemoveSuffix$ (Datei$)
  'Änderungen an Zeichenkettenkopie vornehmen,
  'um die Variable im Hauptprogramm nicht zu
  'beeinflussen
  File$ = Datei$
  'Dateikürzel entfernen (punkt nicht entfernen)
  While Zeichen$ <> "."
    Zeichen$ = Right$(File$, 1)
    If Zeichen$ <> "." Then
      'Zeichen entfernen, bis Punkt erreicht
      File$ = Left$(File$, Len(File$) - 1)
    End If
  Wend
  'Ergebnis zurückgeben
  RemoveSuffix$ = File$
End Function

Sub Verzeichnis1_Change ()
  'Verzeichniswahl an Dateilistenfeld melden
  Datei1.Path = Verzeichnis1.Path
End Sub
```

Listing 4.2: Kopierprogramm WinCOPY (WINCOPY.FRM)

4.1.3 Allgemeine Hilfe mit WinHELP

Wie bereits in Kapitel 3.7 angekündigt, soll an dieser Stelle ein allgemeines Hilfsprogramm erstellt werden, daß Sie anstatt des Hilfeprogrammes von Windows einsetzen können, wenn Sie nicht über den Windows-Hilfecompiler verfügen. Zunächst ist ein spezielles Dateiformat zu wählen. Da eine binäre Verschlüsselung an dieser Stelle den Rahmen sprengen würde, wählen wir eine sequentielle Textdatei, die wir mit WinCONV ins ANSI-Format übersetzen. Zur Abtrennung der einzelnen Hilfethemen benutzen wir spezielle Zeichen. Eingeleitet wird jede Hilfe zu einem Begriff mit einem Doppelkreuz und dem eigentlichen Hilfebegriff, der später in den Index übernommen werden soll. Danach befindet sich auf mehreren Zeilen der jeweilige Hilfetext, der durch einen Stern * abgeschlossen wird. Bezogen auf die Hilfedatei des Kapitels 3.7 ergibt sich das folgende Listing. Beachten Sie, daß im Gegensatz zum RTF-Format jede Zeile durch ein hartes Return abgeschlossen wird.

```
#WinShell
  Mit WinSHELL können Sie den Programm-Manager von Windows
  ersetzen. Neben den wichtigsten Windows-Applikationen, rufen Sie
  auch DOS-Anwendungen auf oder kehren temporär auf Knopfdruck zur
  Betriebssystemebene zurück.
*
#Löschen
  Mit dem Programm können Sie jeweils eine Datei löschen, die Sie
  aus einem beliebigen Verzeichnis des aktuellen Laufwerkes
  auswählen. U.U. ist das Laufwerk über das im Arbeitsbereich
  angezeigte Laufwerkslistenfeld zu wechseln. Beachten Sie, daß zur
  Aktivierung dieser Funktion zunächst das Kontrollfeld "Löschen"
  aktiviert werden muß.
*
#Umbenennen
  Durch ein "Umbenennen" können Sie einer einzelnen Datei des
  aktuellen Laufwerks einen neuen Namen zuweisen. U.U. ist das
  Laufwerk über das im Arbeitsbereich angezeigte Laufwerkslistenfeld
  zu wechseln.
*
#Verschieben
  Durch ein "Verschieben" wird der Eintrag einer Datei im FAT
  geändert. Eine echte Kopie wird nicht erzeugt. Die Datei liegt
  nach dieser Funktion auf dem Festspeicher unverändert im
  ursprünglichen Bereich.
*
```

```
#Ausführen
  Mit diesem Menüpunkt können Sie beliebige Programme (Windows-
  Anwendungen und DOS-Applikationen) aus WinSHELL heraus ausführen.
  U.U. ist das Laufwerk über das im Arbeitsbereich angezeigte
  Laufwerkslistenfeld zu wechseln.
*
#Entfernen
  Wollen Sie ein Verzeichnis entfernen, dann dürfen sich dort keine
  Dateien befinden. Ist das Verzeichnis nicht leer, kann keine
  Löschung erfolgen. Beachten Sie, daß zur Aktivierung dieser
  Funktion zunächst das Kontrollfeld "Löschen" aktiviert werden muß.
*
#Wechseln
  Über diesen Menübefehl können Sie in jedes Verzeichnis des
  aktuellen Laufwerkes wechseln. U.U. ist das Laufwerk über das im
  Arbeitsbereich angezeigte Laufwerkslistenfeld zu wechseln.
*
#Anlegen
  Wollen Sie ein Unterverzeichnis anlegen, können Sie diesen
  Menübefehl anwählen. Wählen Sie zunächst das Verzeichnis, in das
  der Eintrag erfolgen soll, geben Sie einen zulässigen
  Verzeichnisnamen ein und quittieren Sie die Eingabe über die
  entsprechende Schaltfläche.
*

#Windows
  Mit Hilfe dieses Menüs, lassen sich alle Standard-Anwendungen von
  Windows, wie z.B. "Write", "Paintbrush" und "Terminal" ausführen.
  Beachten Sie, daß ausgeführte Programme in der Regel automatisch
  auf Symbolgröße verkleinert werden. Um dies zu umgehen, müssen Sie
  das entsprechende Kontrollfeld im unteren Bereich des
  Arbeitsbildschirmes deaktivieren.
*
#Programm-Manager
  Mit Hilfe des "Programm-Managers" können Sie beliebige Programme
  über Programmgruppen und Bildsymbole ausführen.
*
#Datei-Manager
  Über den "Datei-Manager" führen Sie die wichtigsten
  Betriebssystemfunktionen aus.
*
#Druck-Manager
  Über den "Druck-Manager" verwalten Sie die Druckaufträge, die im
  Hintergrund ausgedruckt werden.
*
```

#Task-Manager
  Über den "Task-Manager" wechseln Sie zwischen mehreren aktiven
  Anwendungen.
*
#Paintbrush
  Wollen Sie Pixelgrafiken erstellen, können Sie das Zeichenprogramm
  "PaintBrush" aufrufen.
*
#Write
  Mit "Write" steht Ihnen eine kleine Textverarbeitung zur
  Verfügung, mit der Sie schnell und einfach Briefe, kurze Texte
  oder optisch ansprechende Notizen erstellen.
*
#Kartei
  Wollen Sie einfache Daten verwalten, verwenden Sie das
  Datenbankprogramm "Kartei".
*
#Rechner
  Berechnungen lassen sich komfortabel über den Taschenrechner
  "Calc" ausführen.
*
#Notizblock
  Verwalten Sie Ihre Notizen mit einem Notizblock.
*
#Terminal
  Datenaustausch über ein Modem ist mit dem Dienstprogramm
  "Terminal" (Datenfernübertragung) möglich.
*
#Kalender
  Verwalten Sie Ihre Termine mit dem Windows-Terminkalender "Calendar".
*
#Zwischenablage
  Tauschen Sie Daten im Text- und Grafikformat zwischen Windows-
  Anwendungen über die Zwischenablage "Clipboard" aus.
*
#Rekorder
  Mit dem "Rekorder" haben Sie die Möglichkeit, immer wiederkehrende
  Tastaturfolgen (Makros) aufzuzeichnen, und später über einen
  einzelnen Befehl ausführen zu lassen.
*
#Uhr
  Rufen Sie die aktuelle Uhrzeit über das Programm "Clock" ab.
*

```
#Symbol
  Programme, die nach dem Programmstart auf Symbolgröße verkleinert
  werden, erscheinen als Bildsymbol am unteren Bildschirmrand.
  Dadurch lassen sich mehrere Anwendungen nacheinander laden und bei
  Bedarf durch einen Doppelklick aktivieren. Ist das entsprechende
  Kontrollfeld nicht markiert, wird ein angewähltes Programm nicht
  nur geladen sondern ausgeführt und in einem Startformular
  angezeigt.
*
#Parameterabfrage
  Einer Vielzahl von Programmen lassen sich Kommandozeilenparameter
  übergeben. Damit Sie auch Programmen, die über WinSHELL gestartet
  werden, Parameter bereits beim Aufruf angeben können, läßt sich
  ein spezielles Eingabefenster öffnen. Tragen Sie hier die
  gewünschten Parameter, wie auf Kommandozeilenebene, ein. Der
  Programmname selbst darf nicht mehr mit angeführt werden.
*
#Löschmodus
  Nur wenn das Kontrollfeld "Löschen" markiert ist, können Sie
  Dateien oder Verzeichnisse löschen. Ansonsten sind die jeweiligen
  Menüeinträge nicht aktivierbar.
*
#Systemsteuerung
  Da Änderungen an den Systemdateien und den Systemdateien nur
  bewußt erfolgen sollen, müssen Sie die jeweiligen Menüeinträge zunächst
  durch Ansteuerung des Kontrollfeldes "Systemsteuerung" aktivieren.
*
#Programm beenden
  Über diesen Menüpunkt wird WinSHELL beendet und aus dem Speicher
  entfernt.
*
```

Listing 4.3: Beispielhilfedatei zum Programm WinHELP (WINSHELL.ANS)

Mit der Festlegung der Hilfedatei kann nun in einem weiteren Schritt das Formular und der zugehörige Quelltext eingegeben werden. In der folgenden Tabelle sind die wichtigsten Informationen zum Quelltext des Programmes WinHELP zusammengestellt. Im Anschluß daran ist das Listing zum Programm abgedruckt.

Objekt:	**Name:**	**Ereignis:**	**Beschreibung:**
Formular	Form	Load	Hilfedatei einlesen und Index aufbauen
KomboBox	Index	Change	Wechsel des gewählten Indexeintrages behandeln
	Index	Click	Eintragswechsel des Index per Maus behandeln
	Hilfe	KeyPress	Tastatureingaben im Hilfefeld unterdrücken
Menü	MNU_Copy	Click	Hilfetext in Zwischenablage kopieren
Menü	MNU_down	Click	einen Datensatz zurückblättern
Menü	MNU_Up	Click	einen Datensatz weiterblättern
Menü	MNU_Exit	Click	Programm beenden
Menü	MNU_Help	Click	Hilfe
Menü	MNU_Save	Click	aktuelles Hilfetehema in Datei EXPORT.HLP schreiben

Tabelle 4.6: Ereignisprozeduren zum Programm WinHELP

Die wichtigsten Funktionen des Hilfeprogrammes können auch über Symbolschaltflächen abgerufen werden (Bild 4.3). Die Grafiken entstammen jedoch nicht Bilddateien (z.B. Bitmap oder Icon), sondern dabei handelt es sich um einzelne Zeichen eines Symbol-Zeichensatzes. Die Symbole werden über die Eigenschaft *Caption* der Schaltfläche übergeben.

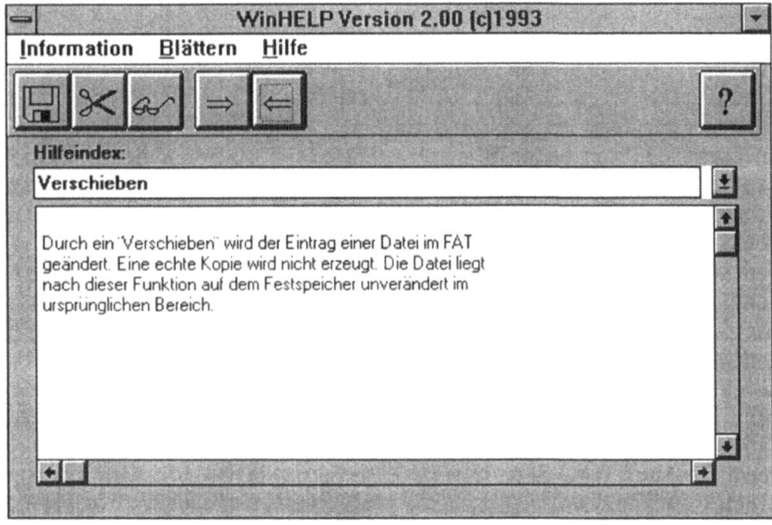

Bild 4.3: Das Hilfeprogramm WinHELP VERSION 2.00

```
Begin Form WinHelp
   BackColor       =   &H00C0C0C0&
   BorderStyle     =   3  'Nicht änderbar, doppelt
   Caption         =   "WinHELP Version 2.00 (c)1993"
   FontBold        =   0   'False
   FontItalic      =   0   'False
   FontName        =   "MS Sans Serif"
   FontSize        =   18
   FontStrikethru  =   0   'False
   FontUnderline   =   0   'False
   Height          =   4875
   Left            =   1050
   LinkMode        =   1  'Quelle
   LinkTopic       =   "Form1"
   MaxButton       =   0   'False
   ScaleHeight     =   4185
   ScaleWidth      =   7335
   Top             =   1140
   Width           =   7455
   Begin CommandButton Befehl6
      Caption         =   "?"
      FontBold        =   0   'False
      FontItalic      =   0   'False
      FontName        =   "Symbol"
      FontSize        =   18
      FontStrikethru  =   0   'False
      FontUnderline   =   0   'False
      Height          =   555
      Left            =   6720
      TabIndex        =   8
      Top             =   60
      Width           =   555
   End
   Begin CommandButton Befehl5
      Caption         =   "Ü"
      FontBold        =   0   'False
      FontItalic      =   0   'False
      FontName        =   "Symbol"
      FontSize        =   13,5
      FontStrikethru  =   0   'False
      FontUnderline   =   0   'False
      Height          =   555
      Left            =   2340
      TabIndex        =   7
      Top             =   60
      Width           =   555
   End
   Begin CommandButton Befehl4
```

```
      Caption         =   "þ"
      FontBold        =   0   'False
      FontItalic      =   0   'False
      FontName        =   "Symbol"
      FontSize        =   13,5
      FontStrikethru  =   0   'False
      FontUnderline   =   0   'False
      Height          =   555
      Left            =   1800
      TabIndex        =   6
      Top             =   60
      Width           =   555
   End
   Begin CommandButton Befehl3
      Caption         =   "$"
      FontBold        =   0   'False
      FontItalic      =   0   'False
      FontName        =   "Wingdings"
      FontSize        =   15,75
      FontStrikethru  =   0   'False
      FontUnderline   =   0   'False
      Height          =   555
      Left            =   1140
      TabIndex        =   5
      Top             =   60
      Width           =   555
   End
   Begin CommandButton Befehl2
      Caption         =   """"
      FontBold        =   0   'False
      FontItalic      =   0   'False
      FontName        =   "Wingdings"
      FontSize        =   18
      FontStrikethru  =   0   'False
      FontUnderline   =   0   'False
      Height          =   555
      Left            =   600
      TabIndex        =   4
      Top             =   60
      Width           =   555
   End
   Begin CommandButton Befehl1
      Caption         =   "<"
      FontBold        =   0   'False
      FontItalic      =   0   'False
      FontName        =   "Wingdings"
      FontSize        =   24
      FontStrikethru  =   0   'False
```

```
      FontUnderline    =   0   'False
      Height           =   555
      Left             =   60
      TabIndex         =   3
      Top              =   60
      Width            =   555
   End
   Begin TextBox Hilfe
      FontBold         =   0   'False
      FontItalic       =   0   'False
      FontName         =   "MS Sans Serif"
      FontSize         =   8,25
      FontStrikethru   =   0   'False
      FontUnderline    =   0   'False
      Height           =   2655
      Left             =   255
      MultiLine        =   -1  'True
      ScrollBars       =   3  'Beide
      TabIndex         =   2
      Top              =   1320
      Width            =   6855
   End
   Begin ComboBox Index
      Height           =   300
      Left             =   240
      Sorted           =   -1  'True
      TabIndex         =   0
      Top              =   960
      Width            =   6855
   End
   Begin Line Linie4
      BorderColor      =   &H00808080&
      X1               =   7320
      X2               =   7320
      Y1               =   0
      Y2               =   660
   End
   Begin Line Linie3
      BorderColor      =   &H00808080&
      X1               =   0
      X2               =   7320
      Y1               =   660
      Y2               =   660
   End
```

```
Begin Line Linie2
   BorderColor     =   &H00FFFFFF&
   X1              =   0
   X2              =   0
   Y1              =   660
   Y2              =   0
End
Begin Line Linie1
   BorderColor     =   &H00FFFFFF&
   X1              =   0
   X2              =   7320
   Y1              =   0
   Y2              =   0
End
Begin Label Bezeichnung1
   BackColor       =   &H00C0C0C0&
   Caption         =   "Hilfeindex:"
   Height          =   225
   Left            =   240
   TabIndex        =   1
   Top             =   720
   Width           =   975
End
Begin Menu MNU_HlpInfo
   Caption         =   "&Information"
   Begin Menu MNU_Save
      Caption         =   "&Speichern"
      Shortcut        =   ^S
   End
   Begin Menu MNU_Copy
      Caption         =   "&Kopieren"
      Shortcut        =   ^C
   End
   Begin Menu MNU_ShowCopy
      Caption         =   "Ko&pie betrachten"
      Shortcut        =   ^A
   End
   Begin Menu MNU_Leer
      Caption         =   "-"
   End
   Begin Menu MNU_Exit
      Caption         =   "&Beenden"
      Shortcut        =   ^X
   End
End
```

```
   Begin Menu MNU_Move
      Caption         =   "&Blättern"
      Begin Menu MNU_up
         Caption         =   "&vor"
         Shortcut        =   {F7}
      End
      Begin Menu MNU_down
         Caption         =   "&zurück"
         Shortcut        =   {F8}
      End
   End
   Begin Menu MNU_Help
      Caption         =   "&Hilfe"
      Begin Menu MNU_About
         Caption         =   "&Info..."
         Shortcut        =   {F1}
      End
   End
End

'*****************************************************
'* WinHELP.BAS - Grundgerüst eines einfachen Pro-    *
'*              Programmes zum Ersatz des Windows-   *
'*              Hilfeprogrammes in Verbindung mit    *
'*              Visual Basic, da Visual Basic nur    *
'*              in der professionellen Version       *
'*              mit dem Hilfecompiler von Microsoft  *
'*              ausgeliefert wird.                   *
'*                                                   *
'* Das Vieweg-Buch zu Visual Basic für Windows 2.0   *
'* (c)1993 by Dipl.-Ing. Andreas Maslo               *
'*****************************************************

'Variable für Anzahl der Zeilen in der
'Hilfedatei bzw. im Datenfeld Hilfetext$()
Dim Zaehler%
'Datenfeld für Hilfstexte
'hier maximal 500 Einträge (Zeilen gesamt)
Dim Hilfetext$(1 To 500)

Sub Befehl1_Click ()
  'Menübefehl zum Speichern eines Hilfetextes
  'in eine Datei aufrufen
  MNU_Save_Click
End Sub
```

```
Sub Befehl2_Click ()
  'Menübefehl zum Speichern eines Hilfetextes
  'in der Zwischenablage aufrufen
  MNU_Copy_Click
End Sub

Sub Befehl3_Click ()
  'Text aus der Zwischenablage ansehen
  MNU_ShowCopy_Click
End Sub

Sub Befehl4_Click ()
  'zum nächsten Hilfethema weiterblättern;
  'gleichnamige Menüfunktion aufrufen
  MNU_up_Click
End Sub

Sub Befehl5_Click ()
  'zum vorangeheneden Hilfethema zurückblättern;
  'gleichnamige Menüfunktion aufrufen
  MNU_up_Click
End Sub

Sub Befehl6_Click ()
  'Menübefehl zum Anzeigen allgemeiner
  'Programminformationen anzeigen
  MNU_About_Click
End Sub

Sub Form_Load ()
  'INITIALISIERUNGSSEQUENZ:
  'Der Einfachheit wird hier zur Demonstration die
  'gesamte Hilfsdatei eingelesen. Bei größeren
  'Dateien, sollte immer nur der Index und eine Hilfe
  'zu einem einzelnen Begriff geladen werden.
  'Außerdem sollte zur Verallgemeinerung die Routine
  'mit einem variablen Dateinamen versehen werden.
  DNr = FreeFile
  Zaehler% = 0
  IndexNr% = 0
  'im Normalfall sollten Sie das Dateikürzel HLP
  'verwenden; hier wurde darauf verzichtet, um die
  'Datei von der echten Hilfsdatei, die mit dem
  'Hilfscompiler erstellt wurde, zu unterscheiden
  '(die Hilfsdatei für dieses Hilfsprogramm muß
  'im  ANSI-Format vorliegen!); die Hilfsdatei
  'wird im aktuellen Programmverzeichnis erwartet, auf
  'eine Fehlerbehandlung wurde verzichtet
```

```
  PrgPath$ = App.Path + "\"
  Open PrgPath$ + "WINSHELL.ANS" For Input As #DNr
  While Not EOF(DNr)
    'zeilenweise Hilfedatei einlesen und
    Zaehler% = Zaehler% + 1
    Line Input #DNr, DateiZeile$
    'einleitende Leerzeichen ignorieren
    '(damit interne Blockstruktur möglich ist)
    DateiZeile$ = LTrim$(DateiZeile$)
    Hilfetext$(Zaehler%) = DateiZeile$
    'falls Zeile Indexeintrag (erkennbar am Doppel-
    'kreuz, dann Eintrag in Index-Datenfeld übernehmen)
    If Left$(DateiZeile$, 1) = "#" Then
      'Indexnummer festlegen (abhängig von der
      'Reihenfolge in der Hilfsdatei)
      DateiZeile$ = RTrim$(DateiZeile$)
      'Zeilenlänge ermitteln
      Laenge% = Len(DateiZeile$)
      'Doppelkreuz entfernen
      IndexEintrag$ = Right$(DateiZeile$, Len(DateiZeile$) - 1)
      'Indexeintrag der Liste anfügen
      'erste Indexnummer eines Listenfeldes ist Null
      Index.AddItem IndexEintrag$, IndexNr%
      IndexNr% = IndexNr% + 1
      'ersten Hilfebegriff automatisch in das Textfeld
      'des Kombinationsfeldes übernehmen; es bietet sich
      'also an die wichtigste Erläuterung an den Anfang
      'der Hilfsdatei zu stellen
      If IndexNr% = 1 Then
        Index.Text = IndexEintrag$
      End If
    End If
  Wend
End Sub

Sub Hilfe_KeyPress (TastenAscii As Integer)
  'sämtliche Tastatureingaben im Hilfefeld unterdrücken;
  'u.U. kann das Programm erweitert werden: markierte
  'Bereiche können zum Beispiel zur Zwischenablage
  'geschickt oder unmittelbar ausgedruckt werden; auf
  'eine realisierung dieser Funktionen wurde verzichtet
  TastenAscii = 0
End Sub
```

```
Sub Index_Change ()
  'Eintragsänderung hat stattgefunden. Sofort kontrollieren,
  'ob ein entsprechender Eintrag vorhanden ist, evtl. im
  'Hilfsfenster anzeigen (Anmerkung: jeder tastendruck wird
  'berücksichtigt)
  'Zeilenweise das Hilfsarray untersuchen, um die
  'gesuchte Hilfemeldung auszufiltern
  'Zeilenvorschub/Wagenrücklauf - Codesequenz
  CL$ = Chr$(13) + Chr$(10)
  For x% = 1 To Zaehler%
    'Begriff wurde gefunden
    If Hilfetext$(x%) = "#" + Index.Text Then
      Text$ = ""
      For y% = x% + 1 To Zaehler%
         'Stern und Doppelkreuz sind gleichertig, daher
         'ist es nicht unbedingt erforderlich den Stern
         'als Endezeichen eines Hilfethemas in einer
         'Hilfedatei einzugeben
         If Hilfetext$(y%) <> "*" Then
            Text$ = Text$ + CL$ + Hilfetext$(y%)
            beenden% = 0
           Else
            Hilfe.Text = Text$
            beenden% = 1
         End If
         If beenden% = 1 Then Exit For
      Next y%
    End If
    If beenden% = 1 Then Exit For
  Next x%
End Sub

Sub Index_Click ()
  'Eintragsänderung hat stattgefunden (Mausanwahl im
  'Listenfeld). Um ein Change-Ereignis abzurufen
  'wird lediglich der Textinhalt geändert.
  'gewählte Indexnummer ermitteln
  Anwahl% = Index.ListIndex
  'Text zu gehörigem Index Textfeld zuweisen
  Index.Text = Index.List(Anwahl%)
  'ereignisorientierte Prozedur aufrufen
  Index_Change
End Sub
```

```
Sub MNU_About_Click ()
  'Zeilenvorschub
  CL$ = Chr$(13) + Chr$(10)
  'Informationen ausgeben
  Titel$ = "WinHELP - Informationen"
  Meldung$ = "Das Programm WinHELP dient zur Anzeige von Hilfethemen "
  Meldung$ = Meldung$ + "allgemeiner Hilfedateien und kann auch_
                  unabhängig "
  Meldung$ = Meldung$ + "vom Windows-Hilfecompiler eingesetzt werden."_
                  + CL$ + CL$
  Meldung$ = Meldung$ + "Das Vieweg-Buch zu Visual Basic für Windows 2.0"_
                  + CL$ + CL$
  Meldung$ = Meldung$ + "(c)1993 by Dipl.-Ing. Andreas Maslo"
  MsgBox Meldung$, 64, Titel$
End Sub

Sub MNU_Copy_Click ()
  'Menübefehl zum Speichern eines Hilfetextes in die Zwischenablage
  'Zeilenvorschub definieren
  CL$ = Chr$(13) + Chr$(10)
  'Text aufbereiten
  Text$ = Index.Text + CL$ + CL$ + Hilfe.Text
  'Text in Zwischenablage
  ClipBoard.SetText Text$, 1
  'Meldung zum Vollzug ausgeben
  Titel$ = "Zwischenablage"
  Meldung$ = "Das Hilfethema [" + Index.Text + "] wurde in die "
  Meldung$ = Meldung$ + "Zwischenablage kopiert und kann nun "
  Meldung$ = Meldung$ + "von anderen Anwendungen übernommen werden!"
  MsgBox Meldung$, 64, Titel$
End Sub

Sub MNU_down_Click ()
  'zum vorangehenden Hilfethema zurückblättern
  'Hinweis: die Hilfethemen sind im Kombinationslistenfeld
  'enthalten; über den Index kann vor- oder zurückgeblättert
  'werden; ändert sich der Inhalt des Kombinationslsitenfeldes
  'wird automatisch das Change.-Ereignis des Kombinations-
  'listenfeldes aufgerufen; durch die zugehörige Ereignis-
  'prozedur wird das gewünschte Hilfethema gesucht und angezeigt
  If Index.ListIndex = 1 Then
      'erster Eintrag aktiv, also weiter zum letzten Eintrag
      Index.ListIndex = Index.ListCount - 1
    Else
      'um ein Hilfethema zurück
      Index.ListIndex = Index.ListIndex - 1
  End If
End Sub
```

```
Sub MNU_Exit_Click ()
  'Hilfeprogramm nach quittierter
  'Sicherheitsabfrage beenden
  Titel$ = "Programm beenden"
  Meldung$ = "Wollen Sie das Hilfeprogramm WinHELP "
  Meldung$ = Meldung$ + "wirklich beenden?"
  Antwort% = MsgBox(Meldung$, 4 + 32, Titel$)
  If Antwort% = 6 Then
    End
  End If
End Sub

Sub MNU_Save_Click ()
  'Menübefehl zum Speichern eines Hilfetextes
  'in eine Datei
  'Zeilenvorschub definieren
  CL$ = Chr$(13) + Chr$(10)
  'freie Dateinummer ermitteln
  HNr = FreeFile
  'gesamten, aktuell angezeigten Hilfetext
  '(einschließlich Schlüsselwort) in die ANSI-
  'Datei EXPORT.HLP speichern (im aktuellen
  'Programmverzeichnis)
  Open App.Path + "\EXPORT.HLP" For Output As #HNr
  'Text aufbereiten
  Text$ = Index.Text + CL$ + CL$ + Hilfe.Text
  'Text in Datei schreiben
  Print #HNr, Text$
  'Datei schließen
  Close #HNr
  'Meldung zum Vollzug ausgeben
  Titel$ = "Hilfethema exportieren"
  Meldung$ = "Das Hilfethema [" + Index.Text + "] wurde in der "
  Meldung$ = Meldung$ + "Datei " + UCase$(App.Path) +_
                 "\EXPORT.HLP gesichert!"
  MsgBox Meldung$, 64, Titel$
End Sub

Sub MNU_ShowCopy_Click ()
  'Inhalt der Zwischenablage betrachten
  '(hier: zur Kontrolle des kopierten Hilfethemas)
  'die Anzeige erfolgt im Index- und Hilfefeld
  'Indexfeld: Info
  Index.Text = "Aktueller Inhalt der Zwischenablage"
  'Hilfefeld: Text der Zwischenablage
  Hilfe.Text = ClipBoard.GetText()
End Sub
```

```
Sub MNU_up_Click ()
  'zum nächsten Hilfethema weiterblättern
  'Hinweis: die Hilfethemen sind im Kombinationslistenfeld
  'enthalten; über den Index kann vor- oder zurückgeblättert
  'werden; ändert sich der Inhalt des Kombinationslsitenfeldes
  'wird automatisch das Change.-Ereignis des Kombinations-
  'listenfeldes aufgerufen; durch die zugehörige Ereignis-
  'prozedur wird das zugehörige Hilfethema gesucht und angezeigt
  If Index.ListIndex = Index.ListCount - 1 Then
      'erster Eintrag aktiv, also weiter zum letzten Eintrag
      Index.ListIndex = 1
    Else
      'um einen Eintrag weiter
      Index.ListIndex = Index.ListIndex + 1
  End If
End Sub
```

Listing 4.4: Allgemeines Hilfeprogramm WinHELP (WHELP.EXE)

4.1.4 Drucken von ANSI-Texten mit WinPRINT

Bei unserer letzten kleineren Anwendung handelt es sich um ein Druckprogramm für ANSI-Textdateien. Dabei spielt die Programmierung der Druckerroutine jedoch eine untergeordnete Rolle. Vielmehr wollen wir an einem praktischen Beispiel zeigen, wie die Einbindung von Bitmaps, die wir in Kapitel 3.6 beschrieben haben, erfolgt. Des weiteren können Sie sehen, wie Sie unterschiedliche Druckerschriften und Schriftgrößen ansteuern, Seitenvorschübe erzwingen und den Druckvorgang beenden. Um die Auswahl einer Datei abzusichern, verfügt das Programm über einen Ansichtsmodus. Dort werden Textinhalte unformatiert angezeigt. Dieser Modus dürfte ausreichen, damit der Anwender kontrollieren kann, ob er die richtige Datei gewählt hat. In Verbindung mit dem Hilfsprogramm WinCONV lassen sich mit diesem Programm auch ASCII-Dateien ausdrucken.

Natürlich können Sie auch dieses Programm erweitern. So wäre es z.B. durchaus sinnvoll, eine Abbruchfunktion zu implementieren, die einen gestarteten Druckvorgang vorzeitig beenden kann. In diesem Programm verbirgt sich hinter der Schaltfläche *<Abbruch>* lediglich eine *Ende*-Funktion.

Auf eine Auflistung der einzelnen Funktionen wollen wir hier verzichten. Um die Programmsteuerung besser nachvollziehen zu können, sollten Sie das Projekt in die Benutzeroberfläche von Visual Basic laden und die Bitmap-Schaltflächen mit einem Doppelklick ansteuern. Danach gelangen Sie automatisch in die zugehörigen Ereignisprozeduren. Sie werden allerdings feststellen, daß viele Steuerelemente mehrere zugeordnete Ereignisprozeduren besitzten. Bei der Programmausführung werden Sie zudem den Geschwindigkeitsnachteil erkennen, den die umfangreiche Einbindung von Grafiken mit sich bringt. Daher eignet sich diese Oberflächenprogrammierung insbesondere für den Hobbybereich und weniger für die kommerzielle Anwendungsprogrammierung. Die Schaltflächen des Hauptformulars tragen im Listing jeweils denselben Namen, der auch auf den Schaltflächen selbst enthalten ist, so daß die entsprechenden Ereignisprozeduren sehr leicht zugeordnet werden können.

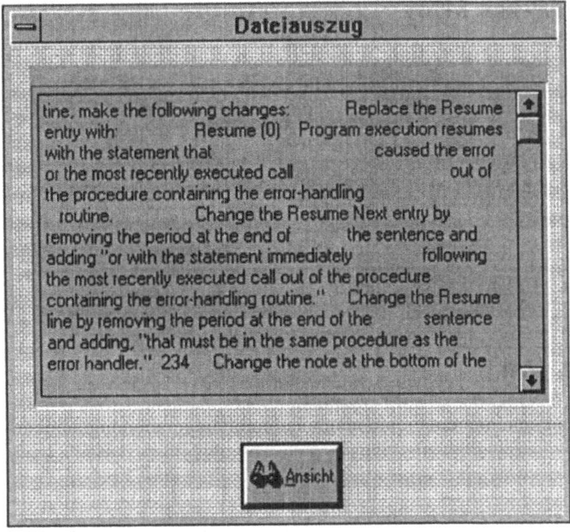

Bild 4.5: Das Ansichtsfenster

```
VERSION 2.00
Begin Form DateiAnsicht
   BorderStyle     =   3  'Nicht änderbar, doppelt
   Caption         =   "Dateiauszug"
   Height          =   4845
   Left            =   1035
   LinkMode        =   1  'Quelle
   LinkTopic       =   "Form2"
   MaxButton       =   0   'False
   Picture         =   ANSICHT.FRX:0000
   ScaleHeight     =   4440
   ScaleWidth      =   5280
   Top             =   1140
   Width           =   5400
```

```
   Begin PictureBox Bild1
      AutoSize        =   -1  'True
      Height          =   615
      Left            =   2160
      Picture         =   ANSICHT.FRX:D63A
      ScaleHeight     =   585
      ScaleWidth      =   945
      TabIndex        =   0
      Top             =   3720
      Width           =   975
      Begin PictureBox Bild2
         AutoSize        =   -1  'True
         Height          =   615
         Left            =   -15
         Picture         =   ANSICHT.FRX:DB94
         ScaleHeight     =   585
         ScaleWidth      =   945
         TabIndex        =   1
         Top             =   -15
         Width           =   975
      End
   End
   Begin TextBox Text1
      BackColor       =   &H00C0C0C0&
      FontBold        =   0   'False
      FontItalic      =   0   'False
      FontName        =   "MS Sans Serif"
      FontSize        =   8.25
      FontStrikethru  =   0   'False
      FontUnderline   =   0   'False
      Height          =   2820
      Left            =   255
      MultiLine       =   -1  'True
      ScrollBars      =   2  'Vertikal
      TabIndex        =   2
      Text            =   "Text1"
      Top             =   465
      Width           =   4830
   End
End

Sub Bild2_KeyDown (TastenCode As Integer, Umschalten As Integer)
  'Verzicht auf Tastatursteuerung
End Sub
```

```
Sub Bild2_MouseDown (Maustaste As Integer, Umschalten As Integer,_
      x As Single, Y As Single)
  'um die gedrückte Ansicht-Taste anzuzeigen, wird lediglich
  'die nicht gedrückte Taste versteckt
  Bild2.Visible = 0
End Sub

Sub Bild2_MouseMove (Maustaste As Integer, Umschalten As Integer,_
            x As Single, Y As Single)
  'Schaltflächengrenze allgemein errechnen
  x1! = Bild2.ScaleLeft
  x2! = x1! + Bild2.ScaleWidth
  y1! = Bild2.ScaleTop
  y2! = y2! + Bild2.ScaleHeight
  'sobald die Maus bei gedrückter Taste den zulässigen
  'Bereich verläßt, wird die Schaltfläche in den normalen
  'Zusatnd überführt (Taste nicht gedrückt); das Ereignis
  'soll erst ausgelöst werden, wenn die Taste bei korrektem
  'anklicken wieder gelöst wird!
  If (x < x1! Or x > x2! Or Y < y1! Or Y > y2!) And Not Bild2.Visible Then
    Bild2.Visible = -1
  End If
End Sub

Sub Bild2_MouseUp (Maustaste As Integer, Umschalten As Integer, x As
Single, Y As Single)
  'gedrückte Taste wird gelöst; dabei wird die nicht
  'gedrückte Taste wieder angezeigt
  '***********************************************
  'an dieser Stelle wird die Schaltflächen-
  'funktion über die Maus abgerufen werden...
  Unload DateiAnsicht
  '***********************************************
  Bild2.Visible = -1
End Sub

Sub Form_Load ()
  'Informationstext initialisieren, der in der Form
  'ausgegeben werden soll
  'Datei aus Hauptformular übernehmen
  Datei$ = WPrint.DateiAuswahl.Caption
```

```
  'Information der Datei zuweisen
  If Datei$ = "" Then
      Info$ = "Leider haben Sie keine Datei angewählt. "
      Info$ = Info$ + "Wählen Sie zunächst eine Datei und "
      Info$ = Info$ + "kehren Sie in den Ansichtsmodus "
      Info$ = Info$ + "zurück..."
      DateiAnsicht.Text1.Text = Info$
    Else
      DNr% = FreeFile
      Open Datei$ For Input As #DNr%
      While Not EOF(DNr%) And Len(DateiAuszug$) < 15000
        'Text in Zeichenkette aufbauen
        Line Input #DNr%, Zeile$
        DateiAuszug$ = DateiAuszug$ + " " + Zeile$
      Wend
      Close #DNr%
      Text1.Text = DateiAuszug$
  End If
End Sub

Sub Text1_KeyDown (TastenCode As Integer, Umschalten As Integer)
  'Verzicht auf Tastatursteuerung
End Sub
```

Listing 4.5: Datei ANSICHT.FRM des Programmes WinPRINT

```
VERSION 2.00
Begin Form Beenden
   BorderStyle     =   3  'Nicht änderbar, doppelt
   Caption         =   "Programm beenden..."
   Height          =   2295
   Left            =   1935
   LinkMode        =   1  'Quelle
   LinkTopic       =   "Form1"
   MaxButton       =   0   'False
   Picture         =   BEENDEN.FRX:0000
   ScaleHeight     =   1890
   ScaleWidth      =   3750
   Top             =   2130
   Width           =   3870
   Begin PictureBox Bild2
      AutoSize        =   -1  'True
      Height          =   615
      Left            =   2280
      Picture         =   BEENDEN.FRX:3F7A
      ScaleHeight     =   585
```

```
      ScaleWidth       =   945
      TabIndex         =   1
      Top              =   1080
      Width            =   975
      Begin PictureBox Bild3
         AutoSize         =   -1  'True
         Height           =   615
         Left             =   -15
         Picture          =   BEENDEN.FRX:44D4
         ScaleHeight      =   585
         ScaleWidth       =   945
         TabIndex         =   2
         Top              =   -15
         Width            =   975
      End
   End
   Begin PictureBox Bild1
      AutoSize         =   -1  'True
      Height           =   615
      Left             =   480
      Picture          =   BEENDEN.FRX:4A2E
      ScaleHeight      =   585
      ScaleWidth       =   945
      TabIndex         =   0
      Top              =   1080
      Width            =   975
      Begin PictureBox Bild4
         AutoSize         =   -1  'True
         Height           =   615
         Left             =   -15
         Picture          =   BEENDEN.FRX:4F88
         ScaleHeight      =   585
         ScaleWidth       =   945
         TabIndex         =   3
         Top              =   -15
         Width            =   975
      End
   End
   Begin Label Bezeichnung1
      Alignment        =   2  'Mitte
      BackColor        =   &H00C0C0C0&
      Caption          =   "Sind Sie sicher?"
      FontBold         =   -1  'True
      FontItalic       =   0   'False
      FontName         =   "MS Sans Serif"
      FontSize         =   13,5
      FontStrikethru   =   0   'False
      FontUnderline    =   0   'False
```

```
      ForeColor         =    &H00000080&
      Height            =    360
      Left              =    345
      TabIndex          =    4
      Top               =    270
      Width             =    3090
   End
End

Sub Bild3_KeyDown (TastenCode As Integer, Umschalten As Integer)
  'Verzicht auf Tastatursteuerung
End Sub

Sub Bild3_MouseDown (Maustaste As Integer, Umschalten As Integer,_
            X As Single, Y As Single)
  'um die gedrückte Ansicht-Taste anzuzeigen, wird lediglich
  'die nicht gedrückte Taste versteckt
  Bild3.Visible = 0
End Sub

Sub Bild3_MouseMove (Maustaste As Integer, Umschalten As Integer,_
            X As Single, Y As Single)
  'Schaltflächengrenze allgemein errechnen
  x1! = Bild3.ScaleLeft
  x2! = x1! + Bild3.ScaleWidth
  y1! = Bild3.ScaleTop
  y2! = y2! + Bild3.ScaleHeight
  'sobald die Maus bei gedrückter Taste den zulässigen
  'Bereich verläßt, wird die Schaltfläche in den normalen
  'Zusatnd überführt (Taste nicht gedrückt); das Ereignis
  'soll erst ausgelöst werden, wenn die Taste bei korrektem
  'anklicken wieder gelöst wird!
  If (X < x1! Or X > x2! Or Y < y1! Or Y > y2!) And Not Bild3.Visible Then
    Bild3.Visible = -1
  End If
End Sub

Sub Bild3_MouseUp (Maustaste As Integer, Umschalten As Integer,_
      X As Single, Y As Single)
  'gedrückte Taste wird gelöst; dabei wird die nicht
  'gedrückte Taste wieder angezeigt
  '***********************************************
  'an dieser Stelle wird die Schaltflächen-
  'funktion über die Maus abgerufen werden...
  Unload Beenden
  '***********************************************
  Bild3.Visible = -1
End Sub
```

```
Sub Bild4_KeyDown (TastenCode As Integer, Umschalten As Integer)
  'Verzicht auf Tastatursteuerung
End Sub

Sub Bild4_MouseDown (Maustaste As Integer, Umschalten As Integer,_
            X As Single, Y As Single)
  'um die gedrückte Ansicht-Taste anzuzeigen, wird lediglich
  'die nicht gedrückte Taste versteckt
  Bild4.Visible = 0
End Sub

Sub Bild4_MouseMove (Maustaste As Integer, Umschalten As Integer,_
            X As Single, Y As Single)
  'Schaltflächengrenze allgemein errechnen
  x1! = Bild4.ScaleLeft
  x2! = x1! + Bild4.ScaleWidth
  y1! = Bild4.ScaleTop
  y2! = y2! + Bild4.ScaleHeight
  'sobald die Maus bei gedrückter Taste den zulässigen
  'Bereich verläßt, wird die Schaltfläche in den normalen
  'Zusatnd überführt (Taste nicht gedrückt); das Ereignis
  'soll erst ausgelöst werden, wenn die Taste bei korrektem
  'anklicken wieder gelöst wird!
  If (X < x1! Or X > x2! Or Y < y1! Or Y > y2!) And Not Bild4.Visible Then
    Bild4.Visible = -1
  End If
End Sub

Sub Bild4_MouseUp (Maustaste As Integer, Umschalten As Integer,_
            X As Single, Y As Single)
  'gedrückte Taste wird gelöst; dabei wird die nicht
  'gedrückte Taste wieder angezeigt
  '************************************************
  'an dieser Stelle wird die Schaltflächen-
  'funktion über die Maus abgerufen werden...
  End
  '************************************************
End Sub
```

Listing 4.6 Datei BEENDEN.FRM des Programmes WinPRINT

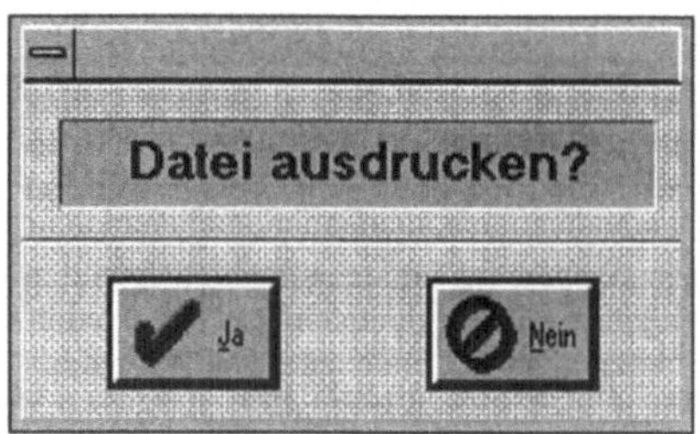

Bild 4.6: Der Drucken-Dialog von WinPRINT

```
VERSION 2.00
Begin Form DateiDrucken
   BorderStyle     =   3  'Nicht änderbar, doppelt
   Height          =   2295
   Left            =   1950
   LinkMode        =   1  'Quelle
   LinkTopic       =   "Form1"
   MaxButton       =   0   'False
   Picture         =   DRUCKEN.FRX:0000
   ScaleHeight     =   1890
   ScaleWidth      =   3750
   Top             =   2130
   Width           =   3870
   Begin PictureBox Bild2
      AutoSize        =   -1  'True
      Height          =   615
      Left            =   2280
      Picture         =   DRUCKEN.FRX:3F7A
      ScaleHeight     =   585
      ScaleWidth      =   945
      TabIndex        =   1
      Top             =   1080
      Width           =   975
      Begin PictureBox Bild3
         AutoSize        =   -1  'True
         Height          =   615
         Left            =   -15
         Picture         =   DRUCKEN.FRX:44D4
         ScaleHeight     =   585
         ScaleWidth      =   945
         TabIndex        =   2
         Top             =   -15
         Width           =   975
      End
   End
```

```
   Begin PictureBox Bild1
      AutoSize        =   -1  'True
      Height          =   615
      Left            =   480
      Picture         =   DRUCKEN.FRX:4A2E
      ScaleHeight     =   585
      ScaleWidth      =   945
      TabIndex        =   0
      Top             =   1080
      Width           =   975
      Begin PictureBox Bild4
         AutoSize        =   -1  'True
         Height          =   615
         Left            =   -15
         Picture         =   DRUCKEN.FRX:4F88
         ScaleHeight     =   585
         ScaleWidth      =   945
         TabIndex        =   3
         Top             =   -15
         Width           =   975
      End
   End
   Begin Label Bezeichnung1
      Alignment       =   2  'Mitte
      BackColor       =   &H00C0C0C0&
      Caption         =   "Datei ausdrucken?"
      FontBold        =   -1  'True
      FontItalic      =   0   'False
      FontName        =   "MS Sans Serif"
      FontSize        =   13,5
      FontStrikethru  =   0   'False
      FontUnderline   =   0   'False
      ForeColor       =   &H00000080&
      Height          =   360
      Left            =   360
      TabIndex        =   4
      Top             =   255
      Width           =   3090
   End
End

Sub Bild3_KeyDown (TastenCode As Integer, Umschalten As Integer)
  'Verzicht auf Tastatursteuerung
End Sub
```

```
Sub Bild3_MouseDown (Maustaste As Integer, Umschalten As Integer,_
            X As Single, Y As Single)
  'um die gedrückte Ansicht-Taste anzuzeigen, wird lediglich
  'die nicht gedrückte Taste versteckt
  Bild3.Visible = 0
End Sub

Sub Bild3_MouseMove (Maustaste As Integer, Umschalten As Integer,_
            X As Single, Y As Single)
  'Schaltflächengrenze allgemein errechnen
  x1! = Bild3.ScaleLeft
  x2! = x1! + Bild3.ScaleWidth
  y1! = Bild3.ScaleTop
  y2! = y2! + Bild3.ScaleHeight
  'sobald die Maus bei gedrückter Taste den zulässigen
  'Bereich verläßt, wird die Schaltfläche in den normalen
  'Zusatnd überführt (Taste nicht gedrückt); das Ereignis
  'soll erst ausgelöst werden, wenn die Taste bei korrektem
  'anklicken wieder gelöst wird!
  If (X < x1! Or X > x2! Or Y < y1! Or Y > y2!) And Not Bild3.Visible Then
    Bild3.Visible = -1
  End If
End Sub

Sub Bild3_MouseUp (Maustaste As Integer, Umschalten As Integer,_
            X As Single, Y As Single)
  'gedrückte Taste wird gelöst; dabei wird die nicht
  'gedrückte Taste wieder angezeigt
  '************************************************
  'an dieser Stelle wird die Schaltflächen-
  'funktion über die Maus abgerufen werden...
  Unload DateiDrucken
  '************************************************
  Bild3.Visible = -1
End Sub

Sub Bild4_KeyDown (TastenCode As Integer, Umschalten As Integer)
  'Verzicht auf Tastatursteuerung
End Sub

Sub Bild4_MouseDown (Maustaste As Integer, Umschalten As Integer, X As
Single, Y As Single)
  'um die gedrückte Ansicht-Taste anzuzeigen, wird lediglich
  'die nicht gedrückte Taste versteckt
  Bild4.Visible = 0
End Sub
```

```
Sub Bild4_MouseMove (Maustaste As Integer, Umschalten As Integer,_
            X As Single, Y As Single)
  'Schaltflächengrenze allgemein errechnen
  x1! = Bild4.ScaleLeft
  x2! = x1! + Bild4.ScaleWidth
  y1! = Bild4.ScaleTop
  y2! = y2! + Bild4.ScaleHeight
  'sobald die Maus bei gedrückter Taste den zulässigen
  'Bereich verläßt, wird die Schaltfläche in den normalen
  'Zusatnd überführt (Taste nicht gedrückt); das Ereignis
  'soll erst ausgelöst werden, wenn die Taste bei korrektem
  'anklicken wieder gelöst wird!
  If (X < x1! Or X > x2! Or Y < y1! Or Y > y2!) And Not Bild4.Visible Then
    Bild4.Visible = -1
  End If
End Sub

Sub Bild4_MouseUp (Maustaste As Integer, Umschalten As Integer,_
            X As Single, Y As Single)
  On Error Resume Next
  'Fehler ignorieren
  'gedrückte Taste wird gelöst; dabei wird die nicht
  'gedrückte Taste wieder angezeigt
  'da auf Tastatursteuerung verzichtet wurde, hier
  'direkte Abarbeitung (Druckerausgabe)
  Datei$ = WPrint.DateiAuswahl.Caption
  'Information der Datei zuweisen
  DateiDrucken.Caption = "..." + Right$(Datei$, 20)
  If Datei$ <> "" Then
    If WPrint.Modern.Value Then
        Printer.FontName = "Modern"
      Else
        Printer.FontName = "Roman"
    End If
    If WPrint.Size10.Value Then
        Printer.Fontsize = 10
      Else
        Printer.Fontsize = 12
    End If
    DNr% = FreeFile
    Open Datei$ For Input As #DNr%
```

```
    While Not EOF(DNr%)
      'Text in Zeichenkette aufbauen
      Line Input #DNr%, Zeile$
      I% = I% + 1
      Z% = Z% + 1
      If Z% = 65 Then
        'maximal 65 Zeilen je Seite
        Z% = 0
        Printer.NewPage
      End If
      Stand$ = " (" + LTrim$(Str$(I%)) + ")"
      DateiDrucken.Caption = "..." + Right$(Datei$, 12) + Stand$
      Printer.Print Zeile$
    Wend
    Close #DNr%
  End If
  Printer.EndDoc
  Unload DateiDrucken
End Sub
```

Listing 4.7 Datei DRUCKEN.FRM des Programmes WinPRINT

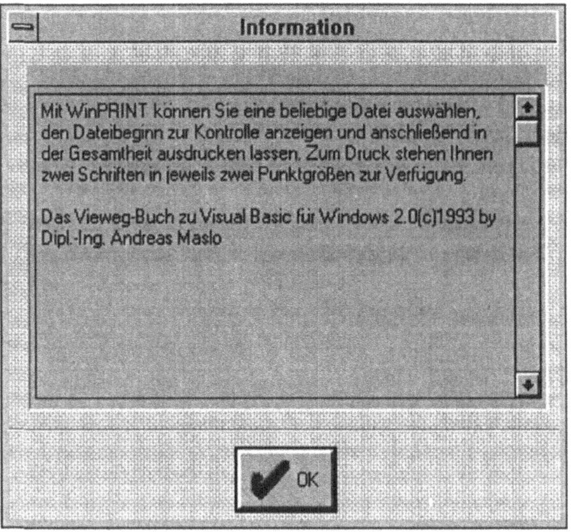

Bild 4.7: Der Informationen-Dialog von WinPRINT

```
VERSION 2.00
Begin Form Information
   BorderStyle     =   3  'Nicht änderbar, doppelt
   Caption         =   "Information"
   Height          =   4845
   Left            =   1035
   LinkMode        =   1  'Quelle
   LinkTopic       =   "Form2"
   MaxButton       =   0   'False
   Picture         =   INFORMAT.FRX:0000
   ScaleHeight     =   4440
   ScaleWidth      =   5280
   Top             =   1140
   Width           =   5400
   Begin PictureBox Bild1
      AutoSize        =   -1  'True
      Height          =   615
      Left            =   2160
      Picture         =   INFORMAT.FRX:D63A
      ScaleHeight     =   585
      ScaleWidth      =   945
      TabIndex        =   0
      Top             =   3720
      Width           =   975
      Begin PictureBox Bild2
         AutoSize        =   -1  'True
         Height          =   615
         Left            =   -15
         Picture         =   INFORMAT.FRX:DB94
         ScaleHeight     =   585
         ScaleWidth      =   945
         TabIndex        =   1
         Top             =   -15
         Width           =   975
      End
   End
   Begin TextBox Text1
      BackColor       =   &H00C0C0C0&
      FontBold        =   0   'False
      FontItalic      =   0   'False
      FontName        =   "MS Sans Serif"
      FontSize        =   8,25
      FontStrikethru  =   0   'False
      FontUnderline   =   0   'False
      Height          =   2820
      Left            =   255
      MultiLine       =   -1  'True
      ScrollBars      =   2  'Vertikal
```

```
      TabIndex          =   2
      Text              =   "Text1"
      Top               =   465
      Width             =   4830
   End
End

Sub Bild2_KeyDown (TastenCode As Integer, Umschalten As Integer)
  'Verzicht auf Tastatursteuerung
End Sub

Sub Bild2_MouseDown (Maustaste As Integer, Umschalten As Integer, X As
Single, Y As Single)
  'um die gedrückte OK-Taste anzuzeigen, wird lediglich
  'die nicht gedrückte Taste versteckt
  Bild2.Visible = 0
End Sub

Sub Bild2_MouseMove (Maustaste As Integer, Umschalten As Integer, X As
Single, Y As Single)
  'Schaltflächengrenze allgemein errechnen
  x1! = Bild2.ScaleLeft
  x2! = x1! + Bild2.ScaleWidth
  y1! = Bild2.ScaleTop
  y2! = y2! + Bild2.ScaleHeight
  'sobald die Maus bei gedrückter Taste den zulässigen
  'Bereich verläßt, wird die Schaltfläche in den normalen
  'Zusatnd überführt (Taste nicht gedrückt); das Ereignis
  'soll erst ausgelöst werden, wenn die Taste bei korrektem
  'anklicken wieder gelöst wird!
  If (X < x1! Or X > x2! Or Y < y1! Or Y > y2!) And Not Bild2.Visible Then
    Bild2.Visible = -1
  End If
End Sub

Sub Bild2_MouseUp (Maustaste As Integer, Umschalten As Integer, X As
Single, Y As Single)
  'gedrückte Taste wird gelöst; dabei wird die nicht
  'gedrückte Taste wieder angezeigt
  '*************************************************
  'an dieser Stelle wird die Schaltflächen-
  'funktion über die Maus abgerufen werden...
  Unload Information
  '*************************************************
  Bild2.Visible = -1
End Sub
```

```
Sub Form_Load ()
  'Informationstext initialisieren, der in der Form
  'ausgegeben werden soll
  CL$ = Chr$(13) + Chr$(10)
  Info$ = "Mit WinPRINT können Sie eine beliebige Datei "
  Info$ = Info$ + "auswählen, den Dateibeginn zur Kontrolle "
  Info$ = Info$ + "anzeigen und anschließend in der Gesamtheit "
  Info$ = Info$ + "ausdrucken lassen. Zum "
  Info$ = Info$ + "Druck stehen Ihnen zwei Schriften in jeweils "
  Info$ = Info$ + "zwei Punktgrößen zur Verfügung." + CL$ + CL$
  Info$ = Info$ + "Das Vieweg-Buch zu Visual Basic für Windows 2.0"
  Info$ = Info$ + "(c)1993 by Dipl.-Ing. Andreas Maslo"
  Text1.Text = Info$
End Sub

Sub Text1_KeyDown (TastenCode As Integer, Umschalten As Integer)
  'Verzicht auf Tastatursteuerung
End Sub
```

Listing 4.8: Datei INFORMAT.FRM des Programmes WinPRINT

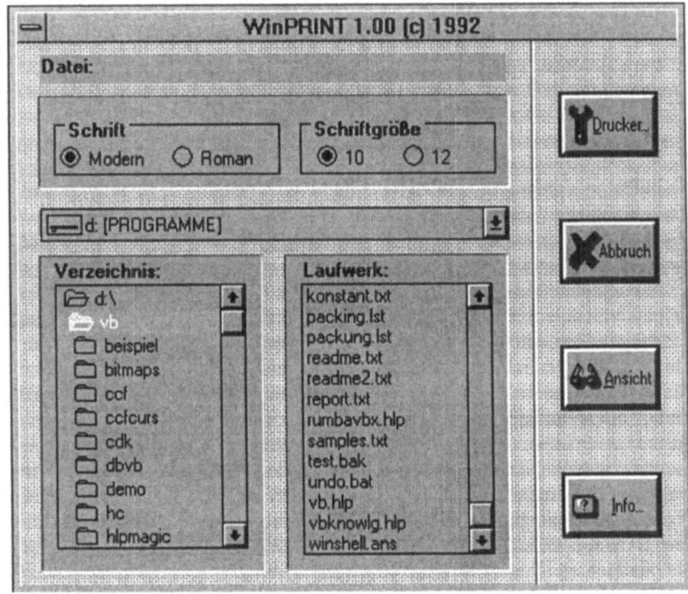

Bild 4.8: Das Hauptformular zum Programm WinPrint

```
VERSION 2.00
Begin Form WPrint
   BorderStyle     =   3  'Nicht änderbar, doppelt
   Caption         =   "WinPRINT 1.00 (c) 1992"
   Height          =   5565
   Icon            =   WPRINT.FRX:0000
   Left            =   1035
   LinkMode        =   1  'Quelle
   LinkTopic       =   "Form1"
   MaxButton       =   0   'False
   Picture         =   WPRINT.FRX:073A
   ScaleHeight     =   5160
   ScaleWidth      =   6495
   Top             =   1140
   Width           =   6615
   Begin PictureBox Bild4
      Height          =   615
      Left            =   5280
      Picture         =   WPRINT.FRX:12C7C
      ScaleHeight     =   585
      ScaleWidth      =   945
      TabIndex        =   3
      Top             =   4080
      Width           =   975
      Begin PictureBox Info
         AutoSize        =   -1  'True
         Height          =   615
         Left            =   -15
         Picture         =   WPRINT.FRX:131D6
         ScaleHeight     =   585
         ScaleWidth      =   945
         TabIndex        =   7
         Top             =   -15
         Width           =   975
      End
   End
   Begin PictureBox Bild3
      Height          =   615
      Left            =   5280
      Picture         =   WPRINT.FRX:13730
      ScaleHeight     =   585
      ScaleWidth      =   945
      TabIndex        =   2
      Top             =   2880
      Width           =   975
      Begin PictureBox Ansicht
         AutoSize        =   -1  'True
         Height          =   615
```

```
            Left            =   -15
            Picture         =   WPRINT.FRX:13C8A
            ScaleHeight     =   585
            ScaleWidth      =   945
            TabIndex        =   6
            Top             =   -15
            Width           =   975
         End
      End
      Begin FileListBox Datei1
         BackColor       =   &H00C0C0C0&
         FontBold        =   0   'False
         FontItalic      =   0   'False
         FontName        =   "MS Sans Serif"
         FontSize        =   8,25
         FontStrikethru  =   0   'False
         FontUnderline   =   0   'False
         Height          =   2565
         Left            =   2760
         TabIndex        =   18
         Top             =   2280
         Width           =   1860
      End
      Begin DirListBox Verzeichnis1
         BackColor       =   &H00C0C0C0&
         FontBold        =   0   'False
         FontItalic      =   0   'False
         FontName        =   "MS Sans Serif"
         FontSize        =   8,25
         FontStrikethru  =   0   'False
         FontUnderline   =   0   'False
         Height          =   2565
         Left            =   360
         TabIndex        =   17
         Top             =   2280
         Width           =   1860
      End
      Begin PictureBox Bild2
         Height          =   615
         Left            =   5280
         Picture         =   WPRINT.FRX:141E4
         ScaleHeight     =   585
         ScaleWidth      =   945
         TabIndex        =   1
         Top             =   1680
         Width           =   975
         Begin PictureBox Abbruch
            AutoSize        =   -1  'True
```

```
         Height          =   615
         Left            =   -15
         Picture         =   WPRINT.FRX:1473E
         ScaleHeight     =   585
         ScaleWidth      =   945
         TabIndex        =   5
         Top             =   -15
         Width           =   975
      End
   End
   Begin DriveListBox Laufwerk1
      BackColor       =   &H00C0C0C0&
      FontBold        =   0   'False
      FontItalic      =   0   'False
      FontName        =   "MS Sans Serif"
      FontSize        =   8,25
      FontStrikethru  =   0   'False
      FontUnderline   =   0   'False
      Height          =   315
      Left            =   225
      TabIndex        =   16
      Top             =   1560
      Width           =   4560
   End
   Begin Frame Rahmen2
      BackColor       =   &H00C0C0C0&
      Caption         =   "Schriftgröße"
      Height          =   570
      Left            =   2760
      TabIndex        =   9
      Top             =   675
      Width           =   1905
      Begin OptionButton Size12
         BackColor       =   &H00C0C0C0&
         Caption         =   "12"
         FontBold        =   0   'False
         FontItalic      =   0   'False
         FontName        =   "MS Sans Serif"
         FontSize        =   8,25
         FontStrikethru  =   0   'False
         FontUnderline   =   0   'False
         Height          =   270
         Left            =   1005
         TabIndex        =   11
         Top             =   270
         Width           =   810
      End
      Begin OptionButton Size10
```

```
      BackColor       =   &H00C0C0C0&
      Caption         =   "10"
      FontBold        =   0   'False
      FontItalic      =   0   'False
      FontName        =   "MS Sans Serif"
      FontSize        =   8,25
      FontStrikethru  =   0   'False
      FontUnderline   =   0   'False
      Height          =   240
      Left            =   165
      TabIndex        =   10
      Top             =   285
      Value           =   -1  'True
      Width           =   630
   End
End
Begin Frame Rahmen1
   BackColor       =   &H00C0C0C0&
   Caption         =   "Schrift"
   Height          =   570
   Left            =   360
   TabIndex        =   8
   Top             =   675
   Width           =   2205
   Begin OptionButton Roman
      BackColor       =   &H00C0C0C0&
      Caption         =   "Roman"
      FontBold        =   0   'False
      FontItalic      =   0   'False
      FontName        =   "MS Sans Serif"
      FontSize        =   8,25
      FontStrikethru  =   0   'False
      FontUnderline   =   0   'False
      Height          =   285
      Left            =   1155
      TabIndex        =   13
      Top             =   255
      Width           =   1035
   End
   Begin OptionButton Modern
      BackColor       =   &H00C0C0C0&
      Caption         =   "Modern"
      FontBold        =   0   'False
      FontItalic      =   0   'False
      FontName        =   "MS Sans Serif"
      FontSize        =   8,25
      FontStrikethru  =   0   'False
      FontUnderline   =   0   'False
```

```
            Height          =   285
            Left            =   60
            TabIndex        =   12
            Top             =   255
            Value           =   -1  'True
            Width           =   1035
         End
      End
      Begin PictureBox Bild1
         Height          =   615
         Left            =   5280
         Picture         =   WPRINT.FRX:14C98
         ScaleHeight     =   585
         ScaleWidth      =   945
         TabIndex        =   0
         Top             =   480
         Width           =   975
         Begin PictureBox Drucker
            AutoSize        =   -1  'True
            Height          =   615
            Left            =   -15
            Picture         =   WPRINT.FRX:151F2
            ScaleHeight     =   585
            ScaleWidth      =   945
            TabIndex        =   4
            Top             =   -15
            Width           =   975
         End
      End
      Begin Label Bezeichnung3
         BackColor       =   &H00C0C0C0&
         Caption         =   "Laufwerk:"
         Height          =   195
         Left            =   2775
         TabIndex        =   20
         Top             =   2055
         Width           =   1590
      End
      Begin Label Bezeichnung2
         BackColor       =   &H00C0C0C0&
         Caption         =   "Verzeichnis:"
         Height          =   195
         Left            =   360
         TabIndex        =   19
         Top             =   2055
         Width           =   1230
      End
      Begin Label DateiAuswahl
```

```
      BackColor       =   &H00C0C0C0&
      FontBold        =   0   'False
      FontItalic      =   0   'False
      FontName        =   "MS Sans Serif"
      FontSize        =   8,25
      FontStrikethru  =   0   'False
      FontUnderline   =   0   'False
      Height          =   270
      Left            =   840
      TabIndex        =   15
      Top             =   120
      Width           =   3930
   End
   Begin Label Bezeichnung1
      BackColor       =   &H00C0C0C0&
      Caption         =   "Datei:"
      Height          =   270
      Left            =   240
      TabIndex        =   14
      Top             =   120
      Width           =   600
   End
End

'*******************************************************
'* WinPRINT 2.00 - Druckerutility                      *
'*                                                     *
'* Demonstration des Einsatzes von Bitmaps und Bild-   *
'* symbolen, die mit dem Borland Resource Workshop     *
'* erstellt wurden                                     *
'*                                                     *
'* Das Vieweg-Buch zu Visual basic für Windows 2.0     *
'* (c)1993 by Dipl.-Ing. Andreas Maslo                 *
'*******************************************************


Sub Abbruch_KeyDown (Tastencode As Integer, Umschalten As Integer)
  'falls Alt-Taste gedrückt wurde (Umschalten=4), dann
  'allgemeine Tastaturbehandlungsroutine ButtonKey
  '(benutzerdefiniert) aufrufen
  If Umschalten = 4 Then
    ButtonKey Tastencode
  End If
End Sub

Sub Abbruch_MouseDown (Maustaste As Integer, Umschalten As Integer, X As
Single, Y As Single)
  'um die gedrückte Abbruch-Taste anzuzeigen, wird lediglich
```

```
  'die nicht gedrückte Taste versteckt
  Abbruch.Visible = 0
End Sub

Sub Abbruch_MouseMove (Maustaste As Integer, Umschalten As Integer, X As
Single, Y As Single)
  'Schaltflächengrenze allgemein errechnen
  x1! = Abbruch.ScaleLeft
  x2! = x1! + Abbruch.ScaleWidth
  y1! = Abbruch.ScaleTop
  y2! = y2! + Abbruch.ScaleHeight
  'sobald die Maus bei gedrückter Taste den zulässigen
  'Bereich verläßt, wird die Schaltfläche in den normalen
  'Zusatnd überführt (Taste nicht gedrückt); das Ereignis
  'soll erst ausgelöst werden, wenn die Taste bei korrektem
  'anklicken wieder gelöst wird!
  If (X < x1! Or X > x2! Or Y < y1! Or Y > y2!) And Not Abbruch.Visible
Then
    Abbruch.Visible = -1
    Datei1.SetFocus
  End If
End Sub

Sub Abbruch_MouseUp (Maustaste As Integer, Umschalten As Integer, X As
Single, Y As Single)
  'gedrückte Taste wird gelöst; dabei wird die nicht
  'gedrückte Taste wieder angezeigt
  '*********************************************
  'an dieser Stelle wird die Schaltflächen-
  'funktion über die Maus abgerufen...
  Beenden.Show 1
  '*********************************************
  Abbruch.Visible = -1
  Datei1.SetFocus
End Sub

Sub Ansicht_KeyDown (Tastencode As Integer, Umschalten As Integer)
  'falls Ansicht-Taste gedrückt wurde (Umschalten=4), dann
  'allgemeine Tastaturbehandlungsroutine ButtonKey
  '(benutzerdefiniert) aufrufen
  If Umschalten = 4 Then
    ButtonKey Tastencode
  End If
End Sub
```

```
Sub Ansicht_MouseDown (Maustaste As Integer, Umschalten As Integer, X As
Single, Y As Single)
  'um die gedrückte Ansicht-Taste anzuzeigen, wird lediglich
  'die nicht gedrückte Taste versteckt
  Ansicht.Visible = 0
End Sub

Sub Ansicht_MouseMove (Maustaste As Integer, Umschalten As Integer, X As
Single, Y As Single)
  'Schaltflächengrenze allgemein errechnen
  x1! = Ansicht.ScaleLeft
  x2! = x1! + Ansicht.ScaleWidth
  y1! = Ansicht.ScaleTop
  y2! = y2! + Ansicht.ScaleHeight
  'sobald die Maus bei gedrückter Taste den zulässigen
  'Bereich verläßt, wird die Schaltfläche in den normalen
  'Zusatnd überführt (Taste nicht gedrückt); das Ereignis
  'soll erst ausgelöst werden, wenn die Taste bei korrektem
  'anklicken wieder gelöst wird!
  If (X < x1! Or X > x2! Or Y < y1! Or Y > y2!) And_
            Not Ansicht.Visible Then
    Ansicht.Visible = -1
    Dateil.SetFocus
  End If
End Sub

Sub Ansicht_MouseUp (Maustaste As Integer, Umschalten As Integer,_
            X As Single, Y As Single)
  'gedrückte Taste wird gelöst; dabei wird die nicht
  'gedrückte Taste wieder angezeigt
  '*************************************************
  'an dieser Stelle wird die Schaltflächen-
  'funktion über die Maus abgerufen...
  DateiAnsicht.Show 1
  '*************************************************
  Ansicht.Visible = -1
  Dateil.SetFocus
End Sub

Sub ButtonKey (Taste As Integer)
  'allgemeine Tastaturroutine für Dialogfelder, die
  'z.B. mit dem Borland resource Workshop erstellt
  'wurden (Bitmap-Einbindung)
  'Kontrolle, ob "D" gedrückt wurde
  If UCase$(Chr$(Taste)) = "A" Then
      'Datei anzeigem
      Ansicht.Visible = 0
      DateiAnsicht.Show 1
```

```
      Ansicht.Visible = -1
    ElseIf UCase$(Chr$(Taste)) = "D" Then
      'Datei drucken
      Drucker.Visible = 0
      DateiDrucken.Show 1
      Drucker.Visible = -1
    ElseIf UCase$(Chr$(Taste)) = "X" Then
      'Programm beenden
      Abbruch.Visible = 0
      Beenden.Show 1
      Abbruch.Visible = -1
    ElseIf UCase$(Chr$(Taste)) = "I" Then
      'Information anzeigen
      Info.Visible = 0
      Information.Show 1
      Info.Visible = -1
  End If
End Sub

Sub Datei1_DblClick ()
  'Datei wurde gewäht
  Datei$ = Datei1.FileName
  'Datei um Suchpfad ergänzen
  Pfad$ = Verzeichnis1.Path
  If Right$(Pfad$, 1) <> "\" Then
    Pfad$ = Pfad$ + "\"
  End If
  'Suchpfad und Datei im Formular anzeigen
  DateiAuswahl.Caption = Pfad$ + Datei$
End Sub

Sub Datei1_KeyDown (Tastencode As Integer, Umschalten As Integer)
  If Umschalten = 4 Then
    ButtonKey Tastencode
  End If
End Sub

Sub Drucker_KeyDown (Tastencode As Integer, Umschalten As Integer)
  'falls Alt-Taste gedrückt wurde (Umschalten=4), dann
  'allgemeine Tastaturbehandlungsroutine ButtonKey
  '(benutzerdefiniert) aufrufen
  If Umschalten = 4 Then
    ButtonKey Tastencode
  End If
End Sub
```

```
Sub Drucker_MouseDown (Maustaste As Integer, Umschalten As Integer,_
            X As Single, Y As Single)
  'um die gedrückte Drucker-Taste anzuzeigen, wird lediglich
  'die nicht gedrückte Taste versteckt
  Drucker.Visible = 0
End Sub

Sub Drucker_MouseMove (Maustaste As Integer, Umschalten As Integer,_
            X As Single, Y As Single)
  'Schaltflächengrenze allgemein errechnen
  x1! = Drucker.ScaleLeft
  x2! = x1! + Drucker.ScaleWidth
  y1! = Drucker.ScaleTop
  y2! = y2! + Drucker.ScaleHeight
  'sobald die Maus bei gedrückter Taste den zulässigen
  'Bereich verläßt, wird die Schaltfläche in den normalen
  'Zusatnd überführt (Taste nicht gedrückt); das Ereignis
  'soll erst ausgelöst werden, wenn die Taste bei korrektem
  'anklicken wieder gelöst wird!
  If (X < x1! Or X > x2! Or Y < y1! Or Y > y2!) And_
            Not Drucker.Visible Then
    Drucker.Visible = -1
    Datei1.SetFocus
  End If
End Sub

Sub Drucker_MouseUp (Maustaste As Integer, Umschalten As Integer,_
            X As Single, Y As Single)
  'gedrückte Taste wird gelöst; dabei wird die nicht
  'gedrückte Taste wieder angezeigt
  '************************************************
  'an dieser Stelle wird die Schaltflächen-
  'funktion über die Maus abgerufen werden...
  DateiDrucken.Show 1
  '************************************************
  Drucker.Visible = -1
  Datei1.SetFocus
End Sub

Sub Form_Load ()
  'Tabulatorreihenfolge festlegen
  Datei1.TabIndex = 0
  Modern.TabIndex = 1
  Roman.TabIndex = 2
  Size10.TabIndex = 3
  Size12.TabIndex = 4
  Laufwerk1.TabIndex = 5
  Verzeichnis1.TabIndex = 6
```

```
  'Steuerelemente aus Tabulatorreihenfolge entfernen
  Bild1.TabStop = 0
  Bild2.TabStop = 0
  Bild3.TabStop = 0
  Bild4.TabStop = 0
  Drucker.TabStop = 0
  Abbruch.TabStop = 0
  Ansicht.TabStop = 0
  Info.TabStop = 0
  'Suchmaske für Dateien
  Dateil.Pattern =
"*.TXT;*.ASC;*.DOK;*.LST;*.BA*;*.C;*.FOR;*.PAS;*.ANS;*.HLP"
End Sub

Sub Info_KeyDown (Tastencode As Integer, Umschalten As Integer)
  'falls Alt-Taste gedrückt wurde (Umschalten=4), dann
  'allgemeine Tastaturbehandlungsroutine ButtonKey
  '(benutzerdefiniert) aufrufen
  If Umschalten = 4 Then
    ButtonKey Tastencode
  End If
End Sub

Sub Info_MouseDown (Maustaste As Integer, Umschalten As Integer, X As
Single, Y As Single)
  'um die gedrückte Info-Taste anzuzeigen, wird lediglich
  'die nicht gedrückte Taste versteckt
  Info.Visible = 0
End Sub

Sub Info_MouseMove (Maustaste As Integer, Umschalten As Integer, X As
Single, Y As Single)
  'Schaltflächengrenze allgemein errechnen
  x1! = Info.ScaleLeft
  x2! = x1! + Info.ScaleWidth
  y1! = Info.ScaleTop
  y2! = y2! + Info.ScaleHeight
  'sobald die Maus bei gedrückter Taste den zulässigen
  'Bereich verläßt, wird die Schaltfläche in den normalen
  'Zusatnd überführt (Taste nicht gedrückt); das Ereignis
  'soll erst ausgelöst werden, wenn die Taste bei korrektem
  'anklicken wieder gelöst wird!
  If (X < x1! Or X > x2! Or Y < y1! Or Y > y2!) And Not Info.Visible Then
    Info.Visible = -1
    Dateil.SetFocus
  End If
End Sub
```

```
Sub Info_MouseUp (Maustaste As Integer, Umschalten As Integer, X As Single,
Y As Single)
  'gedrückte Taste wird gelöst; dabei wird die nicht
  'gedrückte Taste wieder angezeigt
  '*********************************************
  'an dieser Stelle wird die Schaltflächen-
  'funktion über die Maus abgerufen werden...
  Information.Show 1
  '*********************************************
  Info.Visible = -1
  Datei1.SetFocus
End Sub

Sub Laufwerk1_Change ()
  Verzeichnis1.Path = Laufwerk1.Drive
  Verzeichnis1.SetFocus
  DateiAuswahl.Caption = ""
End Sub

Sub Laufwerk1_KeyDown (Tastencode As Integer, Umschalten As Integer)
  If Umschalten = 4 Then
    ButtonKey Tastencode
  End If
End Sub

Sub Modern_KeyDown (Tastencode As Integer, Umschalten As Integer)
  If Umschalten = 4 Then
    ButtonKey Tastencode
  End If
End Sub

Sub Roman_KeyDown (Tastencode As Integer, Umschalten As Integer)
  If Umschalten = 4 Then
    ButtonKey Tastencode
  End If
End Sub

Sub Size10_KeyDown (Tastencode As Integer, Umschalten As Integer)
  If Umschalten = 4 Then
    ButtonKey Tastencode
  End If
End Sub

Sub Size12_KeyDown (Tastencode As Integer, Umschalten As Integer)
  If Umschalten = 4 Then
    ButtonKey Tastencode
  End If
End Sub
```

```
Sub Verzeichnis1_Change ()
  Datei1.Path = Verzeichnis1.Path
  If Datei1.ListCount > 0 Then
    Datei1.SetFocus
  End If
  DateiAuswahl.Caption = ""
End Sub

Sub Verzeichnis1_KeyDown (Tastencode As Integer, Umschalten As Integer)
  If Umschalten = 4 Then
    ButtonKey Tastencode
  End If
End Sub
```

Listing 4.9: Datei WPRINT.FRM des Programmes WinPRINT

Nachdem wir das Listing komplett vorgestellt haben, sollten Sie sich einmal an einer komplexeren Aufgabe versuchen. Und zwar können Sie die Quelldateien erheblich reduzieren, indem Sie allgemeine Prozeduren für benutzerdefinierte Bitmap-Schaltflächen erstellen und diese in das Programm integrieren. Um Ihnen einen kleinen Hinweis zu geben, ist auf der nächsten Seite ein, an das Ereignis MouseMove angelehntes, allgemeines Unterprogramm für beliebige Bitmap-Schaltfächen abgedruckt. Weitere Hinweise zur Programmierung allgemeiner Steuerelementeroutinen können Sie Kapitel 3.5 entnehmen.
Beispiel:

```
Sub AllgemeinMouseMove (Bildfeld As Control, Maustaste As Integer,_
                        Umschalten As Integer, X As Single, Y As Single)
  x1! = Bildfeld.ScaleLeft
  x2! = x1! + Bildfeld.ScaleWidth
  y1! = Bildfeld.ScaleTop
  y2! = y2! + Bildfeld.ScaleHeight
  If (x < x1! Or x > x2! Or Y < y1! Or Y > y2!) And Not_
                                            Bildfeld.Visible Then
    Bildfeld.Visible = -1
  End If
End Sub
```

Das Programm *WinPRINT* befindet sich im selbstentpackenden Archiv VBPRINT.EXE auf der Installationsdiskette zu diesem Buch. Das Programm wird während der Einrichtung im Regelfall in das Verzeichnis \VIEWEG\VBPRINT kopiert. Die Anwendung kann, nachdem Visual Basic ausgeführt wurde, über den Menübefehl DATEI • PROJEKT ÖFFNEN in die Entwicklungsumgebung geladen werden. Wählen Sie dazu im nachfolgenden Dialogfeld die Projektdatei WPRINT.MAK an. Um das Programm zu starten, brauchen Sie lediglich den Menüpunkt AUSFÜHREN • STARTEN wählen. Ein eigenständig ausführbares Programm generieren Sie über den Menüpunkt DATEI • EXE-DATEI ERSTELLEN.

Damit wollen wir die Vorstellung der Hilfsprogramme beenden und uns einigen ausgewählten, umfangreicheren Dienstprogrammen zuwenden.

4.2 Programm-Manager WinSHELL

Den Programm-Manager, der in diesem Kapitel entwickelt wird, demonstriert die Möglichkeiten der Visual Basic-Oberflächenprogrammierung und die Anweisungen, die im Umgang mit dem Betriebssystem zur Verfügung stehen. Neben der erweiterten *Shell*-Anweisung, die das Laden eines Prozesses erlaubt, lernen Sie die *AppActivate*-Anweisung kennen, mit der Sie bereits geladene Anwendungsprogramme aktivieren. Mit dem Befehl *Sendkeys* können Sie ferner Tastaturkommandos an das aktive Fenster schicken.

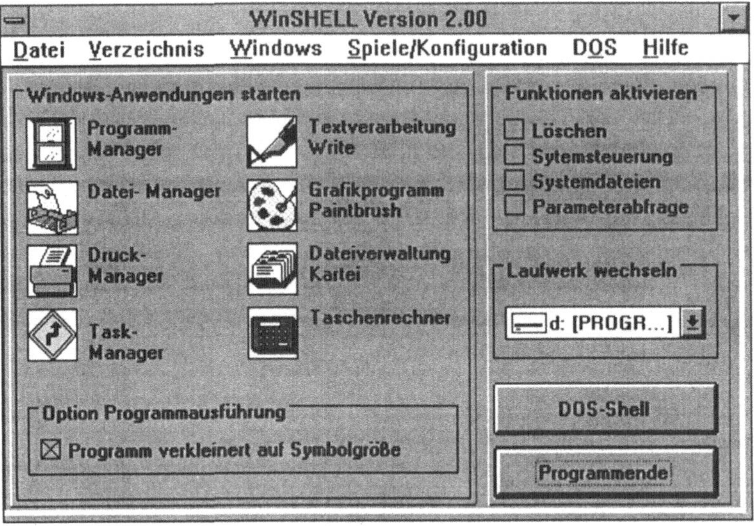

Bild 4.9: Der Programm-Manager WinSHELL

Anders als im Windows-Programm-Manager können Sie mit WinSHELL jederzeit durch Anwahl einer Schaltfläche temporär zur Betriebssystemebene zurückkehren. Windows-Anwendungen können schnell aus einem Menü heraus gestartet werden. Die wichtigsten Zubehörprogramme lassen sich zudem durch ein Anklicken des entsprechenden Bildsymbols aufrufen. Dabei können Sie jeweils über ein Kontrollfeld festlegen, ob das Programm als Vollbild oder als Bildsymbol gestartet werden soll. Im letzteren Fall können Sie mehrere Anwendungen mit WinSHELL aufrufen, als Bildsymbole im unteren Bildschirmbereich gruppieren und je nach Bedarf das gewünschte Programm aktivieren. Dies bietet sich insbesondere bei den in diesem

Buch erstellten Hilfsprogrammen an, die sinnvoll in Verbindung miteinander eingesetzt werden können.

Die Quellen der Form- und Basic-Module befinden sich aus Platzgründen ausschließlich auf der Diskette zu diesem Buch. Welche Dateien zum Projekt gehören. wird durch die nachfolgend abgedruckte Projektdatei deutlich.

```
WINSHELL.FRM
TOOLS.BAS
DELETE.FRM
MOVE.FRM
EXECUTE.FRM
MKDIR.FRM
RMDIR.FRM
CHDIR.FRM
SETTIME.FRM
SETDATE.FRM
SETPARAM.FRM
RENAME.FRM
ProjWinSize=100,123,282,195
ProjWinShow=2
IconForm="WinSHELL"
Title="WINSHELL"
ExeName="WINSHELL.EXE"
Path="D:\VB"
```

Listing 4.10: Die Projektdatei WINSHELL.MAK zum Programm WinSHELL

Beachten Sie, daß Sie die Hilfefunktionen zum Programm WinSHELL, die in den Kapiteln 3.3.7 und 4.1.4 erstellt wurden, bei Bedarf in die Anwendung WinSHELL integrieren können.

Das Programm *WinSHELL* befindet sich im selbstentpackenden Archiv VBSHELL.EXE auf der Installationsdiskette zu diesem Buch. Das Programm wird während der Einrichtung im Regelfall in das Verzeichnis \VIEWEG\VBSHELL kopiert. Die Anwendung kann, nachdem Visual Basic ausgeführt wurde, über den Menübefehl DATEI • PROJEKT ÖFFNEN in die Entwicklungsumgebung geladen werden. Wählen Sie dazu im nachfolgenden Dialogfeld die Projektdatei WINSHELL.MAK an. Um das Programm zu starten, brauchen Sie lediglich den Menüpunkt AUSFÜHREN • STARTEN wählen. Ein eigenständig ausführbares Programm generieren Sie über den Menüpunkt DATEI • EXE-DATEI ERSTELLEN.

4.3 Texteditor WinEDIT

Im Programm WinEDIT werden Sie einige Routinen entdecken, die bereits für die Hilfsprogramme entwickelt wurden. Mit diesem Programm erhalten Sie einen Texteditor, mit dem Sie Textdateien im ANSI- und ASCII-Format bearbeiten und jederzeit in das andere Format überführen können. Das Programm selbst verfügt über eine Menü- und eine Symbolleiste, die jeweils über ein Bildfeld realisiert wurden (Eigenschaft *Align*), in denen die wichtigsten Programmfunktionen abrufbar sind. Haben Sie bereits mit einer Programmiersprache unter dem Betriebssystem MS-DOS versucht, einen Editor zu erstellen, dann wissen Sie wieviel, Arbeit die Programmierung bedeutet. In Visual Basic ist die eigentliche Editorroutine bereits enthalten. Sie brauchen lediglich ein Textfeld mit vertikalem und horizontalem Rollbalken in das Hauptfenster zu zeichnen und die Eigenschaft *Multiline* auf wahr zu setzen.

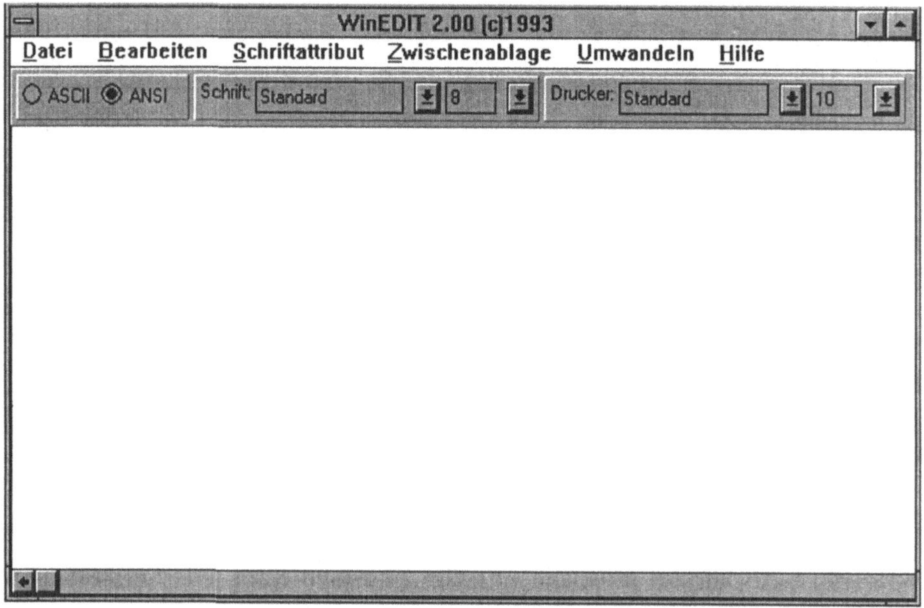

Bild 4.10: Der ANSI-ASCII-Editor WinEDIT

Standardmäßig werden Dateien im ASCII-Format bearbeitet. Das ist am Optionsfeld in der Titelleiste erkennbar. Die jeweils gewählte Option ANSI oder ASCII aus der Symbolleiste legt fest, ob eine Textdatei beim Laden ins ANSI-Format konvertiert werden soll oder nicht. Haben Sie eine Datei bereits im ANSI-Format geladen, obwohl es sich um eine ASCII-Datei handelt, dann ist auch das kein Problem. Über das Menü Umwandeln können Sie den Text jederzeit nachträglich konvertieren. Dabei steht eine besondere Funktion bereit. Haben Sie keinen speziellen Text markiert, bezieht sich die Umwandlung immer auf den gesamten Text, ansonsten lediglich auf den markierten Teilbereich. Im Quelltext wird ferner demonstriert, wie Sie eine Kopierfunktion über eine Zeichenkette oder aber über die Zwischenablage mit dem zugehörigen Objekt *ClipBoard* realisieren können. Obgleich das Anwendungsprogramm sehr komplex aussieht, besteht es lediglich aus einer geringen Anzahl von Formularen und Quellmodulen. Alle weiteren Informationen zum Programm können Sie den nachfolgenden Quelldateien und den jeweils eingefügten Kommentaren entnehmen.

```
'****************************************************
'* globale Variablen für das Programm WinEDIT       *
'* Das Vieweg-Buch zu Visual Basic für Windows 2.0  *
'* (c)1993 by Dipl.-Ing. Andreas Maslo              *
'****************************************************

'Dateiname für Editor
Global DateiName$
'Änderungen in einer Textdatei beobachten
Global Changed%

'Austauschtabellen ANSI-/ASCII-Format global
Global ANSI$
Global ASCII$

'Anzeige der Copyright-Meldung ist abhängig
'von der Variablen CopyRight%
Global CopyRight%

Function Ans2Asc$ (AnsiZeile$)
  'Zeile im ANSI-Format zeichenweise
  'untersuchen und umwandeln
  'Funktion erzeugt eine Kopie der Ursprungs-
  'zeichenkette
  Temp$ = ""
  For x% = 1 To Len(AnsiZeile$)
    Zeichen$ = Mid$(AnsiZeile$, x%, 1)
    'Austausch für Zeichen erforderlich?
    Nummer% = InStr(ANSI$, Zeichen$)
    If Nummer% > 0 Then
      'Zeichen ersetzen
      Zeichen$ = Mid$(ASCII$, Nummer%, 1)
    End If
    Temp$ = Temp$ + Zeichen$
  Next x%
```

```
  Ans2Asc$ = Temp$
End Function

Function Asc2Ans$ (AsciiZeile$)
  'Zeile im ASCII-Format zeichenweise
  'untersuchen und umwandeln
  'Funktion erzeugt eine Kopie der Ursprungs-
  'zeichenkette
  Temp$ = ""
  For x% = 1 To Len(AsciiZeile$)
    Zeichen$ = Mid$(AsciiZeile$, x%, 1)
    'Austausch für Zeichen erforderlich?
    Nummer% = InStr(ASCII$, Zeichen$)
    If Nummer% > 0 Then
      'Zeichen ersetzen
      Zeichen$ = Mid$(ANSI$, Nummer%, 1)
    End If
    Temp$ = Temp$ + Zeichen$
  Next x%
  Asc2Ans$ = Temp$
End Function

Sub OpenFile (DateiFormat$)
  'da der Lade- und Konvertiervorgang einige Zeit
  'in Anspruch nimmt, ist es sinnvoll den Mauscursor
  'temporär als Sanduhr anzuzeigen (Bildschrirm)
  Screen.MousePointer = 11
  'Datei einlesen und Editor zuweisen
  CL$ = Chr$(13) + Chr$(10)
  QNr = FreeFile
  'Dateien öffnen
  Open DateiName$ For Input As #QNr
   If DateiFormat$ = "ANSI" Then
      WEdit!Editor.Text = Input$(LOF(QNr), QNr)
    ElseIf DateiFormat$ = "ASCII" Then
      WEdit!Editor.Text = Asc2Ans$(Temp$)
  End If
  Close #QNr
  'Um das Ende des Ladevorganges anzuzeigen, wird der
  'Mauszeiger wieder als Pfeil angezeigt
  Screen.MousePointer = 1
End Sub
```

```
Sub SaveFile (DateiFormat$)
  'da der Speicher- und Konvertiervorgang einige Zeit
  'in Anspruch nimmt, ist es sinnvoll den Mauscursor
  'temporär als Sanduhr anzuzeigen (Bildschrirm)
  Screen.MousePointer = 11
  CL$ = Chr$(13) + Chr$(10)
  QNr = FreeFile
  'Dateien öffnen
  Open DateiName$ For Output As #QNr
  'zeilenweise lesen und übersetzen
  Temp$ = WEdit.Editor.Text
  If DateiFormat$ = "ANSI" Then
      Print #QNr, Temp$
    ElseIf DateiFormat$ = "ASCII" Then
      Print #QNr, Ans2Asc$(Temp$)
  End If
  'Text in ANSI-Format an Editor übergeben
  Close #QNr
  'Um das Ende des ladevorganges anzuzeigen, wird der
  'Mauszeiger wieder als Pfeil angezeigt
  Screen.MousePointer = 1
End Sub
```

Listing 4.11: Datei CONVERT.BAS des Programmes WinEDIT

```
VERSION 2.00
Begin Form DateiLaden
   BackColor       =   &H00C0C0C0&
   BorderStyle     =   3  'Nicht änderbar, doppelt
   Caption         =   "Datei öffnen..."
   Height          =   3510
   Left            =   1035
   LinkMode        =   1  'Quelle
   LinkTopic       =   "Form1"
   MaxButton       =   0   'False
   ScaleHeight     =   3105
   ScaleWidth      =   4635
   Top             =   1140
   Width           =   4755
   Begin CommandButton Befehl2
      Caption         =   "Abbrechen"
      Height          =   375
      Left            =   2400
      TabIndex        =   6
      Top             =   2520
      Width           =   2115
   End
```

```
Begin CommandButton Befehl1
   Caption         =   "OK"
   Height          =   375
   Left            =   120
   TabIndex        =   5
   Top             =   2520
   Width           =   2055
End
Begin DirListBox Verzeichnis1
   BackColor       =   &H00C0C0C0&
   FontBold        =   0   'False
   FontItalic      =   0   'False
   FontName        =   "MS Sans Serif"
   FontSize        =   8,25
   FontStrikethru  =   0   'False
   FontUnderline   =   0   'False
   Height          =   1380
   Left            =   120
   TabIndex        =   1
   Top             =   540
   Width           =   2070
End
Begin FileListBox Datei1
   BackColor       =   &H00C0C0C0&
   FontBold        =   0   'False
   FontItalic      =   0   'False
   FontName        =   "MS Sans Serif"
   FontSize        =   8,25
   FontStrikethru  =   0   'False
   FontUnderline   =   0   'False
   Height          =   1785
   Left            =   2400
   Pattern         =   "*.TXT;*.BA*;*.C;*.FOR;*.LST;*.PAS;*.DO*"
   TabIndex        =   2
   Top             =   120
   Width           =   2070
End
Begin DriveListBox Laufwerk1
   BackColor       =   &H00C0C0C0&
   FontBold        =   0   'False
   FontItalic      =   0   'False
   FontName        =   "MS Sans Serif"
   FontSize        =   8,25
   FontStrikethru  =   0   'False
   FontUnderline   =   0   'False
   Height          =   315
```

```
      Left             =   105
      TabIndex         =   0
      Top              =   120
      Width            =   2070
   End
   Begin Label Bezeichnung2
      BackColor        =   &H00C0C0C0&
      FontBold         =   0   'False
      FontItalic       =   0   'False
      FontName         =   "MS Sans Serif"
      FontSize         =   8,25
      FontStrikethru   =   0   'False
      FontUnderline    =   0   'False
      Height           =   285
      Left             =   810
      TabIndex         =   4
      Top              =   2040
      Width            =   3645
   End
   Begin Label Bezeichnung1
      BackColor        =   &H00C0C0C0&
      Caption          =   "Datei:"
      Height           =   255
      Left             =   120
      TabIndex         =   3
      Top              =   2040
      Width            =   555
   End
End

Sub Befehl1_Click ()
  'Datei laden, ASCII-Dateien u.U. ins ANSI-Format
  'konvertieren
  If DateiName$ <> "" Then
    If WEdit!CtlAscii.Value Then
        OpenFile "ASCII"
      ElseIf WEdit!CtlAnsi.Value Then
        OpenFile "ANSI"
    End If
  End If
  'unveränderter Originaltext
  Changed% = False
  Unload Me
End Sub

Sub Befehl2_Click ()
  Unload Me
End Sub
```

```
Sub Datei1_DblClick ()
  'gewählte Datei in das Bezeichnungsfeld übernehmen
  'Suchpfad ermitteln
  Pfad$ = Verzeichnis1.Path
  If Right$(Pfad$, 1) <> "\" Then
    Pfad$ = Pfad$ + "\"
  End If
  DateiName$ = Pfad$ + Datei1.FileName
  Bezeichnung2.Caption = DateiName$
End Sub

Sub Laufwerk1_Change ()
  'Laufwerkswahl an Verzeichnislistenfeld melden
  Verzeichnis1.Path = Laufwerk1.Drive
End Sub

Sub Verzeichnis1_Change ()
  'Verzeichniswahl an Dateilistenfeld melden
  Datei1.Path = Verzeichnis1.Path
End Sub
```

Listing 4.12: Datei DATEILAD.FRM des Programmes WinEDIT

```
VERSION 2.00
Begin Form DateiSpeichern
   BackColor       =   &H00C0C0C0&
   BorderStyle     =   3  'Nicht änderbar, doppelt
   Caption         =   "Speichern als..."
   Height          =   1575
   Left            =   1530
   LinkMode        =   1  'Quelle
   LinkTopic       =   "Form2"
   MaxButton       =   0   'False
   ScaleHeight     =   1170
   ScaleWidth      =   5310
   Top             =   2430
   Width           =   5430
   Begin CommandButton Befehl2
      Caption         =   "Abbrechen"
      Height          =   435
      Left            =   3060
      TabIndex        =   2
      Top             =   600
      Width           =   1245
   End
```

```
  Begin CommandButton Befehl1
     Caption         =   "OK"
     Height          =   435
     Left            =   720
     TabIndex        =   1
     Top             =   585
     Width           =   1305
  End
  Begin TextBox Text1
     FontBold        =   0    'False
     FontItalic      =   0    'False
     FontName        =   "MS Sans Serif"
     FontSize        =   8,25
     FontStrikethru  =   0    'False
     FontUnderline   =   0    'False
     Height          =   315
     Left            =   105
     TabIndex        =   0
     Top             =   90
     Width           =   5085
  End
End
Sub Befehl1_Click ()
  'hier wird der Name NONAME.ASC akzeptiert
  DateiName$ = Text1.Text
  If DateiName$ <> "" Then
      If WEdit!CtlAscii.Value Then
          SaveFile "ASCII"
        ElseIf WEdit!CtlAnsi.Value Then
          SaveFile "ANSI"
      End If
  End If
  Unload Me
End Sub

Sub Befehl2_Click ()
  'nicht sichern, Zusatzformular aus dem
  'Speicher entfernen
  Unload Me
End Sub

Sub Form_Load ()
  'aktuellen Namen im Eingabefeld anzeigen
  Text1.Text = DateiName$
End Sub
```

Listing 4.13: Datei DATEISPE.FRM des Programmes WinEDIT

```
VERSION 2.00
Begin Form Meldung
   BackColor       =   &H00808000&
   BorderStyle     =   3  'Nicht änderbar, doppelt
   ForeColor       =   &H00C0C000&
   Height          =   2715
   Left            =   1965
   LinkMode        =   1  'Quelle
   LinkTopic       =   "Form1"
   MaxButton       =   0   'False
   MinButton       =   0   'False
   ScaleHeight     =   2310
   ScaleWidth      =   4215
   Top             =   1590
   Width           =   4335
   Begin CommandButton Befehl1
      Caption         =   "OK"
      Height          =   375
      Left            =   1320
      TabIndex        =   3
      Top             =   1800
      Width           =   1695
   End
   Begin Label Bezeichnung3
      BackColor       =   &H00808000&
      Caption         =   "Das Vieweg-Buch zu Visual Basic für Windows_
                           2.0 (c) 1992 by Dipl.-Ing. Andreas Maslo"
      FontBold        =   0   'False
      FontItalic      =   0   'False
      FontName        =   "MS Sans Serif"
      FontSize        =   8,25
      FontStrikethru  =   0   'False
      FontUnderline   =   0   'False
      Height          =   495
      Left            =   300
      TabIndex        =   2
      Top             =   1200
      Width           =   3675
   End
   Begin Label Bezeichnung2
      BackColor       =   &H00808000&
      Caption         =   "Bearbeitung von ANSI- und ASCII-Dateien unter _
                           Windows 3.x"
      FontBold        =   0   'False
      FontItalic      =   -1  'True
      FontName        =   "MS Sans Serif"
      FontSize        =   8,25
      FontStrikethru  =   0   'False
```

```
      FontUnderline   =   0   'False
      ForeColor       =   &H0000FFFF&
      Height          =   495
      Left            =   480
      TabIndex        =   1
      Top             =   600
      Width           =   3255
   End
   Begin Label Bezeichnung1
      BackColor       =   &H00808000&
      Caption         =   "WinEDIT 2.00"
      FontBold        =   -1  'True
      FontItalic      =   -1  'True
      FontName        =   "MS Sans Serif"
      FontSize        =   24
      FontStrikethru  =   0   'False
      FontUnderline   =   0   'False
      ForeColor       =   &H0000FFFF&
      Height          =   615
      Left            =   360
      TabIndex        =   0
      Top             =   0
      Width           =   4215
   End
End
Sub Befehl1_Click ()
  'Copyright-Meldung und Eröffungsbildschirm
  'wird wieder geschlossen; der Aufruf erfolgt
  'nur beim Start des Editors und ist im späteren
  'Programmlauf nicht mehr durch den Anwender
  'abrufbar; beachten Sie, daß das Formular
  'ereignisgebunden angezeigt wird; damit das Laden
  'nur einmal erfolgt, wird beim Ereignis LOAD die
  'globale Variable CopyRight% auf Null gesetzt
  Unload Me
End Sub

Sub Form_Load ()
  'Copyright-Meldung nur beim Programmstart anzeigen
  CopyRight% = 0
End Sub
```

Listing 4.14: Datei MELDUNG.FRM des Programmes WinEDIT

```
VERSION 2.00
Begin Form WEDIT
   BackColor       =   &H00FFFFFF&
   Caption         =   "WinEDIT 2.00 (c)1993"
   Height          =   5685
   Icon            =   WEDIT.FRX:0000
   Left            =   360
   LinkMode        =   1  'Quelle
   LinkTopic       =   "Form1"
   ScaleHeight     =   4995
   ScaleWidth      =   8805
   Top             =   750
   Width           =   8925
   Begin PictureBox Bild1
      Align           =   1  'Ausrichten Oben
      BackColor       =   &H00C0C0C0&
      BorderStyle     =   0  'Keine
      Height          =   555
      Left            =   0
      ScaleHeight     =   555
      ScaleWidth      =   8805
      TabIndex        =   1
      Top             =   0
      Width           =   8805
      Begin ComboBox CtlScreenSize
         BackColor       =   &H00C0C0C0&
         FontBold        =   0   'False
         FontItalic      =   0   'False
         FontName        =   "MS Sans Serif"
         FontSize        =   8.25
         FontStrikethru  =   0   'False
         FontUnderline   =   0   'False
         Height          =   300
         Left            =   4260
         TabIndex        =   8
         Text            =   "8"
         Top             =   120
         Width           =   855
      End
      Begin ComboBox CtlPrnFont
         BackColor       =   &H00C0C0C0&
         FontBold        =   0   'False
         FontItalic      =   0   'False
         FontName        =   "MS Sans Serif"
         FontSize        =   8.25
         FontStrikethru  =   0   'False
         FontUnderline   =   0   'False
         Height          =   300
```

```
      Left             =   5940
      TabIndex         =   7
      Text             =   "Standard"
      Top              =   120
      Width            =   1815
   End
   Begin ComboBox CtlPrnSize
      BackColor        =   &H00C0C0C0&
      FontBold         =   0    'False
      FontItalic       =   0    'False
      FontName         =   "MS Sans Serif"
      FontSize         =   8,25
      FontStrikethru   =   0    'False
      FontUnderline    =   0    'False
      Height           =   300
      Left             =   7800
      TabIndex         =   6
      Text             =   "10"
      Top              =   120
      Width            =   855
   End
   Begin ComboBox CtlScreenFont
      BackColor        =   &H00C0C0C0&
      FontBold         =   0    'False
      FontItalic       =   0    'False
      FontName         =   "MS Sans Serif"
      FontSize         =   8,25
      FontStrikethru   =   0    'False
      FontUnderline    =   0    'False
      Height           =   300
      Left             =   2400
      TabIndex         =   5
      Text             =   "Standard"
      Top              =   120
      Width            =   1815
   End
   Begin OptionButton CtlAnsi
      BackColor        =   &H00C0C0C0&
      Caption          =   "ANSI"
      FontBold         =   0    'False
      FontItalic       =   0    'False
      FontName         =   "MS Sans Serif"
      FontSize         =   8,25
      FontStrikethru   =   0    'False
      FontUnderline    =   0    'False
      Height           =   255
      Left             =   900
      TabIndex         =   3
```

```
      Top             =   120
      Value           =   -1  'True
      Width           =   795
   End
   Begin OptionButton CtlAscii
      BackColor       =   &H00C0C0C0&
      Caption         =   "ASCII"
      FontBold        =   0   'False
      FontItalic      =   0   'False
      FontName        =   "MS Sans Serif"
      FontSize        =   8,25
      FontStrikethru  =   0   'False
      FontUnderline   =   0   'False
      Height          =   255
      Left            =   120
      TabIndex        =   2
      Top             =   120
      Width           =   735
   End
   Begin Line Linie16
      BorderColor     =   &H00FFFFFF&
      X1              =   9600
      X2              =   9600
      Y1              =   540
      Y2              =   0
   End
   Begin Line Linie15
      BorderColor     =   &H00808080&
      X1              =   0
      X2              =   9600
      Y1              =   540
      Y2              =   540
   End
   Begin Line Linie14
      BorderColor     =   &H00FFFFFF&
      X1              =   0
      X2              =   0
      Y1              =   0
      Y2              =   540
   End
   Begin Line Linie13
      BorderColor     =   &H00FFFFFF&
      X1              =   0
      X2              =   9600
      Y1              =   0
      Y2              =   0
   End
   Begin Line Linie12
```

```
      BorderColor       =    &H00808080&
      X1                =    8700
      X2                =    8700
      Y1                =    60
      Y2                =    480
   End
   Begin Line Linie11
      BorderColor       =    &H00808080&
      X1                =    5220
      X2                =    8700
      Y1                =    480
      Y2                =    480
   End
   Begin Line Linie10
      BorderColor       =    &H00FFFFFF&
      X1                =    5220
      X2                =    5220
      Y1                =    480
      Y2                =    60
   End
   Begin Line Linie9
      BorderColor       =    &H00FFFFFF&
      X1                =    5220
      X2                =    8700
      Y1                =    60
      Y2                =    60
   End
   Begin Line Linie8
      BorderColor       =    &H00808080&
      X1                =    5160
      X2                =    5160
      Y1                =    60
      Y2                =    480
   End
   Begin Line Linie7
      BorderColor       =    &H00808080&
      X1                =    5160
      X2                =    1800
      Y1                =    480
      Y2                =    480
   End
   Begin Line Linie6
      BorderColor       =    &H00FFFFFF&
      X1                =    1800
      X2                =    1800
      Y1                =    480
      Y2                =    60
   End
```

```
Begin Line Linie5
   BorderColor     =   &H00FFFFFF&
   X1              =   1800
   X2              =   5160
   Y1              =   60
   Y2              =   60
End
Begin Line Linie4
   BorderColor     =   &H00FFFFFF&
   X1              =   60
   X2              =   60
   Y1              =   60
   Y2              =   480
End
Begin Line Linie3
   BorderColor     =   &H00808080&
   X1              =   1740
   X2              =   1740
   Y1              =   60
   Y2              =   480
End
Begin Line Linie2
   BorderColor     =   &H00FFFFFF&
   X1              =   60
   X2              =   1740
   Y1              =   60
   Y2              =   60
End
Begin Line Linie1
   BorderColor     =   &H00808080&
   X1              =   60
   X2              =   1740
   Y1              =   480
   Y2              =   480
End
Begin Label Bezeichnung2
   BackColor       =   &H00C0C0C0&
   Caption         =   "Drucker:"
   FontBold        =   0    'False
   FontItalic      =   0    'False
   FontName        =   "MS Sans Serif"
   FontSize        =   8,25
   FontStrikethru  =   0    'False
   FontUnderline   =   0    'False
```

```
      Height          =   255
      Left            =   5280
      TabIndex        =   9
      Top             =   120
      Width           =   615
   End
   Begin Label Bezeichnung1
      BackColor       =   &H00C0C0C0&
      Caption         =   "Schrift:"
      FontBold        =   0   'False
      FontItalic      =   0   'False
      FontName        =   "MS Sans Serif"
      FontSize        =   8,25
      FontStrikethru  =   0   'False
      FontUnderline   =   0   'False
      Height          =   255
      Left            =   1860
      TabIndex        =   4
      Top             =   120
      Width           =   615
   End
End
Begin TextBox Editor
   BackColor       =   &H00FFFFFF&
   Height          =   4455
   Left            =   0
   MultiLine       =   -1  'True
   ScrollBars      =   3  'Beide
   TabIndex        =   0
   Top             =   540
   Width           =   9615
End
Begin Menu MNU_Datei
   Caption         =   "&Datei"
   Begin Menu MNU_Neu
      Caption         =   "&Neu"
   End
   Begin Menu MNU_Load
      Caption         =   "&Laden..."
   End
   Begin Menu MNU_Save
      Caption         =   "&Speichern"
   End
   Begin Menu MNU_SaveAs
      Caption         =   "&Speichern als..."
   End
   Begin Menu MNU_Leer2
      Caption         =   "-"
```

```
      End
      Begin Menu MNU_Print
         Caption         =   "&Drucken gesamt"
      End
      Begin Menu MNU_DruckMarker
         Caption         =   "Drucken &Markierung"
      End
      Begin Menu MNU_Leer
         Caption         =   "-"
      End
      Begin Menu MNU_Ende
         Caption         =   "&Beenden"
      End
   End
   Begin Menu MNU_Edit
      Caption         =   "&Bearbeiten"
      Begin Menu MNU_Cut
         Caption         =   "&Ausschneiden"
      End
      Begin Menu MNU_Copy
         Caption         =   "&Kopieren"
      End
      Begin Menu MNU_Insert
         Caption         =   "&Einfügen"
      End
      Begin Menu MNU_DelCopy
         Caption         =   "Kopie &löschen"
         Enabled         =   0   'False
      End
   End
   Begin Menu MNU_Att
      Caption         =   "&Schriftattribut"
      Begin Menu MNU_Fett
         Caption         =   "&fett"
         Checked         =   -1  'True
      End
      Begin Menu MNU_Kursiv
         Caption         =   "&kursiv"
      End
      Begin Menu MNU_Under
         Caption         =   "&unterstreichen"
      End
   End
   Begin Menu MNU_Ablage
      Caption         =   "&Zwischenablage"
      Begin Menu MNU_ExportClipBoard
         Caption         =   "&Markierung exportieren"
      End
```

```
      Begin Menu MNU_ImportClipBoard
         Caption         =   "&Text importieren"
      End
      Begin Menu MNU_DelClipBoard
         Caption         =   "&Inhalt löschen"
      End
   End
   Begin Menu MNU_Convert
      Caption         =   "&Umwandeln"
      Begin Menu MNU_LCase
         Caption         =   "&Kleinbuchstaben"
      End
      Begin Menu MNU_UCase
         Caption         =   "&Großbuchstaben"
      End
      Begin Menu Mnu_Leer3
         Caption         =   "-"
      End
      Begin Menu MNU_Ansi
         Caption         =   "&Ascii zu Ansi"
      End
      Begin Menu MNU_Ascii
         Caption         =   "Ansi zu As&cii"
      End
   End
   Begin Menu MNU_Help
      Caption         =   "&Hilfe"
      Begin Menu MNU_Info
         Caption         =   "&Information"
      End
      Begin Menu MNU_About
         Caption         =   "&Über..."
      End
   End
End

'**********************************************************
'* WinEDIT - Editor für ASCII- und ANSI-Dateien mit       *
'*          Symbolleiste (für Dateien bis ca. 64000 Byte)*
'*          und Druckerausgabe                            *
'*                                                        *
'* Das Vieweg-Buch zu Visual Basic für Windows 2.0        *
'* (c)1993 by Dipl.-Ing. Andreas Maslo                    *
'**********************************************************


'markierter Text in globalem zweitem String verwalten,
'dadurch keine Verwendung des Clipboard notwendig
```

```
Dim Markiert$

Function Ans2Asc$ (AnsiZeile$)
  'Zeile im ANSI-Format zeichenweise
  'untersuchen und umwandeln
  'Funktion erzeugt eine Kopie der Ursprungs-
  'zeichenkette
  Temp$ = ""
  For x% = 1 To Len(AnsiZeile$)
    Zeichen$ = Mid$(AnsiZeile$, x%, 1)
    'Austausch für Zeichen erforderlich?
    Nummer% = InStr(Ansi$, Zeichen$)
    If Nummer% > 0 Then
      'Zeichen ersetzen
      Zeichen$ = Mid$(ASCII$, Nummer%, 1)
    End If
    Temp$ = Temp$ + Zeichen$
  Next x%
  Ans2Asc$ = Temp$
End Function

Sub ANSIImport (Quelldatei$)
  'ANSI-Datei einlesen
  'Dateinummern ermitteln
  Temp$ = ""
  CL$ = Chr$(13) + Chr$(10)
  QNr = FreeFile
  'Dateien öffnen
  Open Quelldatei$ For Input As #QNr
  'zeilenweise lesen und übersetzen
  While Not EOF(QNr)
    Line Input #QNr, Zeile$
    'Zeichenkette aufbauen
    Temp$ = Temp$ + Zeile$ + CL$
  Wend
  'Text in ANSI-Format an Editor übergeben
  WEdit.Editor.Text = Temp$
  Close #QNr
End Sub

Function Asc2Ans$ (AsciiZeile$)
  'Zeile im ASCII-Format zeichenweise
  'untersuchen und umwandeln
  'Funktion erzeugt eine Kopie der Ursprungs-
  'zeichenkette
  Temp$ = ""
```

```
  For x% = 1 To Len(AsciiZeile$)
    Zeichen$ = Mid$(AsciiZeile$, x%, 1)
    'Austausch für Zeichen erforderlich?
    Nummer% = InStr(ASCII$, Zeichen$)
    If Nummer% > 0 Then
      'Zeichen ersetzen
      Zeichen$ = Mid$(Ansi$, Nummer%, 1)
    End If
    Temp$ = Temp$ + Zeichen$
  Next x%
  Asc2Ans$ = Temp$
End Function

Sub ASCIIImport (Quelldatei$)
  'ASCII-Datei in ANSI-Text umwandeln
  'Dateinummern ermitteln
  QNr = FreeFile
  'Dateien öffnen
  Open Quelldatei$ For Input As #QNr
  'zeilenweise lesen und übersetzen
  'konvertierte Datei anlegen
  While Not EOF(QNr)
    Line Input #QNr, Zeile$
    Temp$ = Temp$ + CL$ + Zeile$
  Wend
  WEdit.Editor.Text = Asc2Ans$(Temp$)
  Close #QNr
End Sub

Sub CtlPrnFont_Click ()
  On Error Resume Next
  'gewählten Eintrag ermitteln
  Nr% = CtlPrnFont.ListIndex
  'zugehörigen Font zuweisen
  Printer.FontName = CtlPrnFont.List(Nr%)
End Sub

Sub CtlPrnSize_Click ()
  On Error Resume Next
  'keine Fehlermeldung, falls Wert nicht verfügbar
  'gewählten Eintrag ermitteln
  Nr% = CtlPrnSize.ListIndex
  'zugehörigen Font zuweisen
  Temp$ = CtlPrnSize.List(Nr%)
  Wert% = Val(Temp$)
  Printer.FontSize = Wert%
End Sub
```

```
Sub CtlScreenFont_Click ()
  'gewählten Eintrag ermitteln
  Nr% = CtlScreenFont.ListIndex
  'zugehörigen Font zuweisen
  Editor.FontName = CtlScreenFont.List(Nr%)
End Sub

Sub CtlScreenSize_Click ()
  On Error Resume Next
  'keine Fehlermeldung, falls Wert nicht verfügbar
  'gewählten Eintrag ermitteln
  Nr% = CtlScreenSize.ListIndex
  'zugehörigen Font zuweisen
  Temp$ = CtlScreenSize.List(Nr%)
  Wert% = Val(Temp$)
  Editor.FontSize = Wert%
End Sub

Sub Editor_Change ()
  'durch Änderungen im Text muß beim
  'Beenden des Editors eine Sicherheitsabfrage
  'erscheinen, ob die Änderungen gespeichert
  'werden sollen
  Changed% = True
End Sub

Sub FontInit ()
  On Error Resume Next
  'Schriften für Bildschirm initialisieren
  'Anzahl der Schriften
  SCRAnzahl% = Screen.FontCount
  'Fontnamen einzeln ermitteln und dem
  'Kombinationsfeld zuweisen
  For x% = 1 To SCRAnzahl%
    CtlScreenFont.AddItem Screen.Fonts(x% - 1)
  Next x%
  'Schriften für Drucker initialisieren
  'Anzahl der Schriften
  PRNAnzahl% = Printer.FontCount
  'Fontnamen einzeln ermitteln und dem
  'Kombinationsfeld zuweisen
  For x% = 1 To PRNAnzahl%
    CtlPrnFont.AddItem Screen.Fonts(x% - 1)
  Next x%
```

```
  'einige Punktgrößen den entsprechenden
  'Kombinationsfeldern zuweisen:
  'Drucker
  CtlPrnSize.AddItem "6"
  CtlPrnSize.AddItem "8"
  CtlPrnSize.AddItem "10"
  CtlPrnSize.AddItem "12"
  'Bildschirm
  For x% = 6 To 14 Step 2
    CtlScreenSize.AddItem LTrim$(Str$(x%))
  Next x%
  For x% = 18 To 36 Step 6
    CtlScreenSize.AddItem LTrim$(Str$(x%))
  Next x%
  CtlScreenSize.AddItem "48"
End Sub

Sub Form_Load ()
  On Error Resume Next
  'Hauptbildschirm soll standardmäßig als Vollbild geöffnet
  'werden; da es allerdings im Entwurf nicht sinnig ist,
  'den Vollbildmodus zu verwenden, wird die Einstellung
  'standardmäßig im Quelltext vorgenommen
  Me.WindowState = 2
  'Anmerkung: Kürzel ASC - ASCII-Dateien nach Konvertierung
  '                        (Dateien *.ASC werden in Liste ignoriert)
  '           Kürzel ANS - ANSI-Dateien nach Konvertierung
  '                        (Dateien *.ANS werden in Liste ignoriert)
  'Initialisierung der Codetabellen (keine DATA-Anweisung in Visual Basic)
  ASCII$ = Chr$(156) + Chr$(21) + Chr$(34) + Chr$(174) + Chr$(45)
  ASCII$ = ASCII$ + Chr$(241) + Chr$(253) + Chr$(248) +_
           Chr$(175) + Chr$(172)
  ASCII$ = ASCII$ + Chr$(171) + Chr$(142) + Chr$(153) +_
           Chr$(120) + Chr$(154)
  ASCII$ = ASCII$ + Chr$(225) + Chr$(132) + Chr$(148) +_
           Chr$(246) + Chr$(129)
  Ansi$ = Chr$(163) + Chr$(167) + Chr$(168) + Chr$(171) +_
           Chr$(173)
  Ansi$ = Ansi$ + Chr$(177) + Chr$(178) + Chr$(186) + Chr$(187) + Chr$(188)
  Ansi$ = Ansi$ + Chr$(189) + Chr$(196) + Chr$(214) + Chr$(215) + Chr$(220)
  Ansi$ = Ansi$ + Chr$(223) + Chr$(228) + Chr$(246) + Chr$(247) + Chr$(252)
  'Standarddateinamen vergeben
  DateiName$ = "NONAME.ASC"
  Me.Caption = "WinEDIT [" + DateiName$ + "]"
  'Tabulatorreihenfolge festlegen, Editor aktiv
  Editor.TabIndex = 0
  CtlAscii.TabIndex = 1
  CtlAnsi.TabIndex = 2
```

```
  CtlScreenFont.TabIndex = 3
  CtlScreenSize.TabIndex = 4
  CtlPrnFont.TabIndex = 5
  CtlPrnSize.TabIndex = 6
  'Unterprogramm aufrufen, um die Kombiantionslistenfelder
  'zu initialisieren (der Inhalt ist abhängig von der
  'jeweiligen Windows-Konfiguration)
  FontInit
  'Schriftgrößen
  Me.FontSize = 8
  Printer.FontSize = 10
  'Copyright soll beim Programmstart angezeigt werden,
  'aber erst, wenn das Editorfenster bereits auf dem
  'Bildschirm aufgebaut wurde (Ereignis Paint)
  CopyRight% = 1
  'unveränderter Originaltext im Editorfenster
  Changed% = False
End Sub

Sub Form_Paint ()
  'Copyright-Meldung und Programmeröffnungs-
  'formular ausgeben
  If CopyRight% = 1 Then
    Meldung.Show 1
  End If
  'nur beim Programmstart Meldung ausgeben;
  'damit nicht wiederholte Anzeige beim
  'Ereignis PAINT wird die Variable
  'CopyRight% nach dem ersten Laden des
  'Formulars MELDUNG auf Null gesetzt
End Sub

Sub Form_Resize ()
  'da der Editor als Vollbildapplikation in jede
  'Größe verstellt werden kann, muß das Editierfeld
  'mit den Rollbalken entsprechend angepaßt werden...
  'Editorhöhe abzüglich Symbolleiste
  Editor.Height = Me.ScaleHeight - (9 * 60)
  'Editorbreite
  Editor.Width = Me.ScaleWidth
End Sub
```

```
Sub MNU_About_Click ()
  CL$ = Chr$(13) + Chr$(10)
  Typ% = 64
  Titel$ = "Über WinEDIT..."
  Msg$ = "WinEDIT - Dateibearbeitung im ANSI-" + CL$
  Msg$ = Msg$ + Space$(17) + "und ASCII-Format" + CL$
  Msg$ = Msg$ + Space$(17) + "Version 2.00" + CL$ + CL$
  Msg$ = Msg$ + "Das Vieweg-Buch zu Visual Basic für" + CL$
  Msg$ = Msg$ + "Windows 2.0" + CL$
  Msg$ = Msg$ + "(c)1993 by Dipl.-Ing. Andreas Maslo"
  MsgBox Msg$, Typ%, Titel$
End Sub

Sub MNU_Ansi_Click ()
  'Text(-bereich) nach dem Laden
  'nachträglich umwandeln
  Temp$ = Editor.Text
  If Editor.SelLength = 0 Then
      'ganzen Text umwandeln
      Editor.Text = Asc2Ans$(Temp$)
    Else
      'nur Markierung in Großbuchstaben
      Temp$ = Editor.SelText
      Temp$ = Asc2Ans$(Temp$)
      Editor.SelText = Temp$
  End If
End Sub

Sub MNU_Ascii_Click ()
  'Text nach dem Laden nachträglich umwandeln
  Temp$ = Editor.Text
  If Editor.SelLength = 0 Then
      'ganzen Text umwandeln
      Editor.Text = Ans2Asc$(Temp$)
    Else
      'nur Markierung in Kleinbuchstaben
      Temp$ = Editor.SelText
      Temp$ = Ans2Asc$(Temp$)
      Editor.SelText = Temp$
  End If
End Sub

Sub MNU_Copy_Click ()
  'markierten Text in Kopie eintragen
  Markiert$ = Editor.SelText
  'Menüeintrag zum Löschen der Kopie aktivieren
  MNU_DelCopy.Enabled = -1
End Sub
```

```
Sub MNU_Cut_Click ()
  'markierten Text löschen
  Editor.SelText = ""
End Sub

Sub MNU_DelCopy_Click ()
  'Kopie des Textbereiches löschen
  Markiert$ = ""
  'Menüeintrag deaktivieren
  MNU_DelCopy.Enabled = 0
End Sub

Sub MNU_DruckMarker_Click ()
  'hier aktuelle Markierung im Text und
  'nicht Kopie aus dem Speicher
  If Editor.SelLength > 0 Then
    Printer.Print Editor.SelText
    Printer.EndDoc
  End If
End Sub

Sub MNU_Ende_Click ()
  If Changed% = True Then
     'aktueller Dateiinhalt wurde geändert:
      'Sicherheitsabfrage zum Speichern erforderlich
      CL$ = Chr$(13) + Chr$(10)
      Typ% = 48 + 4
      Titel$ = "Programm beenden..."
      Msg$ = "Die Änderungen an der aktuellen Datei wurden noch "
      Msg$ = Msg$ + "nicht gespeichert. Soll das Programm dennoch "
      Msg$ = Msg$ + "beendet werden?"
      a% = MsgBox(Msg$, Typ%, Titel$)
      If a% = 6 Then End
    Else
      'wenn keine Änderungen durcvhgeführt wurden,
      'Programm unmittelbar beenden
      End
  End If
End Sub

Sub MNU_ExportClipBoard_Click ()
  'markierten Textbereich in Zwischenablage
  'kopieren (standardformat = 1, Text)
  If Editor.SelLength > 0 Then
    ClipBoard.SetText Editor.SelText
  End If
End Sub
```

```
Sub MNU_Fett_Click ()
  'Text im Editor in Fettschrift anzeigen
  If MNU_Fett.Checked Then
      'Schrift ist fett, also Attribut und
      'Menüeintragskennzeichnung löschen
      MNU_Fett.Checked = 0
      Editor.FontBold = 0
    Else
      'fett ist deaktiviert, also aktivieren und
      'Menüeintrag kennzeichnen
      MNU_Fett.Checked = -1
      Editor.FontBold = -1
  End If
End Sub

Sub MNU_ImportClipBoard_Click ()
  'Text aus Zwischenablage an aktuelle Textcursor-
  'position im Editor einfügen (Standardformat=1)
  Editor.SelText = ClipBoard.GetText()
End Sub

Sub MNU_Info_Click ()
  CL$ = Chr$(13) + Chr$(10)
  Typ% = 64
  Titel$ = "Information"
  Msg$ = "Mit WinEDIT können Sie Dateien bis zu einer Länge "
  Msg$ = Msg$ + "von 64 KByte Bearbeiten. Die Optionsfelder "
  Msg$ = Msg$ + "ASCII und ANSI geben an, welches Format die "
  Msg$ = Msg$ + "Quelldatei hat und wie diese geladen und "
  Msg$ = Msg$ + "gespeichert werden soll. Ein Text kann Gesamt "
  Msg$ = Msg$ + "oder nur in markierten Bereichen über den Menüpunkt"
  Msg$ = Msg$ + "UMWANDELN in Groß- oder Kleinschrift konvertiert werden!"
  MsgBox Msg$, Typ%, Titel$
End Sub

Sub MNU_Insert_Click ()
  'Markierter Text einfügen
  Editor.SelText = Markiert$
End Sub
```

```
Sub MNU_Kursiv_Click ()
  'Text im Editor in Kursivschrift anzeigen
  If MNU_Kursiv.Checked Then
      'Schrift ist kursiv, also Attribut und
      'Menüeintragskennzeichnung löschen
      MNU_Kursiv.Checked = 0
      Editor.FontItalic = 0
    Else
      'kursiv ist deaktiviert, also aktivieren und
      'Menüeintrag kennzeichnen
      MNU_Kursiv.Checked = -1
      Editor.FontItalic = -1
  End If
End Sub

Sub MNU_LCase_Click ()
  'Text nach dem Laden nachträglich umwandeln
  Temp$ = Editor.Text
  If Editor.SelLength = 0 Then
      'ganzen Text umwandeln
      Editor.Text = LCase$(Temp$)
    Else
      'nur Markierung in Kleinbuchstaben
      Temp$ = Editor.SelText
      Temp$ = LCase$(Temp$)
      Editor.SelText = Temp$
  End If
End Sub

Sub MNU_Load_Click ()
  'Datei laden
  DateiLaden.Show 1
  'Namen in Titelleiste eintragen
  WEdit.Caption = "WinEDIT [" + DateiName$ + "]"
End Sub

Sub MNU_Neu_Click ()
  'Sicherheitsabfrage wenn Datei<>NONAME.ASC oder
  'Text im Editor enthalten
  'Namen in Titelleiste eintragen
  Temp$ = Editor.Text
  Laenge% = Len(RTrim$(Temp$))
  Temp$ = ""
  'Annahme: Befehl korrekt
  'Änderung nur durch verneinen der
  'Sicherheitsabfrage
  a% = 6
```

```
  If DateiName$ <> "NONAME.ASC" Or Laenge% > 0 Then
    'Sicherheitsabfrage
    'kritisch!
    CL$ = Chr$(13) + Chr$(10)
    Typ% = 16 + 4
    Titel$ = "Neue Datei..."
    Msg$ = " Wollen Sie wirklich eine neue Datei anlegen? "
    Msg$ = Msg$ + "Quittieren Sie nur mit <Ja>, wenn der aktuelle "
    Msg$ = Msg$ + "Text des Bearbeitungsbereiches bereits gespeichert_
                  wurde!"
    a% = MsgBox(Msg$, Typ%, Titel$)
  End If
  If a% = 6 Then
    Editor.Text = ""
    DateiName$ = "NONAME.ASC"
    WEdit.Caption = "WinEDIT [" + DateiName$ + "]"
  End If
End Sub

Sub MNU_Print_Click ()
  'Text drucken
  Printer.Print Editor.Text
  Printer.EndDoc
End Sub

Sub MNU_Save_Click ()
  'Datei speichern
  If DateiName$ <> "" And DateiName$ <> "NONAME.ASC" Then
      If CtlAscii.Value Then
          SaveFile "ASCII"
        ElseIf CtlAnsi.Value Then
          SaveFile "ANSI"
      End If
      'unveränderter Originaltext im Editorfenster
      Changed% = False
    Else
      'NONAME.ASC nicht speicherbar
      CL$ = Chr$(13) + Chr$(10)
      Typ% = 16
      Titel$ = "Speichern als..."
      Msg$ = "Achtung: Eine Datei kann nicht unter dem  "
      Msg$ = Msg$ + "Namen NONAME.ASC gespeichert werden. "
      Msg$ = Msg$ + "Wählen Sie den menüpunkt SPEICHERN ALS... "
      Msg$ = Msg$ + "und geben Sie der Datei einen neuen Namen!"
      MsgBox Msg$, Typ%, Titel$
  End If
End Sub
```

```
Sub MNU_SaveAs_Click ()
  DateiSpeichern.Show 1
End Sub

Sub MNU_UCase_Click ()
  'Text nach dem Laden nachträglich umwandeln
  Temp$ = Editor.Text
  If Editor.SelLength = 0 Then
      'ganzen Text umwandeln
      Editor.Text = UCase$(Temp$)
    Else
      'nur Markierung in Großbuchstaben
      Temp$ = Editor.SelText
      Temp$ = UCase$(Temp$)
      Editor.SelText = Temp$
  End If
End Sub

Sub MNU_Under_Click ()
  'Text im Editor unterstrichen anzeigen
  If MNU_Under.Checked Then
      'Schrift ist unterstrichen, also Attribut und
      'Menüeintragskennzeichnung löschen
      MNU_Under.Checked = 0
      Editor.FontUnderline = 0
    Else
      'unterstrichen ist deaktiviert, also aktivieren und
      'Menüeintrag kennzeichnen
      MNU_Under.Checked = -1
      Editor.FontUnderline = -1
  End If
End Sub

Function RemoveSuffix$ (Datei$)
  'Änderungen an Zeichenkettenkopie vornehmen,
  'um die Variable im Hauptprogramm nicht zu
  'beeinflussen
  File$ = Datei$
  'Dateikürzel entfernen (punkt nicht entfernen)
  While Zeichen$ <> "."
    Zeichen$ = Right$(File$, 1)
    If Zeichen$ <> "." Then
      'Zeichen entfernen, bis Punkt erreicht
      File$ = Left$(File$, Len(File$) - 1)
    End If
  Wend
```

```
  'Ergebnis zurückgeben
  RemoveSuffix$ = File$
End Function

Sub SaveFile (DateiFormat$)
  CL$ = Chr$(13) + Chr$(10)
  QNr = FreeFile
  'Dateien öffnen
  Open DateiName$ For Output As #QNr
  'zeilenweise lesen und übersetzen
  Temp$ = Editor.Text
  If DateiFormat$ = "ANSI" Then
      Print #QNr, Temp$
    ElseIf DateiFormat$ = "ASCII" Then
      Print #QNr, Ans2Asc$(Temp$)
  End If
  'Text in ANSI-Format an Editor übergeben
  Close #QNr
End Sub
```

Listing 4.15: Datei WEDIT.FRM des Programmes WinEDIT

Das Programm *WinEDIT* befindet sich im selbstentpackenden Archiv VBEDIT.EXE auf der Installationsdiskette zu diesem Buch. Das Programm wird während der Einrichtung im Regelfall in das Verzeichnis \VIEWEG\VBEDIT kopiert. Die Anwendung kann, nachdem Visual Basic ausgeführt wurde, über den Menübefehl DATEI • PROJEKT ÖFFNEN in die Entwicklungsumgebung geladen werden. Wählen Sie dazu im nachfolgenden Dialogfeld die Projektdatei WEDIT.MAK an. Um das Programm zu starten, brauchen Sie lediglich den Menüpunkt AUSFÜHREN • STARTEN wählen. Ein eigenständig ausführbares Programm generieren Sie über den Menüpunkt DATEI • EXE-DATEI ERSTELLEN.

4.4 Datenbank WinFINANZ

Da die Datenverwaltung in fast jedem Anwendungsprogramm eine wichtige Rolle spielt, demonstrieren wir Ihnen anhand einer einfachen Einnahmen- und Ausgabenüberschußrechnung den Umgang mit Direktzugriffsdateien. Anders als bei sequentiellen Datendateien besitzt jeder Datensatz dieselbe Länge und ist aus einer jeweils gleichen Anzahl von Datenfeldern aufgebaut. In Visual Basic wird bei Randomdateien in Verbindung mit Recordstrukturen bzw. benutzerdefinierten Verbundvariablen gearbeitet. Die Field-Anweisung, die Sie vielleicht aus anderen Basic-Dialekten kennen, existiert in Visual Basic nicht.

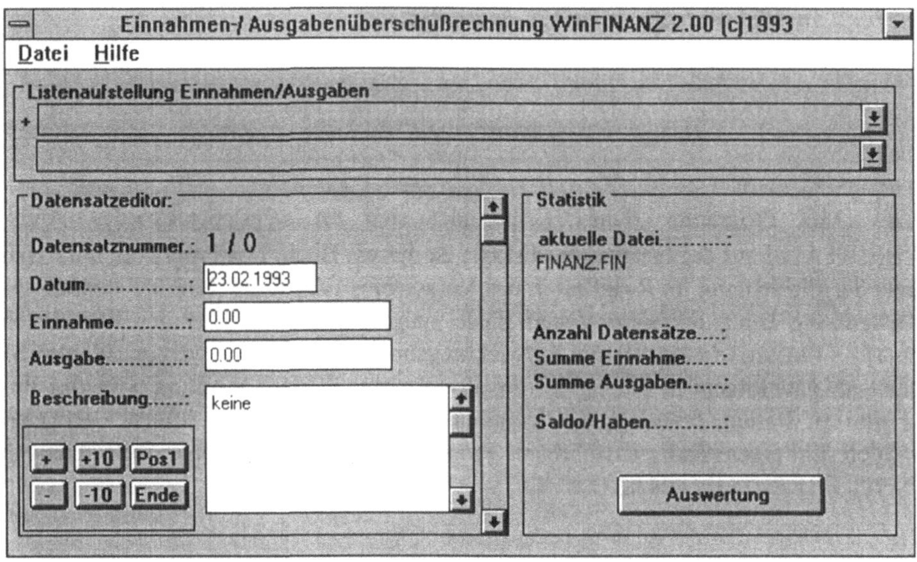

Bild 4.11: Die Finanzverwaltung WinFINANZ

In unserem Programm wollen wir uns auf die Verwaltung von maximal 10.000 Einträgen innerhalb einer Datei beschränken. Sie werden anhand des Listings erkennen, daß die Dateiinformationen jeweils satzweise und nicht in der Gesamtheit gelesen werden müssen, um gezielt bearbeitet zu werden. So können Sie ohne Probleme zunächst den ersten Datensatz und in einem zweiten Schritt unmittelbar den letzten Datensatz bearbeiten, ohne daß die zwischen diesen Datensätzen liegenden Informationen gelesen werden mußten.

Die Quellen der Form- und Basic-Module befinden sich aus Platzgründen ausschließlich auf der Diskette zu diesem Buch. Welche Dateien zum Projekt gehören, wird durch die nachfolgend abgedruckte Projektdatei deutlich.

```
WFINANZ.FRM
GLOBAL.BAS
DATEILAD.FRM
ANLEGEN.FRM
ProjWinSize=186,203,297,121
ProjWinShow=2
Title="WinFIN"
ExeName="WINFIN.EXE"
Path="..\VB"
```

Listing 4.16: Die Projektdatei WFINANZ.MAK zum Programm WinSHELL

Das Programm *WinFINANZ* befindet sich im selbstentpackenden Archiv VBGEWINN.EXE auf der Installationsdiskette zu diesem Buch. Das Programm wird während der Einrichtung im Regelfall in das Verzeichnis \VIEWEG\VBFINANZ kopiert. Die Anwendung kann, nachdem Visual Basic ausgeführt wurde, über den Menübefehl DATEI • PROJEKT ÖFFNEN in die Entwicklungsumgebung geladen werden. Wählen Sie dazu im nachfolgenden Dialogfeld die Projektdatei WFINANZ.MAK an. Um das Programm zu starten, brauchen Sie lediglich den Menüpunkt AUSFÜHREN • STARTEN wählen. Ein eigenständig ausführbares Programm generieren Sie über den Menüpunkt DATEI • EXE-DATEI ERSTELLEN.

4.5 Grafikprogramm WinPAINT

Zwar verfügt Visual Basic bereits über eine Vielzahl von Grafikfunktionen, sämtliche Möglichkeiten stehen Ihnen allerdings erst bei Verwendung der GDI-Funktionen zur Verfügung (vgl. Kapitel 3.3). In unserem Programm demonstrieren wir nur einen Teil der in Visual Basic vorhandenen Anweisungen, wobei die Farbmöglichkeiten nicht berücksichtigt werden. Sie sollten allerdings in der Lage sein, diese Funktionen bei Bedarf zu ergänzen. Wollen Sie ein Garfikprogramm entwickeln, dann werden Sie erstaunt sein, wie einfach Grafikdateien geladen und gespeichert werden können. Drei unterschiedliche Dateiformate werden standardmäßig unterstützt.- Weitere Hinweise zum Programm WinPAINT und zu den Grafikanweisungen können Sie dem folgenden Listing entnehmen.

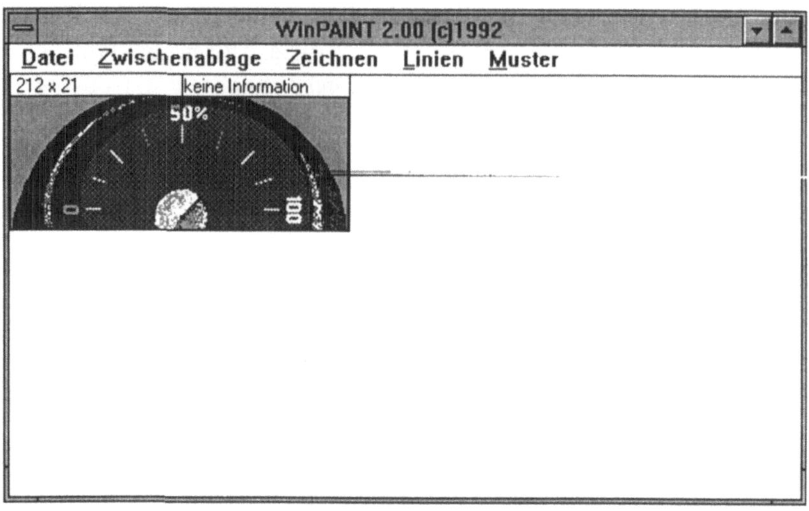

Bild 4.12: Das Zeichenprogramm WinPAINT

Die Quellen der Form- und Basic-Module befinden sich aus Platzgründen ausschließlich auf der Diskette zu diesem Buch. Welche Dateien zum Projekt gehören, wird durch die nachfolgend abgedruckte Projektdatei deutlich.

```
PAINT.FRM
GLOBAL.BAS
DATEILAD.FRM
DATEISPE.FRM
ProjWinSize=128,99,297,236
ProjWinShow=2
Title="WinPAINT"
ExeName="WINPAINT.EXE"
Path="D:\VB"
```

Listing 4.17: Die Projektdatei WPAINT.MAK zum Programm WinPAINT

Das Programm *WinPAINT* befindet sich im selbstentpackenden Archiv VBPAINT.EXE auf der Installationsdiskette zu diesem Buch. Das Programm wird während der Einrichtung im Regelfall in das Verzeichnis \VIEWEG\VBPAINT kopiert. Die Anwendung kann, nachdem Visual Basic ausgeführt wurde, über den Menübefehl DATEI • PROJEKT ÖFFNEN in die Entwicklungsumgebung geladen werden. Wählen Sie dazu im nachfolgenden Dialogfeld die Projektdatei WPAINT.MAK an.

Um das Programm zu starten, brauchen Sie lediglich den Menüpunkt AUSFÜHREN • STARTEN wählen. Ein eigenständig ausführbares Programm generieren Sie über den Menüpunkt DATEI • EXE-DATEI ERSTELLEN.

4.6 Tabellen und Geschäftsgrafiken mit VBGRAPH

In diesem Kapitel wollen wir Ihnen die Steuerlemente *Grid* und *Graph* vorstellen. Ist das Steuerelement *Grid* bereits Bestandteil der Standardversion, wird das Steuerelement *Graph* ausschließlich mit der professionellen Version ausgeliefert.

Mit Visual Basic 2.0 wird das Programmieren von Tabellen zum Kinderspiel. dazu brauchen Sie lediglich die Steuerelementedatei GRID.VBX Ihrem Projekt hinzuzufügen. Bereits beim Entwurf können Sie die Zeilen- und Spaltenzahl festlegen. Zur Laufzeit legen Sie Spalten- und Zeilenbeschriftungen fest und füllen je nach Bedarf ein einzelnes, ausgewählte oder alle Zellen der Tabelle. Ebenso lesen Sie einzelne, mehrere oder alle Zellen einer Tabelle wieder aus. Sämtliche Zelleninhalte werden im Zeichenkettenformat verwaltet. In Verbindung mit dem Graphics Server der professionellen Version von Visual Basic und dem Hinzuladen der Steuerelementebibliothek GRAPH.VBX können Sie selbst komplexe Tabellenkalkulationen mit sehr wenig Aufwand programmieren. Wie Sie diese neuen Merkmale in Ihren Programmen einsetzen können, zeigt ein vereinfachtes Geschäftsgrafikprogramm. Die Daten der Tabelle werden der Einfachheit halber durch einen Zufallszahlengenerator erzeugt und an das Geschäftsgrafikmodul zur unmittelbaren Auswertung übergeben. Das Erscheinungsbild der Grafik kann zur Laufzeit geändert werden. So können Sie beispielsweise die Tabellenbeschriftung, den Grafiktyp und auch Muster festlegen. Beachten Sie, daß das Programm nur mit der professionellen Programmversion von Visual Basic 2.0 übersetzt werden kann. Zur Ausführung des eigenständigen Programmnes ist die Steuerelementbibliothek THREED.VBX notwendig.

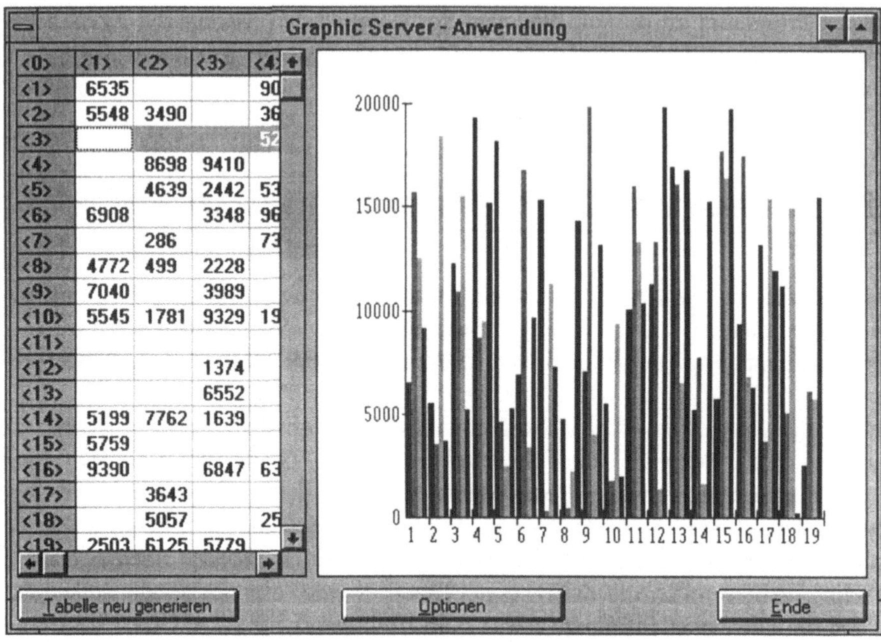

Bild 4.13: Das Geschäftsgrafikprogramm VBGRAPH

```
VERSION 2.00
Begin Form Form2
   BorderStyle     =   3  'Nicht änderbar, doppelt
   Caption         =   "Optionen"
   Height          =   5265
   Left            =   780
   LinkTopic       =   "Form2"
   MaxButton       =   0   'False
   ScaleHeight     =   4860
   ScaleWidth      =   5670
   Top             =   720
   Width           =   5790
   Begin Frame Rahmen6
      Caption         =   "DrawStyle"
      Height          =   795
      Left            =   4140
      TabIndex        =   37
      Top             =   1440
      Width           =   1455
      Begin OptionButton Option6
         Caption         =   "Farbe"
         Height          =   255
         Index           =   1
```

```
      Left              =   120
      TabIndex          =   39
      Top               =   480
      Value             =   -1  'True
      Width             =   1155
   End
   Begin OptionButton Option6
      Caption           =   "Monochrom"
      Height            =   255
      Index             =   0
      Left              =   120
      TabIndex          =   38
      Top               =   240
      Width             =   1275
   End
End
Begin CommandButton Befehl1
   Caption           =   "&Schließen"
   Height            =   315
   Left              =   2400
   TabIndex          =   36
   Top               =   2580
   Width             =   1215
End
Begin Frame Rahmen5
   Caption           =   "Beschriftung"
   Height            =   1575
   Left              =   60
   TabIndex          =   29
   Top               =   3240
   Width             =   5535
   Begin TextBox Text4
      Height            =   315
      Left              =   1260
      TabIndex          =   34
      Top               =   1140
      Width             =   4155
   End
   Begin TextBox Text3
      Height            =   315
      Left              =   1260
      TabIndex          =   32
      Top               =   780
      Width             =   4155
   End
```

```
      Begin TextBox Text1
         Height          =   315
         Left            =   1260
         TabIndex        =   30
         Top             =   420
         Width           =   4155
      End
      Begin Label Bezeichnung4
         Caption         =   "Titel links:"
         Height          =   195
         Left            =   300
         TabIndex        =   35
         Top             =   1200
         Width           =   975
      End
      Begin Label Bezeichnung3
         Caption         =   "Untertitel:"
         Height          =   195
         Left            =   300
         TabIndex        =   33
         Top             =   840
         Width           =   975
      End
      Begin Label Bezeichnung1
         Caption         =   "Titel:"
         Height          =   195
         Left            =   300
         TabIndex        =   31
         Top             =   480
         Width           =   975
      End
   End
   Begin Frame Rahmen4
      Caption         =   "GridStyle"
      Height          =   1275
      Left            =   4140
      TabIndex        =   24
      Top             =   60
      Width           =   1455
```

```
      Begin OptionButton Option5
         Caption          =   "vertikal"
         Height           =   255
         Index            =   2
         Left             =   120
         TabIndex         =   28
         Top              =   720
         Width            =   1215
      End
      Begin OptionButton Option5
         Caption          =   "beide"
         Height           =   255
         Index            =   3
         Left             =   120
         TabIndex         =   27
         Top              =   960
         Width            =   1155
      End
      Begin OptionButton Option5
         Caption          =   "horizontal"
         Height           =   255
         Index            =   1
         Left             =   120
         TabIndex         =   26
         Top              =   480
         Width            =   1275
      End
      Begin OptionButton Option5
         Caption          =   "keine"
         Height           =   255
         Index            =   0
         Left             =   120
         TabIndex         =   25
         Top              =   240
         Value            =   -1   'True
         Width            =   1215
      End
   End
   Begin Frame Rahmen2
      Caption          =   "Muster"
      Height           =   2235
      Left             =   1980
      TabIndex         =   4
      Top              =   60
      Width            =   2055
```

```
Begin OptionButton Option1
   Caption         =   "diagonal straffiert"
   Height          =   255
   Index           =   7
   Left            =   120
   TabIndex        =   12
   Top             =   1920
   Width           =   1875
End
Begin OptionButton Option1
   Caption         =   "kariert"
   Height          =   255
   Index           =   6
   Left            =   120
   TabIndex        =   11
   Top             =   1680
   Width           =   1635
End
Begin OptionButton Option1
   Caption         =   "gefüllt"
   Height          =   255
   Index           =   0
   Left            =   120
   TabIndex        =   10
   Top             =   240
   Value           =   -1  'True
   Width           =   1695
End
Begin OptionButton Option1
   Caption         =   "transparent"
   Height          =   255
   Index           =   1
   Left            =   120
   TabIndex        =   9
   Top             =   480
   Width           =   1755
End
Begin OptionButton Option1
   Caption         =   "horizontal gestreift"
   Height          =   255
   Index           =   2
   Left            =   120
   TabIndex        =   8
   Top             =   720
   Width           =   1875
End
```

```
      Begin OptionButton Option1
         Caption           =   "vertikal gestreift"
         Height            =   255
         Index             =   3
         Left              =   120
         TabIndex          =   7
         Top               =   960
         Width             =   1815
      End
      Begin OptionButton Option1
         Caption           =   "abwärtsdiagonal"
         Height            =   255
         Index             =   4
         Left              =   120
         TabIndex          =   6
         Top               =   1200
         Width             =   1755
      End
      Begin OptionButton Option1
         Caption           =   "aufwärtsdiagonal"
         Height            =   255
         Index             =   5
         Left              =   120
         TabIndex          =   5
         Top               =   1440
         Width             =   1755
      End
   End
   Begin Frame Rahmen3
      Caption          =   "Label"
      Height           =   795
      Left             =   4140
      TabIndex         =   1
      Top              =   2340
      Width            =   1455
      Begin OptionButton Option3
         Caption           =   "aus"
         Height            =   255
         Left              =   120
         TabIndex          =   3
         Top               =   480
         Width             =   915
      End
      Begin OptionButton Option2
         Caption           =   "an"
         Height            =   255
         Left              =   120
         TabIndex          =   2
```

```
      Top              =   240
      Value            =   -1  'True
      Width            =   735
   End
End
Begin Frame Rahmen1
   Caption          =   "Grafiktyp"
   Height           =   3075
   Left             =   60
   TabIndex         =   0
   Top              =   60
   Width            =   1815
   Begin OptionButton Option4
      Caption          =   "High-Low-Close"
      Height           =   255
      Index            =   10
      Left             =   120
      TabIndex         =   23
      Top              =   2640
      Width            =   1635
   End
   Begin OptionButton Option4
      Caption          =   "Polar"
      Height           =   255
      Index            =   9
      Left             =   120
      TabIndex         =   22
      Top              =   2400
      Width            =   1515
   End
   Begin OptionButton Option4
      Caption          =   "Line"
      Height           =   255
      Index            =   8
      Left             =   120
      TabIndex         =   21
      Top              =   1440
      Width            =   1215
   End
   Begin OptionButton Option4
      Caption          =   "Log/In"
      Height           =   255
      Index            =   7
      Left             =   120
      TabIndex         =   20
      Top              =   1680
      Width            =   1335
   End
```

```
Begin OptionButton Option4
   Caption         =   "Area"
   Height          =   255
   Index           =   6
   Left            =   120
   TabIndex        =   19
   Top             =   1920
   Width           =   1095
End
Begin OptionButton Option4
   Caption         =   "Scatter"
   Height          =   255
   Index           =   5
   Left            =   120
   TabIndex        =   18
   Top             =   2160
   Width           =   1455
End
Begin OptionButton Option4
   Caption         =   "Gantt"
   Height          =   255
   Index           =   4
   Left            =   120
   TabIndex        =   17
   Top             =   1200
   Width           =   1335
End
Begin OptionButton Option4
   Caption         =   "3D Bar"
   Height          =   255
   Index           =   3
   Left            =   120
   TabIndex        =   16
   Top             =   960
   Width           =   1215
End
Begin OptionButton Option4
   Caption         =   "2D Bar"
   Height          =   255
   Index           =   2
   Left            =   120
   TabIndex        =   15
   Top             =   720
   Value           =   -1  'True
   Width           =   1155
End
Begin OptionButton Option4
   Caption         =   "3D Pie"
```

```
         Height          =   255
         Index           =   1
         Left            =   120
         TabIndex        =   14
         Top             =   480
         Width           =   1275
      End
      Begin OptionButton Option4
         Caption         =   "2D Pie"
         Height          =   255
         Index           =   0
         Left            =   120
         TabIndex        =   13
         Top             =   240
         Width           =   1395
      End
   End
End

Sub Befehl1_Click ()
  'Optionen werden beim Anklicken der
  'Optionsfelder gesetzt, hier nur
  'Dialogfeld schließen
  'Grafik aktualisieren
  Form1!Graph1.DrawMode = 2
  Unload Form2
End Sub

Sub Option1_Click (Index As Integer)
  'Das Füllmuster muß für jeden Bereich
  'gesondert gesetzt werden, wenn AutoInc<>1
  Form1!Graph1.AutoInc = 1
  'Füllmuster
  Form1!Graph1.PatternData = Index
  'und anzeigen
  Form1!Graph1.DrawMode = 2
End Sub

Sub Option2_Click ()
  'Label an
  Form1!Graph1.Labels = 1
  'und anzeigen
  Form1!Graph1.DrawMode = 2
End Sub
```

```
Sub Option3_Click ()
  'Label aus
  Form1!Graph1.Labels = 0
  'und anzeigen
  Form1!Graph1.DrawMode = 2
End Sub

Sub Option4_Click (Index As Integer)
  'Grafiktyp festlegen
  Form1!Graph1.GraphType = Index + 1
  'und anzeigen
  Form1!Graph1.DrawMode = 2
End Sub

Sub Option5_Click (Index As Integer)
  'Gitterlinienstil
  Form1!Graph1.GridStyle = Index
  'und anzeigen
  Form1!Graph1.DrawMode = 2
End Sub

Sub Option6_Click (Index As Integer)
  'Farbmodus einstellen
  Form1!Graph1.DrawStyle = Index
  'und anzeigen
  Form1!Graph1.DrawMode = 2
End Sub

Sub Text1_Change ()
  'Jede Änderung des Textes unmittelbar als
  'Grafiktitel verwenden
  Form1!Graph1.GraphTitle = Trim$(Text1.Text)
End Sub

Sub Text2_Change ()
  'Jede Änderung des Textes unmittelbar als
  'Untertitel verwenden
  Form1!Graph1.BottomTitle = Text1.Text
  'und anzeigen
  Form1!Graph1.DrawMode = 2
End Sub

Sub Text3_Change ()
  'Jede Änderung des Textes unmittelbar als
  'Untertitel verwenden
  Form1!Graph1.BottomTitle = Trim$(Text3.Text)
End Sub
```

```
Sub Text4_Change ()
  'Jede Änderung des Textes unmittelbar als
  'X_achsenbeschriftung verwenden
  Form1!Graph1.LeftTitle = Text1.Text
End Sub

Sub Text5_Change ()
  'Jede Änderung des Textes unmittelbar als
  'Untertitel verwenden
  Form1!Graph1.BottomTitle = Text1.Text
  'und anzeigen
  Form1!Graph1.DrawMode = 2
End Sub
```

Listing 4.18: Datei OPTION.FRM des Programmes VBGRAPH

```
VERSION 2.00
Begin Form Form1
   BackColor       =   &H00C0C0C0&
   Caption         =   "Graphic Server - Anwendung"
   Height          =   5940
   Left            =   1035
   LinkTopic       =   "Form1"
   ScaleHeight     =   5535
   ScaleWidth      =   8445
   Top             =   1140
   Width           =   8565
   Begin CommandButton Befehl4
      Caption         =   "&Ende"
      FontBold        =   0   'False
      FontItalic      =   0   'False
      FontName        =   "MS Sans Serif"
      FontSize        =   8,25
      FontStrikethru  =   0   'False
      FontUnderline   =   0   'False
      Height          =   315
      Left            =   6900
      TabIndex        =   4
      Top             =   5160
      Width           =   1455
   End
   Begin CommandButton Befehl3
      Caption         =   "&Optionen"
      FontBold        =   0   'False
      FontItalic      =   0   'False
      FontName        =   "MS Sans Serif"
      FontSize        =   8,25
      FontStrikethru  =   0   'False
```

```
      FontUnderline   =  0   'False
      Height          =  315
      Left            =  3240
      TabIndex        =  3
      Top             =  5160
      Width           =  2175
   End
   Begin CommandButton Befehl1
      Caption         =  "&Tabelle neu generieren"
      FontBold        =  0   'False
      FontItalic      =  0   'False
      FontName        =  "MS Sans Serif"
      FontSize        =  8,25
      FontStrikethru  =  0   'False
      FontUnderline   =  0   'False
      Height          =  315
      Left            =  60
      TabIndex        =  2
      Top             =  5160
      Width           =  2175
   End
   Begin Grid Gitter1
      Cols            =  5
      Height          =  4995
      Left            =  60
      Rows            =  20
      TabIndex        =  1
      Top             =  60
      Width           =  2835
   End
   Begin GRAPH Graph1
      ColorData       =  VBGRAPH.FRX:0000
      ExtraData       =  VBGRAPH.FRX:0002
      FontFamily      =  VBGRAPH.FRX:0004
      FontSize        =  VBGRAPH.FRX:0008
      FontStyle       =  VBGRAPH.FRX:0012
      GraphData       =  VBGRAPH.FRX:0016
      Height          =  4995
      LabelText       =  VBGRAPH.FRX:001A
      Left            =  3000
      LegendText      =  VBGRAPH.FRX:001C
      PatternData     =  VBGRAPH.FRX:001E
      SymbolData      =  VBGRAPH.FRX:0020
      TabIndex        =  0
```

```
      Top              =   60
      Width            =   5355
      XPosData         =   VBGRAPH.FRX:0022
   End
End

Sub Befehl1_Click ()
  'Inittialisierungssequenz erneut aufrufen
  Form_Load
End Sub

Sub Befehl3_Click ()
  'Optionendialog modal anzeigen
  Form2.Show 1
End Sub

Sub Befehl4_Click ()
  'Programm beenden
  End
End Sub

Sub Form_Load ()
  'Tabelle automatisch mit Werten füllen
  '5 Spalten
  For x% = 0 To 4
    '20 Zeilen
    For y% = 0 To 19
      'Zufallszahlen generieren
      Randomize
      Wert% = (20000 - 1 * 1) * Rnd + 1
      'Zelle auswählen
      Gitter1.Col = x%
      Gitter1.Row = y%
      If y% = 0 Then
          'Spaltenbeschriftung FixedRows
          Gitter1.Text = "<" + Trim$(Str$(x%)) + ">"
        ElseIf x% = 0 Then
          'Zeilenbeschriftung FixedCols
          Gitter1.Text = "<" + Trim$(Str$(y%)) + ">"
        Else
          'Wert in Zelle schreiben
          Gitter1.Text = Str$(Wert%)
      End If
    Next y%
  Next x%
  'benutzerdefinierte Prozedur zur Anzeige der Grafik
  ShowGrafic
End Sub
```

```
Sub ShowGrafic ()
  'Der Einfachheit halber wird immer die gesamte
  'Tabelle grafisch ausgewertet
  'Anzahl Spalten
  Graph1.NumSets = 4
  'Anzahl Zeilen
  Graph1.NumPoints = 19
  'Tabellenwerte an Graphics Server übergeben
  '4 Spalten
  For x% = 1 To Graph1.NumSets
    Graph1.ThisSet = x%
    'Zeilen
    For y% = 1 To Graph1.NumPoints
      Graph1.ThisPoint = y%
      'Tabellenwert ermitteln
      'Zelle auswählen
      Gitter1.Col = x%
      Gitter1.Row = y%
      'Spaltenbeschriftung auslesen und in
      'Ganzzahl konvertieren
      Wert% = Val(Gitter1.Text)
      'Wert übergeben
      Graph1.GraphData = Wert%
    Next y%
  Next x%
  'und Grfaik aktualisieren
  Graph1.DrawMode = 2
End Sub
```

Listing 4.19: Datei VBGRAPH.FRM des Programmes VBGRAPH

Das Programm *VBGRAPH* befindet sich im selbstentpackenden Archiv VBGRAPH.EXE auf der Installationsdiskette zu diesem Buch. Das Programm wird während der Einrichtung im Regelfall in das Verzeichnis \VIEWEG\VBGRAPH kopiert. Die Anwendung kann, nachdem Visual Basic ausgeführt wurde, über den Menübefehl DATEI • PROJEKT ÖFFNEN in die Entwicklungsumgebung geladen werden. Wählen Sie dazu im nachfolgenden Dialogfeld die Projektdatei VBGRAPH.MAK an. Um das Programm zu starten, brauchen Sie lediglich den Menüpunkt AUSFÜHREN • STARTEN wählen. Ein eigenständig ausführbares Programm generieren Sie über den Menüpunkt DATEI • EXE-DATEI ERSTELLEN.

4.7 CD-Spieler mit CD-Player

Die professionelle Version von Visual Basic für Windows 2.0 wird durch die Steuerelementebibliothek MCI.VBX multinediafähig. Damit Programmieren Sie Ihren eigenen Klangrekorder, CD-Player oder ein Video-Abspielgerät. Dazu brauchen Sie lediglich die Steuerelementedatei MCI.VBX Ihrem Projekt hinzuzufügen. Automatisch wird beim Plazieren des Steuerelementes in ein Formular ein Bedienungsfeld geöffnet, über das Sie beispielsweise den CD-Player ansteuern. Letztgenanntes Programm wird nachfolgend vorgestellt, um einen Auschnitt der Leistungsfähigkeit dieses Steuerelementes zu demonstrieren. Der CD-Player ist mit Windows 3.0 mit Multimedia-Erweiterungen und unter Windows 3.1 lauffähig. Natürlich müssen Sie auch über die entsprechende Hardware-Ausstattung verfügen, wie eine Souind-Karte und ein CD-ROM-Laufwerk. Beachten Sie, daß das Programm nur mit der professionellen Programmversiopn von Visual Basic 2.0 übersetzt werden kann. Zur Ausführung des eigenständigen Programmnes sind die Steuerelementbibliotheken THREED.VBX und MCI.VBX notwendig.

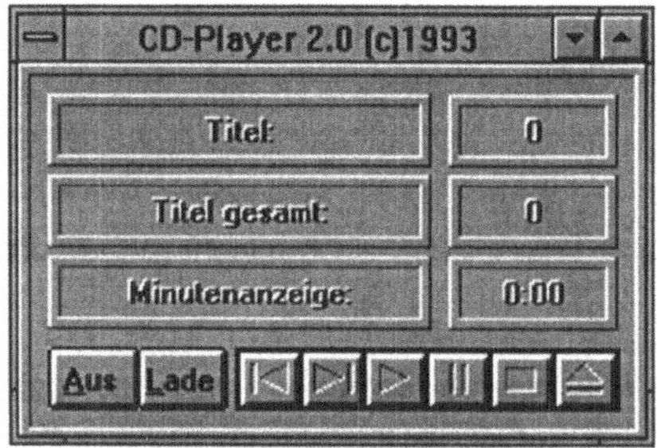

Bild 4.14: Der CD-Palyer

```
VERSION 2.00
Begin Form CDPlayer
   BorderStyle     =   1  'Nicht änderbar, einfach
   Caption         =   "CD-Player 2.0 (c)1993"
   Height          =   2610
   Left            =   615
   LinkMode        =   1  'Quelle
   LinkTopic       =   "Form1"
   MaxButton       =   0   'False
   MinButton       =   0   'False
```

```
ScaleHeight     =   2205
ScaleWidth      =   3840
Top             =   1455
Width           =   3960
Begin Timer Zeitmesser1
   Interval        =   1000
   Left            =   3960
   Top             =   60
End
Begin SSPanel SSPanel1
   Alignment       =   7  'Center - MIDDLE
   AutoSize        =   0  'None
   BackColor       =   &H00C0C0C0&
   BevelInner      =   1  'Inset
   BevelOuter      =   2  'Raised
   BevelWidth      =   1
   BorderWidth     =   3
   FloodColor      =   &H00FF0000&
   FloodShowPct    =   -1  'True
   FloodType       =   0  'None
   Font3D          =   0  'None
   ForeColor       =   &H00000000&
   Height          =   2235
   Left            =   0
   Outline         =   0   'False
   RoundedCorners  =   -1  'True
   ShadowColor     =   0  'Dark Grey
   TabIndex        =   0
   Top             =   0
   Width           =   3855
   Begin CommandButton CDEnd
      Caption         =   "&Aus"
      Height          =   375
      Left            =   180
      TabIndex        =   9
      Top             =   1680
      Width           =   555
   End
   Begin CommandButton Command1
      Caption         =   "&Lade"
      Height          =   375
      Left            =   720
      TabIndex        =   8
      Top             =   1680
      Width           =   555
   End
   Begin MMControl MMControl1
      BackVisible     =   0   'False
```

```
      Height          =   375
      Left            =   1320
      RecordVisible   =   0   'False
      StepVisible     =   0   'False
      TabIndex        =   7
      Top             =   1680
      Width           =   2370
   End
   Begin SSPanel InfoTimer
      Alignment       =   7  'Center - MIDDLE
      AutoSize        =   0  'None
      BackColor       =   &H00C0C0C0&
      BevelInner      =   1  'Inset
      BevelOuter      =   2  'Raised
      BevelWidth      =   1
      BorderWidth     =   3
      Caption         =   "0:00"
      FloodColor      =   &H00FF0000&
      FloodShowPct    =   -1  'True
      FloodType       =   0  'None
      Font3D          =   1  'Raised w/light shading
      ForeColor       =   &H00000080&
      Height          =   435
      Left            =   2640
      Outline         =   0   'False
      RoundedCorners  =   -1  'True
      ShadowColor     =   0  'Dark Grey
      TabIndex        =   6
      Top             =   1140
      Width           =   1035
   End
   Begin SSPanel SSPanel6
      Alignment       =   7  'Center - MIDDLE
      AutoSize        =   0  'None
      BackColor       =   &H00C0C0C0&
      BevelInner      =   1  'Inset
      BevelOuter      =   2  'Raised
      BevelWidth      =   1
      BorderWidth     =   3
      Caption         =   "Minutenanzeige:"
      FloodColor      =   &H00FF0000&
      FloodShowPct    =   -1  'True
      FloodType       =   0  'None
      Font3D          =   1  'Raised w/light shading
      ForeColor       =   &H00800000&
      Height          =   435
      Left            =   180
      Outline         =   0   'False
```

```
      RoundedCorners   =   -1  'True
      ShadowColor      =   0  'Dark Grey
      TabIndex         =   5
      Top              =   1140
      Width            =   2355
   End
   Begin SSPanel InfoTracks
      Alignment        =   7  'Center - MIDDLE
      AutoSize         =   0  'None
      BackColor        =   &H00C0C0C0&
      BevelInner       =   1  'Inset
      BevelOuter       =   2  'Raised
      BevelWidth       =   1
      BorderWidth      =   3
      Caption          =   "0"
      FloodColor       =   &H00FF0000&
      FloodShowPct     =   -1  'True
      FloodType        =   0  'None
      Font3D           =   1  'Raised w/light shading
      ForeColor        =   &H00000080&
      Height           =   435
      Left             =   2640
      Outline          =   0   'False
      RoundedCorners   =   -1  'True
      ShadowColor      =   0  'Dark Grey
      TabIndex         =   4
      Top              =   660
      Width            =   1035
   End
   Begin SSPanel SSPanel5
      Alignment        =   7  'Center - MIDDLE
      AutoSize         =   0  'None
      BackColor        =   &H00C0C0C0&
      BevelInner       =   1  'Inset
      BevelOuter       =   2  'Raised
      BevelWidth       =   1
      BorderWidth      =   3
      Caption          =   "Titel gesamt:"
      FloodColor       =   &H00FF0000&
      FloodShowPct     =   -1  'True
      FloodType        =   0  'None
      Font3D           =   1  'Raised w/light shading
      ForeColor        =   &H00800000&
      Height           =   435
      Left             =   180
      Outline          =   0   'False
      RoundedCorners   =   -1  'True
      ShadowColor      =   0  'Dark Grey
```

```
      TabIndex         =   3
      Top              =   660
      Width            =   2355
   End
   Begin SSPanel InfoTrack
      Alignment        =   7  'Center - MIDDLE
      AutoSize         =   0  'None
      BackColor        =   &H00C0C0C0&
      BevelInner       =   1  'Inset
      BevelOuter       =   2  'Raised
      BevelWidth       =   1
      BorderWidth      =   3
      Caption          =   "0"
      FloodColor       =   &H00FF0000&
      FloodShowPct     =   -1  'True
      FloodType        =   0  'None
      Font3D           =   1  'Raised w/light shading
      ForeColor        =   &H00000080&
      Height           =   435
      Left             =   2640
      Outline          =   0   'False
      RoundedCorners   =   -1  'True
      ShadowColor      =   0  'Dark Grey
      TabIndex         =   2
      Top              =   180
      Width            =   1035
   End
   Begin SSPanel SSPanel2
      Alignment        =   7  'Center - MIDDLE
      AutoSize         =   0  'None
      BackColor        =   &H00C0C0C0&
      BevelInner       =   1  'Inset
      BevelOuter       =   2  'Raised
      BevelWidth       =   1
      BorderWidth      =   3
      Caption          =   "Titel:"
      FloodColor       =   &H00FF0000&
      FloodShowPct     =   -1  'True
      FloodType        =   0  'None
      Font3D           =   1  'Raised w/light shading
      ForeColor        =   &H00800000&
      Height           =   435
      Left             =   180
      Outline          =   0   'False
      RoundedCorners   =   -1  'True
      ShadowColor      =   0  'Dark Grey
      TabIndex         =   1
      Top              =   180
```

```
         Width           =   2355
      End
   End
End
Const OFN_FILEMUSTEXIST = &H1000&
Const OFN_READONLY = &H4&
Const MCI_APP_TITLE = "MCI Control Application"
Const MCIERR_INVALID_DEVICE_ID = 30257
Const MCIERR_DEVICE_OPEN = 30263
Const MCIERR_CANNOT_LOAD_DRIVER = 30266
Const MCIERR_UNSUPPORTED_FUNCTION = 30274
Const MCIERR_INVALID_FILE = 30304
Const MCI_MODE_NOT_OPEN = 524
Const MCI_MODE_PLAY = 526
Const MCI_FORMAT_MILLISECONDS = 0

'Sekundenzähler
Dim Shared Zaehler&

Sub CDEnd_Click ()
  'Stoppen
  MMControl1_StopClick 0
  'auswerfen, beenden
  MMControl1_EjectClick 0
  'beenden
  End
End Sub

Sub Command1_Click ()
    'Fehlerverfolgung
    On Error GoTo MM_Error
    'CD-Treiber öffnen
    MMControl1.Command = "Open"
    'Zeitformat
    '4 Byte gesamt:
    '1.Byte: Tracks
    '2.Byte: min.
    '3.Byte: sec.
    '4.Byte: frames
    MMControl1.TimeFormat = MCI_FORMAT_HMS' MCI_FORMAT_TMSF
    'Schaltfläche zum Laden deaktivieren
    Command1.Enabled = False
    'Statusanzeige anpassen
    MMControl1_StatusUpdate
MM_Error:
    Exit Sub
End Sub
```

```
Sub Form_Load ()
    'Timer deaktivieren
    Zaehler& = -1
    Zeitmesser1.Interval = 0
    MMControl1.Wait = True
    MMControl1.UpdateInterval = 0
    'CD-Audio-Treiber
    MMControl1.DeviceType = "CDAudio"
End Sub

Sub MMControl1_BackCompleted (ErrorCode As Long)
    'Zähler zurücksetzen
    Zaehler& = -1
End Sub

Sub MMControl1_EjectClick (Cancel As Integer)
    On Error Resume Next
    'Neustart ist wieder möglich
    Command1.Enabled = True
    MMControl1.UpdateInterval = 0
    'öffnen und schließen
    MMControl1.Command = "Eject"
    MMControl1.Command = "Close"
    'Timer deaktivieren
    Zeitmesser1.Interval = 0
    'Zähler zurücksetzen
    Zaehler& = -1
End Sub

Sub MMControl1_NextCompleted (ErrorCode As Long)
    'Zähler zurücksetzen
    Zaehler& = -1
    'Statusanzeige updaten
    MMControl1_StatusUpdate
End Sub

Sub MMControl1_PauseClick (Cancel As Integer)
    'Pause
    MMControl1.UpdateInterval = 0
    'Timer anhalten
    Zeitmesser1.Interval = 0
End Sub
```

```
Sub MMControl1_PlayClick (Cancel As Integer)
    'Spielen
    MMControl1.UpdateInterval = 100
    'Timer für Sekundenzähler aktivieren
    Zeitmesser1.Interval = 1000
End Sub

Sub MMControl1_PlayCompleted (ErrorCode As Long)
    'Zähler zurücksetzen
    Zaehler& = -1
End Sub

Sub MMControl1_PrevCompleted (ErrorCode As Long)
    'Zähler zurücksetzen
    Zaehler& = -1
    'Statusanzeige updaten
    MMControl1_StatusUpdate
End Sub

Sub MMControl1_RecordCompleted (ErrorCode As Long)
    'Zähler zurücksetzen
    Zaehler& = -1
End Sub

Sub MMControl1_StatusUpdate ()
  On Error Resume Next
  'Statusanzeige
  'Anzahl der Titel auf der aktuellen CD
  InfoTracks.Caption = Str$(MMControl1.Tracks)
  'aktuelle Titelnummer
  InfoTrack.Caption = Str$(MMControl1.Track)
End Sub

Sub MMControl1_StepCompleted (ErrorCode As Long)
    'Zähler zurücksetzen
    Zaehler& = -1
End Sub

Sub MMControl1_StopClick (Cancel As Integer)
    MMControl1.UpdateInterval = 0
    'zurück zum ersten Titel
    MMControl1.To = MMControl1.Start
    MMControl1.Command = "Seek"
    MMControl1.Track = 1
    'Timer deaktivieren
    Zeitmesser1.Interval = 0
End Sub
```

```
Sub MMControl1_StopCompleted (ErrorCode As Long)
    'Zähler zurücksetzen
    Zaehler& = -1
End Sub

Sub Zeitmesser1_Timer ()
  'im Sekundentakt zählen
  Zaehler& = Zaehler& + 1
  'Minuten
  Minuten% = Zaehler& \ 60
  'Sekunden
  Sekunden% = Zaehler& - Minuten% * 60
  'formatierte Anzeige
  InfoTimer.Caption = Format$(Minuten%, "#0:") + Format$(Sekunden%, "00")
End Sub
```

Listing 4.20: Datei CDPLAY.FRM des Programmes CD-Player

Das Programm *CD-Player* befindet sich im selbstentpackenden Archiv VBMCI.EXE auf der Installationsdiskette zu diesem Buch. Das Programm wird während der Einrichtung im Regelfall in das Verzeichnis \VIEWEG\VBMCI kopiert. Die Anwendung kann, nachdem Visual Basic ausgeführt wurde, über den Menübefehl DATEI • PROJEKT ÖFFNEN in die Entwicklungsumgebung geladen werden. Wählen Sie dazu im nachfolgenden Dialogfeld die Projektdatei CDPLAY.MAK an. Um das Programm zu starten, brauchen Sie lediglich den Menüpunkt AUSFÜHREN • STARTEN wählen. Ein eigenständig ausführbares Programm generieren Sie über den Menüpunkt DATEI • EXE-DATEI ERSTELLEN.

4.8 Einnahmen-/Ausgabenüberschußrechnung WinGEWINN

Visual Basic für Windows 2.0 ist in der Standardversion mit einem MDI-Interface ausgestattet, mit dem sehr leicht MDI-Anwendungen entwickelt werden können. Dazu ist kein spezielles Steuerelement mehr erforderlich, wie es beispielsweise bei VB 1.0 noch nötig war (MDICHILD.VBX). Die professionelle Programmversion verfügt zudem über 3D-Oberflächenelemente, mit denen Sie ein Programm optisch ansprechender gestalten können. Wie Sie diese neuen Merkmale in Ihren Programmen einsetzen können, zeigt eine komplexe Einnahmen- und Ausgabenüberschußrechnung. Beachten Sie, daß das Programm nur mit der professionellen Programmversion von Visual Basic 2.0 übersetzt werden kann. Zur Ausführung des eigenständigen Programmnes ist die Steuerelementbibliothek THREED.VBX notwendig.

Einnahmen und Ausgaben

Freiberufler oder auch Privatleute können Ihr Einkommen und Ihre Ausgaben recht einfach verwalten. Die Summen der Einnahmen abzüglich aller Ausgaben ergeben den Überschuß oder auch das restliche Guthaben. So weit, so gut: Freiberufler müssen von Ihren Einnahmen jeweils einen bestimmten Mehrwertsteuersatz abführen, in der Regel 15% oder 7%. In den Ausgaben sind dementsprechend Mehrwertsteueranteile enthalten, die von den abzuführenden Mehrwertsteuerbeträgen abzugsfähig sind. Der Nettoumsatz setzt sich demnach aus der Summe der Einnahmen, abzüglich der Ausgaben und unter Verrechnung der Mehrwertsteuer zusammen. Können Sie im Privatbereich sämtliche Einnahmen und Ausgaben in einer einheitlichen Liste verwalten, so müssen Sie als Freiberufler getrennte Konten führen, wie beispielsweise Einnahmen aus dem Bereich A mit 15% Mwst. und Einnahmen aus dem Bereich B mit 7% Mwst. Dementsprechend haben Sie beispielsweise Ausgaben für Büroausstattung, Software, Literatur usw. Sämtliche Bereiche werden in sogenannten Konten verwaltet. Einzelne Konten als auch die Gesamtheit der Konten können berechnet bzw. ausgewertet werden. Werden alle Einnahmen und Ausgaben berücksichtigt, spricht man von einer Einnahmen-und Ausgabenüberschußrechnung. Obgleich die Berechungen sehr leicht sind, bietet sich aufgrund des hohen Arbeitsaufwandes eine Datenverarbeitungslösung an. Damit können Sie jederzeit aktuelle Zwischenergebnisse ermitteln, auch wenn sich einzelne Buchungen geändert haben oder neue Buchungssätze hinzugekommen sind. Einen möglichen Ansatz zu einer Einnahmen- und Ausgabenüberschußrechnung zeigt das Programm "WinGewinn".

Das Programm

"WinGewinn 1.0" ist ein Programm zur Einnahmen- und Ausgabenüberschußrechnung und nutzt die Fähigkeiten der grafischen Benutzeroberfläche Windows 3.x. Bis zu 50 Konten, zu denen Sie die Namen und Kontenbeschreibungen frei eingeben können, werden parallel für eine Auswertung unterstützt. Die Listen der auszuwertenden Konten kann bei Bedarf angepaßt werden. So können einzelne Dateien aus der Verwaltung herausgenommen und später auch wieder eingebunden werden. "WinGewinn" ist mit einer Multi-Document-Schnittstelle (MDI) ausgestattet. Kontendateien können parallel geladen und bearbeitet werden. Die Dateien selbst werden in einem gesonderten Datenverzeichnis verwaltet, so daß der Anwender sich nicht um interne Verzeichnis-Funktionen kümmern muß. Das Verzeichnis wird in dem Programmverzeichnis eingerichtet, das während der Installation gewählt wurde. Je Kontendatei können bis zu 32 767 Buchungen eingegeben werden. Konten können getrennt ausgewertet werden. So ist es kein Problem zu ermitteln, welche Summe Sie beispielsweise bereits für Software im aktuellen Buchungszeitraum ausgegeben haben. Die Auswertung selbst umfaßt in jedem Fall die gesamte Datei. Sollen bestimmte

Buchungszeiträume getrennt ausgewertet werden, so müssen diese in einzelnen Dateien zusammengefaßt werden. In der Regel erfolgt der Wechsel der Konten über die Kontenanlage zu Beginn eines neuen Buchungszeitraumes, also in der Regel am Jahresbeginn. Ihre alten Dateien sollten Sie jeweils am Jahresende auf eine Diskette sichern. Mehrwertsteuersätze können aus einer vordefinierten Liste entnonmmen oder manuell eingegeben werden. Damit ist "WinGewinn 1.0" an allgemeine Bedürfnisse anpassbar und nicht auf spezielle Lösungsgebiete beschränkt. In der aktuellen Programmversion wird lediglich eine Druckerausgabe der Berechnungsergebnisse unterstützt. Buchungssätze können lediglich auf dem Bildschirm ausgegeben werden.

System-Voraussetzungen

Das Programm "WinGewinn 1.0" ist in der vorliegenden Fassung auf einem 80286er oder höher mit dem Betriebssystem MS-DOS 3.3 oder höher oder DR DOS 6.0 plus Windows 3.1 lauffähig. Ferner sollte der Rechner mit einer EGA- oder VGA-Grafikkarte ausgestattet sein. Der Rechner sollte über mindestens 1 MByte Arbeitsspeicher, eine Festplatte und einen Drucker verfügen. Besondere Anforderungen an einen Drucker werden nicht gestellt. Um "WinGewinn" effektiv einsetzen zu können, werden folgende Hardware- und Software-Komponenten empfohlen:

⇨ IBM-kompatibler 80286er oder höher

⇨ mit mindestens 2 MByte Arbeitsspeicher

⇨ EGA- oder VGA-Karte mit Farbmonitor

⇨ 5 1/4"-Diskettenlaufwerk

⇨ Festplatte mit mindestens 2 MByte freiem Speicher

⇨ MS-DOS 5.0 oder DR DOS 6.0

⇨ installierte Maus

Das Programm "WinGewinn" wird standardmäßig im Verzeichnis \VIEWEG\GEWINN eingerichtet. Beachten Sie, daß Programm nicht korrekt eingerichtet wird, wenn während der Installation ein Fehler auftritt oder Sie das Installationsprogramm abbrechen. In diesem Fall muß das Installationsprogramm erneut ausgeführt werden. Um effektiv mit "WinGewinn" arbeiten zu können, sollten Sie zunächst sicherstellen, daß mindestens 2 MByte für das Programm und zugehörige Arbeitsdateien verfügbar sind. Reicht der Speicherplatz nicht aus, löschen Sie zunächst einige der nicht mehr benötigten Dateien von der Festplatte Ihres Rechners.

Manuelle Festplatteninstallation und Programmstart

Um WinGewinn eigenständig ohne Entwicklungsumgebung ausführen zu können, müssen die Dateien GEWINN.EXE, VBRUN200.DLL und THREED.VBX korrekt installiert sein. Dazu gehen Sie wie nachfolgend beschrieben vor, wobei vorausgesetzt wird, daß Sie das Programm auf Laufwerk C: im Verzeichnis GEWINN einrichten wollen und die Dateien GEWINN.EXE, VBRUN200.DLL und THREED.VBX im unkomprimierten Zustand auf Laufwerk A: vorliegen. Die Programmdateien liegen zunächst in der komprimierten Datei VBGEWINN.EXE auf der Installationsdiskette zu diesem Buch vor. Nach der Einrichtung befinden sich die Dateien standardmäßig imVerzeichnis C:\VIEWEG\VBGEWINN. Danach können Sie das Programm getrennt in ein neues Arbeitsverzeichnis kopieren.

1) Einrichten eines Unterverzeichnisses in einem beliebigen Festplattenlaufwerk:
   C :\> MD GEWINN [Return]
2) Wechsel in das neu erstellte Verzeichnis:
   C: \> CD GEWINN [Return]
3) Die Datei GEWINN.EXE wird in das Arbeitsverzeichnis, die Datei THREED.VBX in das Windows-Systemverzeichnis kopiert
4) Programmstart des Finanzverwaltungsprogrammes:
   C:\GEWINN> GEWINN [Return]

Beachten Sie, daß sich das Laufzeitmodul VBRUN200.DLL nicht auf der Buchdiskette befindet, da davon ausgegangen wird, daß Sie Visual Basic 2.0 in der Standard- oder professionellen Version bereits auf Ihrem Rechner eingerichtet haben.

Progammstart

Das Programm "WinGewinn" kann manuell auf Kommanzeilenebene des DOS-Betriebssystems gestartet werden. Ist Windows nicht bereits geladen aber auf dem Rechner korrekt installiert, so wird es automatisch nachgeladen und "WinGewinn" anschließend ausgeführt. Das Arbeitsverzeichnis und die Arbeitsdateien des Programmes werden automatisch zur Laufzeit angelegt. In nachfolgenden Beispiel wird das Verzeichnis C:\GEWINN\DATEN als Arbeitsverzeichnis gewählt.

```
C :\GEWINN> GEWINN [Return]
```

Natürlich können Sie das Programm auch aus deiner beliebigen Programmgruppe starten. Richten Sie dazu zunächst eine Programmgruppe ein, und nehmen Sie das Programm anschließend als Bildsymbol in diese Gruppe auf. Hinweise zum Anlegen von Programmgruppen und -symbolen können Sie Ihrem Windows-Benutzerhandbuch entnehmen.

Dateien - Licht im Dunkel

Das Programm "WinGewinn" arbeitet mit einer Vielzahl von Dateien zusammen. Um eine unzulässige Löschung von Dateien zu vermeiden, soll an dieser Stelle erläutert werden, welche Daten in welchen Dateien abgespeichert werden.

GEWINN.EXE	Hauptprogramm zur Einnahmen- und Ausgabenüberschußrechnung
VBRUN200.DLL	Laufzeitmodul zu GEWINN.EXE (muß sich in einem globalen Pfad befinden, i.d.R. \WINDOWS\SYSTEM)
THREED.VBX	DLL zu GEWINN.EXE (muß sich in einem globalen Pfad befinden, i.d.R. \WINDOWS\SYSTEM)
KONTO.LST	in dieser sequentiellen datei werden die definierten Konten verwaltet (befindet sich im Datenverzeichnis, i.d.R. \GEWINN\DATEN)
*.KTO	in den Direktzugriffsdateien mit dem Dateikürzel .KTO werden die eingegebenen Buchungssätze verwaltet (befindet sich im Datenverzeichnis, i.d.R. \GEWINN\DATEN)

Beachten Sie, daß sich sämtliche Dateien im "WinGewinn"-Datenverzeichnis befinden müssen. Dateien außerhalb dieses Verzeichnisses werden nicht unterstützt, können auch nicht geladen werden. Der Dateiauswahldialog unterstützt ausschließlich das Datenverzeichnis, der Verzeichniswechsel wurde explizit gesperrt.

Der Eröffnungsbildschirm

Die Programmoberfläche der Anwendung "WinGewinn" orientiert sich in der Oberflächengestaltung an gängigen Windows-Anwendungen und erleichtert aufgrund damit den einfachen Aufruf der unterschiedliche Programmfunktionen. Der Arbeitsbildschirm setzt sich aus mehreren wesentlichen Teilen zusammen, die nachfolgend kurz erläutert sind (s. Bild 4.15).

Statuszeile: Am unteren Bereich des Bildschirmes befindet sich die Statuszeile. Diese enthält Informationen zum Programm selbst.

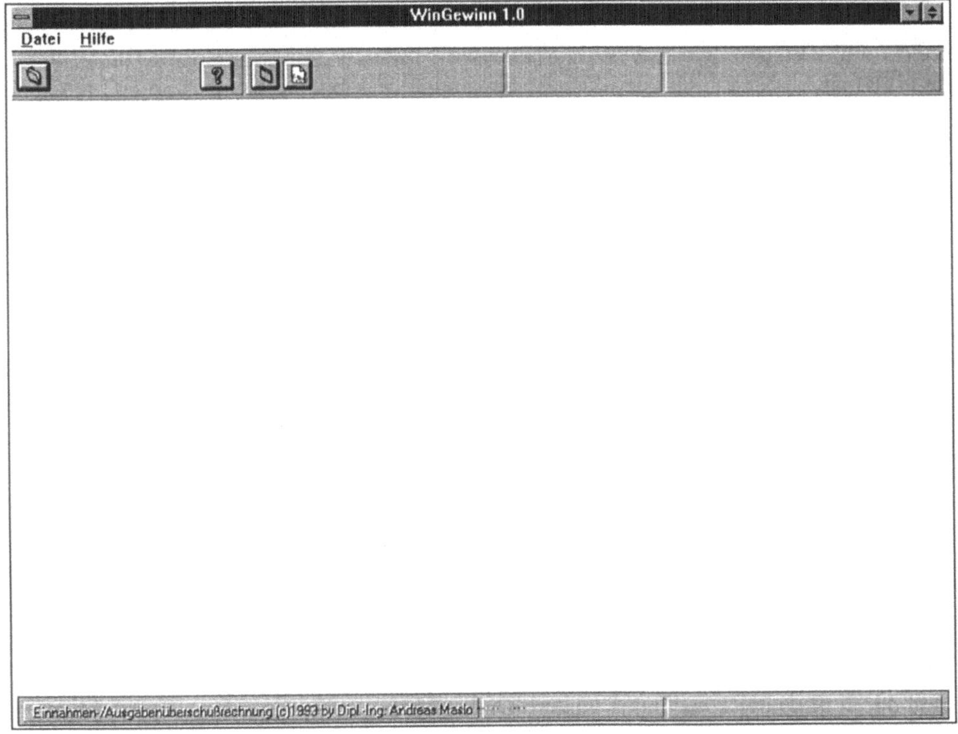

Bild 4.15: Der Eröffnungsbildschirm

Menüleiste: Über die Menüzeile rufen Sie bestimmte Programmfunktionen der Anwendung ab. Die Funktionen sind speziellen Themenbereichen zugeordnet. Im Menü *Datei* finden Sie demnach Anweisungen zum Anlegen, Löschen und Öffnen von Dateien. Hauptmenüeinträge werden durch die Tastenkombination *[Alt]+[hervorgehobenen Buchstabe],* durch die Cursortasten oder durch die Maus angewählt.

Nach entsprechender Hauptmenüanwahl und erfolgter Betätigung der Eingabetaste öffnet sich ein Untermenü, aus dem Sie erneut einen Eintrag durch Eingabe des hervorgehobenen Buchstabens, die Cursortasten oder durch die Maus auswählen. das Hauptmenpü selbst variiert, je nachdem ob Sie bereits eine Kontendatei geöffnet haben oder nicht. Auswertungen sind nur dann möglich, wenn mindestens eine Kontendatei geöffnet ist.

Arbeitsbereich: Zwischen der Satuszeile und der Menüleiste befindet sich der Arbeitsbereich. Hier werden Dialogfelder und Fenster zur Bearbeitung von Kontendateien geöffnet. Bearbtungsfenster der Kontendateien können aus diesem Arbeitsbereich, anders als andere dialogfelder, nicht herausbewegt werden. In der Regel werden Kontendateien als Dateisymbol geöffnet und müssen zur Bearbetiung zunächst durch einen Doppelklick auf dieses Symbol geöffnet werden.

Dateibearbeitungsbildschirm: Jedes Fenster zur Bearbeitung einer Kontendatei besteht aus drei Bereichen, einem Information-, einem Dateneingabe-. und einem Steuerungsbereich. In der Titelzeile des Bearbeitungsfenster wird der Name der bearbeiteten Kontendatei aufgeführt.

Dialogfenster bzw. Dialogfelder: Nach der Anwahl der meisten Menüfunktionen öffnen sich spezielle Dialogfelder zur weiteren Abfrage von Informationen. Wollen Sie beispielsweise eine Datei löschen, so erscheint zunächst ein Listenfeld, in dem Sie die Auswahl vornehmen. Die meisten Dialogfelder besitzen eine oder mehrere Schaltflächen, mit denen weitere Programmfunktionen durchgeführt werden können und durch die unter Umständen weitere Dialogfelder geöffnet werden. Die wichtigsten Schaltflächen sind nachfolgend kurz erläutert:

<OK> / <Ja> : Quittiert die gemachten Eingaben und führt die angegebene Programmfunktion weiter aus. Nach Abschluß der Aufgabe wird das Dialogfeld im Regelfall automatisch geschlossen.

<Nein>/<Abbrechen>/<Beenden> : Beendet bzw. bricht die gewählte Programmfunktion ab. Das Dialogfeld wird geschlossen.

<Löschen>: Achtung: Betätigen Sie diese Schaltfläche, werden Daten unwiederruflich gelöscht. Ein Retten der Daten ist nicht möglich, eine Sicherheitsabfrage erfolgt nicht!

<Statistik>: Nach Anwahl dieser Schaltfläche wird die aktuell bearbeitete Kontendatei ausgewertet.

Konten anlegen

Mit diesem Menübefehl können Sie bis zu 50 Konten definieren und anlegen bzw. bereits vorhandene Konten bearbeiten. Diese Funktion ist die erste, die Sie nach der Installation aufrufen. Wählen Sie den Menübefehl *Datei\Konten anlegen* an.Es öffnet sich ein Dialogfeld, wie in Bild 4.16 dargestellt.

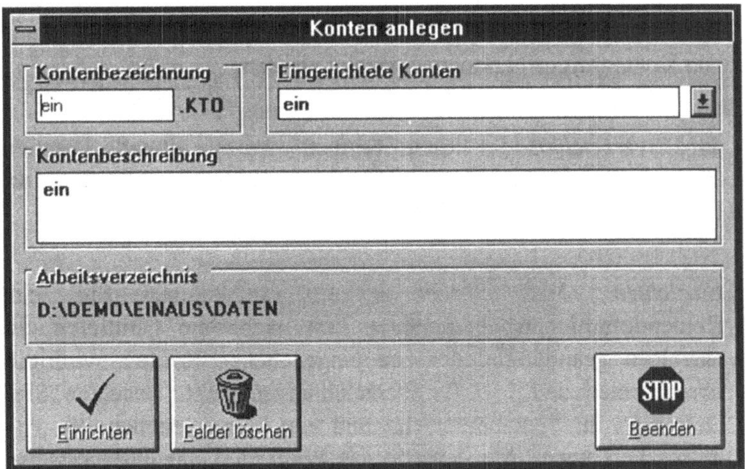

Bild 4.16: Konten anlegen

Die einzelnen Eingabebereiche des Dialogfeldes sind nachfolgend erläutert:

> *Kontenbezeichnung:* Geben Sie in diesem Textfeld den Namen (ohne Suffix) für eine neu einzurichtende Kontodatei an. Die Eingabe wird automatisch in das Textfeld des Kombinationslistenfeldes übernommen. Geben Sie anschließend eine Kontobeschreibung aus maximal 300 Zeichen ein. Haben Sie im Kombinationslistenfeld eine bereits eingerichtete Datei angewählt, werden die Informationen automatisch zur Bearbeitung angezeigt. In jedem Fall sind Änderungen an Daten explizit über die Schaltfläche <Einrichten> zu sichern. Änderungen am Dateinamen führen dabei automatisch zum Einrichten einer neuen Datei!
>
> *Eingerichte Konten:* Geben Sie in diesem Kombinationslistenfeld wahlweise zum Textfeld *Kontenbezeichnung* eine neu einzurichtende Kontodatei an. Die Eingabe wird automatisch in das Textfeld übernommen. Geben Sie anschließend eine Kontobeschreibung aus maximal 300 Zeichen ein. Haben Sie im Kombinationslistenfeld eine bereits eingerichtete Datei

angewählt, werden die Informationen automatisch zur Bearbeitung angezeigt. In jedem Fall sind Änderungen an Daten explizit über die Schaltfläche <Einrichten> zu sichern. Änderungen am Dateinamen führen auch hier automatisch zum Einrichten einer neuen Datei!

Kontenbeschreibung: Die Kontobeschreibung dient dem Anwender ausschließlich zur Identifizierung der Kontendatei. Die Informationen werden bei der dateneingabe angezeigt und können auch vor dem Löschen con Konteninfgormationen angezeigt werden.

Arbeitsverzeichnis: In diesem Rahmen wird das aktuelle Datenverzeichnis angezeigt. Änderungen am Datenverzeichnis sind in der vorliegenden Programmfassung nicht möglich.

Einrichten: Mit dieser Schaltfläche können Sie eingegebene Kontendefinitionen übernehmen. Erst nach dem Quittieren eines jeden einzelnen geänderten oder neu eingegebenen Kontos, wird dieses auch übernommen und im Datenverzeichnis angelegt. Beachten Sie, daß die Definition im Speicher erfolgt und erst beim Beenden des Programmes gespeichert wird. Beenden Sie das Programm unzulässigerweise, können Kontendefinitionen, nicht jedoch die Kontendateien selbst mit den bereits eingegebenen Buchungen verloren gehen. Haben Sie Kontendefinitionen über diesen Befehl übernommen, wird die Liste *Eingerichtete Konten* automatisch aktualisiert.

Felder löschen: Um ein neues Konto einzurichten, können Sie über diese Schaltfläche die Eingabefelder löschen und damit das manuelle Löschen bereits vorhandenen Feldinhalte umgehen.

Beenden: Mit dieser Schaltfläche können Sie das Dialogfeld wieder sichern. Beachten Sie, daß eine eventuell neu eingegebene neue Kontendefinition nichtz automatisch gesichert wird. Hierzu ist explizit die Schaltfläche <Einrichten> anzuwählen.

Konto löschen

Wählen Sie diesen Menübefehl, um definierte Kontendefinitionen zu löschen. Beachten Sie, daß Sie nur definierte Kontendateien für eine Gesamtberechnung der Einnahmen und Ausgaben berücksichtigen können. Einzelne Auswertungen von Dateien sind jedoch auch dann möglich, wenn keine Kontendefinition mehr vorhanden ist. Um eine gelöschte Definition in die Kontenliste wieder aufzunehmen, brauchen Sie lediglich den zugehörigen Namen der Kontodatei (ohne Suffix) wieder im Dialogfeld *Konto anlegen* eingeben. Das Löschen eines Kontos führt also nur zum Löschen einer Kontendefinition, nicht aber zum Löschen von Kontendateien. Wählen Sie den Menübefehl *Datei\Konto löschen* an, öffnet sich ein Dialogfeld, wie in Bild 4.17 dargestellt.

Bild 4.17: Dialogfeld zum Löschen von Konten

Wählen Sie nach dem Aufruf dieser Funktion zunächst in der Kontenliste die zu löschenden Dateien aus. Auch Mehrfachmarkierungen sind möglich. Dazu müssen Sie die einzelnen Konten lediglich anklicken. Über die Schatlfläche <Löschen> werden die markierten Konten ohne Sicherheitsabfrage gelöscht. Über die Befehlsschaltfläche <Abbrechen> brechen Sie die Löschfunktion vorzeitig ab. Wissen Sie nicht, welche Buchungen sich hinter dem jeweiligen Konto verbergen, können Sie die Kontendefinition abrufen, vorausgesetzt, Sie haben eine zugehörige Kontenbeschreibung bei der Kontenanlage eingegeben. Wählen Sie dazu die Schaltfläche <Info>. Es öffnet sich ein Dialogfeld, wie nachfolgend dargestellt.

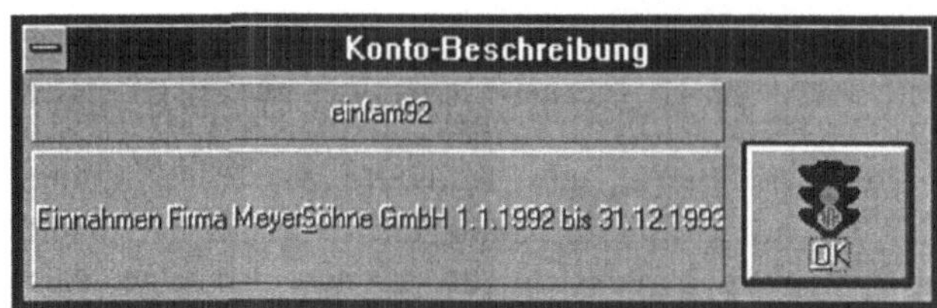

Bild 4: Kontenbeschreibung abrufen

Quittieren Sie im Dialog *Info* die Schaltfläche <OK>, gelangen Sie in das Dialogfeld zum Löschen von Kontendefinitionen zurück.

Kontendateien öffnen

Um Kontendateien zu bearbeiten und neue Buchungssätze einzugeben, wählen Sie den Menübefehl *Datei\Öffnen* an. Es öffnet sich das folgende Windows-typische Dialogfeld. Beachten Sie dabei, daß die Dateianwahl ausschließlich über das Dateilistenfeld erfolgt. Hier sind auch Mehrfachmarkierungen möglich.

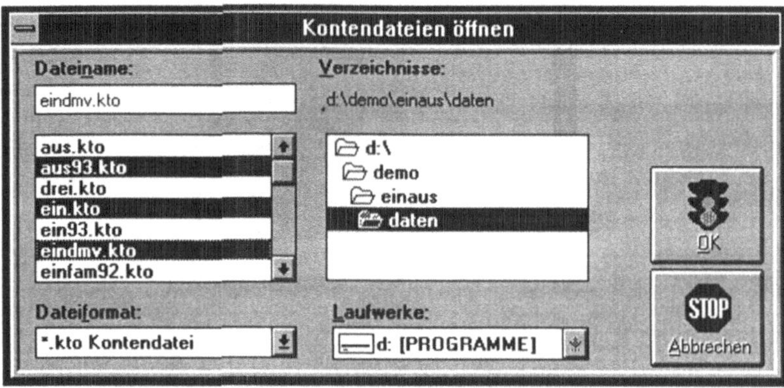

Bild 4.18: Kontendateien öffnen

Haben Sie die Dateien angewählt (s. Bild 4.18), quittieren Sie Ihre Anwahl mit der Schaltfläche <OK>. Wollen Sie den Dialog abbrechen, ohne die Dateien zu öffnen, wählen Sie die Schaltfläche <Abbrechen> an. Jede geöffnete datei wird in ein eigenes Dokumentenfenster geladen. Die Dokumentenfenster selbst sind zunächst auf Symbolgröße verkleinert und müssen zur Bearbeitung durch einen Doppelklick geöffnet werden.

Der Arbeitsbildschirm

Haben Sie Kontendateien geladen und geöffnet, präsentiert sich der Arbeitsbildschirm wie in Bild 4.19 dargestellt. Die Fenster können beliebig auf dem Bildschirm positioniert und in der Größe geändert werden. Die Fensterfunktionen können über das Menü *Fenster* abgerufen werden. Die einzelnen Fensterfunktionen sind anschließend kurz erläutert:

Fenster\Überlappend: Mit diesem Befehl ordnen Sie mehrere geöffnete Dokumentenfenster überlappend bzw. gestapelt auf dem Bildschirm an. Die Titelleisten bleiben, soweit möglich, sichtbar. Über diese Titelleiste können Fenster gezielt in den Vordergrund geholt werden. Die Fensterliste der geöffneten Kontendateien wird außerdem im Menü *Datei* verwaltet. Hierüber können Sie Kontendateien ebenfalls gezielt zur Bearbeitung anwählen.

Fenster\Nebeneinander: Mit diesem Befehl ordnen Sie mehrere geöffnete Dokumentenfenster nebeneinander auf dem Bildschirm an. Aufgrund der Größe des Bearbeitungsfensters ist das Anordnen von Fenstern auf diese Art und Weise nur bei maximal zwei geöffneten Dokumentenfenstern sinnvoll.

Fenster\Untereinander: Mit diesem Befehl ordnen Sie mehrere geöffnete Dokumentenfenster untereinander auf dem Bildschirm an. Aufgrund der Größe des Bearbeitungsfensters ist das Anordnen von Fenstern auf diese Art und Weise nur bei maximal zwei geöffneten Dokumentenfenstern sinnvoll.

Fenster\Symbole anordnen: Mit diesem Befehl ordnen Sie auf Symbolgröße verkleinerte Dokumentenfenster auf dem Bildschirm an. Können die Symbole nicht komplett im Arbeitsbereich dargestellt werden, wird dieser mit einer vertikalen Bildlaufleiste ausgestattet, die das Scrollen des Arbeitsbereiches erlaubt.

Fenster\Schließen: Mit diesem Befehl oder der Tastenkombination *[Strg]+[C]* schließen Sie das aktuelle Dokumentenfenster. Das aktuelle Dokumantenfenster kann geöffnet oder auch auf Symbolgröße verkleinert sein.

Fenster\Alle schließen: Mit diesem Befehl schließen Sie alle aktuellen Dokumentenfenster. Da Buchungen in Dirketzugriffsdateien verwaltet werden, ist eine explizite Speicherung der Daten beim Verlassen der Dateibearbeitung nicht erforderlich. Daten werden automatisch beim Schließen eines Fensters oder beim Blättern zwischen den einzelnen Datensätzen auf dem Festspeicher gesichert.

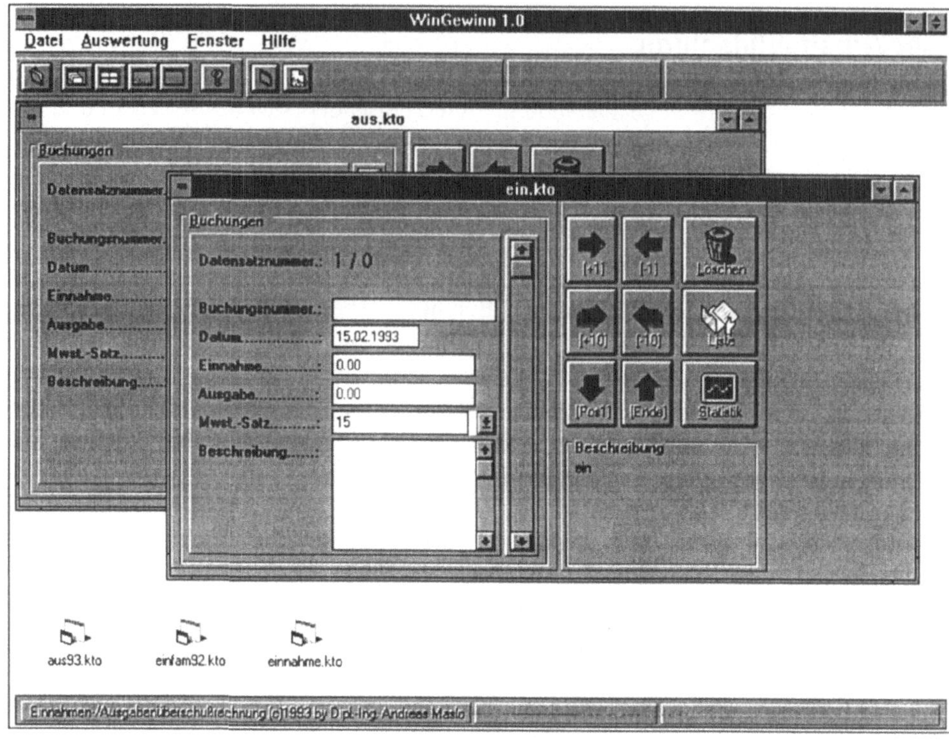

Bild 4.19: Der Arbeitsbildschirm

Die wichtigsten Programmfunktionen können alternativ über Symbolschaltflächen, die sich unterhalb der Menüleiste befinden, abgerufen werden. Von links nach rechts haben die Symbole folgende Funktion:

1) Kontendatei(en) öffnen
2) Dokumentenfenster stapeln
3) Dokumentenfenster nebeneinander anordnen
4) Symbole der Dokumantenfenster anordnen
5) Kurzinformationen abrufen
6) Konten definieren und anlegen
7) Kontendefinitionen löschen

Buchungen eingeben und ändern

Buchungen zu speziellen Konten werden im jeweiligen Bearbeitungsfenster vorgenommen. Sie können jedes Bearbeitungsfenster auf Vollbildgröße vergrößern. Klicken Sie dazu mit der Maus auf das nach oben zeigende dreieck am rechten Rand der Titelleiste. Es ergibt sich ein Bild, wie nachfolgend dargestellt.

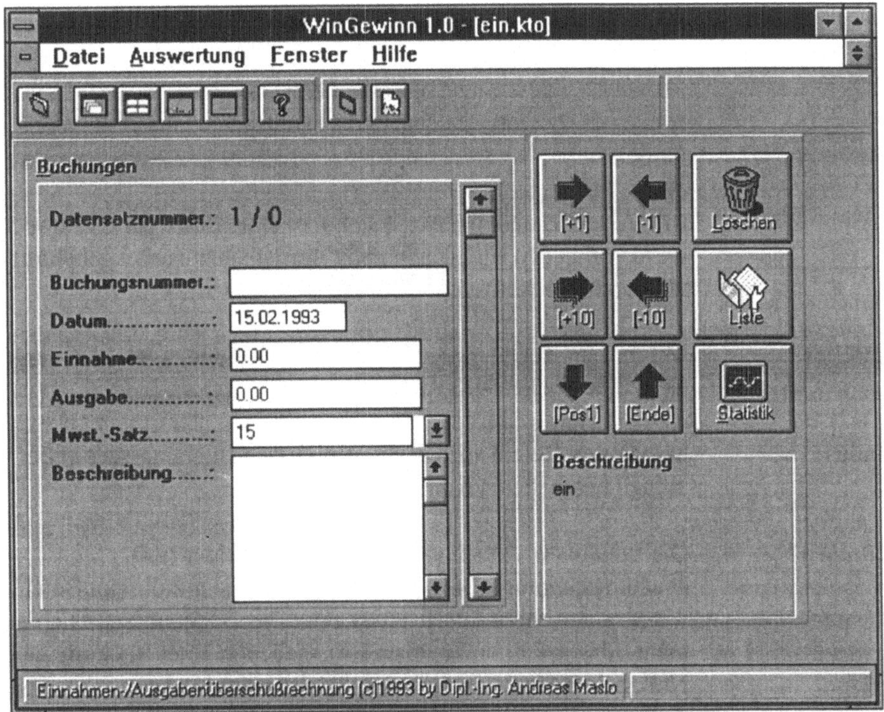

Bild 4.20: Verwaltung von Buchungssätzen

Zu jeder Buchung wird automatisch die interne Datensatznummer und die Anzahl der bereits in die Kontendatei eingebenen Buchungen in der Form *Datensatznummer/GesamtanzahlDatensätze* angezeigt. Zu jeder Buchung können Sie eine interne Buchungsnummer (maximal 30 Zeichen) , die Sie für die eigene Verwaltung benötigen, ein Buchungsdateum (maximal 10 Zeichen), eine Einnahme oder Ausgabe, einen Mehrwertsteuersatz (Ganzzahl, maximal 2 Zeichen) und eine Beschreibung (maximal 300 Zeichen) eingeben. Beachten Sie, daß eine Eingabe in das Einnahmefeld automatisch das vorhandene Ausgabefeld und eine Eingabe in das Ausgabefeld automatisch das vorhandene Eingabefeld löscht. Im Rahmen *Beschreibung* wird die Kontenbeschreibung angezeigt, die Sie eventuell bei der Anlage des Kontos angegeben haben. Spezielle Schaltflächen erlauben das Blättern zwischen den Buchungen, das Auswerten einer einzelnen Kontendatei und die Listenanzeige der Buchungssätze. Die einzelnen Schaltflächen sind nachfolgend erläutert:

<+1>: Mit dieser Schaltfläche blättern Sie zum nächsten Datensatz oder fügen einen neuen Buchungssatz an das Dateiende an

<+10>: Mit diesem Befehl blättern Sie um 10 Datensätze nach vorne, soweit diese vorhanden sind. Kann nicht um 10 Sätze weitergeblättert werden, wird der Befehl ignoriert.

<-1>: Mit dieser Schaltfläche blättern Sie zum vorangehenden Datensatz. Ist der erste Datensatz bereits aktiv, wird der Befehl ignoriert.

<-10> : Mit diesem Befehl blättern Sie um 10 Datensätze zurück, soweit diese vorhanden sind. Kann nicht um 10 Sätze zurückgeblättert werden, wird der Befehl ignoriert.

<Pos1>: Mit diesem Befehl steuern Sie den ersten Buchungssatz in der aktuell bearbeiteten Kontodatei an.

<Ende>: Mit diesem Befehl steuern Sie den letzten Buchungssatz in der aktuell bearbeiteten Kontodatei an.

<Löschen>: Die Inhalte der aktuell angezeigten Datenfelder (z.B. Buchungsnummer, Datum usw.) löschen Sie mit diesem Befehl. Ein physikalisches Löschen des aktuellen Buchungssatzes erfolgt nicht. Sind die Einnahmen und Ausgaben in einer Buchung gleich Null, haben Sie keine Auswirkung auf irgendwelche Auswertungen.

<Liste>: Sämtliche Buchungssätze, geordnet nach Einnahmen und Ausgaben, lassen Sie sich mit Hilfe dieser Befehlsschaltfläche auflisten.

<Statistik>: Eine dateiorientierte Kontenauswertung der aktuellen Kontodatei nehmen Sie mit dieser Schaltfläche vor.

Weitere Informationen zu den Befehlen Liste und Statistik erhalten Sie im folgenden.

Listenausgabe der Buchungen

Diese Funktion erlaubt einen Gesamtüberblick über die Daten der jeweils bearbeiteten Datei. Unter Umständen werden je Datensatz nur Teilinformationen ausgegeben, die vom Anwender entsprechend zu interpretieren sind. Der Aufruf erfolgt über die Schaltfläche <Liste> im Kontenbearbeitungsfenster oder über den Menübefehl *Auswertung\Konto auswerten*. Es öffnet sich ein Dialogfeld, wie nachfolgend abgebildet.

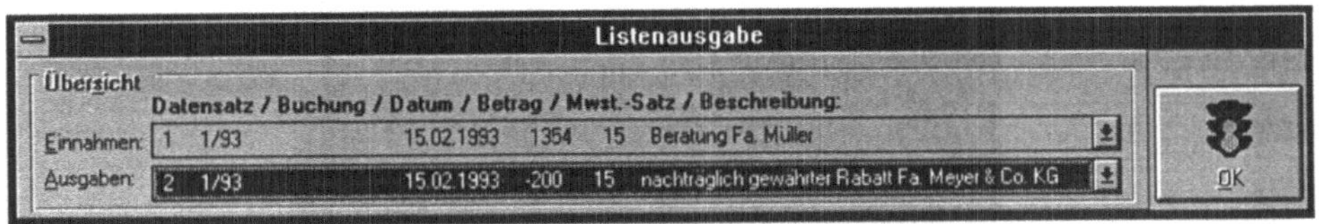

Bild 4.21: Die kontenorientierte Listenausgabe

Einnahmen und Ausgaben werden in getrennten Kombinatioonslistenfeldern verwaltet. Je nach Bedarf können Sie das jeweilige Kombinationslistenfeld öffnen und Daten auf Korrektheit überprüfen. Über die Schaltfläche <OK> wird das Dialogfeld wieder geschlossen und Sie kehren zum Kontenbearbeitungsfenster zurück.

Aktuelles Konto auswerten

Mit den Statistikinformationen ermitteln Sie sehr schnell einzelne Kontenstände der aktuell eingegebenen Werte ab. Die Ergebnisse können werden in einem Dialogfeld angezeigt (Bild 4.22). Über die Schaltfläche <OK> beenden Sie die Statistikanzeige wieder. Sie können diese Funktion jederzeit abrufen.

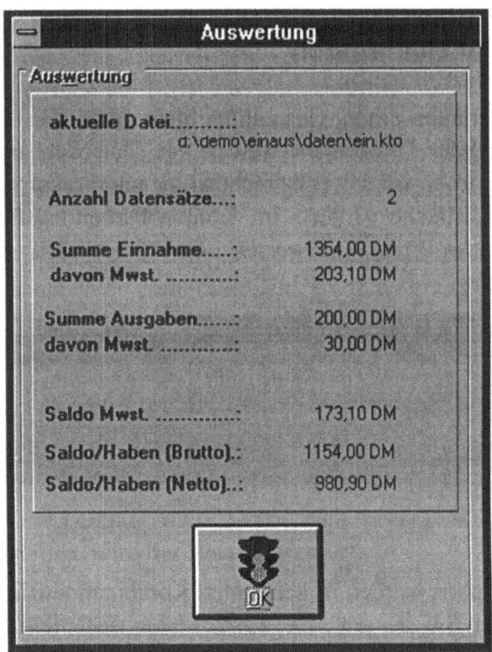

Bild 4.22: Die Konto-Statistik

Die Ergebnisse werden wie nachfolgend beschreiben errechnet und können für weitere Berechnungen genutzt werden:

Summe Einnahme	=	Bruttosumme aller Einnahmen (einschl. Mwst.)
davon Mwst.	=	eingenommene und theoretisch abzuführende Mehrwertsteuer aller Einnahmen (unterschiedliche Mehrwertsteuersätze werden berücksichtigt)
Summe Ausgabe	=	Bruttosumme aller Ausgaben (einschl. Mwst.)
davon Mwst.	=	in den Ausgaben enthaltene Mehrwertsteuer ("durchlaufender Posten"), kann im Zusammenhang mit zu leistender Mwst.-Zahlung geltend gemacht werden
Saldo Mwst.	=	Mwst. Einnahmen abzüglich Mwst. Ausgaben
Saldo/Haben (brutto)	=	Einnahmen (einschl. Mwst) abzügl. Ausgaben (einschl. Mwst.)
Saldo/Haben (netto)	=	Einnahmen - Einnahmen/Mwst. - Ausgaben + Ausgaben/Mwst.

Einnahmen-/Ausgabenüberschußrechnung

Um eine kontenübergreifende Auswertung vorzunehmen, wählen Sie den Menüpunkt *Auswertung\Einnahmen-/Ausgabenüberschußrechnung*. Es öffnet sich das folgende Dialogfeld.

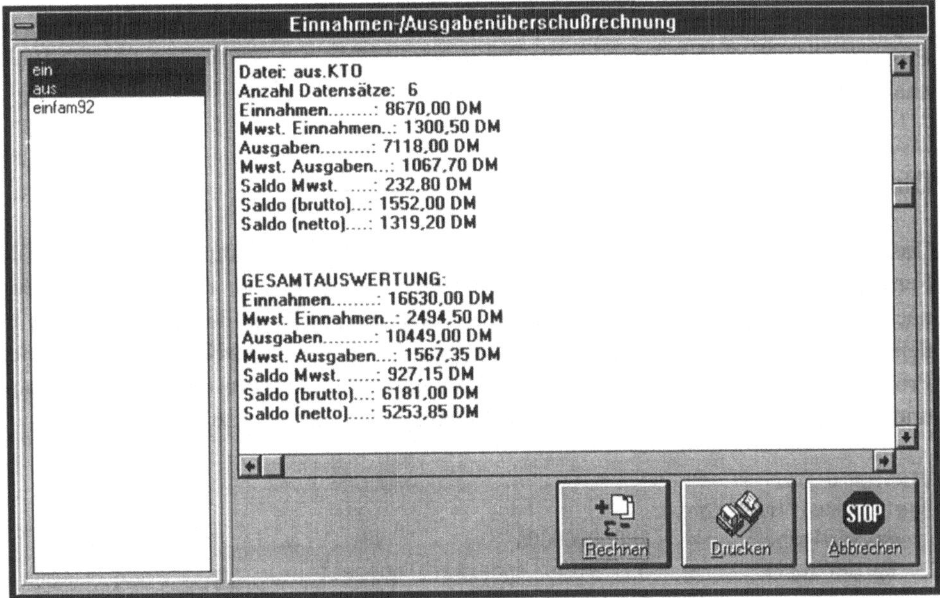

Bild 4.23: Einnahmen-/Ausgabenüberschußrechnung

Im linken Fensterbereich werden die definierten Konten angezeigt. Wählen Sie ein oder mehrere Konten, die für die Einnahmen-/Ausgabenüberschußrechnung berücksichtigt werden sollen. Die Ergebnisse können auf dem Bildschirm oder auf einem Drucker ausgeben werden. Die Bildschirmausgabe faßt die Ergebnisse zusammen. Um die Berechung durchzuführen und die Ergebnisse im bearbeitbaren (!) Textfeld ausgeben zu lassen, betätigen Sie die Schaltfläche <Rechnen>. Den Inhalt des Textfeldes können Sie mit dem Befehl <Drucken> auf dem Windows-Standard-Drucker ausgeben, mit <Abbrechen> beendigen Sie den kontoübergreifenden Auswertungsmodus. Beachten Sie, daß Sie für den Ausdruck Kommentare in das Textfeld aufnehmen können.

Sonstiges

Einige Menüpunkte wurden bislang noch nicht angeführt. Diese seien der Vollständigkeit halber nachfolgend genannt:

Datei\Beenden: Über diesen Befehl beenden Sie das Programm "WinGewinn" wieder und Sie gelangen zurück in die Windows-Oberfläche, und zwar auch dann, wenn Sie das Programm von der DOS-Kommandozeilenebene aus gestartet haben.

Hilfe: Über den Menübefehl *Hilfe\Kurzinformationen* erhalten Sie eine kurze Programmbeschreibung. Die aktuelle Programmversion und der Programmname wird nach Aufruf des Menübefehls *Hilfe\Über...* angezeigt.

Die Quellen

Das Programm WinGEWINN zeigt Ihnen, wie Sie MDI-Anwendungen erzeugen. Die Fensterverwaltung ist für alle MDI-Anwendungen einheitlich, so daß Sie sich an den nachfolgenden Listings orientieren können. Interna können Sie den Anmerkungen in den Quelldateien entnehmen, wie beispielsweise das Iterieren durch alle Formen eines Programmes, das Öffnen eines MDI-Fensters durch das Anlegen einer neuen Instanz und das Entfernen aller Kindfenster, ohne auch das Elternfenster zu schließen.

```
VERSION 2.00
Begin Form frmDelKonto
   BackColor      =   &H00C0C0C0&
   BorderStyle    =   3  'Nicht änderbar, doppelt
   Caption        =   "Konten löschen"
   Height         =   3405
   Left           =   2595
   LinkTopic      =   "Form1"
   MaxButton      =   0   'False
   MinButton      =   0   'False
   ScaleHeight    =   3000
   ScaleWidth     =   3390
   Top            =   2805
   Width          =   3510
```

```
Begin SSCommand Command3D3
   Caption         =   "&Info"
   Font3D          =   1  'Raised w/light shading
   FontBold        =   0   'False
   FontItalic      =   0   'False
   FontName        =   "MS Sans Serif"
   FontSize        =   8,25
   FontStrikethru  =   0   'False
   FontUnderline   =   0   'False
   ForeColor       =   &H00000000&
   Height          =   915
   Left            =   2220
   Picture         =   DELKONTO.FRX:0000
   TabIndex        =   3
   Top             =   1080
   Width           =   1095
End
Begin SSCommand Command3D2
   Caption         =   "&Abbrechen"
   Font3D          =   1  'Raised w/light shading
   FontBold        =   0   'False
   FontItalic      =   0   'False
   FontName        =   "MS Sans Serif"
   FontSize        =   8,25
   FontStrikethru  =   0   'False
   FontUnderline   =   0   'False
   ForeColor       =   &H00000000&
   Height          =   915
   Left            =   2220
   Picture         =   DELKONTO.FRX:0302
   TabIndex        =   4
   Top             =   2040
   Width           =   1095
End
Begin SSCommand Command3D1
   Caption         =   "&Löschen"
   Font3D          =   1  'Raised w/light shading
   FontBold        =   0   'False
   FontItalic      =   0   'False
   FontName        =   "MS Sans Serif"
   FontSize        =   8,25
```

```
      FontStrikethru  =   0   'False
      FontUnderline   =   0   'False
      ForeColor       =   &H00000000&
      Height          =   915
      Left            =   2220
      Picture         =   DELKONTO.FRX:0604
      TabIndex        =   2
      Top             =   120
      Width           =   1095
   End
   Begin SSPanel Panel3D1
      BackColor       =   &H00C0C0C0&
      BevelInner      =   1  'Inset
      BorderWidth     =   2
      Font3D          =   1  'Raised w/light shading
      ForeColor       =   &H00000000&
      Height          =   2955
      Left            =   0
      TabIndex        =   0
      Top             =   0
      Width           =   2115
      Begin ListBox Liste1
         FontBold        =   0   'False
         FontItalic      =   0   'False
         FontName        =   "MS Sans Serif"
         FontSize        =   8,25
         FontStrikethru  =   0   'False
         FontUnderline   =   0   'False
         Height          =   2760
         Left            =   120
         MultiSelect     =   1  'Einfach
         TabIndex        =   1
         Top             =   120
         Width           =   1875
      End
   End
End
```

```
Sub Command3D1_Click ()
  'Initialisierung zurücknehmen
  For x% = 1 To 50
    Konto$(x%) = "": KontoInfo$(x%) = ""
  Next x%
  'und löschen
  For x% = 0 To Liste1.ListCount - 1
    If Liste1.Selected(x%) = True Then
      'Markierung vorhanden
      Kennung$ = Liste1.List(x%)
      'Zeile auswerten
      Anzahl% = Anzahl% + 1
      Konto$(Anzahl%) = Trim$(Left$(Kennung$, 11))
      Gesamt% = Len(Kennung$)
      Laenge% = Len(Konto$(Anzahl%))
      KontoInfo$(Anzahl%) = Trim$(Right$(Kennung$, Gesamt% - Laenge%))
    End If
  Next x%
  Unload frmDelKonto
End Sub

Sub Command3D2_Click ()
  Unload frmDelKonto
End Sub

Sub Command3D3_Click ()
  frmName!Panel3D1.Caption = Konto$(Liste1.ListIndex + 1)
  frmName!Panel3D2.Caption = KontoInfo$(Liste1.ListIndex + 1)
  frmName.Show 1
End Sub

Sub Form_Load ()
  'Konten initialisieren
  For x% = 1 To 50
    If Konto$(x%) <> "" Then
      Liste1.AddItem Konto$(x%)
    End If
  Next x%
  CenterFormOnScreen Me
End Sub
```

Listing 4.20: Die Datei DELKONTO.FRM des Programmes WinGEWINN.

```
VERSION 2.00
Begin Form frmEinAus
   BorderStyle     =   3  'Nicht änderbar, doppelt
   Caption         =   "Einnahmen-/Ausgabenüberschußrechnung"
   Height          =   6120
```

```
Left            =  1515
LinkTopic       =  "Form1"
MaxButton       =  0   'False
MinButton       =  0   'False
ScaleHeight     =  5715
ScaleWidth      =  9735
Top             =  1845
Width           =  9855
Begin SSPanel Panel3D1
   BackColor       =  &H00C0C0C0&
   BorderWidth     =  2
   Font3D          =  1  'Raised w/light shading
   ForeColor       =  &H00000000&
   Height          =  5715
   Left            =  0
   TabIndex        =  0
   Top             =  0
   Width           =  9735
   Begin SSPanel Panel3D3
      BackColor       =  &H00C0C0C0&
      BevelInner      =  1  'Inset
      BorderWidth     =  2
      Font3D          =  1  'Raised w/light shading
      ForeColor       =  &H00000000&
      Height          =  5535
      Left            =  2220
      TabIndex        =  7
      Top             =  60
      Width           =  7455
      Begin TextBox Text1
         Height          =  4335
         Left            =  120
         MultiLine       =  -1  'True
         ScrollBars      =  3  'Beide
         TabIndex        =  5
         Top             =  120
         Width           =  7215
      End
      Begin SSCommand Command3D1
         Caption         =  "&Rechnen"
         Font3D          =  1  'Raised w/light shading
         FontBold        =  0   'False
         FontItalic      =  0   'False
         FontName        =  "MS Sans Serif"
         FontSize        =  8.25
         FontStrikethru  =  0   'False
         FontUnderline   =  0   'False
         ForeColor       =  &H00000000&
```

```
      Height          =   915
      Left            =   3480
      Picture         =   EINAUS.FRX:0000
      TabIndex        =   2
      Top             =   4500
      Width           =   1215
   End
   Begin SSCommand Command3D4
      Caption         =   "&Abbrechen"
      Font3D          =   1  'Raised w/light shading
      FontBold        =   0   'False
      FontItalic      =   0   'False
      FontName        =   "MS Sans Serif"
      FontSize        =   8,25
      FontStrikethru  =   0   'False
      FontUnderline   =   0   'False
      ForeColor       =   &H00000000&
      Height          =   915
      Left            =   6120
      Picture         =   EINAUS.FRX:0302
      TabIndex        =   4
      Top             =   4500
      Width           =   1215
   End
   Begin SSCommand Command3D3
      Caption         =   "&Drucken"
      Font3D          =   1  'Raised w/light shading
      FontBold        =   0   'False
      FontItalic      =   0   'False
      FontName        =   "MS Sans Serif"
      FontSize        =   8,25
      FontStrikethru  =   0   'False
      FontUnderline   =   0   'False
      ForeColor       =   &H00000000&
      Height          =   915
      Left            =   4800
      Picture         =   EINAUS.FRX:0604
      TabIndex        =   3
      Top             =   4500
      Width           =   1215
   End
End
Begin SSPanel Panel3D2
   BackColor       =   &H00C0C0C0&
   BevelInner      =   1  'Inset
   BorderWidth     =   2
   Font3D          =   1  'Raised w/light shading
   ForeColor       =   &H00000000&
```

```
         Height           =   5535
         Left             =   60
         TabIndex         =   6
         Top              =   60
         Width            =   2115
         Begin ListBox Liste1
            FontBold         =   0   'False
            FontItalic       =   0   'False
            FontName         =   "MS Sans Serif"
            FontSize         =   8,25
            FontStrikethru   =   0   'False
            FontUnderline    =   0   'False
            Height           =   5295
            Left             =   120
            MultiSelect      =   1  'Einfach
            TabIndex         =   1
            Top              =   120
            Width            =   1875
         End
      End
   End
End

Sub Command3D1_Click ()
  On Error Resume Next
  CL$ = Chr$(13) + Chr$(10)
  DNr% = FreeFile
  For X% = 0 To Liste1.ListCount - 1
    If Liste1.Selected(X%) = True Then
      MousePointer = 11
      'Werte für Berechnung
      Saldo@ = 0
      Einnahme@ = 0
      Ausgabe@ = 0
      EMwst@ = 0
      AMwst@ = 0
      Open App.Path + "\Daten\" + Liste1.List(X%) + ".KTO" For Random_
                  As #DNr% Len = Len(EinAus)
      SatzAnzahl% = LOF(DNr%) \ Len(EinAus)
      For SatzNr% = 1 To SatzAnzahl%
        'Arbeitsstand am Bildschirm anzeigen
        GetRecord DNr%, SatzNr%, Me
        If EinAus.Wert > 0 Then
            Einnahme@ = Einnahme@ + EinAus.Wert
            EMwst@ = EMwst@ + (EinAus.Wert / 100 * EinAus.Mwst)
          ElseIf EinAus.Wert < 0 Then
            EinAus.Wert = EinAus.Wert * (-1)
            Ausgabe@ = Ausgabe@ + EinAus.Wert
```

```
            AMwst@ = AMwst@ + (EinAus.Wert / 100 * EinAus.Mwst)
            'zunächst positive Summe bilden
        End If
        SaldoMwst@ = EMwst@ - AMwst@
        Saldo@ = Einnahme@ - Ausgabe@
        SaldoNetto@ = Einnahme@ - EMwst@ - Ausgabe@ + AMwst@
      Next SatzNr%
      SatzNr% = SatzNr% - 1
      'Ergebnisse ausgeben
      T$ = T$ + "Datei: " + Listel.List(X%) + ".KTO" + CL$
      T$ = T$ + "Anzahl Datensätze: " + Str$(SatzNr%) + CL$
      T$ = T$ + "Einnahmen........: " + _
            Format$(Einnahme@, "##########0.00 \D\M") + CL$
      T$ = T$ + "Mwst. Einnahmen..: " + _
            Format$(EMwst@, "##########0.00 \D\M") + CL$
      T$ = T$ + "Ausgaben.........: " + _
            Format$(Ausgabe@, "##########0.00 \D\M") + CL$
      T$ = T$ + "Mwst. Ausgaben...: " + _
            Format$(AMwst@, "##########0.00 \D\M") + CL$
      T$ = T$ + "Saldo Mwst. .....: " + _
            Format$(SaldoMwst@, "##########0.00 \D\M") + CL$
      T$ = T$ + "Saldo (brutto)...: " + _
             Format$(Saldo@, "##########0.00 \D\M") + CL$
      T$ = T$ + "Saldo (netto)....: " + _
            Format$(SaldoNetto@, "##########0.00 \D\M") + CL$ + CL$
      Close #DNr%
      MousePointer = 1
      'Gesamtstatistik
      GesamtEinnahme@ = GesamtEinnahme@ + Einnahme@
      GesamtEMwst@ = GesamtEMwst@ + EMwst@
      GesamtAusgabe@ = GesamtAusgabe@ + Ausgabe@
      GesamtAMwst@ = GesamtAMwst@ + AMwst@
      GesamtSaldoMwst@ = GesamtSaldoMwst@ + SaldoMwst@
      GesamtSaldo@ = GesamtSaldo@ + Saldo@
      GesamtSaldoNetto@ = GesamtSaldoNetto@ + SaldoNetto@
    End If
  Next X%
  'Gesamtergebnisse hier ausgeben
  T$ = T$ + CL$ + "GESAMTAUSWERTUNG: " + CL$
  T$ = T$ + "Einnahmen........: " + _
      Format$(GesamtEinnahme@, "##########0.00 \D\M") + CL$
  T$ = T$ + "Mwst. Einnahmen..: " + _
      Format$(GesamtEMwst@, "##########0.00 \D\M") + CL$
  T$ = T$ + "Ausgaben.........: " + _
      Format$(GesamtAusgabe@, "##########0.00 \D\M") + CL$
```

```
  T$ = T$ + "Mwst. Ausgaben...: " +_
       Format$(GesamtAMwst@, "#########0.00 \D\M") + CL$
  T$ = T$ + "Saldo Mwst. .....: " +_
       Format$(GesamtSaldoMwst@, "#########0.00 \D\M") + CL$
  T$ = T$ + "Saldo (brutto)...: " +_
       Format$(GesamtSaldo@, "#########0.00 \D\M") + CL$
  T$ = T$ + "Saldo (netto)....: " +_
       Format$(GesamtSaldoNetto@, "#########0.00 \D\M") + CL$ + CL$
  Text1.Text = T$
End Sub

Sub Command3D3_Click ()
  'Drucken mit 8 Pkt.
  Printer.FontName = "Arial"
  Printer.FontSize = 8
  Printer.Print Text1.Text
  Printer.EndDoc
End Sub

Sub Command3D4_Click ()
  Unload frmEinAus
End Sub

Sub Form_Load ()
  'Konten initialisieren
  For X% = 1 To 50
    If Konto$(X%) <> "" Then
      Liste1.AddItem Konto$(X%)
    End If
  Next X%
  CenterFormOnScreen Me
End Sub
```

Listing 4.21: Die Datei EINAUS.FRM des Programmes WinGEWINN.

```
VERSION 2.00
Begin Form frmFileOpen
   BorderStyle     =   3  'Nicht änderbar, doppelt
   Caption         =   "Kontendateien öffnen"
   Height          =   3525
   Left            =   2190
   LinkMode        =   1  'Quelle
   LinkTopic       =   "Form1"
   MaxButton       =   0   'False
   MinButton       =   0   'False
   ScaleHeight     =   3120
   ScaleWidth      =   7440
   Top             =   3390
```

```
Width           =   7560
Begin SSPanel SSPanel1
   Alignment       =   7  'Center - MIDDLE
   AutoSize        =   0  'None
   BackColor       =   &H00C0C0C0&
   BevelInner      =   1  'Inset
   BevelOuter      =   2  'Raised
   BevelWidth      =   2
   BorderWidth     =   2
   FloodColor      =   &H00FF0000&
   FloodShowPct    =   -1  'True
   FloodType       =   0  'None
   Font3D          =   0  'None
   ForeColor       =   &H00000000&
   Height          =   3135
   Left            =   0
   Outline         =   0   'False
   RoundedCorners  =   -1  'True
   ShadowColor     =   0  'Dark Grey
   TabIndex        =   5
   Top             =   0
   Width           =   7455
   Begin DriveListBox Laufwerk1
      Enabled         =   0   'False
      Height          =   315
      Left            =   3120
      TabIndex        =   12
      Top             =   2640
      Width           =   2475
   End
   Begin DirListBox Verzeichnis1
      Enabled         =   0   'False
      Height          =   1380
      Left            =   3060
      TabIndex        =   11
      Top             =   840
      Width           =   2535
   End
   Begin ComboBox Kombi1
      Height          =   300
      Left            =   240
      Style           =   2  'Dropdown-Listenfeld
      TabIndex        =   10
      Top             =   2640
      Width           =   2535
   End
```

```
Begin FileListBox Datei1
   Height          =  1395
   Left            =  240
   MultiSelect     =  1  'Einfach
   Pattern         =  "*.kto"
   TabIndex        =  1
   Top             =  840
   Width           =  2535
End
Begin SSCommand SSCommand2
   AutoSize        =  0  'None
   BevelWidth      =  2
   Caption         =  "&Abbrechen"
   Font3D          =  1  'Raised w/light shading
   FontBold        =  0   'False
   FontItalic      =  0   'False
   FontName        =  "MS Sans Serif"
   FontSize        =  8,25
   FontStrikethru  =  0   'False
   FontUnderline   =  0   'False
   ForeColor       =  &H00000000&
   Height          =  915
   Left            =  6180
   Outline         =  -1  'True
   Picture         =  FILEOPEN.FRX:0000
   RoundedCorners  =  -1  'True
   TabIndex        =  3
   Top             =  2100
   Width           =  1095
End
Begin TextBox Text1
   FontBold        =  0   'False
   FontItalic      =  0   'False
   FontName        =  "MS Sans Serif"
   FontSize        =  8,25
   FontStrikethru  =  0   'False
   FontUnderline   =  0   'False
   Height          =  285
   Left            =  240
   TabIndex        =  0
   Top             =  375
   Width           =  2535
End
Begin SSCommand SSCommand1
   AutoSize        =  0  'None
   BevelWidth      =  2
   Caption         =  "&OK"
   Font3D          =  1  'Raised w/light shading
```

```
      FontBold        =   0   'False
      FontItalic      =   0   'False
      FontName        =   "MS Sans Serif"
      FontSize        =   8,25
      FontStrikethru  =   0   'False
      FontUnderline   =   0   'False
      ForeColor       =   &H00000000&
      Height          =   915
      Left            =   6180
      Outline         =   -1  'True
      Picture         =   FILEOPEN.FRX:0302
      RoundedCorners  =   -1  'True
      TabIndex        =   2
      Top             =   1140
      Width           =   1095
   End
   Begin Label Bezeichnung5
      BackColor       =   &H00C0C0C0&
      Caption         =   "&Laufwerke:"
      Height          =   255
      Left            =   3120
      TabIndex        =   9
      Top             =   2400
      Width           =   1935
   End
   Begin Label Bezeichnung2
      BackColor       =   &H00C0C0C0&
      Caption         =   "Datei&format:"
      Height          =   255
      Left            =   240
      TabIndex        =   6
      Top             =   2400
      Width           =   1935
   End
   Begin Label Bezeichnung4
      BackColor       =   &H00C0C0C0&
      Caption         =   "c:\windows"
      FontBold        =   0   'False
      FontItalic      =   0   'False
      FontName        =   "MS Sans Serif"
      FontSize        =   8,25
      FontStrikethru  =   0   'False
```

```
         FontUnderline    =   0   'False
         Height           =   255
         Left             =   3060
         TabIndex         =   8
         Top              =   420
         Width            =   2055
      End
      Begin Label Bezeichnung3
         BackColor        =   &H00C0C0C0&
         Caption          =   "&Verzeichnisse:"
         Height           =   255
         Left             =   3000
         TabIndex         =   7
         Top              =   120
         Width            =   2175
      End
      Begin Label Bezeichnung1
         BackColor        =   &H00C0C0C0&
         Caption          =   "Datei&name:"
         Height           =   255
         Left             =   240
         TabIndex         =   5
         Top              =   120
         Width            =   1935
      End
   End
End

Sub Datei1_Click ()
  'Dateianwahl in Textfeld für Dateinamen
  'übernehmen
  Text1.Text = Datei1.List(Datei1.ListIndex)
End Sub

Sub Datei1_DblClick ()
  'Doppelklick auf eine datei entspricht
  'Dateianwahl mit Bestätigung
  SSCommand1.Value = -1
End Sub
```

```
Sub Form_Load ()
  On Error Resume Next
  'Datei öffnen-Dialog initialisieren
  'Dateitypen zur Auswahl anbieten
  Verzeichnis1.Path = App.Path + "\daten"
  Kombi1.AddItem "*.kto Kontendatei"
  Kombi1.ListIndex = 0
  'aktuelles Laufwerk merken
  Laufwerk1.Tag = Laufwerk1.Drive
  'aktuelles Verzeichnis ausgeben
  Bezeichnung4.Caption = Verzeichnis1.Path
  'Hauptform auf dem Bildschirm zentrieren
  CenterFormOnScreen frmFileOpen
End Sub

Sub Kombi1_Click ()
  'Dateityp wurde gewechselt, also Suchmaske ermitteln
  Eintrag$ = Kombi1.Text
  Kennung$ = Left$(Eintrag$, 6)
  Select Case Kennung$
    Case "*.bmp "
      Pattern$ = "*.bmp"
    Case "*.ico "
      Pattern$ = "*.ico"
    Case "*.wmf "
      Pattern$ = "*.wmf"
    Case "*.rle "
      Pattern$ = "*.rle"
    Case "*.bmp;"
      Pattern$ = "*.bmp;*.ico;*.wmf;*.rle"
  End Select
  'Suchmaske an Datei-und Textfeld
  Me!Datei1.Pattern = Pattern$
  Me!Text1.Text = Pattern$
  'Dateilistenfeld aktualisieren
  Me!Datei1.Refresh
End Sub

Sub Laufwerk1_Change ()
  On Error GoTo DriveUndo
  AltDrive$ = Laufwerk1.Tag
  Verzeichnis1.Path = Laufwerk1.Drive
  Exit Sub
DriveUndo:
  Laufwerk1.Drive = AltDrive$
  Laufwerk1.Refresh
  Resume Next
End Sub
```

```
Sub SSCommand1_Click ()
  On Error Resume Next
  Pfad$ = Verzeichnis1.Path
  If Right$(RTrim$(Pfad$), 1) <> "\" Then
    Pfad$ = Pfad$ + "\"
  End If
  Eingabe$ = Pfad$ + Me!Text1.Text
  'die markierten Dateien laden
  Anzahl% = 0
  Me.Hide
  For X% = 0 To Datei1.ListCount - 1
    If Datei1.Selected(X%) = True Then
      'Markierung vorhanden
      Anzahl% = Anzahl% + 1
      'Datei mit Suchmaske
      Datei$ = Datei1.List(X%)
      Gesamt$ = Pfad$ + Datei$
      'Datei laden
      MDIFenster% = MDIFenster% + 1
      'Redimensionierung ohne Datenverlust
      ReDim GewinnWindow(MDIFenster%)
      'gewähltes Bild einlesen
      GewinnWindow(MDIFenster%).Show
      'Suchpfad und Dateiname in Titelleiste
      GewinnWindow(MDIFenster%).Caption = Datei$
      'Pfad für eventuelles abspeichern merken
      GewinnWindow(MDIFenster%).Tag = Gesamt$
      'Kindfenster als Bildsymbole anzeigen
      GewinnWindow(MDIFenster%).WindowState = 1
      GewinnWindow(MDIFenster%).Refresh
    End If
  Next X%
  Unload Me
End Sub

Sub SSCommand2_Click ()
  Unload Me
End Sub

Sub Text1_KeyPress (TastenAscii As Integer)
  On Error Resume Next
  If TastenAscii = 13 Then
    If InStr(Text1.Text, ".*") > 0 Or InStr(Text1.Text, "*.") > 0 Then
      Datei1.Pattern = Text1.Text
    End If
  End If
End Sub
```

```
Sub Verzeichnis1_Change ()
  Datei1.Path = Verzeichnis1.Path
  Verzeichnis1.Refresh
  Bezeichnung4.Caption = Verzeichnis1.Path
End Sub
```

Listing 4.22: Die Datei FILEOPEN.FRM des Programmes WinGEWINN

```
VERSION 2.00
Begin Form frmChild
   BackColor       =   &H00C0C0C0&
   Caption         =   "unbekannt"
   Height          =   5340
   Left            =   1575
   LinkTopic       =   "Form2"
   MDIChild        =   -1  'True
   ScaleHeight     =   4650
   ScaleWidth      =   7770
   Top             =   2835
   Width           =   7890
   Begin SSPanel Panel3D3
      BackColor       =   &H00C0C0C0&
      ForeColor       =   &H00000000&
      Height          =   4635
      Left            =   5040
      TabIndex        =   27
      Top             =   0
      Width           =   2655
      Begin SSFrame Frame3D1
         Caption         =   "Beschreibung"
         Font3D          =   1  'Raised w/light shading
         ForeColor       =   &H00000000&
         Height          =   1635
         Left            =   60
         TabIndex        =   29
         Top             =   2940
         Width           =   2475
         Begin Label KtoInfo
            BackColor       =   &H00C0C0C0&
            Caption         =   "KtoInfo"
            FontBold        =   0   'False
            FontItalic      =   0   'False
            FontName        =   "MS Sans Serif"
            FontSize        =   8,25
            FontStrikethru  =   0   'False
            FontUnderline   =   0   'False
            Height          =   1275
```

```
            Left            =   120
            TabIndex        =   30
            Top             =   300
            Width           =   2295
         End
      End
      Begin SSCommand Command3D3
         Caption         =   "&Statistik"
         Font3D          =   1  'Raised w/light shading
         FontBold        =   0   'False
         FontItalic      =   0   'False
         FontName        =   "MS Sans Serif"
         FontSize        =   8,25
         FontStrikethru  =   0   'False
         FontUnderline   =   0   'False
         ForeColor       =   &H00000000&
         Height          =   855
         Left            =   1560
         Picture         =   FRMCHILD.FRX:0000
         TabIndex        =   15
         Top             =   1980
         Width           =   975
      End
      Begin SSCommand Command3D2
         Caption         =   "L&iste"
         Font3D          =   1  'Raised w/light shading
         FontBold        =   0   'False
         FontItalic      =   0   'False
         FontName        =   "MS Sans Serif"
         FontSize        =   8,25
         FontStrikethru  =   0   'False
         FontUnderline   =   0   'False
         ForeColor       =   &H00000000&
         Height          =   855
         Left            =   1560
         Picture         =   FRMCHILD.FRX:0302
         TabIndex        =   14
         Top             =   1080
         Width           =   975
      End
      Begin SSCommand Command3D1
         Caption         =   "&Löschen"
         Font3D          =   1  'Raised w/light shading
         FontBold        =   0   'False
         FontItalic      =   0   'False
         FontName        =   "MS Sans Serif"
         FontSize        =   8,25
         FontStrikethru  =   0   'False
```

```
      FontUnderline   =   0   'False
      ForeColor       =   &H00000000&
      Height          =   855
      Left            =   1560
      Picture         =   FRMCHILD.FRX:0604
      TabIndex        =   13
      Top             =   180
      Width           =   975
   End
   Begin SSCommand CtlPlus
      Caption         =   "[+1]"
      Font3D          =   1  'Raised w/light shading
      FontBold        =   0   'False
      FontItalic      =   0   'False
      FontName        =   "MS Sans Serif"
      FontSize        =   8,25
      FontStrikethru  =   0   'False
      FontUnderline   =   0   'False
      ForeColor       =   &H00000000&
      Height          =   855
      Left            =   60
      Picture         =   FRMCHILD.FRX:0906
      TabIndex        =   7
      Top             =   180
      Width           =   675
   End
   Begin SSCommand CtlMinus
      Caption         =   "[-1]"
      Font3D          =   1  'Raised w/light shading
      FontBold        =   0   'False
      FontItalic      =   0   'False
      FontName        =   "MS Sans Serif"
      FontSize        =   8,25
      FontStrikethru  =   0   'False
      FontUnderline   =   0   'False
      ForeColor       =   &H00000000&
      Height          =   855
      Left            =   780
      Picture         =   FRMCHILD.FRX:0C08
      TabIndex        =   8
      Top             =   180
      Width           =   675
   End
   Begin SSCommand CtlPlus10
      Caption         =   "[+10]"
      Font3D          =   1  'Raised w/light shading
      FontBold        =   0   'False
      FontItalic      =   0   'False
```

```
      FontName        =   "MS Sans Serif"
      FontSize        =   8,25
      FontStrikethru  =   0   'False
      FontUnderline   =   0   'False
      ForeColor       =   &H00000000&
      Height          =   855
      Left            =   60
      Picture         =   FRMCHILD.FRX:0F0A
      TabIndex        =   9
      Top             =   1080
      Width           =   675
   End
   Begin SSCommand CtlMinus10
      Caption         =   "[-10]"
      Font3D          =   1  'Raised w/light shading
      FontBold        =   0   'False
      FontItalic      =   0   'False
      FontName        =   "MS Sans Serif"
      FontSize        =   8,25
      FontStrikethru  =   0   'False
      FontUnderline   =   0   'False
      ForeColor       =   &H00000000&
      Height          =   855
      Left            =   780
      Picture         =   FRMCHILD.FRX:120C
      TabIndex        =   10
      Top             =   1080
      Width           =   675
   End
   Begin SSCommand CtlPos1
      Caption         =   "[Pos1]"
      Font3D          =   1  'Raised w/light shading
      FontBold        =   0   'False
      FontItalic      =   0   'False
      FontName        =   "MS Sans Serif"
      FontSize        =   8,25
      FontStrikethru  =   0   'False
      FontUnderline   =   0   'False
      ForeColor       =   &H00000000&
      Height          =   855
      Left            =   60
      Picture         =   FRMCHILD.FRX:150E
      TabIndex        =   11
      Top             =   1980
      Width           =   675
   End
```

```
      Begin SSCommand CtlEnde
         Caption         =   "[Ende]"
         Font3D          =   1  'Raised w/light shading
         FontBold        =   0   'False
         FontItalic      =   0   'False
         FontName        =   "MS Sans Serif"
         FontSize        =   8,25
         FontStrikethru  =   0   'False
         FontUnderline   =   0   'False
         ForeColor       =   &H00000000&
         Height          =   855
         Left            =   780
         Picture         =   FRMCHILD.FRX:1810
         TabIndex        =   12
         Top             =   1980
         Width           =   675
      End
   End
   Begin PictureBox Bild1
      BackColor       =   &H00C0C0C0&
      BorderStyle     =   0  'Keine
      Height          =   5715
      Left            =   0
      ScaleHeight     =   5715
      ScaleWidth      =   7815
      TabIndex        =   0
      Top             =   0
      Width           =   7815
      Begin SSPanel Panel3D2
         BackColor       =   &H00C0C0C0&
         ForeColor       =   &H00000000&
         Height          =   4635
         Left            =   0
         TabIndex        =   16
         Top             =   0
         Width           =   4995
         Begin SSFrame Frame3D2
            Caption         =   "&Buchungen"
            Font3D          =   1  'Raised w/light shading
            ForeColor       =   &H00000000&
            Height          =   4455
            Left            =   120
            TabIndex        =   17
            Top             =   120
            Width           =   4755
```

```
Begin SSPanel Panel3D5
   BackColor       =   &H00C0C0C0&
   ForeColor       =   &H00000000&
   Height          =   4035
   Left            =   4200
   TabIndex        =   25
   Top             =   300
   Width           =   435
   Begin VScrollBar CtlRoll
      Height          =   3915
      Left            =   60
      TabIndex        =   26
      Top             =   60
      Width           =   315
   End
End
Begin SSPanel Panel3D4
   BackColor       =   &H00C0C0C0&
   ForeColor       =   &H00000000&
   Height          =   4035
   Left            =   120
   TabIndex        =   18
   Top             =   300
   Width           =   4035
   Begin ComboBox Kombi1
      FontBold        =   0   'False
      FontItalic      =   0   'False
      FontName        =   "MS Sans Serif"
      FontSize        =   8,25
      FontStrikethru  =   0   'False
      FontUnderline   =   0   'False
      Height          =   300
      Left            =   1860
      TabIndex        =   5
      Top             =   2220
      Width           =   2115
   End
   Begin TextBox Text1
      FontBold        =   0   'False
      FontItalic      =   0   'False
      FontName        =   "MS Sans Serif"
      FontSize        =   8,25
      FontStrikethru  =   0   'False
      FontUnderline   =   0   'False
      Height          =   285
      Left            =   1860
      MaxLength       =   30
      TabIndex        =   1
```

```
        Top              =   780
        Width            =   2115
     End
     Begin TextBox CtlBeschreibung
        FontBold         =   0    'False
        FontItalic       =   0    'False
        FontName         =   "MS Sans Serif"
        FontSize         =   8,25
        FontStrikethru   =   0    'False
        FontUnderline    =   0    'False
        Height           =   1395
        Left             =   1860
        MaxLength        =   300
        MultiLine        =   -1  'True
        ScrollBars       =   2  'Vertikal
        TabIndex         =   6
        Top              =   2580
        Width            =   2100
     End
     Begin TextBox CtlAus
        FontBold         =   0    'False
        FontItalic       =   0    'False
        FontName         =   "MS Sans Serif"
        FontSize         =   8,25
        FontStrikethru   =   0    'False
        FontUnderline    =   0    'False
        ForeColor        =   &H000000FF&
        Height           =   300
        Left             =   1860
        MaxLength        =   10
        TabIndex         =   4
        Text             =   "0.00"
        Top              =   1860
        Width            =   1845
     End
     Begin TextBox CtlEin
        BackColor        =   &H00FFFFFF&
        FontBold         =   0    'False
        FontItalic       =   0    'False
        FontName         =   "MS Sans Serif"
        FontSize         =   8,25
        FontStrikethru   =   0    'False
        FontUnderline    =   0    'False
        ForeColor        =   &H00FF0000&
        Height           =   285
        Left             =   1860
        MaxLength        =   10
        TabIndex         =   3
```

```
      Text            =   "0.00"
      Top             =   1500
      Width           =   1845
   End
   Begin TextBox CtlDatum
      FontBold        =   0   'False
      FontItalic      =   0   'False
      FontName        =   "MS Sans Serif"
      FontSize        =   8,25
      FontStrikethru  =   0   'False
      FontUnderline   =   0   'False
      Height          =   285
      Left            =   1860
      MaxLength       =   10
      TabIndex        =   2
      Top             =   1140
      Width           =   1125
   End
   Begin Label Bezeichnung7
      BackColor       =   &H00C0C0C0&
      Caption         =   "Mwst.-Satz..........:"
      Height          =   255
      Left            =   120
      TabIndex        =   31
      Top             =   2280
      Width           =   1635
   End
   Begin Label Bezeichnung6
      BackColor       =   &H00C0C0C0&
      Caption         =   "Buchungsnummer.:"
      Height          =   255
      Left            =   120
      TabIndex        =   28
      Top             =   840
      Width           =   1695
   End
   Begin Label Bezeichnung5
      BackColor       =   &H00C0C0C0&
      Caption         =   "Beschreibung......:"
      Height          =   255
      Left            =   120
      TabIndex        =   24
      Top             =   2640
      Width           =   1695
   End
   Begin Label Bezeichnung4
      BackColor       =   &H00C0C0C0&
      Caption         =   "Ausgabe.............:"
```

```
      Height          =   255
      Left            =   120
      TabIndex        =   23
      Top             =   1920
      Width           =   1695
   End
   Begin Label Bezeichnung3
      BackColor       =   &H00C0C0C0&
      Caption         =   "Einnahme............:"
      Height          =   255
      Left            =   120
      TabIndex        =   22
      Top             =   1560
      Width           =   1695
   End
   Begin Label Bezeichnung2
      BackColor       =   &H00C0C0C0&
      Caption         =   "Datum................:"
      Height          =   255
      Left            =   120
      TabIndex        =   21
      Top             =   1200
      Width           =   1695
   End
   Begin Label CtlSatzNr
      BackColor       =   &H00C0C0C0&
      Caption         =   "0"
      FontBold        =   -1  'True
      FontItalic      =   0   'False
      FontName        =   "MS Sans Serif"
      FontSize        =   12
      FontStrikethru  =   0   'False
      FontUnderline   =   0   'False
      ForeColor       =   &H00000080&
      Height          =   300
      Left            =   1860
      TabIndex        =   20
      Top             =   180
      Width           =   1110
   End
```

```
            Begin Label Bezeichnung1
               BackColor       =   &H00C0C0C0&
               Caption         =   "Datensatznummer.:"
               Height          =   255
               Left            =   120
               TabIndex        =   19
               Top             =   240
               Width           =   1695
            End
         End
      End
   End
End
Begin Menu MNU_File
   Caption         =   "&Datei"
   WindowList      =   -1  'True
   Begin Menu MNU_MakeKonto
      Caption         =   "&Konten anlegen"
   End
   Begin Menu MNU_DelKonto
      Caption         =   "Konto &löschen"
   End
   Begin Menu MNU_Open
      Caption         =   "Ö&ffnen"
   End
   Begin Menu MNU_LeerD
      Caption         =   "-"
   End
   Begin Menu MNU_Exit
      Caption         =   "&Beenden"
   End
End
Begin Menu MNU_Auswertung
   Caption         =   "&Auswertung"
   Begin Menu MNU_KontoListe
      Caption         =   "&Konto auswerten"
      Shortcut        =   ^K
   End
   Begin Menu MNU_EinAus
      Caption         =   "&Einnahmen-/Ausgabenüberschußrechnung"
      Shortcut        =   ^E
   End
End
Begin Menu MNU_Window
   Caption         =   "&Fenster"
   Begin Menu MNU_Cascade
      Caption         =   "Ü&berlappend"
   End
```

```
      Begin Menu MNU_vArrange
         Caption         =   "&Nebeneinander"
      End
      Begin Menu MNU_hArrange
         Caption         =   "&Untereinander"
      End
      Begin Menu MNU_ArrangeIcons
         Caption         =   "Symbole an&ordnen"
      End
      Begin Menu MNU_Close
         Caption         =   "&Schließen"
         Shortcut        =   ^C
      End
      Begin Menu MNU_CloseAll
         Caption         =   "&Alle schließen"
      End
   End
   Begin Menu MNU_Help
      Caption         =   "&Hilfe"
      Begin Menu MNU_Index
         Caption         =   "&Index"
         Shortcut        =   {F1}
      End
      Begin Menu MNU_evHelp
         Caption         =   "&Kurzinformationen"
      End
      Begin Menu MNU_About
         Caption         =   "Ü&ber..."
      End
   End
End
'aktuelle Datensatznummer
'hier Integer-Datentyp, da maximal 32767 Datensätze
'verwaltet werden sollen...
Dim SatzNr%
'Gesamzanzahl der Datensätze in der aktuellen Datei
Dim SatzAnzahl%

Dim DNr%
```

```
Sub Command3D1_Click ()
  'Felder löschen (werden beim Umblättern
  'automatisch gespeichert)
  Me.Text1.Text = ""
  'Datum unverändert
  Me.CtlEin.Text = "0.00"
  Me.CtlAus.Text = "0.00"
  Me.Kombi1.Text = "15"
  Me.CtlBeschreibung.Text = ""
End Sub

Sub Command3D2_Click ()
  On Error Resume Next
  'Steuerelement in Unterprogramm Kombo auswerten
  '(Deklaration "As Control")
  T$ = Space$(5)
  MerkeSatz% = SatzNr%
  For x% = 1 To SatzAnzahl%
    GetRecord DNr%, x%, Me
    If EinAus.Wert < 0 Then
        Listen!KomboAus.AddItem Str$(x%) + T$ + EinAus.Buchung +_
             T$ + EinAus.Datum + T$ + Str$(EinAus.Wert) + T$ +_
             Str$(EinAus.Mwst) + T$ + EinAus.Beschreibung
      ElseIf EinAus.Wert > 0 Then
        Listen!KomboEin.AddItem Str$(x%) + T$ + EinAus.Buchung +_
             T$ + EinAus.Datum + T$ + Str$(EinAus.Wert) + T$ +_
             Str$(EinAus.Mwst) + T$ + EinAus.Beschreibung
    End If
  Next x%
  Listen!KomboEin.ListIndex = 0
  Listen!KomboAus.ListIndex = 0
  Listen.Show 1
  SatzNr% = MerkeSatz%
  GetRecord DNr%, SatzNr%, Me
End Sub

Sub Command3D3_Click ()
  'Datei von Anfang bis Ende lesen und Auswertung
  'vornehmen (Listenaufbereitung und Statistik/Berechnung)
  'aktuellen Datensatz speichern; damit SatzInfo korrekt
  'arbeitet (globale Variable SatzNr%), muß für die
  'schrittweise Dateibearbeitung SatzNr% als Zählvariable
  'verwendet werden...
  'Maus als Sanduhr darstellen
  MousePointer = 11
  AltSatzNr% = SatzNr%
  PutRecord DNr%, SatzNr%, Me
  'Werte für Berechnung
```

```
Saldo@ = 0
Einnahme@ = 0
Ausgabe@ = 0
EMwst@ = 0
AMwst@ = 0
For SatzNr% = 1 To SatzAnzahl%
  'Arbeitsstand am Bildschirm anzeigen
  GetRecord DNr%, SatzNr%, Me
  SatzInfo Me, SatzNr%, SatzAnzahl%
  'beim Aufbau der Listenfelder werden die Zeilenvorschub/
  'Wagenrücklaufsequenzen nicht entfernt, diese erscheinen
  'in der Liste als zwei vertikale Striche
  If EinAus.Wert > 0 Then
      Einnahme@ = Einnahme@ + EinAus.Wert
      EMwst@ = EMwst@ + (EinAus.Wert / 100 * EinAus.Mwst)
    ElseIf EinAus.Wert < 0 Then
      EinAus.Wert = EinAus.Wert * (-1)
      Ausgabe@ = Ausgabe@ + EinAus.Wert
      AMwst@ = AMwst@ + (EinAus.Wert / 100 * EinAus.Mwst)
      'zunächst positive Summe bilden
  End If
  SaldoMwst@ = EMwst@ - AMwst@
  Saldo@ = Einnahme@ - Ausgabe@
  SaldoNetto@ = Einnahme@ - EMwst@ - Ausgabe@ + AMwst@
Next SatzNr%
SatzNr% = SatzNr% - 1
'Ergebnisse ausgeben
Statistik.TXT_Datei.Caption = Me.Tag
Statistik.TXT_SatzNr.Caption = Str$(SatzNr%)
Statistik.Txt_Ein.Caption = Format$(Einnahme@, "#########0.00 \D\M")
Statistik.TXT_Aus.Caption = Format$(Ausgabe@, "#########0.00 \D\M")
Statistik.TXT_EMwst.Caption = Format$(EMwst@, "#########0.00 \D\M")
Statistik.TXT_AMwst.Caption = Format$(AMwst@, "#########0.00 \D\M")
Statistik.TXT_SaldoMwst.Caption = Format$_
                           (SaldoMwst@, "#########0.00 \D\M")
Statistik.TXT_SaldoNetto.Caption = Format$_
                           (SaldoNetto@, "#########0.00 \D\M")
If Saldo@ < 0 Then
    'SOLL in roter Schrift ausgeben
    Statistik.TXT_Saldo.ForeColor = Rot
  Else
    'HABEN in blauer Schrift ausgeben
    Statistik.TXT_Saldo.ForeColor = Blau
End If
Statistik.TXT_Saldo.Caption = Format$(Saldo@, "#########0.00 \D\M")
'alten Datensatz wieder einlesen
SatzNr% = AltSatzNr%
GetRecord DNr%, SatzNr%, Me
```

```
  MousePointer = 1
  Statistik.Show 1
End Sub

Sub CtlAus_Change ()
  If Val(CtlAus.Text) <> 0 Then
    CtlEin.Text = "0.00"
  End If
End Sub

Sub CtlAus_GotFocus ()
  'Positiv, falls Editierung
  Wert@ = Val(CtlAus.Text)
  If Wert@ < 0 Then
    Wert@ = Wert@ * (-1)
    CtlAus.Text = Trim$(Str$(Wert@))
  End If
End Sub

Sub CtlDatum_Change ()
  'falls neuer Datensatz, automatisch das aktuelle
  'Datum ins Editierfeld DATUM übernehmen
  If SatzNr% > SatzAnzahl% Then
    D$ = Date$
    CtlDatum.Text = Mid$(D$, 4, 2) + "." + Left$(D$, 2) +_
                   "." + Right$(D$, 4)
  End If
End Sub

Sub CtlEin_Change ()
  If Val(CtlEin.Text) <> 0 Then
    CtlAus.Text = "0.00"
  End If
End Sub

Sub CtlEnde_Click ()
  'nur zum letzten Datensatz blättern,
  'wenn Datensatznummer ungleich dem letzten Datensatz
  If SatzNr% <> SatzAnzahl% Then
    'aktuellen Datensatz speichern
    PutRecord DNr%, SatzNr%, Me
    'Datensatzzähler um eins erhöhen
    SatzNr% = SatzAnzahl%
    GetRecord DNr%, SatzNr%, Me
    SatzInfo Me, SatzNr%, SatzAnzahl%
```

```
    'Rollbalken der aktuell gewählten
    'Datensatznummer anpassen
    CtlRoll.Value = SatzNr%
  End If
End Sub

Sub CtlMinus_Click ()
  'nur zum vorherigen Datensatz blättern,
  'wenn Datensatznummer gößer als eins
  If SatzNr% > 1 Then
    'aktuellen Datensatz speichern
    PutRecord DNr%, SatzNr%, Me
    'Datensatzzähler um eins erhöhen
    SatzNr% = SatzNr% - 1
    GetRecord DNr%, SatzNr%, Me
    SatzInfo Me, SatzNr%, SatzAnzahl%
    'Rollbalken der aktuell gewählten
    'Datensatznummer anpassen
    CtlRoll.Value = SatzNr%
  End If
End Sub

Sub CtlMinus10_Click ()
  'nur um 10 Datensätze nach vorne blättern,
  'wenn Datensatznummer gößer als zehn
  If SatzNr% > 10 Then
    'aktuellen Datensatz speichern
    PutRecord DNr%, SatzNr%, Me
    'Datensatzzähler um eins erhöhen
    SatzNr% = SatzNr% - 10
    GetRecord DNr%, SatzNr%, Me
    SatzInfo Me, SatzNr%, SatzAnzahl%
    'Rollbalken der aktuell gewählten
    'Datensatznummer anpassen
    CtlRoll.Value = SatzNr%
  End If
End Sub

Sub CtlPlus_Click ()
  'nur neuen Datensatz anfügen, wenn im letzten Datensatz
  'ein Einnahme- oder Ausgabewert enthalten ist
  If Val(CtlEin.Text) <> 0 Or Val(CtlAus.Text) <> 0 Then
    If SatzNr% < SatzAnzahl% Then
       'aktuellen Datensatz speichern
       PutRecord DNr%, SatzNr%, Me
       'Datensatzzähler um eins erhöhen
       SatzNr% = SatzNr% + 1
       'falls kein neuer Datensatz, alten
```

```
        'Datensatz einlesen
        GetRecord DNr%, SatzNr%, Me
        SatzInfo Me, SatzNr%, SatzAnzahl%
        'Rollbalken der aktuell gewählten
        'Datensatznummer anpassen
        CtlRoll.Value = SatzNr% 'LOF(DNr%) \ Len(EinAus) - 1
      ElseIf SatzAnzahl% < 32767 Then
        'maximal 32767 Datensätze zulassen
        'aktuellen Satz speichern
        PutRecord DNr%, SatzNr%, Me
        'Datensatzzähler erhöhen
        SatzNr% = SatzNr% + 1
        'da neuer Datensatz, gleichzeitig Gesamtdatensatzzahl
        'um eins erhöhen und Werte initialisieren
        SatzAnzahl% = SatzAnzahl% + 1
        'maximalen Wert für vertikalen Rollbalken
        'ebenfalls um eins erhöhen
        CtlRoll.Max = CtlRoll.Max + 1
        D$ = Date$
        'Initialisierung der Anzeigewerte
        Text1.Text = ""
        CtlDatum.Text = Mid$(D$, 4, 2) + "." + Left$(D$, 2) +_
                        "." + Right$(D$, 4)
        CtlEin.Text = "0.00"
        CtlAus.Text = "0.00"
        CtlBeschreibung.Text = ""
        'Initialisierung der Datensatzfelder
        EinAus.Datum = ""
        EinAus.Wert = 0
        EinAus.Beschreibung = ""
        SatzInfo Me, SatzNr%, SatzAnzahl%
    End If
    CtlBeschreibung.Text = EinAus.Beschreibung
  End If
End Sub

Sub CtlPlus10_Click ()
  'nur um zehn Datensätze weiterblättern,
  'wenn diese bereits existieren
  If SatzNr% + 10 <= SatzAnzahl% Then
    'aktuellen Datensatz speichern
    PutRecord DNr%, SatzNr%, Me
    'Datensatzzähler um eins erhöhen
    SatzNr% = SatzNr% + 10
    GetRecord DNr%, SatzNr%, Me
    SatzInfo Me, SatzNr%, SatzAnzahl%
    'Rollbalken der aktuell gewählten
    'Datensatznummer anpassen
```

```
    CtlRoll.Value = SatzNr%
  End If
End Sub

Sub CtlPos1_Click ()
  'nur zum ersten Datensatz blättern,
  'wenn Datensatznummer ungleich eins
  If SatzNr% <> 1 Then
    'aktuellen Datensatz speichern
    PutRecord DNr%, SatzNr%, Me
    'Datensatzzähler um eins erhöhen
    SatzNr% = 1
    GetRecord DNr%, SatzNr%, Me
    SatzInfo Me, SatzNr%, SatzAnzahl%
    'Rollbalken der aktuell gewählten
    'Datensatznummer anpassen
    CtlRoll.Value = SatzNr%
  End If
End Sub

Sub CtlRoll_Change ()
  On Error Resume Next
  'aktuellen Datensatz speichern
  PutRecord DNr%, SatzNr%, Me
  'Mit Hilfe der vertikalen Bildlaufleiste kann
  'zusätzlich zu den Schaltflächen zwischen den
  'Datensätzen geblättert werden. Ein Anhängen
  'neuer Datensätze ist über die Bildlaufleiste
  'nicht sinnvoll...
  'minimaler Wert ist Datensatznummer 1
  CtlRoll.Min = 1
  'maximaler Wert der Bildlaufleiste ist abhängig
  'von der vorhandenen Datensatzanzahl
  CtlRoll.Max = SatzAnzahl%
  'Änderung beim Anklicken der Bildlaufleiste
  CtlRoll.LargeChange = 10
  'Änderung beim Anklicken des Bildlaufpfeils
  CtlRoll.SmallChange = 1
  SatzNr% = CtlRoll.Value
  GetRecord DNr%, SatzNr%, Me
  SatzInfo Me, SatzNr%, SatzAnzahl%
End Sub

Sub Form_Load ()
  If MDIFenster% = 1 Then
    'nur beim ersten Mal erforderlich
    frmParent!bnCascade.Visible = True
    frmParent!bnTile.Visible = True
```

```
    frmParent!bnIconArrange.Visible = True
    frmParent!bnClose.Visible = True
  End If
End Sub

Sub Form_Paint ()
  Static Aufruf%
  Aufruf% = Aufruf% + 1
  If Aufruf% = 1 Then
    'erster Aufruf
    Kombil.AddItem "15"
    Kombil.AddItem "14"
    Kombil.AddItem "7"
    Kombil.Text = "15"
    'Datei öffnen und 1. Datensatz initialisieren
    DNr% = FreeFile
    Open Me.Tag For Random As #DNr% Len = Len(EinAus)
    SatzNr% = LOF(DNr%) \ Len(EinAus)
    SatzAnzahl% = SatzNr%
    If SatzNr% = 0 Then
        SatzNr% = 1
      Else
        GetRecord DNr%, SatzNr%, Me
    End If
    'aktuelle Datensatznummer anzeigen
    SatzInfo Me, SatzNr%, SatzAnzahl%
    'Bildlauffeld des Rollbalken ans Ende plazieren,
    'da der jeweils letzte Datensatz der Datei im
    'Datensatzeditor angezeigt wird
    CtlRoll.Value = SatzNr%
    'Konto-Beschreibung
    For x% = 1 To 50
      If LCase$(Konto$(x%) + ".kto") = LCase$(Me.Caption) Then
          KtoInfo.Caption = KontoInfo$(x%)
          Exit For
        Else
          KtoInfo.Caption = "unbekannt"
      End If
    Next x%
   Else
    'Überlauf ausschließen
    Aufruf% = 2
  End If
End Sub
```

```
Sub Form_QueryUnload (Cancel As Integer, UnloadMode As Integer)
  'hier kann das Beenden des Programmes
  'umgangen werden
End Sub

Sub Form_Unload (Cancel As Integer)
  'Zählvariable für geöffnete Kindfenster
  'beim Schließen eines Fensters auf den
  'aktuellen Stand bringen
  MDIFenster% = MDIFenster% - 1
  'u.U. Schaltflächen für Kindfenster-
  'Funktionen wieder ausblenden
  If MDIFenster% = 0 Then
    frmParent!bnCascade.Visible = False
    frmParent!bnTile.Visible = False
    frmParent!bnIconArrange.Visible = False
    frmParent!bnClose.Visible = False
  End If
  'Initialisieren
End Sub

Sub Kombil_Change ()
  If Len(Kombil.Text) > 2 Then Kombil.Text = Left$(Kombil.Text, 2)
End Sub

Sub Kombil_KeyPress (KeyAnsi As Integer)
  If InStr("0123456789", Chr$(KeyAnsi)) = 0 Then
    KeyAnsi = 0
  End If
End Sub

Sub MNU_About_Click ()
  CL$ = Chr$(13) + Chr$(10)
  Titel$ = "WinGewinn 1.00"
  M$ = "Einnahmen-/Ausgabenüberschußrechnung" + CL$ + CL$
  M$ = M$ + "Version 1.00" + CL$ + CL$
  M$ = M$ + "(c)1993 by Dipl.-Ing. Andreas Maslo"
  MsgBox M$, 64, Titel$
End Sub

Sub MNU_ArrangeIcons_Click ()
  'Symbole anordnen
  frmParent.Arrange 3
End Sub
```

```
Sub MNU_Cascade_Click ()
  'Fenster stapeln (übereinander)
  frmParent.Arrange 0
End Sub

Sub MNU_Clipboard_Click ()
  'Zwischenablage löschen
  Clipboard.Clear
  'Grafik des aktuell angewählten
  'Fensters in die Zwischenablage übernehmen
  Titel$ = Me.Caption
  If Right$(Titel$, 4) = ".wmf" Then
      'Windows-Metafile
      Clipboard.SetData Me.Picture, 3
    ElseIf Right$(Titel$, 4) = ".bmp" Then
     'Bitmap
      Clipboard.SetData Me.Picture, 2
  End If
End Sub

Sub MNU_Close_Click ()
  'aktuell markiertes Kindfenster schließen
  Close #DNr%
  Unload Me
End Sub

Sub MNU_CloseAll_Click ()
  'Prozedur zum Schließen aller
  'Kindfenster aufrufen
  CloseAll
End Sub

Sub MNU_DelKonto_Click ()
  'Konto aus Kontenliste löschen
  'Datei bleibt physikalisch erhalten
  '->erneute Aufnahme in Liste durch Eintrag
  '  des alten namens möglich
  frmDelKonto.Show 1
End Sub

Sub MNU_EinAus_Click ()
  frmEinAus.Show 1
End Sub
```

```
Sub MNU_evHelp_Click ()
  Titel$ = "WinGewinn 1.00"
  M$ = "Mit diesem Programm führen Sie eine Einnahmen- "
  M$ = M$ + "Ausgabenüberschußrechnung durch. Es können "
  M$ = M$ + "bis zu 50 Konten eingerichtet werden. "
  M$ = M$ + "Unterschiedliche Mehrwertsteuersätze werden "
  M$ = M$ + "unterstützt. Konten können als Einnahme- oder "
  M$ = M$ + "Ausgabe-Konto eingerichtet werden. Durch Einnahme-"
  M$ = M$ + "und Ausgabebuchungen führen Sie beliebig Umbuchungen "
  M$ = M$ + "in jedem Konto durch. Konten können getrennt oder "
  M$ = M$ + "in der Gesamtheit ausgewertet werden."
  MsgBox M$, 64, Titel$
End Sub

Sub MNU_Exit_Click ()
  'Achtung: hier wird demonstrationshalber mit
  'dem Datentyp VARIANT gearbeitet
  Titel = "Achtung"
  Meldung = "Wollen Sie WinGewinn beenden?"
  Antwort = MsgBox(Meldung, 32 + 4, Titel)
  If Antwort = 6 Then End
End Sub

Sub MNU_hArrange_Click ()
  'Fenster nebeneinander anordnen
  frmParent.Arrange 1
End Sub

Sub MNU_Index_Click ()
  r% = WinHelp(Me.hWnd, HelpDatei$, HELP_INDEX, 0)
End Sub

Sub MNU_KontoListe_Click ()
  Command3D3_Click
End Sub

Sub MNU_Open_Click ()
  'Dialog zum Öffnen von Grafikdateien anzeigen
  FrmFileOpen.Show 1
End Sub
```

```
Sub MNU_ShowClipboard_Click ()
  'Formular zur Anzeige des
  'Inhaltes der Zwischenablage
  'beim ersten Aufruf wird eine zusätzliche
  'Form geladen; diese verbleibt danach
  'bis zum Programmende im Speicher
  '(die Anzeigeform ist nicht modal und kann
  'permanent geöffnet bleiben)
End Sub

Sub MNU_vArrange_Click ()
  'Fenster untereinander anordnen
  frmParent.Arrange 2
End Sub
```

Listing 4.23: Die Datei FRMCHILD.FRM des Programmes WinGEWINN

```
VERSION 2.00
Begin MDIForm frmParent
   Caption         =   "WinGewinn 1.0"
   Height          =   6675
   Left            =   1635
   LinkTopic       =   "MDIForm1"
   Top             =   1725
   Width           =   8490
   Begin PictureBox Bild2
      Align           =   1  'Ausrichten Oben
      BackColor       =   &H00C0C0C0&
      BorderStyle     =   0  'Keine
      Height          =   615
      Left            =   0
      ScaleHeight     =   615
      ScaleWidth      =   8370
      TabIndex        =   1
      Top             =   0
      Width           =   8370
      Begin SSPanel Panel3D6
         BackColor       =   &H00C0C0C0&
         BorderWidth     =   2
         Font3D          =   1  'Raised w/light shading
         ForeColor       =   &H00000000&
         Height          =   495
         Left            =   8400
         TabIndex        =   13
         Top             =   60
         Width           =   3555
      End
```

```
Begin SSPanel Panel3D5
   BackColor       =   &H00C0C0C0&
   BorderWidth     =   2
   Font3D          =   1  'Raised w/light shading
   ForeColor       =   &H00000000&
   Height          =   495
   Left            =   6360
   TabIndex        =   12
   Top             =   60
   Width           =   1995
End
Begin SSPanel Panel3D4
   BackColor       =   &H00C0C0C0&
   BorderWidth     =   2
   Font3D          =   1  'Raised w/light shading
   ForeColor       =   &H00000000&
   Height          =   495
   Left            =   3000
   TabIndex        =   11
   Top             =   60
   Width           =   3315
   Begin SSCommand Command3D1
      Font3D          =   1  'Raised w/light shading
      ForeColor       =   &H00000000&
      Height          =   375
      Left            =   480
      Picture         =   GEWINN.FRX:0000
      TabIndex        =   16
      Top             =   60
      Width           =   375
   End
   Begin SSCommand Command3D2
      Font3D          =   1  'Raised w/light shading
      ForeColor       =   &H00000000&
      Height          =   375
      Left            =   60
      Picture         =   GEWINN.FRX:0182
      TabIndex        =   15
      Top             =   60
      Width           =   375
   End
End
Begin SSPanel Panel3D3
   BackColor       =   &H00C0C0C0&
   BorderWidth     =   2
   Font3D          =   1  'Raised w/light shading
   ForeColor       =   &H00000000&
   Height          =   495
```

```
Left            =   0
TabIndex        =   4
Top             =   60
Width           =   2955
Begin SSCommand bnHelp
   Font3D          =   1  'Raised w/light shading
   ForeColor       =   &H00000000&
   Height          =   375
   Left            =   2400
   Picture         =   GEWINN.FRX:0304
   TabIndex        =   10
   Top             =   60
   Width           =   435
End
Begin SSCommand bnClose
   Font3D          =   1  'Raised w/light shading
   ForeColor       =   &H00000000&
   Height          =   375
   Left            =   1860
   Picture         =   GEWINN.FRX:0486
   TabIndex        =   9
   Top             =   60
   Visible         =   0   'False
   Width           =   435
End
Begin SSCommand bnIconArrange
   Font3D          =   1  'Raised w/light shading
   ForeColor       =   &H00000000&
   Height          =   375
   Left            =   1440
   Picture         =   GEWINN.FRX:0608
   TabIndex        =   8
   Top             =   60
   Visible         =   0   'False
   Width           =   435
End
Begin SSCommand bnTile
   Font3D          =   1  'Raised w/light shading
   ForeColor       =   &H00000000&
   Height          =   375
   Left            =   1020
   Picture         =   GEWINN.FRX:078A
   TabIndex        =   7
   Top             =   60
   Visible         =   0   'False
   Width           =   435
End
```

```
      Begin SSCommand bnCascade
         Font3D          =   1  'Raised w/light shading
         ForeColor       =   &H00000000&
         Height          =   375
         Left            =   600
         Picture         =   GEWINN.FRX:090C
         TabIndex        =   6
         Top             =   60
         Visible         =   0   'False
         Width           =   435
      End
      Begin SSCommand bnOpen
         Font3D          =   1  'Raised w/light shading
         ForeColor       =   &H00000000&
         Height          =   375
         Left            =   60
         Picture         =   GEWINN.FRX:0A8E
         TabIndex        =   5
         Top             =   60
         Width           =   435
      End
   End
   Begin Line Liniel
      BorderColor     =   &H00808080&
      X1              =   0
      X2              =   12000
      Y1              =   600
      Y2              =   600
   End
End
Begin PictureBox Bild1
   Align           =   2  'Ausrichten Unten
   BackColor       =   &H00C0C0C0&
   Height          =   375
   Left            =   0
   ScaleHeight     =   345
   ScaleWidth      =   8340
   TabIndex        =   0
   Top             =   5610
   Width           =   8370
```

```
    Begin SSPanel Panel3D7
       BackColor      =   &H00C0C0C0&
       BorderWidth    =   2
       Font3D         =   1  'Raised w/light shading
       ForeColor      =   &H00000000&
       Height         =   255
       Left           =   8340
       TabIndex       =   14
       Top            =   60
       Width          =   3555
    End
    Begin SSPanel Panel3D2
       BackColor      =   &H00C0C0C0&
       BorderWidth    =   2
       Font3D         =   1  'Raised w/light shading
       ForeColor      =   &H00000000&
       Height         =   255
       Left           =   5940
       TabIndex       =   3
       Top            =   60
       Width          =   2355
    End
    Begin SSPanel Panel3D1
       BackColor      =   &H00C0C0C0&
       BorderWidth    =   2
       Caption        =   "Einnahmen-/Ausgabenüberschußrechnung (c)1993_
                           by Dipl.-Ing. Andreas Maslo"
       Font3D         =   1  'Raised w/light shading
       FontBold       =   0   'False
       FontItalic     =   0   'False
       FontName       =   "MS Sans Serif"
       FontSize       =   8.25
       FontStrikethru =   0   'False
       FontUnderline  =   0   'False
       ForeColor      =   &H00000000&
       Height         =   255
       Left           =   60
       TabIndex       =   2
       Top            =   60
       Width          =   5835
    End
End
```

```
   Begin Menu MNU_File
      Caption         =   "&Datei"
      Begin Menu MNU_MakeKonto
         Caption         =   "&Konten anlegen"
      End
      Begin Menu MNU_DelKonto
         Caption         =   "Konto &löschen"
      End
      Begin Menu MNU_FileOpen
         Caption         =   "Ö&ffnen"
      End
      Begin Menu MNU_Leer1
         Caption         =   "-"
      End
      Begin Menu MNU_Exit
         Caption         =   "&Beenden"
      End
   End
   Begin Menu MNU_Help
      Caption         =   "&Hilfe"
      Begin Menu MNU_HelpIndex
         Caption         =   "&Index"
         Shortcut        =   {F1}
      End
      Begin Menu MNU_Info
         Caption         =   "&Kurzinformationen"
      End
      Begin Menu MNU_About
         Caption         =   "Ü&ber..."
      End
   End
End

Sub bnCascade_Click ()
  'Fenster stapeln (übereinander)
  frmParent.Arrange 0
End Sub

Sub bnClose_Click ()
  'Prozedur zum Schließen aller
  'Kindfenster aufrufen
  CloseAll
End Sub

Sub bnHelp_Click ()
  r% = WinHelp(Me.hWnd, HelpDatei$, HELP_INDEX, 0)
End Sub
```

```
Sub bnIconArrange_Click ()
  'Symbole anordnen
  frmParent.Arrange 3
End Sub

Sub bnOpen_Click ()
  MNU_FileOpen_Click
End Sub

Sub bnTile_Click ()
  'Fenster untereinander anordnen
  frmParent.Arrange 2
End Sub

Sub Command3D1_Click ()
  'Konto aus Kontenliste löschen
  'Datei bleibt physikalisch erhalten
  '->erneute Aufnahme in Liste durch Eintrag
  '  des alten namens möglich
  frmDelKonto.Show 1
End Sub

Sub Command3D2_Click ()
  Makekonto.Show 1
End Sub

Sub InitKonten ()
  On Error GoTo ExitInitKonten
  'Konten initialisieren
  KNr = FreeFile
  Open App.Path + "\daten\konto.lst" For Input As #KNr
  While Not EOF(KNr)
    Input #KNr, K$, KI$
    If K$ <> "" Then
      x% = x% + 1
      Konto$(x%) = K$
      KontoInfo$(x%) = KI$
    End If
  Wend
  Close #KNr
ExitInitKonten:
  Exit Sub
End Sub
```

```
Sub MDIForm_Load ()
  'Hilfedatei
  HelpDatei$ = "gewinn.hlp"
  'Arbeitsverzeichnis = Programmverzeichnis
  ChDir App.Path
  CenterFormOnScreen frmParent
  Me.WindowState = 2
  'Konten und Beschreibungen initialisieren
  InitKonten
End Sub

Sub MNU_About_Click ()
  CL$ = Chr$(13) + Chr$(10)
  Titel$ = "WinGewinn 1.00"
  M$ = "Einnahmen-/Ausgabenüberschußrechnung" + CL$ + CL$
  M$ = M$ + "Version 1.00" + CL$ + CL$
  M$ = M$ + "(c)1993 by Dipl.-Ing. Andreas Maslo"
  MsgBox M$, 64, Titel$
End Sub

Sub MNU_DelKonto_Click ()
  'Konto aus Kontenliste löschen
  'Datei bleibt physikalisch erhalten
  '->erneute Aufnahme in Liste durch Eintrag
  '  des alten namens möglich
  frmDelKonto.Show 1
End Sub

Sub MNU_Exit_Click ()
  'Achtung: hier wird demonstrationshalber mit
  'dem Datentyp VARIANT gearbeitet
  Titel = "Achtung"
  Meldung = "Wollen Sie WinGewinn beenden?"
  Antwort = MsgBox(Meldung, 32 + 4, Titel)
  If Antwort = 6 Then End
End Sub

Sub MNU_FileOpen_Click ()
  'Dialog zum Öffnen von Grafikdateien anzeigen
  FrmFileOpen.Show 1
End Sub

Sub MNU_HelpIndex_Click ()
  r% = WinHelp(Me.hWnd, HelpDatei$, HELP_INDEX, 0)
End Sub
```

```
Sub MNU_Info_Click ()
  Titel$ = "WinGewinn 1.00"
  M$ = "Mit diesem Programm führen Sie eine Einnahmen- "
  M$ = M$ + "Ausgabenüberschußrechnung durch. Es können "
  M$ = M$ + "bis zu 50 Konten eingerichtet werden. "
  M$ = M$ + "Unterschiedliche Mehrwertsteuersätze werden "
  M$ = M$ + "unterstützt. Konten können als Einnahme- oder "
  M$ = M$ + "Ausgabe-Konto eingerichtet werden. Durch Einnahme-"
  M$ = M$ + "und Ausgabebuchungen führen Sie beliebig Umbuchungen "
  M$ = M$ + "in jedem Konto durch. Konten können getrennt oder "
  M$ = M$ + "in der Gesamtheit ausgewertet werden."
  MsgBox M$, 64, Titel$
End Sub

Sub MNU_MakeKonto_Click ()
  Makekonto.Show 1
End Sub
Listing 4.41: Die Datei GEWINN.FRM des Programmes WinGEWINN.
VERSION 2.00
Begin Form frmName
   BackColor       =   &H00C0C0C0&
   BorderStyle     =   3  'Nicht änderbar, doppelt
   Caption         =   "Konto-Beschreibung"
   Height          =   1830
   Left            =   2550
   LinkTopic       =   "Form2"
   MaxButton       =   0   'False
   MinButton       =   0   'False
   ScaleHeight     =   1425
   ScaleWidth      =   5820
   Top             =   2805
   Width           =   5940
   Begin SSCommand SSCommand1
      Caption         =   "&OK"
      Font3D          =   1  'Raised w/light shading
      FontBold        =   0   'False
      FontItalic      =   0   'False
      FontName        =   "MS Sans Serif"
      FontSize        =   8,25
      FontStrikethru  =   0   'False
      FontUnderline   =   0   'False
      ForeColor       =   &H00000000&
      Height          =   915
      Left            =   4620
```

```
      Picture         =   INFO.FRX:0000
      TabIndex        =   2
      Top             =   420
      Width           =   1095
   End
   Begin SSPanel Panel3D2
      BackColor       =   &H00C0C0C0&
      BorderWidth     =   2
      Caption         =   "Info"
      Font3D          =   1  'Raised w/light shading
      FontBold        =   0   'False
      FontItalic      =   0   'False
      FontName        =   "MS Sans Serif"
      FontSize        =   8,25
      FontStrikethru  =   0   'False
      FontUnderline   =   0   'False
      ForeColor       =   &H00000000&
      Height          =   855
      Left            =   60
      TabIndex        =   1
      Top             =   480
      Width           =   4455
   End
   Begin SSPanel Panel3D1
      BackColor       =   &H00C0C0C0&
      BorderWidth     =   2
      Caption         =   "Datei"
      Font3D          =   1  'Raised w/light shading
      FontBold        =   0   'False
      FontItalic      =   0   'False
      FontName        =   "MS Sans Serif"
      FontSize        =   8,25
      FontStrikethru  =   0   'False
      FontUnderline   =   0   'False
      ForeColor       =   &H00000000&
      Height          =   375
      Left            =   60
      TabIndex        =   0
      Top             =   60
      Width           =   4455
   End
End
Sub Form_Load ()
  CenterFormOnScreen Me
End Sub

Sub SSCommand1_Click ()
  Unload frmName
```

```
End Sub
```

Listing 4.24: Die Datei INFO.FRM des Programmes WinGEWINN

```
VERSION 2.00
Begin Form Listen
   BackColor       =   &H00C0C0C0&
   BorderStyle     =   3  'Nicht änderbar, doppelt
   Caption         =   "Listenausgabe"
   ForeColor       =   &H00000000&
   Height          =   1740
   Left            =   420
   LinkTopic       =   "Form1"
   MaxButton       =   0   'False
   MinButton       =   0   'False
   ScaleHeight     =   1335
   ScaleWidth      =   11025
   Top             =   3405
   Width           =   11145
   Begin SSCommand CtlStatistik
      Caption         =   "&OK"
      Font3D          =   1  'Raised w/light shading
      FontBold        =   0   'False
      FontItalic      =   0   'False
      FontName        =   "MS Sans Serif"
      FontSize        =   8,25
      FontStrikethru  =   0   'False
      FontUnderline   =   0   'False
      ForeColor       =   &H00000000&
      Height          =   975
      Left            =   9720
      Picture         =   LISTEN.FRX:0000
      TabIndex        =   3
      Top             =   300
      Width           =   1275
   End
   Begin SSPanel Panel3D1
      BackColor       =   &H00C0C0C0&
      ForeColor       =   &H00000000&
      Height          =   1335
      Left            =   0
      TabIndex        =   0
      Top             =   0
      Width           =   9675
      Begin SSFrame Frame3D1
         Caption         =   "Über&sicht"
         Font3D          =   1  'Raised w/light shading
```

```
ForeColor       =   &H00000000&
Height          =   1215
Left            =   120
TabIndex        =   4
Top             =   60
Width           =   9435
Begin ComboBox KomboAus
   BackColor       =   &H00C0C0C0&
   FontBold        =   0   'False
   FontItalic      =   0   'False
   FontName        =   "MS Sans Serif"
   FontSize        =   8,25
   FontStrikethru  =   0   'False
   FontUnderline   =   0   'False
   Height          =   300
   Left            =   1020
   Style           =   2  'Dropdown-Listenfeld
   TabIndex        =   2
   Top             =   840
   Width           =   8295
End
Begin ComboBox KomboEin
   BackColor       =   &H00C0C0C0&
   FontBold        =   0   'False
   FontItalic      =   0   'False
   FontName        =   "MS Sans Serif"
   FontSize        =   8,25
   FontStrikethru  =   0   'False
   FontUnderline   =   0   'False
   Height          =   300
   Left            =   1020
   Style           =   2  'Dropdown-Listenfeld
   TabIndex        =   1
   Top             =   480
   Width           =   8295
End
Begin Label Bezeichnung1
   BackColor       =   &H00C0C0C0&
   Caption         =   "Datensatz / Buchung / Datum / Betrag / _
                          Mwst.-Satz / Beschreibung:    "
   Height          =   195
   Left            =   1020
   TabIndex        =   7
   Top             =   240
   Width           =   8175
End
```

```
        Begin Label Bezeichnung13
           BackColor       =   &H00C0C0C0&
           Caption         =   "&Ausgaben:"
           FontBold        =   0   'False
           FontItalic      =   0   'False
           FontName        =   "MS Sans Serif"
           FontSize        =   8,25
           FontStrikethru  =   0   'False
           FontUnderline   =   0   'False
           Height          =   255
           Left            =   120
           TabIndex        =   6
           Top             =   840
           Width           =   915
        End
        Begin Label Bezeichnung12
           BackColor       =   &H00C0C0C0&
           Caption         =   "&Einnahmen:"
           FontBold        =   0   'False
           FontItalic      =   0   'False
           FontName        =   "MS Sans Serif"
           FontSize        =   8,25
           FontStrikethru  =   0   'False
           FontUnderline   =   0   'False
           Height          =   255
           Left            =   120
           TabIndex        =   5
           Top             =   540
           Width           =   915
        End
     End
  End
End

Sub CtlStatistik_Click ()
  Unload Me
End Sub

Sub Form_Load ()
  CenterFormOnScreen Me
End Sub
```

Listing 4.27: Die Datei LISTEN.FRM des Programmes WinGEWINN.

```
VERSION 2.00
Begin Form MakeKonto
   BorderStyle     =   3  'Nicht änderbar, doppelt
   Caption         =   "Konten anlegen"
   Height          =   4380
   Left            =   2040
   LinkTopic       =   "Form3"
   MaxButton       =   0   'False
   MinButton       =   0   'False
   ScaleHeight     =   3975
   ScaleWidth      =   7035
   Top             =   1680
   Width           =   7155
   Begin SSPanel Panel3D1
      BackColor       =   &H00C0C0C0&
      BorderWidth     =   2
      Font3D          =   1  'Raised w/light shading
      ForeColor       =   &H00000000&
      Height          =   3975
      Left            =   0
      TabIndex        =   0
      Top             =   0
      Width           =   7035
      Begin SSCommand Command3D3
         Caption         =   "&Einrichten"
         Font3D          =   1  'Raised w/light shading
         FontBold        =   0   'False
         FontItalic      =   0   'False
         FontName        =   "MS Sans Serif"
         FontSize        =   8,25
         FontStrikethru  =   0   'False
         FontUnderline   =   0   'False
         ForeColor       =   &H00000000&
         Height          =   915
         Left            =   120
         Picture         =   MKKONTO.FRX:0000
         TabIndex        =   12
         Top             =   2940
         Width           =   1275
      End
      Begin SSFrame Frame3D4
         Caption         =   "&Arbeitsverzeichnis"
         Font3D          =   1  'Raised w/light shading
         ForeColor       =   &H00000000&
         Height          =   795
         Left            =   120
         TabIndex        =   9
         Top             =   2040
```

```
      Width            =   6795
      Begin Label Bezeichnung2
         BackColor        =   &H00C0C0C0&
         Caption          =   "Bezeichnung2"
         Height           =   315
         Left             =   120
         TabIndex         =   10
         Top              =   360
         Width            =   6555
      End
   End
   Begin SSCommand Command3D1
      Caption          =   "&Felder löschen"
      Font3D           =   1  'Raised w/light shading
      FontBold         =   0   'False
      FontItalic       =   0   'False
      FontName         =   "MS Sans Serif"
      FontSize         =   8,25
      FontStrikethru   =   0   'False
      FontUnderline    =   0   'False
      ForeColor        =   &H00000000&
      Height           =   915
      Left             =   1500
      Picture          =   MKKONTO.FRX:0302
      TabIndex         =   8
      Top              =   2940
      Width            =   1275
   End
   Begin SSCommand CtlStatistik
      Caption          =   "&Beenden"
      Font3D           =   1  'Raised w/light shading
      FontBold         =   0   'False
      FontItalic       =   0   'False
      FontName         =   "MS Sans Serif"
      FontSize         =   8,25
      FontStrikethru   =   0   'False
      FontUnderline    =   0   'False
      ForeColor        =   &H00000000&
      Height           =   915
      Left             =   5640
      Picture          =   MKKONTO.FRX:0604
      TabIndex         =   7
      Top              =   2940
      Width            =   1275
   End
   Begin SSFrame Frame3D3
      Caption          =   "Kontenbeschreibung"
      Font3D           =   1  'Raised w/light shading
```

```
   ForeColor       =  &H00000000&
   Height          =  1035
   Left            =  120
   TabIndex        =  5
   Top             =  900
   Width           =  6795
   Begin TextBox Text2
      Height          =  675
      Left            =  120
      MaxLength       =  100
      MultiLine       =  -1  'True
      TabIndex        =  6
      Text            =  "Text2"
      Top             =  300
      Width           =  6615
   End
End
Begin SSFrame Frame3D2
   Caption         =  "&Eingerichtete Konten"
   Font3D          =  1  'Raised w/light shading
   ForeColor       =  &H00000000&
   Height          =  735
   Left            =  2460
   TabIndex        =  4
   Top             =  120
   Width           =  4455
   Begin ComboBox Kombi1
      BackColor       =  &H00FFFFFF&
      Height          =  300
      Left            =  120
      TabIndex        =  11
      Text            =  "Kombi1"
      Top             =  300
      Width           =  4275
   End
End
Begin SSFrame Frame3D1
   Caption         =  "&Kontenbezeichnung"
   Font3D          =  1  'Raised w/light shading
   ForeColor       =  &H00000000&
   Height          =  735
   Left            =  120
   TabIndex        =  1
   Top             =  120
   Width           =  2115
   Begin TextBox Text1
      FontBold        =  0   'False
      FontItalic      =  0   'False
```

```
            FontName        =   "MS Sans Serif"
            FontSize        =   8,25
            FontStrikethru  =   0   'False
            FontUnderline   =   0   'False
            Height          =   315
            Left            =   120
            MaxLength       =   8
            TabIndex        =   2
            Text            =   "Text1"
            Top             =   300
            Width           =   1335
         End
         Begin Label Bezeichnung1
            BackColor       =   &H00C0C0C0&
            Caption         =   ".KTO"
            Height          =   255
            Left            =   1500
            TabIndex        =   3
            Top             =   360
            Width           =   495
         End
      End
   End
End

Sub Command3D1_Click ()
  Text1.Text = ""
  Text2.Text = ""
End Sub

Sub Command3D3_Click ()
  For X% = 1 To 50
    If Konto$(X%) = "" Or Konto$(X%) = Text1.Text Then Exit For
  Next X%
  If X% = 50 And Konto$(X%) <> "" Then
    MsgBox "Es können nicht mehr als 50 Konten eingerichtet werden!", 16,
"Achtung!"
    Exit Sub
  End If
  If Konto$(X%) <> Text1.Text Then
    Kombi1.AddItem Trim$(Text1.Text)
    Kombi1.Refresh
  End If
  Konto$(X%) = Trim$(Text1.Text)
  KontoInfo$(X%) = Trim$(Text2.Text)
End Sub
```

```
Sub CtlStatistik_Click ()
  Unload MakeKonto
End Sub

Sub Form_Load ()
  Bezeichnung2.Caption = App.Path + "\DATEN"
  For X% = 1 To 50
    If Konto$(X%) <> "" Then
      Kombi1.AddItem Konto$(X%)
    End If
  Next X%
  Kombi1.Text = Konto$(1)
  Text1.Text = Konto$(1)
  Text2.Text = KontoInfo$(1)
  CenterFormOnScreen Me
End Sub

Sub Form_Unload (Cancel As Integer)
  'Änderungen sichern
  On Error Resume Next
  KNr = FreeFile
  MkDir App.Path + "\daten"
  Open App.Path + "\daten\konto.lst" For Output As #KNr
  For X% = 1 To 50
    If Konto$(X%) <> "" Then
      Write #KNr, Konto$(X%), KontoInfo$(X%)
      Open App.Path + "\daten\" + Konto$(X%) + ".kto" For Output_
                   As #KNr + 1
      Close #KNr + 1
    End If
  Next X%
  Close #KNr
End Sub

Sub Kombi1_Change ()
  Text1.Text = Kombi1.Text
  Text1.Refresh
  Text2.Refresh
End Sub

Sub Kombi1_Click ()
  'Kombi1-Zähler beginnt bei 0, Array bei 1
  Nr% = Kombi1.ListIndex + 1
  Text1.Text = Konto$(Nr%)
  Text2.Text = KontoInfo$(Nr%)
End Sub
```

```
Sub Text1_Change ()
  Kombi1.Text = Text1.Text
End Sub
```

Listing 4.27: Die Datei MKKONTO.FRM des Programmes WinGEWINN.

```
VERSION 2.00
Begin Form Statistik
   BorderStyle     =   3  'Nicht änderbar, doppelt
   Caption         =   "Auswertung"
   Height          =   6060
   Left            =   3045
   LinkTopic       =   "Form2"
   MaxButton       =   0   'False
   MinButton       =   0   'False
   ScaleHeight     =   5655
   ScaleWidth      =   4575
   Top             =   1935
   Width           =   4695
   Begin SSPanel Panel3D6
      BackColor       =   &H00C0C0C0&
      ForeColor       =   &H00000000&
      Height          =   5955
      Left            =   0
      TabIndex        =   0
      Top             =   -300
      Width           =   4575
      Begin SSFrame Frame3D3
         Caption         =   "Aus&wertung"
         Font3D          =   1  'Raised w/light shading
         ForeColor       =   &H00000000&
         Height          =   5415
         Left            =   60
         TabIndex        =   1
         Top             =   420
         Width           =   4395
         Begin SSCommand CtlStatistik
            Caption         =   "&OK"
            Font3D          =   1  'Raised w/light shading
            FontBold        =   0   'False
            FontItalic      =   0   'False
            FontName        =   "MS Sans Serif"
            FontSize        =   8,25
            FontStrikethru  =   0   'False
            FontUnderline   =   0   'False
            ForeColor       =   &H00000000&
            Height          =   915
            Left            =   1680
```

```
      Picture         =   STATISTI.FRX:0000
      TabIndex        =   13
      Top             =   4380
      Width           =   1275
   End
   Begin SSPanel Panel3D7
      BackColor       =   &H00C0C0C0&
      ForeColor       =   &H00000000&
      Height          =   3975
      Left            =   120
      TabIndex        =   2
      Top             =   300
      Width           =   4155
      Begin Label TXT_SaldoNetto
         Alignment       =   1  'Rechts
         BackColor       =   &H00C0C0C0&
         Caption         =   "0.00"
         FontBold        =   0   'False
         FontItalic      =   0   'False
         FontName        =   "MS Sans Serif"
         FontSize        =   8,25
         FontStrikethru  =   0   'False
         FontUnderline   =   0   'False
         ForeColor       =   &H00000080&
         Height          =   195
         Left            =   2280
         TabIndex        =   21
         Top             =   3600
         Width           =   1275
      End
      Begin Label TXT_SaldoMwst
         Alignment       =   1  'Rechts
         BackColor       =   &H00C0C0C0&
         Caption         =   "0.00"
         FontBold        =   0   'False
         FontItalic      =   0   'False
         FontName        =   "MS Sans Serif"
         FontSize        =   8,25
         FontStrikethru  =   0   'False
         FontUnderline   =   0   'False
         Height          =   195
         Left            =   2280
         TabIndex        =   20
         Top             =   2940
         Width           =   1275
      End
```

```
Begin Label TXT_AMwst
   Alignment       =   1  'Rechts
   BackColor       =   &H00C0C0C0&
   Caption         =   "0.00"
   FontBold        =   0   'False
   FontItalic      =   0   'False
   FontName        =   "MS Sans Serif"
   FontSize        =   8,25
   FontStrikethru  =   0   'False
   FontUnderline   =   0   'False
   Height          =   195
   Left            =   2280
   TabIndex        =   19
   Top             =   2280
   Width           =   1275
End
Begin Label TXT_EMwst
   Alignment       =   1  'Rechts
   BackColor       =   &H00C0C0C0&
   Caption         =   "0.00"
   FontBold        =   0   'False
   FontItalic      =   0   'False
   FontName        =   "MS Sans Serif"
   FontSize        =   8,25
   FontStrikethru  =   0   'False
   FontUnderline   =   0   'False
   Height          =   195
   Left            =   2280
   TabIndex        =   18
   Top             =   1620
   Width           =   1275
End
Begin Label Bezeichnung5
   BackColor       =   &H00C0C0C0&
   Caption         =   "Saldo/Haben (Netto)..:"
   Height          =   255
   Left            =   120
   TabIndex        =   17
   Top             =   3600
   Width           =   1995
End
Begin Label Bezeichnung4
   BackColor       =   &H00C0C0C0&
   Caption         =   "Saldo Mwst. .............:"
   Height          =   195
   Left            =   120
   TabIndex        =   16
   Top             =   2940
```

```
      Width             =    1995
   End
   Begin Label Bezeichnung2
      BackColor         =    &H00C0C0C0&
      Caption           =    "davon Mwst. ............:"
      Height            =    225
      Left              =    120
      TabIndex          =    15
      Top               =    2280
      Width             =    1965
   End
   Begin Label Bezeichnung1
      BackColor         =    &H00C0C0C0&
      Caption           =    "davon Mwst. ...........:"
      Height            =    255
      Left              =    180
      TabIndex          =    14
      Top               =    1620
      Width             =    1995
   End
   Begin Label Bezeichnung15
      BackColor         =    &H00C0C0C0&
      Caption           =    "aktuelle Datei..........:"
      Height            =    240
      Left              =    180
      TabIndex          =    12
      Top               =    180
      Width             =    1995
   End
   Begin Label Bezeichnung7
      BackColor         =    &H00C0C0C0&
      Caption           =    "Anzahl Datensätze...:"
      Height            =    255
      Left              =    180
      TabIndex          =    11
      Top               =    900
      Width             =    2055
   End
   Begin Label Bezeichnung8
      BackColor         =    &H00C0C0C0&
      Caption           =    "Summe Einnahme.....:"
      Height            =    255
      Left              =    180
      TabIndex          =    10
      Top               =    1380
      Width             =    1995
   End
```

```
Begin Label Bezeichnung9
   BackColor       =   &H00C0C0C0&
   Caption         =   "Summe Ausgaben......:"
   Height          =   225
   Left            =   120
   TabIndex        =   9
   Top             =   2040
   Width           =   1965
End
Begin Label Bezeichnung10
   BackColor       =   &H00C0C0C0&
   Caption         =   "Saldo/Haben (Brutto).:"
   Height          =   195
   Left            =   120
   TabIndex        =   8
   Top             =   3300
   Width           =   1980
End
Begin Label TXT_Datei
   Alignment       =   1  'Rechts
   BackColor       =   &H00C0C0C0&
   Caption         =   "keine"
   FontBold        =   0   'False
   FontItalic      =   0   'False
   FontName        =   "MS Sans Serif"
   FontSize        =   8,25
   FontStrikethru  =   0   'False
   FontUnderline   =   0   'False
   Height          =   225
   Left            =   180
   TabIndex        =   7
   Top             =   360
   Width           =   3435
   WordWrap        =   -1  'True
End
Begin Label TXT_SatzNr
   Alignment       =   1  'Rechts
   BackColor       =   &H00C0C0C0&
   Caption         =   "0"
   FontBold        =   0   'False
   FontItalic      =   0   'False
   FontName        =   "MS Sans Serif"
   FontSize        =   8,25
   FontStrikethru  =   0   'False
```

```
      FontUnderline   =   0   'False
      Height          =   195
      Left            =   2280
      TabIndex        =   6
      Top             =   900
      Width           =   1275
   End
   Begin Label Txt_Ein
      Alignment       =   1  'Rechts
      BackColor       =   &H00C0C0C0&
      Caption         =   "0.00"
      FontBold        =   0   'False
      FontItalic      =   0   'False
      FontName        =   "MS Sans Serif"
      FontSize        =   8,25
      FontStrikethru  =   0   'False
      FontUnderline   =   0   'False
      Height          =   195
      Left            =   2280
      TabIndex        =   5
      Top             =   1380
      Width           =   1275
   End
   Begin Label TXT_Aus
      Alignment       =   1  'Rechts
      BackColor       =   &H00C0C0C0&
      Caption         =   "0.00"
      FontBold        =   0   'False
      FontItalic      =   0   'False
      FontName        =   "MS Sans Serif"
      FontSize        =   8,25
      FontStrikethru  =   0   'False
      FontUnderline   =   0   'False
      Height          =   225
      Left            =   2280
      TabIndex        =   4
      Top             =   2040
      Width           =   1275
   End
   Begin Label TXT_Saldo
      Alignment       =   1  'Rechts
      BackColor       =   &H00C0C0C0&
      Caption         =   "0.00"
      FontBold        =   0   'False
      FontItalic      =   0   'False
      FontName        =   "MS Sans Serif"
      FontSize        =   8,25
      FontStrikethru  =   0   'False
```

```
                FontUnderline    =    0   'False
                ForeColor        =    &H00000080&
                Height           =    225
                Left             =    2280
                TabIndex         =    3
                Top              =    3300
                Width            =    1260
            End
        End
    End
  End
End

Sub CtlStatistik_Click ()
  Unload Statistik
End Sub

Sub Form_Load ()
  CenterFormOnScreen Me
End Sub
```

Listing 4.45: Die Datei STATISTI.FRM des Programmes WinGEWINN

```
'Hilfedatei
Global Const HELP_CONTEXT = &H1       '  Display topic in ulTopic
Global Const HELP_QUIT = &H2          '  Hilfe beenden
Global Const HELP_INDEX = &H3         '  Index anzeigen
Global Const HELP_HELPONHELP = &H4    '  Hilfe zur Hilfe
Global Const HELP_SETINDEX = &H5      '  Schlüssel für MultiIndex
Global Const HELP_KEY = &H101         '  Hilfe zu Schlüsselwort in offabData
Global Const HELP_MULTIKEY = &H201

Declare Function WinHelp Lib "User" (ByVal hWnd As Integer, ByVal
lpHelpFile As String, ByVal wCommand As Integer, dwData As Any) As Integer

Type MULTIKEYHELP
    mkSize As Integer
    mkKeylist As String * 1
    szKeyphrase As String * 253 ' Array length is arbitrary; may be changed
End Type

Global HelpDatei$
' Tastencode (KeyDown, KeyUp)
Global Const RETURN_TASTE = &HD
Global Const UMSCHALT_TASTE = &H10
Global Const PFEIL_NACH_OBEN_TASTE = &H26
Global Const PFEIL_NACH_UNTEN_TASTE = &H28
```

```
' BackColor, ForeColor, FillColor (Standard RGB-Farben: Form,
Steuerelemente)
Global Const ROT = &HFF&
Global Const BLAU = &HFF0000

'Datensatzstruktur für Direktzugriffsdatei
Type Datensatz
  Buchung As String * 30
  Datum As String * 10
  Wert As Currency 'Ein- oder Ausgabe
  MwSt As Integer  'Mwst-Satz
  Beschreibung As String * 300
End Type

'Deklarierung der Datensatzvariablen als
'Typ Datensatz (benutzerdefinierte Verbund-
'variable, die global deklariert wurde)
Global EinAus As Datensatz

'unter Visual Basic 2.0 gibt es kein globales
'Modul mehr; globale Variablen u. Typdefinitionen
'können in beliebigen Quelltextmodulen vorgenommen
'werden

'jedes Grafikfenster ist eine neue
'Form im MDIChild-Array
Global GewinnWindow() As New frmChild

'Anzahl MDIFenster%
Global MDIFenster%

'Konten und Beschreibungen
Global Konto$(1 To 50)
Global KontoInfo$(1 To 50)
```

Listing 4.30: Die Datei GLOBAL.BAS des Programmes WinGEWINN.

```
Sub CenterFormOnScreen (frm As Form)
  'Form auf dem Bildschirm zentrieren
  frm.Left = (Screen.Width - frm.Width) / 2
  frm.Top = (Screen.Height - frm.Height) / 2
End Sub
```

```
Sub CloseAll ()
  'alle Instanzen des Kindfensters löschen
  On Error GoTo Abbruch
  'Anzahl der Formen ermitteln
  frmAnzahl% = Forms.Count
  'Iteration durch alle Formen
  For x% = frmAnzahl% - 1 To 0 Step -1
    'Titelzeile Hauptfenster dient zur
    'Unterscheidung zu den Kindfenstern
    If Forms(x%).Caption <> frmParent.Caption Then
      'Form entfernen
      'Count-Eigenschaft wird automatisch angepaßt
      Unload Forms(x%)
    End If
  Next x%
Abbruch:
  Exit Sub
  Reset
End Sub

Function Fill$ (ZeichenKette$, SollLen%)
  'Zeichenkette auf angegebene Anzahl von Zeichen mit
  'Leerzeichen auffüllen
  IstLen% = Len(LTrim$(ZeichenKette$))
  If IstLen% < SollLen% Then
      Fill$ = ZeichenKette$ + Space$(SollLen% - IstLen%)
    ElseIf IstLen% > SollLen% Then
      Fill$ = Left$(ZeichenKette$, SollLen%)
  End If
End Function

Sub GetRecord (DNr%, Nr%, frm As Form)
  'Datensatz einlesen
  Get #DNr%, Nr%, EinAus
  'Datenfeldern Editierfeldern zuweisen
  frm.Text1.Text = Trim$(EinAus.Buchung)
  frm.CtlDatum.Text = EinAus.Datum
  If EinAus.Wert > 0 Then
      'positiver Wert ist eine Einnahme
      frm.CtlEin.Text = Trim$(Str$(EinAus.Wert))
      frm.CtlAus.Text = "0.00"
    ElseIf EinAus.Wert < 0 Then
      'negativer Wert ist eine Ausgabe
      frm.CtlAus.Text = Trim$(Str$(EinAus.Wert))
      frm.CtlEin.Text = "0.00"
    Else
      frm.CtlAus.Text = "0.00"
      frm.CtlEin.Text = "0.00"
```

```
  End If
  frm.Kombi1.Text = EinAus.Mwst
  frm.CtlBeschreibung.Text = Trim$(EinAus.Beschreibung)
End Sub

Sub Kombo (frm As Form, KomboSteuerelement As Control, DNr%)
  'Auswertung des Ereignisses CHANGE der Kombinations-
  'listenfleder (die Steuerelemente werden über die
  'Parameterliste an dieses Unterprogramm übergeben)
  'gewählten Eintrag ermitteln
  Gewaehlt% = KomboSteuerelement.ListIndex
  'zugehörigen Datensatz des Listeneintrages ermitteln
  Nr% = Val(Left$(KomboSteuerelement.List(Gewaehlt%), 10))
  'zu gewähltem Datensatz verzeigen, falls dieser
  'nicht schon geladen ist
  If SatzNr% <> Nr% Then
    'aktuellen Datensatz speichern
    PutRecord DNr%, SatzNr%, frm
    'Satznummer aktualisieren
    SatzNr% = Nr%
    'Datensatz einlesen
    GetRecord DNr%, SatzNr%, frm
    'Datensatzino aktualisieren
    SatzInfo frm, SatzNr%, SatzAnzahl%
  End If
End Sub

Sub PutRecord (DNr%, Nr%, frm As Form)
  'Inhalt der Editierfelder den einzelnen
  'Datenfeldern zuweisen
  EinAus.Buchung = frm.Text1.Text
  EinAus.Datum = frm.CtlDatum.Text
  If Val(frm.CtlEin.Text) > 0 Then
      'positiver Wert in Datei
      EinAus.Wert = Val(frm.CtlEin.Text)
    ElseIf Val(frm.CtlAus.Text) > 0 Then
      'negativer Wert in Datei
      EinAus.Wert = (-1) * Val(frm.CtlAus.Text)
  End If
  EinAus.Mwst = Val(frm.Kombi1.Text)
  EinAus.Beschreibung = frm.CtlBeschreibung.Text
  'Datensatz speichern
  Put #DNr%, Nr%, EinAus
End Sub
```

```
Sub SatzInfo (frm As Form, SatzNr%, SatzAnzahl%)
  'Unterprogramm zur Anzeige des aktuellen Datensatzes und
  'der Gesamtanzahl der vorhandenen Datensätze
  frm.CtlSatzNr.Caption = LTrim$(Str$(SatzNr%)) + " /" + Str$(SatzAnzahl%)
End Sub

Function WaehrungsEingabe% (EingabeSteuerelement As Control, TastenAscii As
Integer)
  'ACHTUNG: In dieser Funktion wird ein Funktionsparameter als
  '"As Control" deklariert. Damit kann diese Routine allgemein formuliert
  'werden und von unterschiedlichen
  'Steuerelementen (hier Textfeldern) genutzt werden!
  'Beachten Sie, daß Sie auch Prozeduren mit Parametern für Formulare
  'deklarieren können. In diesem Fall Verwenden Sie die Syntax
  '"Formular As Form"
  'für den Formularparameter!
  If TastenAscii > 32 And TastenAscii < 126 Then
    'hier Bearbeitung der sinnvollen Eingabezeichen, damit
    'andere Steuercodes nicht mit abgefangen werden
    If TastenAscii = 44 Then
        'Dezimalkomma wurde eingegeben
        If InStr(EingabeSteuerelement.Text, ".") = 0 Then
            'falls noch kein Dezimalpunkt in der
            'Eingabezeichenkette vorhanden ist,
            'Komma in Dezimalpunkt umwandeln
            TastenAscii = 46
          Else
            TastenAscii = 0
        End If
      ElseIf InStr("1234567890.", Chr$(TastenAscii)) = 0 Then
        'nur Zahlenwerte akzeptieren
        TastenAscii = 0
      ElseIf InStr(EingabeSteuerelement.Text, ".") > 0 And _
                TastenAscii = 46 Then
        'Achtung Dezimalpunkt darf nur einmal
        'eingegeben werden
        TastenAscii = 0
    End If
  End If
  'Wert zurückgeben
  WaehrungsEingabe% = TastenAscii
End Function
```

Listing 4.31: Die Datei TOOLS.BAS des Programmes WinGEWINN.

Das Programm *WinGEWINN* befindet sich im selbstentpackenden Archiv VBGEWINN.EXE auf der Installationsdiskette zu diesem Buch. Das Programm wird während der Einrichtung im Regelfall in das Verzeichnis \VIEWEG\VBGEWINN kopiert. Die Anwendung kann, nachdem Visual Basic ausgeführt wurde, über den Menübefehl DATEI • PROJEKT ÖFFNEN in die Entwicklungsumgebung geladen werden. Wählen Sie dazu im nachfolgenden Dialogfeld die Projektdatei GEWINN.MAK an. Um das Programm zu starten, brauchen Sie lediglich den Menüpunkt AUSFÜHREN • STARTEN wählen. Ein eigenständig ausführbares Programm generieren Sie über den Menüpunkt DATEI • EXE-DATEI ERSTELLEN.

Damit wollen wir den Praxisteil des Buches beenden. Zu den wichtigsten Einsatzgebieten von Visual Basic wurden spezielle Beispielprogramme vorgestellt. Im Anhang werden noch einmal die wichtigsten Begriffe, die Sie innerhalb dieses Buches kennengelernt haben erläutert. Außerdem erhalten Sie Installationshinweise und genaue Informationen zu den Dateien und Programmen der Buchdiskette.

Anhang

Glossar

ANSI: Der ANSI-Zeichensatz (**A**merican **N**ational **S**tandards **I**nstitute) ist der Zeichensatz, der unter Windows verwendet wird und mit dem bis zu 256 Zeichen von der Tastatur darstellbar sind. Der ANSI-Zeichensatz ist ein 8-Bit-Zeichensatz.

ASCII: Der ASCII-Zeichensatz (**A**merican **S**tandard **C**ode for **I**nformation **I**nterchange) ist ein 7-Bit-Zeichensatz. Da dieser Zeichensatz in Teilbereichen von dem ANSI-Zeichensatz variiert, ist bei Verwendung von ASCII-Dateien unter Windows eine entsprechende Konvertierung notwendig (vgl. Programme WinCONV und WinEDIT).

BEFEHLSSCHALTFLÄCHE: Eine Befehlsschaltfläche ist ein Steuerelement. Sie wird dem Benutzer in einer Anwendung zur Verfügung gestellt, um Befehle auszuführen.

BILDFELD: Ein Bildfeld ist ein Steuerelement. Es enthält eine Abbildung, wobei dies ein Bitmap, ein Symbol oder ein Metafile sein kann, aber auch die Ausgabe einer Grafikanweisung, mit der Print-Methode geschriebener Text sowie ein Optionsfeld.

BIT: Ein Bit ist die kleinste Dateneinheit (Informationseinheit), die von einem Computer gespeichert werden kann. Ein Bit hat entweder den Wert 1 oder 0.

BITMAP: Als Bitmap wird ein Bild auf dem Bildschirm bezeichnet, das aus Pixeln besteht und in Bits gespeichert wird. Bei monochromer Darstellung entspricht ein Pixel einem Bit. Bei farbiger Darstellung wird ein Pixel in mehreren Bit gespeichert, da zusätzlich die Farbe verschlüsselt werden muß.

BOOLESCH: Als boolesch wird ein Ausdruck bezeichnet, der entweder wahr oder falsch sein kann. Zur Darstellung werden häufig die Integerwerte -1 (wahr) und 0 (falsch) genutzt.

CLIPBOARD: Clipboard ist die englische Bezeichnung für die Zwischenablage.

CODE: Als Code werden allgemein Befehle und Anweisungen bezeichnet, die in einer Programmiersprache, z.B. Visual Basic, geschrieben wurden.

DATEILISTENFELD: Ein Dateilistenfeld ist ein Steuerelement. Es dient zur Darstellung von Listen mit Dateinamen und ermöglicht es nach Dateien zu suchen.

DATENFELD: Als Datenfeld (Array) wird eine Gruppe von Variablen bezeichnet, die sich einen gemeinsamen Namen teilen. Zur Unterscheidung der einzelnen Elemente des Datenfeldes besitzt jedes eine Indexnummer.

DATENTYP: Der Datentyp ist das Attribut einer Variablen, das bestimmt, für welche Art von Daten die Variable eingesetzt werden soll.

DDE: DDE Bedeutet Dynamischer Datenaustausch (**D**ynamic **D**ata **E**xchange) und ermöglicht über bestimmte Eigenschaften und Ereignisse die Kommunikation zwischen unterschiedlichen Windows-Anwendungsprogrammen.

DEKLARATION: Die Deklaration benennt Konstanten oder Variablen und definiert deren Attibute, wie z.B. den Datentyp.

DIALOGBOX: Eine Dialogbox ist ein Fenster, das in der Regel über Eingabefelder, Optionsfelder und Befehlsschaltflächen verfügt, die dem Benutzer eine Kommunikation mit dem Anwendungsprogramm erlauben.

DLL: DLL steht für dynamische Link-Bibliothek (**D**ynamic-**L**ink **L**ibrary). Die in einer DLL enthaltenen Routinen können zur Laufzeit eines in Visual Basic geschriebenen Programmes hinzugebunden werden. Da Visual Basic keine DLLs generieren kann, handelt es sich bei der Einbindung immer um sprachfremde Prozeduren. Diese können aus der Betriebssystemumgebung stammen (API- und GDI-Funktionen) oder in einer anderen Programmiersprache geschrieben sein.

DOPPELKLICK: Als Doppelklick wird das zweimalige Drücken der linken Maustaste in kurzer Folge bezeichnet. Der Doppelklick wird in Visual Basic als Ereignis verwendet, das vom Benutzer ausgelöst wird und dann Anlaß zur Ausführung von Programmcode ist.

DRUCKMANAGER: Der Druckmanager ist ein Programm, das den Ausdruck von Dateien steuert. Er wird insbesondere dann sinnvoll eingesetzt, wenn während des Ausdrucks mit einer anderen Anwendung weitergearbeitet werden soll.

EIGENSCHAFT: Eine Eigenschaft ist ein Attribut, das einer Form oder einem Steuerelement zugewiesen werden kann. Eigenschaften definieren Merkmale und Verhalten von Objekten.

EREIGNIS: Ein Ereignis wird vom Benutzer (z.B. Mausklick, Tastendruck) oder vom System ausgeführt (Timer) und von einem Steuerelement oder auch einer Form erkannt. Der Programmierer kann einem Ereignis Code zuordnen, der bei Eintreten des Ereignisses aktiviert wird.

EREIGNISGESTEUERT: Der Ausdruck *Ereignisgesteuert* beschreibt das Programmierungsmodell von Visual Basic. In einem Anwendungsprogramm wird der Programmcode erst dann ausgeführt, wenn ein benutzer- oder systemverursachtes Ereignis eintritt, auf das geantwortet werden muß.

EREIGNISPROZEDUR: Eine Ereignisprozedur ist eine Prozedur, die an ein Ereignis (ausgelöst vom Benutzer oder vom System) gebunden ist und immer dann aufgerufen wird, wenn das zugehörige Ereignis eintritt.

FOKUS: Mit Fokus wird der aktive Zustand einer Form oder eines Steuerelementes bezeichnet. Nur in diesem Zustand werden Eingaben angenommen und nur dann wird auf Ereignisse geantwortet.

FONT: Als Font werden Schriften bezeichnet, die speziell auf ein bestimmtes Gerät (z.B. HP-Laserjet-Drucker) abgestimmt sind.

FORM bzw. **FORMULAR:** Als Form oder auch Formular werden Fenster oder Dialogfelder bezeichnet, die mit Visual Basic erstellt werden.

FUNKTION(SPROZEDUR): Eine Funktion ist ein Codebestandteil. Sie wird eingesetzt, um Werte abzufragen, die sie entsprechend zurückliefert. Eine Funktion kann (muß aber nicht) einen oder mehrere Parameter besitzen. Das Schlüsselwort zur Deklaration ist Function.

GDI: Die Abkürzung GDI steht für **G**raphics **D**evice **I**nterface, die Schnittstelle zur Ausgabe von Grafiken und Fonts unter Windows. Diese dynamische Link-Bibliothek (DLL, siehe dort) arbeitet mit virtuellen Koordinaten, die es ermöglichen, daß Windows-Programme bei beliebigen Bildschirmauflösungen lauffähig sind (geräteunabhängige Grafik).

GLOBAL: Mit der Bezeichnung *global* wird der Geltungsbereich von Variablen und Konstanten definiert. Globale Variablen und Konstanten werden vom allen Teilen eines Anwendungsprogrammes erkannt.

KLICKEN: Als Klicken wird das kurze Drücken und Wiederloslassen der linken Maustaste bezeichnet. Das Klicken wird in Visual Basic als Ereignis verwendet, das vom Benutzer ausgelöst wird und dann Anlaß zur Ausführung von Programmcode ist.

KOMBINATIONSFELD: Ein Kombinationsfeld ist ein Steuerelement. Es verbindet ein Listenfeld und ein Textfeld (siehe dort) miteinander und erlaubt es dem Benutzer, zum einen Werte aus der Liste zu wählen, zum anderen Werte frei in das Textfeld einzugeben.

KONTROLLKÄSTCHEN: Ein Kontrollkästchen ist ein Steuerelement. Es wird verwendet um eine Option (ein/aus oder wahr/falsch) anzugeben. Ist eine Option gewählt, so enthält das Kontrollkästchen ein ✗.

LAUFWERKSLISTENFELD: Ein Laufwerkslistenfeld ist ein Steuerelement. Es zeigt für das jeweilige System eine Liste aller gültigen Laufwerke an. Es ermöglicht auch einen Wechsel des aktiven Laufwerks.

LISTENFELD: Ein Listenfeld ist ein Steuerelement. Es kann zur Darstellung beliebiger Listen genutzt werden und dient dem Benutzer zur Auswahl eines Eintrags.

LOKAL: Mit der Bezeichnung *lokal* wird der Geltungsbereich von Variablen und Definitionen festgelegt. Lokale Variablen werden nur innerhalb der Prozedur erkannt, in der sie erscheinen.

MENÜ: Über ein Menü werden dem Benutzer in einer Anwendung Befehle geordnet zur Verfügung gestellt. Bei Anwahl eines Menüpunktes wird die zugehörige Befehlsliste aufgeklappt. Ein Menü wird am oberen Rand eines Fensters positioniert.

METHODE: Eine Methode ist eine Anweisung, die sich immer auf ein Objekt (siehe dort) bezieht.

MODAL: Modal ist die Bezeichnung für einen Formentyp, der vorrangig den Fokus hat und diesen so lange behält, bis die Form geschlossen wird. Dieser Typ wird insbesondere für Warnungen und Dialogfelder genutzt.

MODUL: Ein Modul ist eine Code-Datei, die Prozeduren und Datendeklarationen enthält und die unabhängig von einer Form ist.

MULTITASKING: Als Multitasking wird der parallele Betrieb mehrerer Programme bezeichnet. Die Rechenzeit des Hauptprozessors wird zwischen den einzelnen Anwendungen aufgeteilt.

OBJEKT: Die Bezeichnung Objekt wird in Visual Basic als Überbegriff für Formen, Steuerelemente und die speziellen Objekte Clipboard, Debug, Printer und Screen benutzt.

OPTIONSFELD: Ein Optionsfeld ist ein Steuerelement. Es dient zur Auswahl immer genau eines Elementes einer Liste. Der Einsatz von Optionsfeldern bietet sich dort an, wo der Benutzer zwischen Optionen wählen soll, die sich gegenseitig ausschließen.

PROGRAMM-MANAGER: Der Programm-Manager, der bei der Standardeinstellung automatisch nach dem Start von Windows als erstes Programm geladen wird, verwaltet beliebige Anwendungsprogramme. Diese lassen sich von hier aus sehr komfortabel durch Klicken auf ein Symbol starten.

PROJEKT: Als Projekt wird die Gesamtheit der Quelldateien (Formen und Module) bezeichnet, die ein Anwendungsprogramm bilden.

PROZEDUR: Als Prozedur wird in Visual Basic eine Folge von Anweisungen bezeichnet, die als Einheit ausgeführt werden.

PULLDOWN-MENÜ: Ein Pulldown-Menü besteht aus einer Menüleiste am oberen Rand eines Fensters und den Menüs, die durch Anwahl des Hauptmenüpunktes auf der Menüleiste aufgeklappt werden.

SDK: Die Abkürzung SDK steht für **S**oftware **D**evelopers **K**it. Dies ist das von Microsoft vertriebene Entwicklungssystem zur Programmierung von Windows-Anwendungen.

STANDARDMODUS: Unter dem Begriff Standardmodus versteht man den Windows-Betriebsmodus für Computer mit 80286-Prozessor. Hier werden bis zu 16 MByte RAM als Programmspeicher unterstützt. Der Standardmodus ist die schnellste der drei Betriebsarten von Windows.

SYSTEMMENÜ: Das Systemmenü ist ein spezielles Menü, das Befehle zum Umgang mit Fenstern (z.B. Ändern der Größe) enthält. Mit Visual Basic können Sie den Fenstern in Ihren Anwendungen ein solches Menü zuordnen. Es wird durch Klicken auf das Schließensymbol des Fensters aktiviert.

TASKLISTE: Über die Taskliste können Sie das aktive Fenster wechseln. Die Liste enthält die Programme, die zur Bearbeitungszeit geladen sind. Den Task-Manager von Windows können Sie über die Tastenkobination [Strg]+[Esc] aufrufen.

TEXTFELD: Ein Textfeld ist ein Steuerelement. Hier wird dem Benutzer die Möglichkeit zur Eingabe von Text geboten.

TWIP: Ein Twip ist eine Maßeinheit, die beispielsweise zur Angabe von Koordinaten bei Grafiken genutzt wird. Ein Twip ist definiert als ein Zwanzigstel eines Punktes. Ein Zoll hat 1.440 Twips, ein Zentimeter hat 567 Twips.

UNTERPROGRAMM: Ein Unterprogramm ist ein Codebestandteil. Es liefert im Gegensatz zur Funktion (siehe dort) im Namen selber keinen Wert zurück. Das Schlüsselwort zur Deklaration ist *Sub*. In Visual Basic sind alle ereignisgesteuerten Prozeduren Unterprogramme.

VARIABLE: Eine Variable ist ein Platzhalter für Daten, die zur Laufzeit eines Anwendungsprogrammes gändert werden können. Einer Variablen muß ein eindeutiger Name zugewiesen werden, an dem sie innerhalb ihres Geltungsbereichs (z.B. lokal oder global) erkannt werden kann.

ZWISCHENABLAGE: Die Zwischenablage dient zur Speicherung von Daten, die von einer Anwendung in eine andere übertragen werden sollen.

Dateiverzeichnis

Damit Sie einen besseren Überblick über die Verzeichnisse und den darin enthaltenen Dateien der Buchdiskette erhalten, sind diese hier themenorientiert, mit einer kurzen Beschreibung, zusammengefaßt. Beachten Sie, daß die meisten Dateien ausschließlich mit Visual Basic bearbeitet werden können. Wollen Sie die binär verschlüsselte Quelltexte im ASCII-Format erstellen, denn nicht alle Dateien der Installationsdiskette liegen in diesem Format vor, müssen Sie das jeweilige Projekt in Visual Basic einlesen und die Dateien einzeln als Textdatei speichern. In einem weiteren Arbeitsgang können Sie nun diese ANSI-Dateien über ein Windows-Programm ausgeben oder mit dem im Buch entwickelten Programm WinCONV in das gewünschte ASCII-Format konvertieren. Wollen Sie lediglich die Quelltexte auf dem Bildschirm betrachten, können Sie auf die Konvertierung verzichten und das Programm WinEDIT zum Lesen und Ausdrucken einsetzen. Bevor nun aber die einzelnen Verzeichnisse selbst aufgeführt werden, sollten zunächst die verwendeten Dateikürzel von Viusal Basic erläutert werden.

Suffix:	**Beschreibung:**
FRM	In Formulardateien werden die Resourcen, die zugehörigen ereignisorientierten und benutzerdefinierten Prozeduren und auf das Formular bezogene, globale Deklarationen verwaltet. Die verschlüsselten Formulardateien können als Textdatei gespeichert werden, um mit einem Editor bearbeitet oder später ausgedruckt zu werden. Die Informationen der Resourcen selbst sind in einer Textdatei nicht mehr enthalten!
MAK	An der Make- bzw. Projektdatei erkennt Visual Basic, welche Dateien zu einem Projekt gehören und geladen werden müssen. Die Verwaltung der einzelnen Dateien erfolgt im Visual Basic-Projektfenster.
BAS	In Quelltextdateien werden ausschließlich Prozeduren und Deklarationen aber keine Formulare verwaltet. Prozeduren eines Quellmoduls, die zu einem Projekt hinzugebunden werden, sind innerhalb eines gesamten Programmes bekannt. Globale Variablen, die innerhalb eines gesamten Programmes gültig sind, müssen in einem beliebigen Quellmodul eingeführt werden.

DLL	Eine dynamische Laufzeitbibliothek, die in einem Programm verwendet wird, muß bei jeder Programmausführung auch als eigenständige Datei vorliegen. Mehrere Programme können jeweils auf eine einzelne DLL zugreifen. Jedes Visual Basic-Programm benötigt die Bibliothek VBRUN200.DLL, weitere DLLs müssen über Fremdsprachen entwickelt werden und können dann in einem Visual Basic-Programm eingesetzt werden.
VBX	Zusätzliche Steuerelementbibliotheken, die in die Visual Basic-Entwicklungsumgebung geladen werden können. Bei diesen Dateien handelt es sich um eine Sonderform der dynamischen Link-Bibliotheken.
C	Quelldateien der Programmiersprache C (Quick C)
INC	Include-Datei für C-Programm (Quick C)
DEF	Moduldefinitionsdatei für den Linker (Quick C)
RC	Datei für den Ressourcen-Compiler
EXE	Ein ohne die Entwicklungsumgebung und ausschließlich mit der Laufzeitbibliothk VBRUN200.DLL ausführbares Windows-Programm, das mit Visual basic entwickelt wurde, erhält das Dateikürzel EXE.
BMP	Bitmap-Grafiken können als Hintergund in ein Formular oder Bildfeld eingebunden werden.
ICO	Ein Bildsymbol wird angezeigt, wenn ein Programm oder Formularfenster auf Symbolgröße verkleinert wird. Auch in Bildfeldern können Ikonen eingebaut werden.
HLP	Hilfedateien, die in Windows und Windows-Programmen verwendet werden, erhalten das Suffix HLP. Die Erstellung einer Windows-Hilfedatei erfolgt durch den Hilfecompiler von Microsoft, der nicht zum Lieferumfang von Visual Basic gehört.
HPJ	Der Hilfecompiler benötigt eine Projektdatei zur Anlage einer Hilfsdatei, die mit dem Suffix HPJ gekennzeichnet wird.
RTF	Hilfedateien für den Hilfecompiler werden in dem sogenannten Rich-Textformat definiert. Professionelle Textverarbeitungen wie Word und Word für Windows eignen sich z.B. zur Erstellung von Hilfedateien.
TXT, ASC	Textdateien im ASCII-Format sind entweder mit dem Suffix TXT oder ASC versehen.
ANS	Das Konvertierprogramm WinCONV legt ANSI-Dateien mit dem Suffix ANS an.
HPX	Hilfe-Projektdatei des Help Magician. Das Programm benötigt die Laufzeitbibliothek VBRUN100.DLL.

Liste der Dateiverzeichnisse

Verzeichnis: **HLPMAG**
Beschreibung: Installierbare Demo-Version des Windows Help Magician
Programmname: HLPMAGIC
Buchkapitel: 3.7.2

Verzeichnis: **VBAPI**
Beschreibung: Verwendung von API- und GDI-Funktionen in Visual Basic (Windows-Programmierschnittstelle)
Programmname: API, MENU
Buchkapitel: 3.3

Verzeichnis: **VBCDK**
Beschreibung: Entwurf benuttzerdefinierter Steuerelemente mit Quick C für Windows
Programmname: LINE3D.VBX
Buchkapitel: 3.4.2

Verzeichnis: **VBHILFE**
Beschreibung: Hilfedateien in Visual Basic-Applikationen verwenden (Erzeugung einer Hilfedatei zum Programm WinSHELL)
Programmname: HILFE, WHELP
Buchkapitel: 3.7 und 4.1.3

Verzeichnis: **VBRESOUR**
Beschreibung: Verwendung von Bitmaps in Visual Basic
Programmname: RESOURCE
Buchkapitel: 3.6

Verzeichnis: **VBSTAT**
Beschreibung: Statistikprogramm zur Demonstration der Entwicklung eines Visual Basic-Programmes mit einem Formular
Programmname: WinSTAT
Buchkapitel: 1.5.1

Verzeichnis: **VBTIME**
Beschreibung: Weltzeituhr
Programmname: WinTIME
Buchkapitel: 1.5.2

Verzeichnis:	**VBSHELL**
Beschreibung:	WinSHELL-Programm-Manager
Programmname:	WINSHELL
Buchkapitel:	4.2

Verzeichnis:	**VBDLL**
Beschreibung:	Erstellung dynamischer Link-Bibliotheken am Beispiel von Turbo Pascal für Windows und anschließendem Einsatz in einem Visual Basic-Programm
Programmname:	DLLTEST, PASCAL
Buchkapitel:	3.4

Verzeichnis:	**VBCONV**
Beschreibung:	ASCII- zu ANSI- und ANSI- zu ASCII-Konvertierprogramm unter Visual Basic
Programmname:	WinCONV
Buchkapitel:	4.1.1
Verzeichnis:	**VBCOPY**
Beschreibung:	Kopierprogramm für beliebige Dateien
Programmname:	WinCOPY
Buchkapitel:	4.1.2
Verzeichnis:	VbPrint
Beschreibung:	Druckprogramm für ANSI-Texte (Programm wurde mit Borland Resource Workshop-Elementen erstellt)

Programmname:	**WINPRINT**
Beschreibung	Druckprogramm für ANSI-Dateien
Programmname:	WPRINT
Buchkapitel:	4.1.4

Verzeichnis:	**VBEDIT**
Beschreibung:	Editor für ANSI- und ASCII-Textdateien
Programmname:	WinEDIT
Buchkapitel:	4.3
Verzeichnis:	**VBFINANZ**
Beschreibung:	Demonstration zur Erstellung eines Programmes zur Verwaltung von Direktzugriffsdateien am Beispiel einer Einnahmen-/Ausgabenüberschußrechnung
Programmname:	WinFIN
Buchkapitel:	4.4

Verzeichnis:	**VBMAGI**
Beschreibung:	Mit dem Help Magician entwickelte Hilfedatei
Programmname:	GEWINN.HLP
Buchkapitel:	4.3

Verzeichnis:	**VBMCI**
Beschreibung:	CD-PLAYER
Programmname:	CDPLAY
Buchkapitel:	4.7

Verzeichnis:	**VBOLE**
Beschreibung:	OLE-Source- und Destination-Demonstration
Programmname:	OLE
Buchkapitel:	3.2.2

Verzeichnis:	**VBDDE**
Beschreibung:	Demo zum dynamischen Datenaustausch
Programmname:	DEST, SOURCE
Buchkapitel:	3.2.1

Verzeichnis:	**VBGEWINN**
Beschreibung:	Komplexe Einnahmen- und Ausgabenüberschußrechnung
Programmname:	GEWINN
Buchkapitel:	4.3

Verzeichnis:	**VBPAINT**
Beschreibung:	Zeichenprogramm zur Demonstration einiger grafischer Möglichkeiten von Visual Basic
Programmname:	WinPAINT
Buchkapitel:	4.5

Installationshinweise

Aufgrund des hohen Datenumfanges der Buchdiskette, können Sie unterschiedliche Installationsmethoden wählen. Haben Sie mindestens 3 MByte freien Speicher auf der Festplatte Ihres Rechners zur Verfügung, dann können Sie eine Gesamtinstallation durchführen. Ist dies nicht der Fall, lassen sich die Programme auch einzeln entpacken. Bevor Sie mit der Installation beginnen, sollten Sie zunächst eine Sicherungskopie Ihrer Buchdiskette erstellen und fortan nur noch mit dem Duplikat arbeiten.

Teilinstallation

Die Installationsdiskette beinhaltet jedes Programm in einer selbstentpackenden Programmdatei. Wollen Sie lediglich ein einzelnes Programm installieren, wechseln Sie zunächst in ein leeres Verzeichnis und starten dann das Programm von der Installationsdiskette. Bevor wir exemplarisch mit einem Beispiel fortfahren, sei zunächst noch einmal darauf hingewiesen, daß die Dateien der Diskette im entpackten Zustand zusammen ca. 3 MByte Speicherplatz belegen. Haben Sie also nur begrenzte Kapazitäten frei, dann sollten Sie nur die wirklich benötigten Programme einrichten. Nehmen wir z.B. einmal an, Sie möchten nur das Programm WinEDIT in einem Verzeichnis einrichten. Das Verzeichnis für das Programm soll auf dem Festplattenlaufwerk mit der Bezeichnung C: im Unterverzeichnis EDIT eingerichtet werden. Der Editor selbst befindet sich in der gepackten Datei VBEDIT.EXE auf einer Diskette in Laufwerk A: (Hinweise zur Namensvergabe der gepackten Programmdateien können Sie Anhang B entnehmen. Die dort angegebenen Verzeichnisnamen entsprechen auch den Programmdateinamen und sind jeweils nur um das Dateikürzel EXE erweitert). Die Befehlszeilenfolge könnte also wie folgt lauten:

```
C:\> MD EDIT [Return]
C:\> CD EDIT [Return]
C:\EDIT> A:VBEDIT [Return]
```

Beachten Sie, daß Sie die Quelldateien und Formulardateien nun mit Visual Basic nutzen können. Das ausführbare Programm kann wahlweise in den Programm-Manager eingebunden werden. Öffnen Sie dazu zunächst eine neue Programmgruppe im Windows-Programm-Manager und binden Sie nun die Programmdatei selbst in diese neue Programmgruppe ein. Danach können Sie die Anwendung komfortabel über ein Bildsymbol starten. Sollten Sie mit der Programmeinrichtung unter Windows nicht vertraut sein, ziehen Sie Ihr Windows-Benutzerhandbuch zu Rate.

Gesamtinstallation

Zur Installation sämtlicher Dateien stehen Ihnen drei unterschiedliche Kommandos zur Verfügung. Wie bereits im vorangehenden Beispiel, werden auch in diesem Fall keine Programmgruppen in Windows angelegt. Die Verwendung der Quell- und Formulardateien über Visual Basic ist allerdings ohne spezielle Einrichtung im Programm-Manager möglich. Die Installationsprogramme erzeugen lediglich einen Verzeichnisbaum für die einzelnen Programme und Bibliotheken und richten dort die jeweiligen Programme ein. Um die Installation zu beginnen, wechseln Sie auf das Installationslaufwerk (in der Regel A:) und verwenden Sie eines der nachfolgenden Kommandos.
a) Um von Laufwerk A: auf Laufwerk C: in das Verzeichnis VIEWEG zu installieren, geben Sie den folgenden Befehl ein:

```
A:\> INST [Return]
```

b) Um von Laufwerk B: auf Laufwerk C: in das Verzeichnis VIEWEG zu installieren, geben Sie den folgenden Befehl ein:

```
A:\> INSTB [Return]
```

c) Um von einem beliebigen Laufwerk auf eine frei wählbare Festplatte und ein frei wählbares Verzeichnis zu installieren, können Sie den folgenden Befehl verwedenen:

```
A:\> INSTALL Quelle Ziel Zielverzeichnis [Return]
```

```
z.B.
```

```
A:\> INSTALL A: C: C:\VIEWEG [Return]
```

Beachten Sie, daß jeweils nur das Startverzeichnis frei angegeben werden kann. Die erzeugte Baumstruktur und die Namen der Unterverzeichnisse, wie Sie in Anhang B beschrieben sind, sind bei jeder Gesamtinstallation identisch.

Zum Einsatz der Programme benötigen Sie Visual Basic ooder für einige Programme zumindest das VB-Laufzeitmodul VBRUN200.DLL. Dieses befindet sich nicht auf der Buchdiskette.

Index

A

B

C

D

E

F

G

H

I

K

L

M

N-P

Q-R

S

T

U-V

W

X-Z